中国能源统计年鉴

CHINA ENERGY STATISTICAL YEARBOOK

2019

国家统计局能源统计司 编

Compiled by
Department of Energy Statistics,
National Bureau of Statistics

图书在版编目（CIP）数据

中国能源统计年鉴. 2019 = CHINA ENERGY STATISTICAL YEARBOOK 2019 : 汉、英 / 国家统计局能源统计司编. -- 北京 : 中国统计出版社, 2020.10
ISBN 978-7-5037-9293-9

Ⅰ. ①中… Ⅱ. ①国… Ⅲ. ①能源经济—经济统计—中国—2019—年鉴—汉、英 Ⅳ. ①F426.2-54

中国版本图书馆 CIP 数据核字(2020)第 187424 号

中国能源统计年鉴 2019

作　　者 / 国家统计局能源统计司
责任编辑 / 许立舫
装帧设计 / 李雪燕
出版发行 / 中国统计出版社
通信地址 / 北京市丰台区西三环南路甲 6 号　邮政编码/100073
电　　话 / 邮购（010）63376909　书店（010）68783171
网　　址 / http://www.zgtjcbs.com
印　　刷 / 河北鑫兆源印刷有限公司
经　　销 / 新华书店
开　　本 / 880 × 1230mm　1/16
字　　数 / 916 千字
印　　张 / 29.5
版　　别 / 2020 年 10 月第 1 版
版　　次 / 2020 年 10 月第 1 次印刷
定　　价 / 298.00 元

如有印装差错，由本社发行部调换。

《中国能源统计年鉴 2019》

编辑出版人员

顾　　问：宁吉喆　鲜祖德

总 编 辑：刘文华

副总编辑：王晓辉　于新华

编　　委：（以姓氏笔画为序）

马　帅　安新莉　张　剑　张　展　赵　倩

编辑部主任：张　展

编 辑 人员：（以姓氏笔画为序）

马　帅　王庆一　王依樊　宁颖丹　曲　莹　任宝莹

安新莉　孙如皎　李　蓓　李　磊　杨　筱　杨宜茜

张　刚　张　剑　张　展　张　聪　武　斌　金月凤

赵　倩　胡　卫　俞圣杰　高　镇　谢　欣　路　千

熊晋梅　蔺文亭

China Energy Statistical Yearbook 2019

EDITORIAL BOARD AND STAFF

编 辑 说 明

一、《中国能源统计年鉴》是一部全面反映中国能源建设、生产、消费、供需平衡的权威性资料书，从 1986 年开始，由国家统计局工业交通统计司主编。2008 年版起，由国家统计局能源统计司主编，中国统计出版社出版，向国内外公开发行。

二、为满足广大读者对中国能源统计数据的需求，提高数据应用的时效性，从 2004 年起，《中国能源统计年鉴》由每两年出版一册改为每年出版一册。根据第四次全国经济普查结果，《中国能源统计年鉴—2019》对 2014 年以来有关数据进行了修订。

三、《中国能源统计年鉴》共分为 7 个篇章：1.综合；2.能源建设；3.能源生产；4.能源消费；5.全国能源平衡表；6.地区能源平衡表；7.香港、澳门特别行政区能源数据；附录内容为台湾省及有关国家和地区能源数据、主要统计指标解释以及各种能源折标准煤参考系数。

四、本书大部分资料来源于国家统计局年度统计报表及《中国统计年鉴》。全国统计数字均未包括香港、澳门特别行政区和台湾省。能源平衡表核算范围不包括非商品能源，西藏自治区能源平衡表数据暂缺。“固定资产投资”中部分绝对数指标改为速度或比重等相对性指标。

五、本书中，中国能源数据截止到 2018 年，世界和各国及地区能源数据截止到 2017 年。部分指标存在总计不等于分项之和情况，是数据四舍五入所致，未作机械调整。

六、符号使用说明：年鉴各表中“空格”表示该项统计指标数据不足本表最小位数、数据不详或无该项数据；“#”表示其中的主要项。

七、本书中，行业分类均采用 2017 年版最新行业分类标准。

PREFACE

China Energy Statistical Yearbook is an annual statistical publication, which covers very comprehensive data in energy construction, production, consumption, equilibrium of supply and demand in an all-round way, established in 1986, edited by Department of Industry and Transport Statistics, National Bureau of Statistics. 2008 annual is edited by Department of Energy Statistics, National Bureau of Statistics, published by China Statistics Press, to the domestic and international public publication.

In order to satisfy the masses of readers' demands for China energy statistics, improve the efficiency and timeliness of the data use, since 2004, *China Energy Statistical Yearbook* is published one volume every year instead of one volume every 2 years. In *China Energy Statistical Yearbook 2019*, some data is revised from 2014 according to The Fourth National Economic Census.

China Energy Statistical Yearbook consists of seven chapters: 1. General Survey; 2. Construction of Energy Industry; 3. Energy Production; 4. Energy Consumption; 5. Energy Balance Table of China; 6. Energy Balance Table by Region; 7. Energy data for Hong Kong and Macao Special Administrative Region. Additional information provided in the appendices include major energy data for Taiwan province, energy data for related countries or areas, explanatory notes of main statistical indicators and conversion factors from physical units to coal equivalent.

Annual statistical reports from the National Bureau of Statistics and the *China Statistical Yearbook* are the main data sources of this document. However, the national data in this book does not include that of the Hong Kong and Macao Special Administrative Region, the Taiwan province. Also, the data in the energy balance tables does not cover non-commercial energy. The Tibet energy balance data is unavailable yet. Of the chapter “Construction of Energy Industry” amount indicators change to relative indicators such as growth rate and proportion.

The China energy data were by the year of 2018, energy data for the world and other countries or area were by the year of 2017.Statistical discrepancies on totals due to rounding are not adjusted in the yearbook.

Notations used in the yearbook: (blank space) indicates that the figure is not large enough to be measured with the smallest unit in the table, or data are unknown or are not available; " # "indicates a major breakdown of the total.

Classification for national standard of industry classification is implementing new version of 2017 except legal entities.

目　　录

CONTENTS

一、综合
Chapter 1　General Survey

二、能源建设
Chapter 2　Construction of Energy Industry

四、能源消费

Chapter 4 Energy Consumption

五、全国能源平衡表
Chapter 5 Energy Balance Table of China

七、香港、澳门特别行政区能源数据
Chapter 7 Energy Data for Hong Kong and Macao Special Administrative Region

附录 1 台湾省能源数据
Appendix Ⅰ Energy Data For Taiwan Province

附录 2 有关国家和地区能源数据
Appendix Ⅱ Energy Data For Related Countries Or Areas

一、综　　合

Chapter 1　General Survey

1-1 能源生产、消费与国内生产总值增长速度

Growth Rate of Energy Production and Consumption Compared With Growth Rate of GDP

年 份 Year	国内生产总值增长速度(%) Growth Rate of GDP (%)	能源生产增长速度(%) Growth Rate of Energy Production	电力生产增长速度(%) Growth Rate of Electricity Production	能源消费增长速度(%) Growth Rate of Energy Consumption	电力消费增长速度(%) Growth Rate of Electricity Consumption	能源生产弹性系数 Elasticity Ratio of Energy Production	电力生产弹性系数 Elasticity Ratio of Electricity Production	能源消费弹性系数 Elasticity Ratio of Energy Consumption	电力消费弹性系数 Elasticity Ratio of Electricity Consumption
1980	7.8	-1.3	6.6	2.9	6.6		0.85	0.37	0.85
1981	5.1	-0.8	2.9	-1.4	3.0		0.57		0.59
1982	9.0	5.6	6.0	4.4	5.9	0.62	0.67	0.49	0.66
1983	10.8	6.7	7.2	6.4	7.3	0.62	0.67	0.59	0.68
1984	15.2	9.2	7.3	7.4	7.4	0.61	0.48	0.49	0.49
1985	13.4	9.9	8.9	8.1	9.0	0.74	0.66	0.60	0.67
1986	8.9	3.0	9.5	5.4	9.5	0.34	1.07	0.61	1.07
1987	11.7	3.6	10.6	7.2	10.6	0.31	0.91	0.62	0.91
1988	11.2	5.0	9.6	7.4	9.7	0.45	0.86	0.66	0.87
1989	4.2	6.1	7.3	4.2	7.3	1.45	1.74	1.00	1.74
1990	3.9	2.2	6.2	1.8	6.2	0.56	1.59	0.46	1.59
1991	9.3	0.9	9.1	5.1	9.2	0.10	0.98	0.55	0.99
1992	14.2	2.3	11.3	5.2	11.5	0.16	0.80	0.37	0.81
1993	13.9	3.6	15.3	6.3	11.0	0.26	1.10	0.45	0.79
1994	13.0	6.9	10.7	5.8	9.9	0.53	0.82	0.45	0.76
1995	11.0	8.7	8.6	6.9	8.2	0.79	0.78	0.63	0.75
1996	9.9	3.1	7.2	3.1	7.4	0.31	0.73	0.31	0.75
1997	9.2	0.3	5.1	0.5	4.8	0.03	0.55	0.05	0.52
1998	7.8	-2.7	2.7	0.2	2.8		0.35	0.03	0.36
1999	7.7	1.6	6.3	3.2	6.1	0.21	0.82	0.42	0.79
2000	8.5	5.0	9.4	4.5	9.5	0.59	1.11	0.53	1.12
2001	8.3	6.4	9.2	5.8	9.3	0.77	1.11	0.70	1.12
2002	9.1	6.0	11.7	9.0	11.8	0.66	1.29	0.99	1.30
2003	10.0	14.1	15.5	16.2	15.6	1.41	1.55	1.62	1.56
2004	10.1	15.6	15.3	16.8	15.4	1.54	1.51	1.66	1.52
2005	11.4	11.1	13.5	13.5	13.5	0.97	1.18	1.18	1.18
2006	12.7	6.9	14.6	9.6	14.6	0.54	1.15	0.76	1.15
2007	14.2	7.9	14.5	8.7	14.4	0.56	1.02	0.61	1.01
2008	9.7	5.0	5.6	2.9	5.6	0.52	0.58	0.30	0.58
2009	9.4	3.1	7.1	4.8	7.2	0.33	0.76	0.51	0.77
2010	10.6	9.1	13.3	7.3	13.2	0.86	1.25	0.69	1.25
2011	9.6	9.0	12.0	7.3	12.1	0.94	1.25	0.76	1.26
2012	7.9	3.2	5.8	3.9	5.9	0.41	0.73	0.49	0.75
2013	7.8	2.2	8.9	3.7	8.9	0.28	1.14	0.47	1.14
2014	7.4	1.0	6.7	2.7	6.7	0.14	0.91	0.36	0.91
2015	7.0	0.0	0.3	1.3	0.3		0.04	0.19	0.04
2016	6.8	-4.5	5.5	1.7	5.5		0.81	0.25	0.81
2017	6.9	3.7	7.7	3.2	7.7	0.54	1.12	0.46	1.12
2018	6.7	5.6	8.5	3.5	8.5	0.84	1.27	0.52	1.27

注：国内生产总值增长速度按可比价格计算，能源生产和消费增长速度采用等价值总量计算。

Note: The growth rate of GDP are calculated at constant prices. The growth rates of energy production and consumption are calculated by coal equivalent.

1-2 国民经济和能源经济主要指标

指　　标	Item	2000	2001	2002	2003	2004
1. 年底人口总数(万人)	1.Year-end Population (10^4 persons)	126743	127627	128453	129227	129988
城镇	Urban	45906	48064	50212	52376	54283
乡村	Rural	80837	79563	78241	76851	75705
2. 国内生产总值(亿元)*	2.Gross Domestic Products (10^8 yuan)	100280	110863	121717	137422	161840
第一产业	Primary Industry	14717	15503	16190	16970	20904
第二产业	Secondary Industry	45664	49659	54104	62696	74285
工业	Industry	40259	43854	47775	55362	65775
建筑业	Construction	5534	5946	6482	7511	8721
第三产业	Tertiary Industry	39899	45701	51423	57756	66651
3. 进出口总额(亿元)	3.Total Value of Exports and Imports (10^8 yuan)	39273	42184	51378	70484	95539
出口总额	Exports	20634	22024	26948	36288	49103
进口总额	Imports	18639	20159	24430	34196	46436
4. 一次能源生产总量(发电煤耗计算法)** (万吨标准煤)	4.Total Primary Energy Production (coal equivalent calculation) (10^4 tce)	138570	147425	156277	178299	206108
一次能源生产总量(电热当量计算法)*** (万吨标准煤)	Total Primary Energy Production (calorific value calculation) (10^4 tce)	132384	139928	148450	170305	196418
5. 能源消费总量(发电煤耗计算法)** (万吨标准煤)	5.Total Energy Consumption (coal equivalent calculation) (10^4 tce)	146964	155547	169577	197083	230281
能源消费总量(电热当量计算法)*** (万吨标准煤)	Total Energy Consumption (calorific value calculation) (10^4 tce)	140993	148264	161935	189269	220738

注： * 国内生产总值按当年价格计算。
** 发电煤耗计算法是指电力按当年平均火力发电煤耗换算成标准煤(下表同)。
*** 电热当量计算法是指电力按自身的热功当量换算成标准煤。采用的折标系数为1万千瓦时=1.229吨标准煤(下表同)。

Main Indicators of National Economy and Energy Economy

2005	2006	2007	2008	2009	2010	2011	2012	2013	2014	2015	2016	2017	2018
130756	131448	132129	132802	133450	134091	134735	135404	136072	136782	137462	138271	139008	139538
56212	58288	60633	62403	64512	66978	69079	71182	73111	74916	77116	79298	81347	83137
74544	73160	71496	70399	68938	67113	65656	64222	62961	61866	60346	58973	57661	56401
187319	219439	270092	319245	348518	412119	487940	538580	592963	643563	688858	746395	832036	919281
21807	23317	27674	32464	33584	38431	44782	49085	53028	55626	57775	60139	62100	64745
88082	104359	126631	149953	160169	191627	227035	244639	261952	277283	281339	295428	331581	364835
77958	92236	111691	131724	138093	165123	195139	208901	222333	233197	234969	245406	275119	301089
10401	12450	15348	18808	22682	27259	32927	36896	40897	45402	47761	51499	57906	65493
77430	91762	115788	136828	154765	182062	216124	244856	277984	310654	349745	390828	438356	489701
116922	140974	166864	179921	150648	201722	236402	244160	258169	264242	245503	243386	278099	305008
62648	77597	93564	100395	82030	107023	123241	129359	137131	143884	141167	138419	153309	164128
54274	63377	73300	79527	68618	94699	113161	114801	121038	120358	104336	104967	124790	140880
229037	244763	264173	277419	286092	312125	340178	351041	358784	362212	362193	345954	358867	378859
218355	233269	251772	262992	271067	294807	323045	330203	336452	336314	334162	315217	325917	342312
261369	286467	311442	320611	336126	360648	387043	402138	416913	428334	434113	441492	455827	471925
250835	275134	299271	306455	321336	343601	370163	381515	394794	402649	406312	410984	423108	435649

Note: * GDP is calculated at current prices.

** Electricity is converted to TCE by average quantity of fuel used for power generation (The same as in the following tables).

*** Electricity is converted to TCE by 10^4 kW·h=1.229TCE (The same as in the following tables).

1-3 万元国内生产总值能源消费量
Energy Intensity by GDP

年份 Year	万元国内生产总值能源消费量(吨标准煤/万元) Total (tce/10^4 yuan)	万元国内生产总值煤炭消费量(吨/万元) Coal (ton/10^4 yuan)	万元国内生产总值焦炭消费量(吨/万元) Coke (ton/10^4 yuan)	万元国内生产总值石油消费量(吨/万元) Petroleum (ton/10^4 yuan)	万元国内生产总值原油消费量(吨/万元) Crude Oil (ton/10^4 yuan)	万元国内生产总值燃料油消费量(吨/万元) Fuel Oil (ton/10^4 yuan)	万元国内生产总值电力消费量(万千瓦小时/万元) Electricity (10^4 kW·h/10^4 yuan)
	国内生产总值按1980年可比价格计算 GDP is calculated at 1980 constant price						
1980	13.14	13.30	0.94	1.91	2.01	0.67	0.66
1981	12.33	12.56	0.81	1.93	1.81	0.59	0.64
1982	11.81	12.20	0.76	1.56	1.65	0.53	0.62
1983	11.34	11.80	0.71	1.44	1.56	0.49	0.60
1984	10.57	11.18	0.66	1.29	1.37	0.43	0.56
1985	10.08	10.72	0.62	1.21	1.25	0.37	0.54
1986	9.75	10.38	0.63	1.17	1.23	0.36	0.54
1987	9.36	10.03	0.62	1.11	1.15	0.34	0.54
1988	9.03	9.65	0.59	1.08	1.09	0.31	0.53
1989	9.04	9.64	0.59	1.08	1.08	0.32	0.55
1990	8.85	9.47	0.62	1.03	1.06	0.30	0.56
	国内生产总值按1990年可比价格计算 GDP is calculated at 1990 constant price						
1990	5.23	5.59	0.37	0.61	0.62	0.18	0.33
1991	5.03	5.36	0.35	0.60	0.60	0.17	0.33
1992	4.63	4.84	0.33	0.57	0.56	0.15	0.32
1993	4.32	4.51	0.33	0.55	0.52	0.14	0.31
1994	4.05	4.24	0.30	0.49	0.46	0.12	0.31
1995	3.90	4.09	0.32	0.48	0.44	0.11	0.30
1996	3.66	3.79	0.32	0.48	0.43	0.10	0.29
1997	3.36	3.41	0.27	0.48	0.43	0.09	0.28
1998	3.13	3.10	0.26	0.45	0.40	0.09	0.27
1999	3.00	2.97	0.23	0.45	0.40	0.08	0.26
2000	2.89	2.67	0.21	0.44	0.42	0.08	0.26
	国内生产总值按2000年可比价格计算 GDP is calculated at 2000 constant price						
2000	1.47	1.35	0.11	0.22	0.21	0.04	0.13
2001	1.43	1.32	0.11	0.21	0.20	0.04	0.14
2002	1.43	1.30	0.11	0.21	0.19	0.03	0.14
2003	1.51	1.41	0.12	0.21	0.19	0.03	0.15
2004	1.60	1.48	0.13	0.22	0.20	0.03	0.15
2005	1.63	1.52	0.16	0.20	0.19	0.03	0.16
	国内生产总值按2005年可比价格计算 GDP is calculated at 2005 constant price						
2005	1.40	1.30	0.13	0.17	0.16	0.02	0.13
2006	1.36	1.28	0.13	0.17	0.15	0.02	0.14
2007	1.29	1.20	0.13	0.15	0.14	0.02	0.14
2008	1.21	1.14	0.12	0.14	0.13	0.01	0.13
2009	1.16	1.12	0.13	0.13	0.13	0.01	0.13
2010	1.13	1.09	0.12	0.14	0.13	0.01	0.13
	国内生产总值按2010年可比价格计算 GDP is calculated at 2010 constant price						
2010	0.88	0.85	0.09	0.11	0.10	0.01	0.10
2011	0.86	0.86	0.09	0.10	0.10	0.01	0.10
2012	0.83	0.85	0.09	0.10	0.10	0.01	0.10
2013	0.79	0.81	0.09	0.10	0.09	0.01	0.10
2014	0.76	0.73	0.08	0.09	0.09	0.01	0.10
2015	0.72	0.66	0.07	0.09	0.09	0.01	0.10
	国内生产总值按2015年可比价格计算 GDP is calculated at 2015 constant price						
2015	0.63	0.58	0.06	0.08	0.08	0.01	0.08
2016	0.60	0.53	0.06	0.08	0.08	0.01	0.08
2017	0.58	0.50	0.06	0.08	0.08	0.01	0.08
2018	0.56	0.47	0.05	0.07	0.07	0.01	0.09

1-4 能源加工转换效率
Efficiency of Energy Transformation

单位：% (%)

年 份 Year	总效率 Total Efficiency	发电及供热 Power Generation and Heating	炼 焦 Coking	炼油及煤制油 Petroleum Refining and Coal-to-liquids
1980	69.5	36.0	88.7	99.0
1981	69.3	36.7	90.9	99.1
1982	69.2	36.8	90.5	99.1
1983	69.9	36.9	91.2	99.2
1984	69.2	37.0	90.1	99.2
1985	68.3	36.9	90.8	99.1
1986	68.3	36.7	90.6	99.0
1987	67.5	36.8	90.5	98.8
1988	66.5	36.3	90.8	98.8
1989	66.5	36.7	90.3	98.6
1990	66.5	37.3	91.3	90.2
1991	65.9	37.6	89.9	98.1
1992	66.0	37.8	92.7	96.8
1993	67.3	39.9	98.1	98.5
1994	65.2	39.4	89.6	97.5
1995	71.1	37.3	92.0	97.7
1996	70.2	36.6	94.1	97.5
1997	69.8	35.9	94.0	97.4
1998	69.3	37.1	95.0	96.4
1999	69.3	37.0	96.1	97.5
2000	69.4	37.8	96.2	97.3
2001	69.7	38.2	96.5	97.6
2002	69.0	38.7	96.6	96.7
2003	69.4	38.5	96.1	96.4
2004	70.6	38.6	97.1	96.5
2005	71.1	39.0	97.1	96.9
2006	70.9	39.1	97.0	96.9
2007	71.2	39.8	97.5	97.2
2008	71.5	40.5	98.5	96.2
2009	72.4	41.2	98.0	96.7
2010	72.5	42.0	96.4	97.0
2011	72.2	42.1	96.3	97.4
2012	72.7	42.8	95.7	97.1
2013	73.0	43.1	95.6	97.7
2014	73.1	43.5	93.7	97.5
2015	73.4	44.2	92.1	96.9
2016	73.5	44.6	92.8	96.4
2017	73.0	45.0	92.8	96.0
2018	72.3	45.5	92.4	95.6

1-5 人均能源生产量和消费量
Energy Production and Consumption Per Capita

年份 Year	人均能源生产量 Per-Capita Energy Production				人均能源消费量 Per-Capita Energy Consumption			
	能源总量 (千克标准煤) Total Energy (kgce)	原煤 (千克) Raw Coal (kg)	原油 (千克) Crude Oil (kg)	电力 (千瓦小时) Electricity (kW•h)	能源总量 (千克标准煤) Total Energy (kgce)	煤炭 (千克) Coal (kg)	石油 (千克) Oil (kg)	电力 (千瓦小时) Electricity (kW•h)
1980	650	632	108	306	614	622	89	306
1981	636	625	102	311	598	610	94	311
1982	662	661	101	325	615	636	81	325
1983	696	698	104	343	645	671	82	344
1984	751	761	111	364	684	723	83	364
1985	814	830	119	391	730	776	87	392
1986	826	838	123	421	758	806	91	422
1987	842	856	124	459	799	856	95	460
1988	870	889	124	495	844	902	101	496
1989	909	942	123	523	867	925	104	524
1990	915	951	122	547	869	930	101	549
1991	911	945	123	589	902	960	108	591
1992	921	958	122	647	937	979	115	651
1993	942	976	123	711	984	1026	125	715
1994	996	1040	123	779	1030	1078	125	777
1995	1071	1129	125	836	1089	1143	133	832
1996	1093	1147	129	887	1110	1150	145	884
1997	1085	1128	131	923	1105	1120	157	917
1998	1045	1073	130	939	1097	1087	160	934
1999	1053	1089	128	989	1122	1112	168	982
2000	1097	1096	129	1074	1156	1075	178	1067
2001	1159	1157	129	1164	1223	1125	180	1158
2002	1221	1211	130	1292	1324	1200	194	1286
2003	1384	1424	132	1483	1530	1426	214	1477
2004	1590	1638	136	1700	1777	1637	241	1695
2005	1757	1814	139	1918	2005	1867	250	1913
2006	1867	1960	141	2186	2185	2064	266	2181
2007	2005	2094	141	2490	2363	2204	278	2482
2008	2094	2192	144	2617	2420	2269	282	2608
2009	2149	2340	142	2790	2525	2441	290	2782
2010	2399	2563	152	3145	2696	2609	330	3135
2011	2531	2801	151	3506	2880	2894	339	3497
2012	2599	2921	154	3693	2977	3018	354	3684
2013	2643	2928	155	4002	3071	3127	368	3993
2014	2655	2840	155	4247	3140	3032	380	4239
2015	2641	2732	156	4240	3166	2916	408	4231
2016	2509	2474	145	4449	3202	2820	418	4439
2017	2588	2542	138	4764	3288	2823	436	4754
2018	2720	2655	136	5145	3388	2854	447	5134

注：本表按年平均人口数计算，下表同。
Note:This table is calculated by annual average population, the same applies to table following.

1-6 人均生活能源消费量
Residential Energy Consumption Per Capita

年 份 Year	人均生活能源消费量（千克标准煤）Annual Average (kgce)	煤炭（千克）Coal (kg)	电力（千瓦小时）Electricity (kW•h)	液化石油气（千克）Liquefied Petroleum Gas (kg)	天然气（立方米）Natural Gas (cu.m)	煤气（立方米）Gas (cu.m)	城镇人均生活能源消费量（千克标准煤）Urban (kgce)	乡村人均生活能源消费量（千克标准煤）Rural (kgce)
1980	112	118	11	0.4	0.2	1.4	332	60
1981	101	122	12	0.5	0.2	1.4	290	55
1982	102	124	12	0.5	0.2	1.5	281	56
1983	107	128	13	0.6	0.1	1.5	283	59
1984	113	135	15	0.6	0.4	1.6	288	63
1985	127	149	21	0.9	0.4	1.3	307	72
1986	127	148	23	1.1	0.6	1.3	306	71
1987	132	152	26	1.1	0.7	1.6	300	76
1988	141	159	31	1.2	1.4	1.6	307	84
1989	139	152	35	1.4	1.5	2.4	297	84
1990	139	147	42	1.4	1.6	2.5	298	83
1991	139	143	47	1.8	1.6	3.2	292	83
1992	134	127	55	2.1	1.8	4.4	267	85
1993	133	123	63	2.5	1.5	4.6	258	86
1994	129	109	73	3.2	1.7	6.3	238	86
1995	131	112	83	4.4	1.6	4.7	242	86
1996	121	83	88	5.9	1.7	6.4	238	71
1997	119	77	99	6.2	1.7	8.9	226	71
1998	119	73	104	6.9	1.9	9.7	218	71
1999	122	70	109	6.8	2.1	9.3	213	75
2000	132	67	115	6.8	2.6	10.0	213	88
2001	136	66	127	6.7	3.3	9.4	210	93
2002	146	66	138	7.6	3.6	9.8	215	103
2003	166	70	160	8.6	4.0	10.1	238	119
2004	191	75	184	10.4	5.2	10.7	264	140
2005	211	77	221	10.2	6.1	11.1	288	155
2006	230	77	256	11.5	7.8	12.7	248	169
2007	250	74	308	12.4	10.9	14.1	327	186
2008	254	69	332	11.0	12.8	13.9	324	194
2009	264	69	366	11.2	13.3	12.5	328	206
2010	273	68	383	10.5	17.0	12.5	320	227
2011	294	69	418	12.0	19.7	10.9	331	257
2012	313	69	460	12.1	21.3	10.2	344	280
2013	335	68	515	13.6	23.8	7.9	357	311
2014	346	68	526	15.9	25.1	7.1	364	325
2015	368	70	552	18.6	26.2	5.9	378	356
2016	394	69	611	21.4	27.5	4.6	395	392
2017	414	67	654	23.3	30.3	3.7	413	417
2018	434	55	722	22.6	33.6	3.4	434	434

1-7 年末交通运输设备拥有量
Number of Transportation Equipment (Year-End)

指　标　Item	2000	2005	2010	2011	2012	2013	2014	2015	2016	2017	2018
铁路机车合计(台) Total Railway Locomotives(unit)	15253	17473	19431	20721	20797	20835	21069	21366	21453	21420	21482
蒸汽机车 Steam Locomotives	911	193	72	15	15	15	15	15	15	15	20
内燃机车 Diesel Locomotives	10826	12114	10990	11081	10602	9961	9485	9132	8974	8568	8296
电力机车 Electric Locomotives	3516	5166	8369	9625	10180	10859	11596	12219	12464	12837	13166
铁路客车(辆) Railway Passenger Coaches(coach)	35989	40328	50391	54731	57721	58965	60629	67706	70872	72262	73199
铁路货车(辆) Railway Freight Cars(coach)	439943	541824	622284	651175	670891	721850	716578	768516	764783	808736	839213
民用汽车合计(万辆) Total Civil Motor Vehicles(10^4 unit)	1609	3160	7802	9356	10933	12670	14598	16284	18575	20907	23231
载客汽车 Passenger Vehicles	854	2132	6124	7478	8943	10562	12327	14096	16278	18470	20555
载货汽车 Trucks	716	956	1598	1788	1895	2011	2125	2066	2172	2339	2568
其他机动车(万辆) Others(10^4 unit)	4168	8595	11306	11549	11322	10547	9852	9570	7450	7608	6979
公路部门营运车辆(万辆) Motor Vehicles Owned by Highway Department(10^4 unit)	703	733	1133	1264	1340	1505	1538	1473	1436	1450	1435
私人汽车(万辆) Private Vehicles(10^4 unit)	625	1848	5939	7327	8839	10502	12339	14099	16330	18515	20575
民航飞机合计(架) Total Civil Aircraft(unit)	982	1386	2405	3191	3589	4004	4168	4554	5046	5593	6134
民用运输船舶合计(艘) Total Civil Transport Vessels(unit)	229676	207294	178407	179242	178591	172554	171977	165905	160144	144924	136975
机动船 Motor Vessels	185018	165900	155624	157950	158309	155340	154974	149659	144568	131746	125754
驳船 Barges	44658	41394	22783	21292	20282	17214	17003	16246	15576	13178	11221
#私人运输船舶 #Private Transport Vessels	142117	95838									

1-8 主要能源品种进、出口量
Imports and Exports of Major Energy Products

指 标 Item	2000	2005	2010	2011	2012	2013	2014	2015	2016	2017	2018
进口量 Import											
煤(万吨) Coal(10^4 tons)	218	2622	18307	22236	28841	32702	29122	20406	25555	27092	28210
焦炭及半焦炭（万吨) Coke and Semi-coke(10^4 tons)		1	11	12	8	3				1	9
原油(万吨) Crude Oil(10^4 tons)	7027	12682	23768	25378	27103	28174	30837	33548	38101	41946	46189
汽油(万吨) Gasoline(10^4 tons)				3			3	17	21	2	45
煤油(万吨) Kerosene(10^4 tons)	255	328	487	618	621	669	414	348	352	376	413
柴油(万吨) Diesel Oil(10^4 tons)	26	53	180	233	91	27	47	43	92	75	71
燃料油(万吨) Fuel Oil(10^4 tons)	1480	2609	2299	2684	2683	2347	1785	1540	1174	1357	1666
液化石油气(万吨) Liquefied Petroleum Gas (10^4 tons)	482	617	327	350	359	452	739	1244	1679	1922	1966
其他石油制品(万吨) Other Petroleum Products(10^4 tons)	161	443	1731	1648	1548	1924	1677	2083	2067	2396	2592
天然气(亿立方米) Natural Gas(10^8 cu.m)			165	312	421	525	591	611	746	946	1246
电力(亿千瓦小时) Electricity(10^8 kW•h)	15	50	56	66	69	75	68	62	62	64	57
出口量 Export											
煤(万吨) Coal(10^4 tons)	5505	7172	1910	1466	928	751	574	534	879	802	494
焦炭及半焦炭（万吨) Coke and Semi-coke(10^4 tons)	1520	1276	335	330	102	467	851	965	1012	808	976
原油(万吨) Crude Oil(10^4 tons)	1031	807	303	252	243	162	60	287	294	486	263
汽油(万吨) Gasoline(10^4 tons)	455	560	517	406	292	469	508	589	969	1051	1288
煤油(万吨) Kerosene(10^4 tons)	199	269	605	656	745	917	1067	1237	1310	1313	1467
柴油(万吨) Diesel Oil(10^4 tons)	55	148	464	202	185	278	410	716	1540	1719	1853
燃料油(万吨) Fuel Oil(10^4 tons)	33	230	990	1227	1162	1135	948	1052	986	1109	1230
液化石油气(万吨) Liquefied Petroleum Gas (10^4 tons)	2	3	93	119	128	127	144	144	132	132	113
其他石油制品(万吨) Other Petroleum Products(10^4 tons)	280	473	386	459	328	315	342	348	367	338	400
天然气(亿立方米) Natural Gas(10^8 cu.m)		30	40	32	29	27	26	33	34	35	34
电力(亿千瓦小时) Electricity(10^8 kW•h)	99	112	191	193	177	187	182	187	189	195	209

1-9 主要高耗能产品的进、出口量
Imports and Exports of Energy Intensive Products

指 标 Item	2000	2005	2010	2011	2012	2013	2014	2015	2016	2017	2018
进口量 Import											
钢材（万吨）Rolled Steel(10^4 tons)	1596	2582	1643	1558	1366	1408	1443	1278	1322	1330	1317
未锻轧的铜及铜合金(万吨) Unwrought Copper and Copper Alloys(10^4 tons)	81	142	338	329	398	389	422	425	439	411	475
未锻轧的铝及铝合金(万吨) Aluminum and Aluminum Alloys(10^4 tons)	91	64	36	33	64	48	35	22	26	19	20
纯碱(万吨) Soda Ash(10^4 tons)	13	7									
肥料(万吨) Chemical Fertilizers(10^4 tons)	1189	1397	718	795	843	793	959	1116	832	918	950
纸浆(万吨) Paper Pulp(10^4 tons)	335	759	1137	1445	1646	1685	1796	1984	2107	2372	2479
纺织用合成纤维(万吨) Synthetic Fiber Suitable for Spinning(10^4 tons)	100	84	37	35	33	38	34	34	32	40	45
出口量 Export											
水泥及水泥熟料(万吨) Cement and Cement Clinkers(10^4 tons)	605	2216	1616	1061	1200	1454	1391	1575	1785	1286	904
平板玻璃(万平方米) Plate Glass(10^4 sq.m)	5592	19925	17398	18726	17632	19546	21896	21460	22661	21032	19347
钢材（万吨）Rolled Steel(10^4 tons)	621	2052	4256	4888	5573	6234	9378	11240	10853	7541	6933
铜材(吨) Rolled Copper(ton)	144484	463560	508580	500347	492980	489000	507858	466077	452313	477898	509868
铝材(万吨) Rolled Aluminum(10^4 tons)	13	71	218	300	283	307	367	420	407	424	523
未锻轧的锌及锌合金(吨) Unwrought Zinc and Zinc Alloys(ton)	593336	146845	43395	48369	7937	5395	132719	96683	22642	16445	24283
纸及纸板(未切成形)(万吨) Paper and Paperboard in Rolls(10^4 tons)	65	167	380	450	471	565	630	593	683	652	565

1-10 分地区废气中主要污染物排放情况（2017年）

Main Pollutant Emission in Waste Gas by Region (2017)

地 区	Region	废气中主要污染物排放量 Main Pollutant Emission in Waste Gas		
		二氧化硫 (万吨) Sulphur Dioxide (10^4 tons)	氮氧化物 (万吨) Nitrogen Oxides (10^4 tons)	颗粒物 (万吨) Particulate Matter (10^4 tons)
全 国	**National Total**	**696.32**	**1785.22**	**1684.05**
北 京	Beijing	0.47	11.24	3.24
天 津	Tianjin	2.37	14.10	3.75
河 北	Hebei	40.22	152.30	66.61
山 西	Shanxi	41.44	77.83	96.09
内蒙古	Inner Mongolia	39.79	70.16	161.12
辽 宁	Liaoning	39.57	82.79	109.88
吉 林	Jilin	15.70	41.81	53.24
黑龙江	Heilongjiang	22.74	54.94	96.08
上 海	Shanghai	1.46	22.19	2.65
江 苏	Jiangsu	38.32	103.68	66.35
浙 江	Zhejiang	11.40	48.86	35.55
安 徽	Anhui	20.97	70.50	71.12
福 建	Fujian	11.78	34.82	41.77
江 西	Jiangxi	32.17	49.80	72.09
山 东	Shandong	47.25	144.18	64.14
河 南	Henan	16.44	100.38	37.99
湖 北	Hubei	18.07	49.00	48.34
湖 南	Hunan	22.82	56.75	59.76
广 东	Guangdong	19.72	85.93	65.90
广 西	Guangxi	11.58	45.62	48.87
海 南	Hainan	1.23	8.03	3.17
重 庆	Chongqing	12.89	25.77	24.64
四 川	Sichuan	26.38	64.71	65.20
贵 州	Guizhou	40.70	41.63	68.49
云 南	Yunnan	26.49	43.81	67.62
西 藏	Tibet	1.25	7.44	8.88
陕 西	Shaanxi	19.90	46.33	51.32
甘 肃	Gansu	14.44	33.02	64.94
青 海	Qinghai	6.08	11.86	16.64
宁 夏	Ningxia	16.00	23.01	29.77
新 疆	Xinjiang	34.63	60.24	70.40

注：本表数据来源于第二次全国污染源普查。

Note: Figures in this table are from the Second National Pollution Sources Census.

1-11 分地区废水中主要污染物排放情况（2017年）

地区	Region	废水中主要污染物排放量 Main Pullutant Emission in Waste Water			
		化学需氧量（万吨）COD (10⁴ tons)	氨氮（万吨）Ammonia Nitrogen (10⁴ tons)	总氮（万吨）Total Nitrogen (10⁴ tons)	总磷（万吨）Total Phosphorus (10⁴ tons)
全 国	**National Total**	**2144.0**	**96.3**	**304.1**	**31.5**
北 京	Beijing	9.2	0.3	2.4	0.1
天 津	Tianjin	19.2	0.5	2.3	0.2
河 北	Hebei	116.1	4.0	11.4	1.1
山 西	Shanxi	60.9	1.8	5.5	0.7
内蒙古	Inner Mongolia	46.1	0.9	4.1	0.3
辽 宁	Liaoning	99.5	2.3	9.7	1.2
吉 林	Jilin	51.4	1.1	4.4	0.5
黑龙江	Heilongjiang	69.1	2.3	7.5	0.7
上 海	Shanghai	9.1	1.1	3.5	0.2
江 苏	Jiangsu	142.1	7.0	21.2	2.1
浙 江	Zhejiang	42.3	3.1	12.1	1.0
安 徽	Anhui	106.2	4.3	14.5	1.7
福 建	Fujian	51.2	3.8	10.6	1.1
江 西	Jiangxi	88.4	5.4	13.8	1.6
山 东	Shandong	141.2	5.3	16.3	1.4
河 南	Henan	143.5	4.6	17.4	1.8
湖 北	Hubei	128.7	5.8	18.1	2.1
湖 南	Hunan	127.8	7.2	19.2	2.2
广 东	Guangdong	166.0	9.9	30.2	3.2
广 西	Guangxi	87.4	5.9	19.5	2.2
海 南	Hainan	16.4	1.2	4.2	0.5
重 庆	Chongqing	32.9	1.4	5.2	0.5
四 川	Sichuan	116.4	5.9	16.5	1.6
贵 州	Guizhou	43.8	2.3	6.8	0.8
云 南	Yunnan	59.6	2.6	10.9	1.1
西 藏	Tibet	8.2	0.3	0.6	0.1
陕 西	Shaanxi	39.5	1.6	5.0	0.4
甘 肃	Gansu	45.1	0.9	3.1	0.4
青 海	Qinghai	7.2	0.4	0.9	0.1
宁 夏	Ningxia	16.9	0.5	1.6	0.2
新 疆	Xinjiang	52.5	2.7	5.7	0.5

注：本表数据来源于第二次全国污染源普查。
Note: Figures in this table are from the Second National Pollution Sources Census.

Main Pollutant Emission in Waste Water by Region (2017)

废水中主要污染物排放量 Main Pullutant Emission in Waste Water						
石油类 (吨) Petroleum (ton)	挥发酚 (吨) Volatile Phenol (ton)	铅 (千克) Plumbum (kg)	汞 (千克) Mercury (kg)	镉 (千克) Cadmium (kg)	总铬 (千克) Total Chromium (kg)	砷 (千克) Arsenic (kg)
7639.3	**244.1**	**52321**	**2059**	**8429**	**76414**	**43297**
8.3		22	5	13	49	44
176.7	7.1	83	13	12	415	124
255.8	25.2	328	9	7	18510	843
106.2	24.1	271	45	74	672	1676
41.6	2.1	692	31	85	32	1365
423.1	17.7	518	56	67	1295	650
542.9	3.6	50	11	9	113	160
218.9	5.4	29	5	6	551	1286
135.5	0.7	123	18	15	674	261
1098.4	31.5	1111	22	140	11634	675
470.0	2.9	1637	29	165	8795	268
388.8	15.1	1560	19	36	1592	1079
332.1	0.3	2349	39	248	2369	519
252.4	12.7	13914	173	2563	2146	5460
486.4	34.7	878	112	102	2061	1379
154.0	2.7	518	85	23	2178	1435
235.5	8.6	4884	24	143	968	3433
270.3	33.5	5160	125	820	1237	1884
890.1	1.3	2747	17	271	5953	3912
115.0	0.6	3482	299	1778	341	1764
11.3	1.8	33		2	26	2
256.2	1.1	250	1	15	340	248
336.1	2.1	3143	33	158	11878	1614
28.6	1.1	178	7	16	145	970
54.3	0.3	2822	67	447	90	1958
0.2		4		2	4	1
145.3	1.9	2133	227	270	822	5970
56.2	1.6	3356	133	912	291	3206
8.5	0.9	3	96	1	235	10
46.9	1.3	3	68	1	450	864
93.8	2.2	40	290	28	548	237

二、能源建设

Chapter 2　Construction of Energy Industry

2-1 国有经济能源工业分行业固定资产投资比上年增长情况
Investment In Fixed Assets of State-Owned Units in Energy Industry over Preceding Year

单位：% (%)

项 目 Item	2018
能源工业 Energy Industry	-12.7
煤炭采选业 Coal Mining and Processing	-4.9
石油和天然气开采业 Petroleum and Natural Gas Extraction	-42.6
电力、蒸汽、热水生产和供应业 Electricity, Steam, Hot Water Producing and Supply	-9.6
石油加工及炼焦业 Petroleum Processing and Coking	-7.3
煤气生产和供应业 Coal Gas and Coal Products	-23.3

注：自2011年起，除房地产开发投资和农户投资，固定资产投资统计起点由50万元提高到500万元；城镇固定资产投资数据发布口径改为固定资产投资(不含农户)，该口径等于原来城镇固定资产投资加上农村企事业组织的项目投资，下表同。
根据第三次全国农业普查、第四次全国经济普查、统计执法检查和统计调查制度规定，对相应年度固定资产投资数据进行了调整，2017年以后各年增速按可比口径计算，下表同。

Note: Since 2011, the cut-off point has changed from 500 000 yuan to 5 million yuan, published coverage of investment in fixed assets in urban area changed into investment in fixed assets (excluding rural households) which included investment in urban area and investment in rural enterprises (units). The same applies to the tables following.

2-2 国有经济能源工业分行业固定资产投资构成
Proportions of Investment in Fixed Assets of State-Owned Units in Energy Industry

单位：% (%)

项 目 Item	1995	2000	2005	2010	2011	2012	2013	2014	2015	2016	2017	2018
能源工业 Energy Industry	100.00	100.00	100.00	100.00	100.00	100.00	100.00	100.00	100.00	100.00	100.00	100.00
煤炭采选业 Coal Mining and Processing	13.94	7.00	13.08	13.16	14.26	14.38	11.83	9.70	8.28	4.77	5.01	4.39
石油和天然气开采业 Petroleum and Natural Gas Extraction	24.67	12.52	5.85	16.02	17.52	15.83	17.70	17.47	13.41	6.90	7.90	5.82
电力、蒸汽、热水生产和供应业 Electricity, Steam, Hot Water Producing and Supply	51.48	75.02	72.42	62.87	59.35	61.84	60.37	64.37	70.40	79.25	78.33	81.88
石油加工及炼焦业 Petroleum Processing and Coking	7.98	3.34	6.28	4.95	5.70	4.35	5.16	4.07	3.87	4.88	3.95	5.04
煤气生产和供应业 Coal Gas and Coal Products	1.93	2.11	2.37	2.99	3.18	3.60	4.94	4.39	4.04	4.21	4.81	2.87

2-3 分地区国有经济能源工业固定资产投资比上年增长情况
Investment in Fixed Assets of State-Owned Units in Energy Industry over Preceding Year by Region

单位：% (%)

地 区	Region	2018
北 京	Beijing	-47.2
天 津	Tianjin	16.1
河 北	Hebei	19.6
山 西	Shanxi	18.1
内蒙古	Inner Mongolia	-21.9
辽 宁	Liaoning	-24.1
吉 林	Jilin	-26.4
黑龙江	Heilongjiang	-31.1
上 海	Shanghai	6.2
江 苏	Jiangsu	-35.1
浙 江	Zhejiang	-7.2
安 徽	Anhui	-15.0
福 建	Fujian	0.0
江 西	Jiangxi	-23.9
山 东	Shandong	-28.9
河 南	Henan	17.3
湖 北	Hubei	-0.1
湖 南	Hunan	13.3
广 东	Guangdong	4.5
广 西	Guangxi	1.7
海 南	Hainan	36.0
重 庆	Chongqing	-19.6
四 川	Sichuan	-3.4
贵 州	Guizhou	-0.7
云 南	Yunnan	39.2
西 藏	Tibet	-25.4
陕 西	Shaanxi	-11.5
甘 肃	Gansu	-15.3
青 海	Qinghai	42.9
宁 夏	Ningxia	-39.0
新 疆	Xinjiang	-7.3

2-4 分地区国有经济煤炭采选业固定资产投资比上年增长情况
Investment in Fixed Assets of State-Owned Units in Coal Mining and Processing over Preceding Year by Region

单位：% (%)

地　区	Region	2018
北　京	Beijing	
天　津	Tianjin	
河　北	Hebei	42.9
山　西	Shanxi	29.5
内蒙古	Inner Mongolia	-31.7
辽　宁	Liaoning	97.8
吉　林	Jilin	212.6
黑龙江	Heilongjiang	30.7
上　海	Shanghai	
江　苏	Jiangsu	
浙　江	Zhejiang	
安　徽	Anhui	45.3
福　建	Fujian	-100.0
江　西	Jiangxi	283.0
山　东	Shandong	3.7
河　南	Henan	-4.7
湖　北	Hubei	
湖　南	Hunan	-31.8
广　东	Guangdong	
广　西	Guangxi	-100.0
海　南	Hainan	
重　庆	Chongqing	-84.6
四　川	Sichuan	-21.0
贵　州	Guizhou	-56.5
云　南	Yunnan	34.4
西　藏	Tibet	
陕　西	Shaanxi	-34.1
甘　肃	Gansu	133.7
青　海	Qinghai	-100.0
宁　夏	Ningxia	50.2
新　疆	Xinjiang	-36.4

2-5 分地区国有经济石油和天然气开采业固定资产投资比上年增长情况
Investment in Fixed Assets of State-Owned Units in Petroleum and Natural Gas Extraction over Preceding Year by Region

单位：% (%)

地 区	Region	2018
北 京	Beijing	
天 津	Tianjin	-91.5
河 北	Hebei	
山 西	Shanxi	20.1
内蒙古	Inner Mongolia	-46.5
辽 宁	Liaoning	126.6
吉 林	Jilin	-25.2
黑龙江	Heilongjiang	
上 海	Shanghai	
江 苏	Jiangsu	-6.1
浙 江	Zhejiang	
安 徽	Anhui	
福 建	Fujian	
江 西	Jiangxi	
山 东	Shandong	38.5
河 南	Henan	20.9
湖 北	Hubei	
湖 南	Hunan	-100.0
广 东	Guangdong	
广 西	Guangxi	
海 南	Hainan	-10.2
重 庆	Chongqing	-95.6
四 川	Sichuan	44.0
贵 州	Guizhou	
云 南	Yunnan	
西 藏	Tibet	
陕 西	Shaanxi	-3.9
甘 肃	Gansu	295.3
青 海	Qinghai	
宁 夏	Ningxia	
新 疆	Xinjiang	14.6

2-6 分地区国有经济电力、蒸汽、热水生产和供应业固定资产投资比上年增长情况

Investment in Fixed Assets of State-Owned Units in Electricity, Steam, Hot Water Production and Supply over Preceding Year by Region

单位：% (%)

地 区	Region	2018
北 京	Beijing	-46.6
天 津	Tianjin	22.9
河 北	Hebei	34.4
山 西	Shanxi	19.7
内蒙古	Inner Mongolia	-16.6
辽 宁	Liaoning	-27.6
吉 林	Jilin	-28.2
黑龙江	Heilongjiang	-38.2
上 海	Shanghai	13.6
江 苏	Jiangsu	-35.7
浙 江	Zhejiang	-7.3
安 徽	Anhui	-19.2
福 建	Fujian	-13.3
江 西	Jiangxi	-25.4
山 东	Shandong	-30.9
河 南	Henan	15.8
湖 北	Hubei	-0.5
湖 南	Hunan	14.4
广 东	Guangdong	15.7
广 西	Guangxi	-1.1
海 南	Hainan	40.4
重 庆	Chongqing	-8.1
四 川	Sichuan	-14.7
贵 州	Guizhou	9.3
云 南	Yunnan	37.3
西 藏	Tibet	-25.5
陕 西	Shaanxi	-12.5
甘 肃	Gansu	-28.1
青 海	Qinghai	43.4
宁 夏	Ningxia	-64.0
新 疆	Xinjiang	-3.9

2-7 分地区国有经济石油加工及炼焦业固定资产投资比上年增长情况
Investment in Fixed Assets of State-Owned Units in Petroleum Processing and Coking over Preceding Year by Region

单位：% (%)

地 区	Region	2018
北 京	Beijing	-78.7
天 津	Tianjin	134.2
河 北	Hebei	-59.5
山 西	Shanxi	67.5
内蒙古	Inner Mongolia	-27.7
辽 宁	Liaoning	85.5
吉 林	Jilin	
黑龙江	Heilongjiang	-89.0
上 海	Shanghai	-100.0
江 苏	Jiangsu	-6.5
浙 江	Zhejiang	-74.7
安 徽	Anhui	-29.6
福 建	Fujian	42.7
江 西	Jiangxi	-18.9
山 东	Shandong	-47.3
河 南	Henan	29.0
湖 北	Hubei	8.0
湖 南	Hunan	115.6
广 东	Guangdong	-87.5
广 西	Guangxi	-4.1
海 南	Hainan	
重 庆	Chongqing	-47.9
四 川	Sichuan	39.0
贵 州	Guizhou	
云 南	Yunnan	
西 藏	Tibet	
陕 西	Shaanxi	5.1
甘 肃	Gansu	658.5
青 海	Qinghai	-58.0
宁 夏	Ningxia	
新 疆	Xinjiang	-34.1

2-8 分地区国有经济煤气生产和供应业固定资产投资比上年增长情况
Investment in Fixed Assets of State-Owned Units in Gas Production and Supply over Preceding Year by Region

单位：% (%)

地 区	Region	2018
北 京	Beijing	-61.5
天 津	Tianjin	-77.2
河 北	Hebei	-63.2
山 西	Shanxi	-59.8
内蒙古	Inner Mongolia	-89.4
辽 宁	Liaoning	-77.0
吉 林	Jilin	-38.7
黑龙江	Heilongjiang	-30.1
上 海	Shanghai	-93.5
江 苏	Jiangsu	-65.9
浙 江	Zhejiang	-0.3
安 徽	Anhui	-11.5
福 建	Fujian	18.8
江 西	Jiangxi	-43.9
山 东	Shandong	1.7
河 南	Henan	56.4
湖 北	Hubei	5.6
湖 南	Hunan	10.8
广 东	Guangdong	-17.8
广 西	Guangxi	705.6
海 南	Hainan	-56.1
重 庆	Chongqing	-66.8
四 川	Sichuan	157.6
贵 州	Guizhou	21.4
云 南	Yunnan	24.0
西 藏	Tibet	159.6
陕 西	Shaanxi	-12.4
甘 肃	Gansu	-28.3
青 海	Qinghai	-34.8
宁 夏	Ningxia	123.0
新 疆	Xinjiang	-34.3

2-9 能源工业分行业投资比上年增长情况
Investment in Energy Industry over Preceding Year

单位：% (%)

项　目 Item	2018
能源工业 Energy Industry	-7.1
煤炭采选业 Coal Mining and Processing	5.9
石油和天然气开采业 Petroleum and Natural Gas Extraction	-0.7
电力、蒸汽、热水生产和供应业 Electricity Steam, Hot Water Producing and and Supply	-12.3
石油加工及炼焦业 Petroleum Processing and Coking	10.1
煤气生产和供应业 Gas Production and Supply	6.4

2-10 能源工业分行业投资构成
Investment in Energy Industry by Proportions

单位：% (%)

项　目 Item	1995	2000	2005	2010	2011	2012	2013	2014	2015	2016	2017	2018
能源工业 Energy Industry	100.00	100.00	100.00	100.00	100.00	100.00	100.00	100.00	100.00	100.00	100.00	100.00
煤炭采选业 Coal Mining and Processing	12.05	5.30	11.40	17.50	21.29	21.06	17.97	14.86	12.30	9.25	8.21	7.3
石油和天然气开采业 Petroleum and Natural Gas Extraction	21.27	19.78	14.34	13.54	13.11	12.06	13.17	12.53	10.52	7.10	8.21	11.0
电力、蒸汽、热水生产和供应业 Electricity Steam, Hot Water Producing and and Supply	56.43	68.76	63.72	55.09	50.35	50.78	50.76	55.32	62.22	68.94	68.37	65.8
石油加工及炼焦业 Petroleum Processing and Coking	8.20	4.32	7.85	9.41	9.84	9.81	10.48	10.18	7.80	8.21	8.30	10.0
煤气生产和供应业 Gas Production and Supply	2.05	1.85	2.69	4.46	5.40	6.29	7.62	7.11	7.16	6.50	6.91	5.9

2-11 分地区能源工业投资比上年增长情况
Investment in Energy Industry over Preceding Year by Region

单位：% (%)

地 区	Region	2018
北 京	Beijing	-47.0
天 津	Tianjin	19.3
河 北	Hebei	16.5
山 西	Shanxi	5.8
内蒙古	Inner Mongolia	-12.4
辽 宁	Liaoning	-4.0
吉 林	Jilin	-11.5
黑龙江	Heilongjiang	5.3
上 海	Shanghai	4.7
江 苏	Jiangsu	-24.5
浙 江	Zhejiang	-21.1
安 徽	Anhui	-23.8
福 建	Fujian	-11.4
江 西	Jiangxi	-24.6
山 东	Shandong	-21.2
河 南	Henan	-4.6
湖 北	Hubei	-4.6
湖 南	Hunan	18.6
广 东	Guangdong	5.1
广 西	Guangxi	-16.7
海 南	Hainan	81.1
重 庆	Chongqing	-16.6
四 川	Sichuan	-5.4
贵 州	Guizhou	10.3
云 南	Yunnan	12.8
西 藏	Tibet	-20.0
陕 西	Shaanxi	2.0
甘 肃	Gansu	-10.4
青 海	Qinghai	27.7
宁 夏	Ningxia	-1.7
新 疆	Xinjiang	1.3

2-12 分地区煤炭采选业投资比上年增长情况
Investment in Coal Mining and Processing over Preceding Year by Region

单位：% (%)

地 区	Region	2018
北 京	Beijing	
天 津	Tianjin	381.3
河 北	Hebei	5.2
山 西	Shanxi	6.3
内蒙古	Inner Mongolia	-34.7
辽 宁	Liaoning	10.9
吉 林	Jilin	33.4
黑龙江	Heilongjiang	32.7
上 海	Shanghai	
江 苏	Jiangsu	10.2
浙 江	Zhejiang	
安 徽	Anhui	36.7
福 建	Fujian	204.2
江 西	Jiangxi	-49.8
山 东	Shandong	-45.2
河 南	Henan	-17.4
湖 北	Hubei	-68.7
湖 南	Hunan	15.4
广 东	Guangdong	
广 西	Guangxi	-57.3
海 南	Hainan	
重 庆	Chongqing	-53.2
四 川	Sichuan	81.8
贵 州	Guizhou	132.9
云 南	Yunnan	-11.4
西 藏	Tibet	
陕 西	Shaanxi	6.8
甘 肃	Gansu	61.1
青 海	Qinghai	-54.8
宁 夏	Ningxia	7.4
新 疆	Xinjiang	9.1

2-13 分地区石油和天然气开采业投资比上年增长情况
Investment in Petroleum and Natural Gas Extraction over Preceding Year by Region

单位：% (%)

地区	Region	2018
北京	Beijing	
天津	Tianjin	36.0
河北	Hebei	-19.2
山西	Shanxi	20.5
内蒙古	Inner Mongolia	-54.4
辽宁	Liaoning	-11.8
吉林	Jilin	-20.0
黑龙江	Heilongjiang	-19.2
上海	Shanghai	
江苏	Jiangsu	-28.2
浙江	Zhejiang	
安徽	Anhui	
福建	Fujian	
江西	Jiangxi	
山东	Shandong	21.0
河南	Henan	-16.8
湖北	Hubei	150.6
湖南	Hunan	-100.0
广东	Guangdong	32.6
广西	Guangxi	40.1
海南	Hainan	566.0
重庆	Chongqing	-33.3
四川	Sichuan	67.5
贵州	Guizhou	-38.2
云南	Yunnan	
西藏	Tibet	
陕西	Shaanxi	53.4
甘肃	Gansu	-30.4
青海	Qinghai	22.5
宁夏	Ningxia	
新疆	Xinjiang	21.9

2-14 分地区电力、蒸汽、热水生产和供应业投资比上年增长情况
Investment in Electricity, Steam, Hot Water Production and Supply over Preceding Year by Region

单位：% (%)

地 区	Region	2018
北 京	Beijing	-47.9
天 津	Tianjin	-12.0
河 北	Hebei	15.5
山 西	Shanxi	6.5
内蒙古	Inner Mongolia	0.2
辽 宁	Liaoning	-13.7
吉 林	Jilin	-14.4
黑龙江	Heilongjiang	14.0
上 海	Shanghai	11.5
江 苏	Jiangsu	-25.5
浙 江	Zhejiang	-21.6
安 徽	Anhui	-29.6
福 建	Fujian	-20.4
江 西	Jiangxi	-27.8
山 东	Shandong	-25.6
河 南	Henan	-5.1
湖 北	Hubei	-11.7
湖 南	Hunan	14.3
广 东	Guangdong	5.3
广 西	Guangxi	-20.3
海 南	Hainan	67.4
重 庆	Chongqing	-3.4
四 川	Sichuan	-22.6
贵 州	Guizhou	-23.3
云 南	Yunnan	17.6
西 藏	Tibet	-19.9
陕 西	Shaanxi	-24.9
甘 肃	Gansu	-21.4
青 海	Qinghai	29.7
宁 夏	Ningxia	-18.9
新 疆	Xinjiang	-12.6

2-15 分地区石油加工及炼焦业投资比上年增长情况

Investment in Petroleum Processing and Coking over Preceding Year by Region

单位：% (%)

地 区	Region	2018
北 京	Beijing	42.3
天 津	Tianjin	122.0
河 北	Hebei	27.3
山 西	Shanxi	17.3
内蒙古	Inner Mongolia	-40.3
辽 宁	Liaoning	17.7
吉 林	Jilin	71.7
黑龙江	Heilongjiang	193.5
上 海	Shanghai	-55.1
江 苏	Jiangsu	-14.6
浙 江	Zhejiang	-19.1
安 徽	Anhui	65.8
福 建	Fujian	24.1
江 西	Jiangxi	12.9
山 东	Shandong	-15.9
河 南	Henan	11.0
湖 北	Hubei	56.3
湖 南	Hunan	306.1
广 东	Guangdong	0.0
广 西	Guangxi	77.7
海 南	Hainan	-40.2
重 庆	Chongqing	-39.0
四 川	Sichuan	-41.7
贵 州	Guizhou	846.0
云 南	Yunnan	63.3
西 藏	Tibet	-81.6
陕 西	Shaanxi	19.6
甘 肃	Gansu	87.6
青 海	Qinghai	-84.7
宁 夏	Ningxia	337.6
新 疆	Xinjiang	15.0

2-16 分地区煤气生产和供应业投资比上年增长情况
Investment in Gas Production and Supply over Preceding Year by Region

单位：% (%)

地 区	Region	2018
北 京	Beijing	-46.6
天 津	Tianjin	170.1
河 北	Hebei	13.1
山 西	Shanxi	-20.0
内蒙古	Inner Mongolia	-38.2
辽 宁	Liaoning	91.0
吉 林	Jilin	9.5
黑龙江	Heilongjiang	-7.9
上 海	Shanghai	-27.7
江 苏	Jiangsu	-21.7
浙 江	Zhejiang	-16.4
安 徽	Anhui	-16.3
福 建	Fujian	1.5
江 西	Jiangxi	6.6
山 东	Shandong	-21.0
河 南	Henan	-0.5
湖 北	Hubei	17.7
湖 南	Hunan	17.7
广 东	Guangdong	-10.4
广 西	Guangxi	5.4
海 南	Hainan	-11.2
重 庆	Chongqing	-42.8
四 川	Sichuan	91.8
贵 州	Guizhou	58.2
云 南	Yunnan	-5.8
西 藏	Tibet	22.3
陕 西	Shaanxi	38.0
甘 肃	Gansu	-29.7
青 海	Qinghai	62.0
宁 夏	Ningxia	283.0
新 疆	Xinjiang	-47.0

三、能源生产

Chapter 3　Energy Production

3-1 一次能源生产总量及构成
Total Primary Energy Production and Its Composition

年 份 Year	电热当量计算法 Calorific Value Calculation						
	一次能源生产总量 (万吨标准煤) Total Primary Energy Production (10^4 tce)	比重 (%) Proportion (%)					
		原 煤 Raw Coal	原 油 Crude Oil	天然气 Natural Gas	一次电力及其他能源 Primary Electricity and Other Energy	#水电 Hydro Power	#核电 Nuclear Power
1980	62046	71.4	24.4	3.0	1.2	1.2	-
1981	61364	72.4	23.6	2.7	1.3	1.3	-
1982	64686	73.5	22.6	2.5	1.4	1.4	-
1983	68877	74.1	22.0	2.4	1.5	1.5	-
1984	75493	74.7	21.7	2.2	1.4	1.4	-
1985	83005	75.1	21.5	2.1	1.3	1.3	-
1986	85523	74.7	21.8	2.1	1.4	1.4	-
1987	88524	74.9	21.6	2.1	1.4	1.4	-
1988	92809	75.5	21.1	2.0	1.4	1.4	-
1989	98418	76.5	20.0	2.0	1.5	1.5	-
1990	100487	76.8	19.7	2.0	1.5	1.5	-
1991	101490	76.5	19.9	2.1	1.5	1.5	-
1992	103771	76.9	19.6	2.0	1.5	1.5	-
1993	107059	76.8	19.4	2.2	1.8	1.8	
1994	114009	77.7	18.3	2.3	2.2	2.1	0.1
1995	123519	78.7	17.4	1.9	2.0	1.9	0.1
1996	127404	78.3	17.6	2.1	2.0	1.8	0.1
1997	127431	77.8	18.0	2.2	2.0	1.9	0.1
1998	123713	76.9	18.6	2.3	2.2	2.1	0.1
1999	126264	77.2	18.1	2.7	2.1	1.9	0.2
2000	132384	76.3	17.6	2.7	3.4	2.1	0.2
2001	139928	76.5	16.7	2.9	3.9	2.4	0.2
2002	148450	77.0	16.1	2.9	4.0	2.4	0.2
2003	170305	79.3	14.2	2.7	3.8	2.0	0.3
2004	196418	80.5	12.8	2.8	3.9	2.2	0.3
2005	218355	81.2	11.9	3.0	3.9	2.2	0.3
2006	233269	81.4	11.3	3.3	4.0	2.3	0.3
2007	251772	81.6	10.6	3.7	4.1	2.4	0.3
2008	262992	81.0	10.3	4.1	4.6	2.7	0.3
2009	271067	81.0	10.0	4.2	4.8	2.8	0.3
2010	294807	80.7	9.8	4.3	5.2	3.0	0.3
2011	323045	81.9	9.0	4.3	4.8	2.7	0.3
2012	330203	81.0	9.0	4.4	5.6	3.2	0.4
2013	336452	80.4	8.9	4.7	6.0	3.4	0.4
2014	336314	79.2	9.0	5.0	6.8	3.9	0.5
2015	334162	78.2	9.2	5.2	7.4	4.2	0.6
2016	315217	76.7	9.0	5.7	8.6	4.6	0.8
2017	325917	76.6	8.4	6.0	9.0	4.5	0.9
2018	342312	76.6	7.9	6.0	9.5	4.4	1.1

3-1 续表 Continued

年 份 Year	一次能源生产总量(万吨标准煤) Total Primary Energy Production (10^4 tce)	发电煤耗计算法 Coal Equivalent Calculation 比重（%） Proportion (%) 原 煤 Raw Coal	原 油 Crude Oil	天然气 Natural Gas	一次电力及其他能源 Primary Electricity and Other Energy	#水电 Hydro Power	#核电 Nuclear Power
1980	63735	69.4	23.8	3.0	3.8	3.8	-
1981	63227	70.2	22.9	2.7	4.2	4.2	-
1982	66778	71.3	21.8	2.4	4.5	4.5	-
1983	71270	71.6	21.3	2.3	4.8	4.8	-
1984	77855	72.4	21.0	2.1	4.5	4.5	-
1985	85546	72.8	20.9	2.0	4.3	4.3	-
1986	88124	72.4	21.2	2.1	4.3	4.3	-
1987	91266	72.6	21.0	2.0	4.4	4.4	-
1988	95801	73.1	20.4	2.0	4.5	4.5	-
1989	101639	74.1	19.3	2.0	4.6	4.6	-
1990	103922	74.2	19.0	2.0	4.8	4.8	-
1991	104844	74.1	19.2	2.0	4.7	4.7	-
1992	107256	74.3	18.9	2.0	4.8	4.8	-
1993	111059	74.0	18.7	2.0	5.3	5.2	0.1
1994	118729	74.6	17.6	1.9	5.9	5.4	0.5
1995	129034	75.3	16.6	1.9	6.2	5.8	0.4
1996	133032	75.0	16.9	2.0	6.1	5.7	0.4
1997	133460	74.3	17.2	2.1	6.5	6.0	0.4
1998	129834	73.3	17.7	2.2	6.8	6.4	0.4
1999	131935	73.9	17.3	2.5	6.3	5.9	0.4
2000	138570	72.9	16.8	2.6	7.7	6.1	0.5
2001	147425	72.6	15.9	2.7	8.8	7.1	0.4
2002	156277	73.1	15.3	2.8	8.8	6.8	0.6
2003	178299	75.7	13.6	2.6	8.1	5.8	0.9
2004	206108	76.7	12.2	2.7	8.4	6.2	0.9
2005	229037	77.4	11.3	2.9	8.4	6.2	0.8
2006	244763	77.5	10.8	3.2	8.5	6.3	0.8
2007	264173	77.8	10.1	3.5	8.6	6.3	0.8
2008	277419	76.8	9.8	3.9	9.5	7.1	0.8
2009	286092	76.8	9.4	4.0	9.8	7.1	0.8
2010	312125	76.2	9.3	4.1	10.4	7.4	0.8
2011	340178	77.8	8.5	4.1	9.6	6.5	0.8
2012	351041	76.2	8.5	4.1	11.2	7.8	0.9
2013	358784	75.4	8.4	4.4	11.8	8.0	1.0
2014	362212	73.5	8.3	4.7	13.5	9.1	1.1
2015	362193	72.2	8.5	4.8	14.5	9.6	1.4
2016	345954	69.8	8.3	5.2	16.7	10.4	1.9
2017	358867	69.6	7.6	5.4	17.4	10.0	2.1
2018	378859	69.2	7.2	5.4	18.2	9.7	2.3

3-2 分地区原煤生产量
Raw Coal Production by Region

单位：万吨 (10[4] tons)

地　区	Region	2014	2015	2016	2017	2018
北　京	Beijing	457.49	450.12	317.64	255.02	176.17
天　津	Tianjin					
河　北	Hebei	7345.44	7437.05	6484.32	6019.95	5559.37
山　西	Shanxi	92793.65	96679.95	83043.72	87221.36	92677.30
内蒙古	Inner Mongolia	99391.26	90957.05	84558.88	90597.26	99101.53
辽　宁	Liaoning	5001.07	4752.33	4169.68	3630.22	3403.37
吉　林	Jilin	3100.23	2634.44	1684.06	1638.77	1619.83
黑龙江	Heilongjiang	7059.27	6551.11	5890.46	6195.75	6132.64
上　海	Shanghai					
江　苏	Jiangsu	2019.20	1918.90	1367.91	1278.47	1245.78
浙　江	Zhejiang					
安　徽	Anhui	12803.86	13404.17	12235.61	11724.38	11412.36
福　建	Fujian	1589.45	1590.95	1383.91	1129.54	941.26
江　西	Jiangxi	2813.70	2270.69	1556.75	938.92	550.62
山　东	Shandong	14684.29	14220.16	12817.63	13159.65	12556.47
河　南	Henan	14415.64	13595.94	11946.76	11750.64	11466.75
湖　北	Hubei	1057.20	859.89	593.88	315.50	119.43
湖　南	Hunan	5553.81	3558.60	2787.18	1938.02	1900.40
广　东	Guangdong					
广　西	Guangxi	615.43	425.45	432.50	442.68	487.88
海　南	Hainan					
重　庆	Chongqing	3884.09	3561.83	2437.01	1194.20	1176.92
四　川	Sichuan	7662.79	6406.47	6164.83	4798.51	3736.24
贵　州	Guizhou	18508.31	17204.99	16850.64	16343.80	14334.99
云　南	Yunnan	4740.86	5184.45	4586.88	4674.98	4572.83
西　藏	Tibet					
陕　西	Shaanxi	52225.60	52576.25	51566.15	57102.48	62958.07
甘　肃	Gansu	4753.03	4399.63	4254.29	3738.45	3629.64
青　海	Qinghai	1833.36	816.46	787.30	841.74	821.48
宁　夏	Ningxia	8563.47	7975.80	7069.32	7643.59	7840.09
新　疆	Xinjiang	14519.50	15221.48	16073.10	17782.30	21352.17

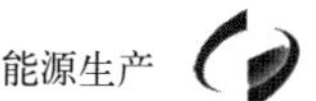

3-3 分地区焦炭生产量
Coke Production by Region

单位：万吨 (10[4] tons)

地区	Region	1995	2000	2005	2010	2011	2012	2013	2014	2015	2016	2017	2018
北京	Beijing	401	402	344	161								
天津	Tianjin	175	171	361	238	234	229	260	229	196	205	158	165
河北	Hebei	938	792	2613	5046	6290	6701	6382	5614	5481	5312	4814	5263
山西	Shanxi	5298	4967	7981	8505	9010	8608	9022	8766	8040	8186	8383	9252
内蒙古	Inner Mongolia	395	394	1034	2034	2482	2569	3180	3446	3041	2817	3046	3423
辽宁	Liaoning	820	789	1238	1876	2027	2021	2147	2141	2097	2131	2216	2214
吉林	Jilin	136	154	270	411	485	524	489	448	372	315	314	298
黑龙江	Heilongjiang	190	129	474	957	1011	957	821	803	687	675	761	906
上海	Shanghai	651	776	762	631	641	633	540	489	534	543	557	545
江苏	Jiangsu	191	237	576	1394	1855	2052	2253	2396	2433	2527	2060	1497
浙江	Zhejiang	57	60	55	282	292	295	296	297	294	228	229	203
安徽	Anhui	293	330	488	875	869	899	904	930	958	973	1058	1130
福建	Fujian	39	45	91	143	151	190	167	196	152	127	158	174
江西	Jiangxi	167	187	401	799	876	810	831	868	815	749	594	608
山东	Shandong	465	362	1709	3429	3973	4225	4396	4608	4365	4420	3934	4376
河南	Henan	489	355	1381	2572	2417	2361	2766	2898	2942	2920	2291	2237
湖北	Hubei	398	411	678	947	994	922	943	932	920	892	885	874
湖南	Hunan	215	207	446	582	677	640	652	660	657	667	654	656
广东	Guangdong	54	54	125	195	194	178	178	193	244	483	591	574
广西	Guangxi	64	61	223	392	411	420	540	606	586	678	704	692
海南	Hainan												
重庆	Chongqing		136	223	359	397	332	349	267	218	134	174	251
四川	Sichuan	708	382	828	1159	1281	1312	1400	1356	1304	1275	1072	1084
贵州	Guizhou	426	134	716	713	685	839	891	762	729	659	510	401
云南	Yunnan	370	221	1214	1607	1603	1573	1747	1508	1150	1090	964	930
西藏	Tibet												
陕西	Shaanxi	341	175	591	1571	2172	2894	3475	3835	3658	3921	4050	4025
甘肃	Gansu	95	126	222	244	263	338	458	583	525	509	472	384
青海	Qinghai	1	2	2	130	168	240	252	133		134	151	172
宁夏	Ningxia	43	30	117	424	438	577	705	784	758	768	755	737
新疆	Xinjiang	92	95	249	1188	1377	1441	2137	2235	1662	1574	1591	1765

3-4 分地区原油生产量
Crude Oil Production by Region

单位：万吨 (10⁴ tons)

地 区	Region	1995	2000	2005	2010	2011	2012	2013	2014	2015	2016	2017	2018
北 京	Beijing												
天 津	Tianjin	620.8	764.0	1793.0	3332.7	3187.8	3098.3	3044.5	3074.8	3496.8	3273.3	3102.4	3085.5
河 北	Hebei	517.0	518.3	562.5	599.0	586.1	584.0	591.0	592.3	580.1	546.0	539.1	537.2
山 西	Shanxi												
内蒙古	Inner Mongolia								21.5	45.8	44.9	12.2	12.0
辽 宁	Liaoning	1552.7	1401.1	1261.0	950.0	1000.0	1000.0	1001.0	1021.9	1037.1	1017.3	1044.2	1040.7
吉 林	Jilin	342.7	348.5	550.6	702.3	739.4	810.4	703.7	663.9	665.5	610.7	420.9	387.4
黑龙江	Heilongjiang	5601.5	5306.7	4516.0	4004.9	4006.0	4001.5	4001.0	4000.0	3838.6	3656.0	3420.3	3224.2
上 海	Shanghai		52.7	25.3	8.3	8.1	5.3	7.9	5.7	6.8	6.5	6.8	6.5
江 苏	Jiangsu	101.4	155.0	164.7	186.0	189.0	194.5	201.5	206.0	190.5	166.0	156.1	155.4
浙 江	Zhejiang												
安 徽	Anhui												
福 建	Fujian												
江 西	Jiangxi												
山 东	Shandong	3006.3	2675.7	2694.5	2786.0	2713.5	2774.7	2726.4	2713.2	2608.0	2295.3	2234.9	2242.1
河 南	Henan	602.0	562.2	507.2	497.9	485.5	476.6	476.5	470.5	412.1	315.7	282.9	258.8
湖 北	Hubei	85.0	75.1	78.1	86.5	79.0	78.9	80.1	79.0	71.0	58.1	55.5	54.3
湖 南	Hunan												
广 东	Guangdong	651.0	1393.2	1470.0	1287.1	1152.8	1209.3	1291.8	1245.4	1572.6	1556.3	1435.2	1393.5
广 西	Guangxi	3.6	3.3	3.4	2.7	2.3	2.3	43.8	58.7	50.5	47.4	44.1	51.9
海 南	Hainan	0.1		10.1	20.0	19.7	19.0	26.5	28.5	30.0	29.4	30.0	30.4
重 庆	Chongqing												
四 川	Sichuan	17.2	17.3	13.9	15.1	16.2	17.5	22.4	19.2	15.4	10.8	8.7	8.1
贵 州	Guizhou												
云 南	Yunnan	10.2		0.1									
西 藏	Tibet												
陕 西	Shaanxi	166.9	746.4	1778.2	3017.3	3225.4	3527.6	3688.0	3767.8	3736.7	3502.4	3489.8	3522.0
甘 肃	Gansu	267.8	55.3	78.9	58.2	62.6	69.9	72.8	71.2	66.6	40.4	47.0	51.8
青 海	Qinghai	121.7	200.0	221.5	186.1	195.0	205.0	214.5	220.0	223.0	221.0	228.0	223.3
宁 夏	Ningxia	39.0	139.0		3.1	3.6	2.3	6.1	7.9	13.4	6.2	0.7	
新 疆	Xinjiang	1297.8	1848.2	2406.4	2558.2	2615.6	2670.7	2792.5	2875.3	2795.1	2564.9	2591.8	2647.4

 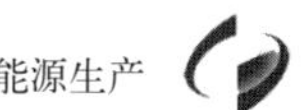

3-5 分地区汽油生产量
Gasoline Production by Region

单位：万吨 (10⁴ tons)

地　区	Region	1995	2000	2005	2010	2011	2012	2013	2014	2015	2016	2017	2018
北　京	Beijing	101.95	146.20	170.90	257.10	251.20	261.90	243.31	299.49	297.98	267.26	273.67	276.21
天　津	Tianjin	94.02	122.02	145.42	164.60	178.20	183.60	211.31	199.60	245.84	229.06	251.95	288.53
河　北	Hebei	135.11	159.04	223.60	270.00	292.80	293.60	304.68	322.21	432.83	475.88	385.86	446.42
山　西	Shanxi				3.20	2.80		10.03	2.99	0.34		0.11	
内蒙古	Inner Mongolia	23.43		44.99	42.10	34.30	15.30	147.50	151.87	147.91	176.62	176.69	151.70
辽　宁	Liaoning	398.22	683.88	965.60	1057.74	1017.43	1088.10	1059.99	1057.66	1128.52	1212.11	1316.49	1592.76
吉　林	Jilin	147.88	159.45	164.72	163.00	193.50	195.30	201.73	208.23	196.79	211.31	221.16	205.37
黑龙江	Heilongjiang	261.72	347.46	384.85	462.90	481.70	463.50	480.71	429.52	480.42	501.92	519.24	512.38
上　海	Shanghai	111.00	263.69	263.45	259.70	274.40	305.00	499.24	471.59	537.31	536.12	570.01	528.43
江　苏	Jiangsu	108.07	171.53	233.25	286.50	298.50	344.40	451.95	564.26	657.52	698.65	678.17	809.53
浙　江	Zhejiang	124.15	178.98	288.69	305.10	315.20	284.53	285.10	308.46	333.27	307.69	352.08	338.83
安　徽	Anhui	74.11	79.38	86.00	97.00	96.30	83.00	126.88	230.85	216.55	176.38	243.43	269.61
福　建	Fujian	81.49	102.22	95.19	149.60	137.10	170.30	149.38	324.30	391.30	394.15	368.65	372.29
江　西	Jiangxi	64.56	82.51	86.10	108.60	100.70	130.60	178.22	173.51	193.79	219.37	208.39	240.11
山　东	Shandong	214.88	280.15	474.54	1195.46	1286.30	1525.36	1670.96	2188.35	2650.54	3252.16	3145.30	2782.04
河　南	Henan	138.68	136.86	127.65	208.00	191.40	239.20	222.47	209.60	163.95	203.62	186.87	226.65
湖　北	Hubei	126.32	154.97	178.87	239.80	242.90	241.00	281.34	278.88	317.14	324.13	375.17	373.28
湖　南	Hunan	90.38	120.19	122.83	125.50	191.00	240.70	241.34	199.02	228.33	240.18	220.89	279.12
广　东	Guangdong	286.47	331.50	367.23	635.70	635.50	674.10	759.68	873.16	885.73	904.67	946.76	1153.08
广　西	Guangxi	15.09	15.64	19.38	77.30	229.70	300.60	337.39	409.34	432.15	432.04	497.45	519.67
海　南	Hainan				263.20	295.20	302.70	233.78	218.06	248.19	233.44	224.41	276.56
重　庆	Chongqing												
四　川	Sichuan	5.92	8.42	23.20	57.80	76.20	65.20	74.07	194.80	217.44	256.58	280.34	181.21
贵　州	Guizhou												84.68
云　南	Yunnan								2.91	2.08	0.66	103.76	347.32
西　藏	Tibet												
陕　西	Shaanxi	49.68	180.13	387.83	572.50	610.80	737.70	745.21	766.18	705.07	621.77	612.73	653.56
甘　肃	Gansu	166.84	150.92	229.30	287.90	398.60	375.00	390.18	381.23	395.48	388.28	424.83	418.93
青　海	Qinghai	29.48	20.78	29.40	40.80	46.30	42.10	44.89	49.34	53.91	52.47	51.68	45.83
宁　夏	Ningxia	23.57	26.91	58.17	76.80	46.50	174.00	205.35	193.54	219.53	259.01	247.59	195.42
新　疆	Xinjiang	178.53	211.86	238.06	268.15	233.53	239.28	277.35	320.88	323.63	356.48	392.49	395.17

3-6 分地区煤油生产量
Kerosene Production by Region

单位：万吨 (10^4 tons)

地 区	Region	1995	2000	2005	2010	2011	2012	2013	2014	2015	2016	2017	2018
北 京	Beijing	0.26		12.36	116.10	126.40	132.90	99.38	152.31	160.00	149.79	190.77	187.57
天 津	Tianjin	8.85	32.57	25.83	81.20	115.00	94.50	130.76	134.14	157.42	125.62	172.09	190.85
河 北	Hebei	4.83	12.69	11.94	4.30		0.30	13.72	13.50	44.15	57.90	42.64	58.29
山 西	Shanxi												
内蒙古	Inner Mongolia	0.02						2.17	7.75	9.13	14.22	24.00	13.03
辽 宁	Liaoning	84.34	231.53	220.00	224.20	222.00	293.30	355.90	380.50	429.10	495.91	504.59	612.31
吉 林	Jilin	1.96	1.28						8.79	21.61	28.22	29.54	26.91
黑龙江	Heilongjiang	22.27	23.27	19.28	31.50	34.70	42.30	63.97	73.98	68.46	82.14	87.75	63.82
上 海	Shanghai	35.84	48.38	144.25	149.30	150.10	165.10	222.69	244.61	292.93	292.39	292.80	257.91
江 苏	Jiangsu	50.64	67.21	99.41	165.60	201.30	231.60	244.84	290.39	410.60	434.35	390.89	484.54
浙 江	Zhejiang	32.31	107.28	130.97	154.60	162.90	156.20	208.97	218.77	226.26	213.31	246.55	273.34
安 徽	Anhui									0.44	12.98	34.83	40.37
福 建	Fujian	3.49	8.64	5.81	94.70	106.80	103.20	79.34	118.40	274.82	359.34	332.32	356.58
江 西	Jiangxi	2.14	4.44	4.67			3.20	21.93	24.35	34.17	54.95	57.47	67.15
山 东	Shandong	24.89	44.96	34.65	86.70	92.20	114.90	163.50	199.53	200.79	257.86	289.02	305.29
河 南	Henan	21.10	17.04	20.07	56.90	47.70	72.10	78.28	72.63	49.48	62.78	62.80	66.66
湖 北	Hubei	13.64	16.38	8.85	46.20	51.20	50.90	63.78	84.84	107.75	98.25	120.88	124.71
湖 南	Hunan	7.49	8.57	10.99	4.80	12.50	28.30	35.22	38.98	51.69	63.35	64.36	85.44
广 东	Guangdong	72.28	147.68	156.29	344.00	366.10	399.10	438.34	535.00	641.13	682.88	713.39	828.92
广 西	Guangxi	0.55	0.05	0.01	3.30	18.40	35.10	23.80	90.30	105.67	88.60	112.66	128.72
海 南	Hainan				44.60	68.10	78.00	90.57	138.64	150.21	151.19	133.09	142.25
重 庆	Chongqing			0.02									
四 川	Sichuan	2.76	4.23	1.44	1.10	0.90	1.20	1.86	0.42	29.07	46.88	46.05	46.94
贵 州	Guizhou												
云 南	Yunnan											21.84	96.12
西 藏	Tibet												
陕 西	Shaanxi	1.65	8.46		27.70	25.70	30.80	29.84	35.28	33.08	30.25	49.76	78.28
甘 肃	Gansu	38.64	55.88	49.61	32.30	31.70	39.40	75.29	63.99	74.21	82.04	108.52	112.32
青 海	Qinghai												
宁 夏	Ningxia							7.04	8.65	14.22	19.64	18.70	24.11
新 疆	Xinjiang	15.80	31.75	32.14	45.60	46.10	59.00	62.66	65.27	72.25	79.00	83.57	96.34

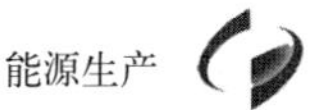

3-7 分地区柴油生产量
Diesel Oil Production by Region

单位：万吨 (10[4] tons)

地 区	Region	1995	2000	2005	2010	2011	2012	2013	2014	2015	2016	2017	2018
北 京	Beijing	79.20	183.92	199.41	350.40	355.70	319.10	247.15	266.95	208.62	189.57	169.84	159.77
天 津	Tianjin	119.44	246.82	364.54	602.70	646.00	607.10	659.53	582.43	545.26	450.88	467.73	466.87
河 北	Hebei	165.81	271.19	403.42	486.90	538.30	547.00	438.50	394.36	497.79	501.92	437.34	412.39
山 西	Shanxi	0.16			0.20								1.79
内蒙古	Inner Mongolia	20.46		41.01	79.30	93.60	76.40	207.87	214.67	177.29	177.58	192.04	159.46
辽 宁	Liaoning	677.68	1202.07	1899.60	2379.82	2284.75	2357.95	2391.33	2331.03	2270.88	2044.31	2015.24	2176.62
吉 林	Jilin	99.83	178.81	367.43	322.20	412.90	383.40	387.95	382.09	349.61	349.65	317.87	283.60
黑龙江	Heilongjiang	379.68	532.61	627.52	615.50	609.12	573.00	584.50	530.46	534.42	482.28	425.86	412.50
上 海	Shanghai	129.13	401.30	717.86	773.60	798.90	822.10	859.25	685.12	761.00	708.79	707.14	637.01
江 苏	Jiangsu	207.31	408.69	725.87	808.30	746.80	678.70	759.08	687.31	718.67	761.14	844.97	763.81
浙 江	Zhejiang	201.52	387.40	728.09	832.60	870.90	801.80	769.07	713.93	685.23	630.50	671.51	633.35
安 徽	Anhui	98.87	151.85	177.36	196.00	208.20	180.00	225.14	303.32	280.04	197.47	251.88	183.40
福 建	Fujian	85.15	161.49	150.34	388.00	253.20	327.70	283.36	559.96	506.29	422.46	388.11	486.48
江 西	Jiangxi	83.17	127.09	132.53	190.80	193.90	229.00	204.78	179.61	211.92	307.32	288.26	289.44
山 东	Shandong	328.63	540.04	939.01	2263.86	2463.50	2666.36	2885.08	3244.32	3952.20	4882.10	5083.25	3986.00
河 南	Henan	121.69	213.42	219.02	297.57	274.32	310.60	250.19	191.22	138.43	143.80	176.43	218.12
湖 北	Hubei	153.05	247.01	329.83	379.60	389.32	354.80	464.28	459.65	450.42	426.58	489.65	447.14
湖 南	Hunan	104.36	215.53	229.25	215.00	291.60	342.50	322.40	243.25	287.41	258.99	193.40	221.37
广 东	Guangdong	377.36	654.02	875.28	1531.00	1551.70	1539.90	1580.73	1503.74	1419.41	1376.46	1370.60	1603.90
广 西	Guangxi	14.98	24.92	36.33	145.50	474.80	650.90	595.46	574.82	592.35	528.41	608.97	581.09
海 南	Hainan				346.00	319.20	294.00	229.70	280.88	331.16	268.26	229.27	260.27
重 庆	Chongqing				0.60		0.40	0.44					
四 川	Sichuan	5.78	11.14	48.52	83.30	86.60	86.00	59.11	313.63	340.91	289.16	291.88	179.27
贵 州	Guizhou												
云 南	Yunnan											156.23	406.36
西 藏	Tibet												
陕 西	Shaanxi	52.93	223.19	513.38	854.40	853.30	921.50	883.97	895.75	841.99	744.20	722.63	697.53
甘 肃	Gansu	188.59	276.23	535.67	619.90	736.00	685.00	660.54	628.39	584.38	526.28	532.60	531.39
青 海	Qinghai	20.99	22.63	44.31	56.70	73.00	67.50	65.49	61.97	67.32	63.45	66.90	61.17
宁 夏	Ningxia	24.92	33.44	76.57	92.30	53.30	182.00	197.66	193.11	205.31	237.21	302.22	250.88
新 疆	Xinjiang	231.88	364.79	697.27	976.10	1097.40	1059.10	1063.15	1213.38	1049.58	948.91	916.21	849.09

3-8 分地区燃料油生产量
Fuel Oil Production by Region

单位：万吨 $(10^4$ tons)

地 区	Region	1995	2000	2005	2010	2011	2012	2013	2014	2015	2016	2017	2018
北 京	Beijing	220.31	78.95	75.29	35.08	21.40	18.40	22.76	12.08	4.11	2.79	3.89	4.16
天 津	Tianjin	142.38	40.60	29.38	62.68	21.90	23.30	19.34	12.16	5.69	2.67	0.64	2.11
河 北	Hebei	44.26	30.17	25.37	116.94	17.40	25.00	109.49	132.27	123.01	160.31	194.12	163.60
山 西	Shanxi												
内蒙古	Inner Mongolia	18.85		13.56	30.78	11.20	7.20	9.26	7.97	6.81	5.18	7.96	6.48
辽 宁	Liaoning	610.43	413.40	466.15	602.36	572.80	454.20	377.60	297.25	194.80	165.79	149.20	205.17
吉 林	Jilin	85.11	95.59	34.76	36.83	40.00	31.90	27.19	22.48	23.20	28.16	28.68	27.80
黑龙江	Heilongjiang	181.28	120.56	44.69	55.38	40.40	46.50	42.73	53.70	44.27	26.68	17.73	19.76
上 海	Shanghai	290.40	139.03	119.67	29.57	29.30	17.30	40.79	42.94	27.82	21.70	12.99	19.59
江 苏	Jiangsu	162.04	136.29	159.43	187.61	232.40	284.00	281.16	317.74	300.12	365.01	320.70	154.83
浙 江	Zhejiang	78.33	123.40	109.76	134.66	157.80	115.50	104.12	98.85	110.50	108.74	139.63	139.83
安 徽	Anhui	48.48	10.68	8.30	12.44	7.90	6.00	4.60	4.60	1.81	1.23	0.53	3.53
福 建	Fujian	10.44	10.01	8.86	2.60	3.70	4.30	21.75	53.48	68.75	35.81	29.79	28.68
江 西	Jiangxi	43.27	54.27	39.53	20.89	7.80	4.30	5.38	1.40	0.20		0.24	1.41
山 东	Shandong	334.33	274.66	602.62	365.19	327.90	398.40	871.47	917.81	928.84	1192.75	1245.07	840.70
河 南	Henan	19.56	30.42	40.02	17.20	14.70	14.50	43.65	49.78	41.55	26.22	12.07	8.42
湖 北	Hubei	95.49	40.24	28.38	21.93	21.30	16.20	12.06	10.31	7.77	1.89	1.76	5.85
湖 南	Hunan	55.29	33.95	31.55	22.66	24.00	25.10	55.67	53.53	24.87	5.27	4.53	4.69
广 东	Guangdong	214.73	186.13	248.08	156.38	130.80	192.20	333.01	254.55	190.92	204.66	186.12	166.80
广 西	Guangxi	3.60	4.37	9.16	30.82	60.80	72.70	63.92	31.17	19.41	17.63	6.30	5.91
海 南	Hainan		9.45	4.36	27.04	36.70	33.70	17.02	24.86	24.23	80.45	50.51	56.47
重 庆	Chongqing			0.06			5.20						
四 川	Sichuan	3.58	4.10		14.39	26.20	27.30	27.90	40.72	49.51	46.04	30.59	24.48
贵 州	Guizhou							0.05					
云 南	Yunnan	0.58										7.57	1.92
西 藏	Tibet												
陕 西	Shaanxi	55.64	41.54	83.69	85.30	30.90	61.80	21.64	18.68	23.32	12.41	157.08	152.93
甘 肃	Gansu	101.21	91.65	39.57	20.57	15.50	19.80	22.67	25.11	16.92	6.78	2.28	3.91
青 海	Qinghai	19.72	6.39	2.11	3.34	4.20	4.10	4.25	3.81	3.50	3.93	4.10	3.92
宁 夏	Ningxia	10.24	10.54	3.23	3.10	1.70	9.90	7.71	7.67	25.64	19.95	25.92	38.42
新 疆	Xinjiang	111.22	67.26	33.61	19.33	10.10	10.30	47.14	46.77	45.44	44.84	53.36	45.32

3-9 分地区天然气生产量
Natural Gas Production by Region

单位：亿立方米 (10⁸ cu.m)

地 区	Region	1995	2000	2005	2010	2011	2012	2013	2014	2015	2016	2017	2018
北 京	Beijing							7.50	12.80	16.88	21.68	15.41	17.28
天 津	Tianjin	7.57	9.10	8.79	17.20	18.40	18.70	18.73	21.15	20.54	19.69	21.50	33.94
河 北	Hebei	3.49	5.14	6.92	12.70	12.20	13.40	15.58	17.50	10.43	7.78	7.39	6.15
山 西	Shanxi	0.47	1.14	3.24				25.11	31.60	43.08	43.22	46.76	53.06
内蒙古	Inner Mongolia		4.55					10.04	15.45	9.24	0.27	0.19	16.07
辽 宁	Liaoning	21.12	14.70	11.72	8.00	7.20	7.20	8.32	8.11	6.59	5.52	5.11	5.87
吉 林	Jilin	1.83	2.05	5.40	13.70	15.00	22.20	23.91	22.28	20.31	19.77	18.58	18.35
黑龙江	Heilongjiang	25.91	23.04	24.43	30.00	31.00	33.70	34.99	35.39	35.82	38.04	40.54	43.54
上 海	Shanghai		2.60	6.04	3.30	3.00	2.90	2.35	2.12	1.88	2.02	1.71	14.54
江 苏	Jiangsu	0.19	0.24	0.64	0.60	0.50	0.60	0.51	0.52	0.37	1.33	2.94	9.97
浙 江	Zhejiang		0.04	0.03								6.14	
安 徽	Anhui										3.38	2.60	2.25
福 建	Fujian												
江 西	Jiangxi								0.43	0.35	0.23	0.21	0.17
山 东	Shandong	12.85	6.88	9.25	5.33	5.20	6.00	5.11	4.92	4.57	4.22	4.15	4.80
河 南	Henan	11.38	14.95	17.62	6.72	5.00	5.00	4.93	4.87	4.19	3.30	2.98	2.90
湖 北	Hubei	0.76	0.91	1.12	2.00	2.28	1.70	3.09	1.45	1.35	1.31	1.27	5.13
湖 南	Hunan												
广 东	Guangdong	1.03	34.60	44.75	78.40	83.30	83.50	75.26	83.66	96.57	79.25	89.23	102.50
广 西	Guangxi							0.10	0.16	0.16	0.20	0.21	0.19
海 南	Hainan			1.66	1.80	2.00	1.80	2.25	1.58	1.88	1.37	1.10	1.06
重 庆	Chongqing		1.94	3.27	1.20	0.46	0.40	1.70	7.78	33.32	51.75	60.70	61.17
四 川	Sichuan	76.64	88.60	142.30	237.65	265.53	242.26	244.81	253.53	267.22	296.91	356.39	369.86
贵 州	Guizhou		0.70	0.53	0.12			0.41	0.40	0.93	3.41	4.15	2.97
云 南	Yunnan	1.81	0.05	0.22	0.06	0.07	0.05	0.02	0.02		0.02	0.04	
西 藏	Tibet												
陕 西	Shaanxi	0.22	21.10	75.46	223.50	272.20	311.30	371.65	410.11	415.92	411.91	419.40	442.89
甘 肃	Gansu	1.13	0.20	0.84	0.20	0.20	0.20	0.17	0.15	0.08	0.06	0.60	1.03
青 海	Qinghai	0.64	3.91	22.26	56.10	65.00	64.28	68.06	68.90	61.37	60.81	64.01	64.05
宁 夏	Ningxia	0.62	0.15			3.02	3.33						
新 疆	Xinjiang	11.81	35.38	106.71	249.90	235.33	253.01	283.98	296.70	293.02	291.21	307.04	321.84

3-10 分地区发电量
Power Generation by Region

单位：亿千瓦小时 (10[8] kW•h)

地 区	Region	1995	2000	2005	2010	2011	2012	2013	2014	2015	2016	2017	2018
北 京	Beijing	132	145	213	269	263	291	336	369	421	434	397	451
天 津	Tianjin	134	211	369	589	621	590	624	626	623	618	638	725
河 北	Hebei	607	844	1339	1993	2327	2411	2507	2559	2498	2631	2983	3229
山 西	Shanxi	506	620	1312	2151	2344	2546	2641	2679	2449	2535	2861	3203
内蒙古	Inner Mongolia	279	439	1057	2489	2973	3172	3567	3977	3929	3950	4413	4961
辽 宁	Liaoning	540	646	904	1295	1370	1441	1554	1656	1665	1779	1844	1986
吉 林	Jilin	285	314	433	605	710	692	779	781	731	760	760	869
黑龙江	Heilongjiang	388	427	596	777	835	849	839	889	874	900	954	1047
上 海	Shanghai	403	553	734	876	949	886	959	793	793	807	852	848
江 苏	Jiangsu	700	910	2120	3359	3763	4001	4321	4346	4361	4709	4924	5146
浙 江	Zhejiang	401	625	1456	2568	2777	2808	2942	2898	3011	3198	3336	3493
安 徽	Anhui	310	355	648	1444	1635	1771	1970	2074	2062	2253	2478	2741
福 建	Fujian	262	404	778	1356	1580	1623	1777	1907	1901	2007	2226	2479
江 西	Jiangxi	176	203	373	664	730	728	875	882	982	1085	1160	1286
山 东	Shandong	739	1005	1911	3043	3169	3212	3549	4655	4685	5329	5775	5920
河 南	Henan	548	695	1415	2192	2585	2643	2864	2741	2625	2653	2747	3060
湖 北	Hubei	453	559	1290	2043	2086	2238	2237	2351	2341	2479	2631	2817
湖 南	Hunan	333	354	644	1226	1347	1398	1356	1337	1314	1385	1438	1540
广 东	Guangdong	821	1293	2279	3237	3802	3764	3875	4013	4035	4170	4517	4716
广 西	Guangxi	217	289	446	1032	1039	1186	1266	1336	1300	1347	1468	1732
海 南	Hainan	32	39	82	153	173	199	231	245	261	288	305	325
重 庆	Chongqing		168	254	504	582	598	630	678	680	701	738	812
四 川	Sichuan	576	500	1019	1795	1981	2151	2631	3095	3130	3274	3452	3693
贵 州	Guizhou	232	405	798	1386	1379	1618	1678	1746	1815	1904	1932	2021
云 南	Yunnan	228	298	624	1365	1555	1759	2181	2526	2553	2693	2950	3242
西 藏	Tibet	5	7	13	21	27	26	29	36	45	54	59	69
陕 西	Shaanxi	237	272	549	1112	1222	1342	1512	1630	1623	1757	1846	1920
甘 肃	Gansu	238	254	506	792	1028	1103	1202	1241	1242	1214	1303	1540
青 海	Qinghai	60	134	216	468	463	584	611	581	566	553	615	811
宁 夏	Ningxia	108	137	313	587	939	1010	1105	1196	1155	1144	1406	1672
新 疆	Xinjiang	120	182	310	679	875	1237	1668	2100	2479	2719	3037	3306

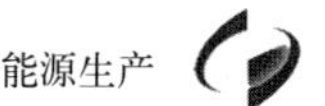

3-11 分地区水力发电量
Hydro Power Generation by Region

单位：亿千瓦小时 (10^8 kW•h)

地 区	Region	1995	2000	2005	2010	2011	2012	2013	2014	2015	2016	2017	2018
北 京	Beijing	3.18	8.64	4.71	4.40	4.48	4.38	4.72	6.82	6.64	12.29	11.25	9.91
天 津	Tianjin	0.21	0.14					0.20	0.18	0.16	0.03	0.07	0.15
河 北	Hebei	12.63	4.70	5.61	5.55	7.25	4.70	10.93	11.00	9.98	22.26	15.56	10.54
山 西	Shanxi	7.11	13.04	20.32	36.63	34.63	43.79	38.87	33.06	29.26	37.50	42.46	43.18
内蒙古	Inner Mongolia	1.43	5.59	11.55	16.29	12.21	17.66	19.74	37.49	36.42	27.48	20.11	36.49
辽 宁	Liaoning	41.71	14.89	56.73	43.98	31.69	38.24	61.11	41.80	32.28	47.03	30.31	33.57
吉 林	Jilin	83.16	47.84	78.30	105.50	62.90	65.78	118.48	72.55	58.42	82.42	63.47	63.40
黑龙江	Heilongjiang	6.69	13.19	14.70	22.53	17.02	16.34	30.52	20.04	16.86	16.87	21.02	26.20
上 海	Shanghai												
江 苏	Jiangsu	0.35	0.13	2.66	2.98	2.02	11.22	11.09	11.65	11.69	17.35	28.93	33.22
浙 江	Zhejiang	78.25	65.23	135.11	230.85	161.72	187.01	173.28	176.18	229.06	274.41	204.06	180.02
安 徽	Anhui	11.39	4.58	12.52	18.85	17.90	19.60	34.15	40.51	48.67	63.17	57.13	53.84
福 建	Fujian	154.91	195.22	291.00	453.69	285.20	476.20	402.68	454.40	466.07	644.39	463.66	351.17
江 西	Jiangxi	55.13	53.50	67.88	117.85	79.82	111.66	128.93	138.16	178.31	198.53	153.21	120.28
山 东	Shandong	0.40	0.03	1.30	2.14	2.03	1.23	3.45	5.19	7.77	13.92	6.46	4.64
河 南	Henan	15.64	15.52	67.91	91.67	103.42	136.72	114.71	98.95	110.16	95.54	101.23	143.95
湖 北	Hubei	258.82	281.40	813.65	1263.83	1163.89	1415.34	1202.96	1375.99	1328.47	1410.72	1504.24	1465.49
湖 南	Hunan	157.97	191.15	241.28	502.53	459.03	602.70	507.14	559.86	572.52	621.51	594.92	535.75
广 东	Guangdong	131.10	106.11	207.74	348.86	331.03	367.31	388.81	407.14	436.76	443.34	319.21	255.65
广 西	Guangxi	138.30	168.87	195.82	475.26	415.49	541.56	488.95	654.52	749.31	654.38	686.72	699.43
海 南	Hainan	11.32	11.54	10.64	13.34	12.55	15.36	23.93	24.55	11.39	19.13	26.37	25.51
重 庆	Chongqing		38.22	67.32	169.25	184.27	244.75	177.32	240.20	229.44	247.18	261.71	257.85
四 川	Sichuan	259.79	315.11	653.35	1213.42	1364.02	1562.46	2002.01	2501.14	2667.64	2852.07	3023.56	3162.67
贵 州	Guizhou	114.90	183.44	213.35	416.58	355.00	582.05	477.80	683.96	789.22	733.73	723.72	714.93
云 南	Yunnan	162.05	196.53	349.19	814.12	1007.43	1238.23	1656.34	2058.76	2177.57	2278.15	2489.67	2695.31
西 藏	Tibet	3.04	5.54	12.10	15.85	20.62	18.98	19.75	29.03	39.51	48.78	51.14	57.28
陕 西	Shaanxi	25.43	34.80	50.54	87.24	99.63	88.91	110.87	116.89	134.26	125.14	140.15	137.01
甘 肃	Gansu	96.18	102.54	165.57	262.32	252.00	294.67	332.98	354.18	335.98	313.51	350.58	411.37
青 海	Qinghai	42.57	107.69	160.58	371.11	370.87	455.50	435.49	391.28	364.33	300.85	328.14	517.90
宁 夏	Ningxia	9.30	8.18	16.41	18.02	16.75	19.06	18.76	17.46	15.53	14.02	15.45	19.76
新 疆	Xinjiang	22.82	30.83	42.33	97.08	114.58	139.66	206.95	165.91	209.05	224.75	244.12	251.42

3-12 分地区火力发电量
Thermal Power Generation by Region

单位：亿千瓦小时 (10^8 kW•h)

地 区	Region	1995	2000	2005	2010	2011	2012	2013	2014	2015	2016	2017	2018
北 京	Beijing	128.18	136.62	209.80	261.80	255.50	283.20	327.88	359.04	411.16	417.76	379.70	434.33
天 津	Tianjin	131.58	211.35	365.69	559.60	619.52	587.32	619.05	619.84	615.45	611.51	626.81	708.49
河 北	Hebei	593.72	839.53	1332.17	1926.28	2214.67	2246.36	2334.06	2368.85	2291.62	2372.47	2645.30	2809.74
山 西	Shanxi	498.85	607.27	1291.65	2104.00	2301.73	2456.14	2551.32	2576.32	2330.26	2362.85	2607.22	2853.44
内蒙古	Inner Mongolia	277.11	432.09	1042.28	2226.55	2639.00	2845.29	3167.64	3522.75	3427.49	3374.88	3741.98	4164.48
辽 宁	Liaoning	496.63	628.00	845.00	1204.04	1260.40	1304.35	1333.65	1369.64	1357.71	1399.56	1415.04	1453.80
吉 林	Jilin	201.45	265.48	354.16	463.29	591.97	577.62	606.13	647.82	597.05	592.28	620.75	676.94
黑龙江	Heilongjiang	381.30	413.54	581.13	720.35	771.57	765.88	732.66	795.87	790.43	803.48	821.13	876.20
上 海	Shanghai	401.93	553.09	728.74	864.79	946.00	882.45	951.51	789.53	787.55	800.14	836.13	823.75
江 苏	Jiangsu	698.42	909.57	2114.03	3166.32	3562.63	3779.05	4099.24	4093.76	4104.31	4403.02	4536.90	4578.08
浙 江	Zhejiang	300.67	539.18	1094.64	2075.47	2323.10	2258.60	2412.80	2354.49	2259.86	2374.01	2560.25	2595.26
安 徽	Anhui	297.94	350.87	636.37	1420.18	1609.86	1744.11	1928.35	2017.84	1988.11	2134.69	2319.56	2533.74
福 建	Fujian	106.60	208.45	486.88	890.43	1272.58	1118.97	1263.03	1268.92	1092.25	900.20	1132.44	1398.71
江 西	Jiangxi	121.35	149.85	305.61	545.36	648.70	615.04	745.34	734.55	785.61	856.93	949.00	1073.43
山 东	Shandong	738.83	1005.14	1909.59	3003.60	3128.18	3141.53	3464.17	4528.47	4545.63	5142.88	5546.69	5524.79
河 南	Henan	532.01	677.76	1346.77	2092.09	2467.24	2489.42	2741.34	2633.91	2498.99	2526.05	2581.06	2774.96
湖 北	Hubei	193.71	277.73	476.15	752.72	913.63	813.88	1021.59	966.39	993.76	1016.50	1047.14	1238.39
湖 南	Hunan	174.86	163.27	403.13	723.75	880.78	779.17	841.89	765.69	712.65	723.32	787.67	923.42
广 东	Guangdong	583.62	1038.61	1764.53	2487.86	3017.97	2880.99	2973.41	3019.24	2934.43	2971.70	3327.59	3467.52
广 西	Guangxi	78.99	120.21	250.23	543.73	623.02	639.83	774.21	678.66	544.33	574.49	626.83	820.61
海 南	Hainan	20.21	27.51	72.46	137.39	157.24	180.96	200.62	215.10	236.07	199.95	195.34	211.23
重 庆	Chongqing		129.68	185.81	333.76	393.50	338.80	450.92	436.45	448.28	449.37	467.58	543.42
四 川	Sichuan	316.18	185.13	365.42	570.21	609.42	587.90	628.10	589.62	450.13	397.83	374.28	453.47
贵 州	Guizhou	116.64	221.27	584.30	969.05	1024.00	1026.77	1185.44	1045.08	986.64	1114.21	1136.51	1221.96
云 南	Yunnan	66.37	101.32	274.89	546.25	536.03	493.42	479.30	402.80	277.85	238.04	240.34	291.89
西 藏	Tibet	0.25	0.05	0.08	3.82	4.60	4.60	6.76	3.62	1.49	1.82	1.62	2.93
陕 西	Shaanxi	211.34	237.48	495.85	1024.89	1122.04	1252.07	1391.71	1490.57	1452.38	1581.48	1613.54	1639.69
甘 肃	Gansu	141.56	150.98	339.70	502.29	709.90	717.50	734.64	731.51	719.76	704.18	694.45	803.44
青 海	Qinghai	17.85	26.10	55.63	97.15	91.80	114.70	134.43	129.86	122.00	152.19	161.24	124.36
宁 夏	Ningxia	98.48	128.43	295.19	551.36	909.42	954.70	1011.60	1086.89	1017.09	953.56	1167.14	1367.77
新 疆	Xinjiang	97.27	149.29	265.48	550.90	731.02	1047.52	1357.29	1758.03	2061.52	2219.36	2384.74	2572.95

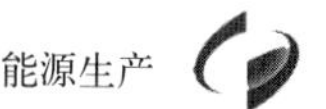

3-13 分地区核能、风力、太阳能发电量
Nuclear,Wind,Solar Power Generation by Region

单位：亿千瓦小时 (10⁸ kW•h)

地 区	Region	核能发电量 (Nuclear Power Generation)				风力发电量 (Wind Power Generation)				太阳能发电量 (Solar Power Generation)			
		2015	2016	2017	2018	2015	2016	2017	2018	2015	2016	2017	2018
北 京	Beijing					2.57	3.27	3.47	3.49	0.51	1.07	2.25	3.06
天 津	Tianjin					6.28	5.84	5.87	8.06	0.03	0.16	4.94	8.08
河 北	Hebei					186.18	209.32	249.59	282.64	9.47	26.54	73.01	126.47
山 西	Shanxi					85.80	120.28	164.32	212.13	3.24	14.45	47.25	94.05
内蒙古	Inner Mongolia					407.88	464.18	544.97	630.99	56.99	83.26	106.22	129.20
辽 宁	Liaoning	144.66	199.83	235.98	301.57	111.84	128.93	151.65	165.09	1.23	3.41	11.02	31.91
吉 林	Jilin					72.66	84.66	65.92	104.82	0.80	0.91	9.64	24.23
黑龙江	Heilongjiang					64.67	79.62	108.49	124.63	0.16	0.44	3.80	20.27
上 海	Shanghai					4.79	6.70	14.99	17.73	0.35	0.45	0.56	6.06
江 苏	Jiangsu	166.17	153.73	172.80	242.18	59.25	94.12	120.36	172.53	19.34	41.15	64.55	119.80
浙 江	Zhejiang	496.23	503.64	510.56	586.94	16.42	23.42	26.15	30.59	7.65	22.17	35.34	100.31
安 徽	Anhui					20.57	34.17	39.58	50.09	3.74	20.67	61.26	103.63
福 建	Fujian	289.97	409.12	560.08	643.68	44.97	50.26	65.93	72.30	4.71	3.46	3.91	13.60
江 西	Jiangxi					11.33	18.77	31.41	41.18	2.34	11.13	26.72	51.53
山 东	Shandong				38.67	102.91	142.51	164.24	213.55	21.05	29.96	56.54	136.83
河 南	Henan					13.69	18.01	26.21	56.89	0.90	13.06	38.02	83.78
湖 北	Hubei					17.19	40.40	54.79	64.40	1.36	11.40	24.34	48.89
湖 南	Hunan					28.35	39.63	49.00	60.35	0.37	0.63	6.03	20.49
广 东	Guangdong	606.48	703.45	799.87	892.41	55.41	47.44	57.34	63.14	1.81	4.47	13.41	37.57
广 西	Guangxi		102.99	126.81	160.96	5.91	13.81	24.25	41.99	0.38	0.84	3.29	9.26
海 南	Hainan	4.37	60.11	74.59	77.17	5.95	6.41	5.36	5.14	1.94	2.14	2.87	6.31
重 庆	Chongqing					2.09	4.65	7.67	8.26			0.61	2.09
四 川	Sichuan					10.19	17.90	38.46	54.65	1.12	6.06	16.11	22.42
贵 州	Guizhou					39.00	55.17	64.51	68.41		0.88	7.47	15.76
云 南	Yunnan					92.28	155.32	191.70	220.00	5.68	21.03	27.76	35.08
西 藏	Tibet								0.14	2.61	2.88	4.76	8.36
陕 西	Shaanxi					27.87	37.46	51.92	72.22	8.07	13.34	40.63	71.28
甘 肃	Gansu					126.70	136.44	185.42	230.06	59.12	60.19	72.15	95.02
青 海	Qinghai					6.59	10.01	17.42	37.57	72.67	89.91	108.42	131.07
宁 夏	Ningxia					80.51	125.47	149.78	186.83	40.78	51.34	73.67	97.31
新 疆	Xinjiang					147.83	196.55	291.53	359.84	59.38	78.47	116.85	121.47

3-14 分地区城市天然气供应情况

地 区	Region	供气总量(万立方米) Total Gas Supply (10^4 cu.m)										
		2000	2005	2010	2011	2012	2013	2014	2015	2016	2017	2018
全 国	**National Total**	**821476**	**2104951**	**4875808**	**6787997**	**7950377**	**8882417**	**9643783**	**10407906**	**11717186**	**12637546**	**14439538**
北 京	Beijing	95740	317397	719740	729608	924763	989484	1136874	1444924	1622393	1641696	1915978
天 津	Tianjin	23474	68966	169453	169739	256241	281885	301000	306630	341705	422860	501030
河 北	Hebei	4647	25374	106740	193461	214451	244012	257439	314237	366439	485113	511224
山 西	Shanxi	5611	10802	141440	176342	213502	233051	177638	247397	261057	316260	380672
内蒙古	Inner Mongolia		9444	69531	127724	113040	104732	110922	133207	152198	181191	206893
辽 宁	Liaoning	24923	36817	66173	76601	85701	97745	126814	170434	204093	308119	320901
吉 林	Jilin	13162	17333	43462	51758	69697	85834	115404	111432	130251	148205	174481
黑龙江	Heilongjiang	4185	19555	72497	85070	88191	111136	116623	113245	121539	141437	158565
上 海	Shanghai	25974	174962	450032	543314	631126	690885	696093	734776	770332	808141	892863
江 苏	Jiangsu		87634	472309	591493	691763	765869	842071	969799	962542	1087514	1238706
浙 江	Zhejiang		10428	118884	148674	191322	230091	328121	319276	386397	484008	625647
安 徽	Anhui	600	11564	112190	138832	171251	199095	219684	234585	285424	311230	342510
福 建	Fujian			51101	66297	95325	112446	132312	148807	159641	197249	242393
江 西	Jiangxi		1051	11263	27004	41910	56127	69115	73570	90645	118153	145718
山 东	Shandong	84065	116691	326931	438016	518344	610755	627532	633917	675242	816265	981325
河 南	Henan	55018	53337	158928	194720	241272	288625	305240	332808	366133	454874	543823
湖 北	Hubei	1	17422	152833	204472	240807	285324	309438	330397	377102	423990	482853
湖 南	Hunan		5632	111757	139137	161274	199746	217162	215488	225562	236293	259348
广 东	Guangdong	339	71597	170266	1183316	1174509	1231702	1291347	1232938	1662579	1247389	1330152
广 西	Guangxi		84	10320	13606	16904	22234	28510	38789	48713	69676	73588
海 南	Hainan		6360	14264	16374	17664	25280	27635	29004	23611	24611	29818
重 庆	Chongqing	68049	164614	254021	268790	324965	324336	321485	349378	384521	466511	492502
四 川	Sichuan	388394	598531	525686	564557	568317	590236	610050	627976	688686	718967	847233
贵 州	Guizhou	450	6199	3546	5484	9853	16078	29011	32906	39822	70939	82932
云 南	Yunnan	1533	14500	119	212	1207	2286	4414	7345	16799	28746	37632
西 藏	Tibet		808				13	16	1346	1346	2772	3206
陕 西	Shaanxi	17770	76285	164654	182495	221162	238667	285839	311286	342797	385643	473502
甘 肃	Gansu	78	4100	72917	88100	112098	134044	159230	161907	168571	203741	235059
青 海	Qinghai	2022	63606	61557	65738	111917	118969	129793	133022	136733	146460	157322
宁 夏	Ningxia	56	68193	108485	122647	179132	210854	218700	199279	214980	182460	222697
新 疆	Xinjiang	5385	45665	134711	174413	262670	380880	448271	447797	489334	507035	528964

Basic Statistics on Supply of Natural Gas in Cities by Region

用气人口(万人) Population with Access(10^4 persons)										
2000	2005	2010	2011	2012	2013	2014	2015	2016	2017	2018
2581	**7104**	**17021**	**19028**	**21208**	**23783**	**25973**	**28561**	**30856**	**33934**	**36902**
295	880	1292	1334	1367	1399	1425	1446	1447	1445	1435
304	412	574	598	637	651	772	847	891	811	1242
31	142	839	919	982	1059	1028	1214	1374	1500	1598
36	50	431	509	584	769	826	897	952	1003	1018
	50	258	287	347	459	505	536	587	623	657
410	567	797	852	957	1021	996	1068	1155	1417	1487
77	167	290	359	387	424	539	677	674	740	821
56	104	568	601	638	673	726	747	802	868	928
67	522	1093	1231	1321	1447	1554	1594	1621	1720	1805
	380	1300	1558	1744	1907	2125	2346	2506	2626	2918
	119	553	644	704	840	937	1005	1170	1445	1591
5	208	636	786	912	976	1083	1184	1264	1342	1422
		274	287	295	347	375	438	491	568	631
	38	157	259	322	430	474	503	538	685	763
62	381	1444	1628	1866	2086	2280	2454	2723	3015	3203
186	399	831	931	1095	1307	1449	1591	1652	1865	1977
	264	700	819	945	1106	1175	1283	1414	1574	1737
	62	422	444	562	640	761	852	888	1023	1109
4	79	922	1028	1155	1380	1619	1885	2043	2304	2589
	1	106	133	187	242	266	348	423	479	545
	21	77	91	105	111	128	149	170	187	256
329	509	861	862	934	955	1071	1181	1296	1357	1391
556	967	1164	1284	1383	1492	1595	1703	1910	2080	2255
2	2	12	24	55	129	138	248	270	337	368
2	5	37	27	33	38	110	169	256	430	474
	15				5	8	24	26	24	31
126	359	547	594	644	713	767	812	877	940	1082
2	118	197	221	252	276	298	372	404	444	476
4	33	89	100	108	123	127	139	144	158	161
1	34	108	128	141	178	188	204	216	232	241
27	220	445	490	548	602	629	648	671	692	690

3-15 分地区城市人工煤气供应情况

地 区	Region	供气总量(万立方米) Total Gas Supply (10^4 cu.m)										
		2000	2005	2010	2011	2012	2013	2014	2015	2016	2017	2018
全 国	**National Total**	**1523615**	**2558343**	**2799380**	**847256**	**769686**	**627989**	**559513**	**471378**	**440944**	**270882**	**297893**
北 京	Beijing	47310	20211									
天 津	Tianjin	9882	28803									
河 北	Hebei	45918	78435	89834	84634	89595	71058	56763	53538	73300	69573	55238
山 西	Shanxi	241869	82291	87203	93515	87787	56556	46851	39450	30742	59857	54027
内蒙古	Inner Mongolia	7485	6887	3069	2806	2786	3500	3500	3090	6800	4581	4446
辽 宁	Liaoning	81957	63614	55177	56625	59736	59264	63604	57394	48835	43621	44139
吉 林	Jilin	15508	13755	16727	17445	17086	16575	12827	7945	3868	3051	3426
黑龙江	Heilongjiang	30347	40199	7587	8040	8185	8443	7783	7202	6832	3235	3501
上 海	Shanghai	213147	199744	142167	118541	90438	59346	31379	5309			
江 苏	Jiangsu	362606	1290834	1931995	10310	4889	3940	612				
浙 江	Zhejiang	27796	27686	484	493	463	500	478	488	421	429	426
安 徽	Anhui	22996	8723									
福 建	Fujian	12727	1810	2673	2892	3080	2927	2977	3000	3000	2689	1712
江 西	Jiangxi	39463	31707	58208	49641	48497	36049	30991	25097	19362	17972	15040
山 东	Shandong	43041	47743	35730	34513	21316	9210	9438	59			48302
河 南	Henan	81775	117592	109500	116309	85359	60052	59436	53100	40302	36405	33624
湖 北	Hubei	14588	9184	12042	9950	5100						
湖 南	Hunan	60375	44064	3044	2334	2707	2765	2765	2767	3032		
广 东	Guangdong	12097	29310	7037	5307	2509						6140
广 西	Guangxi	2817	4483	4517	4503	4423	4533	4739	4439	4428	3495	3588
海 南	Hainan											
重 庆	Chongqing	100										
四 川	Sichuan	111677	128252	159719	159719	159925	165003	165113	165604	166428	17004	17230
贵 州	Guizhou	8727	19209	26963	30515	34167	23788	16034	5540	2705		
云 南	Yunnan	15407	20287	33818	35309	37653	40535	40722	33959	27293	5017	2910
西 藏	Tibet											
陕 西	Shaanxi	4447	4365									4
甘 肃	Gansu	6691	3802	9438	1617	1658	1722	1676	1644	1845	2195	2383
青 海	Qinghai	24										
宁 夏	Ningxia	2838	3013	697	240	137	132	70				
新 疆	Xinjiang		232340	1752	1999	2190	2090	1752	1752	1752	1757	1757

Basic Statistics on Supply of Coal Gas in Cities by Region

用气人口(万人) Population with Access(10^4 persons)										
2000	2005	2010	2011	2012	2013	2014	2015	2016	2017	2018
3944	**4369**	**2802**	**2676**	**2442**	**1943**	**1757**	**1322**	**1085**	**752**	**779**
83	22									
73	97									
279	401	180	185	188	181	173	159	67	59	51
295	395	238	244	237	102	85	66	62	43	66
78	93	52	49	46	40	41	39	16	11	27
422	532	542	574	557	574	591	531	506	401	399
150	169	165	168	189	179	117	41	43	40	40
211	289	74	81	81	89	94	57	58	35	31
450	662	358	275	198	112	35				
325	234	90	46	28	9	9				
48	83	5	4	4	4	4	4	4	4	4
169	67									
21	11	15	16	19	20	21	21	21	12	9
125	131	150	95	80	32	18	15	11	10	11
335	357	159	140	88	28	18				
136	142	165	154	121	43	29	15	3		
180	22	41	35	12						
81	75	33	21	31	32	32	33	35		
150	163	18								3
15	25	43	45	46	47	47	43	42	40	34
1										
30	33	41	43	49	50	50	52	52	49	60
73	125	167	208	176	127	128	31	31		
100	177	233	267	265	248	239	193	115	26	20
33	27									
70	24	20	15	19	18	15	15	15	14	16
3										
10	9	6	5	4	3	3				
	5	9	6	7	5	5	5	5	7	7

3-16 分地区城市液化石油气供应情况

地区	Region	供气总量(吨) Total Gas Supply (ton)										
		2000	2005	2010	2011	2012	2013	2014	2015	2016	2017	2018
全　国	**National Total**	**10537147**	**12220141**	**12680054**	**11658326**	**11148032**	**11097298**	**10828490**	**10392169**	**10788042**	**9988088**	**10153298**
北　京	Beijing	176460	374358	323104	442535	418156	472980	546293	576306	500213	492288	480641
天　津	Tianjin	44203	61503	53368	58608	49105	49490	43154	50494	55954	57567	57326
河　北	Hebei	189612	327294	205007	224873	205388	183591	161923	166370	170737	241230	156663
山　西	Shanxi	34152	42004	63331	74789	90534	74399	69557	66168	33614	90792	74579
内蒙古	Inner Mongolia	59425	138348	74251	113190	98496	69174	63069	57950	69198	52364	53681
辽　宁	Liaoning	379194	402659	395058	504938	516426	495244	492406	468889	492499	654818	683963
吉　林	Jilin	169062	184269	214818	236297	220874	181420	184553	157752	177927	179750	157114
黑龙江	Heilongjiang	601427	228630	219784	211074	206057	218023	214429	210492	197456	189183	198967
上　海	Shanghai	490561	452613	398427	394278	392514	397314	418013	424112	397885	344534	313578
江　苏	Jiangsu	705010	1129147	766586	766635	735757	700765	651779	593577	515611	577137	575121
浙　江	Zhejiang	630895	1060572	877956	807562	776396	821658	701812	695947	759710	691203	730574
安　徽	Anhui	458621	613614	615770	567246	537160	619620	752627	736312	731114	131054	156494
福　建	Fujian	737609	378053	333758	324768	288978	277846	298252	286906	277437	308113	320141
江　西	Jiangxi	164698	174521	188847	194329	204258	223399	237316	228912	242942	218325	202716
山　东	Shandong	276543	572194	760332	541533	511489	484287	395521	366750	343724	347511	316551
河　南	Henan	162199	225864	241602	238178	234450	227208	223532	217382	215099	214764	213694
湖　北	Hubei	296179	311171	421507	426496	386152	361641	350092	352112	347891	336102	324048
湖　南	Hunan	199873	294718	252906	265876	201279	195167	189230	241529	243865	203024	241126
广　东	Guangdong	3108612	4101990	5055955	4049701	3872441	3889033	3684390	3340353	3901892	3636182	3789653
广　西	Guangxi	204904	315998	303804	297416	326110	309475	267632	262313	255863	264066	306242
海　南	Hainan	77856	66866	63959	76650	55344	91151	89419	82189	82559	82108	87221
重　庆	Chongqing	38769	95577	92807	92861	93315	87922	95672	76435	81603	73458	64503
四　川	Sichuan	66154	164266	191071	206628	180447	183581	175131	173652	174570	195862	192033
贵　州	Guizhou	28973	53779	63772	65375	66101	71027	76043	88670	94902	114085	113379
云　南	Yunnan	82954	70436	166108	162402	174936	196004	210629	210095	207073	129316	149198
西　藏	Tibet	16680	1500	5521	24650	25918	20394	62481	66661	66661	6059	6475
陕　西	Shaanxi	79038	121943	43381	34059	31516	32732	28635	28796	24423	27949	52737
甘　肃	Gansu	783739	71904	185523	151715	151392	73971	59662	85327	49611	44473	41432
青　海	Qinghai	11496	14339	7142	6633	6834	5366	6250	6353	6763	7497	8528
宁　夏	Ningxia	18231	22697	14984	14037	17086	18444	19885	13193	9145	8911	7619
新　疆	Xinjiang	244018	147314	79617	82993	73123	64973	59105	60174	60103	68363	77302

Basic Statistics on Supply of LPG in Cities by Region

用气人口(万人) Population with Access(10^4 persons)										
2000	2005	2010	2011	2012	2013	2014	2015	2016	2017	2018
11107	**18013**	**16503**	**16094**	**15683**	**15102**	**14378**	**13955**	**13744**	**12616**	**11782**
253	341	394	407	417	427	434	432	432	432	429
89	123	42	17	12	13	15	28	49	35	55
476	705	503	459	422	342	334	300	298	267	240
102	170	201	205	167	146	127	119	93	75	55
192	295	354	355	347	279	260	248	239	221	201
569	713	652	669	665	639	601	559	501	382	356
350	493	461	460	443	428	407	365	343	304	274
546	612	507	430	427	403	369	425	384	347	309
421	711	852	839	862	856	837	821	798	698	619
883	1765	1115	1043	1007	957	829	715	622	581	457
555	1135	1244	1166	1161	1150	1083	1157	1153	994	950
379	541	491	393	353	351	304	269	224	178	164
341	604	699	716	745	725	724	705	678	665	648
220	412	453	454	456	451	448	478	493	423	396
887	1836	1104	1017	922	819	725	657	629	503	463
430	574	564	560	575	552	533	527	513	484	446
908	1142	862	818	768	644	606	581	573	582	493
461	648	612	718	687	643	537	494	515	644	512
1485	3223	3275	3295	3287	3413	3319	3140	3272	3002	2986
374	551	634	649	632	593	608	596	577	586	576
117	113	111	119	115	122	127	137	115	107	98
35	72	114	108	110	100	101	95	100	89	78
81	152	131	126	133	131	146	140	135	129	118
90	189	199	188	200	210	217	261	279	306	314
138	141	290	295	276	291	282	322	367	263	250
14	3	36	41	17	19	30	37	37	18	30
206	243	165	143	132	95	71	71	61	66	70
102	142	185	179	169	162	164	159	149	127	95
30	37	19	18	19	16	20	21	19	22	21
70	90	83	77	65	54	52	43	42	43	37
306	240	151	131	95	74	68	55	54	42	45

3-17 分地区城市集中供热情况

地 区 Region	蒸汽供应能力(吨/小时) Capacity of Steam Supply (ton/hour)										
	2000	2005	2010	2011	2012	2013	2014	2015	2016	2017	2018
全 国 National Total	**74148**	**106723**	**105084**	**85274**	**86452**	**84362**	**84664**	**80699**	**78307**	**98328**	**92322**
北 京 Beijing	3408	2297	450	450	450	300	300	300	300		
天 津 Tianjin	9106	3294	3167	3025	3463	3717	3769	3568	3348	2696	2445
河 北 Hebei	6427	9290	11570	10357	9244	6975	7142	7539	7944	8268	5142
山 西 Shanxi	3316	3133	2674	2802	2639	1291	1225	1385	1262	3920	4434
内蒙古 Inner Mongolia	1200	844	662	1182	1135	767	342	341	342	2769	1824
辽 宁 Liaoning	11569	12583	13186	11544	13038	12787	12776	12933	12915	17536	18456
吉 林 Jilin	3425	4749	5208	3494	1537	1536	1598	1403	1453	1960	2110
黑龙江 Heilongjiang	4513	5937	4411	4951	4789	4874	4874	4574	4949	6003	4550
上 海 Shanghai											
江 苏 Jiangsu	2554	19744	6280								
浙 江 Zhejiang	1516	4569	5438	4923	5442	8039	8914	3145			
安 徽 Anhui	1915	2006	3530	3753	3846	4305	4493	4593	4393	2681	2422
福 建 Fujian											
江 西 Jiangxi											
山 东 Shandong	12498	22770	31086	25634	24678	25211	23396	24373	24690	30332	26500
河 南 Henan	3261	4698	5590	5530	5856	6008	6088	6093	6477	6110	6903
湖 北 Hubei	775	1404	1564	1816	1816	1874	2080	2680	2286	1596	1204
湖 南 Hunan	493	105									
广 东 Guangdong											
广 西 Guangxi											
海 南 Hainan											
重 庆 Chongqing											
四 川 Sichuan		160	60								
贵 州 Guizhou											
云 南 Yunnan											
西 藏 Tibet							13	14	14		
陕 西 Shaanxi	1923	2240	3731	3681	5795	4118	3708	3728	3742	7359	9174
甘 肃 Gansu	3949	4813	4525		384	224	200	26	26	700	1000
青 海 Qinghai											
宁 夏 Ningxia	662	646	576	672	381	396	1687	1795	1795	2538	2925
新 疆 Xinjiang	1638	1441	1376	1460	1959	1940	2060	2210	2372	3860	3233

Basic Statistics on Heating Supply in Cities by Region

热水供应能力(兆瓦) Capacity of Hot Water Supply(10^6 W)										
2000	2005	2010	2011	2012	2013	2014	2015	2016	2017	2018
97417	**197976**	**315717**	**338752**	**365278**	**403542**	**447068**	**472556**	**493254**	**647827**	**578244**
4755	30115	35684	36805	38298	38585	40445	41451	42951	123814	87982
5608	10563	18055	19325	21063	21572	22596	24261	26312	28654	29256
8388	13917	23177	24535	26129	27441	29554	32035	35556	39839	46799
5347	8578	17405	18210	20706	23068	26412	30991	27389	31035	32941
5687	10887	25850	28560	29489	33729	38000	45683	41988	42776	46267
19154	36051	55770	59855	62826	68631	69158	71834	74373	68876	69692
10564	18925	29145	30988	36536	40576	41998	42760	42992	43276	45107
13750	23952	32052	41000	38743	42296	44551	46602	47511	50157	52234
8	200	6055								
	233	75	75	75	85	20	30			
214	135	182	182	182	182	20182	142	142	90	370
43	286									
9206	16744	27587	28922	33450	39722	43427	47487	53700	54372	58438
1334	2118	4767	6763	6204	8568	9544	11644	16446	20522	21298
	78	278	278	278	278	278	478		220	100
				239	240		35	169	216
									148	225
									402	64
551	1806	4215	5309	6682	8902	11428	22023	23027	22083	21039
3611	5791	10208	11137	12758	14069	14146	14331	15441	15648	16562
89	173	370	230	258	348	348	348	348	4717	4739
2963	5115	5945	6113	7927	8252	7138	7848	8286	66351	7363
6145	12309	18897	20465	23675	26997	27604	32608	36758	34678	37551

四、能源消费

Chapter 4　Energy Consumption

4-1 能源消费总量及构成
Total Energy Consumption and Its Composition

年 份 Year	电热当量计算法 Calorific Value Calculation						
	能源消费总量 (万吨标准煤) Total Energy Consumption (10^4 tce)	比重（%） Proportion (%)					
		煤 炭 Coal	石 油 Petroleum	天然气 Natural Gas	一次电力及其他能源 Primary Electricity and Other Energy	#水电 Hydro Power	#核电 Nuclear Power
1980	58587	74.2	21.4	3.2	1.2	1.2	-
1981	57577	75.1	20.6	2.9	1.4	1.4	-
1982	59966	76.3	19.6	2.6	1.5	1.5	-
1983	63635	77.0	18.8	2.5	1.7	1.7	-
1984	68495	77.8	18.1	2.5	1.6	1.6	-
1985	74112	78.5	17.7	2.3	1.5	1.5	-
1986	77776	78.2	17.9	2.4	1.5	1.5	-
1987	83850	78.7	17.6	2.2	1.5	1.5	-
1988	89963	78.8	17.6	2.1	1.5	1.5	-
1989	93666	79.3	17.1	2.0	1.6	1.6	-
1990	95384	79.0	17.2	2.1	1.7	1.7	-
1991	100413	78.7	17.7	2.1	1.5	1.5	-
1992	105602	78.3	18.1	2.0	1.6	1.6	-
1993	111490	79.0	17.1	2.1	1.8	1.8	-
1994	118071	79.5	16.2	2.2	2.1	2.0	0.1
1995	123471	77.0	18.6	1.9	2.5	2.4	0.1
1996	129665	76.7	19.5	1.9	1.9	1.8	0.1
1997	130082	74.9	21.3	1.8	2.0	1.9	0.1
1998	130260	74.2	21.8	1.9	2.1	2.0	0.1
1999	135132	73.6	22.3	2.1	1.9	1.8	0.1
2000	140993	71.5	22.9	2.3	3.3	1.9	0.1
2001	148264	71.5	22.2	2.5	3.8	2.3	0.1
2002	161935	71.8	22.0	2.4	3.8	2.2	0.2
2003	189269	73.2	20.9	2.4	3.5	1.8	0.3
2004	220738	73.2	20.8	2.4	3.6	2.0	0.3
2005	250835	75.4	18.6	2.5	3.5	1.9	0.3
2006	275134	75.5	18.2	2.8	3.5	1.9	0.2
2007	299271	75.6	17.6	3.1	3.7	2.0	0.3
2008	306455	75.0	17.4	3.5	4.1	2.3	0.3
2009	321336	74.9	17.2	3.7	4.2	2.4	0.3
2010	343601	72.7	18.3	4.2	4.8	2.6	0.3
2011	370163	73.4	17.6	4.8	4.2	2.3	0.3
2012	381515	72.2	17.9	5.1	4.8	2.8	0.3
2013	394794	71.3	18.0	5.6	5.1	2.9	0.3
2014	402649	70.0	18.4	6.0	5.6	3.3	0.4
2015	406312	68.1	19.7	6.2	6.0	3.4	0.5
2016	410984	66.8	20.1	6.6	6.5	3.5	0.6
2017	423108	65.3	20.4	7.4	6.9	3.5	0.7
2018	435649	63.9	20.4	8.3	7.4	3.5	0.8

4-1 续表 continued

年 份 Year	发电煤耗计算法 Coal Equivalent Calculation						
	能源消费总量 (万吨标准煤) Total Energy Consumption (10^4 tce)	比重 (%) Proportion (%)					
		煤 炭 Coal	石 油 Petroleum	天然气 Natural Gas	一次电力及其他能源 Primary Electricity and Other Energy	#水电 Hydro Power	#核电 Nuclear Power
1980	60275	72.2	20.7	3.1	4.0	4.0	-
1981	59447	72.7	20.0	2.8	4.5	4.5	-
1982	62067	73.7	18.9	2.5	4.9	4.9	-
1983	66040	74.2	18.1	2.4	5.3	5.3	-
1984	70904	75.3	17.4	2.4	4.9	4.9	-
1985	76682	75.8	17.1	2.2	4.9	4.9	-
1986	80850	75.8	17.2	2.3	4.7	4.7	-
1987	86632	76.2	17.0	2.1	4.7	4.7	-
1988	92997	76.1	17.1	2.1	4.7	4.7	-
1989	96934	76.1	17.1	2.1	4.7	4.7	-
1990	98703	76.2	16.6	2.1	5.1	5.1	-
1991	103783	76.1	17.1	2.0	4.8	4.8	-
1992	109170	75.7	17.5	1.9	4.9	4.9	-
1993	115993	74.7	18.2	1.9	5.2	5.1	0.1
1994	122737	75.0	17.4	1.9	5.7	5.2	0.5
1995	131176	74.6	17.5	1.8	6.1	5.7	0.4
1996	135192	73.5	18.7	1.8	6.0	5.6	0.4
1997	135909	71.4	20.4	1.8	6.4	5.9	0.4
1998	136184	70.9	20.8	1.8	6.5	6.1	0.4
1999	140569	70.6	21.5	2.0	5.9	5.5	0.4
2000	146964	68.5	22.0	2.2	7.3	5.7	0.4
2001	155547	68.0	21.2	2.4	8.4	6.7	0.4
2002	169577	68.5	21.0	2.3	8.2	6.3	0.5
2003	197083	70.2	20.1	2.3	7.4	5.3	0.8
2004	230281	70.2	19.9	2.3	7.6	5.5	0.8
2005	261369	72.4	17.8	2.4	7.4	5.4	0.7
2006	286467	72.4	17.5	2.7	7.4	5.4	0.7
2007	311442	72.5	17.0	3.0	7.5	5.4	0.7
2008	320611	71.5	16.7	3.4	8.4	6.1	0.7
2009	336126	71.6	16.4	3.5	8.5	6.0	0.7
2010	360648	69.2	17.4	4.0	9.4	6.4	0.7
2011	387043	70.2	16.8	4.6	8.4	5.7	0.7
2012	402138	68.5	17.0	4.8	9.7	6.8	0.8
2013	416913	67.4	17.1	5.3	10.2	6.9	0.8
2014	428334	65.8	17.3	5.6	11.3	7.7	1.0
2015	434113	63.8	18.4	5.8	12.0	8.0	1.2
2016	441492	62.2	18.7	6.1	13.0	8.2	1.5
2017	455827	60.6	18.9	6.9	13.6	7.9	1.6
2018	471925	59.0	18.9	7.6	14.5	7.8	1.9

4-2 工业分行业终端能源消费量(实物量)-2014

行 业	Item	煤合计 (万吨) Coal Total (10^4 tons)
工业	**Industry**	**91737.74**
(一)采矿业	**Mining**	**5099.79**
煤炭开采和洗选业	Mining and Washing of Coal	3649.71
石油和天然气开采业	Extraction of Petroleum and Natural Gas	141.75
黑色金属矿采选业	Mining and Processing of Ferrous Metal Ores	406.15
有色金属矿采选业	Mining and Processing of Non-Ferrous Metal Ores	164.61
非金属矿采选业	Mining and Processing of Nonmetal Ores	706.81
开采专业及辅助性活动	Professional and Support Activities for Mining	28.37
其他采矿业	Mining of Other Ores	2.39
(二)制造业	**Manufacturing**	**85446.12**
农副食品加工业	Processing of Food from Agricultural Products	2354.63
食品制造业	Manufacture of Foods	1165.98
酒、饮料和精制茶制造业	Manufacture of Liquor, Beverages and Refined Tea	1280.62
烟草制品业	Manufacture of Tobacco	50.20
纺织业	Manufacture of Textile	1655.74
纺织服装、服饰业	Manufacture of Textile, Wearing Apparel and Accessories	261.52
皮革、毛皮、羽毛及其制品和制鞋业	Manufacture of Leather, Fur, Feather and Related Products and Footwear	160.83
木材加工和木、竹、藤、棕、草制品业	Processing of Timber,Manufacture of Wood,Bamboo,Rattan,Palm, and Straw Products	497.77
家具制造业	Manufacture of Furniture	54.12
造纸和纸制品业	Manufacture of Paper and Paper Products	1895.82
印刷和记录媒介复制业	Printing and Reproduction of Recording Media	82.11
文教、工美、体育和娱乐用品制造业	Manufacture of Articles for Culture, Education, Arts and Crafts, Sport and Entertainment Activities	123.76
石油、煤炭及其他燃料加工业	Processing of Petroleum, Coal and Other Fuels	3383.71
化学原料和化学制品制造业	Manufacture of Raw Chemical Materials and Chemical Products	18702.92
医药制造业	Manufacture of Medicines	1172.92
化学纤维制造业	Manufacture of Chemical Fibers	612.71
橡胶和塑料制品业	Manufacture of Rubber and Plastics Products	809.79
非金属矿物制品业	Manufacture of Non-metallic Mineral Products	32301.14
黑色金属冶炼和压延加工业	Smelting and Pressing of Ferrous Metals	14511.23
有色金属冶炼和压延加工业	Smelting and Pressing of Non-ferrous Metals	2323.60
金属制品业	Manufacture of Metal Products	510.09
通用设备制造业	Manufacture of General Purpose Machinery	346.67
专用设备制造业	Manufacture of Special Purpose Machinery	312.97
汽车制造业	Manufacture of Automobiles	256.20
铁路、船舶、航空航天和其他运输设备制造业	Manufacture of Railway, Ship, Aerospace and Other Transport Equipments	137.29
电气机械和器材制造业	Manufacture of Electrical Machinery and Apparatus	267.93
计算机、通信和其他电子设备制造业	Manufacture of Computers, Communication and Other Electronic Equipment	84.33
仪器仪表制造业	Manufacture of Measuring Instruments and Machinery	25.03
其他制造业	Other Manufacture	34.09
废弃资源综合利用业	Utilization of Waste Resources	65.03
金属制品、机械和设备修理业	Repair Service of Metal Products, Machinery and Equipment	5.37
(三)电力、热力、燃气及水生产和供应业	**Production and Supply of Electricity, Gas and Water**	**1191.84**
电力、热力生产和供应业	Production and Supply of Electric Power and Heat Power	1165.74
燃气生产和供应业	Production and Supply of Gas	12.21
水的生产和供应业	Production and Supply of Water	13.89

Final Energy Consumption by Industrial Sector (Physical Quantity) -2014

原煤 (万吨) Raw Coal (10^4 tons)	洗精煤 (万吨) Cleaned Coal (10^4 tons)	其他洗煤 (万吨) Other Washed Coal (10^4 tons)	焦炭 (万吨) Coke (10^4 tons)	焦炉煤气 (亿立方米) Coke Oven Gas (10^8 cu.m)	高炉煤气 (亿立方米) Blast Furnace Gas (10^8 cu.m)	转炉煤气 (亿立方米) Converter Gas (10^8 cu.m)	其他煤气 (亿立方米) Other Gas (10^8 cu.m)	其他焦化产品 (万吨) Other Coking Products (10^4 tons)
74333.72	**6094.71**	**9978.95**	**46453.78**	**589.56**	**5715.56**	**343.70**	**64.20**	**1095.71**
3876.80	**207.68**	**988.95**	**292.19**	**10.62**	**44.65**	**1.26**	**1.86**	**33.85**
2805.93	102.95	731.68	87.92	6.76	11.11		1.85	32.26
141.69								
318.61	69.53	5.05	187.01	2.87	33.51	1.26		0.90
142.20	19.46	0.91	9.84	0.51	0.02			0.68
437.61	15.74	251.31	7.39	0.47				
28.37			0.03					
2.39								
69383.50	**5877.49**	**8883.24**	**46114.09**	**571.61**	**5670.91**	**342.44**	**61.70**	**1060.14**
2266.61	23.29	59.99	9.87	0.40	0.02			0.05
1136.56	7.76	13.26	2.77	0.24				
1260.13	6.32	8.78	1.39	0.23	0.11			0.01
44.31	3.52	1.38						
1623.60	4.19	10.19	2.07	1.78				0.01
257.16	0.38	1.34	1.13			0.01	0.04	0.05
156.98	1.19	0.51	0.74					
494.76	0.60	1.86	1.31	0.03				0.03
53.48	0.03	0.53	1.67					
1830.18	16.65	33.66	0.83	0.01				
80.31		0.77	0.46	0.01				0.42
118.76	2.23	2.09	3.94					0.08
1112.30	710.20	1557.89	46.39	100.46	84.28		4.83	75.58
16999.44	1080.22	151.68	3382.02	53.20	12.17	3.09	6.52	599.24
1156.55	9.37	5.47	0.77	0.09			0.01	0.58
556.91	10.37	0.09	0.36					
760.45	21.46	13.25	4.71	0.42				0.51
25148.52	638.73	6409.76	1039.94	40.40	52.58	4.16	7.21	81.26
10452.64	3023.96	455.88	39924.90	357.11	5512.22	333.39	1.87	291.13
1987.42	213.16	115.41	588.01	10.60	0.26		38.88	9.24
492.19	11.99	3.38	100.19	2.15	3.80	0.63	0.02	0.85
336.33	7.38	2.04	698.51	0.37	0.11	0.04	0.20	0.28
245.80	65.26	1.26	74.50	2.32	2.88	0.27	1.63	0.19
250.06	1.99	2.86	162.38	0.13			0.46	
115.43	1.26	20.07	7.28	0.14				
249.58	14.62	2.40	14.13	0.14		0.24		0.37
80.97	0.89	0.51	12.40	0.02	0.01			0.06
24.48	0.01	0.51	4.35	0.04				0.15
30.52	0.31	1.35	0.25					
55.82	0.14	5.05	26.71	1.31	2.48	0.61		
5.25	0.01		0.09					0.03
1073.42	**9.54**	**106.76**	**47.50**	**7.33**			**0.64**	**1.72**
1048.26	9.51	105.99	47.21	4.25				1.72
11.44		0.77	0.27	3.08			0.64	
13.72	0.03		0.02					

4-2 续表 1

行　　业	Item	油品合计 (万吨) Petroleum Products Total (10^4 tons)
工业	**Industry**	**15854.48**
(一)采矿业	**Mining**	**1177.03**
煤炭开采和洗选业	Mining and Washing of Coal	212.72
石油和天然气开采业	Extraction of Petroleum and Natural Gas	607.61
黑色金属矿采选业	Mining and Processing of Ferrous Metal Ores	110.75
有色金属矿采选业	Mining and Processing of Non-Ferrous Metal Ores	41.14
非金属矿采选业	Mining and Processing of Nonmetal Ores	72.90
开采专业及辅助性活动	Professional and Support Activities for Mining	131.27
其他采矿业	Mining of Other Ores	0.64
(二)制造业	**Manufacturing**	**14586.49**
农副食品加工业	Processing of Food from Agricultural Products	86.42
食品制造业	Manufacture of Foods	34.09
酒、饮料和精制茶制造业	Manufacture of Liquor, Beverages and Refined Tea	21.09
烟草制品业	Manufacture of Tobacco	3.37
纺织业	Manufacture of Textile	40.82
纺织服装、服饰业	Manufacture of Textile, Wearing Apparel and Accessories	28.29
皮革、毛皮、羽毛及其制品和制鞋业	Manufacture of Leather, Fur, Feather and Related Products and Footwear	15.57
木材加工和木、竹、藤、棕、草制品业	Processing of Timber,Manufacture of Wood,Bamboo,Rattan,Palm, and Straw Products	21.01
家具制造业	Manufacture of Furniture	13.09
造纸和纸制品业	Manufacture of Paper and Paper Products	31.94
印刷和记录媒介复制业	Printing and Reproduction of Recording Media	15.05
文教、工美、体育和娱乐用品制造业	Manufacture of Articles for Culture, Education, Arts and Crafts, Sport and Entertainment Activities	19.67
石油、煤炭及其他燃料加工业	Processing of Petroleum, Coal and Other Fuels	5255.91
化学原料和化学制品制造业	Manufacture of Raw Chemical Materials and Chemical Products	5384.08
医药制造业	Manufacture of Medicines	24.02
化学纤维制造业	Manufacture of Chemical Fibers	6.84
橡胶和塑料制品业	Manufacture of Rubber and Plastics Products	60.90
非金属矿物制品业	Manufacture of Non-metallic Mineral Products	2557.78
黑色金属冶炼和压延加工业	Smelting and Pressing of Ferrous Metals	161.72
有色金属冶炼和压延加工业	Smelting and Pressing of Non-ferrous Metals	301.42
金属制品业	Manufacture of Metal Products	68.95
通用设备制造业	Manufacture of General Purpose Machinery	81.01
专用设备制造业	Manufacture of Special Purpose Machinery	88.24
汽车制造业	Manufacture of Automobiles	89.94
铁路、船舶、航空航天和其他运输设备制造业	Manufacture of Railway, Ship, Aerospace and Other Transport Equipments	38.23
电气机械和器材制造业	Manufacture of Electrical Machinery and Apparatus	66.67
计算机、通信和其他电子设备制造业	Manufacture of Computers, Communication and Other Electronic Equipment	34.40
仪器仪表制造业	Manufacture of Measuring Instruments and Machinery	11.53
其他制造业	Other Manufacture	11.56
废弃资源综合利用业	Utilization of Waste Resources	6.96
金属制品、机械和设备修理业	Repair Service of Metal Products, Machinery and Equipment	5.94
(三)电力、热力、燃气及水生产和供应业	**Production and Supply of Electricity, Gas and Water**	**90.96**
电力、热力生产和供应业	Production and Supply of Electric Power and Heat Power	80.12
燃气生产和供应业	Production and Supply of Gas	5.70
水的生产和供应业	Production and Supply of Water	5.14

Continued 1

原油 (万吨) Crude Oil (10⁴ tons)	汽油 (万吨) Gasoline (10⁴ tons)	煤油 (万吨) Kerosene (10⁴ tons)	柴油 (万吨) Diesel Oil (10⁴ tons)	燃料油 (万吨) Fuel Oil (10⁴ tons)	石脑油 (万吨) Naphtha (10⁴ tons)	润滑油 (万吨) Lubricants (10⁴ tons)	石蜡 (万吨) Paraffin Waxes (10⁴ tons)	溶剂油 (万吨) White Spirit (10⁴ tons)
855.86	**488.25**	**17.33**	**1557.01**	**538.24**	**4233.30**	**127.00**	**101.00**	**84.00**
470.15	**45.95**	**2.52**	**573.90**	**15.64**		**1.31**		
	12.49	1.89	196.25	0.45		0.84		
468.86	12.67	0.01	53.91	12.68				
	4.78	0.02	105.69	0.06		0.18		
	6.90	0.39	31.73	1.80				
	4.19	0.21	68.27	0.20		0.02		
1.28	4.69		117.65	0.45		0.26		
	0.22		0.42					
385.56	**409.87**	**14.78**	**942.05**	**520.61**	**4233.30**	**125.60**	**101.00**	**84.00**
0.02	30.25	0.21	49.30	2.77		0.02	0.01	1.42
	10.29	0.02	16.82	5.54		0.01	0.37	0.02
	6.92	0.02	11.25	1.47		0.01		
	0.57		2.26	0.47				
	14.23	0.07	15.49	7.93		0.03		0.19
0.02	12.25	0.04	14.53	0.82		0.01		
0.01	7.07	0.08	5.77	1.69		0.08	0.05	0.42
0.33	6.85	0.09	12.19	0.14		0.01	1.26	
	4.92	0.01	7.31	0.26				
0.05	6.52	0.02	18.79	5.15		0.05		0.15
	6.66	0.03	6.94	0.50		0.01	0.03	0.01
0.01	8.22	0.04	8.59	0.85		0.01	0.45	0.04
72.19	4.33	0.21	17.65	137.50	729.27	111.47	0.09	21.10
312.40	37.83	3.08	62.54	72.60	3503.86	0.53	97.84	59.45
	10.79	0.16	10.38	1.63			0.03	0.29
	0.98	0.02	1.68	3.54	0.16	0.06		0.01
0.01	22.03	0.27	25.74	8.41		0.29	0.35	0.40
0.17	29.46	1.09	293.93	191.91		0.37	0.39	0.07
0.02	13.09	0.17	74.84	5.47		0.76	0.02	
0.06	7.12	0.89	47.30	50.65		0.38		0.10
0.01	21.85	0.98	31.15	7.18		0.45		0.08
0.04	32.05	2.24	38.50	1.22		1.67	0.03	0.04
0.14	26.32	0.59	53.04	1.02		1.58		0.02
0.02	32.92	0.65	40.95	0.90	0.01	6.77	0.03	0.08
0.01	7.56	1.98	20.59	3.85		0.29		0.06
0.01	26.61	0.30	25.77	2.65		0.56	0.04	0.04
	14.09	0.13	14.09	2.21		0.09		0.01
0.01	5.00	0.14	4.27	0.53		0.02		
	1.36	0.69	2.13	0.02				
	0.77	0.02	4.29	1.40		0.06		
0.01	0.95	0.52	3.98	0.35		0.01		
0.15	**32.43**	**0.04**	**41.06**	**1.99**		**0.09**		
0.15	25.92	0.03	37.57	1.78		0.08		
	3.04		1.91	0.19		0.02		
	3.47		1.58	0.02				

4-2 续表 2

行　　业	Item	石油沥青 (万吨) Bitumen Asphalt (10^4 tons)
工业	**Industry**	**66.87**
(一)采矿业	**Mining**	**0.31**
煤炭开采和洗选业	Mining and Washing of Coal	
石油和天然气开采业	Extraction of Petroleum and Natural Gas	
黑色金属矿采选业	Mining and Processing of Ferrous Metal Ores	
有色金属矿采选业	Mining and Processing of Non-Ferrous Metal Ores	0.31
非金属矿采选业	Mining and Processing of Nonmetal Ores	
开采专业及辅助性活动	Professional and Support Activities for Mining	
其他采矿业	Mining of Other Ores	
(二)制造业	**Manufacturing**	**64.87**
农副食品加工业	Processing of Food from Agricultural Products	
食品制造业	Manufacture of Foods	
酒、饮料和精制茶制造业	Manufacture of Liquor, Beverages and Refined Tea	
烟草制品业	Manufacture of Tobacco	
纺织业	Manufacture of Textile	
纺织服装、服饰业	Manufacture of Textile, Wearing Apparel and Accessories	
皮革、毛皮、羽毛及其制品和制鞋业	Manufacture of Leather, Fur, Feather and Related Products and Footwear	
木材加工和木、竹、藤、棕、草制品业	Processing of Timber,Manufacture of Wood,Bamboo,Rattan,Palm, and Straw Products	
家具制造业	Manufacture of Furniture	
造纸和纸制品业	Manufacture of Paper and Paper Products	
印刷和记录媒介复制业	Printing and Reproduction of Recording Media	
文教、工美、体育和娱乐用品制造业	Manufacture of Articles for Culture, Education, Arts and Crafts, Sport and Entertainment Activities	
石油、煤炭及其他燃料加工业	Processing of Petroleum, Coal and Other Fuels	0.74
化学原料和化学制品制造业	Manufacture of Raw Chemical Materials and Chemical Products	1.08
医药制造业	Manufacture of Medicines	
化学纤维制造业	Manufacture of Chemical Fibers	
橡胶和塑料制品业	Manufacture of Rubber and Plastics Products	
非金属矿物制品业	Manufacture of Non-metallic Mineral Products	51.58
黑色金属冶炼和压延加工业	Smelting and Pressing of Ferrous Metals	0.17
有色金属冶炼和压延加工业	Smelting and Pressing of Non-ferrous Metals	9.96
金属制品业	Manufacture of Metal Products	
通用设备制造业	Manufacture of General Purpose Machinery	
专用设备制造业	Manufacture of Special Purpose Machinery	
汽车制造业	Manufacture of Automobiles	
铁路、船舶、航空航天和其他运输设备制造业	Manufacture of Railway, Ship, Aerospace and Other Transport Equipments	
电气机械和器材制造业	Manufacture of Electrical Machinery and Apparatus	
计算机、通信和其他电子设备制造业	Manufacture of Computers, Communication and Other Electronic Equipment	
仪器仪表制造业	Manufacture of Measuring Instruments and Machinery	
其他制造业	Other Manufacture	1.34
废弃资源综合利用业	Utilization of Waste Resources	
金属制品、机械和设备修理业	Repair Service of Metal Products, Machinery and Equipment	
(三)电力、热力、燃气及水生产和供应业	**Production and Supply of Electricity, Gas and Water**	**1.69**
电力、热力生产和供应业	Production and Supply of Electric Power and Heat Power	1.69
燃气生产和供应业	Production and Supply of Gas	
水的生产和供应业	Production and Supply of Water	

Continued 2

石油焦 (万吨) Petroleum Coke (10^4 tons)	液化石油气 (万吨) Liquefied Petroleum Gas (10^4 tons)	炼厂干气 (万吨) Refinery Gas (10^4 tons)	其他石油制品 (万吨) Other Petroleum Products (10^4 tons)	天然气 (亿立方米) Natural Gas (10^8 cu.m)	液化天然气 (万吨) Liquefied Natural Gas (10^4 tons)	热力 (万百万千焦) Heat (10^{10} kJ)	电力 (亿千瓦小时) Electricity (10^8 kW·h)	其他能源 (万吨标准煤) Other Energy (10^4 tce)
2444.68	**555.33**	**1430.55**	**3355.06**	**619.86**	**2010.00**	**267494.70**	**39148.83**	**1606.12**
	2.24	**28.32**	**36.70**	**133.07**	**5.40**	**6908.33**	**2594.80**	**18.68**
	0.06		0.74	5.95	0.12	654.34	939.66	11.70
	0.19	28.32	30.97	124.13	4.80	2083.44	431.98	0.05
			0.02	0.02		161.69	468.79	0.56
			0.01	0.64		0.98	351.79	2.86
			0.02	0.03	0.24	2879.24	241.50	3.46
	1.98		4.96	2.30	0.24	1128.64	27.96	
							133.13	0.05
2433.30	**552.85**	**1401.60**	**3317.10**	**483.74**	**1976.28**	**253738.96**	**31640.98**	**1560.71**
	2.22		0.21	1.31	12.12	4466.07	611.92	442.78
	1.01		0.02	6.11	16.20	5411.60	230.47	25.87
0.76	0.65		0.01	4.62	5.88	4003.18	159.89	23.75
	0.06			0.87	6.84	318.85	52.44	1.28
	2.18		0.69	3.49	7.32	23695.83	1541.18	57.01
	0.55		0.07	0.59	8.88	621.13	213.03	7.28
	0.30		0.09	0.08	0.96	288.12	151.43	4.30
	0.13			0.47	0.24	357.92	264.40	201.25
	0.58		0.01	0.72	2.64	84.72	88.90	8.12
0.07	1.04		0.09	1.42	28.20	19615.66	632.26	96.27
	0.80		0.08	1.89	1.80	269.03	111.34	4.76
	1.11		0.35	1.34	11.40	77.31	72.89	13.62
266.17	231.28	1300.36	2363.56	36.65	636.24	36567.45	718.82	21.70
52.81	172.99	99.73	907.35	229.85	616.20	91894.56	4627.78	241.34
	0.61	0.01	0.12	5.69	6.84	7192.52	302.33	46.86
	0.27		0.11	0.70	17.40	7040.80	351.62	3.32
	1.95	0.02	1.41	4.15	14.28	2279.31	1170.61	13.46
1892.17	76.62	0.38	19.64	70.77	150.60	1045.37	3324.42	109.60
46.75	17.26	1.06	2.10	37.42	43.20	26717.68	5795.60	150.25
173.19	4.44		7.33	18.32	176.04	12025.85	5649.37	36.26
0.04	6.23	0.01	0.98	6.69	55.32	460.23	1302.60	9.04
	3.05		2.15	7.60	13.32	509.30	791.90	5.65
	3.52		2.00	7.70	17.64	835.26	442.83	6.18
	5.47	0.01	2.15	17.70	33.12	4543.26	731.32	4.16
	3.43	0.02	0.43	5.61	48.60	329.47	180.54	3.23
0.11	8.44		2.12	3.66	19.16	1432.80	684.60	10.63
	2.45		1.32	6.85	8.20	1363.48	870.71	5.38
	0.13		1.44	0.58	0.72	186.00	84.71	2.71
1.23	3.72		1.06	0.06	13.92	53.13	440.69	1.17
	0.33		0.09	0.63	0.12	8.88	29.76	3.48
	0.03		0.10	0.20	2.88	44.17	10.61	
11.38	**0.24**	**0.63**	**1.26**	**3.05**	**28.32**	**6847.41**	**4913.05**	**26.73**
11.38	0.04	0.63	0.86	1.04	0.12	6693.11	4386.79	25.46
	0.13		0.40	1.77	27.96	65.22	138.79	0.18
	0.07			0.24	0.24	89.08	387.47	1.09

4-3 工业分行业终端能源消费量(实物量)-2015

行　　业	Item	煤合计 (万吨) Coal Total (10^4 tons)
工业	**Industry**	**91331.25**
(一)采矿业	**Mining**	**4781.32**
煤炭开采和洗选业	Mining and Washing of Coal	3533.17
石油和天然气开采业	Extraction of Petroleum and Natural Gas	137.45
黑色金属矿采选业	Mining and Processing of Ferrous Metal Ores	341.86
有色金属矿采选业	Mining and Processing of Non-Ferrous Metal Ores	149.90
非金属矿采选业	Mining and Processing of Nonmetal Ores	586.62
开采专业及辅助性活动	Professional and Support Activities for Mining	30.60
其他采矿业	Mining of Other Ores	1.73
(二)制造业	**Manufacturing**	**85481.45**
农副食品加工业	Processing of Food from Agricultural Products	2137.73
食品制造业	Manufacture of Foods	1126.87
酒、饮料和精制茶制造业	Manufacture of Liquor, Beverages and Refined Tea	1135.35
烟草制品业	Manufacture of Tobacco	41.05
纺织业	Manufacture of Textile	1542.96
纺织服装、服饰业	Manufacture of Textile, Wearing Apparel and Accessories	228.35
皮革、毛皮、羽毛及其制品和制鞋业	Manufacture of Leather, Fur, Feather and Related Products and Footwear	153.73
木材加工和木、竹、藤、棕、草制品业	Processing of Timber,Manufacture of Wood,Bamboo,Rattan,Palm, and Straw Products	449.78
家具制造业	Manufacture of Furniture	50.15
造纸和纸制品业	Manufacture of Paper and Paper Products	1641.28
印刷和记录媒介复制业	Printing and Reproduction of Recording Media	81.00
文教、工美、体育和娱乐用品制造业	Manufacture of Articles for Culture, Education, Arts and Crafts, Sport and Entertainment Activities	116.11
石油、煤炭及其他燃料加工业	Processing of Petroleum, Coal and Other Fuels	4288.69
化学原料和化学制品制造业	Manufacture of Raw Chemical Materials and Chemical Products	21062.98
医药制造业	Manufacture of Medicines	1146.72
化学纤维制造业	Manufacture of Chemical Fibers	647.88
橡胶和塑料制品业	Manufacture of Rubber and Plastics Products	755.94
非金属矿物制品业	Manufacture of Non-metallic Mineral Products	30959.87
黑色金属冶炼和压延加工业	Smelting and Pressing of Ferrous Metals	13937.40
有色金属冶炼和压延加工业	Smelting and Pressing of Non-ferrous Metals	2178.07
金属制品业	Manufacture of Metal Products	449.66
通用设备制造业	Manufacture of General Purpose Machinery	287.74
专用设备制造业	Manufacture of Special Purpose Machinery	274.45
汽车制造业	Manufacture of Automobiles	230.25
铁路、船舶、航空航天和其他运输设备制造业	Manufacture of Railway, Ship, Aerospace and Other Transport Equipments	114.82
电气机械和器材制造业	Manufacture of Electrical Machinery and Apparatus	237.16
计算机、通信和其他电子设备制造业	Manufacture of Computers, Communication and Other Electronic Equipment	86.64
仪器仪表制造业	Manufacture of Measuring Instruments and Machinery	20.02
其他制造业	Other Manufacture	32.22
废弃资源综合利用业	Utilization of Waste Resources	61.48
金属制品、机械和设备修理业	Repair Service of Metal Products, Machinery and Equipment	5.11
(三)电力、热力、燃气及水生产和供应业	**Production and Supply of Electricity, Gas and Water**	**1068.47**
电力、热力生产和供应业	Production and Supply of Electric Power and Heat Power	1046.13
燃气生产和供应业	Production and Supply of Gas	9.06
水的生产和供应业	Production and Supply of Water	13.28

Final Energy Consumption by Industrial Sector (Physical Quantity) -2015

原煤 (万吨) Raw Coal (10^4 tons)	洗精煤 (万吨) Cleaned Coal (10^4 tons)	其他洗煤 (万吨) Other Washed Coal (10^4 tons)	焦炭 (万吨) Coke (10^4 tons)	焦炉煤气 (亿立方米) Coke Oven Gas (10^8 cu.m)	高炉煤气 (亿立方米) Blast Furnace Gas (10^8 cu.m)	转炉煤气 (亿立方米) Converter Gas (10^8 cu.m)	其他煤气 (亿立方米) Other Gas (10^8 cu.m)	其他焦化产品 (万吨) Other Coking Products (10^4 tons)
73393.53	**6337.17**	**10281.06**	**43639.19**	**566.70**	**5522.55**	**356.90**	**86.29**	**1077.23**
3672.36	**207.61**	**879.31**	**236.27**	**7.65**	**35.05**	**0.99**	**3.10**	**2.05**
2718.69	110.55	692.77	63.00	4.27	11.46		3.00	1.88
137.41								
268.79	65.28	1.99	157.54	2.45	23.59	0.99	0.09	0.17
131.58	16.05	0.44	8.67	0.56				
383.56	15.72	184.12	7.03	0.37			0.01	
30.60			0.03					
1.73								
68793.72	**6119.74**	**9274.56**	**43364.34**	**556.58**	**5487.50**	**355.91**	**83.04**	**1073.36**
2061.65	20.78	49.17	141.25	0.28	29.00	1.92		0.03
1094.10	6.95	18.28	3.09	0.18			0.01	0.01
1114.75	5.05	12.11	1.18	0.20				
36.56	2.96	0.72						
1512.43	4.92	9.16	1.93	2.62	0.01			
223.81	0.26	1.81	1.59					0.05
151.95	1.14	0.32	0.34					0.02
447.12	0.27	1.74	1.43	0.05				0.04
49.89	0.01	0.12	1.89					
1589.64	15.89	23.06	0.77					
79.64		0.49	0.49					0.38
110.31	3.31	1.86	3.33					0.03
2086.75	693.23	1471.72	64.81	104.39	94.45		3.16	132.71
19202.47	1268.63	128.11	3576.25	52.70	10.28	2.96	8.43	563.38
1132.44	8.82	3.80	0.79	0.05				
574.80	10.80	1.82	0.32					
706.22	20.22	14.81	3.46	0.24				0.43
23221.75	621.01	7032.86	904.24	36.24	37.29	5.57	6.82	73.53
9860.08	3137.15	383.04	37057.27	345.38	5307.84	343.11	0.17	292.04
1885.72	198.25	84.38	564.52	9.76	0.05		59.04	9.97
432.50	11.48	3.03	100.19	2.22	4.05	0.71	0.03	0.01
280.45	5.01	1.32	684.25	0.23	0.11	0.09	4.06	0.08
207.01	63.36	3.45	67.91	1.08	1.36	0.03	1.11	0.27
226.02	1.83	1.18	129.32	0.07			0.20	
92.05	1.06	21.33	2.72	0.43		1.02		
217.20	16.44	2.41	12.00	0.03				0.21
83.93	0.78	0.56	14.31	0.02	0.01			0.10
19.85	0.01	0.14	2.69					0.08
28.53		1.75	0.25					
59.11	0.10		21.67	0.42	3.06	0.51		
4.99	0.01		0.05					0.01
927.45	**9.83**	**127.18**	**38.58**	**2.46**			**0.15**	**1.82**
905.97	9.68	126.57	38.56	0.10				1.82
8.44		0.61		2.37			0.15	
13.03	0.15		0.02					

4-3 续表 1

行　业	Item	油品合计 (万吨) Petroleum Products Total (10^4 tons)
工业	**Industry**	**16739.74**
(一)采矿业	**Mining**	**1049.72**
煤炭开采和洗选业	Mining and Washing of Coal	179.13
石油和天然气开采业	Extraction of Petroleum and Natural Gas	569.87
黑色金属矿采选业	Mining and Processing of Ferrous Metal Ores	86.88
有色金属矿采选业	Mining and Processing of Non-Ferrous Metal Ores	39.65
非金属矿采选业	Mining and Processing of Nonmetal Ores	74.98
开采专业及辅助性活动	Professional and Support Activities for Mining	99.01
其他采矿业	Mining of Other Ores	0.21
(二)制造业	**Manufacturing**	**15596.39**
农副食品加工业	Processing of Food from Agricultural Products	81.78
食品制造业	Manufacture of Foods	30.94
酒、饮料和精制茶制造业	Manufacture of Liquor, Beverages and Refined Tea	20.33
烟草制品业	Manufacture of Tobacco	2.92
纺织业	Manufacture of Textile	52.87
纺织服装、服饰业	Manufacture of Textile, Wearing Apparel and Accessories	27.64
皮革、毛皮、羽毛及其制品和制鞋业	Manufacture of Leather, Fur, Feather and Related Products and Footwear	14.23
木材加工和木、竹、藤、棕、草制品业	Processing of Timber,Manufacture of Wood,Bamboo,Rattan,Palm, and Straw Products	19.78
家具制造业	Manufacture of Furniture	17.92
造纸和纸制品业	Manufacture of Paper and Paper Products	30.23
印刷和记录媒介复制业	Printing and Reproduction of Recording Media	15.04
文教、工美、体育和娱乐用品制造业	Manufacture of Articles for Culture, Education, Arts and Crafts, Sport and Entertainment Activities	18.39
石油、煤炭及其他燃料加工业	Processing of Petroleum, Coal and Other Fuels	5787.08
化学原料和化学制品制造业	Manufacture of Raw Chemical Materials and Chemical Products	5776.01
医药制造业	Manufacture of Medicines	24.72
化学纤维制造业	Manufacture of Chemical Fibers	6.48
橡胶和塑料制品业	Manufacture of Rubber and Plastics Products	60.60
非金属矿物制品业	Manufacture of Non-metallic Mineral Products	2656.23
黑色金属冶炼和压延加工业	Smelting and Pressing of Ferrous Metals	151.90
有色金属冶炼和压延加工业	Smelting and Pressing of Non-ferrous Metals	310.19
金属制品业	Manufacture of Metal Products	69.84
通用设备制造业	Manufacture of General Purpose Machinery	77.73
专用设备制造业	Manufacture of Special Purpose Machinery	82.90
汽车制造业	Manufacture of Automobiles	88.20
铁路、船舶、航空航天和其他运输设备制造业	Manufacture of Railway, Ship, Aerospace and Other Transport Equipments	35.49
电气机械和器材制造业	Manufacture of Electrical Machinery and Apparatus	65.80
计算机、通信和其他电子设备制造业	Manufacture of Computers, Communication and Other Electronic Equipment	34.67
仪器仪表制造业	Manufacture of Measuring Instruments and Machinery	11.65
其他制造业	Other Manufacture	12.42
废弃资源综合利用业	Utilization of Waste Resources	5.99
金属制品、机械和设备修理业	Repair Service of Metal Products, Machinery and Equipment	6.40
(三)电力、热力、燃气及水生产和供应业	**Production and Supply of Electricity, Gas and Water**	**93.62**
电力、热力生产和供应业	Production and Supply of Electric Power and Heat Power	80.54
燃气生产和供应业	Production and Supply of Gas	6.77
水的生产和供应业	Production and Supply of Water	6.32

Continued 1

原油 (万吨) Crude Oil (10^4 tons)	汽油 (万吨) Gasoline (10^4 tons)	煤油 (万吨) Kerosene (10^4 tons)	柴油 (万吨) Diesel Oil (10^4 tons)	燃料油 (万吨) Fuel Oil (10^4 tons)	石脑油 (万吨) Naphtha (10^4 tons)	润滑油 (万吨) Lubricants (10^4 tons)	石蜡 (万吨) Paraffin Waxes (10^4 tons)	溶剂油 (万吨) White Spirit (10^4 tons)
782.69	**476.53**	**21.16**	**1436.50**	**594.75**	**4573.66**	**133.80**	**108.20**	**142.00**
440.88	**40.39**	**2.44**	**490.32**	**24.84**	**0.03**	**1.19**		
	10.64	1.72	164.84	0.40		0.89		
440.40	11.29		47.50	22.39				
	3.73	0.07	82.87	0.04		0.14		
	7.03	0.43	30.60	1.51	0.03			
	3.49	0.22	70.80	0.18		0.02		
0.48	4.13		93.60	0.32		0.14		
	0.08		0.13					
341.63	**403.07**	**18.64**	**903.69**	**568.79**	**4573.63**	**132.50**	**107.86**	**142.00**
0.03	28.48	0.50	47.72	1.78		0.04		1.61
	10.13	0.05	15.99	3.59				0.03
	6.63	0.08	11.22	0.64		0.01		
	0.63		1.78	0.42				
	13.89	0.15	14.47	7.12		0.05		0.25
0.01	11.89	0.04	13.82	0.61		0.01		
0.02	6.87	0.12	5.37	0.93	0.01	0.11		0.36
0.04	7.06	0.52	11.86	0.17		0.01		
0.01	5.19	0.01	7.26	0.27			4.59	
0.04	6.14	0.05	17.49	5.43		0.03	0.01	0.25
	6.56	0.05	6.58	0.36		0.01	0.38	0.02
	8.18	0.05	7.86	0.87	0.01	0.02		0.03
71.62	2.95	0.15	15.54	111.29	897.29	115.81		32.87
269.40	35.52	3.44	61.09	148.32	3676.16	3.95	99.05	105.21
	10.82	0.16	10.51	1.36				0.35
	0.95	0.07	2.03	2.97	0.15	0.07	0.05	0.05
0.04	20.88	0.27	25.03	7.28		0.35	1.11	0.53
0.21	30.08	2.46	293.05	207.40		0.39		0.05
0.02	11.32	0.24	67.62	3.80		0.54	0.02	
0.01	6.67	0.73	44.40	44.66		0.46		0.10
0.01	22.33	0.92	29.93	6.67	0.01	0.29	0.59	0.05
0.03	31.19	2.50	36.17	1.13		1.62		0.03
0.08	25.93	0.90	47.01	1.34		1.24	1.14	0.03
0.02	35.33	0.61	37.94	0.79	0.01	6.59	0.04	0.10
0.01	7.12	1.89	19.81	3.91		0.23		0.02
	26.45	0.72	24.56	1.86		0.51	0.30	0.04
0.01	14.54	0.27	13.25	2.08		0.06	0.54	0.01
0.01	5.84	0.42	4.36	0.31		0.03	0.02	
	1.70	0.72	1.63	0.23				
	0.81	0.02	4.20	0.67		0.01		
	0.99	0.53	4.17	0.53		0.04	0.03	
0.18	**33.07**	**0.08**	**42.48**	**1.11**		**0.11**	**0.34**	
0.18	25.73	0.08	37.82	0.92		0.10	0.19	
	3.39		2.54	0.16		0.01	0.03	
	3.94		2.13	0.03			0.12	

4-3 续表 2

行　业	Item	石油沥青(万吨) Bitumen Asphalt (10^4 tons)
工业	**Industry**	**68.79**
(一)采矿业	**Mining**	**0.23**
煤炭开采和洗选业	Mining and Washing of Coal	
石油和天然气开采业	Extraction of Petroleum and Natural Gas	
黑色金属矿采选业	Mining and Processing of Ferrous Metal Ores	
有色金属矿采选业	Mining and Processing of Non-Ferrous Metal Ores	0.01
非金属矿采选业	Mining and Processing of Nonmetal Ores	0.22
开采专业及辅助性活动	Professional and Support Activities for Mining	
其他采矿业	Mining of Other Ores	
(二)制造业	**Manufacturing**	**66.14**
农副食品加工业	Processing of Food from Agricultural Products	
食品制造业	Manufacture of Foods	
酒、饮料和精制茶制造业	Manufacture of Liquor, Beverages and Refined Tea	
烟草制品业	Manufacture of Tobacco	
纺织业	Manufacture of Textile	1.86
纺织服装、服饰业	Manufacture of Textile, Wearing Apparel and Accessories	
皮革、毛皮、羽毛及其制品和制鞋业	Manufacture of Leather, Fur, Feather and Related Products and Footwear	
木材加工和木、竹、藤、棕、草制品业	Processing of Timber,Manufacture of Wood,Bamboo,Rattan,Palm, and Straw Products	
家具制造业	Manufacture of Furniture	
造纸和纸制品业	Manufacture of Paper and Paper Products	
印刷和记录媒介复制业	Printing and Reproduction of Recording Media	
文教、工美、体育和娱乐用品制造业	Manufacture of Articles for Culture, Education, Arts and Crafts, Sport and Entertainment Activities	
石油、煤炭及其他燃料加工业	Processing of Petroleum, Coal and Other Fuels	1.26
化学原料和化学制品制造业	Manufacture of Raw Chemical Materials and Chemical Products	1.97
医药制造业	Manufacture of Medicines	
化学纤维制造业	Manufacture of Chemical Fibers	
橡胶和塑料制品业	Manufacture of Rubber and Plastics Products	
非金属矿物制品业	Manufacture of Non-metallic Mineral Products	47.78
黑色金属冶炼和压延加工业	Smelting and Pressing of Ferrous Metals	
有色金属冶炼和压延加工业	Smelting and Pressing of Non-ferrous Metals	9.76
金属制品业	Manufacture of Metal Products	0.36
通用设备制造业	Manufacture of General Purpose Machinery	
专用设备制造业	Manufacture of Special Purpose Machinery	0.38
汽车制造业	Manufacture of Automobiles	1.14
铁路、船舶、航空航天和其他运输设备制造业	Manufacture of Railway, Ship, Aerospace and Other Transport Equipments	
电气机械和器材制造业	Manufacture of Electrical Machinery and Apparatus	0.08
计算机、通信和其他电子设备制造业	Manufacture of Computers, Communication and Other Electronic Equipment	
仪器仪表制造业	Manufacture of Measuring Instruments and Machinery	
其他制造业	Other Manufacture	1.55
废弃资源综合利用业	Utilization of Waste Resources	
金属制品、机械和设备修理业	Repair Service of Metal Products, Machinery and Equipment	
(三)电力、热力、燃气及水生产和供应业	**Production and Supply of Electricity, Gas and Water**	**2.42**
电力、热力生产和供应业	Production and Supply of Electric Power and Heat Power	2.42
燃气生产和供应业	Production and Supply of Gas	
水的生产和供应业	Production and Supply of Water	

Continued 2

石油焦 (万吨) Petroleum Coke (10^4 tons)	液化石油气 (万吨) Liquefied Petroleum Gas (10^4 tons)	炼厂干气 (万吨) Refinery Gas (10^4 tons)	其他石油制品 (万吨) Other Petroleum Products (10^4 tons)	天然气 (亿立方米) Natural Gas (10^8 cu.m)	液化天然气 (万吨) Liquefied Natural Gas (10^4 tons)	热力 (万百万千焦) Heat (10^{10} kJ)	电力 (亿千瓦小时) Electricity (10^8 kW·h)	其他能源 (万吨标准煤) Other Energy (10^4 tce)
2565.82	**731.57**	**1576.01**	**3528.26**	**559.36**	**2040.00**	**280611.96**	**38562.13**	**1281.53**
	0.66	**24.55**	**24.19**	**133.72**	**4.20**	**6338.40**	**2377.66**	**11.75**
	0.08		0.58	7.14		603.83	883.79	7.75
	0.43	24.52	23.33	123.39	3.84	1998.09	459.26	0.04
			0.03	0.01		180.40	344.82	0.46
		0.03		1.05		0.19	325.26	1.08
	0.03		0.02	0.08	0.24	2442.17	225.74	2.42
	0.12		0.22	2.04	0.12	1113.72	25.72	
							113.08	
2554.08	**730.48**	**1550.63**	**3503.25**	**420.63**	**1998.96**	**266258.31**	**31178.10**	**1241.65**
	1.41		0.20	1.52	30.36	4494.21	641.29	336.28
	1.12		0.01	7.56	16.68	5893.23	239.46	37.37
1.04	0.62		0.09	5.17	7.44	4474.74	162.13	18.69
	0.08			0.93	5.88	300.76	52.75	1.71
11.59	2.45		1.03	4.70	10.80	27969.90	1561.63	67.61
	0.81		0.46	0.67	7.80	597.53	216.93	7.57
	0.31		0.13	0.06	1.20	275.15	158.23	3.99
	0.12		0.01	0.64	0.48	574.46	254.36	198.52
	0.57		0.03	0.91	4.44	78.56	92.78	7.35
	0.68		0.12	1.56	51.96	20164.90	634.92	111.08
	0.79		0.29	1.83	3.60	283.41	111.98	4.02
	1.10		0.26	1.32	11.16	90.76	73.11	18.33
254.33	346.78	1470.92	2466.26	36.47	625.56	37532.23	779.92	18.29
62.87	242.42	77.71	988.91	185.69	499.56	96592.11	4754.04	132.56
	0.77	0.01	0.75	5.94	8.76	8393.67	315.19	27.64
	0.04		0.10	0.67	17.40	7639.26	362.05	4.51
	2.07	0.03	3.01	4.65	21.48	2247.40	1174.69	11.52
1983.89	73.51	0.33	17.10	54.69	202.80	1067.89	3105.42	67.42
46.88	17.53	1.59	2.33	35.14	63.36	23693.42	5332.61	103.03
190.96	4.86		7.58	18.23	176.04	14671.54	5505.48	25.94
0.51	5.88		2.31	7.26	65.16	440.44	1264.19	7.40
	2.94		2.12	8.81	15.36	526.62	774.40	3.04
	3.23		1.63	4.59	21.60	695.72	430.99	2.84
	3.80		1.82	14.22	36.36	4187.25	769.06	3.98
	2.09	0.04	0.38	5.48	50.76	420.59	182.75	1.99
0.67	7.79		2.83	3.17	12.56	1354.00	706.17	8.14
	2.07		1.83	7.06	5.92	1394.16	938.62	3.14
	0.18		0.48	0.60	1.32	113.64	87.40	0.58
1.34	4.17		1.08	0.07	18.48	56.77	455.89	0.88
	0.28			0.83	1.08	10.23	29.88	6.20
	0.02		0.11	0.19	3.60	23.75	9.79	
11.74	**0.44**	**0.83**	**0.82**	**5.01**	**36.84**	**8015.25**	**5006.37**	**28.12**
11.74	0.03	0.83	0.50	1.08		7867.05	4446.74	27.79
	0.31		0.32	3.71	36.60	39.40	148.37	0.02
	0.10			0.22	0.24	108.80	411.26	0.32

4-4 工业分行业终端能源消费量(实物量)-2016

行　业	Item	煤合计 (万吨) Coal Total (10^4 tons)
工业	**Industry**	**80183.45**
(一)采矿业	**Mining**	**4355.80**
煤炭开采和洗选业	Mining and Washing of Coal	3307.53
石油和天然气开采业	Extraction of Petroleum and Natural Gas	135.36
黑色金属矿采选业	Mining and Processing of Ferrous Metal Ores	238.37
有色金属矿采选业	Mining and Processing of Non-Ferrous Metal Ores	120.35
非金属矿采选业	Mining and Processing of Nonmetal Ores	524.77
开采专业及辅助性活动	Professional and Support Activities for Mining	24.90
其他采矿业	Mining of Other Ores	4.53
(二)制造业	**Manufacturing**	**74856.61**
农副食品加工业	Processing of Food from Agricultural Products	2019.94
食品制造业	Manufacture of Foods	1163.67
酒、饮料和精制茶制造业	Manufacture of Liquor, Beverages and Refined Tea	1007.48
烟草制品业	Manufacture of Tobacco	26.24
纺织业	Manufacture of Textile	1260.47
纺织服装、服饰业	Manufacture of Textile, Wearing Apparel and Accessories	183.16
皮革、毛皮、羽毛及其制品和制鞋业	Manufacture of Leather, Fur, Feather and Related Products and Footwear	133.56
木材加工和木、竹、藤、棕、草制品业	Processing of Timber,Manufacture of Wood,Bamboo,Rattan,Palm, and Straw Products	308.73
家具制造业	Manufacture of Furniture	39.82
造纸和纸制品业	Manufacture of Paper and Paper Products	1494.17
印刷和记录媒介复制业	Printing and Reproduction of Recording Media	84.16
文教、工美、体育和娱乐用品制造业	Manufacture of Articles for Culture, Education, Arts and Crafts, Sport and Entertainment Activities	106.77
石油、煤炭及其他燃料加工业	Processing of Petroleum, Coal and Other Fuels	2788.28
化学原料和化学制品制造业	Manufacture of Raw Chemical Materials and Chemical Products	17399.68
医药制造业	Manufacture of Medicines	1065.86
化学纤维制造业	Manufacture of Chemical Fibers	613.95
橡胶和塑料制品业	Manufacture of Rubber and Plastics Products	629.57
非金属矿物制品业	Manufacture of Non-metallic Mineral Products	30012.47
黑色金属冶炼和压延加工业	Smelting and Pressing of Ferrous Metals	11140.70
有色金属冶炼和压延加工业	Smelting and Pressing of Non-ferrous Metals	1958.00
金属制品业	Manufacture of Metal Products	375.87
通用设备制造业	Manufacture of General Purpose Machinery	243.66
专用设备制造业	Manufacture of Special Purpose Machinery	176.78
汽车制造业	Manufacture of Automobiles	165.77
铁路、船舶、航空航天和其他运输设备制造业	Manufacture of Railway, Ship, Aerospace and Other Transport Equipments	91.58
电气机械和器材制造业	Manufacture of Electrical Machinery and Apparatus	173.10
计算机、通信和其他电子设备制造业	Manufacture of Computers, Communication and Other Electronic Equipment	71.77
仪器仪表制造业	Manufacture of Measuring Instruments and Machinery	20.36
其他制造业	Other Manufacture	29.38
废弃资源综合利用业	Utilization of Waste Resources	67.86
金属制品、机械和设备修理业	Repair Service of Metal Products, Machinery and Equipment	3.79
(三)电力、热力、燃气及水生产和供应业	**Production and Supply of Electricity, Gas and Water**	**971.04**
电力、热力生产和供应业	Production and Supply of Electric Power and Heat Power	956.93
燃气生产和供应业	Production and Supply of Gas	3.05
水的生产和供应业	Production and Supply of Water	11.06

Final Energy Consumption by Industrial Sector (Physical Quantity) -2016

原煤 (万吨) Raw Coal (10^4 tons)	洗精煤 (万吨) Cleaned Coal (10^4 tons)	其他洗煤 (万吨) Other Washed Coal (10^4 tons)	焦炭 (万吨) Coke (10^4 tons)	焦炉煤气 (亿立方米) Coke Oven Gas (10^8 cu.m)	高炉煤气 (亿立方米) Blast Furnace Gas (10^8 cu.m)	转炉煤气 (亿立方米) Converter Gas (10^8 cu.m)	其他煤气 (亿立方米) Other Gas (10^8 cu.m)	其他焦化产品 (万吨) Other Coking Products (10^4 tons)
65101.86		**14153.56**	**45316.70**	**559.00**	**5782.15**	**376.70**	**110.14**	**1064.43**
2806.96		**1527.41**	**243.47**	**8.24**	**31.79**	**1.73**	**3.49**	**2.93**
1959.33		1337.02	75.21	5.08	10.61		3.48	1.94
135.36								
228.46		3.76	153.48	2.82	21.18	1.73		0.98
118.33		0.85	4.75					
336.06		185.77	10.02	0.34			0.01	0.01
24.90			0.02					
4.53								
61440.48		**12510.11**	**45038.35**	**550.24**	**5750.36**	**374.97**	**106.65**	**1058.50**
1949.34		62.30	142.70	0.02	37.14	2.39	0.19	0.04
1149.37		7.10	2.17	0.11			0.01	
992.01		12.50	0.92	0.10				
24.57		1.23						
1231.83		9.16	1.42	3.48				
179.12		1.64	1.86				0.09	0.03
132.33		0.95	0.35					0.02
306.92		1.11	1.17	0.04				0.04
39.21		0.53	1.43					
1437.34		44.96	0.99					0.02
82.92		0.71	0.48					0.26
98.42		4.06	3.15					0.03
1170.06		1541.58	31.66	103.61	83.94			153.09
16860.88		188.62	3997.23	54.59	11.88	2.17	13.90	519.52
1056.29		7.66	0.92	0.04				0.04
549.81		3.41	17.16					
600.16		15.82	2.05	0.29				0.26
19971.96		9964.43	881.40	35.23	33.71	3.83	11.95	74.75
10415.89		475.80	38433.09	340.03	5563.19	362.79	4.66	285.75
1830.78		119.50	527.98	9.42	0.52		69.02	24.02
369.85		3.81	66.20	1.58	6.46	3.10	0.30	0.01
240.56		2.49	686.20	0.17	0.06	0.09		0.03
171.20		4.89	71.13	0.97	10.54		6.18	0.09
162.40		2.42	123.40	0.08			0.26	
70.93		20.51	1.57	0.24			0.01	
167.87		4.38	6.91	0.01			0.08	0.32
70.55		0.74	14.31	0.02	0.01			0.08
19.84		0.51	1.75					0.07
25.17		2.17	2.58	0.02		0.04		
59.14		5.13	16.11	0.17	2.92	0.55		
3.75			0.04					0.04
854.42		**116.04**	**34.88**	**0.52**				**3.00**
841.09		115.33	34.88					2.61
2.34		0.71		0.52				0.40
10.99			0.01					

4-4 续表 1

行　业	Item	油品合计 (万吨) Petroleum Products Total (10^4 tons)
工业	**Industry**	**17100.15**
(一)采矿业	**Mining**	**865.28**
煤炭开采和洗选业	Mining and Washing of Coal	165.37
石油和天然气开采业	Extraction of Petroleum and Natural Gas	445.26
黑色金属矿采选业	Mining and Processing of Ferrous Metal Ores	66.24
有色金属矿采选业	Mining and Processing of Non-Ferrous Metal Ores	40.82
非金属矿采选业	Mining and Processing of Nonmetal Ores	68.74
开采专业及辅助性活动	Professional and Support Activities for Mining	78.63
其他采矿业	Mining of Other Ores	0.23
(二)制造业	**Manufacturing**	**16145.47**
农副食品加工业	Processing of Food from Agricultural Products	71.29
食品制造业	Manufacture of Foods	28.40
酒、饮料和精制茶制造业	Manufacture of Liquor, Beverages and Refined Tea	19.65
烟草制品业	Manufacture of Tobacco	2.27
纺织业	Manufacture of Textile	46.02
纺织服装、服饰业	Manufacture of Textile, Wearing Apparel and Accessories	24.74
皮革、毛皮、羽毛及其制品和制鞋业	Manufacture of Leather, Fur, Feather and Related Products and Footwear	12.38
木材加工和木、竹、藤、棕、草制品业	Processing of Timber,Manufacture of Wood,Bamboo,Rattan,Palm, and Straw Products	17.98
家具制造业	Manufacture of Furniture	11.35
造纸和纸制品业	Manufacture of Paper and Paper Products	29.34
印刷和记录媒介复制业	Printing and Reproduction of Recording Media	13.93
文教、工美、体育和娱乐用品制造业	Manufacture of Articles for Culture, Education, Arts and Crafts, Sport and Entertainment Activities	17.45
石油、煤炭及其他燃料加工业	Processing of Petroleum, Coal and Other Fuels	6158.70
化学原料和化学制品制造业	Manufacture of Raw Chemical Materials and Chemical Products	6181.66
医药制造业	Manufacture of Medicines	22.92
化学纤维制造业	Manufacture of Chemical Fibers	7.19
橡胶和塑料制品业	Manufacture of Rubber and Plastics Products	57.50
非金属矿物制品业	Manufacture of Non-metallic Mineral Products	2532.27
黑色金属冶炼和压延加工业	Smelting and Pressing of Ferrous Metals	137.12
有色金属冶炼和压延加工业	Smelting and Pressing of Non-ferrous Metals	310.83
金属制品业	Manufacture of Metal Products	62.95
通用设备制造业	Manufacture of General Purpose Machinery	67.40
专用设备制造业	Manufacture of Special Purpose Machinery	71.32
汽车制造业	Manufacture of Automobiles	86.97
铁路、船舶、航空航天和其他运输设备制造业	Manufacture of Railway, Ship, Aerospace and Other Transport Equipments	31.60
电气机械和器材制造业	Manufacture of Electrical Machinery and Apparatus	59.46
计算机、通信和其他电子设备制造业	Manufacture of Computers, Communication and Other Electronic Equipment	31.80
仪器仪表制造业	Manufacture of Measuring Instruments and Machinery	9.14
其他制造业	Other Manufacture	10.27
废弃资源综合利用业	Utilization of Waste Resources	5.74
金属制品、机械和设备修理业	Repair Service of Metal Products, Machinery and Equipment	5.84
(三)电力、热力、燃气及水生产和供应业	**Production and Supply of Electricity, Gas and Water**	**89.40**
电力、热力生产和供应业	Production and Supply of Electric Power and Heat Power	77.46
燃气生产和供应业	Production and Supply of Gas	5.45
水的生产和供应业	Production and Supply of Water	6.50

Continued 1

原油 (万吨) Crude Oil (10^4 tons)	汽油 (万吨) Gasoline (10^4 tons)	煤油 (万吨) Kerosene (10^4 tons)	柴油 (万吨) Diesel Oil (10^4 tons)	燃料油 (万吨) Fuel Oil (10^4 tons)	石脑油 (万吨) Naphtha (10^4 tons)	润滑油 (万吨) Lubricants (10^4 tons)	石蜡 (万吨) Paraffin Waxes (10^4 tons)	溶剂油 (万吨) White Spirit (10^4 tons)
630.13	**435.19**	**19.95**	**1310.26**	**464.75**	**4884.13**	**166.90**	**155.60**	**227.12**
321.51	**36.27**	**2.17**	**436.12**	**34.45**		**1.19**		**0.04**
0.01	8.88	1.59	152.95	0.47		0.82		
320.11	9.91		49.32	33.50				0.04
	3.27	0.05	62.74	0.04		0.11		
1.23	6.95	0.37	32.22	0.03		0.01		
	3.24	0.14	64.93	0.20		0.02		
0.16	3.92	0.01	73.82	0.21		0.22		
	0.09		0.13					
308.36	**367.86**	**17.72**	**836.90**	**429.04**	**4884.13**	**165.60**	**155.60**	**227.08**
0.02	23.61	0.35	41.95	2.12		0.01	0.01	1.40
	9.50	0.10	14.45	2.61			0.40	0.02
	6.74	0.04	10.34	1.08		0.03		
	0.56		1.31	0.32				
	11.99	0.07	12.65	5.84	0.01	0.11		0.10
	10.92	0.02	12.00	0.52		0.01		
0.02	6.27	0.16	4.47	0.53	0.01	0.05	0.05	0.33
0.01	5.94	0.14	10.23	0.31		0.01	1.23	
	4.59	0.01	5.89	0.29		0.01		0.01
0.04	5.44	0.39	16.90	5.41	0.04	0.05	0.02	0.30
	6.45	0.04	5.99	0.32		0.01		0.05
0.01	7.11	0.04	7.88	0.78	0.01	0.02	0.49	0.03
66.33	2.93	0.19	19.19	72.76	960.69	147.71	0.74	47.33
241.47	35.06	3.13	56.84	81.03	3923.36	3.75	151.39	176.38
	9.80	0.04	9.81	1.41			0.04	0.28
	1.32	0.05	2.33	3.23		0.04		0.05
0.04	19.89	0.26	22.47	7.25		0.33	0.25	0.45
0.21	27.04	1.58	287.58	181.21		0.39	0.53	0.01
0.02	8.34	0.20	59.94	2.86		0.65	0.02	
0.01	5.95	0.94	39.12	41.78		0.34		0.06
0.01	19.78	0.76	25.28	6.66		0.29		0.04
0.03	26.27	2.40	30.98	0.97		1.82	0.02	0.03
0.08	22.78	0.92	39.93	1.07		1.03	0.04	0.03
0.02	36.07	0.50	36.97	0.53	0.01	7.82	0.07	0.06
0.01	6.39	2.61	16.71	3.46		0.27		0.02
	24.86	0.70	20.58	2.01		0.67	0.31	0.06
0.01	14.09	0.20	12.28	1.29		0.08		0.01
0.01	4.91	0.28	3.30	0.24		0.04		
	1.78	0.94	1.54	0.05				
	0.67	0.02	4.33	0.62		0.01		
	0.83	0.65	3.69	0.49		0.03		
0.26	**31.06**	**0.06**	**37.23**	**1.26**		**0.10**		
0.26	23.79	0.06	33.06	1.08		0.08		
	3.08		2.03	0.14		0.01		
	4.19		2.14	0.04		0.01		

4-4 续表 2

行　业	Item	石油沥青 (万吨) Bitumen Asphalt (10^4 tons)
工业	**Industry**	**88.04**
(一)采矿业	**Mining**	**0.20**
煤炭开采和洗选业	Mining and Washing of Coal	
石油和天然气开采业	Extraction of Petroleum and Natural Gas	
黑色金属矿采选业	Mining and Processing of Ferrous Metal Ores	
有色金属矿采选业	Mining and Processing of Non-Ferrous Metal Ores	
非金属矿采选业	Mining and Processing of Nonmetal Ores	0.20
开采专业及辅助性活动	Professional and Support Activities for Mining	
其他采矿业	Mining of Other Ores	
(二)制造业	**Manufacturing**	**84.94**
农副食品加工业	Processing of Food from Agricultural Products	
食品制造业	Manufacture of Foods	
酒、饮料和精制茶制造业	Manufacture of Liquor, Beverages and Refined Tea	
烟草制品业	Manufacture of Tobacco	
纺织业	Manufacture of Textile	
纺织服装、服饰业	Manufacture of Textile, Wearing Apparel and Accessories	
皮革、毛皮、羽毛及其制品和制鞋业	Manufacture of Leather, Fur, Feather and Related Products and Footwear	
木材加工和木、竹、藤、棕、草制品业	Processing of Timber,Manufacture of Wood,Bamboo,Rattan,Palm, and Straw Products	
家具制造业	Manufacture of Furniture	
造纸和纸制品业	Manufacture of Paper and Paper Products	
印刷和记录媒介复制业	Printing and Reproduction of Recording Media	
文教、工美、体育和娱乐用品制造业	Manufacture of Articles for Culture, Education, Arts and Crafts, Sport and Entertainment Activities	
石油、煤炭及其他燃料加工业	Processing of Petroleum, Coal and Other Fuels	5.72
化学原料和化学制品制造业	Manufacture of Raw Chemical Materials and Chemical Products	2.51
医药制造业	Manufacture of Medicines	
化学纤维制造业	Manufacture of Chemical Fibers	
橡胶和塑料制品业	Manufacture of Rubber and Plastics Products	0.56
非金属矿物制品业	Manufacture of Non-metallic Mineral Products	65.04
黑色金属冶炼和压延加工业	Smelting and Pressing of Ferrous Metals	
有色金属冶炼和压延加工业	Smelting and Pressing of Non-ferrous Metals	9.00
金属制品业	Manufacture of Metal Products	0.26
通用设备制造业	Manufacture of General Purpose Machinery	
专用设备制造业	Manufacture of Special Purpose Machinery	0.46
汽车制造业	Manufacture of Automobiles	
铁路、船舶、航空航天和其他运输设备制造业	Manufacture of Railway, Ship, Aerospace and Other Transport Equipments	
电气机械和器材制造业	Manufacture of Electrical Machinery and Apparatus	0.01
计算机、通信和其他电子设备制造业	Manufacture of Computers, Communication and Other Electronic Equipment	
仪器仪表制造业	Manufacture of Measuring Instruments and Machinery	
其他制造业	Other Manufacture	1.38
废弃资源综合利用业	Utilization of Waste Resources	
金属制品、机械和设备修理业	Repair Service of Metal Products, Machinery and Equipment	
(三)电力、热力、燃气及水生产和供应业	**Production and Supply of Electricity, Gas and Water**	**2.90**
电力、热力生产和供应业	Production and Supply of Electric Power and Heat Power	2.90
燃气生产和供应业	Production and Supply of Gas	
水的生产和供应业	Production and Supply of Water	

Continued 2

石油焦 (万吨) Petroleum Coke (10^4 tons)	液化石油气 (万吨) Liquefied Petroleum Gas (10^4 tons)	炼厂干气 (万吨) Refinery Gas (10^4 tons)	其他石油制品 (万吨) Other Petroleum Products (10^4 tons)	天然气 (亿立方米) Natural Gas (10^8 cu.m)	液化天然气 (万吨) Liquefied Natural Gas (10^4 tons)	热力 (万百万千焦) Heat (10^{10} kJ)	电力 (亿千瓦小时) Electricity (10^8 kW·h)	其他能源 (万吨标准煤) Other Energy (10^4 tce)
2498.97	**1094.97**	**1560.29**	**3563.85**	**508.30**	**2780.00**	**301888.68**	**39933.96**	**957.73**
	0.77	**13.00**	**19.55**	**123.92**	**4.25**	**6509.10**	**2290.86**	**4.95**
	0.07		0.57	8.62	0.34	658.77	847.04	1.71
	0.60	13.00	18.76	112.99	3.57	2213.98	463.18	0.04
			0.02	0.01		215.52	315.14	0.60
				0.08		0.10	306.76	1.23
			0.01	0.15	0.17	2530.09	224.75	1.35
	0.10		0.18	2.08	0.17	890.64	23.11	0.02
							110.88	
2484.89	**1093.95**	**1546.07**	**3543.32**	**377.77**	**2733.25**	**287215.62**	**32131.97**	**927.13**
	1.06	0.60	0.16	2.02	56.95	4696.90	672.07	239.05
	1.12		0.20	9.06	35.87	5975.15	255.50	25.77
0.78	0.61		0.05	6.29	15.98	4173.96	162.78	15.41
	0.08			1.03		293.84	51.96	2.57
11.59	2.47		1.19	7.11	83.98	30980.53	1592.73	53.99
	0.81		0.45	0.96	18.19	776.79	227.52	6.73
	0.32		0.18	0.06	5.10	263.05	153.61	3.46
	0.09			1.04	1.02	907.65	251.17	154.63
	0.54		0.02	0.99	2.38	96.84	95.94	4.47
	0.65		0.10	2.07	59.67	20164.90	675.81	87.54
	0.71		0.36	2.18	3.06	371.90	115.60	3.33
	0.75		0.32	1.90	16.83	102.78	77.07	10.39
283.40	541.82	1466.81	2543.09	26.53	732.02	38703.92	836.08	13.96
66.78	414.06	78.04	947.87	168.95	537.02	111948.54	4874.63	81.42
	0.78	0.01	0.75	6.30	13.26	9081.95	337.18	22.98
	0.08		0.08	1.01	28.73	10366.48	390.28	5.81
	2.30	0.01	3.68	5.54	22.95	2462.48	1238.36	11.23
1871.77	74.91	0.15	21.85	32.31	366.01	1300.84	3187.99	43.42
44.68	18.13	0.43	1.87	35.17	124.78	20307.29	5281.67	89.04
202.41	3.09		8.12	19.95	166.09	15243.73	5671.42	15.81
1.79	5.65		2.43	8.33	118.32	461.89	1370.68	7.51
	3.03		1.83	9.28	34.00	450.26	828.61	3.19
	3.32		1.67	4.59	31.45	862.83	418.15	2.38
	3.13		1.79	7.26	70.04	3779.05	834.70	3.54
	1.76	0.01	0.37	5.57	78.71	447.02	174.68	3.27
0.61	7.26		2.39	3.08	36.38	1411.95	736.53	7.37
	1.60		2.23	7.58	32.30	1360.70	1004.23	2.44
	0.21		0.16	0.58	2.55	107.17	86.41	0.30
1.09	3.49			0.02	27.71	86.09	478.78	1.06
	0.10			0.79	8.84	11.02	39.35	5.03
	0.01		0.12	0.20	3.06	18.15	10.48	
14.08	**0.25**	**1.22**	**0.98**	**6.62**	**42.50**	**8163.95**	**5511.13**	**25.65**
14.08	0.03	1.22	0.89	1.16		7977.45	4914.49	25.57
	0.09		0.09	5.16	42.16	70.48	156.75	0.01
	0.12			0.29	0.34	116.02	439.89	0.06

4-5 工业分行业终端能源消费量(实物量)-2017

行 业	Item	煤合计 (万吨) Coal Total (10[4] tons)
工业	**Industry**	**72598.03**
(一)采矿业	**Mining**	**4685.68**
煤炭开采和洗选业	Mining and Washing of Coal	3869.18
石油和天然气开采业	Extraction of Petroleum and Natural Gas	127.08
黑色金属矿采选业	Mining and Processing of Ferrous Metal Ores	180.12
有色金属矿采选业	Mining and Processing of Non-Ferrous Metal Ores	105.17
非金属矿采选业	Mining and Processing of Nonmetal Ores	387.87
开采专业及辅助性活动	Professional and Support Activities for Mining	15.43
其他采矿业	Mining of Other Ores	0.82
(二)制造业	**Manufacturing**	**66777.87**
农副食品加工业	Processing of Food from Agricultural Products	1589.92
食品制造业	Manufacture of Foods	1068.36
酒、饮料和精制茶制造业	Manufacture of Liquor, Beverages and Refined Tea	853.12
烟草制品业	Manufacture of Tobacco	20.89
纺织业	Manufacture of Textile	917.77
纺织服装、服饰业	Manufacture of Textile, Wearing Apparel and Accessories	111.22
皮革、毛皮、羽毛及其制品和制鞋业	Manufacture of Leather, Fur, Feather and Related Products and Footwear	92.75
木材加工和木、竹、藤、棕、草制品业	Processing of Timber,Manufacture of Wood,Bamboo,Rattan,Palm, and Straw Products	197.84
家具制造业	Manufacture of Furniture	16.99
造纸和纸制品业	Manufacture of Paper and Paper Products	1451.65
印刷和记录媒介复制业	Printing and Reproduction of Recording Media	46.12
文教、工美、体育和娱乐用品制造业	Manufacture of Articles for Culture, Education, Arts and Crafts, Sport and Entertainment Activities	67.29
石油、煤炭及其他燃料加工业	Processing of Petroleum, Coal and Other Fuels	2964.19
化学原料和化学制品制造业	Manufacture of Raw Chemical Materials and Chemical Products	14897.58
医药制造业	Manufacture of Medicines	850.88
化学纤维制造业	Manufacture of Chemical Fibers	588.53
橡胶和塑料制品业	Manufacture of Rubber and Plastics Products	479.25
非金属矿物制品业	Manufacture of Non-metallic Mineral Products	26418.48
黑色金属冶炼和压延加工业	Smelting and Pressing of Ferrous Metals	11028.57
有色金属冶炼和压延加工业	Smelting and Pressing of Non-ferrous Metals	2076.56
金属制品业	Manufacture of Metal Products	230.60
通用设备制造业	Manufacture of General Purpose Machinery	185.83
专用设备制造业	Manufacture of Special Purpose Machinery	116.02
汽车制造业	Manufacture of Automobiles	101.66
铁路、船舶、航空航天和其他运输设备制造业	Manufacture of Railway, Ship, Aerospace and Other Transport Equipments	158.15
电气机械和器材制造业	Manufacture of Electrical Machinery and Apparatus	101.05
计算机、通信和其他电子设备制造业	Manufacture of Computers, Communication and Other Electronic Equipment	55.63
仪器仪表制造业	Manufacture of Measuring Instruments and Machinery	12.63
其他制造业	Other Manufacture	25.77
废弃资源综合利用业	Utilization of Waste Resources	49.28
金属制品、机械和设备修理业	Repair Service of Metal Products, Machinery and Equipment	3.32
(三)电力、热力、燃气及水生产和供应业	**Production and Supply of Electricity, Gas and Water**	**1134.48**
电力、热力生产和供应业	Production and Supply of Electric Power and Heat Power	974.53
燃气生产和供应业	Production and Supply of Gas	148.46
水的生产和供应业	Production and Supply of Water	11.49

Final Energy Consumption by Industrial Sector (Physical Quantity) -2017

原煤 (万吨) Raw Coal (10^4 tons)	洗精煤 (万吨) Cleaned Coal (10^4 tons)	其他洗煤 (万吨) Other Washed Coal (10^4 tons)	焦炭 (万吨) Coke (10^4 tons)	焦炉煤气 (亿立方米) Coke Oven Gas (10^8 cu.m)	高炉煤气 (亿立方米) Blast Furnace Gas (10^8 cu.m)	转炉煤气 (亿立方米) Converter Gas (10^8 cu.m)	其他煤气 (亿立方米) Other Gas (10^8 cu.m)	其他焦化产品 (万吨) Other Coking Products (10^4 tons)
58031.66		**13613.13**	**43607.42**	**581.66**	**6110.95**	**416.53**	**106.49**	**1076.32**
3346.32		**1316.34**	**202.91**	**7.42**	**27.99**	**1.88**	**0.10**	**2.58**
2666.30		1192.25	74.92	2.89	12.23		0.09	2.58
127.06								
169.80		3.76	116.48	4.16	14.97	1.88		
103.62		1.03	3.49					
263.28		119.29	8.01	0.38	0.79		0.01	
15.43								
0.82								
53672.93		**12178.14**	**43365.74**	**574.15**	**6082.96**	**414.65**	**106.40**	**1072.28**
1539.43		41.04	137.64	0.01	37.15	2.63	0.15	0.04
1053.46		7.74	2.36	0.03		0.01	0.01	
839.48		11.87	0.85	0.10				0.01
19.30		1.13						
888.36		5.39	1.39	7.56				
108.32		1.05	0.65				0.02	0.03
91.70		0.36	0.07					
196.87		0.71	0.43	0.04				0.05
16.30		0.51	0.74					
1389.49		47.39	0.47	0.01				0.07
44.78		0.52	0.36					0.12
61.69		1.53	3.97					0.01
1316.56		1576.16	41.33	99.30	86.04		6.66	163.04
14361.51		221.92	3674.38	52.68	7.02	1.13	12.53	540.79
842.61		5.97	1.52	0.26				0.19
506.22		4.72	16.79					
457.51		8.98	1.22	0.70				0.32
16869.09		9451.63	773.28	29.12	27.53	3.60	10.43	80.97
10247.50		513.44	37520.60	370.51	5892.32	404.34	7.06	257.79
1921.10		147.25	517.75	10.10	0.60		63.42	28.62
226.29		2.79	60.38	1.63	17.04	1.03	0.11	0.05
183.24		2.08	444.39	0.19	0.04	0.10		0.03
109.39		6.11	63.87	1.15	11.75		5.75	
99.54		1.21	69.20	0.18	0.07	0.14	0.22	
54.24		103.79	1.19	0.19			0.01	
98.31		2.40	5.43	0.02			0.01	
52.94		2.45	13.00	0.02	0.01			0.11
11.63		0.99	0.51					
19.35		3.78	2.03	0.05		0.10		
43.46		3.23	9.92	0.28	3.39	1.57		
3.25			0.03					0.03
1012.40		**118.66**	**38.78**	**0.09**				**1.46**
852.53		118.66	38.78					1.46
148.45				0.09				
11.42								

4-5 续表 1

行业	Item	油品合计(万吨) Petroleum Products Total (10^4 tons)
工业	**Industry**	**17980.47**
(一)采矿业	**Mining**	**822.84**
煤炭开采和洗选业	Mining and Washing of Coal	165.31
石油和天然气开采业	Extraction of Petroleum and Natural Gas	399.24
黑色金属矿采选业	Mining and Processing of Ferrous Metal Ores	58.75
有色金属矿采选业	Mining and Processing of Non-Ferrous Metal Ores	33.99
非金属矿采选业	Mining and Processing of Nonmetal Ores	59.17
开采专业及辅助性活动	Professional and Support Activities for Mining	105.93
其他采矿业	Mining of Other Ores	0.45
(二)制造业	**Manufacturing**	**17068.93**
农副食品加工业	Processing of Food from Agricultural Products	58.81
食品制造业	Manufacture of Foods	25.51
酒、饮料和精制茶制造业	Manufacture of Liquor, Beverages and Refined Tea	16.39
烟草制品业	Manufacture of Tobacco	2.04
纺织业	Manufacture of Textile	43.75
纺织服装、服饰业	Manufacture of Textile, Wearing Apparel and Accessories	20.75
皮革、毛皮、羽毛及其制品和制鞋业	Manufacture of Leather, Fur, Feather and Related Products and Footwear	10.50
木材加工和木、竹、藤、棕、草制品业	Processing of Timber,Manufacture of Wood,Bamboo,Rattan,Palm, and Straw Products	15.45
家具制造业	Manufacture of Furniture	10.44
造纸和纸制品业	Manufacture of Paper and Paper Products	25.86
印刷和记录媒介复制业	Printing and Reproduction of Recording Media	13.15
文教、工美、体育和娱乐用品制造业	Manufacture of Articles for Culture, Education, Arts and Crafts, Sport and Entertainment Activities	15.45
石油、煤炭及其他燃料加工业	Processing of Petroleum, Coal and Other Fuels	6635.98
化学原料和化学制品制造业	Manufacture of Raw Chemical Materials and Chemical Products	6313.43
医药制造业	Manufacture of Medicines	21.77
化学纤维制造业	Manufacture of Chemical Fibers	6.57
橡胶和塑料制品业	Manufacture of Rubber and Plastics Products	52.55
非金属矿物制品业	Manufacture of Non-metallic Mineral Products	2948.50
黑色金属冶炼和压延加工业	Smelting and Pressing of Ferrous Metals	129.53
有色金属冶炼和压延加工业	Smelting and Pressing of Non-ferrous Metals	300.18
金属制品业	Manufacture of Metal Products	53.93
通用设备制造业	Manufacture of General Purpose Machinery	63.47
专用设备制造业	Manufacture of Special Purpose Machinery	51.74
汽车制造业	Manufacture of Automobiles	87.48
铁路、船舶、航空航天和其他运输设备制造业	Manufacture of Railway, Ship, Aerospace and Other Transport Equipments	30.50
电气机械和器材制造业	Manufacture of Electrical Machinery and Apparatus	52.19
计算机、通信和其他电子设备制造业	Manufacture of Computers, Communication and Other Electronic Equipment	29.90
仪器仪表制造业	Manufacture of Measuring Instruments and Machinery	8.37
其他制造业	Other Manufacture	8.64
废弃资源综合利用业	Utilization of Waste Resources	6.45
金属制品、机械和设备修理业	Repair Service of Metal Products, Machinery and Equipment	9.64
(三)电力、热力、燃气及水生产和供应业	**Production and Supply of Electricity, Gas and Water**	**88.71**
电力、热力生产和供应业	Production and Supply of Electric Power and Heat Power	77.80
燃气生产和供应业	Production and Supply of Gas	4.65
水的生产和供应业	Production and Supply of Water	6.26

Continued 1

原油(万吨) Crude Oil (10⁴ tons)	汽油(万吨) Gasoline (10⁴ tons)	煤油(万吨) Kerosene (10⁴ tons)	柴油(万吨) Diesel Oil (10⁴ tons)	燃料油(万吨) Fuel Oil (10⁴ tons)	石脑油(万吨) Naphtha (10⁴ tons)	润滑油(万吨) Lubricants (10⁴ tons)	石蜡(万吨) Paraffin Waxes (10⁴ tons)	溶剂油(万吨) White Spirit (10⁴ tons)
364.65	**380.97**	**14.35**	**1265.84**	**353.38**	**5135.29**	**207.02**	**227.17**	**158.00**
298.08	**29.53**	**1.30**	**438.42**	**24.37**		**1.34**		
0.06	7.22	0.81	155.51	0.28		0.84		
297.86	8.90		41.34	22.41		0.03		
	2.12	0.02	56.43	0.02		0.13		
	4.50	0.43	27.65	1.40		0.01		
	2.72	0.03	56.20	0.02		0.02		
0.16	4.03		100.87	0.24		0.31		
	0.03		0.42					
66.37	**322.94**	**13.03**	**787.10**	**328.13**	**5135.29**	**205.54**	**227.17**	**158.00**
0.02	17.55	0.20	36.31	2.24		0.02	0.01	1.37
	7.91	0.01	13.31	2.48			0.40	0.03
	5.04	0.05	8.24	2.15		0.01		
	0.52		1.32	0.13				
0.01	13.07	0.05	20.90	6.29		0.12		0.10
0.01	8.96		9.83	0.62		0.01		
	5.18	0.08	4.04	0.37	0.01	0.06	0.04	0.32
	4.73	0.02	8.73	0.23		0.28	1.15	
	4.62		4.96	0.31		0.01		
0.04	4.80	0.02	15.59	4.20	0.01	0.07	0.02	0.29
	6.25	0.03	5.82	0.22		0.01		0.05
	6.64	0.04	6.55	0.84	0.01	0.03	0.43	0.02
63.45	2.58	0.07	17.71	43.48	1091.50	183.95	2.54	18.88
2.18	28.47	2.17	50.34	50.81	4043.70	4.25	221.06	135.73
	8.16	0.05	9.64	1.70	0.05	0.01	0.05	0.26
	1.13	0.06	2.13	3.01		0.03		0.06
	17.04	0.24	21.18	6.12		0.50	0.46	0.55
0.42	23.92	1.00	280.25	155.82		0.31	0.49	
0.01	6.61	0.09	59.91	2.13		0.59	0.02	
	4.94	1.08	38.40	27.92		0.39	0.01	0.07
0.01	17.29	0.63	22.26	4.51		0.30	0.01	0.04
0.01	23.86	2.11	29.58	0.91		1.87	0.02	0.02
0.09	20.42	0.93	21.77	1.15		1.10	0.03	0.03
0.06	34.65	0.43	37.76	0.57	0.01	9.04	0.05	0.09
0.01	5.89	1.82	16.04	4.41		0.23		0.01
0.02	21.25	0.69	17.07	2.78	0.01	2.16	0.32	0.06
	13.86	0.19	11.12	0.90		0.08	0.02	0.01
0.01	4.74	0.25	2.67	0.21		0.05	0.03	
	1.43	0.02	1.56	0.27				
	0.59	0.03	4.62	0.86		0.01		
	0.85	0.67	7.47	0.49		0.03		
0.20	**28.49**	**0.03**	**40.32**	**0.87**		**0.14**		
0.20	21.85	0.03	36.48	0.66		0.12		
	2.87		1.57	0.11		0.01		
	3.77		2.27	0.10		0.01		

4-5 续表 2

行　业	Item	石油沥青 (万吨) Bitumen Asphalt (10^4 tons)
工业	**Industry**	**104.36**
(一)采矿业	**Mining**	**0.16**
煤炭开采和洗选业	Mining and Washing of Coal	
石油和天然气开采业	Extraction of Petroleum and Natural Gas	
黑色金属矿采选业	Mining and Processing of Ferrous Metal Ores	
有色金属矿采选业	Mining and Processing of Non-Ferrous Metal Ores	
非金属矿采选业	Mining and Processing of Nonmetal Ores	0.16
开采专业及辅助性活动	Professional and Support Activities for Mining	
其他采矿业	Mining of Other Ores	
(二)制造业	**Manufacturing**	**101.86**
农副食品加工业	Processing of Food from Agricultural Products	
食品制造业	Manufacture of Foods	
酒、饮料和精制茶制造业	Manufacture of Liquor, Beverages and Refined Tea	
烟草制品业	Manufacture of Tobacco	
纺织业	Manufacture of Textile	
纺织服装、服饰业	Manufacture of Textile, Wearing Apparel and Accessories	
皮革、毛皮、羽毛及其制品和制鞋业	Manufacture of Leather, Fur, Feather and Related Products and Footwear	
木材加工和木、竹、藤、棕、草制品业	Processing of Timber,Manufacture of Wood,Bamboo,Rattan,Palm, and Straw Products	
家具制造业	Manufacture of Furniture	
造纸和纸制品业	Manufacture of Paper and Paper Products	
印刷和记录媒介复制业	Printing and Reproduction of Recording Media	
文教、工美、体育和娱乐用品制造业	Manufacture of Articles for Culture, Education, Arts and Crafts, Sport and Entertainment Activities	
石油、煤炭及其他燃料加工业	Processing of Petroleum, Coal and Other Fuels	4.80
化学原料和化学制品制造业	Manufacture of Raw Chemical Materials and Chemical Products	1.40
医药制造业	Manufacture of Medicines	
化学纤维制造业	Manufacture of Chemical Fibers	
橡胶和塑料制品业	Manufacture of Rubber and Plastics Products	0.53
非金属矿物制品业	Manufacture of Non-metallic Mineral Products	83.39
黑色金属冶炼和压延加工业	Smelting and Pressing of Ferrous Metals	
有色金属冶炼和压延加工业	Smelting and Pressing of Non-ferrous Metals	9.42
金属制品业	Manufacture of Metal Products	0.27
通用设备制造业	Manufacture of General Purpose Machinery	
专用设备制造业	Manufacture of Special Purpose Machinery	0.09
汽车制造业	Manufacture of Automobiles	
铁路、船舶、航空航天和其他运输设备制造业	Manufacture of Railway, Ship, Aerospace and Other Transport Equipments	
电气机械和器材制造业	Manufacture of Electrical Machinery and Apparatus	0.03
计算机、通信和其他电子设备制造业	Manufacture of Computers, Communication and Other Electronic Equipment	
仪器仪表制造业	Manufacture of Measuring Instruments and Machinery	
其他制造业	Other Manufacture	1.62
废弃资源综合利用业	Utilization of Waste Resources	0.31
金属制品、机械和设备修理业	Repair Service of Metal Products, Machinery and Equipment	
(三)电力、热力、燃气及水生产和供应业	**Production and Supply of Electricity, Gas and Water**	**2.34**
电力、热力生产和供应业	Production and Supply of Electric Power and Heat Power	2.34
燃气生产和供应业	Production and Supply of Gas	
水的生产和供应业	Production and Supply of Water	

Continued 2

石油焦 (万吨) Petroleum Coke (10^4 tons)	液化石油气 (万吨) Liquefied Petroleum Gas (10^4 tons)	炼厂干气 (万吨) Refinery Gas (10^4 tons)	其他石油制品 (万吨) Other Petroleum Products (10^4 tons)	天然气 (亿立方米) Natural Gas (10^8 cu.m)	液化天然气 (万吨) Liquefied Natural Gas (10^4 tons)	热力 (万百万千焦) Heat (10^{10} kJ)	电力 (亿千瓦小时) Electricity (10^8 kW·h)	其他能源 (万吨标准煤) Other Energy (10^4 tce)
2991.82	**1238.62**	**1629.41**	**3909.59**	**539.35**	**3995.96**	**319820.87**	**42857.02**	**900.54**
	0.29	**14.29**	**15.05**	**132.92**	**6.46**	**6574.13**	**2403.62**	**5.63**
	0.04		0.54	11.58	1.11	551.99	881.57	1.82
	0.15	14.29	14.26	118.97	4.71	2335.59	454.06	0.04
			0.02			200.92	374.11	1.89
				0.17		0.09	326.11	0.53
				0.32	0.45	2781.58	228.93	1.35
	0.10		0.22	1.87	0.19	703.95	23.87	0.01
							114.96	
2979.65	**1238.10**	**1612.52**	**3893.23**	**401.20**	**3958.20**	**306333.80**	**34687.63**	**876.13**
	0.92		0.18	2.87	102.19	5228.11	716.29	176.54
	1.09		0.28	10.38	51.76	6239.25	263.34	28.24
0.31	0.57		0.01	7.54	24.19	4625.11	156.37	21.11
	0.07			1.06		259.83	51.96	2.84
	2.01		1.20	9.89	151.26	32160.02	1684.90	58.79
	0.81		0.50	1.49	34.53	721.79	215.83	7.31
	0.24		0.15	0.10	9.80	259.84	147.25	4.97
	0.30			1.91	2.47	890.77	245.28	131.62
	0.52		0.02	1.22	3.72	63.24	98.60	2.90
	0.73		0.10	3.07	116.57	20997.71	712.37	88.85
	0.45		0.31	2.73	5.02	469.65	121.32	2.97
	0.64		0.27	2.88	31.13	117.69	82.58	11.92
331.82	559.34	1544.70	2771.17	28.80	1049.88	43451.84	946.44	13.53
77.98	554.26	67.61	1073.47	175.24	715.49	119497.26	5122.26	98.46
	1.10		0.76	6.30	22.20	9187.30	364.77	17.83
	0.08		0.07	1.01	42.77	10438.01	425.47	4.57
0.08	2.13		3.73	5.54	43.47	2725.23	1349.35	10.73
2314.26	70.69	0.05	17.90	32.31	527.78	1397.87	3305.08	37.79
44.32	11.90	0.15	3.79	35.17	173.38	20971.94	5583.54	102.77
206.28	3.43		8.25	19.95	222.19	18289.42	6373.46	12.30
1.98	5.09		1.53	8.33	168.51	495.61	1848.37	12.50
	3.15	0.01	1.93	9.40	43.30	414.82	913.95	3.08
0.49	4.06		1.58	5.06	43.22	778.08	423.87	1.83
	3.03		1.80	8.28	100.07	3901.86	885.42	3.96
	1.69	0.01	0.39	6.85	115.58	519.99	174.51	0.85
0.86	5.25		1.71	3.37	49.45	1089.88	745.59	9.54
	1.87		1.84	8.47	45.45	929.90	1106.77	2.93
	0.23		0.18	0.57	3.77	96.80	88.69	0.44
1.28	2.44			0.03	37.34	76.38	482.13	1.06
	0.02			1.12	15.54	14.01	37.15	3.90
	0.01		0.12	0.26	6.19	24.58	14.71	
12.17	**0.23**	**2.60**	**1.31**	**5.23**	**31.30**	**6912.94**	**5765.77**	**18.78**
12.17	0.03	2.60	1.31	2.05		6682.26	5096.33	18.77
	0.09			2.84	30.80	88.53	182.68	0.01
	0.11			0.34	0.50	142.15	486.77	

4-6 工业分行业终端能源消费量(实物量)-2018

行业	Item	煤合计 (万吨) Coal Total (10⁴ tons)
工业	**Industry**	**64414.63**
(一)采矿业	**Mining**	**4043.38**
煤炭开采和洗选业	Mining and Washing of Coal	3082.30
石油和天然气开采业	Extraction of Petroleum and Natural Gas	117.35
黑色金属矿采选业	Mining and Processing of Ferrous Metal Ores	194.16
有色金属矿采选业	Mining and Processing of Non-Ferrous Metal Ores	94.88
非金属矿采选业	Mining and Processing of Nonmetal Ores	542.57
开采专业及辅助性活动	Professional and Support Activities for Mining	11.88
其他采矿业	Mining of Other Ores	0.24
(二)制造业	**Manufacturing**	**59375.92**
农副食品加工业	Processing of Food from Agricultural Products	1136.39
食品制造业	Manufacture of Foods	952.88
酒、饮料和精制茶制造业	Manufacture of Liquor, Beverages and Refined Tea	607.52
烟草制品业	Manufacture of Tobacco	13.36
纺织业	Manufacture of Textile	598.77
纺织服装、服饰业	Manufacture of Textile, Wearing Apparel and Accessories	52.22
皮革、毛皮、羽毛及其制品和制鞋业	Manufacture of Leather, Fur, Feather and Related Products and Footwear	32.68
木材加工和木、竹、藤、棕、草制品业	Processing of Timber,Manufacture of Wood,Bamboo,Rattan,Palm, and Straw Products	61.74
家具制造业	Manufacture of Furniture	4.86
造纸和纸制品业	Manufacture of Paper and Paper Products	1007.66
印刷和记录媒介复制业	Printing and Reproduction of Recording Media	65.80
文教、工美、体育和娱乐用品制造业	Manufacture of Articles for Culture, Education, Arts and Crafts, Sport and Entertainment Activities	26.76
石油、煤炭及其他燃料加工业	Processing of Petroleum, Coal and Other Fuels	2368.50
化学原料和化学制品制造业	Manufacture of Raw Chemical Materials and Chemical Products	13947.04
医药制造业	Manufacture of Medicines	636.79
化学纤维制造业	Manufacture of Chemical Fibers	615.78
橡胶和塑料制品业	Manufacture of Rubber and Plastics Products	343.67
非金属矿物制品业	Manufacture of Non-metallic Mineral Products	23980.32
黑色金属冶炼和压延加工业	Smelting and Pressing of Ferrous Metals	9928.20
有色金属冶炼和压延加工业	Smelting and Pressing of Non-ferrous Metals	2346.77
金属制品业	Manufacture of Metal Products	279.27
通用设备制造业	Manufacture of General Purpose Machinery	95.86
专用设备制造业	Manufacture of Special Purpose Machinery	33.80
汽车制造业	Manufacture of Automobiles	38.45
铁路、船舶、航空航天和其他运输设备制造业	Manufacture of Railway, Ship, Aerospace and Other Transport Equipments	74.34
电气机械和器材制造业	Manufacture of Electrical Machinery and Apparatus	26.22
计算机、通信和其他电子设备制造业	Manufacture of Computers, Communication and Other Electronic Equipment	32.01
仪器仪表制造业	Manufacture of Measuring Instruments and Machinery	3.63
其他制造业	Other Manufacture	3.90
废弃资源综合利用业	Utilization of Waste Resources	60.36
金属制品、机械和设备修理业	Repair Service of Metal Products, Machinery and Equipment	0.36
(三)电力、热力、燃气及水生产和供应业	**Production and Supply of Electricity, Gas and Water**	**995.33**
电力、热力生产和供应业	Production and Supply of Electric Power and Heat Power	812.94
燃气生产和供应业	Production and Supply of Gas	168.45
水的生产和供应业	Production and Supply of Water	13.95

Final Energy Consumption by Industrial Sector (Physical Quantity) -2018

原煤 (万吨) Raw Coal (10^4 tons)	洗精煤 (万吨) Cleaned Coal (10^4 tons)	其他洗煤 (万吨) Other Washed Coal (10^4 tons)	焦炭 (万吨) Coke (10^4 tons)	焦炉煤气 (亿立方米) Coke Oven Gas (10^8 cu.m)	高炉煤气 (亿立方米) Blast Furnace Gas (10^8 cu.m)	转炉煤气 (亿立方米) Converter Gas (10^8 cu.m)	其他煤气 (亿立方米) Other Gas (10^8 cu.m)	其他焦化产品 (万吨) Other Coking Products (10^4 tons)
52024.53		**11506.55**	**43538.04**	**652.34**	**7883.22**	**531.21**	**124.85**	**1113.73**
2801.91		**1218.00**	**173.91**	**13.07**	**32.32**	**2.79**	**1.44**	**89.97**
2118.45		956.44	33.73	9.31	18.01	0.46	1.43	89.97
117.05								
179.70		5.68	127.98	2.79	14.31	0.70		
93.51		1.34	3.66					
281.07		254.54	8.54	0.98		1.63		
11.88								
0.24								
48231.81		**10284.59**	**43325.20**	**638.44**	**7842.85**	**528.23**	**123.42**	**1023.48**
1103.19		23.00	137.10	0.10	29.65	2.59	0.11	0.04
944.31		4.18	1.12				0.01	
600.72		6.15	0.15	0.08				0.01
11.90		0.98						
557.39		7.05	2.05					
51.33		0.62	0.08					
32.44		0.15						
61.41		0.34	0.05					
4.20		0.56	0.82					
947.91		45.39	0.03	0.11				0.04
64.98		0.47	0.16	0.02				
25.58		0.82	1.65					
1271.76		993.62	34.99	139.40	99.38			104.66
13425.69		187.43	3744.32	72.82	7.16	1.94	15.93	627.70
629.73		2.70	1.74	0.29				0.28
509.21		4.88	17.54					
328.71		3.44	0.20	0.51				
15803.33		8079.53	965.96	32.35	37.35	4.44	8.46	50.37
9183.62		621.75	37151.72	368.20	7602.66	512.68	0.14	214.23
2121.55		216.49	402.56	18.78			91.88	22.54
242.86		35.20	449.91	3.38	52.23	2.48	2.70	2.35
93.34		1.66	328.03	0.12	0.03	0.05		
30.31		1.69	20.44	1.31	1.84		3.95	
37.32		0.44	31.11	0.09		0.01	0.21	
36.27		38.04	0.58	0.16			0.01	
24.73		1.37	1.75	0.04				
30.58		1.36	0.05	0.02	0.01			0.01
3.63			0.07					
2.72		0.73						
50.74		4.55	31.03	0.65	12.54	4.03		1.25
0.36				0.02				
990.81		**3.96**	**38.93**	**0.83**	**8.06**	**0.19**		**0.27**
808.47		3.96	38.93		3.27	0.19		0.27
168.45				0.83	4.78			
13.89								

4-6 续表 1

行　业	Item	油品合计（万吨）Petroleum Products Total (10^4 tons)
工业	**Industry**	**18847.56**
(一)采矿业	**Mining**	**932.25**
煤炭开采和洗选业	Mining and Washing of Coal	286.79
石油和天然气开采业	Extraction of Petroleum and Natural Gas	367.91
黑色金属矿采选业	Mining and Processing of Ferrous Metal Ores	51.57
有色金属矿采选业	Mining and Processing of Non-Ferrous Metal Ores	28.28
非金属矿采选业	Mining and Processing of Nonmetal Ores	56.02
开采专业及辅助性活动	Professional and Support Activities for Mining	141.59
其他采矿业	Mining of Other Ores	0.09
(二)制造业	**Manufacturing**	**17858.20**
农副食品加工业	Processing of Food from Agricultural Products	39.61
食品制造业	Manufacture of Foods	18.09
酒、饮料和精制茶制造业	Manufacture of Liquor, Beverages and Refined Tea	11.74
烟草制品业	Manufacture of Tobacco	2.17
纺织业	Manufacture of Textile	22.08
纺织服装、服饰业	Manufacture of Textile, Wearing Apparel and Accessories	12.49
皮革、毛皮、羽毛及其制品和制鞋业	Manufacture of Leather, Fur, Feather and Related Products and Footwear	6.76
木材加工和木、竹、藤、棕、草制品业	Processing of Timber,Manufacture of Wood,Bamboo,Rattan,Palm, and Straw Products	10.27
家具制造业	Manufacture of Furniture	7.62
造纸和纸制品业	Manufacture of Paper and Paper Products	22.32
印刷和记录媒介复制业	Printing and Reproduction of Recording Media	9.87
文教、工美、体育和娱乐用品制造业	Manufacture of Articles for Culture, Education, Arts and Crafts, Sport and Entertainment Activities	20.55
石油、煤炭及其他燃料加工业	Processing of Petroleum, Coal and Other Fuels	7303.52
化学原料和化学制品制造业	Manufacture of Raw Chemical Materials and Chemical Products	6510.84
医药制造业	Manufacture of Medicines	19.23
化学纤维制造业	Manufacture of Chemical Fibers	4.47
橡胶和塑料制品业	Manufacture of Rubber and Plastics Products	41.12
非金属矿物制品业	Manufacture of Non-metallic Mineral Products	3024.76
黑色金属冶炼和压延加工业	Smelting and Pressing of Ferrous Metals	86.66
有色金属冶炼和压延加工业	Smelting and Pressing of Non-ferrous Metals	339.77
金属制品业	Manufacture of Metal Products	46.64
通用设备制造业	Manufacture of General Purpose Machinery	52.52
专用设备制造业	Manufacture of Special Purpose Machinery	39.44
汽车制造业	Manufacture of Automobiles	72.51
铁路、船舶、航空航天和其他运输设备制造业	Manufacture of Railway, Ship, Aerospace and Other Transport Equipments	44.39
电气机械和器材制造业	Manufacture of Electrical Machinery and Apparatus	41.40
计算机、通信和其他电子设备制造业	Manufacture of Computers, Communication and Other Electronic Equipment	22.64
仪器仪表制造业	Manufacture of Measuring Instruments and Machinery	6.38
其他制造业	Other Manufacture	5.25
废弃资源综合利用业	Utilization of Waste Resources	6.79
金属制品、机械和设备修理业	Repair Service of Metal Products, Machinery and Equipment	6.30
(三)电力、热力、燃气及水生产和供应业	**Production and Supply of Electricity, Gas and Water**	**57.10**
电力、热力生产和供应业	Production and Supply of Electric Power and Heat Power	46.94
燃气生产和供应业	Production and Supply of Gas	4.42
水的生产和供应业	Production and Supply of Water	5.74

Continued 1

原油 (万吨) Crude Oil (10^4 tons)	汽油 (万吨) Gasoline (10^4 tons)	煤油 (万吨) Kerosene (10^4 tons)	柴油 (万吨) Diesel Oil (10^4 tons)	燃料油 (万吨) Fuel Oil (10^4 tons)	石脑油 (万吨) Naphtha (10^4 tons)	润滑油 (万吨) Lubricants (10^4 tons)	石蜡 (万吨) Paraffin Waxes (10^4 tons)	溶剂油 (万吨) White Spirit (10^4 tons)
348.32	**278.54**	**24.94**	**1189.87**	**308.01**	**5345.07**	**241.04**	**200.92**	**107.91**
278.58	**22.32**	**1.08**	**467.22**	**19.65**	**82.26**	**1.31**		
0.22	6.15	0.67	163.07	0.22	82.26	0.81		
278.23	7.77		40.81	17.17		0.01		
	1.17		50.15	0.05		0.20		
	1.89	0.39	24.33	1.59		0.02		
	1.50	0.02	52.25	0.03		0.06		
0.12	3.84		136.51	0.60		0.22		
			0.08					
69.53	**231.26**	**22.56**	**695.37**	**287.07**	**5262.80**	**239.57**	**200.92**	**107.91**
0.06	9.90	0.14	25.56	1.57		0.02	0.02	1.31
	4.80		9.52	2.12			0.46	
	4.15	0.06	6.13	0.59		0.02		
	0.44		1.66					
0.07	7.01	0.02	7.12	4.85		0.09		
	5.76		5.45	0.52		0.01		
	3.59	0.01	2.20	0.37	0.01	0.07	0.04	0.16
	2.14	0.01	5.74	0.29		0.03	1.86	
	3.18	0.01	3.83	0.16		0.01		
0.03	3.10		14.60	2.14		0.11		0.30
	4.09	0.01	4.38	0.31		0.01		0.05
	4.14	0.10	4.42	0.44	0.01	0.02	0.30	0.06
66.78	1.85	0.07	19.57	37.22	1399.57	216.44	1.19	10.32
1.70	18.76	1.92	39.57	46.36	3863.15	5.10	195.12	94.71
	5.82	0.02	9.94	2.15	0.03	0.01	0.03	0.25
	0.80	0.02	1.99	1.43		0.05		0.02
	12.66	0.04	16.53	4.21		0.40	0.46	0.32
0.46	17.08	0.82	283.14	147.28		0.48	0.90	0.04
	3.49	0.02	50.81	0.88		0.86	0.02	
0.36	4.28	0.84	36.33	20.76		0.36	0.01	0.10
0.01	13.09	0.56	23.64	2.72	0.03	0.45	0.01	0.02
0.01	17.40	1.95	25.07	0.77		2.26	0.06	0.04
	14.05	0.78	16.76	0.91		1.14	0.04	0.05
0.02	27.77	0.40	30.00	0.54	0.01	9.20	0.03	0.11
0.01	7.48	13.06	16.98	4.28		0.26		
0.01	17.45	0.44	13.45	2.04		1.87	0.28	0.03
	10.94	0.25	8.47	0.74		0.11	0.04	0.02
	4.18	0.16	1.48	0.12		0.08	0.04	
	0.88	0.08	1.28	0.03		0.08		
	0.44	0.09	5.07	0.94		0.01		
	0.53	0.66	4.73	0.34		0.03		
0.21	**24.95**	**1.29**	**27.28**	**1.29**		**0.16**		
0.21	19.01	1.29	23.62	1.08		0.14		
	2.62		1.58	0.11		0.01		
	3.32		2.08	0.10		0.01		

4-6 续表 2

行 业	Item	石油沥青 (万吨) Bitumen Asphalt (10^4 tons)
工业	**Industry**	**166.79**
(一)采矿业	**Mining**	**3.88**
煤炭开采和洗选业	Mining and Washing of Coal	3.25
石油和天然气开采业	Extraction of Petroleum and Natural Gas	
黑色金属矿采选业	Mining and Processing of Ferrous Metal Ores	
有色金属矿采选业	Mining and Processing of Non-Ferrous Metal Ores	0.05
非金属矿采选业	Mining and Processing of Nonmetal Ores	0.58
开采专业及辅助性活动	Professional and Support Activities for Mining	
其他采矿业	Mining of Other Ores	
(二)制造业	**Manufacturing**	**162.91**
农副食品加工业	Processing of Food from Agricultural Products	
食品制造业	Manufacture of Foods	
酒、饮料和精制茶制造业	Manufacture of Liquor, Beverages and Refined Tea	
烟草制品业	Manufacture of Tobacco	
纺织业	Manufacture of Textile	
纺织服装、服饰业	Manufacture of Textile, Wearing Apparel and Accessories	
皮革、毛皮、羽毛及其制品和制鞋业	Manufacture of Leather, Fur, Feather and Related Products and Footwear	
木材加工和木、竹、藤、棕、草制品业	Processing of Timber,Manufacture of Wood,Bamboo,Rattan,Palm, and Straw Products	
家具制造业	Manufacture of Furniture	
造纸和纸制品业	Manufacture of Paper and Paper Products	
印刷和记录媒介复制业	Printing and Reproduction of Recording Media	
文教、工美、体育和娱乐用品制造业	Manufacture of Articles for Culture, Education, Arts and Crafts, Sport and Entertainment Activities	
石油、煤炭及其他燃料加工业	Processing of Petroleum, Coal and Other Fuels	2.91
化学原料和化学制品制造业	Manufacture of Raw Chemical Materials and Chemical Products	2.10
医药制造业	Manufacture of Medicines	
化学纤维制造业	Manufacture of Chemical Fibers	
橡胶和塑料制品业	Manufacture of Rubber and Plastics Products	1.31
非金属矿物制品业	Manufacture of Non-metallic Mineral Products	144.59
黑色金属冶炼和压延加工业	Smelting and Pressing of Ferrous Metals	
有色金属冶炼和压延加工业	Smelting and Pressing of Non-ferrous Metals	11.66
金属制品业	Manufacture of Metal Products	0.30
通用设备制造业	Manufacture of General Purpose Machinery	
专用设备制造业	Manufacture of Special Purpose Machinery	
汽车制造业	Manufacture of Automobiles	
铁路、船舶、航空航天和其他运输设备制造业	Manufacture of Railway, Ship, Aerospace and Other Transport Equipments	
电气机械和器材制造业	Manufacture of Electrical Machinery and Apparatus	0.03
计算机、通信和其他电子设备制造业	Manufacture of Computers, Communication and Other Electronic Equipment	
仪器仪表制造业	Manufacture of Measuring Instruments and Machinery	
其他制造业	Other Manufacture	
废弃资源综合利用业	Utilization of Waste Resources	
金属制品、机械和设备修理业	Repair Service of Metal Products, Machinery and Equipment	
(三)电力、热力、燃气及水生产和供应业	**Production and Supply of Electricity, Gas and Water**	
电力、热力生产和供应业	Production and Supply of Electric Power and Heat Power	
燃气生产和供应业	Production and Supply of Gas	
水的生产和供应业	Production and Supply of Water	

Continued 2

石油焦 (万吨) Petroleum Coke (10^4 tons)	液化石油气 (万吨) Liquefied Petroleum Gas (10^4 tons)	炼厂干气 (万吨) Refinery Gas (10^4 tons)	其他石油制品 (万吨) Other Petroleum Products (10^4 tons)	天然气 (亿立方米) Natural Gas (10^8 cu.m)	液化天然气 (万吨) Liquefied Natural Gas (10^4 tons)	热力 (万百万千焦) Heat (10^{10} kJ)	电力 (亿千瓦小时) Electricity (10^8 kW·h)	其他能源 (万吨标准煤) Other Energy (10^4 tce)
2894.63	**1683.13**	**1685.98**	**4372.42**	**589.99**	**5771.18**	**362133.17**	**45743.20**	**934.09**
15.76	**15.65**	**11.11**	**13.44**	**142.16**	**13.92**	**6717.33**	**2577.04**	**4.89**
14.17	15.39		0.56	12.70	6.48	864.74	906.28	1.73
	0.18	11.11	12.63	126.55	3.51	2782.92	417.33	0.02
				0.01		213.51	388.26	1.57
				0.50		0.06	379.48	0.36
1.58	0.01			0.48	3.77	2233.05	250.76	1.21
	0.07		0.24	1.92	0.16	623.05	39.95	
							194.99	
2878.87	**1667.14**	**1673.57**	**4358.72**	**441.74**	**5695.05**	**345783.18**	**36935.83**	**913.48**
	0.92		0.13	3.56	128.34	6982.67	763.86	226.62
	1.14		0.04	11.83	56.27	6785.53	277.38	40.80
	0.76		0.04	9.15	42.75	5343.88	169.23	15.18
	0.07			1.07		256.22	52.81	4.36
	1.78		1.13	12.24	182.67	30977.84	1748.42	71.76
	0.42		0.32	1.28	34.61	672.28	233.18	8.61
	0.21		0.08	0.11	12.44	246.19	157.66	7.33
	0.21			2.72	2.61	973.75	269.86	132.00
	0.42			1.31	1.94	93.33	108.84	2.64
	1.93		0.11	4.11	149.25	22813.48	728.24	78.27
	0.37		0.65	3.31	7.93	444.46	126.27	4.54
9.87	1.00		0.21	2.92	54.08	107.34	88.42	11.75
186.12	717.66	1605.21	3038.61	28.70	1027.12	55810.69	1114.43	3.70
57.82	836.92	67.84	1279.78	184.01	941.56	135521.84	5449.17	89.47
	0.21		0.78	6.64	34.47	9800.59	385.74	19.59
	0.10		0.07	1.49	68.47	11379.95	437.68	7.63
0.07	2.52		2.59	7.38	65.53	3289.89	1376.17	16.32
2353.81	63.21	0.14	12.82	35.74	737.62	1782.07	3506.40	51.87
19.31	9.65	0.37	1.25	46.10	464.38	18415.54	6142.36	72.79
251.44	3.66		9.98	20.32	256.82	23487.28	6698.08	9.90
	4.66		1.15	10.93	284.58	737.87	1623.17	9.56
	2.99	0.01	1.97	10.33	65.33	401.13	993.56	4.06
	3.07		2.64	4.67	73.44	929.60	450.83	2.52
	2.54		1.88	7.92	116.49	4095.38	1006.19	3.63
	1.85		0.45	6.95	616.66	990.54	166.83	0.89
0.44	3.62		1.75	3.04	67.95	1299.91	802.04	10.06
	1.95		0.12	11.15	107.59	1863.24	1391.21	2.73
	0.16		0.16	0.62	2.34	86.10	83.37	0.53
	2.91			0.03	26.55	164.57	519.01	1.22
	0.24			1.61	63.92	15.88	47.74	3.15
	0.01			0.49	1.33	14.13	17.70	
0.01	**0.34**	**1.30**	**0.26**	**6.10**	**62.22**	**9632.67**	**6230.33**	**15.72**
0.01	0.03	1.30	0.25	1.59		7887.92	5535.23	15.72
	0.09			4.03	58.52	1597.10	173.62	
	0.22		0.01	0.48	3.70	147.65	521.48	

4-7 工业分行业终端能源消费量(标准量)-2014

单位：万吨标准煤

行业	Sector	终端消费合计 Final Consumption Total (发电煤耗计算法) (Coal Equivalent Calculation)	终端消费合计 Final Consumption Total (电热当量计算法) (Calorific Value Calculation)
工业	**Industry**	**285947.78**	**213233.61**
(一)采矿业	**Mining**	**15170.54**	**10351.01**
煤炭开采和洗选业	Mining and Washing of Coal	5589.81	3844.51
石油和天然气开采业	Extraction of Petroleum and Natural Gas	3995.42	3193.08
黑色金属矿采选业	Mining and Processing of Ferrous Metal Ores	2164.62	1293.90
有色金属矿采选业	Mining and Processing of Non-Ferrous Metal Ores	1267.58	614.18
非金属矿采选业	Mining and Processing of Nonmetal Ores	1373.57	925.01
开采专业及辅助性活动	Professional and Support Activities for Mining	365.89	313.96
其他采矿业	Mining of Other Ores	413.64	166.38
(二)制造业	**Manufacturing**	**254293.32**	**195524.07**
农副食品加工业	Processing of Food from Agricultural Products	4197.09	3060.53
食品制造业	Manufacture of Foods	1769.19	1341.13
酒、饮料和精制茶制造业	Manufacture of Liquor, Beverages and Refined Tea	1524.84	1227.86
烟草制品业	Manufacture of Tobacco	237.83	140.44
纺织业	Manufacture of Textile	6886.12	4023.57
纺织服装、服饰业	Manufacture of Textile, Wearing Apparel and Accessories	934.55	538.87
皮革、毛皮、羽毛及其制品和制鞋业	Manufacture of Leather, Fur, Feather and Related Products and Footwear	618.77	337.51
木材加工和木、竹、藤、棕、草制品业	Processing of Timber,Manufacture of Wood,Bamboo,Rattan, Palm,and Straw Products	1405.91	914.81
家具制造业	Manufacture of Furniture	357.58	192.46
造纸和纸制品业	Manufacture of Paper and Paper Products	4021.76	2847.41
印刷和记录媒介复制业	Printing and Reproduction of Recording Media	466.02	259.22
文教、工美、体育和娱乐用品制造业	Manufacture of Articles for Culture, Education, Arts and Crafts, Sport and Entertainment Activities	399.09	263.70
石油、煤炭及其他燃料加工业	Processing of Petroleum, Coal and Other Fuels	15487.63	14152.50
化学原料和化学制品制造业	Manufacture of Raw Chemical Materials and Chemical Products	46569.38	37973.84
医药制造业	Manufacture of Medicines	2159.23	1597.68
化学纤维制造业	Manufacture of Chemical Fibers	1795.45	1142.36
橡胶和塑料制品业	Manufacture of Rubber and Plastics Products	4431.34	2257.07
非金属矿物制品业	Manufacture of Non-metallic Mineral Products	37708.93	31534.22
黑色金属冶炼和压延加工业	Smelting and Pressing of Ferrous Metals	80290.50	69525.89
有色金属冶炼和压延加工业	Smelting and Pressing of Non-ferrous Metals	21060.65	10567.64
金属制品业	Manufacture of Metal Products	4807.53	2388.10
通用设备制造业	Manufacture of General Purpose Machinery	3632.13	2161.27
专用设备制造业	Manufacture of Special Purpose Machinery	1985.69	1163.18
汽车制造业	Manufacture of Automobiles	3167.14	1808.80
铁路、船舶、航空航天和其他运输设备制造业	Manufacture of Railway, Ship, Aerospace and Other Transport Equipments	861.97	526.64
电气机械和器材制造业	Manufacture of Electrical Machinery and Apparatus	2559.22	1287.65
计算机、通信和其他电子设备制造业	Manufacture of Computers, Communication and Other Electronic Equipment	2963.85	1346.62
仪器仪表制造业	Manufacture of Measuring Instruments and Machinery	317.75	160.41
其他制造业	Other Manufacture	1426.21	607.68
废弃资源综合利用业	Utilization of Waste Resources	195.50	140.22
金属制品、机械和设备修理业	Repair Service of Metal Products, Machinery and Equipment	54.48	34.77
(三)电力、热力、燃气及水生产和供应业	**Production and Supply of Electricity, Gas and Water**	**16483.92**	**7358.53**
电力、热力生产和供应业	Production and Supply of Electric Power and Heat Power	14725.84	6577.91
燃气生产和供应业	Production and Supply of Gas	538.52	280.73
水的生产和供应业	Production and Supply of Water	1219.56	499.89

Final Energy Consumption by Industrial Sector (Standard Quantity) -2014

(10^4 tce)

煤合计 Coal Total	原煤 Raw Coal	洗精煤 Cleaned Coal	其他洗煤 Other Washed Coal	焦炭 Coke	焦炉煤气 Coke Oven Gas	高炉煤气 Blast Furnace Gas	转炉煤气 Converter Gas	其他煤气 Other Gas
62534.18	**50952.30**	**5485.24**	**5288.84**	**45125.20**	**3368.75**	**7350.21**	**932.80**	**114.66**
3019.63	**2292.57**	**186.91**	**524.15**	**283.83**	**60.66**	**57.41**	**3.43**	**3.32**
2089.21	1603.22	92.65	387.79	85.41	38.61	14.29		3.31
97.79	97.75							
304.33	231.21	62.58	2.67	181.66	16.41	43.10	3.43	
97.36	78.12	17.51	0.48	9.56	2.94	0.03		
409.56	260.89	14.17	133.19	7.18	2.71			0.01
19.60	19.60			0.03				
1.78	1.78							
58762.98	**47974.62**	**5289.74**	**4708.12**	**44795.23**	**3266.20**	**7292.80**	**929.38**	**110.20**
1536.26	1480.63	20.96	31.80	9.59	2.27	0.02		
685.66	666.54	6.98	7.03	2.69	1.37			0.01
767.18	753.57	5.69	4.65	1.35	1.33	0.14		
35.63	31.13	3.17	0.73					
1134.03	1114.08	3.77	5.40	2.01	10.14			
182.58	179.92	0.34	0.71	1.10			0.02	0.08
111.03	108.38	1.07	0.27	0.72				
337.79	335.94	0.54	0.99	1.27	0.15			
37.29	36.94	0.02	0.28	1.62				
1189.61	1147.47	14.99	17.84	0.81	0.05			
57.56	56.53		0.41	0.45	0.07			
87.48	83.96	2.01	1.11	3.83				
2104.20	637.33	639.18	825.68	45.06	574.05	108.38		8.63
12628.49	11289.56	972.20	80.39	3285.29	304.01	15.65	8.40	11.65
810.84	798.57	8.43	2.90	0.75	0.52			0.02
416.85	379.94	9.33	0.05	0.35				
551.50	516.27	19.31	7.02	4.58	2.41			
21730.81	17695.55	574.86	3397.17	1010.20	230.85	67.62	11.30	12.88
11402.12	8087.52	2721.56	241.62	38783.05	2040.55	7088.72	904.83	3.34
1552.40	1294.77	191.84	61.17	571.19	60.55	0.34		69.44
359.05	344.93	10.79	1.79	97.32	12.28	4.89	1.70	0.04
242.30	234.02	6.64	1.08	678.53	2.12	0.14	0.10	0.36
230.49	170.69	58.73	0.67	72.37	13.26	3.70	0.72	2.91
170.97	166.87	1.79	1.52	157.74	0.75			0.82
67.50	55.40	1.13	10.64	7.07	0.83			0.01
190.67	175.44	13.16	1.27	13.72	0.78		0.65	0.01
58.15	55.89	0.80	0.27	12.05	0.12	0.02		
17.10	16.81	0.01	0.27	4.23	0.24			
20.67	18.51	0.28	0.72	0.24	0.01			
43.00	37.75	0.12	2.68	25.95	7.49	3.18	1.66	
3.78	3.71	0.01		0.09				
751.57	**685.11**	**8.59**	**56.58**	**46.14**	**41.88**			**1.14**
734.83	668.89	8.56	56.17	45.86	24.30			
8.31	7.90		0.41	0.26	17.58			1.14
8.43	8.32	0.03		0.02				

4-7 续表 1

单位：万吨标准煤

行　业	Sector	其他焦化产品 Other Coking Products
工业	**Industry**	**1264.45**
(一)采矿业	**Mining**	**39.06**
煤炭开采和洗选业	Mining and Washing of Coal	37.23
石油和天然气开采业	Extraction of Petroleum and Natural Gas	
黑色金属矿采选业	Mining and Processing of Ferrous Metal Ores	1.04
有色金属矿采选业	Mining and Processing of Non-Ferrous Metal Ores	0.79
非金属矿采选业	Mining and Processing of Nonmetal Ores	
开采专业及辅助性活动	Professional and Support Activities for Mining	
其他采矿业	Mining of Other Ores	
(二)制造业	**Manufacturing**	**1223.41**
农副食品加工业	Processing of Food from Agricultural Products	0.06
食品制造业	Manufacture of Foods	
酒、饮料和精制茶制造业	Manufacture of Liquor, Beverages and Refined Tea	0.02
烟草制品业	Manufacture of Tobacco	
纺织业	Manufacture of Textile	0.01
纺织服装、服饰业	Manufacture of Textile, Wearing Apparel and Accessories	0.05
皮革、毛皮、羽毛及其制品和制鞋业	Manufacture of Leather, Fur, Feather and Related Products and Footwear	
木材加工和木、竹、藤、棕、草制品业	Processing of Timber,Manufacture of Wood,Bamboo,Rattan, Palm,and Straw Products	0.04
家具制造业	Manufacture of Furniture	
造纸和纸制品业	Manufacture of Paper and Paper Products	
印刷和记录媒介复制业	Printing and Reproduction of Recording Media	0.49
文教、工美、体育和娱乐用品制造业	Manufacture of Articles for Culture, Education, Arts and Crafts, Sport and Entertainment Activities	0.10
石油、煤炭及其他燃料加工业	Processing of Petroleum, Coal and Other Fuels	87.22
化学原料和化学制品制造业	Manufacture of Raw Chemical Materials and Chemical Products	691.53
医药制造业	Manufacture of Medicines	0.67
化学纤维制造业	Manufacture of Chemical Fibers	
橡胶和塑料制品业	Manufacture of Rubber and Plastics Products	0.59
非金属矿物制品业	Manufacture of Non-metallic Mineral Products	93.77
黑色金属冶炼和压延加工业	Smelting and Pressing of Ferrous Metals	335.97
有色金属冶炼和压延加工业	Smelting and Pressing of Non-ferrous Metals	10.66
金属制品业	Manufacture of Metal Products	0.98
通用设备制造业	Manufacture of General Purpose Machinery	0.33
专用设备制造业	Manufacture of Special Purpose Machinery	0.22
汽车制造业	Manufacture of Automobiles	
铁路、船舶、航空航天和其他运输设备制造业	Manufacture of Railway, Ship, Aerospace and Other Transport Equipments	
电气机械和器材制造业	Manufacture of Electrical Machinery and Apparatus	0.43
计算机、通信和其他电子设备制造业	Manufacture of Computers, Communication and Other Electronic Equipment	0.07
仪器仪表制造业	Manufacture of Measuring Instruments and Machinery	0.17
其他制造业	Other Manufacture	
废弃资源综合利用业	Utilization of Waste Resources	
金属制品、机械和设备修理业	Repair Service of Metal Products, Machinery and Equipment	0.04
(三)电力、热力、燃气及水生产和供应业	**Production and Supply of Electricity, Gas and Water**	**1.98**
电力、热力生产和供应业	Production and Supply of Electric Power and Heat Power	1.98
燃气生产和供应业	Production and Supply of Gas	
水的生产和供应业	Production and Supply of Water	

Continued 1

(10[4] tce)

油品合计 Petroleum Products Total	原油 Crude Oil	汽油 Gasoline	煤油 Kerosene	柴油 Diesel Oil	燃料油 Fuel Oil	石脑油 Naphtha	润滑油 Lubricants	石蜡 Paraffin Waxes	溶剂油 White Spirit
22111.61	**1222.68**	**718.41**	**25.50**	**2268.72**	**768.93**	**6349.95**	**179.62**	**137.84**	**123.24**
1700.94	**671.65**	**67.61**	**3.71**	**836.24**	**22.34**		**1.85**		
310.03		18.38	2.78	285.95	0.65		1.19		
871.15	669.82	18.64	0.01	78.55	18.12				
161.43		7.04	0.03	154.00	0.08		0.26		
59.95		10.15	0.58	46.23	2.57		0.01		
106.28		6.16	0.30	99.47	0.28		0.03		
191.17	1.83	6.91		171.43	0.64		0.37		
0.94		0.33		0.61					
20282.64	**550.82**	**603.09**	**21.74**	**1372.65**	**743.75**	**6349.95**	**177.64**	**137.84**	**123.24**
126.83	0.03	44.51	0.31	71.84	3.95		0.02	0.01	2.08
49.89		15.13	0.03	24.51	7.91		0.01	0.50	0.03
30.65		10.18	0.03	16.40	2.10		0.02		
4.91		0.85		3.30	0.67				
59.93		20.94	0.11	22.57	11.33		0.04		0.28
41.50	0.02	18.02	0.05	21.18	1.18		0.01		
22.80	0.02	10.41	0.12	8.40	2.41		0.12	0.06	0.62
30.61	0.48	10.08	0.14	17.76	0.20		0.01	1.72	
19.29	0.01	7.23	0.01	10.66	0.37				
46.71	0.07	9.60	0.03	27.38	7.35		0.08		0.22
22.20		9.80	0.04	10.11	0.71		0.01	0.03	0.02
28.96	0.01	12.10	0.05	12.52	1.21		0.02	0.62	0.05
7478.43	103.13	6.37	0.30	25.71	196.43	1093.91	157.65	0.12	30.96
7895.53	446.29	55.66	4.53	91.12	103.72	5255.79	0.75	133.54	87.23
35.25		15.88	0.24	15.12	2.32			0.04	0.42
9.94		1.44	0.03	2.45	5.06	0.24	0.09		0.02
89.09	0.02	32.42	0.40	37.50	12.01		0.41	0.48	0.59
2961.22	0.25	43.35	1.60	428.29	274.17		0.52	0.53	0.10
220.88	0.03	19.26	0.25	109.05	7.81		1.08	0.03	
366.09	0.09	10.47	1.31	68.92	72.36		0.54		0.14
102.03	0.01	32.14	1.44	45.38	10.26		0.63		0.11
118.93	0.06	47.17	3.30	56.10	1.74		2.37	0.05	0.06
129.51	0.21	38.73	0.86	77.28	1.46		2.24	0.01	0.03
132.35	0.03	48.44	0.95	59.66	1.29	0.01	9.58	0.03	0.11
56.56	0.01	11.13	2.92	30.00	5.50		0.41		0.09
99.28	0.02	39.15	0.45	37.55	3.79		0.79	0.06	0.06
50.72	0.01	20.73	0.19	20.53	3.16		0.13		0.02
16.71	0.01	7.35	0.21	6.22	0.75		0.03		
16.99		2.01	1.01	3.10	0.02				
10.18		1.14	0.03	6.25	1.99		0.08		
8.66	0.01	1.39	0.77	5.80	0.49		0.01		
128.03	**0.21**	**47.72**	**0.05**	**59.83**	**2.84**		**0.13**		
112.15	0.21	38.14	0.05	54.74	2.54		0.11		
8.32		4.47	0.01	2.79	0.27		0.02		
7.56		5.10		2.30	0.03				

4-7 续表 2

单位：万吨标准煤

行业	Sector	石油沥青 Bitumen Asphalt
工业	**Industry**	**87.60**
(一)采矿业	**Mining**	**0.41**
煤炭开采和洗选业	Mining and Washing of Coal	
石油和天然气开采业	Extraction of Petroleum and Natural Gas	
黑色金属矿采选业	Mining and Processing of Ferrous Metal Ores	
有色金属矿采选业	Mining and Processing of Non-Ferrous Metal Ores	0.41
非金属矿采选业	Mining and Processing of Nonmetal Ores	
开采专业及辅助性活动	Professional and Support Activities for Mining	
其他采矿业	Mining of Other Ores	
(二)制造业	**Manufacturing**	**84.98**
农副食品加工业	Processing of Food from Agricultural Products	
食品制造业	Manufacture of Foods	
酒、饮料和精制茶制造业	Manufacture of Liquor, Beverages and Refined Tea	
烟草制品业	Manufacture of Tobacco	
纺织业	Manufacture of Textile	
纺织服装、服饰业	Manufacture of Textile, Wearing Apparel and Accessories	
皮革、毛皮、羽毛及其制品和制鞋业	Manufacture of Leather, Fur, Feather and Related Products and Footwear	
木材加工和木、竹、藤、棕、草制品业	Processing of Timber,Manufacture of Wood,Bamboo,Rattan, Palm,and Straw Products	
家具制造业	Manufacture of Furniture	
造纸和纸制品业	Manufacture of Paper and Paper Products	
印刷和记录媒介复制业	Printing and Reproduction of Recording Media	
文教、工美、体育和娱乐用品制造业	Manufacture of Articles for Culture, Education, Arts and Crafts, Sport and Entertainment Activities	
石油、煤炭及其他燃料加工业	Processing of Petroleum, Coal and Other Fuels	0.97
化学原料和化学制品制造业	Manufacture of Raw Chemical Materials and Chemical Products	1.41
医药制造业	Manufacture of Medicines	
化学纤维制造业	Manufacture of Chemical Fibers	
橡胶和塑料制品业	Manufacture of Rubber and Plastics Products	0.01
非金属矿物制品业	Manufacture of Non-metallic Mineral Products	67.57
黑色金属冶炼和压延加工业	Smelting and Pressing of Ferrous Metals	0.23
有色金属冶炼和压延加工业	Smelting and Pressing of Non-ferrous Metals	13.04
金属制品业	Manufacture of Metal Products	
通用设备制造业	Manufacture of General Purpose Machinery	
专用设备制造业	Manufacture of Special Purpose Machinery	
汽车制造业	Manufacture of Automobiles	
铁路、船舶、航空航天和其他运输设备制造业	Manufacture of Railway, Ship, Aerospace and Other Transport Equipments	
电气机械和器材制造业	Manufacture of Electrical Machinery and Apparatus	
计算机、通信和其他电子设备制造业	Manufacture of Computers, Communication and Other Electronic Equipment	
仪器仪表制造业	Manufacture of Measuring Instruments and Machinery	
其他制造业	Other Manufacture	1.75
废弃资源综合利用业	Utilization of Waste Resources	
金属制品、机械和设备修理业	Repair Service of Metal Products, Machinery and Equipment	
(三)电力、热力、燃气及水生产和供应业	**Production and Supply of Electricity, Gas and Water**	**2.21**
电力、热力生产和供应业	Production and Supply of Electric Power and Heat Power	2.21
燃气生产和供应业	Production and Supply of Gas	
水的生产和供应业	Production and Supply of Water	

Continued 2

(10⁴ tce)

石油焦 Petroleum Coke	液化石油气 Liquefied Petroleum Gas	炼厂干气 Refinery Gas	其他石油制品 Other Petroleum Products	天然气 Natural Gas	液化天然气 Liquefied Natural Gas	热力 Heat	电力 Electricity	其他能源 Other Energy
2566.91	**952.00**	**2247.97**	**4462.23**	**8058.18**	**3531.97**	**9121.57**	**48113.91**	**1606.12**
	3.84	**44.50**	**48.81**	**1729.97**	**9.49**	**235.57**	**3189.01**	**18.68**
	0.11		0.98	77.35	0.21	22.31	1154.85	11.70
	0.33	44.50	41.18	1613.71	8.43	71.05	530.90	0.05
			0.02	0.28		5.51	576.15	0.56
			0.01	8.32		0.03	432.34	2.86
			0.02	0.42	0.42	98.18	296.80	3.46
	3.39		6.59	29.90	0.42	38.49	34.36	
							163.61	0.05
2554.96	**947.76**	**2202.48**	**4411.74**	**6288.56**	**3472.72**	**8652.50**	**38886.76**	**1560.71**
	3.80		0.28	17.08	21.30	152.29	752.05	442.78
	1.72		0.03	79.40	28.47	184.54	283.24	25.87
0.80	1.12		0.01	60.09	10.33	136.51	196.51	23.75
	0.10			11.27	12.02	10.87	64.45	1.28
	3.74		0.92	45.42	12.86	808.03	1894.11	57.01
	0.94		0.09	7.67	15.60	21.18	261.81	7.28
	0.51		0.12	1.04	1.69	9.82	186.11	4.30
	0.23			6.11	0.42	12.21	324.95	201.25
	0.99		0.02	9.36	4.64	2.89	109.26	8.12
0.08	1.78		0.12	18.47	49.55	668.89	777.05	96.27
	1.37		0.11	24.52	3.16	9.17	136.84	4.76
	1.91		0.46	17.47	20.03	2.64	89.58	13.62
279.48	396.49	2043.39	3143.53	476.45	1118.00	1246.95	883.43	21.70
55.45	296.56	156.71	1206.78	2988.02	1082.79	3133.60	5687.54	241.34
	1.05	0.01	0.15	73.94	12.02	245.26	371.56	46.86
	0.47		0.14	9.10	30.58	240.09	432.14	3.32
	3.35	0.03	1.87	53.94	25.09	77.72	1438.68	13.46
1986.78	131.34	0.60	26.13	920.00	264.63	35.65	4085.71	109.60
49.09	29.60	1.67	2.79	486.41	75.91	911.07	7122.79	150.25
181.85	7.61		9.75	238.21	309.34	410.08	6943.08	36.26
0.04	10.69	0.02	1.30	86.97	97.21	15.69	1600.90	9.04
	5.23	0.01	2.86	98.80	23.41	17.37	973.24	5.65
	6.03		2.67	100.10	31.00	28.48	544.24	6.18
	9.37	0.02	2.86	230.10	58.20	154.93	898.79	4.16
	5.89	0.03	0.58	72.93	85.40	11.24	221.88	3.23
0.12	14.47		2.83	47.57	33.67	48.86	841.38	10.63
	4.19		1.75	89.11	14.41	46.49	1070.10	5.38
	0.23		1.91	7.53	1.27	6.34	104.11	2.71
1.29	6.38		1.42	0.72	24.46	1.81	541.61	1.17
	0.56		0.12	8.19	0.21	0.30	36.58	3.48
	0.05		0.14	2.60	5.06	1.51	13.04	
11.95	**0.41**	**0.99**	**1.68**	**39.65**	**49.76**	**233.50**	**6038.14**	**26.73**
11.95	0.06	0.99	1.14	13.52	0.21	228.24	5391.36	25.46
	0.22		0.53	23.01	49.13	2.22	170.57	0.18
	0.13			3.12	0.42	3.04	476.20	1.09

4-8 工业分行业终端能源消费量(标准量)-2015

单位：万吨标准煤

行 业	Sector	终端消费合计 Final Consumption Total (发电煤耗计算法) (Coal Equivalent Calculation)	(电热当量计算法) (Calorific Value Calculation)
工业	**Industry**	**282290.94**	**211658.17**
(一)采矿业	**Mining**	**14173.44**	**9818.37**
煤炭开采和洗选业	Mining and Washing of Coal	5411.86	3793.06
石油和天然气开采业	Extraction of Petroleum and Natural Gas	3998.95	3157.75
黑色金属矿采选业	Mining and Processing of Ferrous Metal Ores	1655.61	1024.02
有色金属矿采选业	Mining and Processing of Non-Ferrous Metal Ores	1174.06	578.29
非金属矿采选业	Mining and Processing of Nonmetal Ores	1275.80	862.33
开采专业及辅助性活动	Professional and Support Activities for Mining	309.49	262.37
其他采矿业	Mining of Other Ores	347.66	140.54
(二)制造业	**Manufacturing**	**251503.67**	**194395.95**
农副食品加工业	Processing of Food from Agricultural Products	4285.70	3111.07
食品制造业	Manufacture of Foods	1800.77	1362.16
酒、饮料和精制茶制造业	Manufacture of Liquor, Beverages and Refined Tea	1504.46	1207.49
烟草制品业	Manufacture of Tobacco	230.05	133.42
纺织业	Manufacture of Textile	7059.67	4199.28
纺织服装、服饰业	Manufacture of Textile, Wearing Apparel and Accessories	919.93	522.58
皮革、毛皮、羽毛及其制品和制鞋业	Manufacture of Leather, Fur, Feather and Related Products and Footwear	630.99	341.16
木材加工和木、竹、藤、棕、草制品业	Processing of Timber,Manufacture of Wood,Bamboo,Rattan, Palm,and Straw Products	1351.07	885.17
家具制造业	Manufacture of Furniture	376.84	206.90
造纸和纸制品业	Manufacture of Paper and Paper Products	3987.45	2824.49
印刷和记录媒介复制业	Printing and Reproduction of Recording Media	467.76	262.66
文教、工美、体育和娱乐用品制造业	Manufacture of Articles for Culture, Education, Arts and Crafts, Sport and Entertainment Activities	396.51	262.60
石油、煤炭及其他燃料加工业	Processing of Petroleum, Coal and Other Fuels	17456.42	16027.87
化学原料和化学制品制造业	Manufacture of Raw Chemical Materials and Chemical Products	48863.61	40155.82
医药制造业	Manufacture of Medicines	2221.99	1644.67
化学纤维制造业	Manufacture of Chemical Fibers	1866.66	1203.51
橡胶和塑料制品业	Manufacture of Rubber and Plastics Products	4404.15	2252.51
非金属矿物制品业	Manufacture of Non-metallic Mineral Products	36152.57	30464.49
黑色金属冶炼和压延加工业	Smelting and Pressing of Ferrous Metals	75189.35	65421.81
有色金属冶炼和压延加工业	Smelting and Pressing of Non-ferrous Metals	20556.29	10472.12
金属制品业	Manufacture of Metal Products	4645.44	2329.88
通用设备制造业	Manufacture of General Purpose Machinery	3526.94	2108.50
专用设备制造业	Manufacture of Special Purpose Machinery	1847.69	1058.26
汽车制造业	Manufacture of Automobiles	3167.74	1759.09
铁路、船舶、航空航天和其他运输设备制造业	Manufacture of Railway, Ship, Aerospace and Other Transport Equipments	856.25	521.51
电气机械和器材制造业	Manufacture of Electrical Machinery and Apparatus	2562.55	1269.09
计算机、通信和其他电子设备制造业	Manufacture of Computers, Communication and Other Electronic Equipment	3144.34	1425.09
仪器仪表制造业	Manufacture of Measuring Instruments and Machinery	315.91	155.83
其他制造业	Other Manufacture	1471.17	636.13
废弃资源综合利用业	Utilization of Waste Resources	190.83	136.10
金属制品、机械和设备修理业	Repair Service of Metal Products, Machinery and Equipment	52.61	34.67
(三)电力、热力、燃气及水生产和供应业	**Production and Supply of Electricity, Gas and Water**	**16613.83**	**7443.85**
电力、热力生产和供应业	Production and Supply of Electric Power and Heat Power	14730.24	6585.32
燃气生产和供应业	Production and Supply of Gas	598.80	327.04
水的生产和供应业	Production and Supply of Water	1284.79	531.50

Final Energy Consumption by Industrial Sector (Standard Quantity) -2015

(10[4] tce)

煤合计 Coal Total	原煤 Raw Coal	洗精煤 Cleaned Coal	其他洗煤 Other Washed Coal	焦炭 Coke	焦炉煤气 Coke Oven Gas	高炉煤气 Blast Furnace Gas	转炉煤气 Converter Gas	其他煤气 Other Gas
64054.99	**52101.38**	**5703.45**	**5448.96**	**42391.11**	**3238.12**	**7102.00**	**968.63**	**154.11**
3077.02	**2410.75**	**186.85**	**466.03**	**229.52**	**43.72**	**45.08**	**2.69**	**5.53**
2216.87	1743.44	99.50	367.17	61.20	24.38	14.74		5.35
97.11	97.08							
266.37	203.04	58.75	1.05	153.03	14.02	30.34	2.69	0.17
94.28	78.49	14.45	0.23	8.43	3.21			
379.47	265.78	14.15	97.58	6.83	2.11			0.01
21.66	21.66			0.03				
1.25	1.25							
60304.04	**49095.39**	**5507.76**	**4915.52**	**42124.12**	**3180.32**	**7056.92**	**965.93**	**148.31**
1459.13	1410.64	18.70	26.06	137.21	1.58	37.29	5.21	
652.45	631.93	6.25	9.69	3.00	1.01			0.01
725.01	711.96	4.54	6.42	1.15	1.12			
29.92	26.38	2.67	0.38					
1089.09	1069.82	4.43	4.85	1.88	14.99	0.01		
163.38	160.68	0.24	0.96	1.55				
109.20	107.81	1.03	0.17	0.33				
314.70	313.14	0.25	0.92	1.39	0.27			
35.47	35.32	0.01	0.07	1.83				
1089.01	1054.78	14.30	12.22	0.75	0.01			
58.17	57.38		0.26	0.48	0.02			
84.14	79.80	2.98	0.98	3.24				
2956.98	1530.60	623.91	780.01	62.95	596.50	121.46		5.64
14659.41	13168.15	1141.77	67.90	3473.97	301.13	13.22	8.03	15.06
813.58	802.62	7.93	2.01	0.77	0.27			
444.55	397.16	9.72	0.97	0.31				
528.80	493.83	18.19	7.85	3.36	1.37			
21164.22	16826.74	558.91	3727.42	878.38	207.06	47.96	15.12	12.18
11116.89	7752.16	2823.44	203.01	35997.43	1973.50	6825.89	931.19	0.30
1540.28	1311.24	178.43	44.72	548.37	55.78	0.06		105.45
324.92	311.38	10.33	1.61	97.32	12.70	5.21	1.92	0.05
206.41	200.62	4.51	0.70	664.68	1.30	0.14	0.24	7.25
206.60	147.36	57.02	1.83	65.97	6.16	1.75	0.07	1.98
162.69	159.67	1.65	0.63	125.62	0.42		0.01	0.36
60.06	47.57	0.95	11.30	2.64	2.44		2.76	0.01
174.01	157.26	14.79	1.28	11.66	0.15			0.01
53.59	51.76	0.70	0.30	13.91	0.12	0.01		
14.10	14.00	0.01	0.07	2.62				
21.04	18.94		0.93	0.24	0.01			
42.54	41.07	0.09		21.05	2.42	3.93	1.37	
3.70	3.62	0.01		0.05				
673.93	**595.24**	**8.84**	**67.41**	**37.48**	**14.08**			**0.27**
657.44	579.27	8.71	67.08	37.46	0.55			
7.08	6.75		0.32		13.53			0.27
9.41	9.22	0.13		0.02				

4-8 续表 1

单位：万吨标准煤

行　业	Sector	其他焦化产品 Other Coking Products
工业	**Industry**	**1243.12**
(一)采矿业	**Mining**	**2.36**
煤炭开采和洗选业	Mining and Washing of Coal	2.17
石油和天然气开采业	Extraction of Petroleum and Natural Gas	
黑色金属矿采选业	Mining and Processing of Ferrous Metal Ores	0.19
有色金属矿采选业	Mining and Processing of Non-Ferrous Metal Ores	
非金属矿采选业	Mining and Processing of Nonmetal Ores	
开采专业及辅助性活动	Professional and Support Activities for Mining	
其他采矿业	Mining of Other Ores	
(二)制造业	**Manufacturing**	**1238.66**
农副食品加工业	Processing of Food from Agricultural Products	0.04
食品制造业	Manufacture of Foods	0.01
酒、饮料和精制茶制造业	Manufacture of Liquor, Beverages and Refined Tea	
烟草制品业	Manufacture of Tobacco	
纺织业	Manufacture of Textile	
纺织服装、服饰业	Manufacture of Textile, Wearing Apparel and Accessories	0.05
皮革、毛皮、羽毛及其制品和制鞋业	Manufacture of Leather, Fur, Feather and Related Products and Footwear	0.02
木材加工和木、竹、藤、棕、草制品业	Processing of Timber,Manufacture of Wood,Bamboo,Rattan, Palm,and Straw Products	0.04
家具制造业	Manufacture of Furniture	
造纸和纸制品业	Manufacture of Paper and Paper Products	
印刷和记录媒介复制业	Printing and Reproduction of Recording Media	0.44
文教、工美、体育和娱乐用品制造业	Manufacture of Articles for Culture, Education, Arts and Crafts, Sport and Entertainment Activities	0.03
石油、煤炭及其他燃料加工业	Processing of Petroleum, Coal and Other Fuels	153.14
化学原料和化学制品制造业	Manufacture of Raw Chemical Materials and Chemical Products	650.14
医药制造业	Manufacture of Medicines	
化学纤维制造业	Manufacture of Chemical Fibers	
橡胶和塑料制品业	Manufacture of Rubber and Plastics Products	0.49
非金属矿物制品业	Manufacture of Non-metallic Mineral Products	84.85
黑色金属冶炼和压延加工业	Smelting and Pressing of Ferrous Metals	337.01
有色金属冶炼和压延加工业	Smelting and Pressing of Non-ferrous Metals	11.50
金属制品业	Manufacture of Metal Products	0.02
通用设备制造业	Manufacture of General Purpose Machinery	0.09
专用设备制造业	Manufacture of Special Purpose Machinery	0.31
汽车制造业	Manufacture of Automobiles	
铁路、船舶、航空航天和其他运输设备制造业	Manufacture of Railway, Ship, Aerospace and Other Transport Equipments	
电气机械和器材制造业	Manufacture of Electrical Machinery and Apparatus	0.24
计算机、通信和其他电子设备制造业	Manufacture of Computers, Communication and Other Electronic Equipment	0.11
仪器仪表制造业	Manufacture of Measuring Instruments and Machinery	0.09
其他制造业	Other Manufacture	
废弃资源综合利用业	Utilization of Waste Resources	
金属制品、机械和设备修理业	Repair Service of Metal Products, Machinery and Equipment	0.01
(三)电力、热力、燃气及水生产和供应业	**Production and Supply of Electricity, Gas and Water**	**2.11**
电力、热力生产和供应业	Production and Supply of Electric Power and Heat Power	2.11
燃气生产和供应业	Production and Supply of Gas	
水的生产和供应业	Production and Supply of Water	

Continued 1

(10[4] tce)

油品合计 Petroleum Products Total	原油 Crude Oil	汽油 Gasoline	煤油 Kerosene	柴油 Diesel Oil	燃料油 Fuel Oil	石脑油 Naphtha	润滑油 Lubricants	石蜡 Paraffin Waxes	溶剂油 White Spirit
23406.46	**1118.15**	**701.17**	**31.13**	**2093.12**	**849.66**	**6860.49**	**189.23**	**147.67**	**208.34**
1516.71	**629.84**	**59.43**	**3.59**	**714.45**	**35.49**	**0.04**	**1.68**		
261.09		15.65	2.52	240.18	0.58		1.25		
817.27	629.15	16.62		69.21	31.98				
126.63		5.48	0.10	120.75	0.06		0.20		
57.84		10.34	0.63	44.59	2.15	0.04			
109.27		5.14	0.33	103.16	0.26		0.02		
144.30	0.69	6.08		136.38	0.46		0.20		
0.31		0.12		0.19					
21757.96	**488.05**	**593.08**	**27.42**	**1316.77**	**812.58**	**6860.45**	**187.40**	**147.21**	**208.34**
119.88	0.05	41.90	0.74	69.54	2.55		0.06		2.37
45.42		14.91	0.07	23.30	5.13		0.01		0.05
29.43		9.76	0.12	16.36	0.91		0.01		
4.27		0.93		2.59	0.61				
72.54		20.44	0.23	21.08	10.17		0.07		0.36
40.58	0.02	17.49	0.06	20.13	0.87		0.02		
20.87	0.03	10.10	0.18	7.83	1.32	0.01	0.15		0.53
28.95	0.05	10.39	0.77	17.28	0.24		0.02		
25.90	0.01	7.64	0.01	10.57	0.38		0.01	6.26	
44.14	0.05	9.03	0.07	25.48	7.76		0.04	0.01	0.37
22.13		9.66	0.07	9.59	0.52		0.01	0.51	0.04
27.14	0.01	12.04	0.07	11.45	1.25	0.01	0.03		0.05
8301.18	102.32	4.35	0.22	22.64	158.99	1345.94	163.79		48.23
8474.00	384.86	52.27	5.06	89.01	211.88	5514.24	5.59	135.19	154.37
36.25		15.92	0.23	15.31	1.94				0.51
9.37		1.40	0.11	2.96	4.24	0.23	0.10	0.07	0.07
88.43	0.06	30.72	0.39	36.48	10.40		0.49	1.52	0.77
3067.03	0.29	44.25	3.61	427.00	296.29		0.56		0.07
206.67	0.03	16.66	0.35	98.53	5.42		0.77	0.02	
371.90	0.01	9.82	1.08	64.69	63.79		0.65		0.15
102.79	0.01	32.86	1.35	43.61	9.53	0.01	0.40	0.80	0.07
114.13	0.04	45.89	3.68	52.70	1.62		2.29		0.05
121.55	0.11	38.15	1.33	68.49	1.92		1.75	1.56	0.04
129.31	0.04	51.98	0.90	55.29	1.14	0.01	9.32	0.05	0.15
52.22	0.01	10.48	2.78	28.86	5.59		0.33		0.04
97.53	0.01	38.91	1.06	35.79	2.66		0.72	0.41	0.05
50.91	0.02	21.40	0.40	19.30	2.97		0.08	0.74	0.01
17.03	0.01	8.59	0.62	6.35	0.44		0.05	0.03	
18.29		2.50	1.06	2.37	0.32			0.01	
8.80		1.19	0.02	6.12	0.96		0.02		
9.32		1.45	0.78	6.08	0.75		0.06	0.03	
131.79	**0.26**	**48.65**	**0.13**	**61.90**	**1.59**		**0.16**	**0.46**	
112.57	0.26	37.86	0.12	55.11	1.31		0.14	0.26	
9.94		4.99		3.70	0.24		0.02	0.04	
9.28		5.80		3.10	0.05			0.16	

4-8 续表 2

单位：万吨标准煤

行　业	Sector	石油沥青 Bitumen Asphalt
工业	**Industry**	**90.11**
（一）采矿业	**Mining**	**0.30**
煤炭开采和洗选业	Mining and Washing of Coal	
石油和天然气开采业	Extraction of Petroleum and Natural Gas	
黑色金属矿采选业	Mining and Processing of Ferrous Metal Ores	
有色金属矿采选业	Mining and Processing of Non-Ferrous Metal Ores	0.02
非金属矿采选业	Mining and Processing of Nonmetal Ores	0.28
开采专业及辅助性活动	Professional and Support Activities for Mining	
其他采矿业	Mining of Other Ores	
（二）制造业	**Manufacturing**	**86.64**
农副食品加工业	Processing of Food from Agricultural Products	
食品制造业	Manufacture of Foods	0.01
酒、饮料和精制茶制造业	Manufacture of Liquor, Beverages and Refined Tea	
烟草制品业	Manufacture of Tobacco	
纺织业	Manufacture of Textile	2.44
纺织服装、服饰业	Manufacture of Textile, Wearing Apparel and Accessories	
皮革、毛皮、羽毛及其制品和制鞋业	Manufacture of Leather, Fur, Feather and Related Products and Footwear	
木材加工和木、竹、藤、棕、草制品业	Processing of Timber,Manufacture of Wood,Bamboo,Rattan, Palm,and Straw Products	
家具制造业	Manufacture of Furniture	
造纸和纸制品业	Manufacture of Paper and Paper Products	
印刷和记录媒介复制业	Printing and Reproduction of Recording Media	
文教、工美、体育和娱乐用品制造业	Manufacture of Articles for Culture, Education, Arts and Crafts, Sport and Entertainment Activities	
石油、煤炭及其他燃料加工业	Processing of Petroleum, Coal and Other Fuels	1.66
化学原料和化学制品制造业	Manufacture of Raw Chemical Materials and Chemical Products	2.58
医药制造业	Manufacture of Medicines	
化学纤维制造业	Manufacture of Chemical Fibers	
橡胶和塑料制品业	Manufacture of Rubber and Plastics Products	
非金属矿物制品业	Manufacture of Non-metallic Mineral Products	62.59
黑色金属冶炼和压延加工业	Smelting and Pressing of Ferrous Metals	
有色金属冶炼和压延加工业	Smelting and Pressing of Non-ferrous Metals	12.79
金属制品业	Manufacture of Metal Products	0.47
通用设备制造业	Manufacture of General Purpose Machinery	
专用设备制造业	Manufacture of Special Purpose Machinery	0.50
汽车制造业	Manufacture of Automobiles	1.49
铁路、船舶、航空航天和其他运输设备制造业	Manufacture of Railway, Ship, Aerospace and Other Transport Equipments	
电气机械和器材制造业	Manufacture of Electrical Machinery and Apparatus	0.10
计算机、通信和其他电子设备制造业	Manufacture of Computers, Communication and Other Electronic Equipment	
仪器仪表制造业	Manufacture of Measuring Instruments and Machinery	
其他制造业	Other Manufacture	2.03
废弃资源综合利用业	Utilization of Waste Resources	
金属制品、机械和设备修理业	Repair Service of Metal Products, Machinery and Equipment	
（三）电力、热力、燃气及水生产和供应业	**Production and Supply of Electricity, Gas and Water**	**3.17**
电力、热力生产和供应业	Production and Supply of Electric Power and Heat Power	3.17
燃气生产和供应业	Production and Supply of Gas	
水的生产和供应业	Production and Supply of Water	

Continued 2

(10^4 tce)

石油焦 Petroleum Coke	液化石油气 Liquefied Petroleum Gas	炼厂干气 Refinery Gas	其他石油制品 Other Petroleum Products	天然气 Natural Gas	液化天然气 Liquefied Natural Gas	热力 Heat	电力 Electricity	其他能源 Other Energy
2694.11	**1254.13**	**2476.54**	**4692.59**	**7271.68**	**3584.69**	**9568.87**	**47392.86**	**1281.53**
	1.13	**38.58**	**32.17**	**1738.32**	**7.38**	**216.14**	**2922.15**	**11.75**
	0.13		0.77	92.76		20.59	1086.17	7.75
	0.74	38.53	31.03	1604.02	6.75	68.13	564.43	0.04
			0.05	0.18		6.15	423.78	0.46
		0.05	0.01	13.70		0.01	399.75	1.08
	0.05		0.02	1.09	0.42	83.28	277.43	2.42
	0.20		0.29	26.58	0.21	37.98	31.61	
							138.98	
2681.78	**1252.26**	**2436.65**	**4659.33**	**5468.17**	**3512.57**	**9079.41**	**38317.88**	**1241.65**
	2.41		0.27	19.70	53.35	153.25	788.14	336.28
	1.92		0.02	98.33	29.31	200.96	294.29	37.37
1.09	1.06		0.12	67.17	13.07	152.59	199.26	18.69
	0.15			12.10	10.33	10.26	64.83	1.71
12.17	4.20		1.37	61.16	18.98	953.77	1919.25	67.61
	1.39		0.61	8.76	13.71	20.38	266.61	7.57
	0.54		0.17	0.78	2.11	9.38	194.47	3.99
	0.20		0.01	8.27	0.84	19.59	312.61	198.52
	0.98		0.04	11.84	7.80	2.68	114.03	7.35
	1.16		0.16	20.25	91.30	687.62	780.32	111.08
	1.35		0.38	23.79	6.33	9.66	137.62	4.02
	1.89		0.34	17.16	19.61	3.10	89.85	18.33
267.05	594.48	2311.40	3280.13	474.11	1099.23	1279.85	958.52	18.29
66.01	415.57	122.11	1315.25	2413.97	877.83	3293.79	5842.71	132.56
	1.32	0.02	0.99	77.20	15.39	286.22	387.36	27.64
	0.06		0.14	8.73	30.58	260.50	444.95	4.51
	3.54	0.04	4.01	60.46	37.74	76.64	1443.70	11.52
2083.08	126.02	0.51	22.75	710.91	356.36	36.42	3816.57	67.42
49.23	30.05	2.50	3.11	456.83	111.34	807.95	6553.78	103.03
200.51	8.33		10.08	236.97	309.34	500.30	6766.23	25.94
0.53	10.09		3.07	94.34	114.50	15.02	1553.69	7.40
	5.03	0.01	2.82	114.53	26.99	17.96	951.73	3.04
	5.54		2.17	59.67	37.96	23.72	529.68	2.84
	6.52		2.42	184.86	63.89	142.79	945.17	3.98
	3.58	0.06	0.50	71.24	89.20	14.34	224.60	1.99
0.71	13.35		3.76	41.23	22.07	46.17	867.88	8.14
	3.55		2.44	91.79	10.40	47.54	1153.57	3.14
	0.31		0.64	7.80	2.32	3.88	107.41	0.58
1.41	7.15		1.43	0.97	32.47	1.94	560.29	0.88
	0.49			10.82	1.90	0.35	36.72	6.20
	0.03		0.14	2.42	6.33	0.81	12.03	
12.33	**0.75**	**1.31**	**1.09**	**65.19**	**64.74**	**273.32**	**6152.83**	**28.12**
12.33	0.05	1.31	0.66	14.09		268.27	5465.04	27.79
	0.53		0.42	48.20	64.31	1.34	182.35	0.02
	0.17			2.89	0.42	3.71	505.44	0.32

4-9 工业分行业终端能源消费量(标准量)-2016

单位：万吨标准煤

行　业	Sector	终端消费合计 Final Consumption Total (发电煤耗计算法) (Coal Equivalent Calculation)	终端消费合计 Final Consumption Total (电热当量计算法) (Calorific Value Calculation)
工业	**Industry**	**282808.59**	**210439.21**
(一)采矿业	**Mining**	**13246.54**	**9094.98**
煤炭开采和洗选业	Mining and Washing of Coal	5168.86	3633.82
石油和天然气开采业	Extraction of Petroleum and Natural Gas	3706.90	2867.52
黑色金属矿采选业	Mining and Processing of Ferrous Metal Ores	1447.90	876.79
有色金属矿采选业	Mining and Processing of Non-Ferrous Metal Ores	1081.06	525.13
非金属矿采选业	Mining and Processing of Nonmetal Ores	1240.09	832.80
开采专业及辅助性活动	Professional and Support Activities for Mining	260.90	219.03
其他采矿业	Mining of Other Ores	340.84	139.90
(二)制造业	**Manufacturing**	**251503.03**	**193272.63**
农副食品加工业	Processing of Food from Agricultural Products	4285.71	3067.77
食品制造业	Manufacture of Foods	1952.64	1489.61
酒、饮料和精制茶制造业	Manufacture of Liquor, Beverages and Refined Tea	1499.43	1204.44
烟草制品业	Manufacture of Tobacco	206.60	112.44
纺织业	Manufacture of Textile	7197.32	4310.93
纺织服装、服饰业	Manufacture of Textile, Wearing Apparel and Accessories	942.77	530.45
皮革、毛皮、羽毛及其制品和制鞋业	Manufacture of Leather, Fur, Feather and Related Products and Footwear	606.89	328.50
木材加工和木、竹、藤、棕、草制品业	Processing of Timber,Manufacture of Wood,Bamboo,Rattan, Palm,and Straw Products	1215.64	760.46
家具制造业	Manufacture of Furniture	364.01	190.14
造纸和纸制品业	Manufacture of Paper and Paper Products	4058.19	2833.47
印刷和记录媒介复制业	Printing and Reproduction of Recording Media	481.09	271.61
文教、工美、体育和娱乐用品制造业	Manufacture of Articles for Culture, Education, Arts and Crafts, Sport and Entertainment Activities	409.38	269.71
石油、煤炭及其他燃料加工业	Processing of Petroleum, Coal and Other Fuels	17106.57	15591.41
化学原料和化学制品制造业	Manufacture of Raw Chemical Materials and Chemical Products	48962.14	40128.20
医药制造业	Manufacture of Medicines	2279.89	1668.85
化学纤维制造业	Manufacture of Chemical Fibers	2064.62	1357.35
橡胶和塑料制品业	Manufacture of Rubber and Plastics Products	4513.48	2269.29
非金属矿物制品业	Manufacture of Non-metallic Mineral Products	35379.38	29602.02
黑色金属冶炼和压延加工业	Smelting and Pressing of Ferrous Metals	74457.12	64885.53
有色金属冶炼和压延加工业	Smelting and Pressing of Non-ferrous Metals	20873.63	10595.73
金属制品业	Manufacture of Metal Products	4970.73	2486.74
通用设备制造业	Manufacture of General Purpose Machinery	3665.20	2163.58
专用设备制造业	Manufacture of Special Purpose Machinery	1752.30	994.52
汽车制造业	Manufacture of Automobiles	3257.80	1745.12
铁路、船舶、航空航天和其他运输设备制造业	Manufacture of Railway, Ship, Aerospace and Other Transport Equipments	867.12	550.57
电气机械和器材制造业	Manufacture of Electrical Machinery and Apparatus	2622.94	1288.17
计算机、通信和其他电子设备制造业	Manufacture of Computers, Communication and Other Electronic Equipment	3371.93	1552.03
仪器仪表制造业	Manufacture of Measuring Instruments and Machinery	308.78	152.18
其他制造业	Other Manufacture	1546.75	679.10
废弃资源综合利用业	Utilization of Waste Resources	231.04	159.74
金属制品、机械和设备修理业	Repair Service of Metal Products, Machinery and Equipment	51.95	32.97
(三)电力、热力、燃气及水生产和供应业	**Production and Supply of Electricity, Gas and Water**	**18059.01**	**8071.59**
电力、热力生产和供应业	Production and Supply of Electric Power and Heat Power	16060.79	7154.62
燃气生产和供应业	Production and Supply of Gas	634.39	350.32
水的生产和供应业	Production and Supply of Water	1363.83	566.66

Final Energy Consumption by Industrial Sector (Standard Quantity) -2016

(10^4 tce)

煤合计 Coal Total	原煤 Raw Coal	洗精煤 Cleaned Coal	其他洗煤 Other Washed Coal	焦炭 Coke	焦炉煤气 Coke Oven Gas	高炉煤气 Blast Furnace Gas	转炉煤气 Converter Gas	其他煤气 Other Gas
57407.48	**49201.06**		**7642.92**	**44020.64**	**3194.13**	**7435.84**	**1022.37**	**196.71**
2832.70	**1994.88**		**824.80**	**236.50**	**47.11**	**40.88**	**4.69**	**6.23**
2089.87	1361.09		721.99	73.06	29.05	13.64		6.22
98.26	98.26							
186.62	180.85		2.03	149.09	16.13	27.23	4.69	
81.72	80.55		0.46	4.61				
354.85	252.75		100.32	9.73	1.93			0.01
18.08	18.08			0.01				
3.30	3.30							
53906.67	**46601.08**		**6755.46**	**43750.25**	**3144.05**	**7394.97**	**1017.68**	**190.48**
1418.22	1379.54		33.64	138.62	0.11	47.77	6.49	0.33
720.00	711.80		3.83	2.11	0.62			0.01
706.17	697.61		6.75	0.89	0.59			0.01
19.17	18.24		0.66					
918.16	901.39		4.95	1.38	19.90			
134.77	132.43		0.89	1.81				0.15
98.94	98.26		0.51	0.34				
223.15	222.13		0.60	1.14	0.24			
29.12	28.79		0.29	1.39				
1051.94	1020.45		24.28	0.96	0.01			
58.35	57.64		0.38	0.47				
77.96	73.16		2.19	3.06				
1816.10	937.11		832.45	30.76	592.00	107.94		
13119.15	12804.67		101.86	3882.91	311.94	15.27	5.90	24.83
781.20	775.90		4.14	0.89	0.23			
427.63	388.91		1.84	16.67				
451.42	434.63		8.54	1.99	1.67			
20380.98	14953.99		5380.79	856.19	201.31	43.35	10.40	21.35
8992.91	8584.78		256.93	37333.90	1942.95	7154.26	984.62	8.32
1450.54	1381.32		64.53	512.88	53.80	0.67		123.27
279.11	275.71		2.06	64.31	9.02	8.31	8.41	0.53
178.36	176.65		1.34	666.57	0.98	0.07	0.25	
129.30	126.24		2.64	69.10	5.54	13.56	0.01	11.04
120.42	118.54		1.31	119.87	0.44		0.01	0.47
56.67	45.50		11.08	1.52	1.38			0.01
127.70	124.81		2.36	6.72	0.08			0.14
52.19	51.50		0.40	13.90	0.10	0.01		
14.72	14.44		0.28	1.70				
19.70	17.29		1.17	2.51	0.11		0.11	
49.78	44.83		2.77	15.65	0.99	3.75	1.48	
2.85	2.82			0.04				
668.11	**605.09**		**62.66**	**33.88**	**2.97**			
657.92	595.33		62.28	33.88				
2.18	1.79		0.38		2.97			
8.01	7.97			0.01				

4-9 续表 1

单位：万吨标准煤

行　业	Sector	其他焦化产品 Other Coking Products
工业	**Industry**	**1228.35**
(一)采矿业	**Mining**	**3.38**
煤炭开采和洗选业	Mining and Washing of Coal	2.24
石油和天然气开采业	Extraction of Petroleum and Natural Gas	
黑色金属矿采选业	Mining and Processing of Ferrous Metal Ores	1.13
有色金属矿采选业	Mining and Processing of Non-Ferrous Metal Ores	
非金属矿采选业	Mining and Processing of Nonmetal Ores	0.01
开采专业及辅助性活动	Professional and Support Activities for Mining	
其他采矿业	Mining of Other Ores	
(二)制造业	**Manufacturing**	**1221.51**
农副食品加工业	Processing of Food from Agricultural Products	0.04
食品制造业	Manufacture of Foods	
酒、饮料和精制茶制造业	Manufacture of Liquor, Beverages and Refined Tea	
烟草制品业	Manufacture of Tobacco	
纺织业	Manufacture of Textile	
纺织服装、服饰业	Manufacture of Textile, Wearing Apparel and Accessories	0.04
皮革、毛皮、羽毛及其制品和制鞋业	Manufacture of Leather, Fur, Feather and Related Products and Footwear	0.02
木材加工和木、竹、藤、棕、草制品业	Processing of Timber,Manufacture of Wood,Bamboo,Rattan, Palm,and Straw Products	0.04
家具制造业	Manufacture of Furniture	
造纸和纸制品业	Manufacture of Paper and Paper Products	0.02
印刷和记录媒介复制业	Printing and Reproduction of Recording Media	0.30
文教、工美、体育和娱乐用品制造业	Manufacture of Articles for Culture, Education, Arts and Crafts, Sport and Entertainment Activities	0.04
石油、煤炭及其他燃料加工业	Processing of Petroleum, Coal and Other Fuels	176.67
化学原料和化学制品制造业	Manufacture of Raw Chemical Materials and Chemical Products	599.52
医药制造业	Manufacture of Medicines	0.05
化学纤维制造业	Manufacture of Chemical Fibers	
橡胶和塑料制品业	Manufacture of Rubber and Plastics Products	0.30
非金属矿物制品业	Manufacture of Non-metallic Mineral Products	86.26
黑色金属冶炼和压延加工业	Smelting and Pressing of Ferrous Metals	329.76
有色金属冶炼和压延加工业	Smelting and Pressing of Non-ferrous Metals	27.71
金属制品业	Manufacture of Metal Products	0.01
通用设备制造业	Manufacture of General Purpose Machinery	0.03
专用设备制造业	Manufacture of Special Purpose Machinery	0.10
汽车制造业	Manufacture of Automobiles	
铁路、船舶、航空航天和其他运输设备制造业	Manufacture of Railway, Ship, Aerospace and Other Transport Equipments	
电气机械和器材制造业	Manufacture of Electrical Machinery and Apparatus	0.37
计算机、通信和其他电子设备制造业	Manufacture of Computers, Communication and Other Electronic Equipment	0.10
仪器仪表制造业	Manufacture of Measuring Instruments and Machinery	0.08
其他制造业	Other Manufacture	
废弃资源综合利用业	Utilization of Waste Resources	
金属制品、机械和设备修理业	Repair Service of Metal Products, Machinery and Equipment	0.04
(三)电力、热力、燃气及水生产和供应业	**Production and Supply of Electricity, Gas and Water**	**3.47**
电力、热力生产和供应业	Production and Supply of Electric Power and Heat Power	3.01
燃气生产和供应业	Production and Supply of Gas	0.46
水的生产和供应业	Production and Supply of Water	

Continued 1

(10[4] tce)

油品合计 Petroleum Products Total	原油 Crude Oil	汽油 Gasoline	煤油 Kerosene	柴油 Diesel Oil	燃料油 Fuel Oil	石脑油 Naphtha	润滑油 Lubricants	石蜡 Paraffin Waxes	溶剂油 White Spirit
24058.97	**900.20**	**640.34**	**29.35**	**1909.18**	**663.94**	**7326.19**	**236.05**	**212.36**	**333.23**
1250.32	**459.31**	**53.37**	**3.19**	**635.47**	**49.21**		**1.69**		**0.06**
241.00	0.01	13.07	2.34	222.86	0.67		1.17		
638.10	457.32	14.59		71.87	47.85		0.01		0.06
96.55		4.82	0.08	91.42	0.06		0.15		
59.55	1.76	10.22	0.55	46.95	0.04		0.02		
100.17		4.77	0.20	94.60	0.28		0.03		
114.62	0.23	5.77	0.02	107.57	0.30		0.32		
0.33		0.13		0.20					
22684.06	**440.53**	**541.27**	**26.08**	**1219.45**	**612.93**	**7326.19**	**234.21**	**212.36**	**333.17**
104.49	0.03	34.74	0.52	61.12	3.03		0.02	0.01	2.05
41.66	0.01	13.97	0.14	21.05	3.73		0.01	0.54	0.04
28.53		9.91	0.05	15.06	1.55		0.04		
3.32		0.82		1.91	0.46				
62.83		17.64	0.11	18.43	8.34	0.02	0.16		0.15
36.34		16.07	0.03	17.48	0.75		0.02		
18.17	0.03	9.22	0.23	6.51	0.76	0.01	0.07	0.06	0.49
26.19	0.02	8.74	0.21	14.91	0.45		0.02	1.68	
16.74		6.75	0.01	8.59	0.41		0.01		0.01
42.84	0.06	8.01	0.57	24.62	7.73	0.06	0.08	0.03	0.44
20.51		9.49	0.06	8.73	0.46		0.01		0.08
25.61	0.01	10.46	0.06	11.49	1.12	0.01	0.03	0.67	0.05
8872.79	94.76	4.31	0.28	27.97	103.94	1441.04	208.91	1.01	69.44
9122.01	344.97	51.59	4.60	82.82	115.76	5885.04	5.30	206.61	258.78
33.60		14.42	0.06	14.30	2.01			0.05	0.41
10.41		1.95	0.08	3.40	4.61		0.05		0.07
83.87	0.06	29.27	0.38	32.74	10.35		0.47	0.34	0.67
2929.89	0.29	39.79	2.32	419.03	258.88	0.01	0.56	0.72	0.01
186.10	0.03	12.28	0.29	87.34	4.08		0.91	0.02	
367.84	0.01	8.76	1.38	57.01	59.69		0.48		0.09
92.19	0.01	29.10	1.12	36.83	9.51		0.41		0.06
99.05	0.04	38.66	3.54	45.14	1.39		2.58	0.03	0.05
104.76	0.11	33.52	1.35	58.18	1.53		1.46	0.05	0.04
127.47	0.04	53.07	0.74	53.87	0.75	0.01	11.06	0.09	0.09
46.47	0.01	9.40	3.84	24.34	4.94		0.39		0.03
88.21	0.01	36.57	1.03	29.98	2.87		0.94	0.42	0.09
46.63	0.02	20.74	0.30	17.89	1.85		0.11		0.01
13.42	0.01	7.23	0.42	4.80	0.34		0.06		
15.25		2.61	1.38	2.24	0.07				
8.39		0.99	0.03	6.30	0.88		0.01		
8.50		1.22	0.96	5.38	0.71		0.04		
124.59	**0.37**	**45.70**	**0.09**	**54.25**	**1.80**		**0.15**		
107.04	0.37	35.01	0.08	48.17	1.55		0.12		
7.99		4.53		2.97	0.20		0.02		
9.56		6.16		3.12	0.05		0.01		

4-9 续表 2

单位：万吨标准煤

行　业	Sector	石油沥青 Bitumen Asphalt
工业	**Industry**	**115.33**
(一)采矿业	**Mining**	**0.26**
煤炭开采和洗选业	Mining and Washing of Coal	
石油和天然气开采业	Extraction of Petroleum and Natural Gas	
黑色金属矿采选业	Mining and Processing of Ferrous Metal Ores	
有色金属矿采选业	Mining and Processing of Non-Ferrous Metal Ores	
非金属矿采选业	Mining and Processing of Nonmetal Ores	0.26
开采专业及辅助性活动	Professional and Support Activities for Mining	
其他采矿业	Mining of Other Ores	
(二)制造业	**Manufacturing**	**111.27**
农副食品加工业	Processing of Food from Agricultural Products	
食品制造业	Manufacture of Foods	
酒、饮料和精制茶制造业	Manufacture of Liquor, Beverages and Refined Tea	
烟草制品业	Manufacture of Tobacco	
纺织业	Manufacture of Textile	
纺织服装、服饰业	Manufacture of Textile, Wearing Apparel and Accessories	
皮革、毛皮、羽毛及其制品和制鞋业	Manufacture of Leather, Fur, Feather and Related Products and Footwear	
木材加工和木、竹、藤、棕、草制品业	Processing of Timber,Manufacture of Wood,Bamboo,Rattan, Palm,and Straw Products	
家具制造业	Manufacture of Furniture	
造纸和纸制品业	Manufacture of Paper and Paper Products	
印刷和记录媒介复制业	Printing and Reproduction of Recording Media	
文教、工美、体育和娱乐用品制造业	Manufacture of Articles for Culture, Education, Arts and Crafts, Sport and Entertainment Activities	
石油、煤炭及其他燃料加工业	Processing of Petroleum, Coal and Other Fuels	7.49
化学原料和化学制品制造业	Manufacture of Raw Chemical Materials and Chemical Products	3.29
医药制造业	Manufacture of Medicines	
化学纤维制造业	Manufacture of Chemical Fibers	
橡胶和塑料制品业	Manufacture of Rubber and Plastics Products	0.73
非金属矿物制品业	Manufacture of Non-metallic Mineral Products	85.20
黑色金属冶炼和压延加工业	Smelting and Pressing of Ferrous Metals	
有色金属冶炼和压延加工业	Smelting and Pressing of Non-ferrous Metals	11.79
金属制品业	Manufacture of Metal Products	0.34
通用设备制造业	Manufacture of General Purpose Machinery	
专用设备制造业	Manufacture of Special Purpose Machinery	0.60
汽车制造业	Manufacture of Automobiles	
铁路、船舶、航空航天和其他运输设备制造业	Manufacture of Railway, Ship, Aerospace and Other Transport Equipments	
电气机械和器材制造业	Manufacture of Electrical Machinery and Apparatus	0.02
计算机、通信和其他电子设备制造业	Manufacture of Computers, Communication and Other Electronic Equipment	
仪器仪表制造业	Manufacture of Measuring Instruments and Machinery	
其他制造业	Other Manufacture	1.80
废弃资源综合利用业	Utilization of Waste Resources	
金属制品、机械和设备修理业	Repair Service of Metal Products, Machinery and Equipment	
(三)电力、热力、燃气及水生产和供应业	**Production and Supply of Electricity, Gas and Water**	**3.80**
电力、热力生产和供应业	Production and Supply of Electric Power and Heat Power	3.80
燃气生产和供应业	Production and Supply of Gas	
水的生产和供应业	Production and Supply of Water	

Continued 2

(10[4] tce)

石油焦 Petroleum Coke	液化石油气 Liquefied Petroleum Gas	炼厂干气 Refinery Gas	其他石油制品 Other Petroleum Products	天然气 Natural Gas	液化天然气 Liquefied Natural Gas	热力 Heat	电力 Electricity	其他能源 Other Energy
2623.92	**1877.11**	**2451.84**	**4739.92**	**6658.73**	**4885.02**	**10294.40**	**49078.84**	**957.73**
	1.33	**20.43**	**26.01**	**1623.32**	**7.47**	**221.96**	**2815.47**	**4.95**
	0.11		0.76	112.95	0.60	22.46	1041.02	1.71
	1.04	20.43	24.95	1480.10	6.27	75.50	569.25	0.04
			0.02	0.08		7.35	387.31	0.60
			0.01	1.00			377.01	1.23
			0.02	1.96	0.30	86.28	276.21	1.35
	0.17		0.24	27.23	0.30	30.37	28.40	0.02
							136.27	
2609.14	**1875.36**	**2429.49**	**4712.61**	**4948.73**	**4802.87**	**9794.05**	**39490.19**	**927.13**
	1.81	0.94	0.22	26.43	100.07	160.16	825.98	239.05
	1.92		0.26	118.64	63.03	203.75	314.01	25.77
0.82	1.04		0.06	82.36	28.08	142.33	200.06	15.41
	0.14			13.50		10.02	63.86	2.57
12.17	4.24		1.58	93.18	147.57	1056.44	1957.47	53.99
	1.39		0.60	12.54	31.96	26.49	279.62	6.73
	0.55		0.23	0.84	8.96	8.97	188.79	3.46
	0.16			13.62	1.79	30.95	308.69	154.63
	0.93		0.03	13.02	4.18	3.30	117.91	4.47
	1.11		0.14	27.12	104.85	687.62	830.57	87.54
	1.21		0.48	28.53	5.38	12.68	142.07	3.33
	1.28		0.42	24.86	29.57	3.50	94.72	10.39
297.57	928.84	2304.94	3382.31	347.54	1286.31	1319.80	1027.54	13.96
70.12	709.82	122.63	1260.67	2213.25	943.65	3817.45	5990.92	81.42
	1.34	0.01	1.00	82.52	23.30	309.69	414.39	22.98
	0.14		0.11	13.20	50.48	353.50	479.65	5.81
	3.95	0.02	4.89	72.57	40.33	83.97	1521.94	11.23
1965.36	128.41	0.24	29.06	423.32	643.15	44.36	3918.04	43.42
46.91	31.08	0.68	2.48	460.76	219.26	692.48	6491.17	89.04
212.53	5.30		10.79	261.36	291.85	519.81	6970.18	15.81
1.88	9.68		3.24	109.10	207.91	15.75	1684.57	7.51
	5.19	0.01	2.43	121.61	59.74	15.35	1018.36	3.19
	5.70		2.22	60.13	55.26	29.42	513.91	2.38
	5.37		2.38	95.11	123.07	128.87	1025.85	3.54
	3.01	0.02	0.49	73.02	138.31	15.24	214.68	3.27
0.64	12.45		3.18	40.32	63.93	48.15	905.20	7.37
	2.74		2.97	99.30	56.76	46.40	1234.20	2.44
	0.36		0.21	7.62	4.48	3.65	106.20	0.30
1.14	5.99			0.32	48.69	2.94	588.42	1.06
	0.17			10.40	15.53	0.38	48.36	5.03
	0.02		0.16	2.66	5.38	0.62	12.87	
14.78	**0.42**	**1.92**	**1.30**	**86.67**	**74.68**	**278.39**	**6773.18**	**25.65**
14.78	0.06	1.92	1.19	15.26		272.03	6039.91	25.57
	0.16		0.11	67.57	74.08	2.40	192.65	0.01
	0.21			3.84	0.60	3.96	540.62	0.06

4-10 工业分行业终端能源消费量(标准量)-2017

单位：万吨标准煤

行 业	Sector	终端消费合计 Final Consumption Total (发电煤耗计算法) (Coal Equivalent Calculation)	(电热当量计算法) (Calorific Value Calculation)
工业	**Industry**	**289097.64**	**212757.43**
(一)采矿业	**Mining**	**13849.04**	**9567.52**
煤炭开采和洗选业	Mining and Washing of Coal	5739.50	4169.18
石油和天然气开采业	Extraction of Petroleum and Natural Gas	3681.48	2872.67
黑色金属矿采选业	Mining and Processing of Ferrous Metal Ores	1527.10	860.71
有色金属矿采选业	Mining and Processing of Non-Ferrous Metal Ores	1109.06	528.16
非金属矿采选业	Mining and Processing of Nonmetal Ores	1157.83	750.04
开采专业及辅助性活动	Professional and Support Activities for Mining	286.69	244.16
其他采矿业	Mining of Other Ores	347.38	142.60
(二)制造业	**Manufacturing**	**256569.22**	**194780.95**
农副食品加工业	Processing of Food from Agricultural Products	4175.73	2899.81
食品制造业	Manufacture of Foods	1944.01	1474.92
酒、饮料和精制茶制造业	Manufacture of Liquor, Beverages and Refined Tea	1395.07	1116.54
烟草制品业	Manufacture of Tobacco	200.52	107.98
纺织业	Manufacture of Textile	7427.26	4425.99
纺织服装、服饰业	Manufacture of Textile, Wearing Apparel and Accessories	879.73	495.28
皮革、毛皮、羽毛及其制品和制鞋业	Manufacture of Leather, Fur, Feather and Related Products and Footwear	563.37	301.08
木材加工和木、竹、藤、棕、草制品业	Processing of Timber,Manufacture of Wood,Bamboo,Rattan, Palm,and Straw Products	1100.45	663.54
家具制造业	Manufacture of Furniture	353.37	177.74
造纸和纸制品业	Manufacture of Paper and Paper Products	4251.54	2982.60
印刷和记录媒介复制业	Printing and Reproduction of Recording Media	483.81	267.71
文教、工美、体育和娱乐用品制造业	Manufacture of Articles for Culture, Education, Arts and Crafts, Sport and Entertainment Activities	435.41	288.31
石油、煤炭及其他燃料加工业	Processing of Petroleum, Coal and Other Fuels	19038.31	17352.44
化学原料和化学制品制造业	Manufacture of Raw Chemical Materials and Chemical Products	48381.86	39257.70
医药制造业	Manufacture of Medicines	2227.37	1577.61
化学纤维制造业	Manufacture of Chemical Fibers	2185.69	1427.82
橡胶和塑料制品业	Manufacture of Rubber and Plastics Products	4749.59	2346.02
非金属矿物制品业	Manufacture of Non-metallic Mineral Products	33997.70	28110.45
黑色金属冶炼和压延加工业	Smelting and Pressing of Ferrous Metals	75210.60	65264.78
有色金属冶炼和压延加工业	Smelting and Pressing of Non-ferrous Metals	23117.53	11764.63
金属制品业	Manufacture of Metal Products	6361.23	3068.77
通用设备制造业	Manufacture of General Purpose Machinery	3636.23	2008.23
专用设备制造业	Manufacture of Special Purpose Machinery	1705.60	950.56
汽车制造业	Manufacture of Automobiles	3364.58	1787.41
铁路、船舶、航空航天和其他运输设备制造业	Manufacture of Railway, Ship, Aerospace and Other Transport Equipments	978.68	667.82
电气机械和器材制造业	Manufacture of Electrical Machinery and Apparatus	2583.51	1255.40
计算机、通信和其他电子设备制造业	Manufacture of Computers, Communication and Other Electronic Equipment	3657.60	1686.15
仪器仪表制造业	Manufacture of Measuring Instruments and Machinery	307.00	149.02
其他制造业	Other Manufacture	1554.61	695.80
废弃资源综合利用业	Utilization of Waste Resources	224.88	158.70
金属制品、机械和设备修理业	Repair Service of Metal Products, Machinery and Equipment	76.34	50.14
(三)电力、热力、燃气及水生产和供应业	**Production and Supply of Electricity, Gas and Water**	**18679.39**	**8408.96**
电力、热力生产和供应业	Production and Supply of Electric Power and Heat Power	16463.28	7385.31
燃气生产和供应业	Production and Supply of Gas	722.76	397.37
水的生产和供应业	Production and Supply of Water	1493.34	626.28

Final Energy Consumption by Industrial Sector (Standard Quantity) -2017

(10[4] tce)

煤合计 Coal Total	原煤 Raw Coal	洗精煤 Cleaned Coal	其他洗煤 Other Washed Coal	焦炭 Coke	焦炉煤气 Coke Oven Gas	高炉煤气 Blast Furnace Gas	转炉煤气 Converter Gas	其他煤气 Other Gas
52733.86	**44803.96**		**7351.09**	**42360.25**	**3323.62**	**7858.68**	**1130.47**	**190.20**
3157.03	**2432.23**		**710.82**	**197.10**	**42.41**	**36.00**	**5.10**	**0.17**
2562.32	1912.05		643.82	72.78	16.50	15.72		0.16
95.29	95.28							
145.26	139.25		2.03	113.15	23.74	19.26	5.10	
71.65	70.78		0.56	3.39				
270.28	202.65		64.41	7.78	2.16	1.02		0.01
11.57	11.57							
0.65	0.65							
48797.95	**41659.00**		**6576.19**	**42125.48**	**3280.71**	**7822.69**	**1125.37**	**190.03**
1167.20	1139.30		22.16	133.71	0.08	47.78	7.13	0.26
640.77	632.25		4.18	2.29	0.16		0.03	0.01
577.75	570.27		6.41	0.83	0.59			
15.50	14.61		0.61					
688.17	670.68		2.91	1.35	43.21			
84.97	83.28		0.57	0.63				0.04
71.81	71.20		0.19	0.06				
147.29	146.75		0.38	0.42	0.25			
12.66	12.28		0.27	0.72				
1012.85	978.29		25.59	0.46	0.03			
35.03	34.25		0.28	0.35				
50.31	47.01		0.83	3.85				
1963.02	1068.50		851.12	40.15	567.38	110.65		11.90
11336.80	11026.22		119.84	3569.29	301.03	9.03	3.06	22.39
640.35	635.74		3.22	1.48	1.50			
428.07	378.40		2.55	16.31				
350.76	338.16		4.85	1.19	3.97			
18157.23	12993.99		5103.88	751.16	166.37	35.40	9.77	18.63
9087.60	8647.84		277.26	36447.51	2117.09	7577.52	1097.38	12.62
1573.75	1489.25		79.52	502.94	57.73	0.77		113.27
182.09	179.66		1.51	58.65	9.34	21.92	2.79	0.20
139.90	138.46		1.12	431.68	1.10	0.05	0.27	
86.56	82.94		3.30	62.05	6.59	15.11	0.01	10.26
75.60	74.39		0.65	67.22	1.03	0.09	0.39	0.39
88.96	32.84		56.05	1.15	1.10			0.01
76.49	74.99		1.30	5.27	0.13			0.02
41.33	39.86		1.32	12.63	0.14	0.01		
9.19	8.65		0.53	0.50				
16.74	13.10		2.04	1.97	0.29		0.28	
36.64	33.32		1.74	9.63	1.59	4.36	4.27	
2.55	2.50			0.03				
778.88	**712.73**		**64.07**	**37.67**	**0.50**			
700.62	634.52		64.07	37.67				
69.64	69.64				0.50			
8.62	8.57							

4-10 续表 1

单位：万吨标准煤

行　　业	Sector	其他焦化产品 Other Coking Products
工业	**Industry**	**1242.07**
（一）采矿业	**Mining**	**2.98**
煤炭开采和洗选业	Mining and Washing of Coal	2.98
石油和天然气开采业	Extraction of Petroleum and Natural Gas	
黑色金属矿采选业	Mining and Processing of Ferrous Metal Ores	
有色金属矿采选业	Mining and Processing of Non-Ferrous Metal Ores	
非金属矿采选业	Mining and Processing of Nonmetal Ores	
开采专业及辅助性活动	Professional and Support Activities for Mining	
其他采矿业	Mining of Other Ores	
（二）制造业	**Manufacturing**	**1237.41**
农副食品加工业	Processing of Food from Agricultural Products	0.05
食品制造业	Manufacture of Foods	
酒、饮料和精制茶制造业	Manufacture of Liquor, Beverages and Refined Tea	0.01
烟草制品业	Manufacture of Tobacco	
纺织业	Manufacture of Textile	
纺织服装、服饰业	Manufacture of Textile, Wearing Apparel and Accessories	0.03
皮革、毛皮、羽毛及其制品和制鞋业	Manufacture of Leather, Fur, Feather and Related Products and Footwear	
木材加工和木、竹、藤、棕、草制品业	Processing of Timber,Manufacture of Wood,Bamboo,Rattan, Palm,and Straw Products	0.05
家具制造业	Manufacture of Furniture	
造纸和纸制品业	Manufacture of Paper and Paper Products	0.08
印刷和记录媒介复制业	Printing and Reproduction of Recording Media	0.14
文教、工美、体育和娱乐用品制造业	Manufacture of Articles for Culture, Education, Arts and Crafts, Sport and Entertainment Activities	0.02
石油、煤炭及其他燃料加工业	Processing of Petroleum, Coal and Other Fuels	188.15
化学原料和化学制品制造业	Manufacture of Raw Chemical Materials and Chemical Products	624.07
医药制造业	Manufacture of Medicines	0.21
化学纤维制造业	Manufacture of Chemical Fibers	
橡胶和塑料制品业	Manufacture of Rubber and Plastics Products	0.37
非金属矿物制品业	Manufacture of Non-metallic Mineral Products	93.44
黑色金属冶炼和压延加工业	Smelting and Pressing of Ferrous Metals	297.49
有色金属冶炼和压延加工业	Smelting and Pressing of Non-ferrous Metals	33.03
金属制品业	Manufacture of Metal Products	0.06
通用设备制造业	Manufacture of General Purpose Machinery	0.04
专用设备制造业	Manufacture of Special Purpose Machinery	
汽车制造业	Manufacture of Automobiles	
铁路、船舶、航空航天和其他运输设备制造业	Manufacture of Railway, Ship, Aerospace and Other Transport Equipments	
电气机械和器材制造业	Manufacture of Electrical Machinery and Apparatus	
计算机、通信和其他电子设备制造业	Manufacture of Computers, Communication and Other Electronic Equipment	0.13
仪器仪表制造业	Manufacture of Measuring Instruments and Machinery	
其他制造业	Other Manufacture	
废弃资源综合利用业	Utilization of Waste Resources	
金属制品、机械和设备修理业	Repair Service of Metal Products, Machinery and Equipment	0.04
（三）电力、热力、燃气及水生产和供应业	**Production and Supply of Electricity, Gas and Water**	**1.69**
电力、热力生产和供应业	Production and Supply of Electric Power and Heat Power	1.69
燃气生产和供应业	Production and Supply of Gas	
水的生产和供应业	Production and Supply of Water	

Continued 1

(10[4] tce)

油品合计 Petroleum Products Total	原油 Crude Oil	汽油 Gasoline	煤油 Kerosene	柴油 Diesel Oil	燃料油 Fuel Oil	石脑油 Naphtha	润滑油 Lubricants	石蜡 Paraffin Waxes	溶剂油 White Spirit
25151.19	**520.95**	**560.55**	**21.11**	**1844.45**	**504.83**	**7702.93**	**292.79**	**310.04**	**231.82**
1189.92	**425.84**	**43.45**	**1.91**	**638.82**	**34.82**		**1.90**		
240.88	0.09	10.62	1.19	226.59	0.40		1.19		
572.59	425.52	13.10		60.23	32.02		0.04		
85.62		3.13	0.03	82.22	0.03		0.19		
49.56		6.62	0.63	40.29	2.00		0.02		
86.23		4.00	0.05	81.89	0.03		0.03		
154.38	0.23	5.93		146.98	0.34		0.44		
0.66		0.05		0.62					
23836.75	**94.81**	**475.18**	**19.17**	**1146.89**	**468.77**	**7702.93**	**290.69**	**310.04**	**231.82**
86.11	0.03	25.82	0.29	52.91	3.19		0.03	0.01	2.01
37.42		11.64	0.02	19.39	3.54			0.55	0.04
23.91		7.42	0.07	12.01	3.07		0.02		
2.99		0.76		1.93	0.18				
64.11	0.01	19.23	0.07	30.46	8.99		0.17		0.14
30.50	0.02	13.19	0.01	14.33	0.89		0.02		
15.41		7.62	0.12	5.89	0.53	0.01	0.09	0.06	0.47
22.53		6.96	0.04	12.73	0.33		0.40	1.57	
15.40		6.79	0.01	7.23	0.44		0.01		
37.80	0.05	7.07	0.03	22.71	6.00	0.01	0.10	0.02	0.42
19.32		9.20	0.05	8.48	0.31		0.02		0.08
22.67		9.77	0.06	9.54	1.20	0.01	0.04	0.59	0.03
9537.60	90.64	3.79	0.10	25.80	62.12	1637.25	260.16	3.47	27.70
9334.38	3.12	41.90	3.20	73.35	72.58	6065.56	6.01	301.70	199.14
31.98		12.01	0.08	14.05	2.43	0.07	0.01	0.07	0.38
9.51		1.66	0.08	3.10	4.31		0.05		0.10
76.56	0.01	25.08	0.35	30.86	8.74		0.71	0.63	0.80
3353.61	0.60	35.20	1.46	408.35	222.61		0.44	0.67	
173.30	0.01	9.73	0.13	87.30	3.04		0.84	0.02	
351.14		7.27	1.59	55.95	39.89		0.56	0.01	0.10
78.96	0.01	25.44	0.92	32.44	6.45		0.43	0.01	0.06
93.32	0.02	35.11	3.11	43.10	1.29		2.64	0.03	0.04
76.25	0.13	30.05	1.36	31.72	1.65		1.55	0.04	0.05
128.11	0.08	50.98	0.63	55.02	0.82	0.01	12.78	0.06	0.13
44.80	0.01	8.66	2.68	23.38	6.31		0.32		0.02
76.93	0.02	31.26	1.01	24.87	3.97	0.01	3.06	0.44	0.09
43.99	0.01	20.40	0.28	16.21	1.28		0.12	0.03	0.01
12.30	0.02	6.97	0.37	3.89	0.30		0.07	0.04	
12.47		2.10	0.03	2.27	0.39				0.01
9.35		0.87	0.05	6.74	1.23		0.01		
14.03		1.25	0.98	10.88	0.70		0.04		0.01
124.52	**0.29**	**41.93**	**0.04**	**58.74**	**1.25**		**0.20**		
108.49	0.29	32.15	0.04	53.15	0.95		0.18		
6.83		4.22		2.28	0.16		0.01		
9.20		5.55		3.31	0.14		0.01		

4-10 续表 2

单位：万吨标准煤

行业	Sector	石油沥青 Bitumen Asphalt
工业	**Industry**	**136.71**
(一)采矿业	**Mining**	**0.21**
煤炭开采和洗选业	Mining and Washing of Coal	
石油和天然气开采业	Extraction of Petroleum and Natural Gas	
黑色金属矿采选业	Mining and Processing of Ferrous Metal Ores	
有色金属矿采选业	Mining and Processing of Non-Ferrous Metal Ores	
非金属矿采选业	Mining and Processing of Nonmetal Ores	0.21
开采专业及辅助性活动	Professional and Support Activities for Mining	
其他采矿业	Mining of Other Ores	
(二)制造业	**Manufacturing**	**133.44**
农副食品加工业	Processing of Food from Agricultural Products	
食品制造业	Manufacture of Foods	
酒、饮料和精制茶制造业	Manufacture of Liquor, Beverages and Refined Tea	
烟草制品业	Manufacture of Tobacco	
纺织业	Manufacture of Textile	
纺织服装、服饰业	Manufacture of Textile, Wearing Apparel and Accessories	
皮革、毛皮、羽毛及其制品和制鞋业	Manufacture of Leather, Fur, Feather and Related Products and Footwear	
木材加工和木、竹、藤、棕、草制品业	Processing of Timber,Manufacture of Wood,Bamboo,Rattan, Palm,and Straw Products	
家具制造业	Manufacture of Furniture	
造纸和纸制品业	Manufacture of Paper and Paper Products	
印刷和记录媒介复制业	Printing and Reproduction of Recording Media	
文教、工美、体育和娱乐用品制造业	Manufacture of Articles for Culture, Education, Arts and Crafts, Sport and Entertainment Activities	
石油、煤炭及其他燃料加工业	Processing of Petroleum, Coal and Other Fuels	6.29
化学原料和化学制品制造业	Manufacture of Raw Chemical Materials and Chemical Products	1.83
医药制造业	Manufacture of Medicines	
化学纤维制造业	Manufacture of Chemical Fibers	
橡胶和塑料制品业	Manufacture of Rubber and Plastics Products	0.70
非金属矿物制品业	Manufacture of Non-metallic Mineral Products	109.24
黑色金属冶炼和压延加工业	Smelting and Pressing of Ferrous Metals	
有色金属冶炼和压延加工业	Smelting and Pressing of Non-ferrous Metals	12.34
金属制品业	Manufacture of Metal Products	0.35
通用设备制造业	Manufacture of General Purpose Machinery	
专用设备制造业	Manufacture of Special Purpose Machinery	0.11
汽车制造业	Manufacture of Automobiles	
铁路、船舶、航空航天和其他运输设备制造业	Manufacture of Railway, Ship, Aerospace and Other Transport Equipments	
电气机械和器材制造业	Manufacture of Electrical Machinery and Apparatus	0.04
计算机、通信和其他电子设备制造业	Manufacture of Computers, Communication and Other Electronic Equipment	
仪器仪表制造业	Manufacture of Measuring Instruments and Machinery	
其他制造业	Other Manufacture	2.13
废弃资源综合利用业	Utilization of Waste Resources	0.41
金属制品、机械和设备修理业	Repair Service of Metal Products, Machinery and Equipment	
(三)电力、热力、燃气及水生产和供应业	**Production and Supply of Electricity, Gas and Water**	**3.06**
电力、热力生产和供应业	Production and Supply of Electric Power and Heat Power	3.06
燃气生产和供应业	Production and Supply of Gas	
水的生产和供应业	Production and Supply of Water	

Continued 2

(10⁴ tce)

石油焦 Petroleum Coke	液化石油气 Liquefied Petroleum Gas	炼厂干气 Refinery Gas	其他石油制品 Other Petroleum Products	天然气 Natural Gas	液化天然气 Liquefied Natural Gas	热力 Heat	电力 Electricity	其他能源 Other Energy
3141.41	**2123.37**	**2560.46**	**5199.76**	**7065.48**	**7223.90**	**10905.89**	**52671.27**	**900.54**
	0.51	**22.46**	**20.01**	**1741.27**	**11.68**	**224.18**	**2954.05**	**5.63**
	0.08		0.72	151.74	2.00	18.82	1083.45	1.82
	0.26	22.46	18.96	1558.55	8.51	79.64	558.04	0.04
			0.03	0.06		6.85	459.78	1.89
				2.23			400.79	0.53
				4.18	0.82	94.85	281.36	1.35
	0.17		0.29	24.51	0.35	24.00	29.34	0.01
							141.29	
3128.63	**2122.47**	**2533.92**	**5178.00**	**5255.74**	**7155.64**	**10445.98**	**42631.09**	**876.13**
	1.58		0.24	37.63	184.73	178.28	880.32	176.54
	1.87		0.38	136.01	93.58	212.76	323.65	28.24
0.33	0.98		0.01	98.72	43.73	157.72	192.17	21.11
	0.12			13.93		8.86	63.85	2.84
	3.44		1.60	129.50	273.45	1096.66	2070.74	58.79
	1.39		0.66	19.52	62.42	24.61	265.25	7.31
	0.41		0.20	1.27	17.72	8.86	180.97	4.97
	0.51			25.07	4.47	30.38	301.45	131.62
	0.89		0.03	16.00	6.72	2.16	121.18	2.90
	1.24		0.14	40.26	210.74	716.02	875.51	88.85
	0.78		0.41	35.70	9.07	16.02	149.10	2.97
	1.09		0.35	37.76	56.27	4.01	101.49	11.92
348.41	958.88	2427.34	3685.65	377.22	1897.97	1481.71	1163.17	13.53
81.88	950.16	106.25	1427.71	2295.62	1293.46	4074.86	6295.26	98.46
	1.88		1.01	82.52	40.13	313.29	448.31	17.83
	0.13		0.09	13.20	77.32	355.94	522.90	4.57
0.08	3.65		4.96	72.57	78.59	92.93	1658.35	10.73
2429.98	121.18	0.07	23.80	423.32	954.12	47.67	4061.94	37.79
46.54	20.40	0.24	5.05	460.76	313.44	715.14	6862.16	102.77
216.59	5.88		10.97	261.36	401.67	623.67	7832.98	12.30
2.08	8.73		2.04	109.10	304.63	16.90	2271.64	12.50
	5.40	0.01	2.57	123.14	78.27	14.15	1123.25	3.08
0.51	6.96		2.10	66.30	78.13	26.53	520.94	1.83
	5.19		2.40	108.47	180.90	133.05	1088.18	3.96
	2.89	0.01	0.51	89.80	208.95	17.73	214.48	0.85
0.90	9.00		2.27	44.11	89.40	37.17	916.33	9.54
	3.20		2.45	110.91	82.16	31.71	1360.22	2.93
	0.39		0.24	7.47	6.81	3.30	109.00	0.44
1.34	4.19			0.35	67.50	2.60	592.54	1.06
	0.04			14.73	28.09	0.48	45.66	3.90
	0.01		0.16	3.39	11.20	0.84	18.07	
12.78	**0.40**	**4.08**	**1.75**	**68.48**	**56.58**	**235.73**	**7086.13**	**18.78**
12.78	0.06	4.08	1.75	26.83		227.87	6263.38	18.77
	0.15			37.19	55.67	3.02	224.51	0.01
	0.19			4.46	0.91	4.85	598.24	

4-11 工业分行业终端能源消费量(标准量)-2018

单位：万吨标准煤

行业	Sector	终端消费合计 Final Consumption Total (发电煤耗计算法) (Coal Equivalent Calculation)	终端消费合计 Final Consumption Total (电热当量计算法) (Calorific Value Calculation)
工业	**Industry**	**300558.28**	**219789.00**
(一)采矿业	**Mining**	**14203.19**	**9652.89**
煤炭开采和洗选业	Mining and Washing of Coal	5535.11	3934.89
石油和天然气开采业	Extraction of Petroleum and Natural Gas	3587.53	2850.65
黑色金属矿采选业	Mining and Processing of Ferrous Metal Ores	1562.37	876.82
有色金属矿采选业	Mining and Processing of Non-Ferrous Metal Ores	1252.63	582.59
非金属矿采选业	Mining and Processing of Nonmetal Ores	1300.33	857.56
开采专业及辅助性活动	Professional and Support Activities for Mining	380.96	310.42
其他采矿业	Mining of Other Ores	584.26	239.97
(二)制造业	**Manufacturing**	**266355.84**	**201137.84**
农副食品加工业	Processing of Food from Agricultural Products	4067.96	2719.21
食品制造业	Manufacture of Foods	1921.04	1431.26
酒、饮料和精制茶制造业	Manufacture of Liquor, Beverages and Refined Tea	1312.47	1013.65
烟草制品业	Manufacture of Tobacco	197.98	104.74
纺织业	Manufacture of Textile	7324.34	4237.13
纺织服装、服饰业	Manufacture of Textile, Wearing Apparel and Accessories	865.70	453.98
皮革、毛皮、羽毛及其制品和制鞋业	Manufacture of Leather, Fur, Feather and Related Products and Footwear	545.86	267.48
木材加工和木、竹、藤、棕、草制品业	Processing of Timber,Manufacture of Wood,Bamboo,Rattan, Palm,and Straw Products	1074.15	597.66
家具制造业	Manufacture of Furniture	367.63	175.46
造纸和纸制品业	Manufacture of Paper and Paper Products	4064.00	2778.14
印刷和记录媒介复制业	Printing and Reproduction of Recording Media	517.19	294.24
文教、工美、体育和娱乐用品制造业	Manufacture of Articles for Culture, Education, Arts and Crafts, Sport and Entertainment Activities	461.24	305.12
石油、煤炭及其他燃料加工业	Processing of Petroleum, Coal and Other Fuels	20736.73	18768.97
化学原料和化学制品制造业	Manufacture of Raw Chemical Materials and Chemical Products	50128.63	40506.98
医药制造业	Manufacture of Medicines	2163.30	1482.19
化学纤维制造业	Manufacture of Chemical Fibers	2313.80	1540.98
橡胶和塑料制品业	Manufacture of Rubber and Plastics Products	4773.60	2343.68
非金属矿物制品业	Manufacture of Non-metallic Mineral Products	33607.89	27416.60
黑色金属冶炼和压延加工业	Smelting and Pressing of Ferrous Metals	78632.94	67787.30
有色金属冶炼和压延加工业	Smelting and Pressing of Non-ferrous Metals	24373.79	12546.91
金属制品业	Manufacture of Metal Products	6365.64	3499.59
通用设备制造业	Manufacture of General Purpose Machinery	3709.23	1954.90
专用设备制造业	Manufacture of Special Purpose Machinery	1693.40	897.37
汽车制造业	Manufacture of Automobiles	3629.60	1852.96
铁路、船舶、航空航天和其他运输设备制造业	Manufacture of Railway, Ship, Aerospace and Other Transport Equipments	1820.87	1526.28
电气机械和器材制造业	Manufacture of Electrical Machinery and Apparatus	2698.12	1281.96
计算机、通信和其他电子设备制造业	Manufacture of Computers, Communication and Other Electronic Equipment	4623.13	2166.66
仪器仪表制造业	Manufacture of Measuring Instruments and Machinery	277.41	130.20
其他制造业	Other Manufacture	1619.66	703.23
废弃资源综合利用业	Utilization of Waste Resources	396.80	312.51
金属制品、机械和设备修理业	Repair Service of Metal Products, Machinery and Equipment	71.73	40.48
(三)电力、热力、燃气及水生产和供应业	**Production and Supply of Electricity, Gas and Water**	**19999.25**	**8998.28**
电力、热力生产和供应业	Production and Supply of Electric Power and Heat Power	17579.53	7805.91
燃气生产和供应业	Production and Supply of Gas	821.39	514.83
水的生产和供应业	Production and Supply of Water	1598.33	677.54

Final Energy Consumption by Industrial Sector (Standard Quantity) -2018

(10[4] tce)

煤合计 Coal Total	原煤 Raw Coal	洗精煤 Cleaned Coal	其他洗煤 Other Washed Coal	焦炭 Coke	焦炉煤气 Coke Oven Gas	高炉煤气 Blast Furnace Gas	转炉煤气 Converter Gas	其他煤气 Other Gas
46900.38	**40150.36**		**6213.54**	**42292.85**	**3727.49**	**10137.82**	**1441.70**	**222.99**
2656.40	**1984.43**		**657.72**	**168.93**	**74.71**	**41.56**	**7.58**	**2.56**
1979.83	1458.85		516.48	32.76	53.19	23.16	1.25	2.56
87.78	87.60							
154.94	146.54		3.07	124.32	15.93	18.40	1.90	
64.76	64.02		0.72	3.56				
359.99	218.31		137.45	8.30	5.59		4.43	
8.90	8.90							
0.21	0.21							
43572.61	**37497.03**		**5553.68**	**42086.10**	**3648.04**	**10085.90**	**1433.61**	**220.43**
805.96	787.35		12.42	133.18	0.56	38.12	7.03	0.20
539.43	534.50		2.26	1.09	0.02			0.01
397.51	393.79		3.32	0.14	0.45			0.01
9.81	8.98		0.53					
446.01	421.36		3.81	1.99				
39.92	39.42		0.33	0.08				
24.67	24.53		0.08					
46.44	46.25		0.18	0.05				
3.58	3.22		0.30	0.79				
676.69	643.46		24.51	0.03	0.64			
48.23	47.77		0.25	0.16	0.11			
20.19	19.53		0.44	1.61				
1634.22	1035.06		536.55	33.99	796.55	127.81		
10585.58	10281.61		101.21	3637.24	416.07	9.21	5.27	28.45
476.60	472.49		1.46	1.69	1.66			
443.68	379.29		2.64	17.04				
250.38	241.53		1.86	0.19	2.89			
16537.69	12115.56		4362.95	938.33	184.84	48.03	12.06	15.11
8396.22	7985.89		335.75	36089.18	2103.89	9777.02	1391.41	0.24
1711.20	1588.99		116.91	391.04	107.31	0.01		164.11
220.03	200.28		19.01	437.05	19.31	67.16	6.72	4.83
71.50	70.09		0.89	318.65	0.68	0.04	0.14	
24.49	22.49		0.91	19.86	7.51	2.36	0.01	7.06
28.41	27.75		0.24	30.22	0.54		0.03	0.38
40.56	20.00		20.54	0.56	0.92			0.02
19.88	19.07		0.74	1.70	0.24			
23.72	22.94		0.73	0.05	0.10	0.01		
2.71	2.71			0.06				
2.76	2.09		0.39					
44.23	38.70		2.46	30.14	3.69	16.13	10.93	
0.31	0.31				0.09			
671.37	**668.89**		**2.14**	**37.82**	**4.74**	**10.36**	**0.51**	
586.46	584.01		2.14	37.82		4.21	0.51	
74.50	74.50				4.74	6.15		
10.42	10.39							

4-11 续表 1

单位：万吨标准煤

行　业	Sector	其他焦化产品 Other Coking Products
工业	**Industry**	**1285.24**
(一)采矿业	**Mining**	**103.83**
煤炭开采和洗选业	Mining and Washing of Coal	103.83
石油和天然气开采业	Extraction of Petroleum and Natural Gas	
黑色金属矿采选业	Mining and Processing of Ferrous Metal Ores	
有色金属矿采选业	Mining and Processing of Non-Ferrous Metal Ores	
非金属矿采选业	Mining and Processing of Nonmetal Ores	
开采专业及辅助性活动	Professional and Support Activities for Mining	
其他采矿业	Mining of Other Ores	
(二)制造业	**Manufacturing**	**1181.09**
农副食品加工业	Processing of Food from Agricultural Products	0.05
食品制造业	Manufacture of Foods	
酒、饮料和精制茶制造业	Manufacture of Liquor, Beverages and Refined Tea	0.01
烟草制品业	Manufacture of Tobacco	
纺织业	Manufacture of Textile	
纺织服装、服饰业	Manufacture of Textile, Wearing Apparel and Accessories	
皮革、毛皮、羽毛及其制品和制鞋业	Manufacture of Leather, Fur, Feather and Related Products and Footwear	
木材加工和木、竹、藤、棕、草制品业	Processing of Timber,Manufacture of Wood,Bamboo,Rattan, Palm,and Straw Products	
家具制造业	Manufacture of Furniture	
造纸和纸制品业	Manufacture of Paper and Paper Products	0.05
印刷和记录媒介复制业	Printing and Reproduction of Recording Media	
文教、工美、体育和娱乐用品制造业	Manufacture of Articles for Culture, Education, Arts and Crafts, Sport and Entertainment Activities	
石油、煤炭及其他燃料加工业	Processing of Petroleum, Coal and Other Fuels	120.78
化学原料和化学制品制造业	Manufacture of Raw Chemical Materials and Chemical Products	724.37
医药制造业	Manufacture of Medicines	0.32
化学纤维制造业	Manufacture of Chemical Fibers	
橡胶和塑料制品业	Manufacture of Rubber and Plastics Products	
非金属矿物制品业	Manufacture of Non-metallic Mineral Products	58.12
黑色金属冶炼和压延加工业	Smelting and Pressing of Ferrous Metals	247.22
有色金属冶炼和压延加工业	Smelting and Pressing of Non-ferrous Metals	26.01
金属制品业	Manufacture of Metal Products	2.71
通用设备制造业	Manufacture of General Purpose Machinery	
专用设备制造业	Manufacture of Special Purpose Machinery	
汽车制造业	Manufacture of Automobiles	
铁路、船舶、航空航天和其他运输设备制造业	Manufacture of Railway, Ship, Aerospace and Other Transport Equipments	
电气机械和器材制造业	Manufacture of Electrical Machinery and Apparatus	
计算机、通信和其他电子设备制造业	Manufacture of Computers, Communication and Other Electronic Equipment	0.01
仪器仪表制造业	Manufacture of Measuring Instruments and Machinery	
其他制造业	Other Manufacture	
废弃资源综合利用业	Utilization of Waste Resources	1.45
金属制品、机械和设备修理业	Repair Service of Metal Products, Machinery and Equipment	
(三)电力、热力、燃气及水生产和供应业	**Production and Supply of Electricity, Gas and Water**	**0.32**
电力、热力生产和供应业	Production and Supply of Electric Power and Heat Power	0.32
燃气生产和供应业	Production and Supply of Gas	
水的生产和供应业	Production and Supply of Water	

Continued 1

(10[4] tce)

油品合计 Petroleum Products Total	原油 Crude Oil	汽油 Gasoline	煤油 Kerosene	柴油 Diesel Oil	燃料油 Fuel Oil	石脑油 Naphtha	润滑油 Lubricants	石蜡 Paraffin Waxes	溶剂油 White Spirit
26516.87	**497.61**	**409.84**	**36.69**	**1733.76**	**440.03**	**8017.60**	**340.91**	**274.22**	**158.33**
1350.30	**397.97**	**32.85**	**1.59**	**680.78**	**28.07**	**123.40**	**1.85**		
419.09	0.31	9.05	0.99	237.61	0.32	123.40	1.14		
527.49	397.49	11.44		59.47	24.52		0.01		
75.15		1.72	0.01	73.07	0.07		0.28		
41.18		2.79	0.58	35.46	2.27		0.03		
80.92		2.21	0.02	76.13	0.04		0.08		
206.33	0.18	5.64		198.91	0.85		0.31		
0.13		0.01		0.12					
25082.85	**99.34**	**340.28**	**33.19**	**1013.22**	**410.11**	**7894.21**	**338.82**	**274.22**	**158.33**
58.04	0.08	14.57	0.20	37.24	2.24		0.03	0.02	1.91
26.61		7.07	0.01	13.87	3.03			0.63	
17.34		6.11	0.09	8.94	0.84		0.03		
3.19		0.64		2.42					
32.45	0.10	10.32	0.03	10.37	6.94		0.13		
18.34		8.48	0.01	7.94	0.75		0.02		
9.92	0.01	5.29	0.02	3.20	0.53	0.02	0.10	0.06	0.24
14.87		3.15	0.01	8.36	0.41		0.04	2.54	
11.25		4.68	0.01	5.58	0.23		0.02		
32.98	0.04	4.56		21.27	3.06		0.15		0.44
14.45		6.02	0.02	6.38	0.44		0.02		0.07
26.17		6.09	0.15	6.43	0.62	0.01	0.02	0.40	0.09
10595.44	95.41	2.72	0.10	28.52	53.18	2099.35	306.11	1.63	15.14
9670.83	2.43	27.60	2.82	57.65	66.22	5794.73	7.22	266.30	138.95
28.00		8.56	0.04	14.49	3.07	0.04	0.01	0.04	0.37
6.50		1.18	0.03	2.90	2.04		0.07		0.03
60.02		18.63	0.07	24.08	6.01		0.57	0.63	0.48
3438.46	0.66	25.14	1.21	412.56	210.41		0.67	1.23	0.06
120.77		5.13	0.04	74.03	1.26		1.21	0.03	
390.14	0.52	6.30	1.23	52.93	29.65		0.51	0.01	0.14
69.07	0.01	19.26	0.82	34.44	3.89	0.04	0.64	0.02	0.02
77.20	0.02	25.60	2.87	36.53	1.10		3.20	0.08	0.06
58.06		20.67	1.15	24.42	1.30		1.61	0.05	0.07
106.06	0.03	40.86	0.59	43.71	0.77	0.01	13.01	0.04	0.17
65.26	0.01	11.01	19.22	24.75	6.12		0.37	0.01	
60.94	0.01	25.68	0.65	19.59	2.91		2.64	0.39	0.04
33.60	0.01	16.09	0.36	12.34	1.06		0.15	0.06	0.03
9.37		6.16	0.23	2.15	0.17		0.12	0.06	
8.41		1.30	0.12	1.86	0.04		0.11		
9.93		0.65	0.13	7.39	1.34		0.02		
9.19		0.78	0.98	6.89	0.48		0.04		0.01
83.73	**0.30**	**36.71**	**1.90**	**39.76**	**1.85**		**0.23**		
68.77	0.30	27.97	1.90	34.42	1.55		0.20		
6.49		3.85		2.30	0.16		0.02		
8.46		4.89		3.04	0.14		0.01		

4-11 续表 2

单位：万吨标准煤

行　业	Sector	石油沥青 Bitumen Asphalt
工业	**Industry**	**218.49**
(一)采矿业	**Mining**	**5.08**
煤炭开采和洗选业	Mining and Washing of Coal	4.26
石油和天然气开采业	Extraction of Petroleum and Natural Gas	
黑色金属矿采选业	Mining and Processing of Ferrous Metal Ores	
有色金属矿采选业	Mining and Processing of Non-Ferrous Metal Ores	0.06
非金属矿采选业	Mining and Processing of Nonmetal Ores	0.76
开采专业及辅助性活动	Professional and Support Activities for Mining	
其他采矿业	Mining of Other Ores	
(二)制造业	**Manufacturing**	**213.41**
农副食品加工业	Processing of Food from Agricultural Products	
食品制造业	Manufacture of Foods	
酒、饮料和精制茶制造业	Manufacture of Liquor, Beverages and Refined Tea	
烟草制品业	Manufacture of Tobacco	
纺织业	Manufacture of Textile	
纺织服装、服饰业	Manufacture of Textile, Wearing Apparel and Accessories	
皮革、毛皮、羽毛及其制品和制鞋业	Manufacture of Leather, Fur, Feather and Related Products and Footwear	
木材加工和木、竹、藤、棕、草制品业	Processing of Timber,Manufacture of Wood,Bamboo,Rattan, Palm,and Straw Products	
家具制造业	Manufacture of Furniture	
造纸和纸制品业	Manufacture of Paper and Paper Products	
印刷和记录媒介复制业	Printing and Reproduction of Recording Media	
文教、工美、体育和娱乐用品制造业	Manufacture of Articles for Culture, Education, Arts and Crafts, Sport and Entertainment Activities	
石油、煤炭及其他燃料加工业	Processing of Petroleum, Coal and Other Fuels	3.82
化学原料和化学制品制造业	Manufacture of Raw Chemical Materials and Chemical Products	2.75
医药制造业	Manufacture of Medicines	
化学纤维制造业	Manufacture of Chemical Fibers	
橡胶和塑料制品业	Manufacture of Rubber and Plastics Products	1.72
非金属矿物制品业	Manufacture of Non-metallic Mineral Products	189.41
黑色金属冶炼和压延加工业	Smelting and Pressing of Ferrous Metals	
有色金属冶炼和压延加工业	Smelting and Pressing of Non-ferrous Metals	15.28
金属制品业	Manufacture of Metal Products	0.40
通用设备制造业	Manufacture of General Purpose Machinery	
专用设备制造业	Manufacture of Special Purpose Machinery	
汽车制造业	Manufacture of Automobiles	
铁路、船舶、航空航天和其他运输设备制造业	Manufacture of Railway, Ship, Aerospace and Other Transport Equipments	
电气机械和器材制造业	Manufacture of Electrical Machinery and Apparatus	0.04
计算机、通信和其他电子设备制造业	Manufacture of Computers, Communication and Other Electronic Equipment	
仪器仪表制造业	Manufacture of Measuring Instruments and Machinery	
其他制造业	Other Manufacture	
废弃资源综合利用业	Utilization of Waste Resources	
金属制品、机械和设备修理业	Repair Service of Metal Products, Machinery and Equipment	
(三)电力、热力、燃气及水生产和供应业	**Production and Supply of Electricity, Gas and Water**	
电力、热力生产和供应业	Production and Supply of Electric Power and Heat Power	
燃气生产和供应业	Production and Supply of Gas	
水的生产和供应业	Production and Supply of Water	

Continued 2

(10[4] tce)

石油焦 Petroleum Coke	液化石油气 Liquefied Petroleum Gas	炼厂干气 Refinery Gas	其他石油制品 Other Petroleum Products	天然气 Natural Gas	液化天然气 Liquefied Natural Gas	热力 Heat	电力 Electricity	其他能源 Other Energy
3039.36	**2885.39**	**2649.34**	**5815.32**	**7558.86**	**10203.58**	**12348.74**	**56218.39**	**934.09**
16.54	**26.82**	**17.46**	**17.87**	**1821.28**	**24.60**	**229.06**	**3167.18**	**4.89**
14.88	26.38		0.75	162.74	11.45	29.49	1113.81	1.73
	0.31	17.46	16.79	1621.35	6.21	94.90	512.90	0.02
				0.16		7.28	477.17	1.57
				6.35			466.38	0.36
1.66	0.01			6.13	6.66	76.15	308.18	1.21
	0.12		0.32	24.55	0.29	21.25	49.10	
							239.64	
3022.81	**2857.97**	**2629.84**	**5797.10**	**5659.43**	**10068.97**	**11791.21**	**45394.13**	**913.48**
	1.57		0.17	45.65	226.91	238.11	938.78	226.62
	1.96		0.05	151.54	99.49	231.39	340.90	40.80
	1.30		0.05	117.22	75.57	182.23	207.99	15.18
	0.12			13.75		8.74	64.90	4.36
	3.05		1.50	156.80	322.97	1056.34	2148.81	71.76
	0.71		0.43	16.33	61.19	22.92	286.58	8.61
	0.35		0.11	1.41	21.99	8.40	193.76	7.33
	0.35			34.84	4.62	33.20	331.65	132.00
	0.73			16.82	3.43	3.18	133.76	2.64
	3.31		0.15	52.66	263.88	777.94	895.00	78.27
	0.63		0.86	42.40	14.02	15.16	155.18	4.54
10.36	1.71		0.27	37.45	95.62	3.66	108.67	11.75
195.42	1230.28	2522.43	4041.35	367.73	1815.97	1903.14	1369.63	3.70
60.71	1434.74	106.60	1702.11	2357.48	1664.70	4621.29	6697.03	89.47
	0.35		1.04	85.11	60.94	334.20	474.08	19.59
	0.16		0.10	19.13	121.05	388.06	537.91	7.63
0.07	4.32		3.44	94.51	115.86	112.19	1691.31	16.32
2471.50	108.36	0.22	17.05	457.84	1304.12	60.77	4309.36	51.87
20.28	16.55	0.58	1.67	590.61	821.03	627.97	7548.97	72.79
264.01	6.27		13.27	260.29	454.06	800.92	8231.94	9.90
	7.99	0.01	1.53	139.99	503.14	25.16	1994.88	9.56
	5.13	0.01	2.62	132.35	115.51	13.68	1221.08	4.06
	5.26		3.52	59.88	129.85	31.70	554.07	2.52
	4.36		2.50	101.47	205.97	139.65	1236.61	3.63
	3.18		0.60	89.00	1090.26	33.78	205.04	0.89
0.46	6.21		2.32	38.97	120.14	44.33	985.70	10.06
	3.34		0.17	142.90	190.21	63.54	1709.79	2.73
	0.27		0.22	7.98	4.13	2.94	102.46	0.53
	4.99			0.41	46.94	5.61	637.87	1.22
	0.41		0.01	20.63	113.02	0.54	58.67	3.15
	0.02			6.30	2.35	0.48	21.75	
0.01	**0.59**	**2.04**	**0.34**	**78.16**	**110.01**	**328.47**	**7657.08**	**15.72**
0.01	0.06	2.04	0.33	20.32		268.98	6802.80	15.72
	0.16			51.65	103.46	54.46	213.38	
	0.38		0.01	6.18	6.54	5.03	640.90	

4-12 分行业能源消费总量

单位：万吨标准煤

行业	Sector	1995	2000
消费总量	**Total Consumption**	**131176**	**146964**
农、林、牧、渔业	**Agriculture, Forestry, Animal Husbandry and Fishery**	**5505**	**4233**
工业	**Industry**	**96191**	**103014**
采矿业	**Mining**	**9941**	**10286**
煤炭开采和洗选业	Mining and Washing of Coal	5500	4576
石油和天然气开采业	Extraction of Petroleum and Natural Gas	2813	3966
黑色金属矿采选业	Mining and Processing of Ferrous Metal Ores	268	376
有色金属矿采选业	Mining and Processing of Non-Ferrous Metal Ores	557	427
非金属矿采选业	Mining and Processing of Nonmetal Ores	553	708
开采专业及辅助性活动	Professional and Support Activities for Mining		
其他采矿业	Mining of Other Ores	250	234
制造业	**Manufacturing**	**78368**	**80914**
农副食品加工业	Processing of Food from Agricultural Products	1973	1669
食品制造业	Manufacture of Foods	1208	1092
酒、饮料和精制茶制造业	Manufacture of Liquor, Beverages and Refined Tea	1000	844
烟草制品业	Manufacture of Tobacco	224	313
纺织业	Manufacture of Textile	3531	3020
纺织服装、服饰业	Manufacture of Textile, Wearing Apparel and Accessories	329	357
皮革、毛皮、羽毛及其制品和制鞋业	Manufacture of Leather, Fur, Feather and Related Products and Footwear	290	208
木材加工和木、竹、藤、棕、草制品业	Processing of Timber,Manufacture of Wood,Bamboo,Rattan,Palm, and Straw Products	380	376
家具制造业	Manufacture of Furniture	106	104
造纸和纸制品业	Manufacture of Paper and Paper Products	2138	2281
印刷和记录媒介复制业	Printing and Reproduction of Recording Media	203	207
文教、工美、体育和娱乐用品制造业	Manufacture of Articles for Culture, Education, Arts and Crafts, Sport and Entertainment Activities	62	123
石油、煤炭及其他燃料加工业	Processing of Petroleum, Coal and Other Fuels	5567	7956
化学原料和化学制品制造业	Manufacture of Raw Chemical Materials and Chemical Products	15822	14070
医药制造业	Manufacture of Medicines	1201	977
化学纤维制造业	Manufacture of Chemical Fibers	1278	1911
橡胶和塑料制品业	Manufacture of Rubber and Plastics Products	1186	1405
非金属矿物制品业	Manufacture of Non-metallic Mineral Products	13058	11515
黑色金属冶炼和压延加工业	Smelting and Pressing of Ferrous Metals	18533	20563
有色金属冶炼和压延加工业	Smelting and Pressing of Non-ferrous Metals	2842	4129
金属制品业	Manufacture of Metal Products	994	1218
通用设备制造业	Manufacture of General Purpose Machinery	1651	1266
专用设备制造业	Manufacture of Special Purpose Machinery	1089	883
汽车制造业	Manufacture of Automobiles	1376	1530
铁路、船舶、航空航天和其他运输设备制造业	Manufacture of Railway, Ship, Aerospace and Other Transport Equipments		
电气机械和器材制造业	Manufacture of Electrical Machinery and Apparatus	629	658
计算机、通信和其他电子设备制造业	Manufacture of Computers, Communication and Other Electronic Equipment	321	692
仪器仪表制造业	Manufacture of Measuring Instruments and Machinery	143	158
其他制造业	Other Manufacture	1234	1389
废弃资源综合利用业	Utilization of Waste Resources		
金属制品、机械和设备修理业	Repair Service of Metal Products, Machinery and Equipment		
电力、热力、燃气及水生产和供应业	**Production and Supply of Electricity, Gas and Water**	**7883**	**11814**
电力、热力生产和供应业	Production and Supply of Electric Power and Heat Power	7053	10584
燃气生产和供应业	Production and Supply of Gas	341	618
水的生产和供应业	Production and Supply of Water	489	611
建筑业	**Construction**	**1335**	**2207**
交通运输、仓储和邮政业	**Transport, Storage and Post**	**5863**	**11447**
批发和零售业、住宿和餐饮业	**Wholesale and Retail Trades, Hotels and Catering Services**	**2018**	**3251**
其他	**Others**	**4519**	**6118**
居民生活	**Residential**	**15745**	**16695**

Total Energy Consumption by Sector

(10⁴ tce)

2005	2009	2010	2011	2012	2013	2014	2015	2016	2017	2018
261369	**336126**	**360648**	**387043**	**402138**	**416913**	**428334**	**434113**	**441492**	**455827**	**471925**
6860	**6978**	**7266**	**7675**	**7804**	**8055**	**8020**	**8271**	**8585**	**8945**	**8781**
187914	**243567**	**261377**	**278048**	**284712**	**291130**	**298449**	**295953**	**295615**	**302308**	**311151**
12429	**16636**	**20950**	**23417**	**24532**	**23924**	**21285**	**19489**	**17773**	**18099**	**18981**
5634	8771	12436	14497	15083	14180	11376	10399	9436	9646	9983
3741	3935	3987	3923	3897	4088	4263	4269	3916	3956	3818
1135	1468	2089	2137	2065	2224	2169	1663	1458	1537	1566
814	911	999	1202	1231	1280	1266	1177	1076	1106	1253
995	1297	1224	1374	1469	1380	1401	1297	1260	1185	1312
				481	407	397	337	286	321	464
111	254	214	283	305	365	414	348	341	347	584
158235	**206556**	**217329**	**229091**	**234539**	**239053**	**248976**	**248264**	**247658**	**252462**	**258604**
3096	4111	3746	3681	3784	3905	4138	4266	4241	4145	4036
1615	1967	1857	1935	1841	1890	1833	1840	1976	1965	1959
1523	1767	1369	1454	1498	1610	1522	1501	1496	1403	1317
278	229	234	286	257	256	238	230	206	200	198
6145	6884	6988	7379	7290	7366	6962	7159	7303	7518	7372
669	813	848	867	978	971	938	923	946	882	866
375	481	475	461	679	652	619	631	607	563	546
929	1362	1382	1507	1575	1522	1409	1306	1194	1082	1059
141	226	252	249	241	247	359	376	364	353	367
4078	4687	4475	4596	4275	4153	4042	4059	4115	4314	4102
298	385	420	417	428	448	466	467	481	484	517
213	240	237	257	344	368	400	393	410	435	461
12481	17580	17874	18183	18831	19255	20139	24184	24165	26458	28689
28626	33700	36741	40743	42551	44081	47415	49533	49722	49356	51278
1521	1723	1816	1999	2105	2179	2189	2263	2323	2251	2179
1789	1641	1644	1819	1840	1909	1835	1912	2075	2204	2329
2894	3541	3853	3891	4195	4350	4458	4432	4538	4771	4793
26215	30460	32512	38272	37799	36561	37197	35587	34772	33343	32798
44724	65353	66873	64726	67376	68839	69296	64404	62879	62843	62279
7966	12043	13628	14831	15621	16617	21326	20773	21028	23316	24628
2375	3227	3804	3736	4164	4704	4808	4645	4974	6366	6283
2495	3467	3774	4571	3619	3571	3632	3531	3665	3636	3705
1299	1643	1902	1949	1853	1914	1986	1846	1739	1691	1691
2060	3035	3782	4014	2770	3069	3187	3184	3276	3380	3646
				1151	1045	863	856	867	979	1821
1410	2038	2347	2499	2511	2606	2587	2589	2623	2582	2698
1518	2229	2547	2650	2689	2802	2968	3149	3377	3662	4628
223	301	359	332	326	329	318	316	309	307	277
1237	1330	1459	1648	1714	1597	1597	1666	1708	1672	1620
41	91	129	139	152	169	194	187	228	222	391
				83	66	54	53	52	76	72
17250	**20376**	**23099**	**25540**	**25640**	**28153**	**28188**	**28200**	**30184**	**31747**	**33566**
15847	18937	21487	23861	23837	26295	26241	26191	28080	29258	30832
692	565	627	633	689	697	723	718	739	994	1148
711	873	985	1045	1114	1161	1225	1291	1365	1495	1587
3486	**4712**	**5533**	**6052**	**6337**	**7017**	**7377**	**7545**	**7847**	**8243**	**8685**
19136	**24460**	**27102**	**29694**	**32561**	**34819**	**36343**	**38510**	**39883**	**42140**	**43617**
5917	**7303**	**7847**	**9147**	**10012**	**10598**	**10864**	**11447**	**12042**	**12456**	**12994**
10484	**13933**	**15052**	**16843**	**18407**	**19763**	**20069**	**21925**	**23185**	**24277**	**26262**
27573	**35173**	**36470**	**39584**	**42306**	**45531**	**47211**	**50461**	**54336**	**57459**	**60436**

4-13 分行业煤炭消费总量

单位：万吨

行 业	Sector	1995	2000
消 费 总 量	**Total Consumption**	**137677**	**135690**
农、林、牧、渔业	**Agriculture, Forestry, Animal Husbandry and Fishery**	**1857**	**1051**
工业	**Industry**	**117571**	**121807**
采矿业	**Mining**	**9861**	**10603**
煤炭开采和洗选业	Mining and Washing of Coal	8291	8913
石油和天然气开采业	Extraction of Petroleum and Natural Gas	637	847
黑色金属矿采选业	Mining and Processing of Ferrous Metal Ores	95	79
有色金属矿采选业	Mining and Processing of Non-Ferrous Metal Ores	175	100
非金属矿采选业	Mining and Processing of Nonmetal Ores	434	512
开采专业及辅助性活动	Professional and Support Activities for Mining		
其他采矿业	Mining of Other Ores	229	153
制造业	**Manufacturing**	**63109**	**53356**
农副食品加工业	Processing of Food from Agricultural Products	1754	1511
食品制造业	Manufacture of Foods	1215	761
酒、饮料和精制茶制造业	Manufacture of Liquor, Beverages and Refined Tea	983	733
烟草制品业	Manufacture of Tobacco	191	151
纺织业	Manufacture of Textile	2537	1564
纺织服装、服饰业	Manufacture of Textile, Wearing Apparel and Accessories	117	142
皮革、毛皮、羽毛及其制品和制鞋业	Manufacture of Leather, Fur, Feather and Related Products and Footwear	239	81
木材加工和木、竹、藤、棕、草制品业	Processing of Timber,Manufacture of Wood,Bamboo,Rattan,Palm, and Straw Products	363	265
家具制造业	Manufacture of Furniture	63	50
造纸和纸制品业	Manufacture of Paper and Paper Products	2132	1982
印刷和记录媒介复制业	Printing and Reproduction of Recording Media	87	58
文教、工美、体育和娱乐用品制造业	Manufacture of Articles for Culture, Education, Arts and Crafts, Sport and Entertainment Activities	33	20
石油、煤炭及其他燃料加工业	Processing of Petroleum, Coal and Other Fuels	8025	9718
化学原料和化学制品制造业	Manufacture of Raw Chemical Materials and Chemical Products	10804	8162
医药制造业	Manufacture of Medicines	915	615
化学纤维制造业	Manufacture of Chemical Fibers	823	993
橡胶和塑料制品业	Manufacture of Rubber and Plastics Products	878	485
非金属矿物制品业	Manufacture of Non-metallic Mineral Products	13424	9841
黑色金属冶炼和压延加工业	Smelting and Pressing of Ferrous Metals	12921	12109
有色金属冶炼和压延加工业	Smelting and Pressing of Non-ferrous Metals	1349	1528
金属制品业	Manufacture of Metal Products	462	274
通用设备制造业	Manufacture of General Purpose Machinery	821	413
专用设备制造业	Manufacture of Special Purpose Machinery	653	376
汽车制造业	Manufacture of Automobiles	860	827
铁路、船舶、航空航天和其他运输设备制	Manufacture of Railway, Ship, Aerospace and Other Transport Equipments		
电气机械和器材制造业	Manufacture of Electrical Machinery and Apparatus	344	220
计算机、通信和其他电子设备制造业	Manufacture of Computers, Communication and Other Electronic Equipment	142	84
仪器仪表制造业	Manufacture of Measuring Instruments and Machinery	71	37
其他制造业	Other Manufacture	906	353
废弃资源综合利用业	Utilization of Waste Resources		
金属制品、机械和设备修理业	Repair Service of Metal Products, Machinery and Equipment		
电力、热力、燃气及水生产和供应业	**Production and Supply of Electricity, Gas and Water**	**44600**	**57848**
电力、热力生产和供应业	Production and Supply of Electric Power and Heat Power	43800	56675
燃气生产和供应业	Production and Supply of Gas	763	1122
水的生产和供应业	Production and Supply of Water	38	51
建筑业	**Construction**	**440**	**537**
交通运输、仓储和邮政业	**Transport, Storage and Post**	**1315**	**882**
批发和零售业、住宿和餐饮业	**Wholesale and Retail Trades, Hotels and Catering Services**	**977**	**1461**
其他	**Others**	**1987**	**1495**
居民生活	**Residential**	**13530**	**8457**

Total Coal Consumption by Sector

(10^4 tons)

2005	2009	2010	2011	2012	2013	2014	2015	2016	2017	2018
243375	**325003**	**349008**	**388961**	**411727**	**424426**	**413633**	**399834**	**388820**	**391403**	**397452**
1802	**2081**	**2147**	**2207**	**2266**	**2451**	**2479**	**2625**	**2778**	**2834**	**2363**
224766	**305900**	**329728**	**368916**	**391191**	**403157**	**392567**	**378190**	**367435**	**371160**	**380696**
13307	**20527**	**27146**	**32914**	**43100**	**39165**	**35170**	**30802**	**25246**	**25106**	**26064**
11748	18372	24893	30664	40786	36772	33174	29103	23793	23874	24234
367	541	541	564	495	481	195	186	174	131	122
275	406	482	447	438	481	440	378	283	245	222
220	192	212	223	220	206	203	199	120	105	137
686	1014	1016	1016	973	1037	997	819	774	662	753
				186	185	159	116	97	88	595
11	2	3		2	3	2	2	5	1	
105047	**140382**	**151519**	**163946**	**165862**	**173152**	**179535**	**181345**	**172342**	**162194**	**161049**
2320	3297	3365	3381	3302	3211	2779	2601	2570	2234	1871
1260	1589	1845	1834	1866	1961	1814	1617	1679	1526	1619
1360	1601	1587	1602	1479	1587	1326	1185	1091	956	690
143	85	86	115	67	62	52	43	28	22	15
3282	3279	3710	3471	3053	2896	2460	4729	4211	3308	951
293	360	374	334	347	315	297	257	214	142	57
149	220	196	177	202	185	162	155	135	94	33
568	702	699	693	662	621	520	467	326	217	108
35	78	83	81	76	71	61	57	42	17	5
3827	4826	5242	5482	5271	5303	4829	4669	4603	4586	4272
56	76	84	63	64	69	82	81	84	46	66
31	45	45	37	98	110	130	124	114	75	33
20390	32197	35103	39418	41838	47649	47825	48069	46561	45310	48515
17337	21222	22379	24507	25843	25789	27051	30100	26916	24579	23504
980	1187	1274	1357	1374	1382	1392	1511	1427	1184	913
1203	1039	921	1010	1049	1123	1070	1090	1370	1329	1330
919	1223	1334	1237	1145	1143	1027	978	868	670	501
23834	29377	30844	33370	32205	31633	33016	31696	30691	27039	24321
20835	29083	30749	33886	34104	34531	35527	33896	31184	30443	29308
2931	4353	6928	7275	7368	9378	14448	14769	15656	16761	21888
377	589	555	498	698	646	521	460	399	256	349
721	1109	1095	999	452	412	348	301	244	186	97
471	601	657	577	460	390	339	287	206	141	48
773	853	932	878	583	563	470	430	366	273	179
				307	285	143	118	92	159	75
333	617	569	783	701	708	660	731	560	104	37
153	192	192	168	249	161	148	150	131	108	196
38	40	41	35	45	41	30	20	20	13	4
406	501	563	618	876	850	937	687	483	365	4
21	43	67	60	68	63	65	61	68	49	60
				11	13	5	5	4	3	
106411	**144991**	**151064**	**172056**	**182229**	**190840**	**177863**	**166043**	**169847**	**183860**	**193583**
105016	143904	149726	170949	181090	189848	177098	165422	169441	183107	192239
1363	1068	1255	1052	1075	935	720	570	383	730	1318
33	19	83	55	64	57	45	51	22	23	27
604	**659**	**731**	**797**	**767**	**811**	**914**	**878**	**805**	**733**	**650**
811	**641**	**639**	**646**	**614**	**615**	**558**	**492**	**404**	**353**	**321**
2627	**3201**	**3192**	**3572**	**3752**	**3966**	**3767**	**3864**	**3826**	**3461**	**2686**
2727	**3400**	**3412**	**3612**	**3883**	**4136**	**4046**	**4159**	**4081**	**3580**	**3021**
10039	**9122**	**9159**	**9212**	**9253**	**9290**	**9303**	**9627**	**9492**	**9283**	**7714**

4-14 分行业焦炭消费总量

单位：万吨

行　业	Sector	1995
消 费 总 量	**Total Consumption**	**10725**
农、林、牧、渔业	**Agriculture, Forestry, Animal Husbandry and Fishery**	**129**
工业	**Industry**	**10412**
采矿业	**Mining**	**151**
煤炭开采和洗选业	Mining and Washing of Coal	42
石油和天然气开采业	Extraction of Petroleum and Natural Gas	1
黑色金属矿采选业	Mining and Processing of Ferrous Metal Ores	57
有色金属矿采选业	Mining and Processing of Non-Ferrous Metal Ores	25
非金属矿采选业	Mining and Processing of Nonmetal Ores	26
开采专业及辅助性活动	Professional and Support Activities for Mining	
其他采矿业	Mining of Other Ores	1
制造业	**Manufacturing**	**10244**
农副食品加工业	Processing of Food from Agricultural Products	15
食品制造业	Manufacture of Foods	10
酒、饮料和精制茶制造业	Manufacture of Liquor, Beverages and Refined Tea	5
烟草制品业	Manufacture of Tobacco	2
纺织业	Manufacture of Textile	6
纺织服装、服饰业	Manufacture of Textile, Wearing Apparel and Accessories	1
皮革、毛皮、羽毛及其制品和制鞋业	Manufacture of Leather, Fur, Feather and Related Products and Footwear	1
木材加工和木、竹、藤、棕、草制品业	Processing of Timber,Manufacture of Wood,Bamboo,Rattan,Palm, and Straw Products	1
家具制造业	Manufacture of Furniture	1
造纸和纸制品业	Manufacture of Paper and Paper Products	4
印刷和记录媒介复制业	Printing and Reproduction of Recording Media	1
文教、工美、体育和娱乐用品制造业	Manufacture of Articles for Culture, Education, Arts and Crafts, Sport and Entertainment Activities	2
石油、煤炭及其他燃料加工业	Processing of Petroleum, Coal and Other Fuels	32
化学原料和化学制品制造业	Manufacture of Raw Chemical Materials and Chemical Products	1299
医药制造业	Manufacture of Medicines	3
化学纤维制造业	Manufacture of Chemical Fibers	24
橡胶和塑料制品业	Manufacture of Rubber and Plastics Products	3
非金属矿物制品业	Manufacture of Non-metallic Mineral Products	277
黑色金属冶炼和压延加工业	Smelting and Pressing of Ferrous Metals	7811
有色金属冶炼和压延加工业	Smelting and Pressing of Non-ferrous Metals	195
金属制品业	Manufacture of Metal Products	123
通用设备制造业	Manufacture of General Purpose Machinery	237
专用设备制造业	Manufacture of Special Purpose Machinery	101
汽车制造业	Manufacture of Automobiles	41
铁路、船舶、航空航天和其他运输设备制造业	Manufacture of Railway, Ship, Aerospace and Other Transport Equipments	
电气机械和器材制造业	Manufacture of Electrical Machinery and Apparatus	16
计算机、通信和其他电子设备制造业	Manufacture of Computers, Communication and Other Electronic Equipment	1
仪器仪表制造业	Manufacture of Measuring Instruments and Machinery	3
其他制造业	Other Manufacture	30
废弃资源综合利用业	Utilization of Waste Resources	
金属制品、机械和设备修理业	Repair Service of Metal Products, Machinery and Equipment	
电力、热力、燃气及水生产和供应业	**Production and Supply of Electricity, Gas and Water**	**17**
电力、热力生产和供应业	Production and Supply of Electric Power and Heat Power	4
燃气生产和供应业	Production and Supply of Gas	13
水的生产和供应业	Production and Supply of Water	
建筑业	**Construction**	**11**
交通运输、仓储和邮政业	**Transport, Storage and Post**	**10**
批发和零售业、住宿和餐饮业	**Wholesale and Retail Trades, Hotels and Catering Services**	**26**
其他	**Others**	**6**
居民生活	**Residential**	**132**

Total Coke Consumption by Sector

(10^4 tons)

2000	2005	2009	2010	2011	2012	2013	2014	2015	2016	2017	2018
10841	**25106**	**36350**	**38703**	**42063**	**44805**	**45852**	**46885**	**44059**	**45462**	**43743**	**43717**
71	**63**	**45**	**47**	**54**	**57**	**69**	**35**	**49**	**53**	**38**	**103**
10555	**24861**	**36243**	**38599**	**41952**	**44695**	**45694**	**46750**	**43923**	**45325**	**43609**	**43561**
161	**150**	**156**	**421**	**258**	**251**	**282**	**292**	**236**	**243**	**203**	**174**
53	37	49	43	51	65	80	88	63	75	75	34
6											
52	84	84	353	185	126	180	187	158	153	116	128
22	16	15	16	14	14	10	10	9	5	3	4
27	13	8	9	8	46	11	7	7	10	8	9
10357	**24646**	**36055**	**38155**	**41670**	**44436**	**45401**	**46406**	**43646**	**45045**	**43366**	**43346**
16	9	17	15	14	12	10	10	141	143	138	137
15	5	22	3	3	2	2	3	3	2	2	1
3	1	2	1	1	1	1	1	1	1	1	
1											
4	3	4	5	4	3	3	2	2	1	1	2
2	1	1	4	5	3	2	1	2	2	1	
2		3	1	1	1	1	1				
1	2	16	2	1			1	1	1		
1	1	3	5	5	4	2	2	2	1	1	1
2	4	4	2	2	1	1	1	1	1		
		1									
2	4	5	4	4	5	4	4	3	3	4	2
65	77	112	93	84	74	68	46	65	32	41	56
1105	1724	2485	2475	2932	3105	3200	3419	3579	3997	3674	3744
1	1	6	3	3	2	1	1	1	1	2	2
27	51	3	2	2	1				17	17	18
9	4	19	15	11	4	3	5	3	2	1	
312	208	368	386	904	987	1048	1040	904	881	773	966
8085	21429	31253	33448	35449	38367	39313	40146	37336	38439	37521	37152
218	397	646	592	683	617	586	622	565	528	518	403
126	78	98	76	65	104	141	100	100	66	60	450
208	456	664	657	1182	839	695	699	684	686	444	328
74	69	77	126	78	45	54	75	68	71	64	20
32	94	194	169	176	185	199	162	129	123	69	31
					12	8	7	3	2	1	1
11	17	23	27	25	18	17	14	12	7	5	2
	1	8	12	8	9	11	12	14	14	13	
4	3	8	6	4	4	5	4	3	2	1	
30	4	2	2	3	1				3	2	
	2	10	25	25	20	26	27	22	16	10	31
					12						
37	**65**	**32**	**23**	**24**	**8**	**11**	**51**	**40**	**37**	**40**	**40**
	6	8	4	8		7	49	39	35	39	39
37	59	24	19	16	7	4	2	2	2	2	2
19	**18**	**6**	**6**	**5**	**6**	**8**	**10**	**7**	**7**	**13**	**11**
11	**1**					**2**	**3**	**3**	**3**	**6**	
36	**64**	**4**	**5**	**9**	**7**	**36**	**47**	**40**	**41**	**49**	**19**
12	**8**	**3**	**3**	**2**	**2**	**5**	**5**	**5**	**6**	**6**	**6**
137	**90**	**49**	**43**	**41**	**38**	**38**	**36**	**31**	**27**	**22**	**16**

4-15 分行业原油消费总量

单位：万吨

行 业	Sector	1995
消 费 总 量	**Total Consumption**	**14886.39**
农、林、牧、渔业	**Agriculture, Forestry, Animal Husbandry and Fishery**	**10.11**
工业	**Industry**	**14716.30**
采矿业	**Mining**	**1686.21**
煤炭开采和洗选业	Mining and Washing of Coal	
石油和天然气开采业	Extraction of Petroleum and Natural Gas	1686.16
黑色金属矿采选业	Mining and Processing of Ferrous Metal Ores	
有色金属矿采选业	Mining and Processing of Non-Ferrous Metal Ores	0.05
非金属矿采选业	Mining and Processing of Nonmetal Ores	
开采专业及辅助性活动	Professional and Support Activities for Mining	
其他采矿业	Mining of Other Ores	
制造业	**Manufacturing**	**12963.62**
农副食品加工业	Processing of Food from Agricultural Products	0.53
食品制造业	Manufacture of Foods	0.72
酒、饮料和精制茶制造业	Manufacture of Liquor, Beverages and Refined Tea	0.72
烟草制品业	Manufacture of Tobacco	
纺织业	Manufacture of Textile	1.29
纺织服装、服饰业	Manufacture of Textile, Wearing Apparel and Accessories	0.04
皮革、毛皮、羽毛及其制品和制鞋业	Manufacture of Leather, Fur, Feather and Related Products and Footwear	0.04
木材加工和木、竹、藤、棕、草制品业	Processing of Timber,Manufacture of Wood,Bamboo,Rattan,Palm, and Straw Products	
家具制造业	Manufacture of Furniture	
造纸和纸制品业	Manufacture of Paper and Paper Products	0.26
印刷和记录媒介复制业	Printing and Reproduction of Recording Media	0.10
文教、工美、体育和娱乐用品制造业	Manufacture of Articles for Culture, Education, Arts and Crafts, Sport and Entertainment Activities	
石油、煤炭及其他燃料加工业	Processing of Petroleum, Coal and Other Fuels	11338.36
化学原料和化学制品制造业	Manufacture of Raw Chemical Materials and Chemical Products	1078.84
医药制造业	Manufacture of Medicines	0.12
化学纤维制造业	Manufacture of Chemical Fibers	478.22
橡胶和塑料制品业	Manufacture of Rubber and Plastics Products	1.24
非金属矿物制品业	Manufacture of Non-metallic Mineral Products	56.32
黑色金属冶炼和压延加工业	Smelting and Pressing of Ferrous Metals	3.17
有色金属冶炼和压延加工业	Smelting and Pressing of Non-ferrous Metals	0.35
金属制品业	Manufacture of Metal Products	0.17
通用设备制造业	Manufacture of General Purpose Machinery	0.28
专用设备制造业	Manufacture of Special Purpose Machinery	0.20
汽车制造业	Manufacture of Automobiles	0.57
铁路、船舶、航空航天和其他运输设备制造业	Manufacture of Railway, Ship, Aerospace and Other Transport Equipments	
电气机械和器材制造业	Manufacture of Electrical Machinery and Apparatus	0.85
计算机、通信和其他电子设备制造业	Manufacture of Computers, Communication and Other Electronic Equipment	
仪器仪表制造业	Manufacture of Measuring Instruments and Machinery	
其他制造业	Other Manufacture	1.23
废弃资源综合利用业	Utilization of Waste Resources	
金属制品、机械和设备修理业	Repair Service of Metal Products, Machinery and Equipment	
电力、热力、燃气及水生产和供应业	**Production and Supply of Electricity, Gas and Water**	**66.47**
电力、热力生产和供应业	Production and Supply of Electric Power and Heat Power	66.47
燃气生产和供应业	Production and Supply of Gas	
水的生产和供应业	Production and Supply of Water	
建筑业	**Construction**	**2.71**
交通运输、仓储和邮政业	**Transport, Storage and Post**	**156.77**
批发和零售业、住宿和餐饮业	**Wholesale and Retail Trades, Hotels and Catering Services**	**0.50**
其他	**Others**	
居民生活	**Residential**	

Total Crude Oil Consumption by Sector

(10^4 tons)

2000	2005	2009	2010	2011	2012	2013	2014	2015	2016	2017	2018
21232.01	**30088.94**	**38128.59**	**42874.55**	**43965.84**	**46678.92**	**48652.15**	**51596.95**	**54788.28**	**57125.93**	**59402.17**	**63004.33**
21052.08	**29962.07**	**37975.17**	**42716.55**	**43860.44**	**46559.52**	**48503.42**	**51552.10**	**54752.43**	**57103.59**	**59393.50**	**62995.51**
3196.35	**1373.95**	**1078.98**	**1020.29**	**1000.63**	**1074.08**	**1059.21**	**1068.23**	**1024.17**	**787.88**	**739.96**	**644.02**
2.32						0.04	0.09	0.03	0.01	0.06	13.92
3194.03	1373.95	1078.98	1020.29	1000.57	1050.41	1034.66	1034.61	987.50	740.82	713.31	612.23
				0.06	0.01						
									1.23		
					23.66	24.51	33.52	36.64	45.82	26.59	17.86
17779.14	**28559.26**	**36891.89**	**41692.62**	**42857.70**	**45482.98**	**47441.96**	**50483.54**	**53727.99**	**56315.45**	**58653.34**	**62351.28**
0.42	0.07	0.10	0.11	0.14	0.07	0.24	0.02	0.03	0.02	0.02	0.06
0.48	0.10		0.01								
0.52	0.50	0.20			0.01						
0.05	0.20	0.20	0.02			0.01				0.01	0.07
0.16	0.24	0.33	0.03	0.05	0.05	0.02	0.02	0.01		0.01	
	0.04	0.03	0.05	0.09	0.10	0.05	0.01	0.02	0.02		
	0.12	0.28	0.22	0.13	0.17	0.16	0.33	0.04	0.01		
	0.03		0.01			0.01		0.01			
0.48	0.68	0.36	0.12	0.04	0.10	0.09	0.05	0.04	0.04	0.04	0.03
			0.01	0.03	0.01						
0.10	0.09	0.04	0.06	0.03	0.01	0.01	0.01		0.01		
15295.82	26019.28	34047.74	38624.99	39157.70	42413.38	44315.76	46825.64	50191.16	52431.24	55431.90	59673.27
1809.79	2510.59	2821.81	3062.50	3696.04	3060.77	3123.70	3656.93	3536.22	3883.65	3220.70	2676.96
		0.03	0.02		0.02						
604.71	10.62	10.01									
0.45	0.90	0.42	0.12	0.12	0.04	0.02	0.01	0.04	0.04		
53.54	14.17	8.89	2.45	2.03	7.78	1.08	0.17	0.21	0.21	0.42	0.46
10.25	0.13	0.04	0.33	0.18	0.01	0.02	0.02	0.02	0.02	0.01	
0.80	0.31	0.61	0.71	0.62	0.23	0.24	0.06	0.01	0.01		0.36
0.03	0.06	0.18	0.12	0.14	0.01	0.02	0.01	0.01	0.01	0.01	0.01
0.11	0.15	0.06	0.09	0.05	0.03	0.07	0.04	0.03	0.03	0.01	0.01
0.27	0.11	0.05	0.06	0.02	0.04	0.15	0.14	0.08	0.08	0.09	
0.06	0.15	0.10	0.17	0.16	0.07	0.16	0.02	0.02	0.02	0.06	0.02
					0.01	0.06	0.01	0.01	0.01	0.01	0.01
0.50	0.26	0.12	0.15	0.10	0.07	0.07	0.01			0.02	0.01
	0.40	0.25	0.27	0.02				0.01	0.01		
	0.05	0.01		0.01		0.01	0.01	0.01	0.01	0.01	
0.60	0.01	0.02									
						0.01	0.01				
76.59	**28.86**	**4.30**	**3.64**	**2.11**	**2.46**	**2.25**	**0.33**	**0.27**	**0.26**	**0.20**	**0.21**
76.59	28.60	4.09	3.64	2.11	2.46	2.25	0.33	0.27	0.26	0.20	0.21
	0.26	0.21									
3.30											
175.05	**126.87**	**153.42**	**158.00**	**105.40**	**119.40**	**148.73**	**44.85**	**35.85**	**22.34**	**8.67**	**8.82**
0.18											
1.40											

4-16 分行业汽油消费总量

单位：万吨

行业	Sector	1995
消费总量	**Total Consumption**	**2909.59**
农、林、牧、渔业	**Agriculture, Forestry, Animal Husbandry and Fishery**	**179.66**
工业	**Industry**	**812.43**
采矿业	**Mining**	**135.90**
煤炭开采和洗选业	Mining and Washing of Coal	37.87
石油和天然气开采业	Extraction of Petroleum and Natural Gas	58.99
黑色金属矿采选业	Mining and Processing of Ferrous Metal Ores	4.74
有色金属矿采选业	Mining and Processing of Non-Ferrous Metal Ores	8.18
非金属矿采选业	Mining and Processing of Nonmetal Ores	8.74
开采专业及辅助性活动	Professional and Support Activities for Mining	
其他采矿业	Mining of Other Ores	17.38
制造业	**Manufacturing**	**637.21**
农副食品加工业	Processing of Food from Agricultural Products	37.56
食品制造业	Manufacture of Foods	16.33
酒、饮料和精制茶制造业	Manufacture of Liquor, Beverages and Refined Tea	14.91
烟草制品业	Manufacture of Tobacco	3.17
纺织业	Manufacture of Textile	42.72
纺织服装、服饰业	Manufacture of Textile, Wearing Apparel and Accessories	11.39
皮革、毛皮、羽毛及其制品和制鞋业	Manufacture of Leather, Fur, Feather and Related Products and Footwear	5.38
木材加工和木、竹、藤、棕、草制品业	Processing of Timber,Manufacture of Wood,Bamboo,Rattan,Palm, and Straw Products	4.68
家具制造业	Manufacture of Furniture	3.71
造纸和纸制品业	Manufacture of Paper and Paper Products	14.59
印刷和记录媒介复制业	Printing and Reproduction of Recording Media	6.17
文教、工美、体育和娱乐用品制造业	Manufacture of Articles for Culture, Education, Arts and Crafts, Sport and Entertainment Activities	2.66
石油、煤炭及其他燃料加工业	Processing of Petroleum, Coal and Other Fuels	29.23
化学原料和化学制品制造业	Manufacture of Raw Chemical Materials and Chemical Products	62.64
医药制造业	Manufacture of Medicines	8.98
化学纤维制造业	Manufacture of Chemical Fibers	4.56
橡胶和塑料制品业	Manufacture of Rubber and Plastics Products	31.88
非金属矿物制品业	Manufacture of Non-metallic Mineral Products	82.14
黑色金属冶炼和压延加工业	Smelting and Pressing of Ferrous Metals	42.55
有色金属冶炼和压延加工业	Smelting and Pressing of Non-ferrous Metals	12.71
金属制品业	Manufacture of Metal Products	18.19
通用设备制造业	Manufacture of General Purpose Machinery	58.65
专用设备制造业	Manufacture of Special Purpose Machinery	26.69
汽车制造业	Manufacture of Automobiles	37.48
铁路、船舶、航空航天和其他运输设备制造业	Manufacture of Railway, Ship, Aerospace and Other Transport Equipments	
电气机械和器材制造业	Manufacture of Electrical Machinery and Apparatus	24.07
计算机、通信和其他电子设备制造业	Manufacture of Computers, Communication and Other Electronic Equipment	9.15
仪器仪表制造业	Manufacture of Measuring Instruments and Machinery	4.69
其他制造业	Other Manufacture	20.33
废弃资源综合利用业	Utilization of Waste Resources	
金属制品、机械和设备修理业	Repair Service of Metal Products, Machinery and Equipment	
电力、热力、燃气及水生产和供应业	**Production and Supply of Electricity, Gas and Water**	**39.32**
电力、热力生产和供应业	Production and Supply of Electric Power and Heat Power	33.85
燃气生产和供应业	Production and Supply of Gas	3.21
水的生产和供应业	Production and Supply of Water	2.26
建筑业	**Construction**	**103.62**
交通运输、仓储和邮政业	**Transport, Storage and Post**	**982.30**
批发和零售业、住宿和餐饮业	**Wholesale and Retail Trades, Hotels and Catering Services**	**197.23**
其他	**Others**	**570.65**
居民生活	**Residential**	**63.70**

Total Gasoline Consumption by Sector

(10^4 tons)

2000	2005	2009	2010	2011	2012	2013	2014	2015	2016	2017	2018
3504.56	**4854.91**	**6172.69**	**6956.20**	**7595.95**	**8165.90**	**9366.35**	**9776.37**	**11368.46**	**11866.04**	**12296.27**	**13055.30**
89.16	**159.59**	**168.06**	**169.07**	**185.98**	**192.86**	**198.72**	**216.60**	**231.33**	**224.39**	**229.64**	**242.92**
681.98	**441.71**	**671.07**	**689.46**	**604.81**	**581.06**	**523.38**	**489.04**	**477.08**	**436.32**	**382.10**	**296.51**
120.78	**51.89**	**65.46**	**66.32**	**68.41**	**58.02**	**52.04**	**45.95**	**40.39**	**36.27**	**29.53**	**22.32**
36.32	14.61	21.21	20.11	22.52	16.33	14.41	12.49	10.64	8.88	7.22	6.15
45.38	25.71	25.04	24.20	22.46	14.24	13.92	12.67	11.29	9.91	8.90	7.77
6.81	4.60	6.46	7.70	8.13	6.32	5.54	4.78	3.73	3.27	2.12	1.17
5.87	3.30	7.64	7.59	9.22	8.04	7.15	6.90	7.03	6.95	4.50	1.89
9.07	3.65	5.08	6.40	6.06	5.32	5.43	4.19	3.49	3.24	2.72	1.50
					7.69	5.51	4.69	4.13	3.92	4.03	3.84
17.34	0.02	0.03	0.32	0.02	0.08	0.08	0.22	0.08	0.09	0.03	
528.75	**364.19**	**571.16**	**590.92**	**504.66**	**489.14**	**437.57**	**410.57**	**403.38**	**368.90**	**324.05**	**249.17**
34.04	13.24	32.98	38.93	32.70	31.08	32.98	30.25	28.48	23.61	17.55	9.90
13.62	7.36	14.16	15.74	11.83	10.48	12.59	10.29	10.13	9.50	7.91	4.80
11.35	6.93	10.39	9.55	8.77	8.58	7.53	6.92	6.63	6.74	5.04	4.15
34.04	0.75	0.75	0.72	0.85	0.86	0.74	0.57	0.63	0.56	0.52	0.44
39.68	16.74	26.25	26.96	21.20	16.89	15.45	14.23	13.89	11.99	13.07	7.02
7.94	9.28	17.18	17.83	13.59	17.03	13.94	12.25	11.89	10.92	8.96	5.76
5.68	4.30	9.22	8.40	6.85	7.94	7.55	7.07	6.87	6.27	5.18	3.59
3.68	4.72	7.94	9.29	7.99	7.47	7.66	6.85	7.06	5.94	4.73	2.14
3.97	2.74	7.84	8.23	5.70	5.28	5.27	4.92	5.19	4.59	4.62	3.18
13.62	8.05	12.83	11.32	8.81	9.05	8.29	6.52	6.14	5.44	4.80	3.10
6.81	6.64	8.77	8.33	6.02	6.18	6.29	6.66	6.56	6.45	6.25	4.09
2.55	3.70	4.43	4.08	3.14	7.71	7.77	8.22	8.18	7.11	6.64	4.14
16.63	20.85	39.81	36.18	41.44	40.82	4.34	5.03	3.26	3.97	3.69	19.74
51.05	42.14	49.80	48.20	45.15	42.72	39.47	37.83	35.52	35.06	28.47	18.77
10.22	7.34	12.07	12.16	10.39	11.38	11.46	10.79	10.82	9.80	8.16	5.82
4.31	1.10	1.61	1.55	1.33	1.10	1.03	0.98	0.95	1.32	1.13	0.80
23.42	21.05	29.30	34.02	23.84	24.71	24.06	22.03	20.88	19.89	17.04	12.66
51.74	24.03	36.95	37.47	33.72	33.16	33.15	29.46	30.08	27.04	23.92	17.08
34.04	21.17	15.52	13.40	11.13	13.89	13.96	13.09	11.32	8.34	6.61	3.49
12.49	6.14	10.14	10.35	9.05	7.71	7.83	7.12	6.67	5.95	4.94	4.28
20.42	17.14	31.13	32.95	22.94	22.88	22.86	21.85	22.33	19.78	17.29	13.09
23.82	26.21	50.48	54.03	48.15	39.23	34.73	32.05	31.19	26.27	23.86	17.40
34.12	15.84	28.30	29.51	25.24	24.88	26.77	26.32	25.93	22.78	20.42	14.05
22.70	34.92	42.74	49.21	48.09	37.63	32.08	32.92	35.33	36.07	34.65	27.77
					9.24	8.97	7.56	7.12	6.39	5.89	7.48
18.15	20.62	35.60	36.48	29.24	27.96	27.97	26.61	26.45	24.86	21.25	17.45
9.07	10.55	19.25	20.31	15.28	13.92	13.83	14.09	14.54	14.09	13.86	10.94
3.40	3.45	6.85	7.26	5.59	4.97	5.48	5.00	5.84	4.91	4.74	4.18
16.20	6.87	8.18	7.73	6.02	1.84	1.78	1.36	1.70	1.78	1.43	0.88
	0.31	0.69	0.73	0.61	0.64	0.63	0.77	0.81	0.67	0.59	0.44
					1.91	1.11	0.95	0.99	0.83	0.85	0.53
32.44	**25.62**	**34.45**	**32.22**	**31.74**	**33.90**	**33.77**	**32.52**	**33.31**	**31.15**	**28.52**	**25.01**
28.17	20.31	26.53	24.64	25.23	27.76	27.28	26.01	25.97	23.88	21.88	19.07
1.95	2.36	2.88	3.20	2.98	2.64	2.92	3.04	3.39	3.08	2.87	2.62
2.32	2.95	5.04	4.38	3.53	3.50	3.57	3.47	3.94	4.19	3.77	3.32
115.55	**172.14**	**235.43**	**274.70**	**282.77**	**286.87**	**326.46**	**331.03**	**408.57**	**437.26**	**452.32**	**504.99**
1527.78	**2430.05**	**2881.59**	**3274.92**	**3573.52**	**3778.03**	**4381.80**	**4665.01**	**5306.59**	**5511.15**	**5698.53**	**6067.62**
69.84	**129.39**	**147.52**	**168.18**	**177.14**	**200.06**	**220.86**	**217.79**	**243.29**	**240.86**	**244.46**	**275.50**
792.67	**998.20**	**1069.93**	**1166.22**	**1313.17**	**1460.51**	**1818.68**	**1738.07**	**2108.47**	**2046.40**	**2075.05**	**2163.56**
227.58	**523.83**	**999.08**	**1213.65**	**1458.56**	**1666.52**	**1896.45**	**2118.82**	**2593.11**	**2969.67**	**3214.17**	**3504.20**

4-17 分行业煤油消费总量

单位：万吨

行　业	Sector	1995
消 费 总 量	**Total Consumption**	**512.11**
农、林、牧、渔业	**Agriculture, Forestry, Animal Husbandry and Fishery**	**3.57**
工业	**Industry**	**44.94**
采矿业	**Mining**	**2.92**
煤炭开采和洗选业	Mining and Washing of Coal	1.59
石油和天然气开采业	Extraction of Petroleum and Natural Gas	0.59
黑色金属矿采选业	Mining and Processing of Ferrous Metal Ores	0.08
有色金属矿采选业	Mining and Processing of Non-Ferrous Metal Ores	0.40
非金属矿采选业	Mining and Processing of Nonmetal Ores	0.20
开采专业及辅助性活动	Professional and Support Activities for Mining	
其他采矿业	Mining of Other Ores	0.06
制造业	**Manufacturing**	**40.41**
农副食品加工业	Processing of Food from Agricultural Products	0.26
食品制造业	Manufacture of Foods	0.33
酒、饮料和精制茶制造业	Manufacture of Liquor, Beverages and Refined Tea	0.23
烟草制品业	Manufacture of Tobacco	2.07
纺织业	Manufacture of Textile	2.91
纺织服装、服饰业	Manufacture of Textile, Wearing Apparel and Accessories	0.11
皮革、毛皮、羽毛及其制品和制鞋业	Manufacture of Leather, Fur, Feather and Related Products and Footwear	0.42
木材加工和木、竹、藤、棕、草制品业	Processing of Timber,Manufacture of Wood,Bamboo,Rattan,Palm, and Straw Products	1.17
家具制造业	Manufacture of Furniture	0.01
造纸和纸制品业	Manufacture of Paper and Paper Products	1.78
印刷和记录媒介复制业	Printing and Reproduction of Recording Media	3.41
文教、工美、体育和娱乐用品制造业	Manufacture of Articles for Culture, Education, Arts and Crafts, Sport and Entertainment Activities	0.10
石油、煤炭及其他燃料加工业	Processing of Petroleum, Coal and Other Fuels	1.02
化学原料和化学制品制造业	Manufacture of Raw Chemical Materials and Chemical Products	8.10
医药制造业	Manufacture of Medicines	0.15
化学纤维制造业	Manufacture of Chemical Fibers	0.18
橡胶和塑料制品业	Manufacture of Rubber and Plastics Products	0.55
非金属矿物制品业	Manufacture of Non-metallic Mineral Products	2.59
黑色金属冶炼和压延加工业	Smelting and Pressing of Ferrous Metals	0.41
有色金属冶炼和压延加工业	Smelting and Pressing of Non-ferrous Metals	0.57
金属制品业	Manufacture of Metal Products	3.37
通用设备制造业	Manufacture of General Purpose Machinery	3.05
专用设备制造业	Manufacture of Special Purpose Machinery	0.91
汽车制造业	Manufacture of Automobiles	4.87
铁路、船舶、航空航天和其他运输设备制造业	Manufacture of Railway, Ship, Aerospace and Other Transport Equipments	
电气机械和器材制造业	Manufacture of Electrical Machinery and Apparatus	0.50
计算机、通信和其他电子设备制造业	Manufacture of Computers, Communication and Other Electronic Equipment	0.23
仪器仪表制造业	Manufacture of Measuring Instruments and Machinery	0.12
其他制造业	Other Manufacture	0.99
废弃资源综合利用业	Utilization of Waste Resources	
金属制品、机械和设备修理业	Repair Service of Metal Products, Machinery and Equipment	
电力、热力、燃气及水生产和供应业	**Production and Supply of Electricity, Gas and Water**	**1.61**
电力、热力生产和供应业	Production and Supply of Electric Power and Heat Power	1.30
燃气生产和供应业	Production and Supply of Gas	0.11
水的生产和供应业	Production and Supply of Water	0.20
建筑业	**Construction**	**3.51**
交通运输、仓储和邮政业	**Transport, Storage and Post**	**250.01**
批发和零售业、住宿和餐饮业	**Wholesale and Retail Trades, Hotels and Catering Services**	**8.51**
其他	**Others**	**137.32**
居民生活	**Residential**	**64.25**

Total Kerosene Consumption by Sector

(10[4] tons)

2000	2005	2009	2010	2011	2012	2013	2014	2015	2016	2017	2018
871.61	**1076.84**	**1450.49**	**1765.17**	**1816.72**	**1956.60**	**2164.07**	**2335.42**	**2663.71**	**2970.71**	**3326.36**	**3653.51**
1.50	**1.60**	**0.76**	**0.90**	**1.47**	**1.19**	**1.19**	**0.75**	**1.10**	**2.24**	**1.52**	**4.91**
83.95	**57.50**	**32.04**	**40.20**	**34.21**	**32.04**	**27.41**	**17.36**	**21.16**	**19.96**	**14.55**	**24.94**
7.44	**6.40**	**4.64**	**4.41**	**3.22**	**2.64**	**2.94**	**2.52**	**2.44**	**2.17**	**1.30**	**1.08**
5.37	3.26	2.90	2.53	2.30	2.16	2.43	1.89	1.72	1.59	0.81	0.67
0.42	0.17	0.05					0.01				
0.04	1.42	0.45	0.35	0.16	0.03	0.04	0.02	0.07	0.05	0.02	
1.26	0.74	0.87	0.67	0.64	0.41	0.40	0.39	0.43	0.37	0.43	0.39
0.34	0.80	0.37	0.24	0.12	0.04	0.07	0.21	0.22	0.14	0.03	0.02
									0.01		
0.01	0.01		0.62								
76.05	**50.74**	**27.28**	**35.75**	**30.96**	**29.37**	**24.41**	**14.79**	**18.64**	**17.72**	**13.21**	**22.56**
0.25	0.40	0.22	0.51	0.29	0.12	0.18	0.21	0.50	0.35	0.20	0.14
0.08	0.33	0.11	0.20	0.09	0.03	0.04	0.02	0.05	0.10	0.01	
0.08	0.54	0.29	0.13	0.04	0.01	0.01	0.02	0.08	0.04	0.05	0.06
0.08	0.03										
3.78	2.05	0.43	0.50	0.31	0.12	0.16	0.07	0.15	0.07	0.05	0.02
0.42	0.70	0.28	0.25	0.52	0.41	0.06	0.04	0.04	0.02		
0.17	0.37	0.29	0.24	0.23	0.21	0.11	0.08	0.12	0.16	0.08	0.01
0.08	1.09	0.20	0.17	0.05	0.08	0.12	0.09	0.52	0.14	0.02	0.01
0.04	0.24	0.13	0.08	0.02	0.05	0.05	0.01	0.01	0.01		0.01
3.61	0.91	0.41	0.22	0.13	0.09	0.13	0.02	0.05	0.39	0.02	
5.71	0.74	0.23	0.10	0.10	0.08	0.13	0.03	0.05	0.04	0.03	0.01
1.26	0.35	0.12	0.11	0.04	0.23	0.06	0.04	0.05	0.04	0.04	0.10
18.06	2.06	1.24	5.64	2.46	0.21	0.17	0.21	0.15	0.19	0.25	0.07
8.73	6.09	3.69	5.02	2.94	3.56	3.22	3.09	3.44	3.13	2.17	1.92
0.15	0.52	0.07	0.34	0.25	0.27	0.30	0.16	0.16	0.04	0.05	0.02
0.42	0.50	0.11	0.01	0.02			0.02	0.07	0.05	0.06	0.02
0.49	1.01	0.31	0.37	0.22	0.14	0.10	0.27	0.27	0.26	0.24	0.04
2.43	3.06	1.23	1.16	3.48	4.69	1.27	1.09	2.46	1.58	1.00	0.82
5.37	1.92	1.39	0.47	0.31	0.22	0.22	0.17	0.24	0.20	0.09	0.02
0.59	2.32	1.65	1.78	1.80	2.35	1.35	0.89	0.73	0.94	1.08	0.84
1.68	2.64	1.64	1.40	1.07	1.33	1.12	0.98	0.92	0.76	0.63	0.56
3.27	5.80	3.88	4.47	3.75	2.71	2.52	2.24	2.50	2.40	2.11	1.95
1.34	1.69	0.53	0.64	0.56	0.35	0.63	0.59	0.90	0.92	0.93	0.78
6.30	11.08	7.16	10.18	11.44	0.96	0.92	0.65	0.61	0.50	0.43	0.40
					8.34	8.74	1.98	1.89	2.61	1.82	13.06
0.25	1.60	0.50	0.66	0.34	0.46	0.41	0.30	0.72	0.70	0.69	0.44
0.18	0.82	0.22	0.36	0.16	0.31	0.35	0.13	0.27	0.20	0.19	0.25
0.15	1.13	0.69	0.61	0.16	0.20	0.16	0.14	0.42	0.28	0.25	0.16
11.08	0.70	0.23	0.10	0.18	0.02	0.06	0.69	0.72	0.94	0.02	0.08
	0.04	0.03	0.03		0.01	0.01	0.02	0.02	0.02	0.03	0.09
					1.81	1.81	0.52	0.53	0.65	0.67	0.66
0.46	**0.36**	**0.12**	**0.04**	**0.03**	**0.03**	**0.06**	**0.06**	**0.08**	**0.07**	**0.04**	**1.29**
0.42	0.32	0.12	0.03	0.02	0.03	0.06	0.05	0.08	0.07	0.04	1.29
0.01	0.02		0.01	0.01							
0.03	0.03										
4.00		**10.39**	**8.77**	**10.79**	**7.89**	**11.42**	**10.42**	**12.50**	**10.00**	**9.75**	**17.27**
535.90	**952.42**	**1314.25**	**1601.08**	**1646.35**	**1787.09**	**1998.18**	**2216.03**	**2504.88**	**2814.94**	**3173.31**	**3462.53**
14.00	**3.67**	**29.15**	**34.98**	**32.18**	**28.64**	**13.39**	**11.28**	**11.68**	**11.21**	**11.30**	**15.47**
160.09	**36.19**	**43.67**	**58.73**	**68.24**	**74.17**	**84.56**	**50.73**	**83.27**	**85.93**	**88.36**	**103.81**
72.17	**25.46**	**20.23**	**20.52**	**23.48**	**25.58**	**27.92**	**28.85**	**29.13**	**26.43**	**27.58**	**24.59**

4-18 分行业柴油消费总量

单位：万吨

行业	Sector	1995
消费总量	**Total Consumption**	**4321.44**
农、林、牧、渔业	**Agriculture, Forestry, Animal Husbandry and Fishery**	**1001.39**
工业	**Industry**	**1189.87**
采矿业	**Mining**	**229.63**
煤炭开采和洗选业	Mining and Washing of Coal	31.68
石油和天然气开采业	Extraction of Petroleum and Natural Gas	147.95
黑色金属矿采选业	Mining and Processing of Ferrous Metal Ores	5.41
有色金属矿采选业	Mining and Processing of Non-Ferrous Metal Ores	12.62
非金属矿采选业	Mining and Processing of Nonmetal Ores	20.96
开采专业及辅助性活动	Professional and Support Activities for Mining	
其他采矿业	Mining of Other Ores	11.01
制造业	**Manufacturing**	**722.25**
农副食品加工业	Processing of Food from Agricultural Products	33.65
食品制造业	Manufacture of Foods	18.15
酒、饮料和精制茶制造业	Manufacture of Liquor, Beverages and Refined Tea	8.04
烟草制品业	Manufacture of Tobacco	1.16
纺织业	Manufacture of Textile	36.39
纺织服装、服饰业	Manufacture of Textile, Wearing Apparel and Accessories	8.64
皮革、毛皮、羽毛及其制品和制鞋业	Manufacture of Leather, Fur, Feather and Related Products and Footwear	5.76
木材加工和木、竹、藤、棕、草制品业	Processing of Timber,Manufacture of Wood,Bamboo,Rattan,Palm, and Straw Products	6.10
家具制造业	Manufacture of Furniture	1.42
造纸和纸制品业	Manufacture of Paper and Paper Products	27.59
印刷和记录媒介复制业	Printing and Reproduction of Recording Media	2.66
文教、工美、体育和娱乐用品制造业	Manufacture of Articles for Culture, Education, Arts and Crafts, Sport and Entertainment Activities	2.73
石油、煤炭及其他燃料加工业	Processing of Petroleum, Coal and Other Fuels	48.89
化学原料和化学制品制造业	Manufacture of Raw Chemical Materials and Chemical Products	94.41
医药制造业	Manufacture of Medicines	3.86
化学纤维制造业	Manufacture of Chemical Fibers	5.45
橡胶和塑料制品业	Manufacture of Rubber and Plastics Products	25.06
非金属矿物制品业	Manufacture of Non-metallic Mineral Products	149.29
黑色金属冶炼和压延加工业	Smelting and Pressing of Ferrous Metals	73.20
有色金属冶炼和压延加工业	Smelting and Pressing of Non-ferrous Metals	21.66
金属制品业	Manufacture of Metal Products	23.40
通用设备制造业	Manufacture of General Purpose Machinery	31.18
专用设备制造业	Manufacture of Special Purpose Machinery	14.53
汽车制造业	Manufacture of Automobiles	31.60
铁路、船舶、航空航天和其他运输设备制造业	Manufacture of Railway, Ship, Aerospace and Other Transport Equipments	
电气机械和器材制造业	Manufacture of Electrical Machinery and Apparatus	17.14
计算机、通信和其他电子设备制造业	Manufacture of Computers, Communication and Other Electronic Equipment	10.73
仪器仪表制造业	Manufacture of Measuring Instruments and Machinery	3.94
其他制造业	Other Manufacture	15.62
废弃资源综合利用业	Utilization of Waste Resources	
金属制品、机械和设备修理业	Repair Service of Metal Products, Machinery and Equipment	
电力、热力、燃气及水生产和供应业	**Production and Supply of Electricity, Gas and Water**	**237.99**
电力、热力生产和供应业	Production and Supply of Electric Power and Heat Power	234.44
燃气生产和供应业	Production and Supply of Gas	2.12
水的生产和供应业	Production and Supply of Water	1.43
建筑业	**Construction**	**118.19**
交通运输、仓储和邮政业	**Transport, Storage and Post**	**1246.56**
批发和零售业、住宿和餐饮业	**Wholesale and Retail Trades, Hotels and Catering Services**	**103.59**
其他	**Others**	**645.70**
居民生活	**Residential**	**16.14**

Total Diesel Oil Consumption by Sector

(10⁴ tons)

2000	2005	2009	2010	2011	2012	2013	2014	2015	2016	2017	2018
6806.23	**10974.94**	**13551.43**	**14699.00**	**15635.10**	**16966.04**	**17150.65**	**17165.29**	**17360.31**	**16839.04**	**16916.54**	**16409.56**
697.10	**1286.35**	**1134.15**	**1206.73**	**1271.90**	**1335.49**	**1441.53**	**1491.98**	**1492.88**	**1495.86**	**1546.82**	**1468.24**
1696.46	**1710.04**	**2043.58**	**2089.99**	**1824.25**	**1747.70**	**1675.88**	**1595.28**	**1516.37**	**1412.91**	**1459.94**	**1259.47**
289.49	**358.27**	**455.47**	**500.35**	**614.87**	**631.77**	**597.21**	**574.02**	**490.51**	**436.21**	**438.84**	**467.38**
54.46	62.13	108.70	141.23	212.42	215.21	211.58	196.37	165.03	153.04	155.83	163.16
166.62	187.31	188.01	185.98	192.24	63.41	61.01	53.91	47.50	49.32	41.34	40.86
12.54	33.32	51.92	62.36	113.38	112.98	109.96	105.69	82.87	62.74	56.43	50.15
13.71	13.46	18.85	20.82	36.06	35.36	35.09	31.73	30.60	32.22	27.65	24.33
29.39	61.05	87.64	89.42	60.55	65.78	71.67	68.27	70.80	64.93	56.29	52.28
					139.01	107.61	117.65	93.60	73.82	100.87	136.51
12.77	0.99	0.35	0.54	0.22	0.02	0.29	0.42	0.13	0.13	0.42	0.08
1139.17	**1217.86**	**1460.02**	**1499.34**	**1120.39**	**1037.70**	**1001.40**	**952.61**	**960.45**	**917.52**	**958.35**	**739.75**
39.71	54.79	51.88	56.78	49.52	50.83	51.17	49.36	47.78	42.00	36.35	25.59
17.88	20.89	26.23	30.47	26.00	22.62	20.65	16.82	15.99	14.50	13.31	9.52
10.75	14.27	15.73	15.91	15.26	13.90	12.10	11.25	11.22	10.34	8.24	6.13
4.29	5.61	4.73	4.50	4.13	3.36	3.18	2.26	1.78	1.31	1.32	1.66
46.31	42.93	41.11	44.63	34.66	20.20	17.67	15.75	14.76	12.92	21.29	7.28
14.69	27.87	33.62	34.34	26.02	20.85	17.51	14.53	13.82	12.00	9.83	5.45
15.55	14.70	13.05	13.70	8.53	8.69	7.25	5.77	5.37	4.47	4.04	2.20
6.97	11.11	15.23	18.06	14.43	14.32	13.84	12.19	11.86	10.23	8.73	5.74
2.58	8.30	12.62	14.53	9.20	7.68	7.61	7.31	7.26	5.89	4.96	3.83
24.18	25.22	29.00	28.43	22.37	20.71	19.90	19.23	17.79	17.32	15.89	15.29
7.70	6.91	13.74	13.57	7.41	6.18	6.45	6.94	6.58	5.99	5.82	4.38
12.20	11.59	15.90	16.39	6.59	9.38	9.29	8.59	7.86	7.88	6.55	4.42
74.18	50.65	81.95	24.53	25.44	20.87	20.32	19.14	18.31	36.60	148.78	61.13
123.40	138.00	161.24	162.69	79.89	97.63	73.11	69.91	113.30	118.15	88.84	40.52
7.18	8.65	17.15	17.15	13.82	13.63	11.39	10.38	10.51	9.81	9.64	9.94
10.41	7.44	4.59	7.95	7.92	2.41	1.74	1.68	2.03	2.33	2.16	2.04
50.55	47.12	54.39	66.87	38.06	29.28	28.08	25.74	25.03	22.47	21.18	16.53
319.33	253.14	272.25	289.95	248.73	260.67	282.38	294.03	293.05	287.61	280.25	283.27
73.95	92.05	102.32	99.88	84.14	89.92	80.93	75.21	68.11	60.40	60.26	51.19
44.09	53.04	60.10	63.98	60.76	55.94	50.63	47.66	44.94	39.62	38.93	36.71
39.86	52.24	68.24	66.29	44.98	38.83	36.92	31.15	29.93	25.28	22.26	23.64
33.28	56.61	63.25	74.65	63.44	44.09	42.27	38.50	36.17	30.98	29.58	25.07
13.62	27.06	42.81	47.63	38.07	34.53	56.96	53.04	47.01	39.93	21.77	16.76
51.30	68.40	95.68	110.55	99.63	45.01	39.05	41.00	37.97	37.00	37.80	30.01
					37.66	28.92	20.59	19.81	16.71	16.04	16.98
25.83	47.58	68.66	71.92	40.44	32.41	28.88	25.82	24.63	20.67	17.07	13.45
38.02	50.22	64.75	71.22	29.98	19.71	16.70	14.09	13.25	12.28	11.12	8.47
10.40	8.80	10.56	14.22	6.65	5.09	4.91	4.27	4.36	3.30	2.67	1.48
20.98	11.52	15.15	14.35	10.07	3.77	3.35	2.14	1.63	1.54	1.56	1.28
	1.15	4.08	4.20	4.25	3.58	5.14	4.29	4.20	4.33	4.63	5.08
					3.95	3.10	3.98	4.17	3.69	7.47	4.73
267.80	**133.91**	**128.09**	**90.30**	**88.99**	**78.23**	**77.27**	**68.65**	**65.40**	**59.17**	**62.75**	**52.34**
257.82	121.78	121.66	83.08	84.89	74.17	73.54	65.16	60.74	55.00	58.91	48.68
7.18	9.73	2.23	2.61	2.11	2.33	1.97	1.91	2.54	2.03	1.57	1.58
2.80	2.39	4.20	4.61	1.99	1.73	1.76	1.58	2.13	2.14	2.27	2.08
205.86	**386.64**	**415.29**	**490.20**	**518.63**	**518.01**	**556.97**	**551.95**	**555.71**	**561.26**	**596.06**	**543.37**
3293.81	**6169.41**	**7991.96**	**8657.56**	**9485.20**	**10727.03**	**10920.53**	**11042.80**	**11162.80**	**11068.49**	**11173.69**	**11166.92**
95.94	**116.03**	**181.74**	**196.60**	**212.31**	**229.00**	**233.51**	**230.12**	**257.74**	**231.97**	**233.77**	**211.77**
638.70	**900.06**	**1131.80**	**1287.19**	**1428.07**	**1444.72**	**1339.76**	**1268.75**	**1384.15**	**1307.24**	**1233.30**	**1107.45**
178.36	**406.40**	**652.91**	**770.73**	**894.74**	**964.09**	**982.47**	**984.40**	**990.66**	**761.31**	**672.96**	**652.34**

4-19 分行业燃料油消费总量

单位：万吨

行 业	Sector	1995
消费总量	**Total Consumption**	**3693.67**
农、林、牧、渔业	**Agriculture, Forestry, Animal Husbandry and Fishery**	**8.37**
工业	**Industry**	**3406.16**
采矿业	**Mining**	**246.45**
煤炭开采和洗选业	Mining and Washing of Coal	1.16
石油和天然气开采业	Extraction of Petroleum and Natural Gas	226.71
黑色金属矿采选业	Mining and Processing of Ferrous Metal Ores	2.33
有色金属矿采选业	Mining and Processing of Non-Ferrous Metal Ores	9.46
非金属矿采选业	Mining and Processing of Nonmetal Ores	6.79
开采专业及辅助性活动	Professional and Support Activities for Mining	
其他采矿业	Mining of Other Ores	
制造业	**Manufacturing**	**2186.73**
农副食品加工业	Processing of Food from Agricultural Products	20.68
食品制造业	Manufacture of Foods	5.40
酒、饮料和精制茶制造业	Manufacture of Liquor, Beverages and Refined Tea	7.13
烟草制品业	Manufacture of Tobacco	1.34
纺织业	Manufacture of Textile	34.95
纺织服装、服饰业	Manufacture of Textile, Wearing Apparel and Accessories	2.07
皮革、毛皮、羽毛及其制品和制鞋业	Manufacture of Leather, Fur, Feather and Related Products and Footwear	1.49
木材加工和木、竹、藤、棕、草制品业	Processing of Timber,Manufacture of Wood,Bamboo,Rattan,Palm, and Straw Products	1.59
家具制造业	Manufacture of Furniture	0.83
造纸和纸制品业	Manufacture of Paper and Paper Products	16.62
印刷和记录媒介复制业	Printing and Reproduction of Recording Media	0.23
文教、工美、体育和娱乐用品制造业	Manufacture of Articles for Culture, Education, Arts and Crafts, Sport and Entertainment Activities	0.06
石油、煤炭及其他燃料加工业	Processing of Petroleum, Coal and Other Fuels	611.91
化学原料和化学制品制造业	Manufacture of Raw Chemical Materials and Chemical Products	388.63
医药制造业	Manufacture of Medicines	38.86
化学纤维制造业	Manufacture of Chemical Fibers	90.23
橡胶和塑料制品业	Manufacture of Rubber and Plastics Products	336.06
非金属矿物制品业	Manufacture of Non-metallic Mineral Products	324.83
黑色金属冶炼和压延加工业	Smelting and Pressing of Ferrous Metals	464.93
有色金属冶炼和压延加工业	Smelting and Pressing of Non-ferrous Metals	62.13
金属制品业	Manufacture of Metal Products	13.24
通用设备制造业	Manufacture of General Purpose Machinery	9.99
专用设备制造业	Manufacture of Special Purpose Machinery	22.57
汽车制造业	Manufacture of Automobiles	15.93
铁路、船舶、航空航天和其他运输设备制造业	Manufacture of Railway, Ship, Aerospace and Other Transport Equipments	
电气机械和器材制造业	Manufacture of Electrical Machinery and Apparatus	10.20
计算机、通信和其他电子设备制造业	Manufacture of Computers, Communication and Other Electronic Equipment	7.96
仪器仪表制造业	Manufacture of Measuring Instruments and Machinery	1.24
其他制造业	Other Manufacture	17.27
废弃资源综合利用业	Utilization of Waste Resources	
金属制品、机械和设备修理业	Repair Service of Metal Products, Machinery and Equipment	
电力、热力、燃气及水生产和供应业	**Production and Supply of Electricity, Gas and Water**	**972.98**
电力、热力生产和供应业	Production and Supply of Electric Power and Heat Power	927.73
燃气生产和供应业	Production and Supply of Gas	45.25
水的生产和供应业	Production and Supply of Water	
建筑业	**Construction**	**14.24**
交通运输、仓储和邮政业	**Transport, Storage and Post**	**227.45**
批发和零售业、住宿和餐饮业	**Wholesale and Retail Trades, Hotels and Catering Services**	**6.62**
其他	**Others**	**30.83**
居民生活	**Residential**	

Total Fuel Oil Consumption by Sector

(10^4 tons)

2000	2005	2009	2010	2011	2012	2013	2014	2015	2016	2017	2018
3872.75	**4244.16**	**2828.80**	**3758.02**	**3662.80**	**3683.28**	**3953.97**	**4355.47**	**4662.01**	**4631.04**	**4887.30**	**4536.07**
0.40	**0.66**	**1.05**	**1.14**	**1.31**	**1.97**	**2.05**	**1.27**	**0.94**	**1.03**	**1.31**	**1.28**
2975.05	**2986.86**	**1521.53**	**2377.32**	**2260.15**	**2241.69**	**2421.05**	**2835.74**	**3133.03**	**3035.41**	**3043.74**	**2688.17**
209.96	**35.11**	**35.06**	**37.33**	**30.09**	**16.44**	**23.79**	**24.54**	**31.56**	**38.78**	**31.16**	**27.94**
5.77	5.26	4.83	2.32	1.12	0.92	0.71	0.47	0.43	0.50	0.36	0.26
202.77	28.84	29.61	34.75	28.71	13.27	19.20	20.89	28.47	37.28	28.67	25.14
	0.48	0.32	0.07	0.08	0.04	0.03	0.06	0.04	0.04	0.02	0.05
0.22	0.25	0.04	0.01	0.02	0.05	1.78	1.80	1.51	0.03	1.40	1.59
1.20	0.29	0.26	0.18	0.16	0.16	0.17	0.20	0.18	0.20	0.02	0.03
					2.00	1.90	1.12	0.93	0.73	0.69	0.87
1928.86	**1741.84**	**1268.49**	**2220.15**	**2186.41**	**2202.55**	**2371.00**	**2799.41**	**3092.89**	**2989.59**	**3007.76**	**2656.10**
13.32	12.42	12.68	9.79	6.40	4.67	4.10	2.77	1.78	2.12	2.24	1.57
9.04	23.19	13.76	13.76	6.38	5.59	5.09	5.54	3.59	2.61	2.48	2.12
8.08	18.12	11.06	8.26	5.75	3.18	2.04	1.47	0.64	1.08	2.15	0.59
3.00	1.46	0.90	1.06	1.02	0.97	0.74	0.47	0.42	0.32	0.13	
66.61	53.14	23.98	22.45	14.76	8.80	7.41	7.93	7.12	5.84	6.29	4.85
12.44	14.44	6.63	5.31	7.41	2.81	1.34	0.82	0.61	0.52	0.62	0.52
3.50	11.91	8.43	5.87	3.85	3.35	2.05	1.69	0.93	0.53	0.37	0.37
2.82	2.63	0.50	0.25	0.17	0.17	0.17	0.14	0.17	0.31	0.23	0.29
0.67	1.30	0.26	0.58	0.64	0.32	0.25	0.26	0.27	0.29	0.31	0.16
19.72	28.39	19.58	19.58	13.38	7.18	13.21	12.63	12.10	13.68	13.22	5.95
2.30	1.79	1.44	2.05	1.51	0.70	0.79	0.50	0.36	0.32	0.22	0.31
1.04	2.57	2.14	1.73	1.39	1.46	0.71	0.85	0.87	0.78	0.84	0.44
510.63	354.73	263.66	1033.02	1191.77	1308.09	1398.75	1786.61	1873.59	1536.01	1725.28	1878.27
372.50	301.44	219.98	514.56	452.00	501.52	614.58	694.45	903.27	1167.54	1033.29	569.50
5.53	7.99	5.40	6.69	4.91	3.35	2.08	1.65	1.38	1.43	1.71	2.16
89.86	33.55	18.80	15.24	9.52	6.46	5.18	3.56	2.99	3.26	3.09	1.44
23.21	36.23	26.41	22.83	17.04	10.95	10.24	8.41	7.28	7.25	6.12	4.21
314.36	527.61	411.12	353.57	312.08	231.15	213.88	191.91	207.40	182.67	157.46	148.21
332.01	124.72	59.20	23.91	9.13	7.88	7.99	5.48	3.80	2.86	2.13	0.89
55.43	88.06	77.89	97.12	79.03	63.77	53.38	50.80	44.74	41.85	27.97	20.80
12.93	18.64	14.67	12.47	12.42	7.34	8.39	7.18	6.67	6.66	4.51	2.72
7.05	8.34	11.50	7.75	4.61	1.51	1.33	1.22	1.13	0.97	0.91	0.77
11.56	5.06	5.75	3.75	2.55	1.06	0.98	1.02	1.34	1.07	1.15	0.91
14.22	11.80	12.75	12.50	17.95	1.58	1.26	0.90	0.79	0.53	0.57	0.54
					9.26	7.38	3.85	3.91	3.46	4.41	4.28
12.67	14.75	9.63	7.81	4.11	4.05	4.25	2.65	1.86	2.01	2.78	2.04
12.97	28.37	27.34	13.67	3.29	3.19	1.97	2.33	2.14	1.37	1.00	0.77
0.15	6.32	0.18	0.40	0.43	0.36	0.51	0.53	0.31	0.24	0.21	0.12
11.24	2.57	2.28	2.38	1.75	0.29	0.13	0.02	0.23	0.05	0.27	0.03
	0.30	0.57	1.80	1.16	1.28	0.39	1.44	0.67	1.48	5.31	0.94
					0.26	0.43	0.35	0.53	0.49	0.49	0.34
836.23	**1209.91**	**217.98**	**119.84**	**43.65**	**22.70**	**26.26**	**11.79**	**8.57**	**7.04**	**4.82**	**4.14**
811.91	1195.01	216.65	119.43	43.40	22.51	26.04	11.58	8.38	6.38	4.61	3.93
24.31	14.89	0.83	0.23	0.22	0.19	0.21	0.19	0.16	0.62	0.11	0.11
0.01	0.01	0.50	0.18	0.03		0.01	0.02	0.03	0.04	0.10	0.10
16.71	**14.18**	**34.18**	**30.76**	**30.60**	**27.05**	**59.46**	**44.60**	**53.51**	**51.91**	**43.24**	**31.83**
850.00	**1201.02**	**1251.64**	**1326.65**	**1345.16**	**1383.94**	**1428.99**	**1441.37**	**1439.49**	**1511.38**	**1771.34**	**1795.70**
11.59	**27.52**	**8.11**	**8.62**	**9.34**	**8.69**	**19.07**	**17.39**	**18.95**	**17.25**	**15.15**	**10.05**
19.00	**13.91**	**12.30**	**13.53**	**16.23**	**19.94**	**23.36**	**15.11**	**16.08**	**14.06**	**12.51**	**9.04**

4-20 分行业天然气消费总量

单位：亿立方米

行业	Sector	1995
消费总量	**Total Consumption**	**177.41**
农、林、牧、渔业	**Agriculture, Forestry, Animal Husbandry and Fishery**	**0.02**
工业	**Industry**	**154.39**
采矿业	**Mining**	**51.87**
煤炭开采和洗选业	Mining and Washing of Coal	
石油和天然气开采业	Extraction of Petroleum and Natural Gas	50.58
黑色金属矿采选业	Mining and Processing of Ferrous Metal Ores	
有色金属矿采选业	Mining and Processing of Non-Ferrous Metal Ores	0.59
非金属矿采选业	Mining and Processing of Nonmetal Ores	0.70
开采专业及辅助性活动	Professional and Support Activities for Mining	
其他采矿业	Mining of Other Ores	
制造业	**Manufacturing**	**100.80**
农副食品加工业	Processing of Food from Agricultural Products	1.00
食品制造业	Manufacture of Foods	0.03
酒、饮料和精制茶制造业	Manufacture of Liquor, Beverages and Refined Tea	0.02
烟草制品业	Manufacture of Tobacco	
纺织业	Manufacture of Textile	3.97
纺织服装、服饰业	Manufacture of Textile, Wearing Apparel and Accessories	
皮革、毛皮、羽毛及其制品和制鞋业	Manufacture of Leather, Fur, Feather and Related Products and Footwear	
木材加工和木、竹、藤、棕、草制品业	Processing of Timber,Manufacture of Wood,Bamboo,Rattan,Palm, and Straw Products	
家具制造业	Manufacture of Furniture	
造纸和纸制品业	Manufacture of Paper and Paper Products	0.06
印刷和记录媒介复制业	Printing and Reproduction of Recording Media	
文教、工美、体育和娱乐用品制造业	Manufacture of Articles for Culture, Education, Arts and Crafts, Sport and Entertainment Activities	
石油、煤炭及其他燃料加工业	Processing of Petroleum, Coal and Other Fuels	15.14
化学原料和化学制品制造业	Manufacture of Raw Chemical Materials and Chemical Products	63.36
医药制造业	Manufacture of Medicines	0.30
化学纤维制造业	Manufacture of Chemical Fibers	4.32
橡胶和塑料制品业	Manufacture of Rubber and Plastics Products	
非金属矿物制品业	Manufacture of Non-metallic Mineral Products	2.27
黑色金属冶炼和压延加工业	Smelting and Pressing of Ferrous Metals	3.69
有色金属冶炼和压延加工业	Smelting and Pressing of Non-ferrous Metals	0.50
金属制品业	Manufacture of Metal Products	0.45
通用设备制造业	Manufacture of General Purpose Machinery	0.14
专用设备制造业	Manufacture of Special Purpose Machinery	2.25
汽车制造业	Manufacture of Automobiles	0.66
铁路、船舶、航空航天和其他运输设备制造业	Manufacture of Railway, Ship, Aerospace and Other Transport Equipments	
电气机械和器材制造业	Manufacture of Electrical Machinery and Apparatus	0.74
计算机、通信和其他电子设备制造业	Manufacture of Computers, Communication and Other Electronic Equipment	1.01
仪器仪表制造业	Manufacture of Measuring Instruments and Machinery	0.01
其他制造业	Other Manufacture	0.88
废弃资源综合利用业	Utilization of Waste Resources	
金属制品、机械和设备修理业	Repair Service of Metal Products, Machinery and Equipment	
电力、热力、燃气及水生产和供应业	**Production and Supply of Electricity, Gas and Water**	**1.72**
电力、热力生产和供应业	Production and Supply of Electric Power and Heat Power	1.14
燃气生产和供应业	Production and Supply of Gas	0.58
水的生产和供应业	Production and Supply of Water	
建筑业	**Construction**	**0.28**
交通运输、仓储和邮政业	**Transport, Storage and Post**	**1.57**
批发和零售业、住宿和餐饮业	**Wholesale and Retail Trades, Hotels and Catering Services**	**0.55**
其他	**Others**	**1.19**
居民生活	**Residential**	**19.41**

注：2010年起包括液化天然气数据。

Total Natural Gas Consumption by Sector

(10[8] cu.m)

2000	2005	2009	2010	2011	2012	2013	2014	2015	2016	2017	2018
245.03	**466.08**	**895.20**	**1080.24**	**1341.07**	**1497.00**	**1705.37**	**1870.63**	**1931.75**	**2078.06**	**2393.69**	**2817.09**
			0.50	**0.56**	**0.64**	**0.69**	**0.79**	**0.95**	**1.09**	**1.14**	**1.30**
199.00	**327.24**	**577.90**	**691.75**	**875.72**	**980.75**	**1129.06**	**1223.03**	**1234.48**	**1338.59**	**1575.25**	**1940.07**
72.12	**82.28**	**122.93**	**128.87**	**136.67**	**148.50**	**156.09**	**166.78**	**163.15**	**153.56**	**164.77**	**183.73**
0.10	4.33	4.70	4.53	5.93	11.48	9.50	12.68	14.42	17.20	20.15	20.86
71.98	77.88	117.40	123.55	130.04	127.94	138.23	147.26	143.06	132.63	141.42	157.01
	0.02	0.03	0.03	0.05	0.03	0.02	0.02	0.01	0.01	0.00	0.01
	0.02	0.04	0.09	0.10		0.01	0.64	1.05	0.08	0.17	0.50
0.04	0.03	0.76	0.66	0.55	0.54	0.08	0.07	0.12	0.18	0.39	1.03
					8.51	8.25	6.12	4.49	3.46	2.64	4.32
		0.01	0.01								
118.75	**220.24**	**321.14**	**373.39**	**509.64**	**597.72**	**715.74**	**782.61**	**718.63**	**773.40**	**959.04**	**1259.16**
0.15	0.27	0.65	0.88	1.13	1.62	2.19	2.99	5.72	9.89	16.97	21.33
0.07	1.28	2.31	2.76	4.21	6.10	7.32	8.36	9.87	14.13	17.53	19.66
0.03	0.50	1.43	1.70	2.41	3.43	4.25	5.43	6.19	8.49	10.87	15.06
0.08	0.26	0.52	0.62	0.81	1.74	1.76	1.81	1.74	1.03	1.06	1.08
1.09	0.56	1.35	1.66	1.96	2.15	2.87	4.55	6.24	18.77	30.76	37.48
	0.09	0.24	0.32	0.47	0.87	1.44	1.82	1.75	3.47	6.26	6.05
	0.03	0.07	0.04	0.09	0.17	0.22	0.21	0.23	0.77	1.45	1.83
	0.11	0.34	0.30	0.44	0.35	0.39	0.50	0.70	1.18	2.26	3.08
	0.04	0.44	0.36	0.55	0.68	0.77	1.08	1.52	1.32	1.73	1.58
0.29	0.55	1.06	1.49	2.27	4.14	5.66	5.96	9.32	10.68	19.55	25.79
0.08	0.19	0.52	0.77	0.84	0.98	1.59	2.13	2.33	2.60	3.42	4.46
		0.11	0.43	0.25	1.65	2.20	2.92	2.86	4.22	7.18	10.39
13.24	17.76	26.72	44.00	68.33	98.89	137.14	142.78	137.99	143.37	191.46	188.17
88.73	142.30	176.84	191.90	257.41	275.34	305.42	320.27	259.18	243.49	266.18	324.93
0.59	0.97	2.35	2.92	3.70	5.01	6.04	6.75	7.25	8.20	9.44	11.47
0.07	0.29	0.29	0.44	0.51	2.20	2.62	3.10	3.07	5.01	6.92	10.94
0.10	0.89	2.05	2.60	3.28	3.82	5.08	6.12	7.66	8.83	11.84	17.12
2.46	23.81	44.62	45.49	63.76	68.72	80.30	92.90	84.03	84.08	105.30	137.65
1.68	9.76	18.81	21.43	28.56	33.12	38.20	43.56	44.05	52.48	59.39	110.44
0.49	3.87	6.73	9.06	13.94	26.05	34.32	42.65	42.52	42.87	50.75	55.87
0.59	0.69	2.47	3.63	4.87	7.32	11.86	14.32	16.25	24.66	31.58	50.20
0.20	1.81	6.06	8.89	10.97	7.26	9.22	9.44	10.93	13.98	15.37	19.35
1.29	3.09	4.67	6.95	7.24	6.55	8.49	10.13	7.57	8.93	11.20	14.97
1.68	4.98	12.18	12.97	18.55	14.01	18.46	22.28	19.26	16.96	22.16	24.01
					10.73	10.91	12.35	12.54	16.44	22.81	92.05
0.79	1.23	3.03	4.63	5.42	5.97	7.56	6.30	4.90	8.10	10.19	12.42
3.35	4.77	4.88	6.27	6.44	6.88	6.96	7.99	7.88	12.04	14.74	26.01
0.02	0.08	0.36	0.54	0.51	0.54	0.65	0.68	0.78	0.93	1.09	0.95
1.69	0.04	0.06	0.34	0.63	0.67	0.91	1.98	2.63	3.85	5.18	3.70
			0.01	0.10	0.20	0.38	0.65	0.99	2.02	3.29	10.46
					0.57	0.56	0.60	0.68	0.63	1.11	0.68
8.14	**24.73**	**133.82**	**189.48**	**229.41**	**234.52**	**257.24**	**273.63**	**352.70**	**411.64**	**451.44**	**497.19**
6.44	17.49	127.91	180.81	215.58	225.02	244.47	262.60	343.66	407.83	446.10	487.32
1.68	7.18	5.79	8.49	13.64	9.32	12.57	10.76	8.79	3.46	4.93	8.87
0.02	0.06	0.12	0.19	0.18	0.18	0.20	0.27	0.26	0.34	0.41	0.99
0.82	**1.49**	**0.97**	**1.16**	**1.28**	**1.26**	**1.98**	**1.88**	**2.16**	**1.95**	**1.80**	**2.49**
8.81	**38.01**	**91.07**	**106.70**	**138.35**	**154.51**	**175.78**	**214.42**	**237.62**	**254.77**	**284.71**	**286.19**
3.44	**10.79**	**23.96**	**27.24**	**33.64**	**38.69**	**39.31**	**46.62**	**51.29**	**53.75**	**57.56**	**60.79**
0.64	**9.12**	**23.64**	**26.00**	**27.14**	**32.88**	**35.61**	**41.31**	**45.44**	**48.17**	**52.95**	**57.87**
32.32	**79.43**	**177.67**	**226.90**	**264.38**	**288.27**	**322.93**	**342.58**	**359.81**	**379.75**	**420.30**	**468.38**

Note: Include the data of Liquefied Natural Gas since 2010.

4-21 分行业电力消费总量

单位：亿千瓦小时

行　　业	Sector	1995
消 费 总 量	**Total Consumption**	**10023.40**
农、林、牧、渔业	**Agriculture, Forestry, Animal Husbandry and Fishery**	**582.42**
工业	**Industry**	**7659.81**
采矿业	**Mining**	**837.66**
煤炭开采和洗选业	Mining and Washing of Coal	392.38
石油和天然气开采业	Extraction of Petroleum and Natural Gas	258.85
黑色金属矿采选业	Mining and Processing of Ferrous Metal Ores	34.28
有色金属矿采选业	Mining and Processing of Non-Ferrous Metal Ores	83.00
非金属矿采选业	Mining and Processing of Nonmetal Ores	52.76
开采专业及辅助性活动	Professional and Support Activities for Mining	
其他采矿业	Mining of Other Ores	16.39
制造业	**Manufacturing**	**5156.10**
农副食品加工业	Processing of Food from Agricultural Products	181.00
食品制造业	Manufacture of Foods	72.15
酒、饮料和精制茶制造业	Manufacture of Liquor, Beverages and Refined Tea	52.62
烟草制品业	Manufacture of Tobacco	17.16
纺织业	Manufacture of Textile	335.22
纺织服装、服饰业	Manufacture of Textile, Wearing Apparel and Accessories	41.22
皮革、毛皮、羽毛及其制品和制鞋业	Manufacture of Leather, Fur, Feather and Related Products and Footwear	42.88
木材加工和木、竹、藤、棕、草制品业	Processing of Timber,Manufacture of Wood,Bamboo,Rattan,Palm, and Straw Products	25.88
家具制造业	Manufacture of Furniture	13.16
造纸和纸制品业	Manufacture of Paper and Paper Products	169.06
印刷和记录媒介复制业	Printing and Reproduction of Recording Media	31.19
文教、工美、体育和娱乐用品制造业	Manufacture of Articles for Culture, Education, Arts and Crafts, Sport and Entertainment Activities	7.09
石油、煤炭及其他燃料加工业	Processing of Petroleum, Coal and Other Fuels	156.06
化学原料和化学制品制造业	Manufacture of Raw Chemical Materials and Chemical Products	1028.05
医药制造业	Manufacture of Medicines	107.46
化学纤维制造业	Manufacture of Chemical Fibers	92.78
橡胶和塑料制品业	Manufacture of Rubber and Plastics Products	125.16
非金属矿物制品业	Manufacture of Non-metallic Mineral Products	599.61
黑色金属冶炼和压延加工业	Smelting and Pressing of Ferrous Metals	905.36
有色金属冶炼和压延加工业	Smelting and Pressing of Non-ferrous Metals	425.61
金属制品业	Manufacture of Metal Products	113.51
通用设备制造业	Manufacture of General Purpose Machinery	136.30
专用设备制造业	Manufacture of Special Purpose Machinery	97.67
汽车制造业	Manufacture of Automobiles	154.63
铁路、船舶、航空航天和其他运输设备制造业	Manufacture of Railway, Ship, Aerospace and Other Transport Equipments	
电气机械和器材制造业	Manufacture of Electrical Machinery and Apparatus	64.96
计算机、通信和其他电子设备制造业	Manufacture of Computers, Communication and Other Electronic Equipment	38.64
仪器仪表制造业	Manufacture of Measuring Instruments and Machinery	17.12
其他制造业	Other Manufacture	104.55
废弃资源综合利用业	Utilization of Waste Resources	
金属制品、机械和设备修理业	Repair Service of Metal Products, Machinery and Equipment	
电力、热力、燃气及水生产和供应业	**Production and Supply of Electricity, Gas and Water**	**1666.05**
电力、热力生产和供应业	Production and Supply of Electric Power and Heat Power	1539.76
燃气生产和供应业	Production and Supply of Gas	10.83
水的生产和供应业	Production and Supply of Water	115.46
建筑业	**Construction**	**159.62**
交通运输、仓储和邮政业	**Transport, Storage and Post**	**182.30**
批发和零售业、住宿和餐饮业	**Wholesale and Retail Trades, Hotels and Catering Services**	**199.47**
其他	**Others**	**234.20**
居民生活	**Residential**	**1005.58**

Total Electricity Consumption by Sector

(10[8] kW • h)

2000	2005	2009	2010	2011	2012	2013	2014	2015	2016	2017	2018
13472.38	**24940.32**	**37032.14**	**41934.49**	**47000.88**	**49762.64**	**54203.41**	**57829.69**	**58019.98**	**61205.09**	**65913.97**	**71508.20**
532.96	**776.33**	**939.90**	**976.49**	**1012.90**	**1012.57**	**1026.87**	**1013.39**	**1039.83**	**1091.91**	**1175.12**	**1242.53**
10004.62	**18521.69**	**26854.49**	**30871.77**	**34691.55**	**36232.21**	**39236.88**	**42248.71**	**41549.99**	**42996.89**	**46052.84**	**49094.91**
993.71	**1480.34**	**1761.77**	**1940.39**	**2245.23**	**2391.90**	**2573.16**	**2594.80**	**2377.66**	**2290.86**	**2403.62**	**2577.04**
417.16	589.53	691.13	751.67	818.57	879.14	955.77	939.66	883.79	847.04	881.57	906.28
321.64	385.35	333.34	347.90	374.81	396.81	414.36	431.98	459.26	463.18	454.06	417.33
63.46	205.63	289.73	361.33	436.58	438.42	469.69	468.79	344.82	315.14	374.11	388.26
80.79	157.66	215.72	258.71	311.97	327.82	351.56	351.79	325.26	306.76	326.11	379.48
84.83	114.14	155.26	155.26	214.27	224.23	240.79	241.50	225.74	224.75	228.93	250.76
					28.56	24.60	27.96	25.72	23.11	23.87	39.95
25.84	28.04	76.59	65.52	89.03	96.92	116.39	133.13	113.08	110.88	114.96	194.99
6731.44	**13126.01**	**19685.98**	**22870.00**	**25526.84**	**26822.46**	**28987.01**	**31640.98**	**31178.10**	**32131.97**	**34687.63**	**36935.83**
161.24	253.35	389.32	424.36	471.04	526.15	574.03	611.92	641.29	672.07	716.29	763.86
98.83	114.81	166.54	184.69	198.18	220.97	230.47	230.47	239.46	255.50	263.34	277.38
58.98	76.55	117.03	132.34	145.57	155.76	167.60	159.89	162.13	162.78	156.37	169.23
32.85	35.86	41.70	45.88	51.84	51.22	53.73	52.44	52.75	51.96	51.96	52.81
370.42	823.57	1147.50	1276.74	1378.82	1448.70	1532.86	1541.18	1561.63	1592.73	1684.90	1748.42
49.07	87.60	132.54	151.58	163.70	198.42	214.23	213.03	216.93	227.52	215.83	233.18
27.12	54.85	78.45	89.72	88.37	151.03	151.81	151.43	158.23	153.61	147.25	157.66
32.24	105.57	191.53	212.21	236.15	264.08	268.93	264.40	254.36	251.17	245.28	269.86
12.48	24.28	35.59	44.49	45.83	45.83	49.55	88.90	92.78	95.94	98.60	108.84
237.41	407.73	482.73	535.44	580.38	579.00	599.23	632.26	634.92	675.81	712.37	728.24
31.21	60.71	83.01	95.45	102.50	107.12	110.38	111.34	111.98	115.60	121.32	126.27
20.81	42.54	48.09	48.09	61.79	64.11	69.12	72.89	73.11	77.07	82.58	88.42
245.60	313.49	475.07	565.34	607.06	594.92	677.49	718.82	779.92	836.08	946.44	1114.43
1153.74	2129.77	2907.12	3144.93	3528.32	3936.15	4341.38	4627.78	4754.04	4874.63	5122.26	5449.17
88.36	153.21	188.99	222.58	240.88	257.25	283.06	302.33	315.19	337.18	364.77	385.74
194.79	233.20	269.93	298.86	322.36	329.53	349.66	351.62	362.05	390.28	425.47	437.68
219.56	531.71	740.57	862.99	891.32	1024.57	1098.91	1170.61	1174.69	1238.36	1349.35	1376.17
763.74	1419.51	2126.16	2448.48	2917.93	2951.26	3148.49	3324.42	3105.42	3187.99	3305.08	3506.40
1121.08	2550.47	4020.52	4611.61	5248.27	5220.52	5704.23	5795.60	5332.61	5281.67	5583.54	6142.36
697.58	1473.10	2576.15	3129.09	3501.80	3819.08	4113.91	5649.37	5505.48	5671.42	6373.46	6698.08
196.30	507.25	744.40	960.72	959.48	1037.58	1213.22	1302.60	1264.19	1370.68	1848.37	1623.17
160.77	344.77	502.04	621.03	714.18	699.90	746.09	791.90	774.40	828.61	913.95	993.56
94.49	182.90	256.94	317.83	361.84	388.42	409.24	442.83	430.99	418.15	423.87	450.83
203.42	300.72	565.40	790.29	861.41	586.63	673.68	731.32	769.06	834.70	885.42	1006.19
					232.15	211.15	180.54	182.75	174.68	174.51	166.83
90.68	245.80	423.49	508.19	584.42	613.64	650.46	684.60	706.17	736.53	745.59	802.04
125.88	327.89	558.96	670.76	737.83	765.87	808.76	870.71	938.62	1004.23	1106.77	1391.21
25.37	42.52	68.54	85.83	83.70	81.14	83.41	84.71	87.40	86.41	88.69	83.37
217.42	275.62	335.49	376.40	424.25	437.98	416.24	440.69	455.89	478.78	482.13	519.01
	6.66	12.15	14.10	17.62	20.27	23.51	29.76	29.88	39.35	37.15	47.74
					13.23	12.20	10.61	9.79	10.48	14.71	17.70
2279.47	**3915.34**	**5406.74**	**6061.38**	**6919.48**	**7017.84**	**7676.71**	**8012.93**	**7994.23**	**8574.06**	**8961.59**	**9582.05**
2094.11	3698.28	5079.98	5687.51	6512.12	6566.61	7183.50	7486.67	7434.60	7977.42	8292.15	8886.95
34.41	29.86	70.23	82.87	90.21	108.90	131.24	138.79	148.37	156.75	182.68	173.62
150.94	187.20	256.53	291.00	317.15	342.33	361.97	387.47	411.26	439.89	486.77	521.48
159.77	**233.93**	**421.90**	**483.24**	**571.82**	**608.40**	**675.07**	**721.67**	**698.67**	**725.62**	**789.22**	**887.82**
281.20	**430.34**	**617.01**	**734.53**	**848.42**	**915.37**	**1000.92**	**1059.24**	**1125.61**	**1251.49**	**1417.98**	**1608.50**
418.68	**752.31**	**1136.77**	**1292.00**	**1503.08**	**1691.49**	**1876.89**	**1995.60**	**2122.04**	**2323.78**	**2526.65**	**2900.40**
623.20	**1340.91**	**2189.92**	**2451.83**	**2753.05**	**3083.64**	**3397.62**	**3614.98**	**3918.63**	**4394.80**	**4880.59**	**5716.49**
1451.95	**2884.81**	**4872.16**	**5124.63**	**5620.06**	**6218.96**	**6989.16**	**7176.10**	**7565.21**	**8420.60**	**9071.57**	**10057.55**

4-22 分地区分品种能源消费量-2015

地 区	Region	能源消费总量(万吨标准煤) Total Energy Consumption (10^4 tce)	煤炭(万吨) Coal (10^4 tons)	焦炭(万吨) Coke (10^4 tons)	石油(万吨) Petroleum (10^4 tons)	原油(万吨) Crude Oil (10^4 tons)
北 京	Beijing	6803	1165.18	0.44	1583.81	991.54
天 津	Tianjin	8319	4538.83	904.69	1772.35	1616.72
河 北	Hebei	31037	31700.50	7905.60	1296.63	1666.82
山 西	Shanxi	19029	43880.62	2083.43	739.99	
内蒙古	Inner Mongolia	18784	36283.33	1532.74	869.24	383.67
辽 宁	Liaoning	21362	17028.08	3187.56	4464.94	6439.87
吉 林	Jilin	7020	8632.01	532.82	961.09	960.34
黑龙江	Heilongjiang	11104	12465.43	185.68	1667.76	1637.88
上 海	Shanghai	10931	4728.13	630.75	3100.03	2526.11
江 苏	Jiangsu	30374	27209.12	3588.61	3087.80	3823.20
浙 江	Zhejiang	19610	13826.07	427.59	2970.21	2846.84
安 徽	Anhui	12301	15673.49	1164.77	1368.61	690.59
福 建	Fujian	11863	7659.95	625.60	2071.71	2164.85
江 西	Jiangxi	8423	7658.74	891.70	1025.97	555.96
山 东	Shandong	39332	43515.90	3813.46	3813.09	8607.02
河 南	Henan	22343	24253.68	1414.15	2053.70	606.37
湖 北	Hubei	15477	11035.08	1030.01	2384.17	1299.01
湖 南	Hunan	14514	10228.90	1145.05	1734.45	878.46
广 东	Guangdong	30117	16587.32	543.02	5619.24	4899.60
广 西	Guangxi	9806	6094.82	1000.12	1094.60	1428.77
海 南	Hainan	1916	1071.92		451.67	1116.11
重 庆	Chongqing	7747	5047.19	169.91	793.06	
四 川	Sichuan	18306	8824.34	1152.08	2408.68	989.56
贵 州	Guizhou	9344	12956.77	310.42	838.88	0.02
云 南	Yunnan	10425	7756.37	874.33	1168.99	0.03
西 藏	Tibet					
陕 西	Shaanxi	11746	18373.61	960.47	1028.71	2101.10
甘 肃	Gansu	7489	6585.06	590.00	864.37	1446.50
青 海	Qinghai	4125	1508.12	249.21	261.43	154.33
宁 夏	Ningxia	5438	8928.41	488.53	260.70	477.12
新 疆	Xinjiang	15666	18119.78	748.59	1375.04	2489.49

注：西藏自治区数据暂缺。

Energy Consumption by Region-2015

汽油 (万吨) Gasoline (10^4 tons)	煤油 (万吨) Kerosene (10^4 tons)	柴油 (万吨) Diesel Oil (10^4 tons)	燃料油 (万吨) Fuel Oil (10^4 tons)	液化石油气 (万吨) Liquified Petroleum Gas (10^4 tons)	天然气 (亿立方米) Natural Gas (10^8 cu.m)	电力 (亿千瓦小时) Electricity (10^8 kW•h)
462.75	544.38	182.35	4.91	51.15	146.88	951.25
267.22	65.78	390.57	94.14	53.58	63.98	851.13
405.32	8.24	484.18	51.73	89.92	72.97	3175.66
204.30	26.51	486.45	0.61	12.17	64.92	1737.21
305.76	32.60	475.13	10.60	11.14	39.15	2542.86
826.30	29.97	1109.26	246.24	198.06	55.35	1984.89
167.90	22.33	343.43	30.86	51.82	20.65	651.96
409.97	68.46	563.67	114.69	142.35	35.82	868.98
467.04	511.45	448.87	539.72	136.17	77.41	1405.56
1003.89	84.85	819.38	143.73	106.66	165.02	5114.70
754.05	113.52	968.37	326.26	358.92	80.35	3553.90
456.60	14.08	611.80	13.44	96.84	34.83	1639.79
465.09	111.81	445.30	174.86	63.24	45.38	1851.86
284.00	10.12	537.51	17.59	60.52	18.02	1087.25
636.19	98.50	1191.85	3247.01	263.37	82.32	5414.19
682.10	67.76	862.41	39.03	127.41	87.14	3366.60
716.92	79.87	817.31	109.27	153.26	40.26	1882.32
514.65	51.76	686.60	92.81	93.07	26.53	1447.64
1229.09	275.02	1587.87	403.47	736.06	145.16	5310.69
270.89	56.36	485.34	24.10	91.32	8.37	1389.83
89.32	85.69	93.14	31.93	59.03	45.65	272.36
199.98	66.63	491.21	13.90	20.18	88.37	875.37
767.06	194.76	842.41	24.91	74.76	196.92	2013.42
290.47	31.50	453.96	0.42	14.09	13.32	1174.21
368.35	82.39	596.17	2.51	40.81	6.34	1438.61
243.51	34.48	409.39	13.81	22.82	92.35	1234.34
171.20	5.86	299.50	4.97	9.19	26.04	1098.72
44.96	0.01	114.53	0.03	9.12	44.38	658.00
37.08	0.02	119.25	50.83	17.38	20.05	878.33
234.82	46.93	537.18	1.76	31.37	136.82	2190.68

Note: Data of Tibet is unavailable yet.

4-23 分地区分品种能源消费量-2016

地　区	Region	能源消费总量（万吨标准煤）Total Energy Consumption (10^4 tce)	煤炭（万吨）Coal (10^4 tons)	焦炭（万吨）Coke (10^4 tons)	石油（万吨）Petroleum (10^4 tons)	原油（万吨）Crude Oil (10^4 tons)
北　京	Beijing	6917	847.62	0.21	1578.47	821.00
天　津	Tianjin	8078	4230.16	887.29	1658.89	1433.60
河　北	Hebei	31458	30863.50	8294.90	1370.50	1761.93
山　西	Shanxi	18974	43566.14	1898.10	749.76	
内蒙古	Inner Mongolia	19310	36460.55	1635.40	895.58	419.55
辽　宁	Liaoning	20847	16943.70	2993.06	4303.59	7057.00
吉　林	Jilin	6886	8349.29	477.62	955.15	1051.29
黑龙江	Heilongjiang	11070	12741.39	184.19	1607.67	1861.64
上　海	Shanghai	11242	4625.62	596.95	3273.73	2474.23
江　苏	Jiangsu	31210	28048.13	3840.21	3193.09	4092.04
浙　江	Zhejiang	20276	13948.49	329.47	2909.03	2667.35
安　徽	Anhui	12663	15706.17	1164.64	1426.65	539.21
福　建	Fujian	12036	6826.50	608.65	2022.82	2089.38
江　西	Jiangxi	8730	7533.19	839.82	1077.29	725.75
山　东	Shandong	40138	42160.40	3718.36	3904.80	10203.42
河　南	Henan	22323	23662.33	1341.97	2210.06	685.33
湖　北	Hubei	15897	10739.77	1095.31	2526.09	1239.61
湖　南	Hunan	14845	10768.56	960.50	1844.17	841.60
广　东	Guangdong	31211	16135.29	782.54	5942.09	5044.45
广　西	Guangxi	10110	6403.86	1020.96	1232.72	1340.43
海　南	Hainan	1984	1015.31		447.63	1118.66
重　庆	Chongqing	7982	4854.37	384.31	864.08	
四　川	Sichuan	18756	8467.99	1129.38	2474.60	902.77
贵　州	Guizhou	9606	13678.92	253.42	864.44	0.02
云　南	Yunnan	10726	7481.48	907.09	1234.00	0.04
西　藏	Tibet					
陕　西	Shaanxi	12146	19392.24	830.38	838.93	1823.86
甘　肃	Gansu	7300	6348.40	503.86	897.79	1367.29
青　海	Qinghai	4101	1962.40	228.44	300.43	149.45
宁　夏	Ningxia	5591	8680.01	450.61	266.06	576.35
新　疆	Xinjiang	16302	19245.92	801.03	1477.58	2452.80

注：西藏自治区数据暂缺。

Energy Consumption by Region-2016

汽油 (万吨) Gasoline (10^4 tons)	煤油 (万吨) Kerosene (10^4 tons)	柴油 (万吨) Diesel Oil (10^4 tons)	燃料油 (万吨) Fuel Oil (10^4 tons)	液化石油气 (万吨) Liquified Petroleum Gas (10^4 tons)	天然气 (亿立方米) Natural Gas (10^8 cu.m)	电力 (亿千瓦小时) Electricity (10^8 kW•h)
470.37	594.27	172.69	4.64	49.47	162.31	1020.25
274.79	82.02	371.76	45.33	46.82	74.53	861.60
434.86	11.46	503.59	53.70	85.66	80.95	3227.83
210.29	26.96	501.11	0.60	15.92	69.35	1797.18
353.24	34.96	426.62	3.27	36.36	45.06	2605.13
815.49	38.99	1008.72	305.07	191.47	50.63	2083.11
175.36	20.41	348.33	38.05	48.98	23.00	667.63
333.69	78.56	354.64	94.37	124.49	38.04	896.61
480.82	585.82	446.28	586.96	108.07	79.04	1486.02
1027.31	90.58	821.31	151.60	108.24	172.73	5458.95
796.92	127.40	881.91	381.29	363.78	87.79	3873.19
509.87	15.98	622.69	21.21	101.68	39.18	1794.98
494.76	124.22	429.53	178.23	62.61	48.55	1968.58
313.63	12.48	546.71	15.05	62.48	20.04	1182.50
654.21	115.23	1197.86	4511.20	439.79	98.61	5919.79
700.29	74.00	928.12	38.66	147.00	90.38	3402.59
743.19	96.97	865.85	117.83	164.54	41.50	1960.38
575.76	55.43	712.98	94.05	99.10	26.86	1495.65
1502.44	292.17	1676.09	456.88	758.16	167.79	5610.13
335.03	62.51	538.43	10.54	92.52	15.37	1449.96
97.09	105.76	83.10	13.32	55.97	40.85	287.31
219.05	80.97	514.22	13.91	21.22	89.32	918.78
800.62	210.00	862.64	69.61	68.13	202.69	2101.02
313.65	38.64	440.49	0.52	14.54	17.11	1241.76
391.03	102.96	610.50	1.11	42.69	7.71	1410.52
257.31	30.03	409.63	12.35	28.79	98.22	1473.11
210.55	8.16	305.95	3.33	11.07	26.40	1065.15
56.00	0.01	128.92	0.10	9.86	46.25	637.51
23.19	0.02	115.40	82.15	45.26	22.40	886.91
245.89	57.08	546.57	0.99	38.83	130.64	2362.58

Note: Data of Tibet is unavailable yet.

4-24 分地区分品种能源消费量-2017

地 区	Region	能源消费总量 (万吨标准煤) Total Energy Consumption (10^4 tce)	煤炭 (万吨) Coal (10^4 tons)	焦炭 (万吨) Coke (10^4 tons)	石油 (万吨) Petroleum (10^4 tons)	原油 (万吨) Crude Oil (10^4 tons)
北 京	Beijing	7088	490.46	0.18	1655.85	892.54
天 津	Tianjin	7832	3875.61	808.70	1565.34	1624.85
河 北	Hebei	32083	30174.50	8700.26	1384.24	1542.17
山 西	Shanxi	19581	45916.08	1958.27	809.90	
内蒙古	Inner Mongolia	19763	38372.19	1669.24	988.52	452.25
辽 宁	Liaoning	21365	17587.17	3089.27	4419.29	7133.87
吉 林	Jilin	6881	8270.55	476.07	1019.08	1026.83
黑龙江	Heilongjiang	11258	12891.15	214.76	1412.95	1670.07
上 海	Shanghai	11382	4577.84	592.31	3372.95	2492.77
江 苏	Jiangsu	31602	26620.03	4070.64	3130.51	3866.06
浙 江	Zhejiang	21030	14262.04	320.17	2870.71	3038.65
安 徽	Anhui	13019	16082.22	1048.94	1565.86	751.59
福 建	Fujian	12555	7426.08	660.10	2126.35	2083.69
江 西	Jiangxi	8972	7671.45	862.33	1130.34	699.38
山 东	Shandong	40098	42003.58	3333.60	4040.32	11487.18
河 南	Henan	22162	22976.12	1233.39	2224.87	650.45
湖 北	Hubei	16180	10721.23	1062.32	2601.16	1428.91
湖 南	Hunan	15200	11018.50	947.57	1848.79	770.12
广 东	Guangdong	32309	17172.10	940.96	6211.76	5209.32
广 西	Guangxi	10456	6617.64	1088.52	1250.09	1563.03
海 南	Hainan	2080	1099.34	0.02	459.48	979.99
重 庆	Chongqing	8279	5290.31	162.28	907.16	
四 川	Sichuan	19229	7815.38	1127.09	2579.66	956.37
贵 州	Guizhou	9846	13634.10	214.90	987.46	
云 南	Yunnan	11164	7396.26	952.31	1343.96	401.96
西 藏	Tibet					
陕 西	Shaanxi	12549	20065.40	829.60	775.51	1853.57
甘 肃	Gansu	7504	6336.36	457.89	913.74	1460.11
青 海	Qinghai	4193	1747.01	219.00	344.38	152.53
宁 夏	Ningxia	6461	11046.20	524.01	258.99	591.37
新 疆	Xinjiang	17386	20437.23	1003.89	1554.78	2532.00

注：西藏自治区数据暂缺。

Energy Consumption by Region-2017

汽油 (万吨) Gasoline (10^4 tons)	煤油 (万吨) Kerosene (10^4 tons)	柴油 (万吨) Diesel Oil (10^4 tons)	燃料油 (万吨) Fuel Oil (10^4 tons)	液化石油气 (万吨) Liquified Petroleum Gas (10^4 tons)	天然气 (亿立方米) Natural Gas (10^8 cu.m)	电力 (亿千瓦小时) Electricity (10^8 kW•h)
489.85	644.00	175.11	2.81	48.58	164.56	1066.88
274.16	101.50	349.11	40.68	56.53	83.31	857.00
380.39	27.56	526.81	43.13	55.88	95.12	3579.67
233.86	32.29	530.46	0.47	20.81	74.90	1990.62
357.05	42.87	439.20	3.74	54.52	52.04	2891.87
792.10	44.37	1032.56	304.99	232.54	62.05	2173.36
188.51	29.55	343.37	29.08	45.13	24.91	702.98
385.19	87.55	338.16	71.65	163.62	40.56	928.56
485.18	652.30	441.49	672.44	102.57	83.23	1526.77
1047.25	105.37	862.43	246.02	103.84	237.69	5807.89
858.97	147.81	831.97	398.32	342.60	104.93	4192.63
574.66	15.53	631.56	22.81	109.76	44.37	1921.48
531.87	140.86	433.74	154.09	60.28	50.16	2112.72
351.52	15.82	556.60	11.95	76.26	21.73	1293.98
655.99	113.01	1320.78	4686.43	366.49	126.91	6297.16
740.64	72.36	972.82	27.91	161.82	100.17	3385.93
749.17	112.00	868.27	123.02	176.22	52.50	2021.05
642.02	60.75	662.19	93.57	106.33	27.07	1581.51
1529.91	299.89	1668.45	348.52	794.07	182.38	5958.97
356.97	50.95	535.01	10.45	88.65	16.76	1528.56
104.50	114.68	84.67	13.99	39.67	42.98	304.95
232.65	83.44	542.31	14.25	21.98	95.24	992.63
828.14	205.94	888.45	65.54	90.03	216.26	2205.18
380.41	48.57	480.92	0.32	15.16	17.73	1384.89
395.84	113.82	610.83	0.57	43.44	9.69	1538.10
277.42	50.00	373.81	19.46	28.94	103.16	1600.13
211.28	8.02	304.26	2.87	11.05	28.91	1164.37
60.05	0.02	152.26	0.22	10.72	49.56	687.02
21.00	0.01	120.20	87.37	62.46	19.99	978.30
282.06	78.04	600.92	0.37	56.47	122.49	2575.84

Note: Data of Tibet is unavailable yet.

4-25 分地区分品种能源消费量-2018

地区	Region	能源消费总量 (万吨标准煤) Total Energy Consumption (10^4 tce)	煤炭 (万吨) Coal (10^4 tons)	焦炭 (万吨) Coke (10^4 tons)	石油 (万吨) Petroleum (10^4 tons)	原油 (万吨) Crude Oil (10^4 tons)
北京	Beijing	7270	276.19	0.01	1707.22	911.78
天津	Tianjin	7973	3832.89	867.23	1522.54	1688.23
河北	Hebei	32185	29593.75	9341.63	1460.40	1704.43
山西	Shanxi	20199	48940.14	2385.72	772.64	
内蒙古	Inner Mongolia	23068	44138.47	2125.06	940.18	362.35
辽宁	Liaoning	22321	17904.40	3279.64	4543.68	8202.50
吉林	Jilin	7000	8553.18	592.83	1015.98	935.80
黑龙江	Heilongjiang	11436	13370.83	327.74	1433.46	1552.63
上海	Shanghai	11454	4420.62	621.28	3318.48	2309.12
江苏	Jiangsu	31635	25407.28	4052.63	3275.25	4067.87
浙江	Zhejiang	21675	14180.08	323.05	2612.40	2769.88
安徽	Anhui	13295	16673.06	1104.44	1545.72	728.34
福建	Fujian	13131	8558.85	781.86	2075.16	2144.17
江西	Jiangxi	9286	7877.77	918.13	1199.99	768.00
山东	Shandong	40581	42319.48	3509.52	4229.28	13035.48
河南	Henan	22659	22332.79	1423.42	2375.28	828.75
湖北	Hubei	16682	11100.11	1131.70	2706.68	1420.68
湖南	Hunan	15544	10922.31	970.67	1990.71	949.70
广东	Guangdong	33330	17067.51	933.17	6442.55	5920.91
广西	Guangxi	10823	7339.78	1023.08	1226.98	1599.33
海南	Hainan	2170	1162.67	0.03	486.63	1060.85
重庆	Chongqing	8557	5129.52	266.86	918.10	
四川	Sichuan	19916	7495.78	1165.88	2549.03	719.82
贵州	Guizhou	10036	12008.04	209.54	1136.83	
云南	Yunnan	11590	7402.33	1064.75	1391.40	1010.03
西藏	Tibet					
陕西	Shaanxi	12900	19395.89	769.12	778.29	1864.17
甘肃	Gansu	7823	6819.03	476.83	906.08	1453.98
青海	Qinghai	4364	1639.64	233.12	315.68	142.51
宁夏	Ningxia	7100	12711.22	578.06	336.55	448.70
新疆	Xinjiang	17694	21790.02	995.29	1518.75	2404.54

注：西藏自治区数据暂缺。

Energy Consumption by Region-2018

汽油 (万吨) Gasoline (10^4 tons)	煤油 (万吨) Kerosene (10^4 tons)	柴油 (万吨) Diesel Oil (10^4 tons)	燃料油 (万吨) Fuel Oil (10^4 tons)	液化石油气 (万吨) Liquefied Petroleum Gas (10^4 tons)	天然气 (亿立方米) Natural Gas (10^8 cu.m)	电力 (亿千瓦小时) Electricity (10^8 kW•h)
493.60	691.03	178.78	1.54	36.09	187.88	1142.38
273.65	108.92	326.06	46.99	63.75	104.03	939.23
489.83	27.65	441.96	121.36	60.97	133.07	3981.00
235.24	36.26	489.26	0.54	9.72	75.21	2275.66
352.99	46.85	430.53	2.54	55.51	61.97	3353.44
856.85	51.48	1040.93	216.88	241.65	73.16	2392.14
204.68	32.58	364.61	25.79	36.51	29.71	750.57
393.15	64.01	353.08	43.11	106.63	43.84	973.88
494.01	701.64	439.49	658.22	104.99	93.49	1566.66
1073.12	113.23	881.47	247.11	98.32	276.21	6128.27
862.20	163.65	761.97	304.08	297.98	134.91	4532.82
626.42	15.48	653.40	22.14	93.52	53.01	2135.07
547.86	165.30	438.90	176.13	57.94	51.92	2313.82
374.50	17.93	588.21	11.74	78.75	25.93	1428.77
690.08	120.27	1273.74	2376.40	191.56	156.33	6581.04
761.76	81.89	993.80	31.68	219.11	106.31	3660.03
784.54	116.26	895.35	129.43	195.41	62.70	2166.31
718.92	63.17	649.29	90.44	111.73	30.47	1745.25
1555.09	306.49	1672.51	333.77	834.85	190.64	6323.35
334.15	52.20	486.67	16.28	84.23	22.68	1742.81
107.58	128.16	90.04	6.01	32.48	44.27	326.82
358.96	94.93	411.42	16.18	25.21	99.50	1114.47
874.13	209.47	902.12	33.33	52.91	237.00	2459.49
437.87	56.68	571.07	0.40	22.33	30.82	1482.12
426.64	122.56	628.65	1.77	45.34	13.00	1679.08
298.34	77.96	400.54	28.09	33.76	105.52	1744.24
202.48	9.80	289.55	3.84	15.54	31.17	1289.52
62.08	0.02	159.36	0.18	9.09	51.25	738.34
18.77	0.02	117.63	80.48	82.89	20.96	1064.85
297.83	66.30	577.68	0.48	49.47	130.85	2817.04

Note: Data of Tibet is unavailable yet.

五、全国能源平衡表

Chapter 5　Energy Balance Table of China

5-1 全国能源平衡表(实物量) -2014

项 目	Item	煤合计 (万吨) Coal Total (10^4 tons)	原煤 (万吨) Raw Coal (10^4 tons)
一. 可供本地区消费的能源量	**Total Primary Energy Supply**	**411833.50**	**412623.95**
1. 一次能源生产量	Indigenous Production	387391.90	387391.90
水电	Hydro Power		
核电	Nuclear Power		
风电	Wind Power		
2. 进口量	Import	29121.99	29118.24
3. 境内飞机和轮船在境外的加油量	Domestic Airplanes&Ships Refueling Abroad		
4. 出口量(-)	Export (-)	574.15	560.41
5. 境外飞机和轮船在境内的加油量(-)	Oversea Airplanes&Ships Refueling Domestically (-)		
6. 库存增(-)、减(+)量	Stock Change	-4106.24	-3325.78
二. 加工转换投入(-)产出(+)量	**Input(-) & Output(+) of Transformation**	**-300829.68**	**-320734.50**
1. 火力发电	Thermal Power	-189525.30	-186945.91
2. 供热	Heating Supply	-22444.93	-21719.56
3. 煤炭洗选	Coal Washing	-22875.19	-102167.32
4. 炼焦	Coking	-63943.87	-8572.46
5. 炼油及煤制油	Petroleum Refining and Coal-to-liquids	-650.30	-458.87
#油品再投入量(-)	Petroleum Products Input (-)		
6. 制气	Gas Works	-858.44	-698.14
#焦炭再投入量(-)	Coke Input (-)		
7. 天然气液化	Natural Gas Liquefaction		
8. 煤制品加工	Briquettes	-531.66	-172.24
9. 回收能	Recovery of Energy		
三. 损失量	**Loss**		
四. 终端消费量	**Total Final Consumption**	**112803.81**	**93593.75**
1. 农、林、牧、渔业	Agriculture, Forestry, Animal Husbandry and Fishery	2478.77	2434.08
2. 工业	Industry	91737.74	74333.72
#用作原料、材料	Non-Energy Use	9882.29	8734.39
3. 建筑业	Construction	913.60	886.76
4. 交通运输、仓储和邮政业	Transport, Storage and Post	557.97	516.19
5. 批发和零售业、住宿和餐饮业	Wholesale and Retail Trades, Hotels and Catering Services	3767.01	3663.47
6. 其他	Others	4045.50	3922.70
7. 居民生活	Residential	9303.22	7836.83
城镇	Urban	1441.87	1016.55
乡村	Rural	7861.35	6820.28
五. 平衡差额	**Statistical Difference**	**-1799.99**	**-1704.30**
六. 消费量合计	**Total Energy Consumption**	**413633.49**	**414328.25**

Energy Balance of China (Physical Quantity) -2014

洗精煤 (万吨) Cleaned Coal (10^4 tons)	其他洗煤 (万吨) Other Washed Coal (10^4 tons)	煤制品 (万吨) Briquettes (10^4 tons)	煤矸石 (万吨) Gangue (10^4 tons)	焦炭 (万吨) Coke (10^4 tons)	焦炉煤气 (亿立方米) Coke Oven Gas (10^8 cu.m)	高炉煤气 (亿立方米) Blast Furnace Gas (10^8 cu.m)	转炉煤气 (亿立方米) Converter Gas (10^8 cu.m)	其他煤气 (亿立方米) Other Gas (10^8 cu.m)
-363.10	**-416.86**	**-10.49**		**-1086.56**				
		3.75		0.18				
		13.74		850.74				
-363.10	-416.86	-0.50		-236.00				
6281.08	**11699.15**	**1924.58**	**-17.02**	**47685.04**	**629.69**	**5731.55**	**346.52**	**134.95**
-32.17	-2547.22		-3182.96	-49.94	-166.21	-1432.82	-106.46	-1.16
-39.07	-686.30		-824.12	-213.04	-61.68	-684.82	-57.97	-0.28
61976.40	17315.73		3990.06					
-55290.19	-81.22			47844.31	849.58			
-179.90	-11.53							
-153.99	-6.31			136.55	8.00			136.39
				-32.84				
	-2284.00	1924.58						
						7849.19	510.95	
6111.08	**11191.90**	**1907.08**		**46589.12**	**629.33**	**5715.56**	**343.70**	**132.55**
	44.69			34.85				
6094.71	9978.95	1330.36		46453.78	589.56	5715.56	343.70	64.20
661.89	363.23	122.79		1858.15	10.54			
6.81	20.03			9.69				
9.56	32.22			2.70				
	68.98	34.56		46.58	0.83			7.59
	109.95	12.85		5.10	2.76			
	937.09	529.31		36.43	36.18			60.76
	254.30	171.02		15.28	36.18			60.64
	682.79	358.28		21.14				0.12
-193.10	**90.39**	**7.01**	**-17.02**	**9.36**	**0.36**	**15.99**	**2.82**	**2.40**
61806.40	**16808.48**	**1907.08**	**4007.08**	**46884.94**	**857.22**	**7833.20**	**508.13**	**133.99**

5-1 续表 1

项　目	Item	其他焦化产品 (万吨) Other Coking Products (10^4 tons)	油品合计 (万吨) Petroleum Products Total (10^4 tons)
一. 可供本地区消费的能源量	**Total Primary Energy Supply**		**52061.79**
1. 一次能源生产量	Indigenous Production		21142.92
水电	Hydro Power		
核电	Nuclear Power		
风电	Wind Power		
2. 进口量	Import		35503.37
3. 境内飞机和轮船在境外的加油量	Domestic Airplanes&Ships Refueling Abroad		676.27
4. 出口量(-)	Export (-)		3479.04
5. 境外飞机和轮船在境内的加油量(-)	Oversea Airplanes&Ships Refueling Domestically (-)		734.88
6. 库存增(-)、减(+)量	Stock Change		-1046.85
二. 加工转换投入(-)产出(+)量	**Input(-) & Output(+) of Transformation**	**1098.70**	**-2440.00**
1. 火力发电	Thermal Power		-254.09
2. 供热	Heating Supply		-521.30
3. 煤炭洗选	Coal Washing		
4. 炼焦	Coking	1143.77	
5. 炼油及煤制油	Petroleum Refining and Coal-to-liquids	-59.13	5982.75
#油品再投入量(-)	Petroleum Products Input (-)		-7647.36
6. 制气	Gas Works	28.48	
#焦炭再投入量(-)	Coke Input (-)	-14.42	
7. 天然气液化	Natural Gas Liquefaction		
8. 煤制品加工	Briquettes		
9. 回收能	Recovery of Energy		
三. 损失量	**Loss**		**110.33**
四. 终端消费量	**Total Final Consumption**	**1095.71**	**49309.03**
1. 农、林、牧、渔业	Agriculture, Forestry, Animal Husbandry and Fishery		1717.67
2. 工业	Industry	1095.71	15854.48
#用作原料、材料	Non-Energy Use	484.33	8674.84
3. 建筑业	Construction		3205.28
4. 交通运输、仓储和邮政业	Transport, Storage and Post		19511.14
5. 批发和零售业、住宿和餐饮业	Wholesale and Retail Trades, Hotels and Catering Services		563.22
6. 其他	Others		3152.03
7. 居民生活	Residential		5305.22
城镇	Urban		3685.08
乡村	Rural		1620.14
五. 平衡差额	**Statistical Difference**	**2.99**	**202.43**
六. 消费量合计	**Total Energy Consumption**	**1169.26**	**51859.36**

Continued 1

原油 (万吨) Crude Oil (10^4 tons)	汽油 (万吨) Gasoline (10^4 tons)	煤油 (万吨) Kerosene (10^4 tons)	柴油 (万吨) Diesel Oil (10^4 tons)	燃料油 (万吨) Fuel Oil (10^4 tons)	石脑油 (万吨) Naphtha (10^4 tons)	润滑油 (万吨) Lubricants (10^4 tons)	石蜡 (万吨) Paraffin Waxes (10^4 tons)	溶剂油 (万吨) White Spirit (10^4 tons)
51744.64	**-1259.16**	**-744.58**	**-462.48**	**860.23**	**274.51**	**19.20**	**-41.29**	**1.68**
21142.92								
30837.39	3.38	414.12	47.37	1784.56	369.72	31.77	7.64	2.39
		306.85	7.67	361.75				
60.02	507.53	1066.50	410.47	947.69	13.21	12.57	48.93	0.61
		389.34	13.38	332.16				
-175.65	-755.01	-9.71	-93.67	-6.23	-82.00			-0.10
-50633.25	**11029.06**	**3080.98**	**17597.07**	**1244.18**	**3961.05**	**109.05**	**143.22**	**82.41**
-8.87	-0.04	-0.01	-25.83	-35.55				
-6.95	-0.05	-0.02	-4.73	-164.91				
-50617.43	11029.85	3081.01	17635.34	3541.68	4389.18	112.36	143.22	82.41
	-0.70		-7.71	-2097.04	-428.13	-3.31		
107.84								
855.86	**9775.58**	**2335.39**	**17127.02**	**2057.97**	**4233.30**	**127.00**	**101.00**	**84.00**
	216.60	0.75	1491.98	1.27				
855.86	488.25	17.33	1557.01	538.24	4233.30	127.00	101.00	84.00
363.03	10.35	1.98	27.48	43.76	3982.78	110.99	98.25	78.68
	331.03	10.42	551.95	44.60				
	4665.01	2216.03	11042.80	1441.37				
	217.79	11.28	230.12	17.39				
	1738.07	50.73	1268.75	15.11				
	2118.82	28.85	984.40					
	1466.73	3.76	551.52					
	652.09	25.09	432.88					
147.69	**-5.68**	**1.01**	**7.57**	**46.44**	**2.26**	**1.25**	**0.93**	**0.09**
51596.95	**9776.37**	**2335.42**	**17165.29**	**4355.47**	**4661.43**	**130.31**	**101.00**	**84.00**

5-1 续表 2

项目	Item	石油沥青(万吨) Bitumen Asphalt (10^4 tons)	石油焦(万吨) Petroleum Coke (10^4 tons)
一. 可供本地区消费的能源量	**Total Primary Energy Supply**	**390.70**	**328.76**
1. 一次能源生产量	Indigenous Production		
水电	Hydro Power		
核电	Nuclear Power		
风电	Wind Power		
2. 进口量	Import	411.02	535.01
3. 境内飞机和轮船在境外的加油量	Domestic Airplanes&Ships Refueling Abroad		
4. 出口量(-)	Export (-)	20.32	244.25
5. 境外飞机和轮船在境内的加油量(-)	Oversea Airplanes&Ships Refueling Domestically (-)		
6. 库存增(-)、减(+)量	Stock Change		38.00
二. 加工转换投入(-)产出(+)量	**Input(-) & Output(+) of Transformation**	**1953.17**	**2167.16**
1. 火力发电	Thermal Power		-114.34
2. 供热	Heating Supply		-150.09
3. 煤炭洗选	Coal Washing		
4. 炼焦	Coking		
5. 炼油及煤制油	Petroleum Refining and Coal-to-liquids	1962.92	2431.79
#油品再投入量(-)	Petroleum Products Input (-)	-9.75	-0.20
6. 制气	Gas Works		
#焦炭再投入量(-)	Coke Input (-)		
7. 天然气液化	Natural Gas Liquefaction		
8. 煤制品加工	Briquettes		
9. 回收能	Recovery of Energy		
三. 损失量	**Loss**		
四. 终端消费量	**Total Final Consumption**	**2292.97**	**2444.68**
1. 农、林、牧、渔业	Agriculture, Forestry, Animal Husbandry and Fishery		
2. 工业	Industry	66.87	2444.68
#用作原料、材料	Non-Energy Use	39.58	1881.22
3. 建筑业	Construction	2169.50	
4. 交通运输、仓储和邮政业	Transport, Storage and Post	56.60	
5. 批发和零售业、住宿和餐饮业	Wholesale and Retail Trades, Hotels and Catering Services		
6. 其他	Others		
7. 居民生活	Residential		
城镇	Urban		
乡村	Rural		
五. 平衡差额	**Statistical Difference**	**50.90**	**51.24**
六. 消费量合计	**Total Energy Consumption**	**2302.72**	**2709.31**

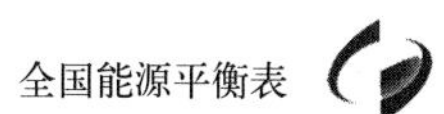

Continued 2

液化石油气 (万吨) Liquefied Petroleum Gas (10^4 tons)	炼厂干气 (万吨) Refinery Gas (10^4 tons)	其他石油制品 (万吨) Other Petroleum Products (10^4 tons)	天然气 (亿立方米) Natural Gas (10^8 cu.m)	液化天然气 (万吨) Liquefied Natural Gas (10^4 tons)	热力 (万百万千焦) Heat (10^{10} kJ)	电力 (亿千瓦小时) Electricity (10^8 kW•h)	其他能源 (万吨标准煤) Other Energy (10^4 tce)
586.97		**362.61**	**1593.20**	**1982.50**		**13829.38**	**5736.80**
			1301.57			13943.46	5736.80
						10728.82	
						1325.38	
						1599.79	
739.39		319.61	317.72	1982.50		67.50	
144.42		2.52	26.09			181.58	
-8.00		45.52					
2426.12	**1428.98**	**2970.80**	**-352.91**	**265.58**	**378316.36**	**44001.11**	
-0.02	-64.95	-4.48	-228.19	-175.60	-55094.85	44001.11	-784.42
-2.73	-162.96	-28.86	-52.03	-6.73	374249.96		-295.01
2705.76	1757.98	7726.68	-4.67				
-276.89	-101.09	-4722.54					
			-1.78				
			-66.24	447.91			
					59161.25		1079.43
2.49			**20.32**	**14.01**	**5026.07**	**3099.88**	
3007.65	**1430.55**	**3436.06**	**1223.11**	**2239.20**	**373319.42**	**54729.81**	**5666.94**
7.06			0.79		88.92	1013.39	478.38
555.33	1430.55	3355.06	619.86	2010.00	267494.70	39148.83	1606.12
293.84	24.76	1718.14	121.62	185.93			
16.78		81.00	1.88		814.12	721.67	34.95
89.34			170.06	229.20	2408.10	1059.24	1105.52
86.64			46.62		5730.54	1995.60	88.11
79.37			41.31		10300.66	3614.98	278.85
2173.14			342.58		86482.38	7176.10	2075.01
1663.06			341.31		86482.38	3933.14	231.05
510.08			1.26			3242.96	1843.96
2.95	**-1.57**	**-102.65**	**-3.14**	**-5.13**	**-29.13**	**0.80**	**69.86**
3289.78	**1759.55**	**8191.94**	**1534.53**	**2435.54**	**433440.34**	**57829.69**	**6746.37**

5-2 全国能源平衡表(实物量) -2015

项目	Item	煤合计 (万吨) Coal Total (10^4 tons)	原煤 (万吨) Raw Coal (10^4 tons)
一. 可供本地区消费的能源量	**Total Primary Energy Supply**	**397073.75**	**396371.63**
1. 一次能源生产量	Indigenous Production	374654.16	374654.16
水电	Hydro Power		
核电	Nuclear Power		
风电	Wind Power		
2. 进口量	Import	20406.48	20401.30
3. 境内飞机和轮船在境外的加油量	Domestic Airplanes&Ships Refueling Abroad		
4. 出口量(-)	Export (-)	533.80	519.73
5. 境外飞机和轮船在境内的加油量(-)	Oversea Airplanes&Ships Refueling Domestically (-)		
6. 库存增(-)、减(+)量	Stock Change	2546.91	1835.90
二. 加工转换投入(-)产出(+)量	**Input(-) & Output(+) of Transformation**	**-286858.72**	**-304950.15**
1. 火力发电	Thermal Power	-179568.38	-176893.54
2. 供热	Heating Supply	-24115.38	-23390.24
3. 煤炭洗选	Coal Washing	-19797.66	-95505.97
4. 炼焦	Coking	-60873.56	-7121.22
5. 炼油及煤制油	Petroleum Refining and Coal-to-liquids	-679.03	-518.32
#油品再投入量(-)	Petroleum Products Input (-)		
6. 制气	Gas Works	-1320.45	-1182.67
#焦炭再投入量(-)	Coke Input (-)		
7. 天然气液化	Natural Gas Liquefaction		
8. 煤制品加工	Briquettes	-504.26	-338.19
9. 回收能	Recovery of Energy		
三. 损失量	**Loss**		
四. 终端消费量	**Total Final Consumption**	**112975.35**	**93257.49**
1. 农、林、牧、渔业	Agriculture, Forestry, Animal Husbandry and Fishery	2625.00	2581.03
2. 工业	Industry	91331.25	73393.53
#用作原料、材料	Non-Energy Use	11105.00	9508.86
3. 建筑业	Construction	878.06	851.29
4. 交通运输、仓储和邮政业	Transport, Storage and Post	491.60	460.97
5. 批发和零售业、住宿和餐饮业	Wholesale and Retail Trades, Hotels and Catering Services	3863.65	3767.18
6. 其他	Others	4158.66	4043.84
7. 居民生活	Residential	9627.13	8159.65
城镇	Urban	1391.50	990.12
乡村	Rural	8235.63	7169.53
五. 平衡差额	**Statistical Difference**	**-2760.32**	**-1836.01**
六. 消费量合计	**Total Energy Consumption**	**399834.07**	**398207.64**

Energy Balance of China (Physical Quantity) -2015

洗精煤 (万吨) Cleaned Coal (10^4 tons)	其他洗煤 (万吨) Other Washed Coal (10^4 tons)	煤制品 (万吨) Briquettes (10^4 tons)	煤矸石 (万吨) Gangue (10^4 tons)	焦炭 (万吨) Coke (10^4 tons)	焦炉煤气 (亿立方米) Coke Oven Gas (10^8 cu.m)	高炉煤气 (亿立方米) Blast Furnace Gas (10^8 cu.m)	转炉煤气 (亿立方米) Converter Gas (10^8 cu.m)	其他煤气 (亿立方米) Other Gas (10^8 cu.m)
614.85	**99.26**	**-11.99**		**-803.63**				
		5.18		0.38				
		14.07		964.82				
614.85	99.26	-3.10		160.81				
5261.27	**10904.23**	**1925.93**	**-11.50**	**44538.75**	**590.74**	**5520.91**	**360.31**	**153.19**
-31.82	-2643.02		-2709.60	-5.92	-169.63	-1465.75	-113.46	-2.80
-56.03	-669.11		-725.34	-276.03	-60.85	-620.23	-45.40	-0.51
59304.68	16403.63		3423.44					
-53674.91	-77.43			44633.92	817.32			
-149.89	-10.82							
-130.76	-7.02			188.62	3.90			156.50
				-1.84				
	-2092.00	1925.93						
						7606.89	519.17	
6354.30	**11458.35**	**1905.21**		**43774.95**	**588.51**	**5522.55**	**356.90**	**153.09**
	43.97			49.49				
6337.17	10281.06	1319.49		43639.19	566.70	5522.55	356.90	86.29
720.54	788.56	87.05		1920.12	14.53			
8.09	18.68			6.68				
9.04	21.59			3.02				
	62.08	34.39		40.06	0.91			6.14
	102.25	12.57		5.35	1.18			
	928.72	538.77		31.16	19.72			60.66
	233.44	167.94		9.17	19.72			60.46
	695.28	370.82		21.99				0.20
-478.18	**-454.86**	**8.73**	**-11.50**	**-39.83**	**2.23**	**-1.64**	**3.41**	**0.10**
60397.71	**16957.75**	**1905.21**	**3434.94**	**44058.74**	**818.99**	**7608.53**	**515.76**	**156.40**

5-2 续表 1

项　目	Item	其他焦化产品(万吨) Other Coking Products (10^4 tons)	油品合计(万吨) Petroleum Products Total (10^4 tons)
一. 可供本地区消费的能源量	**Total Primary Energy Supply**		**55688.00**
1. 一次能源生产量	Indigenous Production		21455.58
水电	Hydro Power		
核电	Nuclear Power		
风电	Wind Power		
2. 进口量	Import		38824.29
3. 境内飞机和轮船在境外的加油量	Domestic Airplanes&Ships Refueling Abroad		924.33
4. 出口量(-)	Export (-)		4373.46
5. 境外飞机和轮船在境内的加油量(-)	Oversea Airplanes&Ships Refueling Domestically (-)		754.69
6. 库存增(-)、减(+)量	Stock Change		-388.05
二. 加工转换投入(-)产出(+)量	**Input(-) & Output(+) of Transformation**	**1074.33**	**-2926.94**
1. 火力发电	Thermal Power		-265.54
2. 供热	Heating Supply		-493.21
3. 煤炭洗选	Coal Washing		
4. 炼焦	Coking	1183.11	
5. 炼油及煤制油	Petroleum Refining and Coal-to-liquids	-121.43	6833.09
#油品再投入量(-)	Petroleum Products Input (-)		-9001.28
6. 制气	Gas Works	21.87	
#焦炭再投入量(-)	Coke Input (-)	-9.22	
7. 天然气液化	Natural Gas Liquefaction		
8. 煤制品加工	Briquettes		
9. 回收能	Recovery of Energy		
三. 损失量	**Loss**		**87.56**
四. 终端消费量	**Total Final Consumption**	**1077.23**	**52945.68**
1. 农、林、牧、渔业	Agriculture, Forestry, Animal Husbandry and Fishery		1733.41
2. 工业	Industry	1077.23	16739.74
#用作原料、材料	Non-Energy Use	392.67	8838.13
3. 建筑业	Construction		3384.33
4. 交通运输、仓储和邮政业	Transport, Storage and Post		20626.92
5. 批发和零售业、住宿和餐饮业	Wholesale and Retail Trades, Hotels and Catering Services		615.70
6. 其他	Others		3683.34
7. 居民生活	Residential		6162.25
城镇	Urban		4305.58
乡村	Rural		1856.67
五. 平衡差额	**Statistical Difference**	**-2.90**	**-272.17**
六. 消费量合计	**Total Energy Consumption**	**1207.88**	**55960.17**

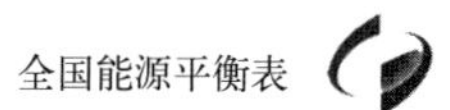

Continued 1

原油 (万吨) Crude Oil (10^4 tons)	汽油 (万吨) Gasoline (10^4 tons)	煤油 (万吨) Kerosene (10^4 tons)	柴油 (万吨) Diesel Oil (10^4 tons)	燃料油 (万吨) Fuel Oil (10^4 tons)	石脑油 (万吨) Naphtha (10^4 tons)	润滑油 (万吨) Lubricants (10^4 tons)	石蜡 (万吨) Paraffin Waxes (10^4 tons)	溶剂油 (万吨) White Spirit (10^4 tons)
54593.50	**-718.52**	**-926.01**	**-654.27**	**669.77**	**632.72**	**20.72**	**-53.86**	**-7.06**
21455.58								
33548.28	17.03	348.45	42.80	1540.40	664.72	32.56	8.49	2.21
		367.93	28.65	527.75				
286.56	589.29	1237.33	716.25	1051.69		11.84	62.35	0.42
		389.29	15.00	350.40				
-123.80	-146.26	-15.77	5.53	3.71	-32.00			-8.85
-53918.37	**12103.01**	**3658.62**	**17928.02**	**1424.73**	**3934.63**	**113.58**	**161.33**	**147.26**
-12.46	-0.17		-22.36	-31.52				
-6.69	-0.07		-6.22	-165.13				
-53899.22	12103.56	3658.62	18007.89	3963.01	4585.04	117.17	161.35	147.26
	-0.31		-51.29	-2341.63	-650.41	-3.59	-0.02	
87.22								
782.69	**11367.91**	**2663.71**	**17280.44**	**2123.73**	**4573.66**	**133.80**	**108.20**	**142.00**
	231.33	1.10	1492.88	0.94				
782.69	476.53	21.16	1436.50	594.75	4573.66	133.80	108.20	142.00
135.66	9.33	1.94	27.50	131.74	4249.48	116.67	105.54	136.46
	408.57	12.50	555.71	53.51				
	5306.59	2504.88	11162.80	1439.49				
	243.29	11.68	257.74	18.95				
	2108.47	83.27	1384.15	16.08				
	2593.11	29.13	990.66					
	1804.08	3.74	549.70					
	789.03	25.39	440.96					
-194.78	**16.58**	**68.90**	**-6.69**	**-29.23**	**-6.31**	**0.50**	**-0.73**	**-1.80**
54788.28	**11368.46**	**2663.71**	**17360.31**	**4662.01**	**5224.07**	**137.39**	**108.22**	**142.00**

5-2 续表 2

项　目	Item	石油沥青(万吨) Bitumen Asphalt (10^4 tons)	石油焦(万吨) Petroleum Coke (10^4 tons)
一. 可供本地区消费的能源量	**Total Primary Energy Supply**	**441.89**	**361.84**
1. 一次能源生产量	Indigenous Production		
水电	Hydro Power		
核电	Nuclear Power		
风电	Wind Power		
2. 进口量	Import	470.59	588.76
3. 境内飞机和轮船在境外的加油量	Domestic Airplanes&Ships Refueling Abroad		
4. 出口量(-)	Export (-)	28.70	241.92
5. 境外飞机和轮船在境内的加油量(-)	Oversea Airplanes&Ships Refueling Domestically (-)		
6. 库存增(-)、减(+)量	Stock Change		15.00
二. 加工转换投入(-)产出(+)量	**Input(-) & Output(+) of Transformation**	**2007.80**	**2213.62**
1. 火力发电	Thermal Power		-136.27
2. 供热	Heating Supply		-150.51
3. 煤炭洗选	Coal Washing		
4. 炼焦	Coking		
5. 炼油及煤制油	Petroleum Refining and Coal-to-liquids	2016.52	2500.40
#油品再投入量(-)	Petroleum Products Input (-)	-8.72	
6. 制气	Gas Works		
#焦炭再投入量(-)	Coke Input (-)		
7. 天然气液化	Natural Gas Liquefaction		
8. 煤制品加工	Briquettes		
9. 回收能	Recovery of Energy		
三. 损失量	**Loss**		
四. 终端消费量	**Total Final Consumption**	**2441.09**	**2565.82**
1. 农、林、牧、渔业	Agriculture, Forestry, Animal Husbandry and Fishery		
2. 工业	Industry	68.79	2565.82
#用作原料、材料	Non-Energy Use	32.76	1941.11
3. 建筑业	Construction	2259.13	
4. 交通运输、仓储和邮政业	Transport, Storage and Post	113.17	
5. 批发和零售业、住宿和餐饮业	Wholesale and Retail Trades, Hotels and Catering Services		
6. 其他	Others		
7. 居民生活	Residential		
城镇	Urban		
乡村	Rural		
五. 平衡差额	**Statistical Difference**	**8.60**	**9.64**
六. 消费量合计	**Total Energy Consumption**	**2449.81**	**2852.60**

Continued 2

液化石油气 (万吨) Liquefied Petroleum Gas (10^4 tons)	炼厂干气 (万吨) Refinery Gas (10^4 tons)	其他石油制品 (万吨) Other Petroleum Products (10^4 tons)	天然气 (亿立方米) Natural Gas (10^8 cu.m)	液化天然气 (万吨) Liquefied Natural Gas (10^4 tons)	热力 (万百万千焦) Heat (10^{10} kJ)	电力 (亿千瓦小时) Electricity (10^8 kW•h)	其他能源 (万吨标准煤) Other Energy (10^4 tce)
1073.80		**253.48**	**1654.29**	**1961.87**		**15179.41**	**5883.96**
			1346.10			15303.85	5883.96
						11302.70	
						1707.89	
						1857.66	
1243.95		316.05	340.64	1961.87		62.10	
144.15		2.96	32.45			186.54	
-26.00		-59.61					
2552.12	**1570.69**	**3176.02**	**-430.66**	**345.57**	**401604.52**	**42841.88**	**-223.42**
	-50.42	-12.34	-291.59	-163.12	-59452.63	42841.88	-1058.97
-3.27	-131.71	-29.61	-61.70	-9.84	399029.66		-310.67
2934.42	1853.65	8683.42	-3.75				-38.86
-379.03	-100.83	-5465.45					
			3.24				
			-76.86	518.53			
					62027.49		1185.08
0.34			**20.38**	**13.00**	**4875.29**	**2987.86**	
3578.56	**1576.01**	**3608.06**	**1209.66**	**2296.70**	**396778.72**	**55032.12**	**5656.78**
7.16			0.95		106.70	1039.83	502.73
731.57	1576.01	3528.26	559.36	2040.00	280611.96	38562.13	1281.53
233.99	34.20	1681.75	96.94	182.17			
15.10		79.80	2.16		903.67	698.67	35.65
99.98			190.65	256.70	2809.72	1125.61	1206.85
84.04			51.29		6113.91	2122.04	92.52
91.36			45.44		12391.77	3918.63	288.37
2549.35			359.81		93840.97	7565.21	2249.13
1948.06			358.38		93840.97	4103.94	244.53
601.29			1.43			3461.27	2004.60
47.02	**-5.32**	**-178.56**	**-6.41**	**-2.26**	**-49.49**	**1.31**	**3.76**
3961.20	**1858.97**	**9115.46**	**1589.14**	**2482.66**	**461106.64**	**58019.98**	**7065.28**

5-3 全国能源平衡表(实物量) -2016

项 目	Item	煤合计 (万吨) Coal Total (10^4 tons)	原煤 (万吨) Raw Coal (10^4 tons)
一. 可供本地区消费的能源量	**Total Primary Energy Supply**	**378494.32**	**379078.01**
1. 一次能源生产量	Indigenous Production	341060.40	341060.40
水电	Hydro Power		
核电	Nuclear Power		
风电	Wind Power		
2. 进口量	Import	25555.29	25549.71
3. 境内飞机和轮船在境外的加油量	Domestic Airplanes&Ships Refueling Abroad		
4. 出口量(-)	Export (-)	878.97	865.13
5. 境外飞机和轮船在境内的加油量(-)	Oversea Airplanes&Ships Refueling Domestically (-)		
6. 库存增(-)、减(+)量	Stock Change	12757.60	13333.03
二. 加工转换投入(-)产出(+)量	**Input(-) & Output(+) of Transformation**	**-287251.69**	**-305537.92**
1. 火力发电	Thermal Power	-182665.65	-179635.55
2. 供热	Heating Supply	-26577.33	-25803.92
3. 煤炭洗选	Coal Washing	-14739.63	-90489.61
4. 炼焦	Coking	-60648.78	-7130.70
5. 炼油及煤制油	Petroleum Refining and Coal-to-liquids	-1105.32	-908.77
#油品再投入量(-)	Petroleum Products Input (-)		
6. 制气	Gas Works	-1211.86	-1192.39
#焦炭再投入量(-)	Coke Input (-)		
7. 天然气液化	Natural Gas Liquefaction		
8. 煤制品加工	Briquettes	-303.12	-376.98
9. 回收能	Recovery of Energy		
三. 损失量	**Loss**		
四. 终端消费量	**Total Final Consumption**	**101568.63**	**84718.76**
1. 农、林、牧、渔业	Agriculture, Forestry, Animal Husbandry and Fishery	2778.12	2733.70
2. 工业	Industry	80183.45	65101.86
#用作原料、材料	Non-Energy Use	10236.60	8365.66
3. 建筑业	Construction	805.28	785.57
4. 交通运输、仓储和邮政业	Transport, Storage and Post	403.85	381.00
5. 批发和零售业、住宿和餐饮业	Wholesale and Retail Trades, Hotels and Catering Services	3825.59	3730.17
6. 其他	Others	4080.82	3967.52
7. 居民生活	Residential	9491.52	8018.94
城镇	Urban	1306.05	940.61
乡村	Rural	8185.47	7078.33
五. 平衡差额	**Statistical Difference**	**-10326.00**	**-11178.67**
六. 消费量合计	**Total Energy Consumption**	**388820.32**	**390256.68**

Energy Balance of China (Physical Quantity) -2016

洗精煤 (万吨) Cleaned Coal (10^4 tons)	其他洗煤 (万吨) Other Washed Coal (10^4 tons)	煤制品 (万吨) Briquettes (10^4 tons)	煤矸石 (万吨) Gangue (10^4 tons)	焦炭 (万吨) Coke (10^4 tons)	焦炉煤气 (亿立方米) Coke Oven Gas (10^8 cu.m)	高炉煤气 (亿立方米) Blast Furnace Gas (10^8 cu.m)	转炉煤气 (亿立方米) Converter Gas (10^8 cu.m)	其他煤气 (亿立方米) Other Gas (10^8 cu.m)
-388.53	**-183.30**	**-11.86**		**517.13**				
		5.58		0.05				
		13.84		1011.90				
-388.53	-183.30	-3.60		1528.98				
1183.66	**15574.71**	**1527.86**	**8.41**	**44903.44**	**582.09**	**5772.75**	**375.38**	**165.01**
	-3030.10		-2803.63	-5.12	-193.14	-1703.10	-149.02	-1.46
	-773.41		-826.90	-1.05	-57.93	-617.92	-38.80	-0.11
54701.74	21048.24		3638.94					
-53518.08				44879.57	832.82			
	-196.55							
	-19.47			31.91	0.34			166.58
				-1.87				
							-0.02	
	-1454.00	1527.86						
						8093.77	563.22	
	15320.86	**1529.00**		**45454.38**	**574.54**	**5782.15**	**376.70**	**164.84**
	44.41			53.11				
	14153.56	928.03		45316.70	559.00	5782.15	376.70	110.14
	1783.35	87.59		2583.05	17.52			
	19.71			7.05				
	22.85			3.21				
	64.47	30.95		41.34	0.77			6.15
	101.23	12.06		5.57	0.50			
	914.63	557.96		27.40	14.27			48.55
	200.18	165.26		8.71	14.27			48.37
	714.44	392.70		18.69				0.18
795.13	**70.55**	**-13.01**	**8.41**	**-33.81**	**7.55**	**-9.40**	**-1.32**	**0.17**
53518.08	**20794.39**	**1529.00**	**3630.53**	**45462.42**	**825.61**	**8103.17**	**564.52**	**166.41**

5-3 续表 1

项　目	Item	其他焦化产品(万吨) Other Coking Products (10^4 tons)	油品合计(万吨) Petroleum Products Total (10^4 tons)
一. 可供本地区消费的能源量	**Total Primary Energy Supply**		**57710.64**
1. 一次能源生产量	Indigenous Production		19968.52
水电	Hydro Power		
核电	Nuclear Power		
风电	Wind Power		
2. 进口量	Import		43484.99
3. 境内飞机和轮船在境外的加油量	Domestic Airplanes&Ships Refueling Abroad		1017.90
4. 出口量(-)	Export (-)		5598.22
5. 境外飞机和轮船在境内的加油量(-)	Oversea Airplanes&Ships Refueling Domestically (-)		784.71
6. 库存增(-)、减(+)量	Stock Change		-377.84
二. 加工转换投入(-)产出(+)量	**Input(-) & Output(+) of Transformation**	**1056.03**	**-3264.32**
1. 火力发电	Thermal Power		-284.56
2. 供热	Heating Supply		-517.75
3. 煤炭洗选	Coal Washing		
4. 炼焦	Coking	1223.50	
5. 炼油及煤制油	Petroleum Refining and Coal-to-liquids	-169.52	7286.67
#油品再投入量(-)	Petroleum Products Input (-)		-9743.89
6. 制气	Gas Works	3.10	-4.79
#焦炭再投入量(-)	Coke Input (-)	-1.05	
7. 天然气液化	Natural Gas Liquefaction		
8. 煤制品加工	Briquettes		
9. 回收能	Recovery of Energy		
三. 损失量	**Loss**		**41.61**
四. 终端消费量	**Total Final Consumption**	**1064.43**	**54386.96**
1. 农、林、牧、渔业	Agriculture, Forestry, Animal Husbandry and Fishery		1730.33
2. 工业	Industry	1064.43	17100.15
#用作原料、材料	Non-Energy Use	392.94	9427.34
3. 建筑业	Construction		3599.10
4. 交通运输、仓储和邮政业	Transport, Storage and Post		21122.53
5. 批发和零售业、住宿和餐饮业	Wholesale and Retail Trades, Hotels and Catering Services		584.90
6. 其他	Others		3537.14
7. 居民生活	Residential		6712.82
城镇	Urban		4629.03
乡村	Rural		2083.79
五. 平衡差额	**Statistical Difference**	**-8.40**	**17.74**
六. 消费量合计	**Total Energy Consumption**	**1235.00**	**57692.89**

Continued 1

原油 (万吨) Crude Oil (10^4 tons)	汽油 (万吨) Gasoline (10^4 tons)	煤油 (万吨) Kerosene (10^4 tons)	柴油 (万吨) Diesel Oil (10^4 tons)	燃料油 (万吨) Fuel Oil (10^4 tons)	石脑油 (万吨) Naphtha (10^4 tons)	润滑油 (万吨) Lubricants (10^4 tons)	石蜡 (万吨) Paraffin Waxes (10^4 tons)	溶剂油 (万吨) White Spirit (10^4 tons)
57332.32	**-1102.68**	**-963.17**	**-1152.48**	**407.64**	**631.40**	**24.59**	**-56.11**	**-1.85**
19968.52								
38100.69	20.77	352.14	91.56	1174.39	669.85	34.56	8.66	2.21
		424.57	24.55	568.78				
294.06	969.29	1309.95	1540.25	985.62	7.45	9.97	64.77	0.46
		411.73	16.64	356.34				
-442.83	-154.16	-18.20	288.30	6.43	-31.00			-3.60
-56455.41	**12930.90**	**3983.84**	**17815.01**	**1666.25**	**4263.43**	**142.34**	**212.18**	**232.52**
-13.07	-0.02	-0.01	-29.19	-31.13				
	-0.07		-6.06	-158.45				
-56442.34	12932.03	3983.85	17917.66	4236.91	5032.37	147.35	212.19	232.52
	-1.04		-67.40	-2381.08	-768.94	-5.01	-0.01	
40.39								
630.13	**11864.92**	**2970.70**	**16736.39**	**2060.38**	**4884.13**	**166.90**	**155.60**	**227.12**
	224.39	2.24	1495.86	1.03				
630.13	435.19	19.95	1310.26	464.75	4884.13	166.90	155.60	227.12
26.98	14.36	2.34	34.35	64.33	4696.44	148.59	153.50	221.83
	437.26	10.00	561.26	51.91				
	5511.15	2814.94	11068.49	1511.38				
	240.86	11.21	231.97	17.25				
	2046.40	85.93	1307.24	14.06				
	2969.67	26.43	761.31					
	2038.61	2.52	363.76					
	931.06	23.91	397.55					
206.39	**-36.70**	**49.97**	**-73.86**	**13.51**	**10.70**	**0.03**	**0.47**	**3.55**
57125.93	**11866.05**	**2970.71**	**16839.04**	**4631.04**	**5653.07**	**171.91**	**155.61**	**227.12**

5-3 续表 2

项　目	Item	石油沥青（万吨） Bitumen Asphalt (10^4 tons)	石油焦（万吨） Petroleum Coke (10^4 tons)
一. 可供本地区消费的能源量	**Total Primary Energy Supply**	**474.14**	**217.98**
1. 一次能源生产量	Indigenous Production		
水电	Hydro Power		
核电	Nuclear Power		
风电	Wind Power		
2. 进口量	Import	494.64	431.58
3. 境内飞机和轮船在境外的加油量	Domestic Airplanes&Ships Refueling Abroad		
4. 出口量(-)	Export (-)	20.50	257.80
5. 境外飞机和轮船在境内的加油量(-)	Oversea Airplanes&Ships Refueling Domestically (-)		
6. 库存增(-)、减(+)量	Stock Change		44.20
二. 加工转换投入(-)产出(+)量	**Input(-) & Output(+) of Transformation**	**2171.58**	**2260.13**
1. 火力发电	Thermal Power		-151.63
2. 供热	Heating Supply		-179.12
3. 煤炭洗选	Coal Washing		
4. 炼焦	Coking		
5. 炼油及煤制油	Petroleum Refining and Coal-to-liquids	2264.92	2590.88
#油品再投入量(-)	Petroleum Products Input (-)	-93.34	
6. 制气	Gas Works		
#焦炭再投入量(-)	Coke Input (-)		
7. 天然气液化	Natural Gas Liquefaction		
8. 煤制品加工	Briquettes		
9. 回收能	Recovery of Energy		
三. 损失量	**Loss**		
四. 终端消费量	**Total Final Consumption**	**2644.24**	**2498.97**
1. 农、林、牧、渔业	Agriculture, Forestry, Animal Husbandry and Fishery		
2. 工业	Industry	88.04	2498.97
#用作原料、材料	Non-Energy Use	58.70	1937.86
3. 建筑业	Construction	2442.60	
4. 交通运输、仓储和邮政业	Transport, Storage and Post	113.60	
5. 批发和零售业、住宿和餐饮业	Wholesale and Retail Trades, Hotels and Catering Services		
6. 其他	Others		
7. 居民生活	Residential		
城镇	Urban		
乡村	Rural		
五. 平衡差额	**Statistical Difference**	**1.48**	**-20.86**
六. 消费量合计	**Total Energy Consumption**	**2737.58**	**2829.72**

Continued 2

液化石油气(万吨) Liquefied Petroleum Gas (10^4 tons)	炼厂干气(万吨) Refinery Gas (10^4 tons)	其他石油制品(万吨) Other Petroleum Products (10^4 tons)	天然气(亿立方米) Natural Gas (10^8 cu.m)	液化天然气(万吨) Liquefied Natural Gas (10^4 tons)	热力(万百万千焦) Heat (10^{10} kJ)	电力(亿千瓦小时) Electricity (10^8 kW•h)	其他能源(万吨标准煤) Other Energy (10^4 tce)
1530.17		**368.69**	**1720.91**	**2605.79**		**16833.70**	**6283.70**
			1368.65			16960.92	6283.70
						11840.48	
						2132.87	
						2370.70	
1678.50		425.44	386.05	2605.79		61.85	
132.33		5.77	33.79			189.07	
-16.00		-50.98					
2832.04	**1562.64**	**3118.23**	**-502.83**	**483.74**	**431319.52**	**44370.68**	**-358.31**
-0.13	-56.44	-2.94	-332.42	-213.41	-65382.64	44370.68	-1217.82
-3.50	-153.40	-17.15	-78.82	-9.40	430506.88		-273.45
3503.87	1892.27	8782.19	-6.62				-45.58
-663.41	-119.79	-5643.87					
-4.79			18.65				
			-103.62	706.55			
					66195.28		1178.54
1.22			**22.26**	**13.93**	**4631.52**	**3062.93**	
4342.05	**1560.29**	**3645.15**	**1193.43**	**3075.21**	**426530.36**	**58142.16**	**5887.42**
6.80			1.09		128.04	1091.91	542.30
1094.97	1560.29	3563.85	508.30	2780.00	301888.68	39933.96	957.73
284.19	31.26	1752.62	92.51	249.09			
14.77		81.30	1.95		948.86	725.62	36.90
102.97			200.43	295.21	2641.04	1251.49	1333.88
83.62			53.75		7031.00	2323.78	103.62
83.51			48.17		15270.13	4394.80	328.21
2955.41			379.75		98622.61	8420.60	2584.79
2224.14			378.09		98622.61	4569.27	267.00
731.27			1.66			3851.33	2317.79
18.94	**2.35**	**-158.23**	**2.39**	**0.39**	**157.64**	**-0.71**	**37.98**
5015.10	**1889.92**	**9309.11**	**1621.02**	**3311.95**	**496544.52**	**61205.09**	**7424.26**

5-4 全国能源平衡表(实物量)-2017

项　目	Item	煤合计 (万吨) Coal Total (10^4 tons)	原煤 (万吨) Raw Coal (10^4 tons)
一. 可供本地区消费的能源量	**Total Primary Energy Supply**	**383479.70**	**383460.79**
1. 一次能源生产量	Indigenous Production	352356.18	352356.18
水电	Hydro Power		
核电	Nuclear Power		
风电	Wind Power		
2. 进口量	Import	27093.31	27092.09
3. 境内飞机和轮船在境外的加油量	Domestic Airplanes&Ships Refueling Abroad		
4. 出口量(-)	Export (-)	808.80	802.38
5. 境外飞机和轮船在境内的加油量(-)	Oversea Airplanes&Ships Refueling Domestically (-)		
6. 库存增(-)、减(+)量	Stock Change	4839.01	4814.90
二. 加工转换投入(-)产出(+)量	**Input(-) & Output(+) of Transformation**	**-298562.25**	**-314890.01**
1. 火力发电	Thermal Power	-193924.66	-190693.32
2. 供热	Heating Supply	-28982.97	-28053.05
3. 煤炭洗选	Coal Washing	-13236.82	-85200.24
4. 炼焦	Coking	-58910.23	-7614.10
5. 炼油及煤制油	Petroleum Refining and Coal-to-liquids	-1568.29	-1360.18
#油品再投入量(-)	Petroleum Products Input (-)		
6. 制气	Gas Works	-1663.30	-1632.41
#焦炭再投入量(-)	Coke Input (-)		
7. 天然气液化	Natural Gas Liquefaction		
8. 煤制品加工	Briquettes	-275.98	-336.71
9. 回收能	Recovery of Energy		
三. 损失量	**Loss**		
四. 终端消费量	**Total Final Consumption**	**92841.00**	**76585.57**
1. 农、林、牧、渔业	Agriculture, Forestry, Animal Husbandry and Fishery	2833.93	2766.51
2. 工业	Industry	72598.03	58031.66
#用作原料、材料	Non-Energy Use	10275.65	8144.23
3. 建筑业	Construction	732.82	705.44
4. 交通运输、仓储和邮政业	Transport, Storage and Post	352.70	330.40
5. 批发和零售业、住宿和餐饮业	Wholesale and Retail Trades, Hotels and Catering Services	3461.05	3345.96
6. 其他	Others	3579.96	3459.68
7. 居民生活	Residential	9282.52	7945.92
城镇	Urban	1243.92	902.99
乡村	Rural	8038.60	7042.93
五. 平衡差额	**Statistical Difference**	**-7923.55**	**-8014.79**
六. 消费量合计	**Total Energy Consumption**	**391403.25**	**391475.58**

Energy Balance of China (Physical Quantity) -2017

洗精煤 (万吨) Cleaned Coal (10^4 tons)	其他洗煤 (万吨) Other Washed Coal (10^4 tons)	煤制品 (万吨) Briquettes (10^4 tons)	煤矸石 (万吨) Gangue (10^4 tons)	焦炭 (万吨) Coke (10^4 tons)	焦炉煤气 (亿立方米) Coke Oven Gas (10^8 cu.m)	高炉煤气 (亿立方米) Blast Furnace Gas (10^8 cu.m)	转炉煤气 (亿立方米) Converter Gas (10^8 cu.m)	其他煤气 (亿立方米) Other Gas (10^8 cu.m)
-218.00	**245.51**	**-8.60**		**571.12**				
		1.22		0.97				
		6.42		807.85				
-218.00	245.51	-3.40		1378.00				
314.59	**14563.69**	**1449.48**	**4.82**	**43166.75**	**601.02**	**6115.98**	**418.82**	**165.20**
	-3231.34		-3288.22		-194.66	-1803.75	-174.74	
	-929.92		-621.01		-48.39	-584.41	-41.20	-0.40
51610.73	20352.70		3914.04					
-51296.14				43168.38	844.06			
	-208.11							
	-30.89							165.60
				-1.63				
							-0.29	
	-1388.74	1449.48						
						8504.14	635.06	
	14814.95	**1440.48**		**43741.50**	**591.51**	**6110.95**	**416.53**	**156.36**
	67.42			38.45				
	13613.13	953.24		43607.42	581.66	6110.95	416.53	106.49
	2055.90	75.52		1594.72				
	27.38			12.57				
	22.30			6.01				
	86.39	28.69		49.36	0.71			6.63
	110.44	9.83		5.85	0.55			
	887.88	448.72		21.84	8.60			43.23
	205.59	135.35		5.44	8.60			43.21
	682.29	313.38		16.39				0.02
96.59	**-5.74**	**0.40**	**4.82**	**-3.63**	**9.50**	**5.03**	**2.29**	**8.84**
51296.14	**20603.95**	**1440.48**	**3909.23**	**43743.13**	**834.56**	**8499.11**	**632.48**	**156.76**

5-4 续表 1

项　目	Item	其他焦化产品(万吨) Other Coking Products (10^4 tons)	油品合计(万吨) Petroleum Products Total (10^4 tons)
一. 可供本地区消费的能源量	**Total Primary Energy Supply**		**60810.84**
1. 一次能源生产量	Indigenous Production		19150.61
水电	Hydro Power		
核电	Nuclear Power		
风电	Wind Power		
2. 进口量	Import		48073.35
3. 境内飞机和轮船在境外的加油量	Domestic Airplanes&Ships Refueling Abroad		1067.88
4. 出口量(-)	Export (-)		6149.36
5. 境外飞机和轮船在境内的加油量(-)	Oversea Airplanes&Ships Refueling Domestically (-)		877.30
6. 库存增(-)、减(+)量	Stock Change		-454.34
二. 加工转换投入(-)产出(+)量	**Input(-) & Output(+) of Transformation**	**1077.41**	**-3468.90**
1. 火力发电	Thermal Power		-280.55
2. 供热	Heating Supply		-522.64
3. 煤炭洗选	Coal Washing		
4. 炼焦	Coking	1230.72	
5. 炼油及煤制油	Petroleum Refining and Coal-to-liquids	-153.31	8518.39
#油品再投入量(-)	Petroleum Products Input (-)		-11179.34
6. 制气	Gas Works		-4.75
#焦炭再投入量(-)	Coke Input (-)		
7. 天然气液化	Natural Gas Liquefaction		
8. 煤制品加工	Briquettes		
9. 回收能	Recovery of Energy		
三. 损失量	**Loss**		**47.03**
四. 终端消费量	**Total Final Consumption**	**1076.32**	**56879.99**
1. 农、林、牧、渔业	Agriculture, Forestry, Animal Husbandry and Fishery		1786.37
2. 工业	Industry	1076.32	17980.47
#用作原料、材料	Non-Energy Use	326.08	9888.57
3. 建筑业	Construction		3803.51
4. 交通运输、仓储和邮政业	Transport, Storage and Post		22066.14
5. 批发和零售业、住宿和餐饮业	Wholesale and Retail Trades, Hotels and Catering Services		601.06
6. 其他	Others		3502.70
7. 居民生活	Residential		7139.73
城镇	Urban		4928.14
乡村	Rural		2211.59
五. 平衡差额	**Statistical Difference**	**1.09**	**414.92**
六. 消费量合计	**Total Energy Consumption**	**1229.63**	**60395.92**

Continued 1

原油 (万吨) Crude Oil (10^4 tons)	汽油 (万吨) Gasoline (10^4 tons)	煤油 (万吨) Kerosene (10^4 tons)	柴油 (万吨) Diesel Oil (10^4 tons)	燃料油 (万吨) Fuel Oil (10^4 tons)	石脑油 (万吨) Naphtha (10^4 tons)	润滑油 (万吨) Lubricants (10^4 tons)	石蜡 (万吨) Paraffin Waxes (10^4 tons)	溶剂油 (万吨) White Spirit (10^4 tons)
59968.97	**-1075.73**	**-898.07**	**-1673.36**	**332.35**	**732.39**	**21.47**	**-64.75**	**-5.73**
19150.61								
41946.23	1.64	375.72	74.73	1356.82	666.75	34.41	10.33	2.35
		476.55	32.86	558.47				
486.07	1051.41	1313.21	1719.28	1108.87	2.58	11.46	53.25	0.47
		451.96	17.50	407.84				
-641.80	-25.96	14.83	-44.17	-66.23	68.22	-1.49	-21.83	-7.61
-58991.49	**13275.05**	**4230.66**	**18473.80**	**1873.09**	**4370.53**	**195.06**	**298.23**	**171.23**
-14.19	-0.01	-0.01	-23.88	-16.62	-10.75			
	-0.02		-5.90	-67.02	-89.78			
-58977.29	13276.19	4230.86	18667.90	4563.46	5333.92	199.82	298.24	171.23
	-1.11	-0.19	-164.33	-2606.73	-862.86	-4.76	-0.01	
46.03								
364.65	**12295.13**	**3326.17**	**16722.43**	**2196.93**	**5135.29**	**207.02**	**227.17**	**158.00**
	229.64	1.52	1546.82	1.31				
364.65	380.97	14.35	1265.84	353.38	5135.29	207.02	227.17	158.00
	9.27	1.68	16.13	36.22	4995.54	181.41	224.10	153.61
	452.32	9.75	596.06	43.24				
	5698.53	3173.31	11173.69	1771.34				
	244.46	11.30	233.77	15.15				
	2075.05	88.36	1233.30	12.51				
	3214.17	27.58	672.96					
	2188.59	2.65	315.16					
	1025.58	24.93	357.80					
566.80	**-95.81**	**6.43**	**78.00**	**8.50**	**-32.36**	**9.50**	**6.32**	**7.49**
59402.17	**12296.27**	**3326.36**	**16916.54**	**4887.30**	**6098.68**	**211.78**	**227.17**	**158.00**

5-4 续表 2

项　目	Item	石油沥青(万吨) Bitumen Asphalt (10^4 tons)	石油焦(万吨) Petroleum Coke (10^4 tons)
一. 可供本地区消费的能源量	**Total Primary Energy Supply**	**345.66**	**476.80**
1. 一次能源生产量	Indigenous Production		
水电	Hydro Power		
核电	Nuclear Power		
风电	Wind Power		
2. 进口量	Import	503.87	742.61
3. 境内飞机和轮船在境外的加油量	Domestic Airplanes&Ships Refueling Abroad		
4. 出口量(−)	Export (-)	38.56	225.21
5. 境外飞机和轮船在境内的加油量(−)	Oversea Airplanes&Ships Refueling Domestically (-)		
6. 库存增(−)、减(+)量	Stock Change	-119.65	-40.60
二. 加工转换投入(−)产出(+)量	**Input(-) & Output(+) of Transformation**	**2472.75**	**2494.25**
1. 火力发电	Thermal Power		-145.86
2. 供热	Heating Supply		-181.59
3. 煤炭洗选	Coal Washing		
4. 炼焦	Coking		
5. 炼油及煤制油	Petroleum Refining and Coal-to-liquids	2644.14	2821.70
#油品再投入量(−)	Petroleum Products Input (-)	-171.40	
6. 制气	Gas Works		
#焦炭再投入量(−)	Coke Input (-)		
7. 天然气液化	Natural Gas Liquefaction		
8. 煤制品加工	Briquettes		
9. 回收能	Recovery of Energy		
三. 损失量	**Loss**		
四. 终端消费量	**Total Final Consumption**	**2832.40**	**2991.82**
1. 农、林、牧、渔业	Agriculture, Forestry, Animal Husbandry and Fishery		
2. 工业	Industry	104.36	2991.82
#用作原料、材料	Non-Energy Use	68.34	2384.83
3. 建筑业	Construction	2601.50	
4. 交通运输、仓储和邮政业	Transport, Storage and Post	126.54	
5. 批发和零售业、住宿和餐饮业	Wholesale and Retail Trades, Hotels and Catering Services		
6. 其他	Others		
7. 居民生活	Residential		
城镇	Urban		
乡村	Rural		
五. 平衡差额	**Statistical Difference**	**-13.99**	**-20.77**
六. 消费量合计	**Total Energy Consumption**	**3003.79**	**3319.27**

Continued 2

液化石油气 (万吨) Liquefied Petroleum Gas (10^4 tons)	炼厂干气 (万吨) Refinery Gas (10^4 tons)	其他石油制品 (万吨) Other Petroleum Products (10^4 tons)	天然气 (亿立方米) Natural Gas (10^8 cu.m)	液化天然气 (万吨) Liquefied Natural Gas (10^4 tons)	热力 (万百万千焦) Heat (10^{10} kJ)	电力 (亿千瓦小时) Electricity (10^8 kW•h)	其他能源 (万吨标准煤) Other Energy (10^4 tce)
1795.59		**855.25**	**1864.96**	**3809.35**		**18368.05**	**6754.85**
			1480.35			18498.52	6754.85
						11978.65	
						2480.70	
						2972.30	
1921.89		436.00	419.96	3809.35		64.23	
132.22		6.77	35.34			194.70	
5.92		426.02					
3019.68	**1631.42**	**3016.85**	**-549.41**	**557.30**	**458740.53**	**47545.95**	**-764.35**
-0.16	-67.03	-2.04	-349.87	-220.81	-71267.60	47545.95	-1407.70
-3.81	-164.24	-10.29	-95.47	-12.94	464086.42		-323.04
3677.33	1982.49	9628.40	-17.05				-46.36
-648.94	-119.79	-6599.23					
-4.75			33.13				
			-120.15	791.04			
					65921.71		1012.75
1.00			**25.77**	**13.01**	**4817.54**	**3195.83**	
4799.17	**1629.41**	**3994.39**	**1292.45**	**4356.35**	**453921.46**	**62718.14**	**5952.56**
7.08			1.14		133.29	1175.12	581.26
1238.62	1629.41	3909.59	539.35	3995.96	319820.87	42857.02	900.54
356.57	29.50	1431.37	82.40	177.42			
15.85		84.80	1.80		1060.35	789.22	32.10
122.74			219.36	360.39	3064.40	1417.98	1366.73
96.38			57.56		7436.19	2526.65	89.65
93.49			52.95		16076.39	4880.59	359.03
3225.03			420.30		106329.97	9071.57	2623.25
2421.74			417.61		106329.97	4961.81	250.67
803.28			2.68			4109.75	2372.58
15.09	**2.01**	**-122.28**	**-2.66**	**-2.72**	**1.53**	**0.03**	**37.94**
5457.83	**1980.48**	**10605.94**	**1758.46**	**4603.11**	**530006.60**	**65913.97**	**7729.66**

5-5 全国能源平衡表(实物量) -2018

项目	Item	煤合计(万吨) Coal Total (10^4 tons)	原煤(万吨) Raw Coal (10^4 tons)
一. 可供本地区消费的能源量	**Total Primary Energy Supply**	**394847.98**	**394521.66**
1. 一次能源生产量	Indigenous Production	369773.58	369773.58
水电	Hydro Power		
核电	Nuclear Power		
风电	Wind Power		
2. 进口量	Import	28209.79	28209.79
3. 境内飞机和轮船在境外的加油量	Domestic Airplanes&Ships Refueling Abroad		
4. 出口量(-)	Export (-)	493.62	489.28
5. 境外飞机和轮船在境内的加油量(-)	Oversea Airplanes&Ships Refueling Domestically (-)		
6. 库存增(-)、减(+)量	Stock Change	-2641.77	-2972.43
二. 加工转换投入(-)产出(+)量	**Input(-) & Output(+) of Transformation**	**-316281.09**	**-329171.38**
1. 火力发电	Thermal Power	-205197.25	-201156.41
2. 供热	Heating Supply	-32388.05	-31187.41
3. 煤炭洗选	Coal Washing	-12294.81	-84677.43
4. 炼焦	Coking	-61603.20	-7660.80
5. 炼油及煤制油	Petroleum Refining and Coal-to-liquids	-2497.33	-2297.31
#油品再投入量(-)	Petroleum Products Input (-)		
6. 制气	Gas Works	-2010.30	-1884.84
#焦炭再投入量(-)	Coke Input (-)		
7. 天然气液化	Natural Gas Liquefaction		
8. 煤制品加工	Briquettes	-290.15	-307.18
9. 回收能	Recovery of Energy		
三. 损失量	**Loss**		
四. 终端消费量	**Total Final Consumption**	**81171.10**	**67441.96**
1. 农、林、牧、渔业	Agriculture, Forestry, Animal Husbandry and Fishery	2362.74	2273.21
2. 工业	Industry	64414.63	52024.53
#用作原料、材料	Non-Energy Use	11832.63	10152.10
3. 建筑业	Construction	650.26	608.26
4. 交通运输、仓储和邮政业	Transport, Storage and Post	321.49	299.78
5. 批发和零售业、住宿和餐饮业	Wholesale and Retail Trades, Hotels and Catering Services	2686.26	2575.40
6. 其他	Others	3021.30	2919.17
7. 居民生活	Residential	7714.43	6741.61
城镇	Urban	1004.48	786.71
乡村	Rural	6709.95	5954.90
五. 平衡差额	**Statistical Difference**	**-2604.22**	**-2091.68**
六. 消费量合计	**Total Energy Consumption**	**397452.19**	**396613.34**

Energy Balance of China (Physical Quantity) -2018

洗精煤 (万吨) Cleaned Coal (10^4 tons)	其他洗煤 (万吨) Other Washed Coal (10^4 tons)	煤制品 (万吨) Briquettes (10^4 tons)	煤矸石 (万吨) Gangue (10^4 tons)	焦炭 (万吨) Coke (10^4 tons)	焦炉煤气 (亿立方米) Coke Oven Gas (10^8 cu.m)	高炉煤气 (亿立方米) Blast Furnace Gas (10^8 cu.m)	转炉煤气 (亿立方米) Converter Gas (10^8 cu.m)	其他煤气 (亿立方米) Other Gas (10^8 cu.m)
510.18	**-168.78**	**-15.09**		**-1493.49**				
				9.09				
		4.35		975.84				
510.18	-168.78	-10.74		-526.75				
-898.37	**12401.42**	**1387.24**	**4.15**	**44728.61**	**671.99**	**7834.02**	**538.67**	**179.82**
	-4040.83		-3105.42	-6.31	-185.50	-2300.67	-277.68	-1.23
	-1200.64		-675.93	-14.95	-44.49	-586.58	-41.41	-0.02
53044.03	19338.59		3785.50					
-53942.40				44751.44	901.98			
	-200.03							
	-125.46							181.06
				-1.57				
							-0.13	
	-1370.21	1387.24						
						10721.27	857.89	
	12350.66	**1378.49**		**43693.73**	**660.96**	**7883.22**	**531.21**	**174.15**
	89.53			102.97				
	11506.55	883.55		43538.04	652.34	7883.22	531.21	124.85
	1599.41	81.11		1288.73	9.71			
	42.00			10.64				
	21.71			0.36				
	82.67	28.19		19.02	1.06			7.91
	92.98	9.14		6.32	1.62			
	515.22	457.60		16.38	5.93			41.38
	89.47	128.30		4.94	5.29			41.34
	425.75	329.30		11.43	0.64			0.04
-388.19	**-118.02**	**-6.34**	**4.15**	**-458.61**	**11.04**	**-49.20**	**7.47**	**5.67**
53942.40	**19287.83**	**1378.49**	**3781.35**	**43716.56**	**890.94**	**10770.47**	**850.29**	**175.39**

5-5 续表 1

项　　目	Item	其他焦化产品 (万吨) Other Coking Products (10^4 tons)	油品合计 (万吨) Petroleum Products Total (10^4 tons)
一. 可供本地区消费的能源量	**Total Primary Energy Supply**		**63726.56**
1. 一次能源生产量	Indigenous Production		18932.42
水电	Hydro Power		
核电	Nuclear Power		
风电	Wind Power		
2. 进口量	Import		52941.08
3. 境内飞机和轮船在境外的加油量	Domestic Airplanes&Ships Refueling Abroad		1153.19
4. 出口量(-)	Export (-)		6614.57
5. 境外飞机和轮船在境内的加油量(-)	Oversea Airplanes&Ships Refueling Domestically (-)		942.84
6. 库存增(-)、减(+)量	Stock Change		-1742.72
二. 加工转换投入(-)产出(+)量	**Input(-) & Output(+) of Transformation**	**1069.38**	**-3593.26**
1. 火力发电	Thermal Power		-309.31
2. 供热	Heating Supply		-590.17
3. 煤炭洗选	Coal Washing		
4. 炼焦	Coking	1265.18	
5. 炼油及煤制油	Petroleum Refining and Coal-to-liquids	-196.43	8645.61
#油品再投入量(-)	Petroleum Products Input (-)		-11334.65
6. 制气	Gas Works	0.63	-4.73
#焦炭再投入量(-)	Coke Input (-)		
7. 天然气液化	Natural Gas Liquefaction		
8. 煤制品加工	Briquettes		
9. 回收能	Recovery of Energy		
三. 损失量	**Loss**		**28.82**
四. 终端消费量	**Total Final Consumption**	**1113.73**	**58623.02**
1. 农、林、牧、渔业	Agriculture, Forestry, Animal Husbandry and Fishery		1724.93
2. 工业	Industry	1113.73	18847.56
#用作原料、材料	Non-Energy Use	454.94	10367.92
3. 建筑业	Construction		3935.66
4. 交通运输、仓储和邮政业	Transport, Storage and Post		22729.22
5. 批发和零售业、住宿和餐饮业	Wholesale and Retail Trades, Hotels and Catering Services		599.00
6. 其他	Others		3458.23
7. 居民生活	Residential		7328.42
城镇	Urban		5037.73
乡村	Rural		2290.69
五. 平衡差额	**Statistical Difference**	**-44.35**	**1481.46**
六. 消费量合计	**Total Energy Consumption**	**1310.16**	**62245.10**

Continued 1

原油 (万吨) Crude Oil (10^4 tons)	汽油 (万吨) Gasoline (10^4 tons)	煤油 (万吨) Kerosene (10^4 tons)	柴油 (万吨) Diesel Oil (10^4 tons)	燃料油 (万吨) Fuel Oil (10^4 tons)	石脑油 (万吨) Naphtha (10^4 tons)	润滑油 (万吨) Lubricants (10^4 tons)	石蜡 (万吨) Paraffin Waxes (10^4 tons)	溶剂油 (万吨) White Spirit (10^4 tons)
63849.17	**-1229.44**	**-1055.98**	**-1792.79**	**685.51**	**665.88**	**22.86**	**-69.93**	**4.73**
18932.42								
46188.55	44.54	412.65	71.12	1665.62	747.21	33.51	9.48	3.48
		529.66	17.88	605.65				
262.66	1287.94	1467.01	1853.24	1229.95	4.40	10.81	52.86	0.30
		480.02	19.59	443.23				
-1009.14	13.95	-51.26	-8.95	87.42	-76.93	0.16	-26.55	1.55
-62627.73	**14246.73**	**4770.28**	**18290.50**	**1519.49**	**4710.67**	**217.07**	**277.46**	**108.79**
-15.30			-26.35	-15.14	-5.74			
	-0.07		-5.19	-59.53	-137.56			
-62612.43	14264.70	4770.28	18360.10	3899.65	6025.52	220.63	279.45	108.79
	-17.90		-38.06	-2305.50	-1171.56	-3.56	-1.98	
28.28								
348.32	**13037.33**	**3653.51**	**16339.96**	**2155.91**	**5345.07**	**241.04**	**200.92**	**107.91**
	242.92	4.91	1468.24	1.28				
348.32	278.54	24.94	1189.87	308.01	5345.07	241.04	200.92	107.91
	7.70	1.18	30.09	37.90	5151.33	223.09	196.18	104.38
	504.99	17.27	543.37	31.83				
	6067.62	3462.53	11166.92	1795.70				
	275.50	15.47	211.77	10.05				
	2163.56	103.81	1107.45	9.04				
	3504.20	24.59	652.34					
	2381.26	0.42	297.27					
	1122.95	24.17	355.07					
844.84	**-20.05**	**60.80**	**157.75**	**49.09**	**31.49**	**-1.12**	**6.61**	**5.61**
63004.33	**13055.30**	**3653.51**	**16409.56**	**4536.07**	**6659.92**	**244.60**	**202.91**	**107.91**

5-5 续表 2

项目	Item	石油沥青(万吨) Bitumen Asphalt (10^4 tons)	石油焦(万吨) Petroleum Coke (10^4 tons)
一. 可供本地区消费的能源量	**Total Primary Energy Supply**	**373.32**	**650.91**
1. 一次能源生产量	Indigenous Production		
水电	Hydro Power		
核电	Nuclear Power		
风电	Wind Power		
2. 进口量	Import	460.32	982.61
3. 境内飞机和轮船在境外的加油量	Domestic Airplanes&Ships Refueling Abroad		
4. 出口量(-)	Export (-)	77.50	248.87
5. 境外飞机和轮船在境内的加油量(-)	Oversea Airplanes&Ships Refueling Domestically (-)		
6. 库存增(-)、减(+)量	Stock Change	-9.50	-82.83
二. 加工转换投入(-)产出(+)量	**Input(-) & Output(+) of Transformation**	**2687.67**	**2276.25**
1. 火力发电	Thermal Power		-182.73
2. 供热	Heating Supply		-198.97
3. 煤炭洗选	Coal Washing		
4. 炼焦	Coking		
5. 炼油及煤制油	Petroleum Refining and Coal-to-liquids	2861.55	2663.62
#油品再投入量(-)	Petroleum Products Input (-)	-173.88	-5.67
6. 制气	Gas Works		
#焦炭再投入量(-)	Coke Input (-)		
7. 天然气液化	Natural Gas Liquefaction		
8. 煤制品加工	Briquettes		
9. 回收能	Recovery of Energy		
三. 损失量	**Loss**		
四. 终端消费量	**Total Final Consumption**	**3016.39**	**2894.63**
1. 农、林、牧、渔业	Agriculture, Forestry, Animal Husbandry and Fishery		
2. 工业	Industry	166.79	2894.63
#用作原料、材料	Non-Energy Use	107.00	2176.06
3. 建筑业	Construction	2737.75	
4. 交通运输、仓储和邮政业	Transport, Storage and Post	111.85	
5. 批发和零售业、住宿和餐饮业	Wholesale and Retail Trades, Hotels and Catering Services		
6. 其他	Others		
7. 居民生活	Residential		
城镇	Urban		
乡村	Rural		
五. 平衡差额	**Statistical Difference**	**44.60**	**32.53**
六. 消费量合计	**Total Energy Consumption**	**3190.27**	**3282.00**

Continued 2

液化石油气 (万吨) Liquefied Petroleum Gas (10^4 tons)	炼厂干气 (万吨) Refinery Gas (10^4 tons)	其他石油制品 (万吨) Other Petroleum Products (10^4 tons)	天然气 (亿立方米) Natural Gas (10^8 cu.m)	液化天然气 (万吨) Liquefied Natural Gas (10^4 tons)	热力 (万百万千焦) Heat (10^{10} kJ)	电力 (亿千瓦小时) Electricity (10^8 kW•h)	其他能源 (万吨标准煤) Other Energy (10^4 tce)
1817.85		**-195.54**	**2073.17**	**5370.70**		**20545.97**	**7019.30**
			1601.59			20698.15	7019.30
						12317.87	
						2943.59	
						3659.71	
1966.44		355.55	505.20	5370.76		56.88	
113.47		5.57	33.62	0.05		209.06	
-35.12		-545.52					
3383.20	**1698.03**	**4848.34**	**-652.38**	**802.54**	**523303.05**	**50963.18**	**-921.85**
-0.20	-60.46	-3.39	-394.65	-183.04	-97258.79	50963.18	-1587.02
-3.81	-170.62	-14.43	-128.97	-24.52	524417.65		-352.75
3915.59	2013.24	11874.91	-20.57				-52.33
-523.65	-84.13	-7008.76					
-4.73			44.04				
			-152.23	1010.10			
					96144.18		1070.25
0.54			**22.35**	**14.20**	**5183.63**	**3351.71**	
5140.17	**1685.98**	**4455.89**	**1401.92**	**6153.86**	**518100.81**	**68156.48**	**6032.55**
7.59			1.30		68.39	1242.53	606.83
1683.13	1685.98	4372.42	589.99	5771.18	362133.17	45743.20	934.09
480.25	40.82	1811.93	76.63	169.77			
16.99		83.47	2.49		2302.85	887.82	30.93
124.60			221.10	382.68	3819.00	1608.50	1388.33
86.21			60.79		8962.17	2900.40	96.19
74.37			57.87		19130.90	5716.49	238.77
3147.28			468.38		121684.32	10057.55	2737.41
2358.78			464.09		121684.32	5530.66	227.26
788.50			4.29			4526.89	2510.14
60.34	**12.05**	**196.92**	**-3.48**	**5.18**	**18.61**	**0.96**	**64.89**
5673.10	**2001.19**	**11482.46**	**1937.26**	**6375.62**	**620543.22**	**71508.20**	**8024.66**

5-6 全国能源平衡表(标准量) -2014

单位：万吨标准煤

项　　目	Item	能源合计 (发电煤耗计算法) (Coal Equivalent Calculation)	Energy Total (电热当量计算法) (Calorific Value Calculation)
一. 可供本地区消费的能源量	**Total Primary Energy Supply**	**427429.67**	**401743.28**
1. 一次能源生产量	Indigenous Production	362212.49	336314.22
水电	Hydro Power	33113.21	13185.73
核电	Nuclear Power	4090.62	1628.89
风电	Wind Power	4937.54	1966.14
2. 进口量	Import	77047.21	76921.84
3. 境内飞机和轮船在境外的加油量	Domestic Airplanes&Ships Refueling Abroad	979.47	979.47
4. 出口量(-)	Export (-)	7203.00	6865.74
5. 境外飞机和轮船在境内的加油量(-)	Oversea Airplanes&Ships Refueling Domestically (-)	1066.89	1066.89
6. 库存增(-)、减(+)量	Stock Change	-4539.61	-4539.61
二. 加工转换投入(-)产出(+)量	**Input(-) & Output(+) of Transformation**	**-2692.37**	**-84419.06**
1. 火力发电	Thermal Power		-81726.69
2. 供热	Heating Supply	-5036.10	-5036.10
3. 煤炭洗选	Coal Washing	-6119.41	-6119.41
4. 炼焦	Coking	-3540.15	-3540.15
5. 炼油及煤制油	Petroleum Refining and Coal-to-liquids	8467.86	8467.86
#油品再投入量(-)	Petroleum Products Input (-)	-10582.46	-10582.46
6. 制气	Gas Works	-174.76	-174.76
#焦炭再投入量(-)	Coke Input (-)	-48.54	-48.54
7. 天然气液化	Natural Gas Liquefaction	-74.05	-74.05
8. 煤制品加工	Briquettes	-162.35	-162.35
9. 回收能	Recovery of Energy	14577.61	14577.61
三. 损失量	**Loss**	**10185.90**	**4428.25**
四. 终端消费量	**Total Final Consumption**	**415455.73**	**313801.79**
1. 农、林、牧、渔业	Agriculture, Forestry, Animal Husbandry and Fishery	8020.05	6137.80
2. 工业	Industry	285947.78	213233.61
#用作原料、材料	Non-Energy Use	23243.95	23243.95
3. 建筑业	Construction	7377.27	6036.86
4. 交通运输、仓储和邮政业	Transport, Storage and Post	35966.15	33998.74
5. 批发和零售业、住宿和餐饮业	Wholesale and Retail Trades, Hotels and Catering Services	10864.34	7157.75
6. 其他	Others	20068.72	13354.34
7. 居民生活	Residential	47211.42	33882.69
城镇	Urban	26927.12	19621.80
乡村	Rural	20284.30	14260.89
五. 平衡差额	**Statistical Difference**	**-904.33**	**-905.81**
六. 消费量合计	**Total Energy Consumption**	**428333.99**	**402649.09**

Energy Balance of China (Standard Quantity) -2014

(10^4 tce)

煤合计 Coal Total	原煤 Raw Coal	洗精煤 Cleaned Coal	其他洗煤 Other Washed Coal	煤制品 Briquettes	煤矸石 Gangue	焦炭 Coke	焦炉煤气 Coke Oven Gas	高炉煤气 Blast Furnace Gas	转炉煤气 Converter Gas
281610.71	**282164.81**	**-326.79**	**-220.94**	**-6.37**		**-1055.48**			
266315.72	266315.72								
18531.39	18529.11			2.28		0.17			
483.98	475.64			8.34		826.41			
-2752.41	-2204.39	-326.79	-220.94	-0.30		-229.25			
-204538.79	**-217560.92**	**5652.98**	**6200.55**	**1168.61**	**76.40**	**46321.25**	**3598.05**	**7370.77**	**940.46**
-125768.14	-124389.16	-28.95	-1350.03		-636.59	-48.51	-949.72	-1842.61	-288.93
-14342.83	-13943.93	-35.16	-363.74		-164.82	-206.95	-352.44	-880.68	-157.33
-6997.23	-71953.32	55778.76	9177.34		877.81				
-56190.52	-6386.31	-49761.17	-43.05			46475.96	4854.50		
-471.28	-303.26	-161.91	-6.11						
-606.44	-464.50	-138.59	-3.34			132.65	45.71		
						-31.90			
-162.35	-120.44		-1210.52	1168.61					
								10094.06	1386.72
78395.89	**65806.24**	**5499.97**	**5931.71**	**1157.98**		**45256.68**	**3595.98**	**7350.21**	**932.80**
1859.10	1835.41		23.68			33.85			
62534.18	50952.30	5485.24	5288.84	807.79		45125.20	3368.75	7350.21	932.80
7037.18	6174.42	595.70	192.51	74.56		1805.01	60.23		
704.44	687.69	6.13	10.62			9.41			
391.43	365.75	8.60	17.08			2.62			
2906.27	2848.73		36.56	20.99		45.25	4.73		
3085.28	3019.21		58.27	7.80		4.95	15.77		
6915.19	6097.14		496.66	321.39		35.38	206.73		
1022.64	784.02		134.78	103.85		14.84	206.73		
5892.55	5313.12		361.88	217.55		20.54			
-1323.97	**-1202.35**	**-173.79**	**47.91**	**4.26**	**76.40**	**9.09**	**2.07**	**20.56**	**7.65**

5-6 续表 1

单位：万吨标准煤

项　　目	Item	其他煤气 Other Gas	其他焦化产品 Other Coking Products
一. 可供本地区消费的能源量	**Total Primary Energy Supply**		
1. 一次能源生产量	Indigenous Production		
水电	Hydro Power		
核电	Nuclear Power		
风电	Wind Power		
2. 进口量	Import		
3. 境内飞机和轮船在境外的加油量	Domestic Airplanes&Ships Refueling Abroad		
4. 出口量(-)	Export (-)		
5. 境外飞机和轮船在境内的加油量(-)	Oversea Airplanes&Ships Refueling Domestically (-)		
6. 库存增(-)、减(+)量	Stock Change		
二. 加工转换投入(-)产出(+)量	**Input(-) & Output(+) of Transformation**	**241.02**	**1267.90**
1. 火力发电	Thermal Power	-2.07	
2. 供热	Heating Supply	-0.50	
3. 煤炭洗选	Coal Washing		
4. 炼焦	Coking		1319.91
5. 炼油及煤制油	Petroleum Refining and Coal-to-liquids		-68.24
#油品再投入量(-)	Petroleum Products Input (-)		
6. 制气	Gas Works	243.59	32.87
#焦炭再投入量(-)	Coke Input (-)		-16.64
7. 天然气液化	Natural Gas Liquefaction		
8. 煤制品加工	Briquettes		
9. 回收能	Recovery of Energy		
三. 损失量	**Loss**		
四. 终端消费量	**Total Final Consumption**	**236.73**	**1264.45**
1. 农、林、牧、渔业	Agriculture, Forestry, Animal Husbandry and Fishery		
2. 工业	Industry	114.66	1264.45
#用作原料、材料	Non-Energy Use		558.92
3. 建筑业	Construction		
4. 交通运输、仓储和邮政业	Transport, Storage and Post		
5. 批发和零售业、住宿和餐饮业	Wholesale and Retail Trades, Hotels and Catering Services	13.56	
6. 其他	Others		
7. 居民生活	Residential	108.51	
城镇	Urban	108.30	
乡村	Rural	0.21	
五. 平衡差额	**Statistical Difference**	**4.29**	**3.45**
六. 消费量合计	**Total Energy Consumption**		

Continued 1

(10[4] tce)

油品合计 Petroleum Products Total	原油 Crude Oil	汽油 Gasoline	煤油 Kerosene	柴油 Diesel Oil	燃料油 Fuel Oil	石脑油 Naphtha	润滑油 Lubricants	石蜡 Paraffin Waxes
74259.70	**73922.39**	**-1852.73**	**-1095.58**	**-673.88**	**1228.92**	**411.77**	**27.15**	**-56.35**
30204.78	30204.78							
50693.31	44054.30	4.97	609.34	69.02	2549.42	554.58	44.93	10.43
979.47			451.50	11.18	516.80			
4993.02	85.74	746.78	1569.25	598.10	1353.87	19.82	17.78	66.78
1066.89			572.87	19.50	474.52			
-1557.95	-250.93	-1110.92	-14.29	-136.49	-8.90	-123.00		
-2552.91	**-72334.66**	**16228.16**	**4533.35**	**25640.69**	**1777.44**	**5941.58**	**154.23**	**195.47**
-329.28	-12.67	-0.06	-0.01	-37.64	-50.79			
-709.25	-9.93	-0.07	-0.03	-6.89	-235.59			
9068.08	-72312.06	16229.32	4533.40	25696.45	5059.64	6583.77	158.91	195.47
-10582.46		-1.03		-11.23	-2995.83	-642.20	-4.68	
158.33	**154.06**							
71273.86	**1222.68**	**14383.79**	**3436.29**	**24955.78**	**2940.02**	**6349.95**	**179.62**	**137.84**
2507.70		318.71	1.10	2173.97	1.81			
22111.61	1222.68	718.41	25.50	2268.72	768.93	6349.95	179.62	137.84
11874.89	518.62	15.23	2.91	40.04	62.52	5974.17	156.97	134.09
4348.91		487.08	15.32	804.25	63.71			
28501.65		6864.09	3260.67	16090.46	2059.14			
845.73		320.46	16.60	335.31	24.84			
4638.38		2557.39	74.65	1848.69	21.59			
8319.88		3117.64	42.45	1434.37				
5818.29		2158.15	5.53	803.62				
2501.59		959.49	36.92	630.75				
274.60	**210.99**	**-8.35**	**1.49**	**11.03**	**66.34**	**3.39**	**1.77**	**1.27**

5-6 续表 2

单位：万吨标准煤

项　　目	Item	溶剂油 White spirit	石油沥青 Bitumen Asphalt
一. 可供本地区消费的能源量	**Total Primary Energy Supply**	**2.46**	**511.82**
1. 一次能源生产量	Indigenous Production		
水电	Hydro Power		
核电	Nuclear Power		
风电	Wind Power		
2. 进口量	Import	3.51	538.44
3. 境内飞机和轮船在境外的加油量	Domestic Airplanes&Ships Refueling Abroad		
4. 出口量(-)	Export (-)	0.89	26.62
5. 境外飞机和轮船在境内的加油量(-)	Oversea Airplanes&Ships Refueling Domestically (-)		
6. 库存增(-)、减(+)量	Stock Change	-0.15	
二. 加工转换投入(-)产出(+)量	**Input(-) & Output(+) of Transformation**	**120.91**	**2558.65**
1. 火力发电	Thermal Power		
2. 供热	Heating Supply		
3. 煤炭洗选	Coal Washing		
4. 炼焦	Coking		
5. 炼油及煤制油	Petroleum Refining and Coal-to-liquids	120.91	2571.43
#油品再投入量(-)	Petroleum Products Input (-)		-12.77
6. 制气	Gas Works		
#焦炭再投入量(-)	Coke Input (-)		
7. 天然气液化	Natural Gas Liquefaction		
8. 煤制品加工	Briquettes		
9. 回收能	Recovery of Energy		
三. 损失量	**Loss**		
四. 终端消费量	**Total Final Consumption**	**123.24**	**3003.79**
1. 农、林、牧、渔业	Agriculture, Forestry, Animal Husbandry and Fishery		
2. 工业	Industry	123.24	87.60
#用作原料、材料	Non-Energy Use	115.44	51.85
3. 建筑业	Construction		2842.05
4. 交通运输、仓储和邮政业	Transport, Storage and Post		74.15
5. 批发和零售业、住宿和餐饮业	Wholesale and Retail Trades, Hotels and Catering Services		
6. 其他	Others		
7. 居民生活	Residential		
城镇	Urban		
乡村	Rural		
五. 平衡差额	**Statistical Difference**	**0.13**	**66.68**
六. 消费量合计	**Total Energy Consumption**		

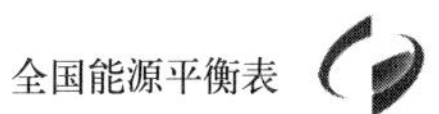

Continued 2

(10[4] tce)

石油焦 Petroleum Coke	液化石油气 Liquefied Petroleum Gas	炼厂干气 Refinery Gas	其他石油制品 Other Petroleum Products	天然气 Natural Gas	液化天然气 Liquefied Natural Gas	热力 Heat	电力 Electricity	其他能源 Other Energy
345.20	**1006.24**		**482.27**	**20711.60**	**3483.65**		**16996.31**	**5736.80**
				16920.41			17136.51	5736.80
							13185.73	
							1628.89	
							1966.14	
561.76	1267.54		425.08	4130.36	3483.65		82.96	
256.46	247.58		3.35	339.17			-223.16	
39.90	-13.71		60.54					
2275.52	**4159.10**	**2245.50**	**3951.16**	**-4587.83**	**466.68**	**12900.59**	**54077.36**	
-120.06	-0.03	-102.06	-5.96	-2966.47	-308.56	-1878.73	54077.36	-784.42
-157.59	-4.68	-256.08	-38.38	-676.39	-11.83	12761.92		-295.01
2553.38	4638.48	2762.49	10276.48	-60.71				
-0.21	-474.67	-158.85	-6280.98					
				-23.14				
				-861.12	787.07			
						2017.40		1079.43
	4.27			**264.16**	**24.62**	**171.39**	**3809.75**	
2566.91	**5156.02**	**2247.97**	**4569.96**	**15900.39**	**3934.72**	**12730.19**	**67262.94**	**5666.94**
	12.11			10.28		3.03	1245.46	478.38
2566.91	952.00	2247.97	4462.23	8058.18	3531.97	9121.57	48113.91	1606.12
1975.28	503.73	38.91	2285.13	1581.01	326.71			
	28.77		107.73	24.45		27.76	886.93	34.95
	153.15			2210.84	402.75	82.12	1301.81	1105.52
	148.52			606.10		195.41	2452.59	88.11
	136.06			537.03		351.25	4442.81	278.85
	3725.42			4453.50		2949.05	8819.43	2075.01
	2850.98			4437.06		2949.05	4833.83	231.05
	874.43			16.44			3985.60	1843.96
53.80	**5.05**	**-2.47**	**-136.52**	**-40.78**	**-9.01**	**-0.99**	**0.98**	**69.86**

5-7 全国能源平衡表(标准量) -2015

单位：万吨标准煤

项　目	Item	能源合计 (发电煤耗计算法) (Coal Equivalent Calculation)	Energy Total (电热当量计算法) (Calorific Value Calculation)
一. 可供本地区消费的能源量	**Total Primary Energy Supply**	**431635.65**	**403832.10**
1. 一次能源生产量	Indigenous Production	362193.35	334161.88
水电	Hydro Power	34593.74	13891.02
核电	Nuclear Power	5227.27	2099.00
风电	Wind Power	5685.67	2283.06
2. 进口量	Import	76358.28	76244.53
3. 境内飞机和轮船在境外的加油量	Domestic Airplanes&Ships Refueling Abroad	1337.06	1337.06
4. 出口量(-)	Export (-)	8689.52	8347.84
5. 境外飞机和轮船在境内的加油量(-)	Oversea Airplanes&Ships Refueling Domestically (-)	1095.24	1095.24
6. 库存增(-)、减(+)量	Stock Change	1531.71	1531.71
二. 加工转换投入(-)产出(+)量	**Input(-) & Output(+) of Transformation**	**-4278.67**	**-82750.49**
1. 火力发电	Thermal Power		-78471.82
2. 供热	Heating Supply	-5304.40	-5304.40
3. 煤炭洗选	Coal Washing	-5717.99	-5717.99
4. 炼焦	Coking	-4260.80	-4260.80
5. 炼油及煤制油	Petroleum Refining and Coal-to-liquids	9623.44	9623.44
#油品再投入量(-)	Petroleum Products Input (-)	-12489.85	-12489.85
6. 制气	Gas Works	-349.65	-349.65
#焦炭再投入量(-)	Coke Input (-)	-12.43	-12.43
7. 天然气液化	Natural Gas Liquefaction	-88.02	-88.02
8. 煤制品加工	Briquettes	-170.67	-170.67
9. 回收能	Recovery of Energy	14491.71	14491.71
三. 损失量	**Loss**	**9724.04**	**4251.30**
四. 终端消费量	**Total Final Consumption**	**420110.07**	**319309.86**
1. 农、林、牧、渔业	Agriculture, Forestry, Animal Husbandry and Fishery	8271.02	6366.40
2. 工业	Industry	282290.93	211658.17
#用作原料、材料	Non-Energy Use	24155.50	24155.50
3. 建筑业	Construction	7545.28	6265.56
4. 交通运输、仓储和邮政业	Transport, Storage and Post	38169.43	36107.70
5. 批发和零售业、住宿和餐饮业	Wholesale and Retail Trades, Hotels and Catering Services	11447.25	7560.39
6. 其他	Others	21924.82	14747.22
7. 居民生活	Residential	50461.33	36604.43
城镇	Urban	28704.43	21187.40
乡村	Rural	21756.90	15417.02
五. 平衡差额	**Statistical Difference**	**-2477.14**	**-2479.54**
六. 消费量合计	**Total Energy Consumption**	**434112.78**	**406311.64**

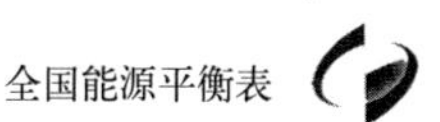

Energy Balance of China (Standard Quantity) -2015

(10[4] tce)

煤合计 Coal Total	原煤 Raw Coal	洗精煤 Cleaned Coal	其他洗煤 Other Washed Coal	煤制品 Briquettes	煤矸石 Gangue	焦炭 Coke	焦炉煤气 Coke Oven Gas	高炉煤气 Blast Furnace Gas	转炉煤气 Converter Gas
275512.85	**274914.16**	**553.37**	**52.61**	**-7.28**		**-780.65**			
261318.75	261318.75								
12718.82	12715.68			3.15		0.37			
471.22	462.68			8.54		937.23			
1946.50	1342.41	553.37	52.61	-1.88		156.21			
-197023.76	**-208707.57**	**4735.14**	**5779.24**	**1169.43**	**66.17**	**43264.94**	**3375.49**	**7099.89**	**977.88**
-119911.67	-118482.23	-28.64	-1400.80		-541.92	-5.75	-969.27	-1884.95	-307.93
-15433.98	-15028.93	-50.43	-354.63		-145.07	-268.14	-347.70	-797.62	-123.22
-6471.15	-68539.28	53374.21	8693.92		753.16				
-53653.67	-5305.21	-48307.42	-41.04			43357.39	4670.17		
-480.58	-339.95	-134.90	-5.73						
-902.03	-780.62	-117.68	-3.72			183.23	22.28		
						-1.79			
-170.67	-231.34		-1108.76	1169.43					
								9782.46	1409.03
80568.96	**67620.32**	**5718.87**	**6072.92**	**1156.85**		**42522.99**	**3362.75**	**7102.00**	**968.63**
1990.79	1967.48		23.31			48.07			
64054.99	52101.38	5703.45	5448.96	801.19		42391.11	3238.12	7102.00	968.63
8079.02	6959.75	648.48	417.94	52.86		1865.21	83.02		
708.59	691.41	7.28	9.90			6.49			
353.90	334.32	8.14	11.44			2.93			
3007.76	2953.97		32.90	20.88		38.91	5.21		
3196.24	3134.41		54.19	7.63		5.20	6.74		
7256.70	6437.34		492.22	327.14		30.27	112.68		
1010.13	784.44		123.72	101.98		8.91	112.68		
6246.56	5652.90		368.50	225.16		21.36			
-2079.87	**-1413.73**	**-430.36**	**-241.07**	**5.30**	**66.17**	**-38.69**	**12.74**	**-2.11**	**9.25**

5-7 续表 1

单位：万吨标准煤

项目	Item	其他煤气 Other Gas	其他焦化产品 Other Coking Products
一. 可供本地区消费的能源量	**Total Primary Energy Supply**		
1. 一次能源生产量	Indigenous Production		
水电	Hydro Power		
核电	Nuclear Power		
风电	Wind Power		
2. 进口量	Import		
3. 境内飞机和轮船在境外的加油量	Domestic Airplanes&Ships Refueling Abroad		
4. 出口量(-)	Export (-)		
5. 境外飞机和轮船在境内的加油量(-)	Oversea Airplanes&Ships Refueling Domestically (-)		
6. 库存增(-)、减(+)量	Stock Change		
二. 加工转换投入(-)产出(+)量	**Input(-) & Output(+) of Transformation**	**273.60**	**1239.78**
1. 火力发电	Thermal Power	-5.00	
2. 供热	Heating Supply	-0.91	
3. 煤炭洗选	Coal Washing		
4. 炼焦	Coking		1365.31
5. 炼油及煤制油	Petroleum Refining and Coal-to-liquids		-140.13
#油品再投入量(-)	Petroleum Products Input (-)		
6. 制气	Gas Works	279.51	25.24
#焦炭再投入量(-)	Coke Input (-)		-10.64
7. 天然气液化	Natural Gas Liquefaction		
8. 煤制品加工	Briquettes		
9. 回收能	Recovery of Energy		
三. 损失量	**Loss**		
四. 终端消费量	**Total Final Consumption**	**273.41**	**1243.12**
1. 农、林、牧、渔业	Agriculture, Forestry, Animal Husbandry and Fishery		
2. 工业	Industry	154.11	1243.12
#用作原料、材料	Non-Energy Use		453.14
3. 建筑业	Construction		
4. 交通运输、仓储和邮政业	Transport, Storage and Post		
5. 批发和零售业、住宿和餐饮业	Wholesale and Retail Trades, Hotels and Catering Services	10.97	
6. 其他	Others		
7. 居民生活	Residential	108.33	
城镇	Urban	107.98	
乡村	Rural	0.36	
五. 平衡差额	**Statistical Difference**	**0.19**	**-3.35**
六. 消费量合计	**Total Energy Consumption**		

Continued 1

(10[4] tce)

油品合计 Petroleum Products Total	原油 Crude Oil	汽油 Gasoline	煤油 Kerosene	柴油 Diesel Oil	燃料油 Fuel Oil	石脑油 Naphtha	润滑油 Lubricants	石蜡 Paraffin Waxes
79607.28	**77992.27**	**-1057.23**	**-1362.53**	**-953.34**	**956.83**	**949.08**	**29.30**	**-73.51**
30651.44	30651.44							
55573.30	47927.07	25.06	512.71	62.36	2200.62	997.08	46.05	11.59
1337.06			541.37	41.75	753.94			
6288.28	409.38	867.08	1820.61	1043.65	1502.44		16.75	85.10
1095.24			572.80	21.86	500.58			
-571.00	-176.86	-215.21	-23.20	8.06	5.30	-48.00		
-3157.10	**-77027.78**	**17808.37**	**5383.29**	**26122.92**	**2035.37**	**5901.95**	**160.64**	**220.18**
-334.39	-17.80	-0.25		-32.58	-45.03			
-664.62	-9.56	-0.10		-9.06	-235.90			
10331.76	-77000.43	17809.18	5383.29	26239.30	5661.56	6877.56	165.71	220.21
-12489.85		-0.46		-74.73	-3345.25	-975.62	-5.08	-0.03
125.19	**124.60**							
76685.23	**1118.15**	**16726.74**	**3919.39**	**25179.33**	**3033.96**	**6860.49**	**189.23**	**147.67**
2530.88		340.38	1.62	2175.27	1.34			
23406.46	1118.15	701.17	31.13	2093.12	849.66	6860.49	189.23	147.67
12094.82	193.80	13.73	2.85	40.07	188.20	6374.22	165.01	144.04
4597.22		601.18	18.39	809.72	76.45			
30135.23		7808.12	3685.68	16265.32	2056.46			
921.85		357.98	17.18	375.55	27.07			
5421.37		3102.41	122.52	2016.85	22.97			
9672.20		3815.51	42.86	1443.49				
6800.55		2654.53	5.50	800.96				
2871.66		1160.98	37.36	642.53				
-360.23	**-278.26**	**24.40**	**101.37**	**-9.75**	**-41.75**	**-9.46**	**0.71**	**-1.00**

5-7 续表 2

单位：万吨标准煤

项　　目	Item	溶剂油 White spirit	石油沥青 Bitumen Asphalt
一. 可供本地区消费的能源量	**Total Primary Energy Supply**	**-10.36**	**578.88**
1. 一次能源生产量	Indigenous Production		
水电	Hydro Power		
核电	Nuclear Power		
风电	Wind Power		
2. 进口量	Import	3.24	616.47
3. 境内飞机和轮船在境外的加油量	Domestic Airplanes&Ships Refueling Abroad		
4. 出口量(-)	Export (-)	0.62	37.60
5. 境外飞机和轮船在境内的加油量(-)	Oversea Airplanes&Ships Refueling Domestically (-)		
6. 库存增(-)、减(+)量	Stock Change	-12.98	
二. 加工转换投入(-)产出(+)量	**Input(-) & Output(+) of Transformation**	**216.06**	**2630.22**
1. 火力发电	Thermal Power		
2. 供热	Heating Supply		
3. 煤炭洗选	Coal Washing		
4. 炼焦	Coking		
5. 炼油及煤制油	Petroleum Refining and Coal-to-liquids	216.06	2641.64
#油品再投入量(-)	Petroleum Products Input (-)		-11.42
6. 制气	Gas Works		
#焦炭再投入量(-)	Coke Input (-)		
7. 天然气液化	Natural Gas Liquefaction		
8. 煤制品加工	Briquettes		
9. 回收能	Recovery of Energy		
三. 损失量	**Loss**		
四. 终端消费量	**Total Final Consumption**	**208.34**	**3197.83**
1. 农、林、牧、渔业	Agriculture, Forestry, Animal Husbandry and Fishery		
2. 工业	Industry	208.34	90.11
#用作原料、材料	Non-Energy Use	200.21	42.91
3. 建筑业	Construction		2959.46
4. 交通运输、仓储和邮政业	Transport, Storage and Post		148.25
5. 批发和零售业、住宿和餐饮业	Wholesale and Retail Trades, Hotels and Catering Services		
6. 其他	Others		
7. 居民生活	Residential		
城镇	Urban		
乡村	Rural		
五. 平衡差额	**Statistical Difference**	**-2.64**	**11.27**
六. 消费量合计	**Total Energy Consumption**		

Continued 2

(10[4] tce)

石油焦 Petroleum Coke	液化石油气 Liquefied Petroleum Gas	炼厂干气 Refinery Gas	其他石油制品 Other Petroleum Products	天然气 Natural Gas	液化天然气 Liquefied Natural Gas	热力 Heat	电力 Electricity	其他能源 Other Energy
379.93	**1840.82**		**337.13**	**21505.77**	**3447.40**		**18655.49**	**5883.96**
				17499.30			18808.43	5883.96
							13891.02	
							2099.00	
							2283.06	
618.20	2132.50		420.35	4428.32	3447.40		76.32	
254.02	247.12		3.94	421.85			229.26	
15.75	-44.57		-79.28					
2324.31	**4375.10**	**2468.18**	**4224.11**	**-5598.58**	**607.24**	**13694.71**	**52652.67**	**-223.42**
-143.08		-79.23	-16.41	-3790.67	-286.63	-2027.33	52652.67	-1058.97
-158.04	-5.61	-206.97	-39.38	-802.10	-17.29	13606.91		-310.67
2625.42	5030.48	2912.83	11548.95	-48.75				-38.86
	-649.77	-158.44	-7269.05					
				42.12				
				-999.18	911.16			
						2115.14		1185.08
	0.58			**264.94**	**22.84**	**166.25**	**3672.08**	
2694.11	**6134.72**	**2476.54**	**4798.72**	**15725.59**	**4035.77**	**13530.15**	**67634.48**	**5656.78**
	12.27			12.34		3.64	1277.95	502.73
2694.11	1254.13	2476.54	4692.59	7271.68	3584.69	9568.87	47392.86	1281.53
2038.17	401.13	53.74	2236.73	1260.18	320.11			
	25.89		106.13	28.12		30.82	858.67	35.65
	171.40			2478.51	451.08	95.81	1383.37	1206.85
	144.07			666.71		208.48	2607.99	92.52
	156.62			590.74		422.56	4816.00	288.37
	4370.35			4677.49		3199.98	9297.64	2249.13
	3339.56			4658.91		3199.98	5043.74	244.53
	1030.79			18.58			4253.90	2004.60
10.13	**80.61**	**-8.36**	**-237.48**	**-83.34**	**-3.98**	**-1.69**	**1.61**	**3.76**

5-8 全国能源平衡表(标准量) -2016

单位：万吨标准煤

项　目	Item	能源合计 (发电煤耗计算法) (Coal Equivalent Calculation)	Energy Total (电热当量计算法) (Calorific Value Calculation)
一. 可供本地区消费的能源量	**Total Primary Energy Supply**	**434120.53**	**403614.06**
1. 一次能源生产量	Indigenous Production	345953.66	315216.64
水电	Hydro Power	36009.57	14551.94
核电	Nuclear Power	6486.55	2621.30
风电	Wind Power	7209.85	2913.59
2. 进口量	Import	88761.70	88649.62
3. 境内飞机和轮船在境外的加油量	Domestic Airplanes&Ships Refueling Abroad	1473.04	1473.04
4. 出口量(-)	Export (-)	10817.14	10474.50
5. 境外飞机和轮船在境内的加油量(-)	Oversea Airplanes&Ships Refueling Domestically (-)	1139.14	1139.14
6. 库存增(-)、减(+)量	Stock Change	9888.39	9888.39
二. 加工转换投入(-)产出(+)量	**Input(-) & Output(+) of Transformation**	**-3301.18**	**-83710.91**
1. 火力发电	Thermal Power		-80409.73
2. 供热	Heating Supply	-5579.28	-5579.28
3. 煤炭洗选	Coal Washing	-5163.85	-5163.85
4. 炼焦	Coking	-3886.54	-3886.54
5. 炼油及煤制油	Petroleum Refining and Coal-to-liquids	10072.51	10072.51
#油品再投入量(-)	Petroleum Products Input (-)	-13616.00	-13616.00
6. 制气	Gas Works	-258.53	-258.53
#焦炭再投入量(-)	Coke Input (-)	-3.03	-3.03
7. 天然气液化	Natural Gas Liquefaction	-115.93	-115.93
8. 煤制品加工	Briquettes	-123.50	-123.50
9. 回收能	Recovery of Energy	15372.97	15372.97
三. 损失量	**Loss**	**9848.88**	**4298.15**
四. 终端消费量	**Total Final Consumption**	**428341.75**	**322974.99**
1. 农、林、牧、渔业	Agriculture, Forestry, Animal Husbandry and Fishery	8585.10	6606.31
2. 工业	Industry	282808.58	210439.20
#用作原料、材料	Non-Energy Use	25260.61	25260.61
3. 建筑业	Construction	7846.79	6531.80
4. 交通运输、仓储和邮政业	Transport, Storage and Post	39539.07	37271.09
5. 批发和零售业、住宿和餐饮业	Wholesale and Retail Trades, Hotels and Catering Services	12041.57	7830.36
6. 其他	Others	23185.05	15220.68
7. 居民生活	Residential	54335.60	39075.56
城镇	Urban	30930.61	22650.06
乡村	Rural	23404.98	16425.50
五. 平衡差额	**Statistical Difference**	**-7371.28**	**-7370.00**
六. 消费量合计	**Total Energy Consumption**	**441491.81**	**410984.06**

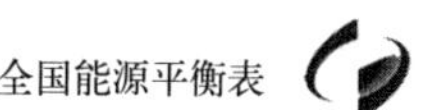

Energy Balance of China (Standard Quantity) -2016

(10[4] tce)

煤合计 Coal Total	原煤 Raw Coal	洗精煤 Cleaned Coal	其他洗煤 Other Washed Coal	煤制品 Briquettes	煤矸石 Gangue	焦炭 Coke	焦炉煤气 Coke Oven Gas	高炉煤气 Blast Furnace Gas	转炉煤气 Converter Gas
266382.15	**266838.01**	**-349.68**	**-98.98**	**-7.20**		**502.34**			
241631.64	241631.64								
16533.78	16530.39			3.39		0.05			
743.98	735.58			8.40		982.96			
8960.72	9411.56	-349.68	-98.98	-2.19		1485.25			
-200308.40	**-210711.76**	**1065.29**	**8410.34**	**927.72**	**74.46**	**43619.20**	**3326.06**	**7423.76**	**1018.78**
-122139.94	-120503.68		-1636.25		-560.73	-4.97	-1103.60	-2190.19	-404.44
-16846.27	-16428.62		-417.64		-165.38	-1.02	-331.01	-794.65	-105.30
-5964.42	-66562.03	49231.57	11366.05		800.57				
-53653.21	-5486.93	-48166.27				43596.01	4758.73		
-752.41	-646.28		-106.14						
-828.67	-818.15		-10.51			31.00	1.94		
						-1.82			
									-0.05
-123.50	-266.05		-785.16	927.72					
								10408.59	1528.58
73631.66	**64429.99**		**8273.27**	**928.41**		**44154.38**	**3282.95**	**7435.84**	**1022.36**
2125.58	2101.60		23.98			51.59			
57407.48	49201.06		7642.92	563.50		44020.64	3194.13	7435.84	1022.36
7574.50	6558.31		963.01	53.18		2509.18	100.11		
655.08	644.44		10.64			6.85			
298.18	285.84		12.34			3.12			
2994.53	2940.92		34.82	18.79		40.16	4.43		
3125.75	3063.76		54.66	7.33		5.41	2.86		
7025.06	6192.37		493.90	338.79		26.62	81.54		
928.86	720.42		108.10	100.34		8.46	81.54		
6096.20	5471.95		385.80	238.45		18.16			
-7557.92	**-8303.74**	**715.62**	**38.10**	**-7.90**	**74.46**	**-32.84**	**43.12**	**-12.09**	**-3.58**

5-8 续表 1

单位：万吨标准煤

项　目	Item	其他煤气 Other Gas	其他焦化产品 Other Coking Products
一. 可供本地区消费的能源量	**Total Primary Energy Supply**		
1. 一次能源生产量	Indigenous Production		
水电	Hydro Power		
核电	Nuclear Power		
风电	Wind Power		
2. 进口量	Import		
3. 境内飞机和轮船在境外的加油量	Domestic Airplanes&Ships Refueling Abroad		
4. 出口量(-)	Export (-)		
5. 境外飞机和轮船在境内的加油量(-)	Oversea Airplanes&Ships Refueling Domestically (-)		
6. 库存增(-)、减(+)量	Stock Change		
二. 加工转换投入(-)产出(+)量	**Input(-) & Output(+) of Transformation**	**294.71**	**1218.66**
1. 火力发电	Thermal Power	-2.61	
2. 供热	Heating Supply	-0.20	
3. 煤炭洗选	Coal Washing		
4. 炼焦	Coking		1411.92
5. 炼油及煤制油	Petroleum Refining and Coal-to-liquids		-195.63
#油品再投入量(-)	Petroleum Products Input (-)		
6. 制气	Gas Works	297.51	3.58
#焦炭再投入量(-)	Coke Input (-)		-1.21
7. 天然气液化	Natural Gas Liquefaction		
8. 煤制品加工	Briquettes		
9. 回收能	Recovery of Energy		
三. 损失量	**Loss**		
四. 终端消费量	**Total Final Consumption**	**294.40**	**1228.35**
1. 农、林、牧、渔业	Agriculture, Forestry, Animal Husbandry and Fishery		
2. 工业	Industry	196.71	1228.35
#用作原料、材料	Non-Energy Use		453.45
3. 建筑业	Construction		
4. 交通运输、仓储和邮政业	Transport, Storage and Post		
5. 批发和零售业、住宿和餐饮业	Wholesale and Retail Trades, Hotels and Catering Services	10.98	
6. 其他	Others		
7. 居民生活	Residential	86.70	
城镇	Urban	86.38	
乡村	Rural	0.32	
五. 平衡差额	**Statistical Difference**	**0.31**	**-9.69**
六. 消费量合计	**Total Energy Consumption**		

Continued 1

(10[4] tce)

油品合计 Petroleum Products Total	原油 Crude Oil	汽油 Gasoline	煤油 Kerosene	柴油 Diesel Oil	燃料油 Fuel Oil	石脑油 Naphtha	润滑油 Lubricants	石蜡 Paraffin Waxes
82634.45	**81904.95**	**-1622.48**	**-1417.21**	**-1679.28**	**582.35**	**947.10**	**34.78**	**-76.58**
28527.03	28527.03							
62403.63	54430.65	30.56	518.14	133.41	1677.73	1004.78	48.88	11.82
1473.04			624.71	35.77	812.56			
8072.54	420.09	1426.21	1927.46	2244.30	1408.06	11.18	14.10	88.40
1139.14			605.82	24.25	509.07			
-557.57	-632.63	-226.83	-26.78	420.08	9.19	-46.50		
-3522.35	**-80652.20**	**19026.53**	**5861.82**	**25958.25**	**2380.40**	**6395.15**	**201.31**	**289.58**
-357.76	-18.67	-0.03	-0.01	-42.53	-44.47			
-693.23		-0.10		-8.83	-226.36			
11152.85	-80633.53	19028.19	5861.84	26107.82	6052.85	7548.56	208.40	289.60
-13616.00		-1.53		-98.21	-3401.61	-1153.41	-7.09	-0.01
-8.21								
59.79	**57.70**							
78998.55	**900.20**	**17458.04**	**4371.09**	**24386.59**	**2943.46**	**7326.20**	**236.05**	**212.36**
2526.22		330.17	3.30	2179.62	1.47			
24058.97	900.20	640.34	29.35	1909.18	663.94	7326.20	236.05	212.36
12973.78	38.54	21.13	3.44	50.05	91.90	7044.66	210.15	209.50
4883.33		643.39	14.71	817.82	74.16			
30863.40		8109.10	4141.90	16127.89	2159.16			
876.87		354.40	16.49	338.00	24.64			
5205.53		3011.07	126.44	1904.77	20.09			
10584.22		4369.57	38.89	1109.30				
7346.19		2999.62	3.71	530.03				
3238.03		1369.95	35.18	579.28				
53.75	**294.85**	**-53.99**	**73.52**	**-107.62**	**19.29**	**16.05**	**0.04**	**0.64**

5-8 续表 2

单位：万吨标准煤

项　目	Item	溶剂油 White spirit	石油沥青 Bitumen Asphalt
一. 可供本地区消费的能源量	**Total Primary Energy Supply**	**-2.71**	**621.12**
1. 一次能源生产量	Indigenous Production		
水电	Hydro Power		
核电	Nuclear Power		
风电	Wind Power		
2. 进口量	Import	3.24	647.98
3. 境内飞机和轮船在境外的加油量	Domestic Airplanes&Ships Refueling Abroad		
4. 出口量(-)	Export (-)	0.67	26.86
5. 境外飞机和轮船在境内的加油量(-)	Oversea Airplanes&Ships Refueling Domestically (-)		
6. 库存增(-)、减(+)量	Stock Change	-5.28	
二. 加工转换投入(-)产出(+)量	**Input(-) & Output(+) of Transformation**	**341.15**	**2844.77**
1. 火力发电	Thermal Power		
2. 供热	Heating Supply		
3. 煤炭洗选	Coal Washing		
4. 炼焦	Coking		
5. 炼油及煤制油	Petroleum Refining and Coal-to-liquids	341.15	2967.05
#油品再投入量(-)	Petroleum Products Input (-)		-122.28
6. 制气	Gas Works		
#焦炭再投入量(-)	Coke Input (-)		
7. 天然气液化	Natural Gas Liquefaction		
8. 煤制品加工	Briquettes		
9. 回收能	Recovery of Energy		
三. 损失量	**Loss**		
四. 终端消费量	**Total Final Consumption**	**333.23**	**3463.95**
1. 农、林、牧、渔业	Agriculture, Forestry, Animal Husbandry and Fishery		
2. 工业	Industry	333.23	115.33
#用作原料、材料	Non-Energy Use	325.47	76.89
3. 建筑业	Construction		3199.81
4. 交通运输、仓储和邮政业	Transport, Storage and Post		148.82
5. 批发和零售业、住宿和餐饮业	Wholesale and Retail Trades, Hotels and Catering Services		
6. 其他	Others		
7. 居民生活	Residential		
城镇	Urban		
乡村	Rural		
五. 平衡差额	**Statistical Difference**	**5.21**	**1.94**
六. 消费量合计	**Total Energy Consumption**		

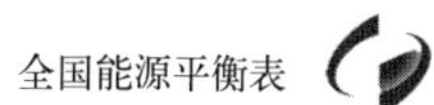

Continued 2

(10⁴ tce)

石油焦 Petroleum Coke	液化石油气 Liquefied Petroleum Gas	炼厂干气 Refinery Gas	其他石油制品 Other Petroleum Products	天然气 Natural Gas	液化天然气 Liquefied Natural Gas	热力 Heat	电力 Electricity	其他能源 Other Energy
228.88	**2623.17**		**490.36**	**22543.92**	**4578.89**		**20688.61**	**6283.70**
				17929.32			20844.97	6283.70
							14551.94	
							2621.30	
							2913.59	
453.16	2877.45		565.84	5057.26	4578.89		76.01	
270.69	226.85		7.67	442.65			232.37	
46.41	-27.43		-67.80					
2373.14	**4854.97**	**2455.53**	**4147.25**	**-6587.07**	**850.03**	**14708.00**	**54531.57**	**-358.31**
-159.21	-0.22	-88.69	-3.91	-4354.70	-375.00	-2229.55	54531.57	-1217.82
-188.08	-6.00	-241.05	-22.81	-1032.54	-16.52	14680.28		-273.45
2720.42	6006.68	2973.51	11680.31	-86.72				-45.58
	-1137.28	-188.24	-7506.35					
	-8.21			244.32				
				-1357.42	1241.55			
						2257.26		1178.54
	2.09			**291.61**	**24.48**	**157.93**	**3764.34**	
2623.92	**7443.57**	**2451.84**	**4848.05**	**15633.92**	**5403.76**	**14544.69**	**71456.71**	**5887.42**
	11.66			14.29		4.37	1341.96	542.30
2623.92	1877.11	2451.84	4739.92	6658.73	4885.02	10294.40	49078.84	957.73
2034.75	487.19	49.12	2330.98	1211.89	437.70			
	25.32		108.13	25.50		32.36	891.79	36.90
	176.53			2625.62	518.74	90.06	1538.08	1333.88
	143.34			704.09		239.76	2855.93	103.62
	143.16			631.00		520.71	5401.21	328.21
	5066.46			4974.68		3363.03	10348.92	2584.79
	3812.84			4952.96		3363.03	5615.63	267.00
	1253.62			21.72			4733.28	2317.79
-21.90	**32.47**	**3.69**	**-210.45**	**31.32**	**0.69**	**5.38**	**-0.87**	**37.98**

5-9 全国能源平衡表(标准量) -2017

单位：万吨标准煤

项　目	Item	能源合计（发电煤耗计算法）(Coal Equivalent Calculation)	Energy Total（电热当量计算法）(Calorific Value Calculation)
一. 可供本地区消费的能源量	**Total Primary Energy Supply**	**450443.77**	**417725.19**
1. 一次能源生产量	Indigenous Production	358867.49	325916.51
水电	Hydro Power	36059.06	14721.76
核电	Nuclear Power	7467.60	3048.78
风电	Wind Power	8947.43	3652.95
2. 进口量	Import	98492.50	98378.09
3. 境内飞机和轮船在境外的加油量	Domestic Airplanes&Ships Refueling Abroad	1546.91	1546.91
4. 出口量(-)	Export (-)	11396.18	11049.38
5. 境外飞机和轮船在境内的加油量(-)	Oversea Airplanes&Ships Refueling Domestically (-)	1273.15	1273.15
6. 库存增(-)、减(+)量	Stock Change	4206.22	4206.22
二. 加工转换投入(-)产出(+)量	**Input(-) & Output(+) of Transformation**	**-3358.92**	**-88051.41**
1. 火力发电	Thermal Power		-84692.50
2. 供热	Heating Supply	-5983.11	-5983.11
3. 煤炭洗选	Coal Washing	-4678.38	-4678.38
4. 炼焦	Coking	-3720.82	-3720.82
5. 炼油及煤制油	Petroleum Refining and Coal-to-liquids	11288.16	11288.16
#油品再投入量(-)	Petroleum Products Input (-)	-15568.58	-15568.58
6. 制气	Gas Works	-361.72	-361.72
#焦炭再投入量(-)	Coke Input (-)	-1.58	-1.58
7. 天然气液化	Natural Gas Liquefaction	-144.73	-144.73
8. 煤制品加工	Briquettes	-108.72	-108.72
9. 回收能	Recovery of Energy	15920.57	15920.57
三. 损失量	**Loss**	**10213.18**	**4520.53**
四. 终端消费量	**Total Final Consumption**	**442254.82**	**330536.45**
1. 农、林、牧、渔业	Agriculture, Forestry, Animal Husbandry and Fishery	8944.57	6851.36
2. 工业	Industry	289097.64	212757.43
#用作原料、材料	Non-Energy Use	24527.06	24527.06
3. 建筑业	Construction	8242.66	6836.84
4. 交通运输、仓储和邮政业	Transport, Storage and Post	41778.02	39252.20
5. 批发和零售业、住宿和餐饮业	Wholesale and Retail Trades, Hotels and Catering Services	12455.97	7955.32
6. 其他	Others	24277.03	15583.35
7. 居民生活	Residential	57458.93	41299.96
城镇	Urban	33153.17	24314.81
乡村	Rural	24305.76	16985.15
五. 平衡差额	**Statistical Difference**	**-5383.15**	**-5383.21**
六. 消费量合计	**Total Energy Consumption**	**455826.92**	**423108.39**

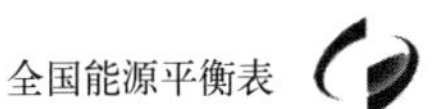

Energy Balance of China (Standard Quantity) -2017

(10[4] tce)

煤合计 Coal Total	原煤 Raw Coal	洗精煤 Cleaned Coal	其他洗煤 Other Washed Coal	煤制品 Briquettes	煤矸石 Gangue	焦炭 Coke	焦炉煤气 Coke Oven Gas	高炉煤气 Blast Furnace Gas	转炉煤气 Converter Gas
269518.40	**269587.24**	**-196.20**	**132.58**	**-5.22**		**554.79**			
249675.83	249675.83								
17002.61	17001.87			0.74		0.94			
683.25	679.35			3.90		784.75			
3523.20	3588.89	-196.20	132.58	-2.07		1338.59			
-207337.70	**-216365.35**	**283.13**	**7864.39**	**880.12**	**79.24**	**41932.18**	**3434.20**	**7865.15**	**1136.68**
-129385.76	-127640.84		-1744.93		-657.64		-1112.29	-2319.63	-474.26
-18238.64	-17736.48		-502.16		-124.20		-276.48	-751.55	-111.83
-5539.47	-62979.58	46449.65	10990.46		861.09				
-51897.81	-5731.29	-46166.53				41933.76	4822.98		
-1083.95	-971.58		-112.38						
-1083.34	-1066.66		-16.68						
						-1.58			
									-0.80
-108.72	-238.92		-749.92	880.12					
								10936.33	1723.56
68336.65	**59461.91**		**8000.07**	**874.66**		**42490.49**	**3379.90**	**7858.68**	**1130.47**
2161.09	2124.69		36.41			37.35			
52733.86	44803.96		7351.09	578.81		42360.25	3323.62	7858.68	1130.47
7674.03	6517.99		1110.18	45.86		1549.11			
604.80	590.02		14.78			12.21			
265.39	253.34		12.04			5.83			
2785.11	2721.03		46.65	17.42		47.95	4.04		
2817.08	2751.47		59.64	5.97		5.68	3.12		
6969.32	6217.40		479.46	272.46		21.21	49.12		
902.91	709.71		111.02	82.18		5.29	49.12		
6066.41	5507.69		368.44	190.28		15.92			
-6155.95	**-6240.02**	**86.93**	**-3.10**	**0.24**	**79.24**	**-3.52**	**54.31**	**6.47**	**6.20**

5-9 续表 1

单位：万吨标准煤

项　　目	Item	其他煤气 Other Gas	其他焦化产品 Other Coking Products
一. 可供本地区消费的能源量	**Total Primary Energy Supply**		
1. 一次能源生产量	Indigenous Production		
水电	Hydro Power		
核电	Nuclear Power		
风电	Wind Power		
2. 进口量	Import		
3. 境内飞机和轮船在境外的加油量	Domestic Airplanes&Ships Refueling Abroad		
4. 出口量(-)	Export (-)		
5. 境外飞机和轮船在境内的加油量(-)	Oversea Airplanes&Ships Refueling Domestically (-)		
6. 库存增(-)、减(+)量	Stock Change		
二. 加工转换投入(-)产出(+)量	**Input(-) & Output(+) of Transformation**	**295.04**	**1243.33**
1. 火力发电	Thermal Power		
2. 供热	Heating Supply	-0.71	
3. 煤炭洗选	Coal Washing		
4. 炼焦	Coking		1420.25
5. 炼油及煤制油	Petroleum Refining and Coal-to-liquids		-176.92
#油品再投入量(-)	Petroleum Products Input (-)		
6. 制气	Gas Works	295.76	
#焦炭再投入量(-)	Coke Input (-)		
7. 天然气液化	Natural Gas Liquefaction		
8. 煤制品加工	Briquettes		
9. 回收能	Recovery of Energy		
三. 损失量	**Loss**		
四. 终端消费量	**Total Final Consumption**	**279.26**	**1242.07**
1. 农、林、牧、渔业	Agriculture, Forestry, Animal Husbandry and Fishery		
2. 工业	Industry	190.20	1242.07
#用作原料、材料	Non-Energy Use		376.30
3. 建筑业	Construction		
4. 交通运输、仓储和邮政业	Transport, Storage and Post		
5. 批发和零售业、住宿和餐饮业	Wholesale and Retail Trades, Hotels and Catering Services	11.85	
6. 其他	Others		
7. 居民生活	Residential	77.21	
城镇	Urban	77.18	
乡村	Rural	0.03	
五. 平衡差额	**Statistical Difference**	**15.78**	**1.25**
六. 消费量合计	**Total Energy Consumption**		

Continued 1

(10^4 tce)

油品合计 Petroleum Products Total	原油 Crude Oil	汽油 Gasoline	煤油 Kerosene	柴油 Diesel Oil	燃料油 Fuel Oil	石脑油 Naphtha	润滑油 Lubricants	石蜡 Paraffin Waxes
87005.25	**85671.67**	**-1582.83**	**-1321.42**	**-2438.25**	**474.79**	**1098.59**	**30.36**	**-88.37**
27358.56	27358.56							
68907.60	59924.38	2.41	552.83	108.89	1938.35	1000.13	48.67	14.10
1546.91			701.20	47.88	797.83			
8879.09	694.40	1547.04	1932.25	2505.16	1584.14	3.87	16.20	72.68
1273.15			665.01	25.50	582.64			
-655.57	-916.87	-38.20	21.82	-64.36	-94.62	102.33	-2.10	-29.79
-3822.44	**-84275.24**	**19532.91**	**6225.00**	**26918.17**	**2675.89**	**6555.80**	**275.87**	**407.03**
-356.44	-20.28	-0.01	-0.02	-34.80	-23.74	-16.13		
-708.01		-0.03		-8.59	-95.74	-134.66		
12818.73	-84254.96	19534.58	6225.29	27201.00	6519.35	8000.88	282.60	407.04
-15568.58		-1.63	-0.27	-239.44	-3723.97	-1294.29	-6.73	-0.01
-8.14								
67.47	**65.76**							
82500.57	**520.95**	**18091.05**	**4894.12**	**24366.26**	**3138.54**	**7702.93**	**292.79**	**310.04**
2608.01		337.90	2.24	2253.87	1.87			
25151.19	520.95	560.55	21.11	1844.45	504.83	7702.93	292.79	310.04
13527.40		13.64	2.46	23.50	51.74	7493.31	256.58	305.85
5158.09		665.54	14.34	868.52	61.77			
32241.92		8384.81	4669.21	16281.18	2530.54			
903.82		359.71	16.62	340.63	21.64			
5158.41		3053.22	130.01	1797.04	17.88			
11279.14		4729.32	40.59	980.56				
7835.00		3220.29	3.90	459.22				
3444.13		1509.03	36.69	521.35				
614.77	**809.73**	**-140.97**	**9.46**	**113.66**	**12.15**	**-48.55**	**13.44**	**8.62**

5-9 续表 2

单位：万吨标准煤

项　目	Item	溶剂油 White spirit	石油沥青 Bitumen Asphalt
一. 可供本地区消费的能源量	**Total Primary Energy Supply**	**-8.41**	**452.81**
1. 一次能源生产量	Indigenous Production		
水电	Hydro Power		
核电	Nuclear Power		
风电	Wind Power		
2. 进口量	Import	3.45	660.07
3. 境内飞机和轮船在境外的加油量	Domestic Airplanes&Ships Refueling Abroad		
4. 出口量(-)	Export (-)	0.69	50.51
5. 境外飞机和轮船在境内的加油量( )	Oversea Airplanes&Ships Refueling Domestically (-)		
6. 库存增(-)、减(+)量	Stock Change	-11.17	-156.75
二. 加工转换投入(-)产出(+)量	**Input(-) & Output(+) of Transformation**	**251.22**	**3239.30**
1. 火力发电	Thermal Power		
2. 供热	Heating Supply		
3. 煤炭洗选	Coal Washing		
4. 炼焦	Coking		
5. 炼油及煤制油	Petroleum Refining and Coal-to-liquids	251.22	3463.83
#油品再投入量(-)	Petroleum Products Input (-)		-224.53
6. 制气	Gas Works		
#焦炭再投入量(-)	Coke Input (-)		
7. 天然气液化	Natural Gas Liquefaction		
8. 煤制品加工	Briquettes		
9. 回收能	Recovery of Energy		
三. 损失量	**Loss**		
四. 终端消费量	**Total Final Consumption**	**231.82**	**3710.44**
1. 农、林、牧、渔业	Agriculture, Forestry, Animal Husbandry and Fishery		
2. 工业	Industry	231.82	136.71
#用作原料、材料	Non-Energy Use	225.37	89.52
3. 建筑业	Construction		3407.96
4. 交通运输、仓储和邮政业	Transport, Storage and Post		165.77
5. 批发和零售业、住宿和餐饮业	Wholesale and Retail Trades, Hotels and Catering Services		
6. 其他	Others		
7. 居民生活	Residential		
城镇	Urban		
乡村	Rural		
五. 平衡差额	**Statistical Difference**	**10.99**	**-18.33**
六. 消费量合计	**Total Energy Consumption**		

Continued 2

(10⁴ tce)

石油焦 Petroleum Coke	液化石油气 Liquefied Petroleum Gas	炼厂干气 Refinery Gas	其他石油制品 Other Petroleum Products	天然气 Natural Gas	液化天然气 Liquefied Natural Gas	热力 Heat	电力 Electricity	其他能源 Other Energy
500.64	**3078.18**		**1137.49**	**24431.02**	**6886.55**		**22574.33**	**6754.85**
				19392.59			22734.68	6754.85
							14721.76	
							3048.78	
							3652.95	
779.74	3294.70		579.89	5501.44	6886.55		78.94	
236.47	226.66		9.01	463.01			239.28	
-42.63	10.15		566.61					
2618.96	**5176.63**	**2563.61**	**4012.41**	**-7197.26**	**1007.48**	**15643.05**	**58433.97**	**-764.35**
-153.16	-0.27	-105.33	-2.71	-4583.35	-399.18	-2430.23	58433.97	-1407.70
-190.67	-6.53	-258.09	-13.69	-1250.60	-23.39	15825.35		-323.04
2962.79	6304.05	3115.28	12805.78	-223.34				-46.36
	-1112.48	-188.25	-8776.97					
	-8.14			434.01				
				-1573.98	1430.05			
						2247.93		1012.75
	1.71			**337.59**	**23.52**	**164.28**	**3927.67**	
3141.41	**8227.23**	**2560.46**	**5312.54**	**16931.07**	**7875.42**	**15478.72**	**77080.60**	**5952.56**
	12.13			14.88		4.55	1444.22	581.26
3141.41	2123.37	2560.46	5199.76	7065.48	7223.90	10905.89	52671.27	900.54
2504.07	611.27	46.36	1903.73	1079.48	320.74			
	27.17		112.78	23.53		36.16	969.95	32.10
	210.41			2873.61	651.52	104.50	1742.70	1366.73
	165.22			754.08		253.57	3105.25	89.65
	160.27			693.58		548.20	5998.24	359.03
	5528.66			5505.90		3625.85	11148.96	2623.25
	4151.60			5470.73		3625.85	6098.07	250.67
	1377.07			35.17			5050.89	2372.58
-21.81	**25.87**	**3.15**	**-162.64**	**-34.89**	**-4.91**	**0.05**	**0.04**	**37.94**

5-10 全国能源平衡表(标准量)-2018

单位：万吨标准煤

项　目	Item	能源合计（发电煤耗计算法）(Coal Equivalent Calculation)	Energy Total（电热当量计算法）(Calorific Value Calculation)
一.可供本地区消费的能源量	**Total Primary Energy Supply**	**471686.04**	**435407.80**
1.一次能源生产量	Indigenous Production	378859.32	342312.36
水电	Hydro Power	36888.46	15138.66
核电	Nuclear Power	8815.19	3617.67
风电	Wind Power	10959.78	4497.79
2.进口量	Import	109116.50	109016.07
3.境内飞机和轮船在境外的加油量	Domestic Airplanes&Ships Refueling Abroad	1670.63	1670.63
4.出口量(-)	Export (-)	11969.27	11600.12
5.境外飞机和轮船在境内的加油量(-)	Oversea Airplanes&Ships Refueling Domestically (-)	1368.05	1368.05
6.库存增(-)、减(+)量	Stock Change	-4623.09	-4623.09
二.加工转换投入(-)产出(+)量	**Input(-) & Output(+) of Transformation**	**-338.53**	**-90324.79**
1.火力发电	Thermal Power		-89986.26
2.供热	Heating Supply	-6423.90	-6423.90
3.煤炭洗选	Coal Washing	-4506.30	-4506.30
4.炼焦	Coking	-4128.70	-4128.70
5.炼油及煤制油	Petroleum Refining and Coal-to-liquids	10698.51	10698.51
#油品再投入量(-)	Petroleum Products Input (-)	-15725.79	-15725.79
6.制气	Gas Works	-438.61	-438.61
#焦炭再投入量(-)	Coke Input (-)	-1.52	-1.52
7.天然气液化	Natural Gas Liquefaction	-164.80	-164.80
8.煤制品加工	Briquettes	-112.07	-112.07
9.回收能	Recovery of Energy	20464.65	20464.65
三.损失量	**Loss**	**10566.95**	**4648.79**
四.终端消费量	**Total Final Consumption**	**461019.66**	**340675.01**
1.农、林、牧、渔业	Agriculture, Forestry, Animal Husbandry and Fishery	8780.69	6586.75
2.工业	Industry	300558.27	219789.00
#用作原料、材料	Non-Energy Use	26553.20	26553.20
3.建筑业	Construction	8684.51	7116.87
4.交通运输、仓储和邮政业	Transport, Storage and Post	43304.10	40463.96
5.批发和零售业、住宿和餐饮业	Wholesale and Retail Trades, Hotels and Catering Services	12994.21	7872.94
6.其他	Others	26261.65	16167.99
7.居民生活	Residential	60436.22	42677.49
城镇	Urban	35701.23	25935.68
乡村	Rural	24735.00	16741.81
五.平衡差额	**Statistical Difference**	**-239.10**	**-240.79**
六.消费量合计	**Total Energy Consumption**	**471925.15**	**435648.59**

Energy Balance of China (Standard Quantity) -2018

(10^4 tce)

煤合计 Coal Total	原煤 Raw Coal	洗精煤 Cleaned Coal	其他洗煤 Other Washed Coal	煤制品 Briquettes	煤矸石 Gangue	焦炭 Coke	焦炉煤气 Coke Oven Gas	高炉煤气 Blast Furnace Gas	转炉煤气 Converter Gas
277341.17	**276982.31**	**459.16**	**-91.14**	**-9.16**		**-1450.78**			
262289.03	262289.03								
17163.39	17163.39					8.83			
418.84	416.20			2.64		947.93			
-1692.40	-2053.90	459.16	-91.14	-6.52		-511.68			
-219471.64	**-226202.21**	**-808.53**	**6696.77**	**842.33**	**76.54**	**43449.37**	**3839.77**	**10074.56**	**1461.96**
-136552.79	-134370.74		-2182.05		-621.08	-6.13	-1059.96	-2958.66	-753.61
-20185.69	-19537.35		-648.35		-135.19	-14.53	-254.19	-754.34	-112.39
-5339.11	-63521.58	47739.63	10442.84		832.81				
-54214.18	-5666.03	-48548.16				43471.55	5153.92		
-1748.98	-1640.97		-108.02						
-1318.82	-1251.07		-67.75						
						-1.52			
									-0.36
-112.07	-214.49		-739.91	842.33					
								13787.56	2328.33
59858.32	**52351.95**		**6669.35**	**837.02**		**42444.09**	**3776.70**	**10137.82**	**1441.70**
1814.94	1766.59		48.35			100.03			
46900.38	40150.36		6213.54	536.49		42292.85	3727.49	10137.82	1441.70
9142.17	8229.24		863.68	49.25		1251.87	55.46		
541.77	519.09		22.68			10.34			
239.54	227.82		11.72			0.35			
2190.24	2128.48		44.64	17.12		18.48	6.08		
2404.23	2348.47		50.21	5.55		6.14	9.26		
5767.22	5211.15		278.22	277.85		15.91	33.88		
725.89	599.67		48.31	77.90		4.80	30.23		
5041.33	4611.48		229.91	199.95		11.11	3.66		
-1988.79	**-1571.85**	**-349.37**	**-63.73**	**-3.85**	**76.54**	**-445.50**	**63.06**	**-63.27**	**20.27**

5-10 续表 1

单位：万吨标准煤

项　目	Item	其他煤气 Other Gas	其他焦化产品 Other Coking Products
一. 可供本地区消费的能源量	**Total Primary Energy Supply**		
1. 一次能源生产量	Indigenous Production		
水电	Hydro Power		
核电	Nuclear Power		
风电	Wind Power		
2. 进口量	Import		
3. 境内飞机和轮船在境外的加油量	Domestic Airplanes&Ships Refueling Abroad		
4. 出口量(-)	Export (-)		
5. 境外飞机和轮船在境内的加油量(-)	Oversea Airplanes&Ships Refueling Domestically (-)		
6. 库存增(-)、减(+)量	Stock Change		
二. 加工转换投入(-)产出(+)量	**Input(-) & Output(+) of Transformation**	**321.15**	**1234.06**
1. 火力发电	Thermal Power	-2.20	
2. 供热	Heating Supply	-0.03	
3. 煤炭洗选	Coal Washing		
4. 炼焦	Coking		1460.02
5. 炼油及煤制油	Petroleum Refining and Coal-to-liquids		-226.68
#油品再投入量(-)	Petroleum Products Input (-)		
6. 制气	Gas Works	323.38	0.73
#焦炭再投入量(-)	Coke Input (-)		
7. 天然气液化	Natural Gas Liquefaction		
8. 煤制品加工	Briquettes		
9. 回收能	Recovery of Energy		
三. 损失量	**Loss**		
四. 终端消费量	**Total Final Consumption**	**311.03**	**1285.24**
1. 农、林、牧、渔业	Agriculture, Forestry, Animal Husbandry and Fishery		
2. 工业	Industry	222.99	1285.24
#用作原料、材料	Non-Energy Use		525.00
3. 建筑业	Construction		
4. 交通运输、仓储和邮政业	Transport, Storage and Post		
5. 批发和零售业、住宿和餐饮业	Wholesale and Retail Trades, Hotels and Catering Services	14.13	
6. 其他	Others		
7. 居民生活	Residential	73.91	
城镇	Urban	73.84	
乡村	Rural	0.07	
五. 平衡差额	**Statistical Difference**	**10.12**	**-51.18**
六. 消费量合计	**Total Energy Consumption**		

Continued 1

(10[4] tce)

油品合计 Petroleum Products Total	原油 Crude Oil	汽油 Gasoline	煤油 Kerosene	柴油 Diesel Oil	燃料油 Fuel Oil	石脑油 Naphtha	润滑油 Lubricants	石蜡 Paraffin Waxes
91190.65	**91214.92**	**-1809.00**	**-1553.77**	**-2612.27**	**979.33**	**998.83**	**32.33**	**-95.44**
27046.86	27046.86							
75805.77	65984.96	65.54	607.18	103.63	2379.51	1120.81	47.40	12.94
1670.63			779.34	26.05	865.23			
9545.56	375.23	1895.07	2158.56	2700.36	1757.11	6.59	15.30	72.14
1368.05			706.30	28.54	633.20			
-2419.00	-1441.66	20.53	-75.42	-13.04	124.89	-115.40	0.23	-36.24
-3927.92	**-89469.98**	**20962.64**	**7018.99**	**26651.08**	**2170.74**	**7066.01**	**307.00**	**378.68**
-382.21	-21.86			-38.40	-21.62	-8.60		
-801.80		-0.10		-7.56	-85.04	-206.33		
12990.00	-89448.12	20989.08	7018.99	26752.50	5571.04	9038.28	312.03	381.39
-15725.79		-26.34		-55.45	-3293.64	-1757.34	-5.03	-2.71
-8.11								
41.33	**40.40**							
85114.75	**497.61**	**19183.13**	**5375.77**	**23808.96**	**3079.93**	**8017.60**	**340.91**	**274.22**
2518.86		357.43	7.22	2139.37	1.83			
26516.87	497.61	409.84	36.69	1733.76	440.03	8017.60	340.91	274.22
14296.81		11.33	1.74	43.85	54.14	7727.00	315.52	267.75
5332.25		743.05	25.41	791.74	45.47			
33219.45		8927.89	5094.76	16271.33	2565.33			
898.85		405.37	22.76	308.57	14.36			
5090.29		3183.47	152.74	1613.66	12.92			
11538.18		5156.09	36.18	950.53				
7981.21		3503.78	0.62	433.15				
3556.98		1652.31	35.56	517.38				
2106.66	**1206.94**	**-29.50**	**89.45**	**229.86**	**70.14**	**47.23**	**-1.58**	**9.02**

5-10 续表 2

单位：万吨标准煤

项目	Item	溶剂油 White spirit	石油沥青 Bitumen Asphalt
一. 可供本地区消费的能源量	**Total Primary Energy Supply**	**6.94**	**489.04**
1. 一次能源生产量	Indigenous Production		
水电	Hydro Power		
核电	Nuclear Power		
风电	Wind Power		
2. 进口量	Import	5.11	603.01
3. 境内飞机和轮船在境外的加油量	Domestic Airplanes&Ships Refueling Abroad		
4. 出口量(-)	Export (-)	0.44	101.52
5. 境外飞机和轮船在境内的加油量(-)	Oversea Airplanes&Ships Refueling Domestically (-)		
6. 库存增(-)、减(+)量	Stock Change	2.27	-12.45
二. 加工转换投入(-)产出(+)量	**Input(-) & Output(+) of Transformation**	**159.61**	**3520.85**
1. 火力发电	Thermal Power		
2. 供热	Heating Supply		
3. 煤炭洗选	Coal Washing		
4. 炼焦	Coking		
5. 炼油及煤制油	Petroleum Refining and Coal-to-liquids	159.61	3748.64
#油品再投入量(-)	Petroleum Products Input (-)		-227.79
6. 制气	Gas Works		
#焦炭再投入量(-)	Coke Input (-)		
7. 天然气液化	Natural Gas Liquefaction		
8. 煤制品加工	Briquettes		
9. 回收能	Recovery of Energy		
三. 损失量	**Loss**		
四. 终端消费量	**Total Final Consumption**	**158.33**	**3951.47**
1. 农、林、牧、渔业	Agriculture, Forestry, Animal Husbandry and Fishery		
2. 工业	Industry	158.33	218.49
#用作原料、材料	Non-Energy Use	153.15	140.17
3. 建筑业	Construction		3586.45
4. 交通运输、仓储和邮政业	Transport, Storage and Post		146.52
5. 批发和零售业、住宿和餐饮业	Wholesale and Retail Trades, Hotels and Catering Services		
6. 其他	Others		
7. 居民生活	Residential		
城镇	Urban		
乡村	Rural		
五. 平衡差额	**Statistical Difference**	**8.23**	**58.42**
六. 消费量合计	**Total Energy Consumption**		

Continued 2

(10⁴ tce)

石油焦 Petroleum Coke	液化石油气 Liquefied Petroleum Gas	炼厂干气 Refinery Gas	其他石油制品 Other Petroleum Products	天然气 Natural Gas	液化天然气 Liquefied Natural Gas	热力 Heat	电力 Electricity	其他能源 Other Energy
683.46	**3116.35**		**-260.07**	**26560.94**	**9495.52**		**25251.00**	**7019.30**
				20519.15			25438.03	7019.30
							15138.66	
							3617.67	
							4497.79	
1031.74	3371.07		472.88	6472.55	9495.62		69.91	
261.31	194.51		7.41	430.76	0.10		256.94	
-86.97	-60.21		-725.54					
2390.06	**5799.81**	**2668.28**	**6448.29**	**-8358.08**	**1418.90**	**17844.63**	**62633.75**	**-921.85**
-191.87	-0.34	-95.01	-4.51	-5056.19	-323.62	-3316.52	62633.75	-1587.02
-208.92	-6.54	-268.12	-19.19	-1652.28	-43.35	17882.64		-352.75
2796.80	6712.50	3163.61	15793.63	-263.50				-52.33
-5.95	-897.70	-132.20	-9321.64					
	-8.11			564.22				
				-1950.32	1785.88			
						3278.52		1070.25
	0.93			**286.34**	**25.11**	**176.76**	**4119.26**	
3039.36	**8811.79**	**2649.34**	**5926.33**	**17961.10**	**10880.16**	**17667.24**	**83764.32**	**6032.55**
	13.01			16.69		2.33	1527.07	606.83
3039.36	2885.39	2649.34	5815.32	7558.86	10203.58	12348.74	56218.39	934.09
2284.87	823.29	64.14	2409.87	981.75	300.15			
	29.12		111.01	31.92		78.53	1091.14	30.93
	213.61			2832.65	676.58	130.23	1976.84	1388.33
	147.79			778.79		305.61	3564.59	96.19
	127.49			741.38		652.36	7025.56	238.77
	5395.38			6000.81		4149.44	12360.73	2737.41
	4043.65			5945.85		4149.44	6797.18	227.26
	1351.73			54.97			5563.55	2510.14
34.16	**103.44**	**18.94**	**261.90**	**-44.58**	**9.16**	**0.63**	**1.17**	**64.89**

5-11 综合能源平衡表

单位：万吨标准煤

项目	Item	1980	1985	1990
可供消费的能源总量	**Total Energy Available for Consumption**	**61557**	**77603**	**96138**
一次能源生产总量	Total Primary Energy Production	63735	85546	103922
回收能	Recovery of Energy			
进口量	Imports	261	340	1310
出口量(-)	Exports (-)	3058	5774	5875
年初年末库存差额	Stock Changes in the Year	619	-2509	-3219
能源消费总量	**Total Energy Consumption**	**60275**	**76682**	**98703**
在总量中:	Consumption by Sector			
1.农、林、牧、渔业	Agriculture, Forestry, Animal Husbandry and Fishery	4692	4045	4852
2.工业	Industry	38986	51068	67578
3.建筑业	Construction	957	1302	1213
4.交通运输、仓储和邮政业	Transport, Storage and Post	2902	3713	4541
5.批发和零售业、住宿和餐饮业	Wholesale and Retail Trades, Hotels and Catering Services	518	766	1247
6.其他	Others	1205	2470	3473
7.居民生活	Residential	11015	13318	15799
在总量中:	Consumption by Usage			
(一) 终端消费	(I) Final Consumption	57508	73586	94289
#工业	Industry	38293	48021	63239
(二) 加工转换损失量	(II) Losses During the Process of Energy Transformation	1358	1491	2264
#炼焦	Coking	644	572	905
炼油及煤制油	Petroleum Refining and Coal-to-liquids	113	110	326
(三) 回收能(-)	(III) Recovery of Energy(-)			
(四) 损失量	(IV) Other Losses	1409	1605	2150
平衡差额	**Balance**	**1282**	**921**	**-2565**

注：1.电力按等价热值折算，因此加工转换损失量中不包括发电损失量。
2.进口量包括境内飞机和轮船在境外的加油量；出口量包括境外飞机和轮船在境内的加油量。

Overall Energy Balance Sheet

(10[4] tce)

1995	2000	2005	2010	2011	2012	2013	2014	2015	2016	2017	2018
129535	**144234**	**254619**	**365588**	**390394**	**407594**	**417415**	**427430**	**431636**	**434121**	**450444**	**471686**
129034	138570	229037	312125	340178	351041	358784	362212	362193	345954	358867	378859
2312	3087	7452	8958								
5456	14327	26823	57671	65437	68701	73420	78027	77695	90235	100039	110787
6776	9327	11257	8803	8449	7374	8005	8270	9785	11956	12669	13337
-491	-2424	2564	-4363	-6772	-4773	-6784	-4540	1532	9888	4206	-4623
131176	**146964**	**261369**	**360648**	**387043**	**402138**	**416913**	**428334**	**434113**	**441492**	**455827**	**471925**
5505	4233	6860	7266	7675	7804	8055	8020	8271	8585	8945	8781
96191	103014	187914	261377	278048	284712	291130	298449	295953	295615	302308	311151
1335	2207	3486	5533	6052	6337	7017	7377	7545	7847	8243	8685
5863	11447	19136	27102	29694	32561	34819	36343	38510	39883	42140	43617
2018	3251	5917	7847	9147	10012	10598	10864	11447	12042	12456	12994
4519	6118	10484	15052	16843	18407	19763	20069	21925	23185	24277	26262
15745	16695	27573	36470	39584	42306	45531	47211	50461	54336	57459	60436
124252	140476	250877	337469	373296	386888	403814	415456	420110	428342	442255	461020
89473	96871	177775	238652	264698	269900	278514	285948	282291	282809	289098	300558
3634	2472	3882	14294	15412	16763	15994	17270	18770	18674	19279	20803
	526	855	1595	1833	2179	2433	3540	4261	3887	3721	4129
	781	1273	1960	1792	2153	1899	2115	2866	3543	4280	5027
				10864	11239	13333	14578	14492	15373	15921	20465
3289	4016	6610	8885	9199	9726	10439	10186	9724	9849	10213	10567
-1641	**-2730**	**-6751**	**4940**	**3350**	**5456**	**502**	**-904**	**-2477**	**-7371**	**-5383**	**-239**

Note: a) Electric power is converted on the basic of equal caloric value. Therefore, losses during the process of energy transformation exclude losses in power generation.

b) Data on imports include the domestic airplanes and ships refueling abroad. Data on exports include the oversea airplanes and ships refueling domestically.

5-12 煤炭平衡表

单位：万吨

项　　目	Item	1980	1985	1990
可供量	**Total Energy Available for Consumption**	**62601**	**82777**	**102221**
生产量	Production	62015	87228	107988
进口量	Imports	199	231	200
出口量(-)	Exports (-)	632	777	1729
年初年末库存差额	Stock Changes in the Year	1019	-3906	-4239
消费量	**Total Energy Consumption**	**61010**	**81603**	**105523**
在消费量中:	Consumption by Sector			
1. 农、林、牧、渔业	Agriculture, Forestry, Animal Husbandry and Fishery	1550	2209	2095
2. 工业	Industry	43848	58613	81091
3. 建筑业	Construction	556	532	438
4. 交通运输、仓储和邮政业	Transport, Storage and Post	1934	2307	2161
5. 批发和零售业、住宿和餐饮业	Wholesale and Retail Trades, Hotels and Catering Services	455	738	1058
6. 其他	Others	1091	1580	1980
7. 居民生活	Residential	11574	15624	16700
在消费量中:	Consumption by Usage			
(一) 终端消费	(I) Final Consumption	38804	52704	60206
#工业	Industry	21643	29715	35774
(二) 中间消费	(II) Intermediate Consumption			
(用于加工转换)	(Consumed in Transformation)	22205	28899	41258
#火力发电	Thermal Power	12648	16441	27204
供热	Heating		1462	2996
炼焦	Coking	6682	7304	10698
煤制油	Coal-to-liquids			
制气	Gas Production	131	191	360
(三)洗选损耗	(III) Losses in Coal Washing and Dressing	2744	3501	4059
平衡差额	**Balance**	**1592**	**1174**	**-3302**

注：生产量为原煤产量。

Coal Balance Sheet

(10⁴ tons)

1995	2000	2005	2010	2011	2012	2013	2014	2015	2016	2017	2018
133462	**131895**	**235508**	**355578**	**393058**	**418654**	**425015**	**411834**	**397074**	**378494**	**383480**	**394848**
136073	138418	236515	342845	376444	394513	397432	387392	374654	341060	352356	369774
164	218	2622	18307	22236	28841	32702	29122	20406	25555	27093	28210
2862	5506	7173	1911	1467	927	751	574	534	879	809	494
87	-1235	3545	-3663	-4155	-3772	-4368	-4106	2547	12758	4839	-2642
137677	**135690**	**243375**	**349008**	**388961**	**411727**	**424426**	**413633**	**399834**	**388820**	**391403**	**397452**
1857	1051	1802	2147	2207	2266	2451	2479	2625	2778	2834	2363
117571	121807	224766	329728	368916	391191	403157	392567	378190	367435	371160	380696
440	537	604	731	797	767	811	914	878	805	733	650
1315	882	811	639	646	614	615	558	492	404	353	321
977	1461	2627	3192	3572	3752	3966	3767	3864	3826	3461	2686
1987	1495	2727	3412	3612	3883	4136	4046	4159	4081	3580	3021
13530	8457	10039	9159	9212	9253	9290	9303	9627	9492	9283	7714
66156	50511	86386	114826	120647	118957	119491	112804	112975	101569	92841	81171
46050	36628	67776	95546	100602	98421	98222	91738	91331	80183	72598	64415
69488	81987	152208	222948	252691	266016	282355	277954	267061	272512	285325	303986
44440	55811	103663	153742	175579	183531	195177	189525	179568	182666	193925	205197
5887	8794	13542	17553	19334	23780	22710	22445	24115	26577	28983	32388
18396	16496	33446	49950	56060	56768	62536	63944	60874	60649	58910	61603
			213	346	378	459	650	679	1105	1568	2497
764	960	1277	1040	870	849	846	858	1320	1212	1663	2010
2033	3191	4782	11235	15623	26754	22579	22875	19798	14740	13237	12295
-4215	**-3795**	**-7868**	**6569**	**4097**	**6928**	**589**	**-1800**	**-2760**	**-10326**	**-7924**	**-2604**

Note: Data on production refer to the raw coal production.

5-13 焦炭平衡表

单位：万吨

项　　目	Item	1980	1985	1990
可供量	**Total Energy Available for Consumption**	**4315.3**	**4689.7**	**7085.8**
生产量	Production	4343.0	4802.1	7328.3
进口量	Imports		2.1	
出口量(-)	Exports (-)	27.1	36.9	129.0
年初年末库存差额	Stock Changes in the Year	-0.6	-77.6	-113.5
消费量	**Total Energy Consumption**	**4303.0**	**4689.7**	**6914.7**
在消费量中:	Consumption by Sector			
1. 农、林、牧、渔业	Agriculture, Forestry, Animal Husbandry and Fishery	10.6	20.8	60.1
2. 工业	Industry	4266.7	4627.7	6808.8
3. 建筑业	Construction	11.9	7.8	5.2
4. 交通运输、仓储和邮政业	Transport, Storage and Post	8.2	5.7	4.1
5. 批发和零售业、住宿和餐饮业	Wholesale and Retail Trades, Hotels and Catering Services	0.9	2.7	7.7
6. 其他	Others	4.7	2.0	1.9
7. 居民生活	Residential		23.0	26.9
在消费量中:	Consumption by Usage			
(一) 终端消费	(I) Final Consumption	4294.7	4677.9	6846.3
#工业	Industry	4258.4	4615.9	6740.4
(二) 中间消费	(II) Intermediate Consumption			
(用于加工转换)	(Consumed in Transformation)	8.3	11.8	68.4
制气	Gas Production	8.3	11.8	68.4
(三) 损失量	(III) Losses in Coal Washing and Dressing			
平衡差额	**Balance**	**12.3**		**171.1**

Coke Balance Sheet

(10[4] tons)

1995	2000	2005	2010	2011	2012	2013	2014	2015	2016	2017	2018
12207.1	**10892.3**	**25084.4**	**38707.1**	**42085.8**	**44813.7**	**45850.1**	**46894.3**	**44018.9**	**45428.6**	**43739.5**	**43257.9**
13424.5	12184.0	26511.7	38657.8	43433.0	43831.4	48347.8	47980.9	44822.5	44911.5	43168.4	44751.4
0.1		0.5	11.0	11.6	7.6	3.5	0.2	0.4	0.1	1.0	9.1
886.1	1519.7	1276.4	335.0	329.7	102.0	467.3	850.7	964.8	1011.9	807.9	975.8
-331.4	228.0	-151.4	373.3	-1029.0	1076.7	-2034.0	-236.0	160.8	1529.0	1378.0	-526.8
10725.3	**10840.8**	**25105.8**	**38702.8**	**42063.3**	**44805.2**	**45851.9**	**46884.9**	**44058.7**	**45462.4**	**43743.1**	**43716.6**
128.6	70.9	63.5	46.8	54.1	57.5	69.2	34.9	49.5	53.1	38.4	103.0
10412.0	10554.6	24860.9	38598.7	41952.1	44694.8	45694.0	46749.6	43923.0	45324.7	43609.1	43560.9
10.8	19.0	18.4	5.8	4.8	6.3	7.7	9.7	6.7	7.1	12.6	10.6
10.1	11.2	1.1	0.1	0.1	0.1	2.2	2.7	3.0	3.2	6.0	0.4
25.7	35.7	64.1	5.1	9.2	6.7	35.8	46.6	40.1	41.3	49.4	19.0
6.4	12.2	7.6	2.8	1.9	1.9	5.0	5.1	5.4	5.6	5.9	6.3
131.6	137.2	90.3	43.5	41.1	37.9	38.0	36.4	31.2	27.4	21.8	16.4
10648.0	10697.9	24877.9	38574.6	41954.3	44738.5	45817.5	46589.1	43775.0	45454.4	43741.5	43693.7
10334.7	10411.7	24633.0	38470.5	41843.1	44628.1	45659.6	46453.8	43639.2	45316.7	43607.4	43538.0
77.3	142.9	227.9	128.2	109.0	66.7	34.4	295.8	283.8	8.0	1.6	22.8
77.3	142.9	227.9	128.2	109.0	66.7	34.4	32.8	1.8	1.9	1.6	1.6
1481.8	**51.6**	**-21.4**	**4.3**	**22.6**	**8.5**	**-1.8**	**9.4**	**-39.8**	**-33.8**	**-3.6**	**-458.6**

5-14 石油平衡表

单位: 万吨

项　目	Item	1980	1985	1990
可供量	**Total Energy Available for Consumption**	**8794.5**	**9193.7**	**11435.0**
生产量	Production	10594.6	12489.5	13830.6
进口量	Imports	82.7	90.0	755.6
出口量(-)	Exports (-)	1806.2	3630.4	3110.4
年初年末库存差额	Stock Changes in the Year	-76.6	244.6	-40.8
消费量	**Total Energy Consumption**	**8757.4**	**9168.8**	**11485.6**
在消费量中:	Consumption by Sector			
1.农、林、牧、渔业	Agriculture, Forestry, Animal Husbandry and Fishery	814..9	758.7	1033.6
2.工业	Industry	6203.2	6171.4	7321.6
3.建筑业	Construction	175.2	292.2	327.3
4.交通运输、仓储和邮政业	Transport, Storage and Post	911.5	1176.4	1683.2
5.批发和零售业、住宿和餐饮业	Wholesale and Retail Trades, Hotels and Catering Services	29.0	38.1	77.6
6.其他	Others	481.7	506.1	757.8
7.居民生活	Residential	141.9	225.9	284.5
在消费量中:	Consumption by Usage			
(一) 终端消费	(I) Final Consumption	6311.0	7063.3	9304.7
#工业	Industry	3780.3	4462.0	5180.4
(二) 中间消费	(II) Intermediate Consumption			
(用于加工转换)	(Consumed in Transformation)	2183.6	1858.5	1630.4
火力发电	Thermal Power	2065.4	1425.5	1234.4
供热	Heating		285.6	356.3
制气	Gas Production	36.7	34.5	39.7
炼油损失量	Losses in Petroleum Refining	81.5	112.9	295.8
(三) 损失量	(III) Other Losses	262.8	247.0	254.7
平衡差额	**Balance**	**37.1**	**24.9**	**-50.6**

注: 1.生产量为原油产量。
2.进口量包括境内飞机和轮船在境外的加油量; 出口量包括境外飞机和轮船在境内的加油量。

Petroleum Balance Sheet

(10[4] tons)

1995	2000	2005	2010	2011	2012	2013	2014	2015	2016	2017	2018
16072.7	**22631.4**	**32539.1**	**44178.4**	**45659.2**	**47864.7**	**49993.9**	**52061.8**	**55688.0**	**57710.6**	**60810.8**	**63726.6**
15004.4	16300.0	18135.3	20301.4	20287.6	20747.8	20991.9	21142.9	21455.6	19968.5	19150.6	18932.4
3673.2	9748.5	17163.2	29437.2	31593.7	33088.8	34264.8	36179.6	39748.6	44502.9	49141.23	54094.27
2454.5	2172.1	2888.1	4079.0	4117.0	3884.3	4176.7	4213.9	5128.2	6382.9	7026.66	7557.41
-151.0	-1245.0	128.8	-1481.2	-2105.0	-2087.6	-1086.1	-1046.8	-388.1	-377.8	-454.3	-1742.7
16064.9	**22495.9**	**32547.0**	**44101.0**	**45619.5**	**47797.3**	**49970.6**	**51859.4**	**55960.2**	**57692.9**	**60395.9**	**62245.1**
1203.2	788.5	1451.7	1382.5	1466.3	1537.9	1650.3	1717.7	1733.4	1730.3	1786.4	1724.9
9349.3	11248.5	14030.4	18555.0	17986.0	17753.2	17594.6	18357.5	19718.0	20382.5	21486.7	22460.3
242.8	840.6	1502.2	2483.1	2581.8	2740.7	3090.6	3205.3	3384.3	3599.1	3803.5	3935.7
2863.6	6399.0	10928.5	15079.3	16221.1	17863.6	18967.6	19558.5	20663.1	21146.1	22075.8	22738.6
333.9	247.0	375.6	481.0	500.0	542.4	565.4	563.2	615.7	584.9	601.1	599.0
1390.3	1635.9	1974.2	2578.2	2880.5	3067.8	3349.7	3152.0	3683.3	3537.1	3502.7	3458.2
682.0	1336.5	2284.4	3541.9	3983.9	4291.6	4752.4	5305.2	6162.2	6712.8	7139.7	7328.4
13676.3	19950.1	29495.6	41243.4	43103.3	45080.7	47458.8	49309.0	52945.7	54387.0	56880.0	58623.0
7095.5	8860.0	11107.5	15857.8	15579.9	15160.4	15235.4	15854.5	16739.7	17100.2	17980.5	18847.6
2230.0	2352.9	2896.0	2663.3	2334.5	2534.6	2295.7	2440.0	2926.9	3264.3	3468.9	3593.3
1358.5	1178.2	1306.4	385.3	319.8	292.4	265.1	254.1	265.5	284.6	280.6	309.3
399.9	427.0	429.1	593.1	525.7	493.5	448.2	521.3	493.2	517.8	522.6	590.2
51.6	25.9	14.4							4.8	4.7	4.7
420.1	721.9	1146.1	1684.8	1489.1	1748.7	1582.4	1664.6	2168.2	2457.2	2661.0	2689.0
158.6	192.9	155.4	194.4	181.7	182.0	216.1	110.3	87.6	41.6	47.0	28.8
7.8	**135.4**	**-7.9**	**77.4**	**39.7**	**67.4**	**23.3**	**202.4**	**-272.2**	**17.7**	**414.9**	**1481.5**

Note: a) Data on production refer to the crude oil production.

b) Data on imports include the domestic airplanes and ships refueling abroad. Data on exports include the oversea airplanes and ships refueling domestically.

5-15 原油平衡表

单位：万吨

项　目	Item	1980	1985	1990
可供量	**Total Energy Available for Consumption**	**9222.9**	**9516.5**	**11770.6**
生产量	Production	10594.6	12489.5	13830.6
进口量	Imports	36.6		292.3
出口量(-)	Exports (-)	1330.9	3003.0	2399.0
年初年末库存差额	Stock Changes in the Year	-77.4	30.0	46.7
消费量	**Total Energy Consumption**	**9205.0**	**9509.5**	**11762.2**
在消费量中:	Consumption by Sector			
1. 农、林、牧、渔业	Agriculture, Forestry, Animal Husbandry and Fishery	8.0	0.8	0.2
2. 工业	Industry	9112.0	9389.9	11653.8
3. 建筑业	Construction	28.8	74.0	55.2
4. 交通运输、仓储和邮政业	Transport, Storage and Post	50.1	44.3	52.1
5. 批发和零售业、住宿和餐饮业	Wholesale and Retail Trades, Hotels and Catering Services		0.1	0.3
6. 其他	Others	6.1	0.4	0.6
7. 居民生活	Residential			
在消费量中:	Consumption by Usage			
(一) 终端消费	(I) Final Consumption	499.6	350.4	402.1
#工业	Industry	429.7	254.9	333.4
(二) 中间消费	(II) Intermediate Consumption			
(用于加工转换)	(Consumed in Transformation)	8443.0	8929.7	11106.9
火力发电	Thermal Power	574.0	279.5	124.6
供热	Heating		61.3	21.1
炼油	Petroleum Refineries	7869.0	8588.9	10961.2
(三) 油田原油损失量	(III) Losses in Oil Field for Crude Oil	262.4	229.4	253.2
平衡差额	**Balance**	**17.9**	**7.0**	**8.4**

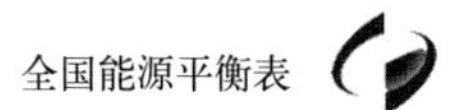

Crude Oil Balance Sheet

(10^4 tons)

1995	2000	2005	2010	2011	2012	2013	2014	2015	2016	2017	2018
14794.9	**21383.0**	**30089.2**	**42876.6**	**43961.0**	**46684.7**	**48670.9**	**51744.6**	**54593.5**	**57332.3**	**59969.0**	**63849.2**
15004.4	16300.0	18135.3	20301.4	20287.6	20747.8	20991.9	21142.9	21455.6	19968.5	19150.6	18932.4
1709.0	7026.5	12681.7	23768.2	25377.9	27102.7	28174.2	30837.4	33548.3	38100.7	41946.2	46188.5
1822.7	1030.6	806.7	303.0	251.4	243.2	161.7	60.0	286.6	294.1	486.1	262.7
-95.8	-912.9	78.8	-890.0	-1453.0	-922.6	-333.4	-175.7	-123.8	-442.8	-641.8	-1009.1
14886.4	**21232.0**	**30088.9**	**42874.6**	**43965.8**	**46678.9**	**48652.2**	**51597.0**	**54788.3**	**57125.9**	**59402.2**	**63004.3**
10.1											
14716.3	21052.1	29962.1	42716.6	43860.4	46559.5	48503.4	51552.1	54752.4	57103.6	59393.5	62995.5
2.7	3.3										
156.8	175.1	126.9	158.0	105.4	119.4	148.7	44.9	35.9	22.3	8.7	8.8
0.5	0.2										
1390.3	1.4										
309.9	636.8	850.4	806.1	522.7	555.5	629.4	855.9	782.7	630.1	364.7	348.3
274.7	612.3	850.4	806.1	522.7	555.5	629.4	855.9	782.7	630.1	364.7	348.3
14419.4	20404.3	29084.8	41876.4	43266.1	45945.7	47810.5	50633.3	53918.4	56455.4	58991.5	62627.7
61.6	85.0	41.3	3.7	11.3	10.9	10.4	8.9	12.5	13.1	14.2	15.3
4.4	14.0	3.0	3.3	4.6	1.4	3.4	7.0	6.7			
14353.4	20305.3	29040.5	41869.4	43250.2	45933.5	47796.7	50617.4	53899.2	56442.3	58977.3	62612.4
157.1	190.9	153.8	192.0	177.0	177.7	212.2	107.8	87.2	40.4	46.0	28.3
-91.5	**151.0**	**0.2**	**2.1**	**-4.8**	**5.8**	**18.7**	**147.7**	**-194.8**	**206.4**	**566.8**	**844.8**

5-16 燃料油平衡表

单位：万吨

项　　目	Item	1980	1985	1990
可供量	**Total Energy Available for Consumption**	**3096.1**	**2848.0**	**3320.7**
生产量	Production	3142.0	2835.8	3267.9
进口量	Imports	39.0	70.0	167.3
出口量(-)	Exports (-)	45.4	64.9	97.2
年初年末库存差额	Stock Changes in the Year	-39.5	7.1	-17.3
消费量	**Total Energy Consumption**	**3073.7**	**2837.4**	**3367.8**
在消费量中:	Consumption by Sector			
1. 农、林、牧、渔业	Agriculture, Forestry, Animal Husbandry and Fishery	2.3	3.1	2.9
2. 工业	Industry	2937.4	2662.2	3091.7
3. 建筑业	Construction	15.0	18.9	47.3
4. 交通运输、仓储和邮政业	Transport, Storage and Post	109.0	144.1	208.2
5. 批发和零售业、住宿和餐饮业	Wholesale and Retail Trades, Hotels and Catering Services	2.9	3.1	1.6
6. 其他	Others	7.1	6.0	16.1
7. 居民生活	Residential			
在消费量中:	Consumption by Usage			
(一) 终端消费	(I) Final Consumption	1617.9	1538.8	2042.6
#工　业	Industry	1481.6	1363.5	1766.5
(二) 中间消费	(II) Intermediate Consumption			
(用于加工转换)	(Consumed in Transformation)	1455.8	1296.1	1325.2
火力发电	Thermal Power	1419.1	1042.3	977.3
供　热	Heating		219.3	308.3
炼油再投入量	Petroleum Production			
制　气	Gas Production	36.7	34.5	39.6
(三)损失量	(III) Other Losses		2.5	
平衡差额	**Balance**	**22.4**	**10.6**	**-47.1**

Fuel Oil Balance Sheet

(10[4] tons)

1995	2000	2005	2010	2011	2012	2013	2014	2015	2016	2017	2018
3717.3	**3836.7**	**4237.3**	**3765.4**	**3667.6**	**3691.0**	**3926.1**	**4401.9**	**4632.8**	**4644.5**	**4895.8**	**4585.2**
2960.8	2053.7	1767.4	2487.0	2281.8	2253.2	2775.9	3541.7	3963.0	4236.9	4563.5	3899.7
859.1	1704.3	2883.9	2695.2	3097.4	3102.4	2734.3	2146.3	2068.2	1743.2	1915.3	2271.3
68.6	57.9	427.6	1419.7	1685.6	1601.5	1493.7	1279.9	1402.1	1342.0	1516.7	1673.2
-34.0	136.6	13.5	3.0	-26.0	-63.1	-90.4	-6.2	3.7	6.4	-66.2	87.4
3693.7	**3872.8**	**4244.2**	**3758.0**	**3662.8**	**3683.3**	**3954.0**	**4355.5**	**4662.0**	**4631.0**	**4887.3**	**4536.1**
8.4	0.4	0.7	1.1	1.3	2.0	2.0	1.3	0.9	1.0	1.3	1.3
3406.2	2975.1	2986.9	2377.3	2260.2	2241.7	2421.1	2835.7	3133.0	3035.4	3043.7	2688.2
14.2	16.7	14.2	30.8	30.6	27.1	59.5	44.6	53.5	51.9	43.2	31.8
227.5	850.0	1201.0	1326.7	1345.2	1383.9	1429.0	1441.4	1439.5	1511.4	1771.3	1795.7
6.6	11.6	27.5	8.6	9.3	8.7	19.1	17.4	19.0	17.2	15.1	10.1
30.8	19.0	13.9	13.5	16.2	19.9	23.4	15.1	16.1	14.1	12.5	9.0
2262.8	2741.4	2989.9	2403.2	2230.2	2072.8	2101.8	2058.0	2123.7	2060.4	2196.9	2155.9
1975.3	1843.7	1732.6	1022.5	827.6	631.2	568.9	538.2	594.8	464.8	353.4	308.0
1430.9	1131.3	1254.3	1354.8	1432.6	1610.5	1852.1	2297.5	2538.3	2570.7	2690.4	2380.2
1071.5	814.2	1068.7	123.9	60.9	43.1	47.3	35.6	31.5	31.1	16.6	15.1
307.8	291.2	171.1	201.3	183.8	187.3	167.2	164.9	165.1	158.5	67.0	59.5
			1029.6	1188.0	1380.0	1637.7	2097.0	2341.6	2381.1	2606.7	2305.5
51.6	25.9	14.4									
23.6	**-36.1**	**-6.9**	**7.4**	**4.8**	**7.7**	**-27.8**	**46.4**	**-29.2**	**13.5**	**8.5**	**49.1**

5-17 汽油平衡表

单位：万吨

项　　目	Item	1980	1985	1990
可供量	**Total Energy Available for Consumption**	**999.4**	**1399.6**	**1884.1**
生产量	Production	1079.0	1471.9	2173.4
进口量	Imports		0.3	16.9
出口量(-)	Exports (-)	117.8	129.9	233.8
年初年末库存差额	Stock Changes in the Year	38.2	57.3	-72.4
消费量	**Total Energy Consumption**	**998.6**	**1396.3**	**1899.5**
在消费量中:	Consumption by Sector			
1. 农、林、牧、渔业	Agriculture, Forestry, Animal Husbandry and Fishery	53.3	122.3	145.9
2. 工业	Industry	273.2	451.3	589.3
3. 建筑业	Construction	54.1	73.0	89.5
4. 交通运输、仓储和邮政业	Transport, Storage and Post	404.9	477.4	620.1
5. 批发和零售业、住宿和餐饮业	Wholesale and Retail Trades, Hotels and Catering Services	19.4	23.4	46.0
6. 其他	Others	193.7	238.3	390.7
7. 居民生活	Residential		10.6	18.0
平衡差额	**Balance**	**0.8**	**3.3**	**-15.4**

5-18 煤油平衡表

单位：万吨

项　　目	Item	1980	1985	1990
可供量	**Total Energy Available for Consumption**	**359.0**	**383.2**	**350.9**
生产量	Production	398.5	405.3	392.5
进口量	Imports		15.2	26.1
出口量(-)	Exports (-)	46.8	46.0	55.5
年初年末库存差额	Stock Changes in the Year	2.3	8.7	-12.2
消费量	**Total Energy Consumption**	**365.9**	**385.5**	**350.9**
在消费量中:	Consumption by Sector			
1. 农、林、牧、渔业	Agriculture, Forestry, Animal Husbandry and Fishery	2.3	3.3	3.1
2. 工业	Industry	15.7	20.1	20.6
3. 建筑业	Construction	0.8	1.3	1.3
4. 交通运输、仓储和邮政业	Transport, Storage and Post	31.4	56.2	93.4
5. 批发和零售业、住宿和餐饮业	Wholesale and Retail Trades, Hotels and Catering Services	0.2	0.1	0.6
6. 其他	Others	216.7	182.9	127.3
7. 居民生活	Residential	98.8	121.6	104.6
平衡差额	**Balance**	**-6.9**	**-2.3**	

Gasoline Balance Sheet

(10^4 tons)

1995	2000	2005	2010	2011	2012	2013	2014	2015	2016	2017	2018
2902.0	**3504.5**	**4855.3**	**6964.3**	**7597.9**	**8164.5**	**9369.5**	**9770.7**	**11385.0**	**11829.4**	**12200.5**	**13035.3**
3051.6	4134.7	5433.6	7410.5	8117.9	8976.1	9834.0	11029.9	12103.6	12932.0	13276.2	14264.7
15.9				2.9	0.5		3.4	17.0	20.8	1.6	44.5
193.1	467.7	559.7	517.0	406.0	291.7	468.7	507.5	589.3	969.3	1051.4	1287.9
27.6	-162.5	-18.6	70.8	-117.0	-520.3	4.2	-755.0	-146.3	-154.2	-26.0	13.9
2909.6	**3504.6**	**4854.9**	**6956.2**	**7595.9**	**8165.9**	**9366.4**	**9776.4**	**11368.5**	**11866.0**	**12296.3**	**13055.3**
179.7	89.2	159.6	169.1	186.0	192.9	198.7	216.6	231.3	224.4	229.6	242.9
812.4	682.0	441.7	689.5	604.8	581.1	523.4	489.0	477.1	436.3	382.1	296.5
103.6	115.6	172.1	274.7	282.8	286.9	326.5	331.0	408.6	437.3	452.3	505.0
982.3	1527.8	2430.1	3274.9	3573.5	3778.0	4381.8	4665.0	5306.6	5511.1	5698.5	6067.6
197.2	69.8	129.4	168.2	177.1	200.1	220.9	217.8	243.3	240.9	244.5	275.5
570.7	792.7	998.2	1166.2	1313.2	1460.5	1818.7	1738.1	2108.5	2046.4	2075.0	2163.6
63.7	227.6	523.8	1213.7	1458.6	1666.5	1896.4	2118.8	2593.1	2969.7	3214.2	3504.2
-7.6	**-0.1**	**0.4**	**8.1**	**1.9**	**-1.4**	**3.2**	**-5.7**	**16.6**	**-36.7**	**-95.8**	**-20.0**

Kerosene Balance Sheet

(10^4 tons)

1995	2000	2005	2010	2011	2012	2013	2014	2015	2016	2017	2018
486.4	**880.9**	**1070.0**	**1767.6**	**1821.7**	**1959.1**	**2189.1**	**2336.4**	**2732.6**	**3020.7**	**3332.8**	**3714.3**
445.8	872.3	1006.5	1924.4	1922.4	2164.0	2523.9	3081.0	3658.6	3983.9	4230.9	4770.3
115.7	322.5	476.1	726.1	875.1	877.3	945.2	721.0	716.4	776.7	852.3	942.3
62.4	256.3	447.6	870.5	966.8	1085.9	1280.6	1455.8	1626.6	1721.7	1765.2	1947.0
-12.7	-57.6	35.0	-12.3	-9.0	3.7	0.6	-9.7	-15.8	-18.2	14.8	-51.3
512.1	**871.6**	**1076.8**	**1765.2**	**1816.7**	**1956.6**	**2164.1**	**2335.4**	**2663.7**	**2970.7**	**3326.4**	**3653.5**
3.6	1.5	1.6	0.9	1.5	1.2	1.2	0.8	1.1	2.2	1.5	4.9
44.9	84.0	57.5	40.2	34.2	32.0	27.4	17.4	21.2	20.0	14.5	24.9
3.5	4.0		8.8	10.8	7.9	11.4	10.4	12.5	10.0	9.7	17.3
250.0	535.9	952.4	1601.1	1646.4	1787.1	1998.2	2216.0	2504.9	2814.9	3173.3	3462.5
8.5	14.0	3.7	35.0	32.2	28.6	13.4	11.3	11.7	11.2	11.3	15.5
137.3	160.1	36.2	58.7	68.2	74.2	84.6	50.7	83.3	85.9	88.4	103.8
64.3	72.2	25.5	20.5	23.5	25.6	27.9	28.9	29.1	26.4	27.6	24.6
-25.7	**9.3**	**-6.8**	**2.4**	**5.0**	**2.4**	**25.0**	**1.0**	**68.9**	**50.0**	**6.4**	**60.8**

5-19 柴油平衡表

单位：万吨

项　　目	Item	1980	1985	1990
可供量	**Total Energy Available for Consumption**	**1663.2**	**1944.1**	**2689.4**
生产量	Production	1827.8	2023.2	2609.0
进口量	Imports	2.1	4.5	233.8
出口量(-)	Exports (-)	166.5	225.6	169.8
年初年末库存差额	Stock Changes in the Year	-0.2	142.0	16.4
消费量	**Total Energy Consumption**	**1663.2**	**1939.4**	**2691.7**
在消费量中:	Consumption by Sector			
1. 农、林、牧、渔业	Agriculture, Forestry, Animal Husbandry and Fishery	749.0	629.2	881.5
2. 工业	Industry	457.4	644.1	728.1
3. 建筑业	Construction	76.5	125.0	133.0
4. 交通运输、仓储和邮政业	Transport, Storage and Post	316.1	454.4	709.4
5. 批发和零售业、住宿和餐饮业	Wholesale and Retail Trades, Hotels and Catering Services	6.5	10.9	22.5
6. 其他	Others	57.7	74.0	217.0
7. 居民生活	Residential			
在消费量中:	Consumption by Usage			
(一) 终端消费	(I) Final Consumption	1590.9	1827.4	2564.8
#工　业	Industry	385.1	532.1	601.2
(二) 中间消费	(II) Intermediate Consumption			
(用于加工转换)	(Consumed in Transformation)	72.3	108.6	126.9
火力发电	Thermal Power	72.3	103.6	124.5
供　热	Heating		5.0	2.4
(三) 损失量	(III) Other Losses		3.4	
平衡差额	**Balance**		**4.7**	**-2.3**

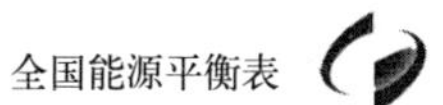

Diesel Oil Balance Sheet

(10[4] tons)

1995	2000	2005	2010	2011	2012	2013	2014	2015	2016	2017	2018
4404.2	**6806.5**	**10972.6**	**14701.9**	**15626.2**	**16966.9**	**17105.9**	**17172.9**	**17353.6**	**16765.2**	**16994.5**	**16567.3**
3972.6	7079.6	11090.2	14924.4	15689.7	17063.8	17275.7	17635.3	18007.9	17917.7	18667.9	18360.1
645.3	51.9	61.0	190.2	243.3	99.9	35.3	55.0	71.5	116.1	107.6	89.0
169.5	77.5	170.9	490.2	228.8	205.7	294.4	423.9	731.3	1556.9	1736.8	1872.8
-44.2	-247.6	-7.7	77.5	-78.0	8.9	89.4	-93.7	5.5	288.3	-44.2	-9.0
4321.4	**6806.2**	**10974.9**	**14699.0**	**15635.1**	**16966.0**	**17150.6**	**17165.3**	**17360.3**	**16839.0**	**16916.5**	**16409.6**
1001.4	697.1	1286.3	1206.7	1271.9	1335.5	1441.5	1492.0	1492.9	1495.9	1546.8	1468.2
1189.9	1696.5	1710.0	2090.0	1824.3	1747.7	1675.9	1595.3	1516.4	1412.9	1459.9	1259.5
118.2	205.9	386.6	490.2	518.6	518.0	557.0	552.0	555.7	561.3	596.1	543.4
1246.6	3293.8	6169.4	8657.6	9485.2	10727.0	10920.5	11042.8	11162.8	11068.5	11173.7	11166.9
103.6	95.9	116.0	196.6	212.3	229.0	233.5	230.1	257.7	232.0	233.8	211.8
645.7	638.7	900.1	1287.2	1428.1	1444.7	1339.8	1268.7	1384.2	1307.2	1233.3	1107.4
16.1	178.4	406.4	770.7	894.7	964.1	982.5	984.4	990.7	761.3	673.0	652.3
4070.0	6578.6	10889.4	14655.2	15593.5	16900.7	17106.8	17127.0	17280.4	16736.4	16722.4	16340.0
938.5	1468.8	1624.5	2046.2	1782.7	1682.3	1632.0	1557.0	1436.5	1310.3	1265.8	1189.9
251.4	227.7	85.5	43.8	41.6	65.4	43.9	38.3	79.9	102.7	194.1	69.6
204.9	227.7	81.9	40.1	39.2	35.6	35.6	25.8	22.4	29.2	23.9	26.4
46.6		3.6	3.8	2.4	2.4	2.6	4.7	6.2	6.1	5.9	5.2
82.7	**0.3**	**-2.4**	**2.9**	**-8.9**	**0.9**	**-44.7**	**7.6**	**-6.7**	**-73.9**	**78.0**	**157.8**

5-20 液化石油气平衡表

单位：万吨

项　目	Item	1980	1985	1990
可供量	**Total Energy Available for Consumption**	**122.5**	**157.3**	**258.5**
生产量	Production	122.5	159.7	261.6
进口量	Imports			
出口量(−)	Exports (-)		1.9	1.1
年初年末库存差额	Stock Changes in the Year		-0.5	-2.0
消费量	**Total Energy Consumption**	**119.6**	**155.7**	**254.2**
在消费量中:	Consumption by Sector			
1. 农、林、牧、渔业	Agriculture, Forestry, Animal Husbandry and Fishery			
2. 工业	Industry	76.1	59.9	82.0
3. 建筑业	Construction			1.0
4. 交通运输、仓储和邮政业	Transport, Storage and Post			
5. 批发和零售业、住宿和餐饮业	Wholesale and Retail Trades, Hotels and Catering Services		0.5	6.6
6. 其他	Others	0.4	4.5	6.1
7. 居民生活	Residential	43.1	90.8	158.5
平衡差额	**Balance**	**2.9**	**1.6**	**4.3**

5-21 天然气平衡表

单位：亿立方米

项　目	Item	1980	1985	1990
可供量	**Total Energy Available for Consumption**	**142.7**	**129.3**	**153.0**
生产量	Production	142.7	129.3	153.0
进口量	Imports			
出口量(−)	Exports (-)			
年初年末库存差额	Stock Changes in the Year			
消费量	**Total Energy Consumption**	**140.6**	**129.3**	**152.5**
在消费量中:	Consumption by Sector			
1. 农、林、牧、渔业	Agriculture, Forestry, Animal Husbandry and Fishery			
2. 工业	Industry	131.4	109.6	120.2
3. 建筑业	Construction	6.0	14.1	10.6
4. 交通运输、仓储和邮政业	Transport, Storage and Post	0.7	0.8	1.9
5. 批发和零售业、住宿和餐饮业	Wholesale and Retail Trades, Hotels and Catering Services			
6. 其他	Others	0.5	0.5	1.2
7. 居民生活	Residential	2.0	4.3	18.6
平衡差额	**Balance**	**2.1**		**0.5**

注：从2010年起包括液化天然气数据。

Liquefied Petroleum Gas Balance Sheet

(10⁴ tons)

1995	2000	2005	2010	2011	2012	2013	2014	2015	2016	2017	2018
774.3	**1396.2**	**2052.2**	**2323.8**	**2474.2**	**2496.0**	**2836.1**	**3292.7**	**4008.2**	**5034.0**	**5472.9**	**5733.4**
540.8	916.6	1432.7	2092.3	2240.8	2268.7	2513.3	2705.8	2934.4	3503.9	3677.3	3915.6
232.6	481.7	617.0	327.0	349.6	358.5	451.7	739.4	1244.0	1678.5	1921.9	1966.4
7.1	1.6	2.7	93.0	119.1	128.2	126.9	144.4	144.2	132.3	132.2	113.5
8.0	-0.6	5.2	-2.5	3.0	-3.0	-2.0	-8.0	-26.0	-16.0	5.9	-35.1
750.6	**1389.7**	**2046.5**	**2321.9**	**2470.2**	**2482.2**	**2823.4**	**3289.8**	**3961.2**	**5015.1**	**5457.8**	**5673.1**
0.1	0.4	3.5	4.7	5.6	6.4	6.8	7.1	7.2	6.8	7.1	7.6
192.5	426.1	534.4	586.8	661.1	621.0	705.1	835.0	1113.9	1766.8	1896.3	2215.5
0.5	8.9	6.3	7.2	7.2	6.8	14.7	16.8	15.1	14.8	15.8	17.0
0.5	16.5	48.7	61.0	65.5	68.1	89.4	91.8	100.3	104.2	123.7	125.1
17.4	55.5	99.0	72.6	69.0	76.0	78.5	86.6	84.0	83.6	96.4	86.2
5.7	24.0	25.8	52.6	54.8	68.5	83.4	79.4	91.4	83.5	93.5	74.4
534.0	858.3	1328.7	1537.0	1607.2	1635.4	1845.6	2173.1	2549.3	2955.4	3225.0	3147.3
23.7	**6.5**	**5.7**	**1.9**	**4.0**	**13.8**	**12.7**	**2.9**	**47.0**	**18.9**	**15.1**	**60.3**

Natural Gas Balance Sheet

(10⁸ cu.m)

1995	2000	2005	2010	2011	2012	2013	2014	2015	2016	2017	2018
179.5	**240.6**	**463.5**	**1082.3**	**1333.0**	**1497.8**	**1706.6**	**1866.8**	**1925.0**	**2080.5**	**2390.7**	**2814.3**
179.5	272.0	493.2	957.9	1053.4	1106.1	1208.6	1301.6	1346.1	1368.7	1480.4	1601.6
			164.7	311.5	420.6	525.4	591.3	611.4	745.6	945.6	1246.4
	31.4	29.7	40.3	31.9	28.9	27.5	26.1	32.5	33.8	35.3	33.6
177.4	**245.0**	**466.1**	**1080.2**	**1341.1**	**1497.0**	**1705.4**	**1870.6**	**1931.8**	**2078.1**	**2393.7**	**2817.1**
			0.5	0.6	0.6	0.7	0.8	0.9	1.1	1.1	1.3
154.4	199.0	327.2	691.8	875.7	980.7	1129.1	1223.0	1234.5	1338.6	1575.2	1940.1
0.3	0.8	1.5	1.2	1.3	1.3	2.0	1.9	2.2	1.9	1.8	2.5
1.6	8.8	38.0	106.7	138.3	154.5	175.8	214.4	237.6	254.8	284.7	286.2
0.6	3.4	10.8	27.2	33.6	38.7	39.3	46.6	51.3	53.7	57.6	60.8
1.2	0.6	9.1	26.0	27.1	32.9	35.6	41.3	45.4	48.2	52.9	57.9
19.4	32.3	79.4	226.9	264.4	288.3	322.9	342.6	359.8	379.7	420.3	468.4
2.1	**-4.4**	**-2.6**	**2.1**	**0.7**	**0.8**	**1.2**	**-3.8**	**-6.7**	**2.4**	**-3.0**	**-2.8**

Note: Include the data of Liquefied Natural Gas since 2010.

5-22 电力平衡表

单位：亿千瓦小时

项　目	Item	1980	1985	1990
可供量	**Total Energy Available for Consumption**	**3006.3**	**4117.6**	**6230.4**
生产量	Production	3006.3	4106.9	6212.0
#水电	#Hydro Power	582.1	923.7	1267.2
火电	Thermal Power	2424.2	3183.2	4944.8
核电	Nuclear Power			
风电	Wind Power			
进口量	Imports		11.1	19.3
出口量(-)	Exports (-)		0.4	0.9
消费量	**Total Energy Consumption**	**3006.3**	**4117.6**	**6230.4**
在消费量中:	Consumption by Sector			
1.农、林、牧、渔业	Agriculture, Forestry, Animal Husbandry and Fishery	270.0	317.4	426.8
2.工业	Industry	2471.9	3283.4	4873.3
3.建筑业	Construction	47.1	71.2	65.0
4.交通运输、仓储和邮政业	Transport, Storage and Post	26.5	63.4	105.9
5.批发和零售业、住宿和餐饮业	Wholesale and Retail Trades, Hotels and Catering Services	16.8	38.0	76.2
6.其他	Others	68.8	121.7	202.4
7.居民生活	Residential	105.2	222.5	480.8
在消费量中:	Consumption by Usage			
(一) 终端消费	(I) Final Consumption	2763.4	3813.3	5795.8
#工业	#Industry	2229.0	2979.1	4438.7
(二) 输配电损失量	(II) Losses in Transmission	242.9	304.3	434.6

Electricity Balance Sheet

(10[8] kW•h)

1995	2000	2005	2010	2011	2012	2013	2014	2015	2016	2017	2018
10023.4	**13472.7**	**24940.8**	**41936.5**	**47002.7**	**49767.7**	**54204.1**	**57830.5**	**58021.3**	**61204.4**	**65914.0**	**71509.2**
10077.3	13556.0	25002.6	42071.6	47130.2	49875.5	54316.4	57944.6	58145.7	61331.6	66044.5	71661.3
1905.8	2224.1	3970.2	7221.7	6989.5	8721.1	9202.9	10728.8	11302.7	11840.5	11978.7	12317.9
8043.2	11141.9	20473.4	33319.3	38337.0	38928.1	42470.1	44001.1	42841.9	44370.7	47546.0	50963.2
128.3	167.4	530.9	738.8	863.5	973.9	1116.1	1325.4	1707.9	2132.9	2480.7	2943.6
			446.2	703.3	959.8	1412.0	1599.8	1857.7	2370.7	2972.3	3659.7
6.4	15.5	50.1	55.5	65.6	68.7	74.4	67.5	62.1	61.9	64.2	56.9
60.3	98.8	111.9	190.6	193.1	176.5	186.7	181.6	186.5	189.1	194.7	209.1
10023.4	**13472.4**	**24940.3**	**41934.5**	**47000.9**	**49762.6**	**54203.4**	**57829.7**	**58020.0**	**61205.1**	**65914.0**	**71508.2**
582.4	533.0	776.3	976.5	1012.9	1012.6	1026.9	1013.4	1039.8	1091.9	1175.1	1242.5
7659.8	10004.6	18521.7	30871.8	34691.6	36232.2	39236.9	42248.7	41550.0	42996.9	46052.8	49094.9
159.6	159.8	233.9	483.2	571.8	608.4	675.1	721.7	698.7	725.6	789.2	887.8
182.3	281.2	430.3	734.5	848.4	915.4	1000.9	1059.2	1125.6	1251.5	1418.0	1608.5
199.5	418.7	752.3	1292.0	1503.1	1691.5	1876.9	1995.6	2122.0	2323.8	2526.6	2900.4
234.2	623.2	1340.9	2451.8	2753.1	3083.6	3397.6	3615.0	3918.6	4394.8	4880.6	5716.5
1005.6	1452.0	2884.8	5124.6	5620.1	6219.0	6989.2	7176.1	7565.2	8420.6	9071.6	10057.6
9278.9	12535.7	23233.8	39366.3	44300.2	46866.5	51062.7	54729.8	55032.1	58142.2	62718.1	68156.5
6915.3	9067.9	16815.2	28303.5	31990.9	33336.1	36096.2	39148.8	38562.1	39934.0	42857.0	45743.2
744.5	936.7	1706.5	2568.2	2700.7	2896.2	3140.7	3099.9	2987.9	3062.9	3195.8	3351.7

六、地区能源平衡表

Chapter 6　Energy Balance Table by Region

6-1 北京能源平衡表(实物量)-2018

项 目	Item	煤合计(万吨) Coal Total (10[4] tons)	原煤(万吨) Raw Coal (10[4] tons)
一.可供本地区消费的能源量	**Total Primary Energy Supply**	**276.18**	**221.57**
1.一次能源生产量	Indigenous Production	176.17	176.17
2.外省(区、市)调入量	Moving In from Other Provinces	276.13	221.52
3.进口量	Import		
4.境内飞机和轮船在境外的加油量	Domestic Airplanes&Ships Refueling Abroad		
5.本省(区、市)调出量(-)	Sending Out to Other Provinces(-)	-24.69	-24.69
6.出口量(-)	Export(-)	-176.13	-176.13
7.境外飞机和轮船在境内的加油量(-)	Oversea Airplanes&Ships Refueling Domestically(-)		
8.库存增(-)、减(+)量	Stock Change	24.70	24.70
二.加工转换投入(-)产出(+)量	**Input(-) & Output(+) of Transformation**	**-146.37**	**-146.37**
1.火力发电	Thermal Power	-49.67	-49.67
2.供热	Heating Supply	-96.70	-96.70
3.煤炭洗选	Coal Washing		
4.炼焦	Coking		
5.炼油及煤制油	Petroleum Refining and Coal-to-liquids		
#油品再投入量(-)	Petroleum Products Input (-)		
6.制气	Gas Works		
#焦炭再投入量(-)	Coke Input (-)		
7.天然气液化	Natural Gas Liquefaction		
8.煤制品加工	Briquettes		
9.回收能	Recovery of Energy		
三.损失量	**Loss**		
四.终端消费量	**Total Final Consumption**	**129.82**	**75.20**
1.农、林、牧、渔业	Agriculture, Forestry, Animal Husbandry and Fishery	4.02	4.02
2.工业	Industry	43.34	43.34
#用作原料、材料	Non-Energy Use		
3.建筑业	Construction	0.20	0.20
4.交通运输、仓储和邮政业	Transport, Storage and Post	0.94	0.94
5.批发和零售业、住宿和餐饮业	Wholesale and Retail Trades, Hotels and Catering Services	1.85	1.85
6.其他	Others	3.30	3.29
7.居民生活	Residential	76.18	21.57
城镇	Urban	21.57	21.57
乡村	Rural	54.61	
五.平衡差额	**Statistical Difference**	**-0.01**	**-0.01**
六.消费量合计	**Total Energy Consumption**	**276.19**	**221.58**

Energy Balance of Beijing (Physical Quantity) -2018

	洗精煤 (万吨) Cleaned Coal (10^4 tons)	其他洗煤 (万吨) Other Washed Coal (10^4 tons)	煤制品 (万吨) Briquettes (10^4 tons)	煤矸石 (万吨) Gangue (10^4 tons)	焦炭 (万吨) Coke (10^4 tons)	焦炉煤气 (亿立方米) Coke Oven Gas (10^8 cu.m)	高炉煤气 (亿立方米) Blast Furnace Gas (10^8 cu.m)	转炉煤气 (亿立方米) Converter Gas (10^8 cu.m)	其他煤气 (亿立方米) Other Gas (10^8 cu.m)
			54.61		**0.01**				
			54.61						
					-0.27				
					0.28				
			54.61		**0.01**				
			54.61						
			54.61						
			54.61		**0.01**				

6-1 续表 1

项 目	Item	其他焦化产品(万吨) Other Coking Products (10^4 tons)	油品合计(万吨) Petroleum Products Total (10^4 tons)
一.可供本地区消费的能源量	**Total Primary Energy Supply**		**1707.22**
1.一次能源生产量	Indigenous Production		
2.外省(区、市)调入量	Moving In from Other Provinces		2353.84
3.进口量	Import		1180.86
4.境内飞机和轮船在境外的加油量	Domestic Airplanes&Ships Refueling Abroad		155.41
5.本省(区、市)调出量(-)	Sending Out to Other Provinces(-)		-1844.71
6.出口量(-)	Export(-)		
7.境外飞机和轮船在境内的加油量(-)	Oversea Airplanes&Ships Refueling Domestically(-)		-111.30
8.库存增(-)、减(+)量	Stock Change		-26.88
二.加工转换投入(-)产出(+)量	**Input(-) & Output(+) of Transformation**		**-51.53**
1.火力发电	Thermal Power		-5.83
2.供热	Heating Supply		-36.63
3.煤炭洗选	Coal Washing		
4.炼焦	Coking		
5.炼油及煤制油	Petroleum Refining and Coal-to-liquids		309.61
#油品再投入量(-)	Petroleum Products Input (-)		-318.69
6.制气	Gas Works		
#焦炭再投入量(-)	Coke Input (-)		
7.天然气液化	Natural Gas Liquefaction		
8.煤制品加工	Briquettes		
9.回收能	Recovery of Energy		
三.损失量	**Loss**		**0.44**
四.终端消费量	**Total Final Consumption**		**1655.26**
1.农、林、牧、渔业	Agriculture, Forestry, Animal Husbandry and Fishery		4.50
2.工业	Industry		281.67
#用作原料、材料	Non-Energy Use		176.46
3.建筑业	Construction		34.32
4.交通运输、仓储和邮政业	Transport, Storage and Post		844.79
5.批发和零售业、住宿和餐饮业	Wholesale and Retail Trades, Hotels and Catering Services		30.20
6.其他	Others		78.68
7.居民生活	Residential		381.12
城镇	Urban		373.23
乡村	Rural		7.89
五.平衡差额	**Statistical Difference**		
六.消费量合计	**Total Energy Consumption**		**1707.22**

Continued 1

原油 (万吨) Crude Oil (10^4 tons)	汽油 (万吨) Gasoline (10^4 tons)	煤油 (万吨) Kerosene (10^4 tons)	柴油 (万吨) Diesel Oil (10^4 tons)	燃料油 (万吨) Fuel Oil (10^4 tons)	石脑油 (万吨) Naphtha (10^4 tons)	润滑油 (万吨) Lubricants (10^4 tons)	石蜡 (万吨) Paraffin Waxes (10^4 tons)	溶剂油 (万吨) White Spirit (10^4 tons)
911.77	**217.38**	**503.46**	**19.01**	**-2.62**	**79.92**	**1.15**		**0.04**
	953.34	453.57	796.22		80.30	1.15		0.04
919.28		261.58						
		155.41						
	-730.49	-245.92	-776.70	-3.37	-0.85			
		-111.30						
-7.51	-5.47	-9.88	-0.51	0.75	0.47			
-911.34	**276.21**	**187.57**	**159.27**	**3.17**	**-2.73**			
			-0.19					
			-0.32	-0.99				
-911.34	276.21	187.57	159.77	4.16	178.45			
					-181.18			
0.44								
	493.60	**691.03**	**178.28**	**0.55**	**77.19**	**1.15**		**0.04**
	2.50		1.95					
	10.83	0.05	11.25	0.45	77.19	1.15		0.04
	0.01	0.01			77.19	1.15		0.04
	9.02		24.83					
	42.57	690.47	110.11	0.08				
	21.90		4.28	0.01				
	49.55	0.51	25.85	0.01				
	357.23							
	357.23							
911.78	**493.60**	**691.03**	**178.78**	**1.54**	**258.37**	**1.15**		**0.04**

6-1 续表 2

项目	Item	石油沥青(万吨) Bitumen Asphalt (10^4 tons)	石油焦(万吨) Petroleum Coke (10^4 tons)
一.可供本地区消费的能源量	**Total Primary Energy Supply**	**-9.78**	**-22.78**
1.一次能源生产量	Indigenous Production		
2.外省(区、市)调入量	Moving In from Other Provinces	11.51	0.23
3.进口量	Import		
4.境内飞机和轮船在境外的加油量	Domestic Airplanes&Ships Refueling Abroad		
5.本省(区、市)调出量(-)	Sending Out to Other Provinces(-)	-20.83	-21.70
6.出口量(-)	Export(-)		
7.境外飞机和轮船在境内的加油量(-)	Oversea Airplanes&Ships Refueling Domestically(-)		
8.库存增(-)、减(+)量	Stock Change	-0.46	-1.31
二.加工转换投入(-)产出(+)量	**Input(-) & Output(+) of Transformation**	**20.92**	**22.79**
1.火力发电	Thermal Power		-5.10
2.供热	Heating Supply		-19.56
3.煤炭洗选	Coal Washing		
4.炼焦	Coking		
5.炼油及煤制油	Petroleum Refining and Coal-to-liquids	20.92	47.45
#油品再投入量(-)	Petroleum Products Input (-)		
6.制气	Gas Works		
#焦炭再投入量(-)	Coke Input (-)		
7.天然气液化	Natural Gas Liquefaction		
8.煤制品加工	Briquettes		
9.回收能	Recovery of Energy		
三.损失量	**Loss**		
四.终端消费量	**Total Final Consumption**	**11.14**	**0.01**
1.农、林、牧、渔业	Agriculture, Forestry, Animal Husbandry and Fishery		
2.工业	Industry	11.14	0.01
#用作原料、材料	Non-Energy Use	11.14	
3.建筑业	Construction		
4.交通运输、仓储和邮政业	Transport, Storage and Post		
5.批发和零售业、住宿和餐饮业	Wholesale and Retail Trades, Hotels and Catering Services		
6.其他	Others		
7.居民生活	Residential		
城镇	Urban		
乡村	Rural		
五.平衡差额	**Statistical Difference**		
六.消费量合计	**Total Energy Consumption**	**11.14**	**24.66**

Continued 2

液化石油气 (万吨) Liquefied Petroleum Gas (10^4 tons)	炼厂干气 (万吨) Refinery Gas (10^4 tons)	其他石油制品 (万吨) Other Petroleum Products (10^4 tons)	天然气 (亿立方米) Natural Gas (10^8 cu.m)	液化天然气 (万吨) Liquefied Natural Gas (10^4 tons)	热力 (万百万千焦) Heat (10^{10} kJ)	电力 (亿千瓦小时) Electricity (10^8 kW•h)	其他能源 (万吨标准煤) Other Energy (10^4 tce)
-6.27		**15.94**	**184.85**	**21.95**	**541.32**	**709.90**	**172.54**
			17.28			16.46	172.54
		57.48	184.85	21.99	541.32	700.29	
-6.63		-38.21	-17.28			-6.84	
0.36		-3.33		-0.04			
40.01	**65.02**	**87.59**	**-113.46**	**-1.40**	**18380.00**	**432.13**	**-72.96**
-0.20	-0.22	-0.12	-67.11			432.13	-86.85
-2.15	-5.34	-8.26	-46.35	-1.40	18380.00		
42.36	70.58	233.48					
		-137.51					
							13.88
			6.67			**69.41**	
33.74	**65.02**	**103.53**	**64.72**	**20.56**	**18921.33**	**1072.97**	**99.58**
0.05			0.04		0.45	18.84	
1.02	65.02	103.53	15.61	2.02	4437.59	226.01	8.13
0.05	9.48	77.41	0.03	0.02			
0.46			0.36		124.19	25.30	0.30
1.55			3.72	18.54	582.03	55.87	2.87
4.01			7.48		1274.02	102.90	4.64
2.75			23.40		7675.05	387.68	27.26
23.89			14.11		4828.00	256.36	56.38
15.99			11.67		4828.00	210.62	4.61
7.89			2.44			45.74	51.77
				-0.01		**-0.34**	
36.09	**70.58**	**249.42**	**184.85**	**21.97**	**18921.33**	**1142.38**	**186.42**

6-2 天津能源平衡表(实物量)-2018

项 目	Item	煤合计 (万吨) Coal Total (10^4 tons)	原煤 (万吨) Raw Coal (10^4 tons)
一.可供本地区消费的能源量	**Total Primary Energy Supply**	**3832.89**	**3547.32**
1.一次能源生产量	Indigenous Production		
2.外省(区、市)调入量	Moving In from Other Provinces	3848.89	3265.04
3.进口量	Import	281.95	281.95
4.境内飞机和轮船在境外的加油量	Domestic Airplanes&Ships Refueling Abroad		
5.本省(区、市)调出量(-)	Sending Out to Other Provinces(-)	-394.53	-115.69
6.出口量(-)	Export(-)	-0.03	-0.03
7.境外飞机和轮船在境内的加油量(-)	Oversea Airplanes&Ships Refueling Domestically(-)		
8.库存增(-)、减(+)量	Stock Change	96.61	116.05
二.加工转换投入(-)产出(+)量	**Input(-) & Output(+) of Transformation**	**-3232.81**	**-3011.78**
1.火力发电	Thermal Power	-2202.21	-2202.21
2.供热	Heating Supply	-809.57	-809.57
3.煤炭洗选	Coal Washing		
4.炼焦	Coking	-221.03	
5.炼油及煤制油	Petroleum Refining and Coal-to-liquids		
#油品再投入量(-)	Petroleum Products Input (-)		
6.制气	Gas Works		
#焦炭再投入量(-)	Coke Input (-)		
7.天然气液化	Natural Gas Liquefaction		
8.煤制品加工	Briquettes		
9.回收能	Recovery of Energy		
三.损失量	**Loss**	**2.00**	**1.75**
四.终端消费量	**Total Final Consumption**	**598.08**	**533.79**
1.农、林、牧、渔业	Agriculture, Forestry, Animal Husbandry and Fishery	15.94	15.94
2.工业	Industry	481.58	417.29
#用作原料、材料	Non-Energy Use	123.50	123.50
3.建筑业	Construction	3.83	3.83
4.交通运输、仓储和邮政业	Transport, Storage and Post	2.04	2.04
5.批发和零售业、住宿和餐饮业	Wholesale and Retail Trades, Hotels and Catering Services	3.40	3.40
6.其他	Others	46.74	46.74
7.居民生活	Residential	44.55	44.55
城镇	Urban	2.57	2.57
乡村	Rural	41.98	41.98
五.平衡差额	**Statistical Difference**		
六.消费量合计	**Total Energy Consumption**	**3832.89**	**3547.32**

Energy Balance of Tianjin (Physical Quantity) -2018

洗精煤 (万吨) Cleaned Coal (10^4 tons)	其他洗煤 (万吨) Other Washed Coal (10^4 tons)	煤制品 (万吨) Briquettes (10^4 tons)	煤矸石 (万吨) Gangue (10^4 tons)	焦炭 (万吨) Coke (10^4 tons)	焦炉煤气 (亿立方米) Coke Oven Gas (10^8 cu.m)	高炉煤气 (亿立方米) Blast Furnace Gas (10^8 cu.m)	转炉煤气 (亿立方米) Converter Gas (10^8 cu.m)	其他煤气 (亿立方米) Other Gas (10^8 cu.m)
221.03	**64.28**	**0.26**	**2.60**	**702.51**	**3.07**	**-6.10**	**0.27**	
226.75	292.18	64.92	2.60	694.01	3.07	0.38	0.27	
	-213.21	-65.63				-6.48		
-5.72	-14.69	0.97		8.50				
-221.03				**164.72**	**1.58**	**193.09**	**11.80**	
					-0.93	-42.91	-2.92	
-221.03				164.72	2.51			
						236.00	14.72	
		0.25						
	64.28	**0.01**	**2.60**	**867.23**	**4.65**	**186.99**	**12.07**	
	64.28	0.01	2.60	867.23	4.65	186.99	12.07	
221.03	**64.28**	**0.26**	**2.60**	**867.23**	**5.58**	**229.90**	**14.99**	

6-2 续表 1

项　目	Item	其他焦化产品 (万吨) Other Coking Products (10^4 tons)	油品合计 (万吨) Petroleum Products Total (10^4 tons)
一.可供本地区消费的能源量	**Total Primary Energy Supply**	**49.92**	**1522.54**
1.一次能源生产量	Indigenous Production		3085.55
2.外省(区、市)调入量	Moving In from Other Provinces	59.29	6347.45
3.进口量	Import		84.47
4.境内飞机和轮船在境外的加油量	Domestic Airplanes&Ships Refueling Abroad		1.64
5.本省(区、市)调出量(-)	Sending Out to Other Provinces(-)	-9.32	-7871.77
6.出口量(-)	Export(-)		-71.97
7.境外飞机和轮船在境内的加油量(-)	Oversea Airplanes&Ships Refueling Domestically(-)		-4.93
8.库存增(-)、减(+)量	Stock Change	-0.05	-47.90
二.加工转换投入(-)产出(+)量	**Input(-) & Output(+) of Transformation**	**9.32**	**-111.19**
1.火力发电	Thermal Power		-34.78
2.供热	Heating Supply		-40.27
3.煤炭洗选	Coal Washing		
4.炼焦	Coking	9.32	
5.炼油及煤制油	Petroleum Refining and Coal-to-liquids		260.50
#油品再投入量(-)	Petroleum Products Input (-)		-296.64
6.制气	Gas Works		
#焦炭再投入量(-)	Coke Input (-)		
7.天然气液化	Natural Gas Liquefaction		
8.煤制品加工	Briquettes		
9.回收能	Recovery of Energy		
三.损失量	**Loss**		**2.30**
四.终端消费量	**Total Final Consumption**	**59.24**	**1409.05**
1.农、林、牧、渔业	Agriculture, Forestry, Animal Husbandry and Fishery		33.47
2.工业	Industry	59.24	688.99
#用作原料、材料	Non-Energy Use	32.04	183.33
3.建筑业	Construction		113.80
4.交通运输、仓储和邮政业	Transport, Storage and Post		265.57
5.批发和零售业、住宿和餐饮业	Wholesale and Retail Trades, Hotels and Catering Services		29.45
6.其他	Others		63.86
7.居民生活	Residential		213.91
城镇	Urban		192.35
乡村	Rural		21.56
五.平衡差额	**Statistical Difference**		
六.消费量合计	**Total Energy Consumption**	**59.24**	**1522.54**

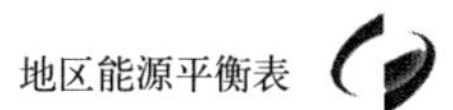

Continued 1

原油 (万吨) Crude Oil (10^4 tons)	汽油 (万吨) Gasoline (10^4 tons)	煤油 (万吨) Kerosene (10^4 tons)	柴油 (万吨) Diesel Oil (10^4 tons)	燃料油 (万吨) Fuel Oil (10^4 tons)	石脑油 (万吨) Naphtha (10^4 tons)	润滑油 (万吨) Lubricants (10^4 tons)	石蜡 (万吨) Paraffin Waxes (10^4 tons)	溶剂油 (万吨) White Spirit (10^4 tons)
1688.23	**-14.88**	**-81.93**	**-140.81**	**44.88**	**30.82**	**0.80**	**0.09**	**0.01**
3085.55								
1303.87	1987.96	485.52	2096.21	269.89	30.99	20.61	0.09	0.30
		9.30	3.72	71.45				
		1.64						
-2663.63	-1995.08	-572.89	-2239.28	-226.77		-18.45		-0.33
			-3.02	-68.95				
		-4.93						
-37.56	-7.76	-0.57	1.56	-0.74	-0.17	-1.36		0.04
-1678.41	**288.53**	**190.85**	**466.48**	**2.00**	**129.29**			
-15.30			-0.25	-0.03				
			-0.14	-0.08				
-1663.11	288.53	190.85	466.87	2.11	264.31			
					-135.02			
	1.36	**0.03**	**0.48**	**0.22**				
9.82	**272.29**	**108.89**	**325.19**	**46.66**	**160.11**	**0.80**	**0.09**	**0.01**
	9.25		23.55			0.67		
9.82	6.35	0.02	34.09	12.21	160.11	0.13	0.09	0.01
			0.02		150.09	0.01	0.01	
	15.97	0.03	95.11	2.47				
	19.65	108.76	99.29	30.52				
	10.81		17.14	0.51				
	19.16	0.08	42.75	0.95				
	191.10		13.26					
	179.73		11.66					
	11.37		1.60					
1688.23	**273.65**	**108.92**	**326.06**	**46.99**	**295.13**	**0.80**	**0.09**	**0.01**

6-2 续表 2

项 目	Item	石油沥青(万吨) Bitumen Asphalt (10^4 tons)	石油焦(万吨) Petroleum Coke (10^4 tons)
一.可供本地区消费的能源量	**Total Primary Energy Supply**		**-1.64**
1.一次能源生产量	Indigenous Production		
2.外省(区、市)调入量	Moving In from Other Provinces		5.27
3.进口量	Import		
4.境内飞机和轮船在境外的加油量	Domestic Airplanes&Ships Refueling Abroad		
5.本省(区、市)调出量(-)	Sending Out to Other Provinces(-)		-5.37
6.出口量(-)	Export(-)		
7.境外飞机和轮船在境内的加油量(-)	Oversea Airplanes&Ships Refueling Domestically(-)		
8.库存增(-)、减(+)量	Stock Change		-1.54
二.加工转换投入(-)产出(+)量	**Input(-) & Output(+) of Transformation**		**91.22**
1.火力发电	Thermal Power		-19.20
2.供热	Heating Supply		-40.04
3.煤炭洗选	Coal Washing		
4.炼焦	Coking		
5.炼油及煤制油	Petroleum Refining and Coal-to-liquids		150.46
#油品再投入量(-)	Petroleum Products Input (-)		
6.制气	Gas Works		
#焦炭再投入量(-)	Coke Input (-)		
7.天然气液化	Natural Gas Liquefaction		
8.煤制品加工	Briquettes		
9.回收能	Recovery of Energy		
三.损失量	**Loss**		
四.终端消费量	**Total Final Consumption**		**89.58**
1.农、林、牧、渔业	Agriculture, Forestry, Animal Husbandry and Fishery		
2.工业	Industry		89.58
#用作原料、材料	Non-Energy Use		
3.建筑业	Construction		
4.交通运输、仓储和邮政业	Transport, Storage and Post		
5.批发和零售业、住宿和餐饮业	Wholesale and Retail Trades, Hotels and Catering Services		
6.其他	Others		
7.居民生活	Residential		
城镇	Urban		
乡村	Rural		
五.平衡差额	**Statistical Difference**		
六.消费量合计	**Total Energy Consumption**		**148.82**

Continued 2

液化石油气 (万吨) Liquefied Petroleum Gas (10^4 tons)	炼厂干气 (万吨) Refinery Gas (10^4 tons)	其他石油制品 (万吨) Other Petroleum Products (10^4 tons)	天然气 (亿立方米) Natural Gas (10^8 cu.m)	液化天然气 (万吨) Liquefied Natural Gas (10^4 tons)	热力 (万百万千焦) Heat (10^{10} kJ)	电力 (亿千瓦小时) Electricity (10^8 kW•h)	其他能源 (万吨标准煤) Other Energy (10^4 tce)
-16.00		**12.97**	**101.92**	**15.30**		**231.88**	**154.26**
			33.94			16.28	82.37
4.31		142.43	83.71	38.75		217.17	72.01
-20.49		-129.48	-15.73	-22.73		-1.57	
0.18		0.02		-0.72			-0.12
79.75	**54.34**	**264.76**	**-49.27**	**-5.12**	**21884.55**	**707.35**	**-37.44**
			-28.50		-707.93	707.35	-24.35
	-0.01		-20.77	-5.12	21414.33		-13.09
79.75	57.41	423.32					
	-3.06	-158.56					
					1178.15		
0.21			**1.51**	**0.07**		**54.83**	
63.54	**54.34**	**277.73**	**51.14**	**10.11**	**21884.55**	**884.40**	**116.82**
						15.16	
44.51	54.34	277.73	29.34	10.11	8442.11	565.33	116.82
33.20			0.01				
0.22			0.13		71.16	11.52	
7.35			1.68		312.42	46.49	
0.99			7.98		407.92	27.83	
0.92			2.29		1784.04	106.45	
9.55			9.72		10866.90	111.62	
0.96			8.53		10866.90	81.70	
8.59			1.19			29.92	
63.75	**57.41**	**436.29**	**101.92**	**15.30**	**22592.48**	**939.23**	**154.26**

6-3 河北能源平衡表(实物量)-2018

项 目	Item	煤合计(万吨) Coal Total (10[4] tons)	原煤(万吨) Raw Coal (10[4] tons)
一.可供本地区消费的能源量	**Total Primary Energy Supply**	**29593.75**	**26841.10**
1.一次能源生产量	Indigenous Production	5559.37	5559.37
2.外省(区、市)调入量	Moving In from Other Provinces	30219.53	21402.66
3.进口量	Import	499.66	499.66
4.境内飞机和轮船在境外的加油量	Domestic Airplanes&Ships Refueling Abroad		
5.本省(区、市)调出量(-)	Sending Out to Other Provinces(-)	-6475.54	-218.80
6.出口量(-)	Export(-)	-171.54	-171.54
7.境外飞机和轮船在境内的加油量(-)	Oversea Airplanes&Ships Refueling Domestically(-)		
8.库存增(-)、减(+)量	Stock Change	-37.74	-230.26
二.加工转换投入(-)产出(+)量	**Input(-) & Output(+) of Transformation**	**-21590.53**	**-20007.84**
1.火力发电	Thermal Power	-10017.18	-9764.31
2.供热	Heating Supply	-2302.57	-2230.17
3.煤炭洗选	Coal Washing	-318.76	-5865.49
4.炼焦	Coking	-8947.57	-2107.36
5.炼油及煤制油	Petroleum Refining and Coal-to-liquids		
#油品再投入量(-)	Petroleum Products Input (-)		
6.制气	Gas Works		
#焦炭再投入量(-)	Coke Input (-)		
7.天然气液化	Natural Gas Liquefaction		
8.煤制品加工	Briquettes	-4.45	-40.51
9.回收能	Recovery of Energy		
三.损失量	**Loss**		
四.终端消费量	**Total Final Consumption**	**8003.22**	**6833.26**
1.农、林、牧、渔业	Agriculture, Forestry, Animal Husbandry and Fishery	58.06	58.06
2.工业	Industry	5978.24	5058.69
#用作原料、材料	Non-Energy Use	301.79	216.60
3.建筑业	Construction	2.19	2.19
4.交通运输、仓储和邮政业	Transport, Storage and Post	7.13	7.13
5.批发和零售业、住宿和餐饮业	Wholesale and Retail Trades, Hotels and Catering Services	121.72	83.92
6.其他	Others	79.28	79.28
7.居民生活	Residential	1756.60	1543.99
城镇	Urban	358.01	336.71
乡村	Rural	1398.59	1207.28
五.平衡差额	**Statistical Difference**		
六.消费量合计	**Total Energy Consumption**	**29593.75**	**26841.10**

Energy Balance of Hebei (Physical Quantity) -2018

洗精煤 (万吨) Cleaned Coal (10^4 tons)	其他洗煤 (万吨) Other Washed Coal (10^4 tons)	煤制品 (万吨) Briquettes (10^4 tons)	煤矸石 (万吨) Gangue (10^4 tons)	焦炭 (万吨) Coke (10^4 tons)	焦炉煤气 (亿立方米) Coke Oven Gas (10^8 cu.m)	高炉煤气 (亿立方米) Blast Furnace Gas (10^8 cu.m)	转炉煤气 (亿立方米) Converter Gas (10^8 cu.m)	其他煤气 (亿立方米) Other Gas (10^8 cu.m)
3412.23	**-908.74**	**249.16**	**-169.13**	**2916.34**				
4279.58	3943.55	593.74	0.22	2991.51				
-948.59	-4918.03	-390.12	-149.35					
81.24	65.74	45.54	-20.00	-75.17				
-3412.23	**1793.48**	**36.06**	**190.92**	**6425.29**	**86.07**	**1957.36**	**115.25**	
	-252.87		-66.61		-17.76	-1038.62	-115.46	
	-72.40		-73.92		-3.93	-123.39	-7.02	
3427.98	2118.75		331.45					
-6840.21				6425.29	116.07			
					-8.31		-0.13	
		36.06						
						3119.37	237.86	
	884.74	**285.22**	**21.80**	**9341.63**	**86.07**	**1957.36**	**115.25**	
	884.74	34.81	21.80	9341.63	86.07	1957.36	115.25	
	84.74	0.45						
		37.80						
		212.61						
		21.30						
		191.31						
6840.21	**1210.01**	**285.22**	**162.32**	**9341.63**	**107.76**	**3119.37**	**237.73**	

6-3 续表 1

项　　目	Item	其他焦化产品 (万吨) Other Coking Products (10^4 tons)	油品合计 (万吨) Petroleum Products Total (10^4 tons)
一.可供本地区消费的能源量	**Total Primary Energy Supply**	**-100.00**	**1460.40**
1.一次能源生产量	Indigenous Production		537.21
2.外省(区、市)调入量	Moving In from Other Provinces		1781.76
3.进口量	Import		191.57
4.境内飞机和轮船在境外的加油量	Domestic Airplanes&Ships Refueling Abroad		
5.本省(区、市)调出量(-)	Sending Out to Other Provinces(-)		-973.93
6.出口量(-)	Export(-)		
7.境外飞机和轮船在境内的加油量(-)	Oversea Airplanes&Ships Refueling Domestically(-)		
8.库存增(-)、减(+)量	Stock Change	-100.00	-76.20
二.加工转换投入(-)产出(+)量	**Input(-) & Output(+) of Transformation**	**319.83**	**-192.77**
1.火力发电	Thermal Power		-5.18
2.供热	Heating Supply		-3.95
3.煤炭洗选	Coal Washing		
4.炼焦	Coking	319.83	
5.炼油及煤制油	Petroleum Refining and Coal-to-liquids		121.99
#油品再投入量(-)	Petroleum Products Input (-)		-305.63
6.制气	Gas Works		
#焦炭再投入量(-)	Coke Input (-)		
7.天然气液化	Natural Gas Liquefaction		
8.煤制品加工	Briquettes		
9.回收能	Recovery of Energy		
三.损失量	**Loss**		
四.终端消费量	**Total Final Consumption**	**219.83**	**1267.63**
1.农、林、牧、渔业	Agriculture, Forestry, Animal Husbandry and Fishery		52.22
2.工业	Industry	219.83	301.09
#用作原料、材料	Non-Energy Use	98.51	81.93
3.建筑业	Construction		46.99
4.交通运输、仓储和邮政业	Transport, Storage and Post		547.68
5.批发和零售业、住宿和餐饮业	Wholesale and Retail Trades, Hotels and Catering Services		33.66
6.其他	Others		50.09
7.居民生活	Residential		235.91
城镇	Urban		115.96
乡村	Rural		119.94
五.平衡差额	**Statistical Difference**		
六.消费量合计	**Total Energy Consumption**	**219.83**	**1460.40**

Continued 1

原油(万吨) Crude Oil (10⁴ tons)	汽油(万吨) Gasoline (10⁴ tons)	煤油(万吨) Kerosene (10⁴ tons)	柴油(万吨) Diesel Oil (10⁴ tons)	燃料油(万吨) Fuel Oil (10⁴ tons)	石脑油(万吨) Naphtha (10⁴ tons)	润滑油(万吨) Lubricants (10⁴ tons)	石蜡(万吨) Paraffin Waxes (10⁴ tons)	溶剂油(万吨) White Spirit (10⁴ tons)
1704.43	**47.93**	**-30.64**	**29.76**	**-30.99**	**-113.92**	**0.75**	**6.20**	**0.07**
537.21								
1089.74	254.75	0.08	32.33	215.12	3.52	0.78	6.94	0.08
191.57								
-59.59	-179.24	-31.13		-254.38	-118.22	-0.23		
-54.49	-27.58	0.41	-2.57	8.27	0.78	0.20	-0.74	-0.01
-1690.08	**441.90**	**58.29**	**410.77**	**145.90**	**145.13**	**5.51**	**-1.98**	**0.01**
			-1.26	-0.04				
			-0.17	-0.09				
-1690.08	441.90	58.29	412.20	152.35	145.13	7.39		0.01
				-6.32		-1.88	-1.98	
14.35	**489.83**	**27.65**	**440.53**	**114.91**	**31.21**	**6.26**	**4.22**	**0.08**
	21.59		30.63					
14.35	98.67	0.32	41.49	14.75	31.21	2.31	4.22	0.08
					46.51	0.02	0.12	0.79
	13.41		25.93					
	94.32	27.33	319.82	100.17		3.95		
	10.59		18.20					
	50.09							
	201.16		4.46					
	110.24		1.26					
	90.92		3.21					
1704.43	**489.83**	**27.65**	**441.96**	**121.36**	**31.21**	**8.14**	**6.20**	**0.08**

6-3 续表 2

项　　目	Item	石油沥青(万吨) Bitumen Asphalt (10^4 tons)	石油焦(万吨) Petroleum Coke (10^4 tons)
一.可供本地区消费的能源量	**Total Primary Energy Supply**	**-29.98**	**-66.83**
1.一次能源生产量	Indigenous Production		
2.外省(区、市)调入量	Moving In from Other Provinces	19.34	2.02
3.进口量	Import		
4.境内飞机和轮船在境外的加油量	Domestic Airplanes&Ships Refueling Abroad		
5.本省(区、市)调出量(-)	Sending Out to Other Provinces(-)	-48.70	-68.61
6.出口量(-)	Export(-)		
7.境外飞机和轮船在境内的加油量(-)	Oversea Airplanes&Ships Refueling Domestically(-)		
8.库存增(-)、减(+)量	Stock Change	-0.62	-0.24
二.加工转换投入(-)产出(+)量	**Input(-) & Output(+) of Transformation**	**42.64**	**74.03**
1.火力发电	Thermal Power		
2.供热	Heating Supply		
3.煤炭洗选	Coal Washing		
4.炼焦	Coking		
5.炼油及煤制油	Petroleum Refining and Coal-to-liquids	42.64	74.03
#油品再投入量(-)	Petroleum Products Input (-)		
6.制气	Gas Works		
#焦炭再投入量(-)	Coke Input (-)		
7.天然气液化	Natural Gas Liquefaction		
8.煤制品加工	Briquettes		
9.回收能	Recovery of Energy		
三.损失量	**Loss**		
四.终端消费量	**Total Final Consumption**	**12.66**	**7.20**
1.农、林、牧、渔业	Agriculture, Forestry, Animal Husbandry and Fishery		
2.工业	Industry	8.01	7.20
#用作原料、材料	Non-Energy Use	6.47	6.86
3.建筑业	Construction	4.65	
4.交通运输、仓储和邮政业	Transport, Storage and Post		
5.批发和零售业、住宿和餐饮业	Wholesale and Retail Trades, Hotels and Catering Services		
6.其他	Others		
7.居民生活	Residential		
城镇	Urban		
乡村	Rural		
五.平衡差额	**Statistical Difference**		
六.消费量合计	**Total Energy Consumption**	**12.66**	**7.20**

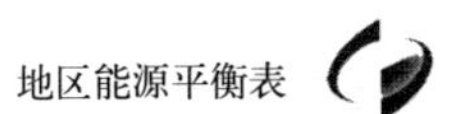

Continued 2

液化石油气 (万吨) Liquefied Petroleum Gas (10^4 tons)	炼厂干气 (万吨) Refinery Gas (10^4 tons)	其他石油制品 (万吨) Other Petroleum Products (10^4 tons)	天然气 (亿立方米) Natural Gas (10^8 cu.m)	液化天然气 (万吨) Liquefied Natural Gas (10^4 tons)	热力 (万百万千焦) Heat (10^{10} kJ)	电力 (亿千瓦小时) Electricity (10^8 kW•h)	其他能源 (万吨标准煤) Other Energy (10^4 tce)
-80.32		**23.93**	**128.73**	**31.46**	**14.73**	**1201.48**	**153.72**
			6.15		14.73	415.94	153.72
2.06		155.00	122.38	43.43		785.54	
				5.86			
-81.59		-132.25		-17.79			
-0.79		1.18	0.20	-0.04			
121.95	**37.25**	**15.91**	**-2.06**	**22.28**	**75978.55**	**2779.52**	**-1.69**
	-1.92	-1.96	-0.09		-12085.03	2779.52	-1.04
	-2.63	-1.06	-1.97		42229.22		-0.65
141.29	47.45	289.39					
-19.34	-5.65	-270.46					
				22.28			
					45834.35		
						225.13	
41.63	**37.25**	**39.84**	**126.67**	**53.74**	**75993.28**	**3755.87**	**152.03**
			4.00			116.48	
1.39	37.25	39.84	71.69	42.51	53740.69	2557.72	152.03
		21.17					
3.00			0.10		2664.35	43.87	
2.09			4.40	11.23	694.97	116.99	
4.87			10.00		2679.40	166.84	
					5240.36	259.90	
30.29			36.48		10973.50	494.07	
4.47			21.10		10973.50	203.79	
25.82			15.38			290.28	
60.97	**47.45**	**313.32**	**125.65**	**53.74**	**88078.31**	**3981.00**	**153.72**

6-4 山西能源平衡表(实物量)-2018

项　目	Item	煤合计 (万吨) Coal Total (10^4 tons)	原煤 (万吨) Raw Coal (10^4 tons)
一.可供本地区消费的能源量	**Total Primary Energy Supply**	**48940.14**	**89359.81**
1.一次能源生产量	Indigenous Production	92677.30	92677.30
2.外省(区、市)调入量	Moving In from Other Provinces	14889.03	13802.39
3.进口量	Import		
4.境内飞机和轮船在境外的加油量	Domestic Airplanes&Ships Refueling Abroad		
5.本省(区、市)调出量(−)	Sending Out to Other Provinces(-)	-59449.47	-17830.12
6.出口量(−)	Export(-)		
7.境外飞机和轮船在境内的加油量(−)	Oversea Airplanes&Ships Refueling Domestically(-)		
8.库存增(−)、减(+)量	Stock Change	823.28	710.24
二.加工转换投入(−)产出(+)量	**Input(-) & Output(+) of Transformation**	**-43812.59**	**-84835.18**
1.火力发电	Thermal Power	-13442.19	-11334.64
2.供热	Heating Supply	-2316.99	-1891.36
3.煤炭洗选	Coal Washing	-15460.49	-71235.84
4.炼焦	Coking	-12312.51	-21.74
5.炼油及煤制油	Petroleum Refining and Coal-to-liquids	-106.58	-106.58
#油品再投入量(−)	Petroleum Products Input (-)		
6.制气	Gas Works	-146.30	-146.30
#焦炭再投入量(−)	Coke Input (-)		
7.天然气液化	Natural Gas Liquefaction		
8.煤制品加工	Briquettes	-27.53	-98.72
9.回收能	Recovery of Energy		
三.损失量	**Loss**		
四.终端消费量	**Total Final Consumption**	**5127.55**	**4524.63**
1.农、林、牧、渔业	Agriculture, Forestry, Animal Husbandry and Fishery	137.25	137.25
2.工业	Industry	3940.13	3458.84
#用作原料、材料	Non-Energy Use	1029.77	916.51
3.建筑业	Construction	6.43	6.43
4.交通运输、仓储和邮政业	Transport, Storage and Post	71.92	71.92
5.批发和零售业、住宿和餐饮业	Wholesale and Retail Trades, Hotels and Catering Services	203.65	203.65
6.其他	Others	203.07	203.07
7.居民生活	Residential	565.10	443.46
城镇	Urban	182.02	141.05
乡村	Rural	383.09	302.42
五.平衡差额	**Statistical Difference**		
六.消费量合计	**Total Energy Consumption**	**48940.14**	**89359.81**

Energy Balance of Shanxi (Physical Quantity) -2018

洗精煤 (万吨) Cleaned Coal (10^4 tons)	其他洗煤 (万吨) Other Washed Coal (10^4 tons)	煤制品 (万吨) Briquettes (10^4 tons)	煤矸石 (万吨) Gangue (10^4 tons)	焦炭 (万吨) Coke (10^4 tons)	焦炉煤气 (亿立方米) Coke Oven Gas (10^8 cu.m)	高炉煤气 (亿立方米) Blast Furnace Gas (10^8 cu.m)	转炉煤气 (亿立方米) Converter Gas (10^8 cu.m)	其他煤气 (亿立方米) Other Gas (10^8 cu.m)
-8784.99	**-31629.81**	**-4.87**		**-6866.48**				**0.60**
412.56	674.08			269.57				1.20
-9433.87	-32183.49	-1.99		-7140.02				
236.32	-120.40	-2.88		3.97				-0.60
8784.99	**32148.79**	**88.81**	**133.12**	**9252.20**	**166.32**	**413.99**		**43.86**
	-2107.55		-856.13		-20.07	-158.19	-42.26	
	-425.63		-178.43		-1.09	-10.05	-0.77	
21075.76	34699.59		1167.68					
-12290.77				9252.20	187.48			
								43.86
	-17.62	88.81						
						582.23	43.03	
	518.98	**83.94**	**133.12**	**2385.72**	**166.32**	**413.99**		**44.46**
	413.30	67.98	133.12	2385.67	166.32	413.99		41.29
	91.90	21.36		3.88				
				0.05				
								1.19
	105.68	15.96						1.98
	35.55	5.42						1.51
	70.13	10.54						0.47
12290.77	**3069.78**	**83.94**	**1167.68**	**2385.72**	**187.48**	**582.23**	**43.03**	**44.46**

6-4 续表 1

项　目	Item	其他焦化产品(万吨) Other Coking Products (10^4 tons)	油品合计(万吨) Petroleum Products Total (10^4 tons)
一.可供本地区消费的能源量	**Total Primary Energy Supply**	**-221.27**	**772.63**
1.一次能源生产量	Indigenous Production		
2.外省(区、市)调入量	Moving In from Other Provinces	7.58	787.18
3.进口量	Import		
4.境内飞机和轮船在境外的加油量	Domestic Airplanes&Ships Refueling Abroad		
5.本省(区、市)调出量(-)	Sending Out to Other Provinces(-)	-230.83	-12.91
6.出口量(-)	Export(-)		
7.境外飞机和轮船在境内的加油量(-)	Oversea Airplanes&Ships Refueling Domestically(-)		
8.库存增(-)、减(+)量	Stock Change	1.98	-1.64
二.加工转换投入(-)产出(+)量	**Input(-) & Output(+) of Transformation**	**406.30**	**15.65**
1.火力发电	Thermal Power		-0.99
2.供热	Heating Supply		-0.06
3.煤炭洗选	Coal Washing		
4.炼焦	Coking	406.30	
5.炼油及煤制油	Petroleum Refining and Coal-to-liquids		21.92
#油品再投入量(-)	Petroleum Products Input (-)		-5.22
6.制气	Gas Works		
#焦炭再投入量(-)	Coke Input (-)		
7.天然气液化	Natural Gas Liquefaction		
8.煤制品加工	Briquettes		
9.回收能	Recovery of Energy		
三.损失量	**Loss**		
四.终端消费量	**Total Final Consumption**	**185.03**	**788.28**
1.农、林、牧、渔业	Agriculture, Forestry, Animal Husbandry and Fishery		50.40
2.工业	Industry	185.03	102.34
#用作原料、材料	Non-Energy Use		7.33
3.建筑业	Construction		62.85
4.交通运输、仓储和邮政业	Transport, Storage and Post		499.03
5.批发和零售业、住宿和餐饮业	Wholesale and Retail Trades, Hotels and Catering Services		14.69
6.其他	Others		17.26
7.居民生活	Residential		41.72
城镇	Urban		22.03
乡村	Rural		19.69
五.平衡差额	**Statistical Difference**		
六.消费量合计	**Total Energy Consumption**	**185.03**	**772.64**

 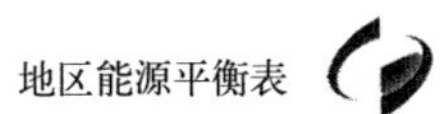

Continued 1

原油 (万吨) Crude Oil (10^4 tons)	汽油 (万吨) Gasoline (10^4 tons)	煤油 (万吨) Kerosene (10^4 tons)	柴油 (万吨) Diesel Oil (10^4 tons)	燃料油 (万吨) Fuel Oil (10^4 tons)	石脑油 (万吨) Naphtha (10^4 tons)	润滑油 (万吨) Lubricants (10^4 tons)	石蜡 (万吨) Paraffin Waxes (10^4 tons)	溶剂油 (万吨) White Spirit (10^4 tons)
	235.24	**36.26**	**487.47**	**0.54**	**-0.86**	**0.42**	**-9.35**	
	235.57	36.41	488.97	0.79		1.85	0.27	
	-1.14		-0.84		-0.86	-0.47	-9.54	
	0.81	-0.15	-0.66	-0.26		-0.96	-0.08	
			1.07	**-0.34**	**0.86**		**11.31**	
			-0.68	-0.32				
			-0.04	-0.02				
			1.79		0.86		11.31	
	235.24	**36.26**	**488.54**	**0.20**		**0.42**	**1.96**	
	12.50		37.90					
	4.76	0.38	73.29	0.20		0.42	1.96	
	0.03		1.57	0.03			1.88	
	14.21	0.47	48.02					
	142.36	35.30	321.20					
	8.70	0.11	5.68					
	15.75		1.43					
	36.96		1.02					
	19.69		0.71					
	17.27		0.31					
	235.24	**36.26**	**489.26**	**0.54**		**0.42**	**1.96**	

6-4 续表 2

项　目	Item	石油沥青(万吨) Bitumen Asphalt (10^4 tons)	石油焦(万吨) Petroleum Coke (10^4 tons)
一.可供本地区消费的能源量	**Total Primary Energy Supply**	**5.76**	**5.84**
1.一次能源生产量	Indigenous Production		
2.外省(区、市)调入量	Moving In from Other Provinces	5.77	6.11
3.进口量	Import		
4.境内飞机和轮船在境外的加油量	Domestic Airplanes&Ships Refueling Abroad		
5.本省(区、市)调出量(-)	Sending Out to Other Provinces(-)		
6.出口量(-)	Export(-)		
7.境外飞机和轮船在境内的加油量(-)	Oversea Airplanes&Ships Refueling Domestically(-)		
8.库存增(-)、减(+)量	Stock Change	-0.01	-0.27
二.加工转换投入(-)产出(+)量	**Input(-) & Output(+) of Transformation**		
1.火力发电	Thermal Power		
2.供热	Heating Supply		
3.煤炭洗选	Coal Washing		
4.炼焦	Coking		
5.炼油及煤制油	Petroleum Refining and Coal-to-liquids		
#油品再投入量(-)	Petroleum Products Input (-)		
6.制气	Gas Works		
#焦炭再投入量(-)	Coke Input (-)		
7.天然气液化	Natural Gas Liquefaction		
8.煤制品加工	Briquettes		
9.回收能	Recovery of Energy		
三.损失量	**Loss**		
四.终端消费量	**Total Final Consumption**	**5.76**	**5.84**
1.农、林、牧、渔业	Agriculture, Forestry, Animal Husbandry and Fishery		
2.工业	Industry	5.76	5.84
#用作原料、材料	Non-Energy Use		3.27
3.建筑业	Construction		
4.交通运输、仓储和邮政业	Transport, Storage and Post		
5.批发和零售业、住宿和餐饮业	Wholesale and Retail Trades, Hotels and Catering Services		
6.其他	Others		
7.居民生活	Residential		
城镇	Urban		
乡村	Rural		
五.平衡差额	**Statistical Difference**		
六.消费量合计	**Total Energy Consumption**	**5.76**	**5.84**

Continued 2

液化石油气 (万吨) Liquefied Petroleum Gas (10^4 tons)	炼厂干气 (万吨) Refinery Gas (10^4 tons)	其他石油制品 (万吨) Other Petroleum Products (10^4 tons)	天然气 (亿立方米) Natural Gas (10^8 cu.m)	液化天然气 (万吨) Liquefied Natural Gas (10^4 tons)	热力 (万百万千焦) Heat (10^10 kJ)	电力 (亿千瓦小时) Electricity (10^8 kW•h)	其他能源 (万吨标准煤) Other Energy (10^4 tce)
9.72		**1.60**	**88.97**	**-99.74**		**-577.74**	**156.40**
			53.10			349.36	151.25
9.03		2.40	36.14	5.25		179.07	8.68
-0.06				-100.45		-1106.17	
0.75		-0.80	-0.26	-4.54			-3.53
-5.22		**7.96**	**-39.46**	**103.30**	**28897.67**	**2853.40**	**-125.80**
			-20.68		-6299.46	2853.40	-121.78
			-3.87		30699.78		-4.02
		7.96					
-5.22							
			-14.91	103.30			
					4497.35		
						100.23	
4.50		**9.56**	**49.51**	**3.56**	**28897.67**	**2175.43**	**30.60**
						42.96	
0.17		9.56	21.64	1.91	16203.50	1682.02	28.73
		0.55	0.25				
0.15			0.19	0.38	52.74	24.69	
0.17			9.63	0.68	707.53	72.51	
0.20			4.58	0.59	889.98	52.01	
0.08			1.57		1443.92	102.75	1.87
3.74			11.92		9600.00	198.49	
1.63			8.28		9600.00	123.07	
2.11			3.64			75.42	
9.72		**9.56**	**74.72**	**3.56**	**35197.13**	**2275.66**	**156.40**

6-5 内蒙古能源平衡表(实物量)-2018

项　目	Item	煤合计(万吨) Coal Total (10^4 tons)	原煤(万吨) Raw Coal (10^4 tons)
一.可供本地区消费的能源量	**Total Primary Energy Supply**	**44138.47**	**47855.15**
1.一次能源生产量	Indigenous Production	99163.13	99101.53
2.外省(区、市)调入量	Moving In from Other Provinces	4611.48	2780.75
3.进口量	Import	3479.02	3479.02
4.境内飞机和轮船在境外的加油量	Domestic Airplanes&Ships Refueling Abroad		
5.本省(区、市)调出量(-)	Sending Out to Other Provinces(-)	-63260.57	-56921.55
6.出口量(-)	Export(-)		
7.境外飞机和轮船在境内的加油量(-)	Oversea Airplanes&Ships Refueling Domestically(-)		
8.库存增(-)、减(+)量	Stock Change	145.41	-584.60
二.加工转换投入(-)产出(+)量	**Input(-) & Output(+) of Transformation**	**-36281.78**	**-40350.49**
1.火力发电	Thermal Power	-24068.96	-24068.96
2.供热	Heating Supply	-3659.64	-3659.64
3.煤炭洗选	Coal Washing	-2570.09	-11511.59
4.炼焦	Coking	-4758.76	-86.00
5.炼油及煤制油	Petroleum Refining and Coal-to-liquids	-607.89	-407.86
#油品再投入量(-)	Petroleum Products Input (-)		
6.制气	Gas Works	-616.44	-616.44
#焦炭再投入量(-)	Coke Input (-)		
7.天然气液化	Natural Gas Liquefaction		
8.煤制品加工	Briquettes		
9.回收能	Recovery of Energy		
三.损失量	**Loss**		
四.终端消费量	**Total Final Consumption**	**7856.69**	**7504.66**
1.农、林、牧、渔业	Agriculture, Forestry, Animal Husbandry and Fishery	155.37	89.70
2.工业	Industry	6346.31	6264.00
#用作原料、材料	Non-Energy Use	2686.34	2686.05
3.建筑业	Construction	181.73	156.10
4.交通运输、仓储和邮政业	Transport, Storage and Post	217.64	152.86
5.批发和零售业、住宿和餐饮业	Wholesale and Retail Trades, Hotels and Catering Services	398.81	338.90
6.其他	Others	223.07	200.81
7.居民生活	Residential	333.76	302.29
城镇	Urban	46.73	40.59
乡村	Rural	287.03	261.70
五.平衡差额	**Statistical Difference**		
六.消费量合计	**Total Energy Consumption**	**44138.47**	**47855.15**

Energy Balance of Inner Mongolia (Physical Quantity) -2018

洗精煤 (万吨) Cleaned Coal (10^4 tons)	其他洗煤 (万吨) Other Washed Coal (10^4 tons)	煤制品 (万吨) Briquettes (10^4 tons)	煤矸石 (万吨) Gangue (10^4 tons)	焦炭 (万吨) Coke (10^4 tons)	焦炉煤气 (亿立方米) Coke Oven Gas (10^8 cu.m)	高炉煤气 (亿立方米) Blast Furnace Gas (10^8 cu.m)	转炉煤气 (亿立方米) Converter Gas (10^8 cu.m)	其他煤气 (亿立方米) Other Gas (10^8 cu.m)
1057.53	**-4778.01**	**3.80**	**-152.11**	**-1302.40**				
	61.60							
1830.73				627.64				
				2.64				
-774.61	-5561.98	-2.43		-1915.52				
				-0.03				
1.41	722.37	6.23	-152.11	-17.13				
-1057.53	**5126.24**		**155.34**	**3427.46**	**41.39**	**171.34**	**13.71**	**1.13**
			-428.50		-4.52	-82.06	-4.19	
			-25.59		-2.76	-17.30	-1.84	
3615.23	5326.27		609.43					
-4672.76				3427.46	52.11			
	-200.03							
					-3.44			1.13
						270.70	19.74	
	348.23	**3.80**	**3.23**	**2125.06**	**41.39**	**171.34**	**13.71**	**1.13**
	65.67			19.70				
	78.51	3.80	3.23	2105.36	41.39	171.34	13.71	0.38
	0.29			417.09				
	25.63							
	64.78							
	59.91							
	22.26							
	31.47							0.75
	6.14							0.60
	25.33							0.15
4672.76	**548.26**	**3.80**	**457.32**	**2125.06**	**52.11**	**270.70**	**19.74**	**1.13**

6-5 续表 1

项 目	Item	其他焦化产品 (万吨) Other Coking Products (10^4 tons)	油品合计 (万吨) Petroleum Products Total (10^4 tons)
一.可供本地区消费的能源量	**Total Primary Energy Supply**		**940.18**
1.一次能源生产量	Indigenous Production		11.97
2.外省(区、市)调入量	Moving In from Other Provinces		1050.75
3.进口量	Import		21.02
4.境内飞机和轮船在境外的加油量	Domestic Airplanes&Ships Refueling Abroad		0.18
5.本省(区、市)调出量(-)	Sending Out to Other Provinces(-)		-147.04
6.出口量(-)	Export(-)		-0.21
7.境外飞机和轮船在境内的加油量(-)	Oversea Airplanes&Ships Refueling Domestically(-)		-0.79
8.库存增(-)、减(+)量	Stock Change		4.30
二.加工转换投入(-)产出(+)量	**Input(-) & Output(+) of Transformation**	**316.32**	**192.09**
1.火力发电	Thermal Power		-0.85
2.供热	Heating Supply		-0.07
3.煤炭洗选	Coal Washing		
4.炼焦	Coking	342.78	
5.炼油及煤制油	Petroleum Refining and Coal-to-liquids	-26.46	201.46
#油品再投入量(-)	Petroleum Products Input (-)		-8.45
6.制气	Gas Works		
#焦炭再投入量(-)	Coke Input (-)		
7.天然气液化	Natural Gas Liquefaction		
8.煤制品加工	Briquettes		
9.回收能	Recovery of Energy		
三.损失量	**Loss**		**0.24**
四.终端消费量	**Total Final Consumption**	**316.32**	**1132.03**
1.农、林、牧、渔业	Agriculture, Forestry, Animal Husbandry and Fishery		69.52
2.工业	Industry	316.32	207.68
#用作原料、材料	Non-Energy Use	71.97	12.03
3.建筑业	Construction		189.82
4.交通运输、仓储和邮政业	Transport, Storage and Post		356.89
5.批发和零售业、住宿和餐饮业	Wholesale and Retail Trades, Hotels and Catering Services		22.38
6.其他	Others		114.33
7.居民生活	Residential		171.41
城镇	Urban		87.41
乡村	Rural		84.00
五.平衡差额	**Statistical Difference**		
六.消费量合计	**Total Energy Consumption**	**342.78**	**940.18**

Continued 1

原油 (万吨) Crude Oil (10^4 tons)	汽油 (万吨) Gasoline (10^4 tons)	煤油 (万吨) Kerosene (10^4 tons)	柴油 (万吨) Diesel Oil (10^4 tons)	燃料油 (万吨) Fuel Oil (10^4 tons)	石脑油 (万吨) Naphtha (10^4 tons)	润滑油 (万吨) Lubricants (10^4 tons)	石蜡 (万吨) Paraffin Waxes (10^4 tons)	溶剂油 (万吨) White Spirit (10^4 tons)
362.35	**201.29**	**32.32**	**272.57**	**-3.94**	**-35.75**	**0.28**	**-56.76**	**0.01**
11.97								
335.68	199.15	32.68	272.18					
14.15						6.68		
		0.18						
				-5.32	-35.43	-6.03	-56.49	
	-0.05		-0.05			-0.02	-0.05	
		-0.79						
0.55	2.19	0.25	0.44	1.38	-0.32	-0.35	-0.22	0.01
-357.37	**151.70**	**14.53**	**157.09**	**6.43**	**35.75**		**56.76**	
			-0.80	-0.05				
			-0.07					
-357.37	151.70	14.53	157.96	6.48	35.75		56.76	
4.98	**352.99**	**46.85**	**429.66**	**2.49**		**0.28**		**0.01**
	8.16		61.36					
4.98	2.07	0.27	98.30	2.47		0.28		0.01
	0.02	0.12	10.30					
	10.23		18.54					
	177.40	46.58	132.88	0.02				
	10.46		8.49					
	60.54		52.53					
	84.13		57.56					
	56.36		17.03					
	27.77		40.53					
362.35	**352.99**	**46.85**	**430.53**	**2.54**		**0.28**		**0.01**

6-5 续表 2

项 目	Item	石油沥青(万吨) Bitumen Asphalt (10^4 tons)	石油焦(万吨) Petroleum Coke (10^4 tons)
一.可供本地区消费的能源量	**Total Primary Energy Supply**	**135.98**	**70.23**
1.一次能源生产量	Indigenous Production		
2.外省(区、市)调入量	Moving In from Other Provinces	134.64	70.63
3.进口量	Import		0.08
4.境内飞机和轮船在境外的加油量	Domestic Airplanes&Ships Refueling Abroad		
5.本省(区、市)调出量(−)	Sending Out to Other Provinces(-)		
6.出口量(−)	Export(-)	-0.04	
7.境外飞机和轮船在境内的加油量(−)	Oversea Airplanes&Ships Refueling Domestically(-)		
8.库存增(−)、减(+)量	Stock Change	1.38	-0.48
二.加工转换投入(−)产出(+)量	**Input(-) & Output(+) of Transformation**		
1.火力发电	Thermal Power		
2.供热	Heating Supply		
3.煤炭洗选	Coal Washing		
4.炼焦	Coking		
5.炼油及煤制油	Petroleum Refining and Coal-to-liquids		
#油品再投入量(−)	Petroleum Products Input (-)		
6.制气	Gas Works		
#焦炭再投入量(−)	Coke Input (-)		
7.天然气液化	Natural Gas Liquefaction		
8.煤制品加工	Briquettes		
9.回收能	Recovery of Energy		
三.损失量	**Loss**		
四.终端消费量	**Total Final Consumption**	**135.98**	**70.23**
1.农、林、牧、渔业	Agriculture, Forestry, Animal Husbandry and Fishery		
2.工业	Industry	6.98	70.23
#用作原料、材料	Non-Energy Use	0.46	1.13
3.建筑业	Construction	129.00	
4.交通运输、仓储和邮政业	Transport, Storage and Post		
5.批发和零售业、住宿和餐饮业	Wholesale and Retail Trades, Hotels and Catering Services		
6.其他	Others		
7.居民生活	Residential		
城镇	Urban		
乡村	Rural		
五.平衡差额	**Statistical Difference**		
六.消费量合计	**Total Energy Consumption**	**135.98**	**70.23**

Continued 2

液化石油气 (万吨) Liquefied Petroleum Gas (10^4 tons)	炼厂干气 (万吨) Refinery Gas (10^4 tons)	其他石油制品 (万吨) Other Petroleum Products (10^4 tons)	天然气 (亿立方米) Natural Gas (10^8 cu.m)	液化天然气 (万吨) Liquefied Natural Gas (10^4 tons)	热力 (万百万千焦) Heat (10^{10} kJ)	电力 (亿千瓦小时) Electricity (10^8 kW•h)	其他能源 (万吨标准煤) Other Energy (10^4 tce)
5.53		**-43.93**	**51.82**	**-61.82**		**-811.04**	**32.97**
			16.07			794.94	30.20
5.79			227.69			152.89	
0.11							
		-43.77	-191.94	-62.08		-1746.27	
				-0.05		-12.60	
-0.37		-0.16		0.31			2.77
49.98	**0.38**	**76.84**	**-5.38**	**157.50**	**47589.81**	**4164.48**	**-31.61**
			-0.17		-4608.18	4164.48	-31.23
			-0.82		46208.75		-0.38
49.98	0.38	85.29					
		-8.45					
			18.68				
			-23.07	157.50			
					5989.24		
0.24			**0.12**			**88.48**	
55.27	**0.38**	**32.91**	**46.32**	**95.68**	**47589.81**	**3264.96**	**1.36**
					35.89	50.91	
20.85	0.38	0.86	28.42	67.52	10004.83	2827.76	1.36
			5.58				
		32.05			210.55	11.10	
0.01			10.18	28.16	228.63	47.11	
3.43			0.87		2547.67	52.91	
1.26			0.76		4450.40	129.48	
29.72			6.09		30111.84	145.69	
14.02			6.07		30111.84	105.52	
15.70			0.02			40.17	
55.51	**0.38**	**41.36**	**48.77**	**95.68**	**52197.99**	**3353.44**	**32.97**

6-6 辽宁能源平衡表(实物量)-2018

项目	Item	煤合计(万吨) Coal Total (10^4 tons)	原煤(万吨) Raw Coal (10^4 tons)
一.可供本地区消费的能源量	**Total Primary Energy Supply**	**17904.40**	**15398.68**
1.一次能源生产量	Indigenous Production	3403.37	3403.37
2.外省(区、市)调入量	Moving In from Other Provinces	17221.53	14270.41
3.进口量	Import	820.80	728.60
4.境内飞机和轮船在境外的加油量	Domestic Airplanes&Ships Refueling Abroad		
5.本省(区、市)调出量(-)	Sending Out to Other Provinces(-)	-3375.15	-2813.82
6.出口量(-)	Export(-)		
7.境外飞机和轮船在境内的加油量(-)	Oversea Airplanes&Ships Refueling Domestically(-)		
8.库存增(-)、减(+)量	Stock Change	-166.15	-189.88
二.加工转换投入(-)产出(+)量	**Input(-) & Output(+) of Transformation**	**-14848.13**	**-12914.15**
1.火力发电	Thermal Power	-7146.48	-7144.30
2.供热	Heating Supply	-4009.78	-3979.22
3.煤炭洗选	Coal Washing	-633.01	-1776.90
4.炼焦	Coking	-3058.02	
5.炼油及煤制油	Petroleum Refining and Coal-to-liquids		
#油品再投入量(-)	Petroleum Products Input (-)		
6.制气	Gas Works		
#焦炭再投入量(-)	Coke Input (-)		
7.天然气液化	Natural Gas Liquefaction		
8.煤制品加工	Briquettes	-0.84	-13.73
9.回收能	Recovery of Energy		
三.损失量	**Loss**		
四.终端消费量	**Total Final Consumption**	**3056.27**	**2484.53**
1.农、林、牧、渔业	Agriculture, Forestry, Animal Husbandry and Fishery	20.10	20.10
2.工业	Industry	2483.91	2275.83
#用作原料、材料	Non-Energy Use	15.96	15.89
3.建筑业	Construction	0.18	0.18
4.交通运输、仓储和邮政业	Transport, Storage and Post	20.59	9.71
5.批发和零售业、住宿和餐饮业	Wholesale and Retail Trades, Hotels and Catering Services	13.31	0.10
6.其他	Others	100.83	0.26
7.居民生活	Residential	417.35	178.35
城镇	Urban	100.05	70.05
乡村	Rural	317.30	108.30
五.平衡差额	**Statistical Difference**		
六.消费量合计	**Total Energy Consumption**	**17904.40**	**15398.68**

Energy Balance of Liaoning (Physical Quantity) -2018

洗精煤 (万吨) Cleaned Coal (10^4 tons)	其他洗煤 (万吨) Other Washed Coal (10^4 tons)	煤制品 (万吨) Briquettes (10^4 tons)	煤矸石 (万吨) Gangue (10^4 tons)	焦炭 (万吨) Coke (10^4 tons)	焦炉煤气 (亿立方米) Coke Oven Gas (10^8 cu.m)	高炉煤气 (亿立方米) Blast Furnace Gas (10^8 cu.m)	转炉煤气 (亿立方米) Converter Gas (10^8 cu.m)	其他煤气 (亿立方米) Other Gas (10^8 cu.m)
2775.05	**-269.84**	**0.51**	**8.13**	**1065.91**				
2766.52	184.13	0.47	3.32	1095.46				
92.20								
-134.99	-425.96	-0.38		-10.72				
				-4.57				
51.32	-28.01	0.42	4.81	-14.26				
-2775.05	**825.85**	**15.22**	**-8.11**	**2212.16**	**64.62**	**770.69**	**56.47**	**2.65**
	-2.18		-39.06		-11.91	-201.63	-12.95	
	-30.56		-26.93		-8.05	-83.99	-5.62	
282.97	860.92		57.88					
-3058.02				2213.73	84.58			
								2.65
				-1.57				
	-2.33	15.22						
						1056.31	75.04	
	556.01	**15.73**	**0.02**	**3278.07**	**64.62**	**770.69**	**56.47**	**2.65**
	200.95	7.13	0.02	3278.07	64.62	770.69	56.47	0.13
		0.07		8.20				
	10.88							0.04
	13.21							0.02
	100.57							
	230.40	8.60						2.46
	30.00							2.45
	200.40	8.60						0.01
3058.02	**591.08**	**15.73**	**66.01**	**3279.64**	**84.58**	**1056.31**	**75.04**	**2.65**

6-6 续表 1

项　　目	Item	其他焦化产品 (万吨) Other Coking Products (10^4 tons)	油品合计 (万吨) Petroleum Products Total (10^4 tons)
一.可供本地区消费的能源量	**Total Primary Energy Supply**	**-55.60**	**4543.68**
1.一次能源生产量	Indigenous Production		1040.69
2.外省(区、市)调入量	Moving In from Other Provinces		6611.19
3.进口量	Import		3361.61
4.境内飞机和轮船在境外的加油量	Domestic Airplanes&Ships Refueling Abroad		15.65
5.本省(区、市)调出量(-)	Sending Out to Other Provinces(-)		-6164.95
6.出口量(-)	Export(-)		-142.97
7.境外飞机和轮船在境内的加油量(-)	Oversea Airplanes&Ships Refueling Domestically(-)		-29.38
8.库存增(-)、减(+)量	Stock Change	-55.60	-148.16
二.加工转换投入(-)产出(+)量	**Input(-) & Output(+) of Transformation**	**102.52**	**-683.91**
1.火力发电	Thermal Power		-6.02
2.供热	Heating Supply		-36.78
3.煤炭洗选	Coal Washing		
4.炼焦	Coking	102.52	
5.炼油及煤制油	Petroleum Refining and Coal-to-liquids		1204.09
#油品再投入量(-)	Petroleum Products Input (-)		-1840.47
6.制气	Gas Works		-4.73
#焦炭再投入量(-)	Coke Input (-)		
7.天然气液化	Natural Gas Liquefaction		
8.煤制品加工	Briquettes		
9.回收能	Recovery of Energy		
三.损失量	**Loss**		**8.20**
四.终端消费量	**Total Final Consumption**	**46.92**	**3851.57**
1.农、林、牧、渔业	Agriculture, Forestry, Animal Husbandry and Fishery		151.37
2.工业	Industry	46.92	1531.86
#用作原料、材料	Non-Energy Use	24.18	307.69
3.建筑业	Construction		151.27
4.交通运输、仓储和邮政业	Transport, Storage and Post		1280.69
5.批发和零售业、住宿和餐饮业	Wholesale and Retail Trades, Hotels and Catering Services		61.06
6.其他	Others		316.47
7.居民生活	Residential		358.85
城镇	Urban		292.74
乡村	Rural		66.11
五.平衡差额	**Statistical Difference**		
六.消费量合计	**Total Energy Consumption**	**46.92**	**4543.68**

Continued 1

原油 (万吨) Crude Oil (10^4 tons)	汽油 (万吨) Gasoline (10^4 tons)	煤油 (万吨) Kerosene (10^4 tons)	柴油 (万吨) Diesel Oil (10^4 tons)	燃料油 (万吨) Fuel Oil (10^4 tons)	石脑油 (万吨) Naphtha (10^4 tons)	润滑油 (万吨) Lubricants (10^4 tons)	石蜡 (万吨) Paraffin Waxes (10^4 tons)	溶剂油 (万吨) White Spirit (10^4 tons)
8202.50	**-735.91**	**-560.83**	**-1135.69**	**11.71**	**268.91**	**2.69**	**-75.42**	**0.23**
1040.69								
3900.20	1191.20	116.53	781.43	72.58	280.03	41.97		0.22
3289.50					72.10		0.01	
		3.88		11.77				
-24.78	-1929.99	-593.21	-1880.53	-55.70	-91.36	-44.94		
		-76.33	-1.03	-2.52			-63.09	
		-2.38	-1.00	-26.00				
-3.11	2.88	-9.32	-34.56	11.58	8.14	5.66	-12.34	0.01
-8176.90	**1592.75**	**612.31**	**2176.05**	**160.86**	**144.03**		**96.28**	
			-0.44	-4.94				
	-0.01		-0.13	-24.24				
-8176.90	1592.76	612.31	2176.62	205.17	472.93		96.28	
				-15.13	-328.91			
8.10			**0.10**					
17.50	**856.84**	**51.48**	**1040.26**	**172.57**	**412.94**	**2.69**	**20.86**	**0.23**
	59.00		92.37					
17.50	16.90	7.21	70.09	56.47	412.94	2.69	20.86	0.23
	0.01		0.02		222.42	0.16	0.05	0.02
	0.12		0.68	0.25				
	317.06	43.77	695.99	115.85				
	16.01	0.05	9.00					
	140.03	0.45	160.00					
	307.72		12.13					
	259.44		5.40					
	48.28		6.73					
8202.50	**856.85**	**51.48**	**1040.93**	**216.88**	**741.85**	**2.69**	**20.86**	**0.23**

6-6 续表 2

项　目	Item	石油沥青(万吨) Bitumen Asphalt (10^4 tons)	石油焦(万吨) Petroleum Coke (10^4 tons)
一.可供本地区消费的能源量	**Total Primary Energy Supply**	**-388.12**	**-204.47**
1.一次能源生产量	Indigenous Production		
2.外省(区、市)调入量	Moving In from Other Provinces	43.31	70.74
3.进口量	Import		
4.境内飞机和轮船在境外的加油量	Domestic Airplanes&Ships Refueling Abroad		
5.本省(区、市)调出量(−)	Sending Out to Other Provinces(-)	-433.63	-253.66
6.出口量(−)	Export(-)		
7.境外飞机和轮船在境内的加油量(−)	Oversea Airplanes&Ships Refueling Domestically(-)		
8.库存增(−)、减(+)量	Stock Change	2.20	-21.55
二.加工转换投入(-)产出(+)量	**Input(-) & Output(+) of Transformation**	**644.08**	**341.20**
1.火力发电	Thermal Power		
2.供热	Heating Supply		
3.煤炭洗选	Coal Washing		
4.炼焦	Coking		
5.炼油及煤制油	Petroleum Refining and Coal-to-liquids	759.18	341.20
#油品再投入量(−)	Petroleum Products Input (-)	-115.10	
6.制气	Gas Works		
#焦炭再投入量(−)	Coke Input (-)		
7.天然气液化	Natural Gas Liquefaction		
8.煤制品加工	Briquettes		
9.回收能	Recovery of Energy		
三.损失量	**Loss**		
四.终端消费量	**Total Final Consumption**	**255.96**	**136.73**
1.农、林、牧、渔业	Agriculture, Forestry, Animal Husbandry and Fishery		
2.工业	Industry	10.03	136.73
#用作原料、材料	Non-Energy Use	7.80	24.22
3.建筑业	Construction	150.21	
4.交通运输、仓储和邮政业	Transport, Storage and Post	95.72	
5.批发和零售业、住宿和餐饮业	Wholesale and Retail Trades, Hotels and Catering Services		
6.其他	Others		
7.居民生活	Residential		
城镇	Urban		
乡村	Rural		
五.平衡差额	**Statistical Difference**		
六.消费量合计	**Total Energy Consumption**	**371.06**	**136.73**

Continued 2

液化石油气 (万吨) Liquefied Petroleum Gas (10^4 tons)	炼厂干气 (万吨) Refinery Gas (10^4 tons)	其他石油制品 (万吨) Other Petroleum Products (10^4 tons)	天然气 (亿立方米) Natural Gas (10^8 cu.m)	液化天然气 (万吨) Liquefied Natural Gas (10^4 tons)	热力 (万百万千焦) Heat (10^{10} kJ)	电力 (亿千瓦小时) Electricity (10^8 kW•h)	其他能源 (万吨标准煤) Other Energy (10^4 tce)
-36.20		**-805.72**	**73.01**	**1.08**		**909.27**	**49.35**
			5.87			534.78	
12.32		100.66		5.90		677.32	47.82
			67.14				
-47.35		-809.80		-2.29		-302.83	
-1.17		-96.58		-2.53			1.53
185.30	**292.96**	**1247.17**	**-1.97**	**5.45**	**62645.91**	**1482.87**	**-34.22**
	-0.64		-0.02		-4390.90	1482.87	-30.98
	-12.40		-0.34		58480.40		-3.24
277.85	312.24	2534.44					
-87.82	-6.24	-1287.27					
-4.73			-0.78				
			-0.83	5.45			
					8556.41		
					19.01	**118.44**	
149.10	**292.96**	**441.45**	**71.04**	**6.53**	**62626.90**	**2273.70**	**15.13**
					12.05	43.81	
45.80	292.96	441.45	50.98	4.28	35314.03	1598.74	15.13
20.03		32.96	3.21				
0.01			0.06		55.08	24.12	
12.30			6.97	2.25	758.29	61.71	
36.00			0.16		175.98	106.40	
15.99			0.01		1813.93	166.62	
39.00			12.86		24497.54	272.30	
27.90			12.46		24307.23	179.74	
11.10			0.40		190.31	92.56	
241.65	**312.24**	**1728.72**	**72.26**	**6.53**	**67036.81**	**2392.14**	**49.35**

6-7 吉林能源平衡表(实物量)-2018

项　目	Item	煤合计 (万吨) Coal Total (10^4 tons)	原煤 (万吨) Raw Coal (10^4 tons)
一.可供本地区消费的能源量	**Total Primary Energy Supply**	**8553.18**	**8471.96**
1.一次能源生产量	Indigenous Production	1619.84	1619.84
2.外省(区、市)调入量	Moving In from Other Provinces	7047.48	6639.54
3.进口量	Import	254.05	254.05
4.境内飞机和轮船在境外的加油量	Domestic Airplanes&Ships Refueling Abroad		
5.本省(区、市)调出量(-)	Sending Out to Other Provinces(-)	-317.10	-1.13
6.出口量(-)	Export(-)		
7.境外飞机和轮船在境内的加油量(-)	Oversea Airplanes&Ships Refueling Domestically(-)		
8.库存增(-)、减(+)量	Stock Change	-51.09	-40.34
二.加工转换投入(-)产出(+)量	**Input(-) & Output(+) of Transformation**	**-6856.60**	**-6845.13**
1.火力发电	Thermal Power	-3851.79	-3851.79
2.供热	Heating Supply	-2414.21	-2411.78
3.煤炭洗选	Coal Washing	-199.39	-581.56
4.炼焦	Coking	-391.21	
5.炼油及煤制油	Petroleum Refining and Coal-to-liquids		
#油品再投入量(-)	Petroleum Products Input (-)		
6.制气	Gas Works		
#焦炭再投入量(-)	Coke Input (-)		
7.天然气液化	Natural Gas Liquefaction		
8.煤制品加工	Briquettes		
9.回收能	Recovery of Energy		
三.损失量	**Loss**		
四.终端消费量	**Total Final Consumption**	**1696.58**	**1626.83**
1.农、林、牧、渔业	Agriculture, Forestry, Animal Husbandry and Fishery	48.93	36.55
2.工业	Industry	1315.42	1286.88
#用作原料、材料	Non-Energy Use	44.90	39.02
3.建筑业	Construction	4.13	1.48
4.交通运输、仓储和邮政业	Transport, Storage and Post	18.60	8.49
5.批发和零售业、住宿和餐饮业	Wholesale and Retail Trades, Hotels and Catering Services	3.83	2.49
6.其他	Others	124.90	112.51
7.居民生活	Residential	180.77	178.43
城镇	Urban	36.71	36.17
乡村	Rural	144.06	142.26
五.平衡差额	**Statistical Difference**		
六.消费量合计	**Total Energy Consumption**	**8553.18**	**8471.96**

Energy Balance of Jilin (Physical Quantity) -2018

洗精煤 (万吨) Cleaned Coal (10^4 tons)	其他洗煤 (万吨) Other Washed Coal (10^4 tons)	煤制品 (万吨) Briquettes (10^4 tons)	煤矸石 (万吨) Gangue (10^4 tons)	焦炭 (万吨) Coke (10^4 tons)	焦炉煤气 (亿立方米) Coke Oven Gas (10^8 cu.m)	高炉煤气 (亿立方米) Blast Furnace Gas (10^8 cu.m)	转炉煤气 (亿立方米) Converter Gas (10^8 cu.m)	其他煤气 (亿立方米) Other Gas (10^8 cu.m)
349.85	**-271.13**	**2.50**	**0.56**	**294.91**				
359.59	48.35			289.40				
	-315.97							
-9.74	-3.51	2.50	0.56	5.51				
-349.85	**338.38**		**0.65**	**297.92**	**12.13**	**166.32**	**10.39**	
					-0.40	-11.39	-1.84	
	-2.43							
41.36	340.81		0.65					
-391.21				297.92	12.53			
						177.71	12.23	
	67.25	**2.50**	**1.21**	**592.83**	**12.13**	**166.32**	**10.39**	
	12.38			7.32				
	28.38	0.16	1.21	585.51	11.54	166.32	10.39	
	5.88			3.12				
	2.65							
	10.11							
	1.34							
	12.39							
		2.34			0.59			
		0.54			0.52			
		1.80			0.07			
391.21	**69.68**	**2.50**	**1.21**	**592.83**	**12.53**	**177.71**	**12.23**	

6-7 续表 1

项　目	Item	其他焦化产品(万吨) Other Coking Products (10^4 tons)	油品合计(万吨) Petroleum Products Total (10^4 tons)
一.可供本地区消费的能源量	**Total Primary Energy Supply**	**-9.49**	**1015.98**
1.一次能源生产量	Indigenous Production		387.40
2.外省(区、市)调入量	Moving In from Other Provinces		1151.35
3.进口量	Import		0.22
4.境内飞机和轮船在境外的加油量	Domestic Airplanes&Ships Refueling Abroad		
5.本省(区、市)调出量(-)	Sending Out to Other Provinces(-)	-9.49	-519.51
6.出口量(-)	Export(-)		-0.08
7.境外飞机和轮船在境内的加油量(-)	Oversea Airplanes&Ships Refueling Domestically(-)		
8.库存增(-)、减(+)量	Stock Change		-3.40
二.加工转换投入(-)产出(+)量	**Input(-) & Output(+) of Transformation**	**9.51**	**-50.61**
1.火力发电	Thermal Power		-1.86
2.供热	Heating Supply		-3.58
3.煤炭洗选	Coal Washing		
4.炼焦	Coking	9.51	
5.炼油及煤制油	Petroleum Refining and Coal-to-liquids		-13.52
#油品再投入量(-)	Petroleum Products Input (-)		-31.65
6.制气	Gas Works		
#焦炭再投入量(-)	Coke Input (-)		
7.天然气液化	Natural Gas Liquefaction		
8.煤制品加工	Briquettes		
9.回收能	Recovery of Energy		
三.损失量	**Loss**		
四.终端消费量	**Total Final Consumption**	**0.02**	**965.37**
1.农、林、牧、渔业	Agriculture, Forestry, Animal Husbandry and Fishery		57.37
2.工业	Industry	0.02	405.46
#用作原料、材料	Non-Energy Use		260.96
3.建筑业	Construction		48.59
4.交通运输、仓储和邮政业	Transport, Storage and Post		303.98
5.批发和零售业、住宿和餐饮业	Wholesale and Retail Trades, Hotels and Catering Services		27.72
6.其他	Others		64.94
7.居民生活	Residential		57.31
城镇	Urban		29.61
乡村	Rural		27.70
五.平衡差额	**Statistical Difference**		
六.消费量合计	**Total Energy Consumption**	**0.02**	**1015.98**

Continued 1

原油 (万吨) Crude Oil (10^4 tons)	汽油 (万吨) Gasoline (10^4 tons)	煤油 (万吨) Kerosene (10^4 tons)	柴油 (万吨) Diesel Oil (10^4 tons)	燃料油 (万吨) Fuel Oil (10^4 tons)	石脑油 (万吨) Naphtha (10^4 tons)	润滑油 (万吨) Lubricants (10^4 tons)	石蜡 (万吨) Paraffin Waxes (10^4 tons)	溶剂油 (万吨) White Spirit (10^4 tons)
935.80	**-0.63**	**5.67**	**81.11**	**-2.01**	**24.21**	**1.00**	**0.21**	**0.09**
387.40								
547.17	215.64	5.66	358.53	0.53	23.07	0.20	0.20	0.11
		0.22						
-2.39	-216.96		-268.62	-1.79		-0.02		
				-0.08				
3.62	0.69	-0.21	-8.80	-0.67	1.14	0.82	0.01	-0.02
-919.37	**205.27**	**26.91**	**283.10**	**22.80**	**84.50**	**0.05**		
			-0.33	-1.53				
	-0.04		-0.07	-3.47				
-919.37	205.31	26.91	283.50	27.80	84.50	0.05		
16.43	**204.64**	**32.58**	**364.21**	**20.79**	**108.71**	**1.05**	**0.21**	**0.09**
	25.76		30.95					
16.43	27.71	1.31	40.33	20.79	108.71	1.05	0.21	0.09
	0.12		0.10	19.06	108.71	0.11		
	17.97		30.15					
	44.65	31.27	227.10					
	19.82		6.97					
	44.52		15.49					
	24.21		13.22					
	15.56		1.97					
	8.65		11.25					
935.80	**204.68**	**32.58**	**364.61**	**25.79**	**108.71**	**1.05**	**0.21**	**0.09**

6-7 续表 2

项　目	Item	石油沥青(万吨) Bitumen Asphalt (10^4 tons)	石油焦(万吨) Petroleum Coke (10^4 tons)
一.可供本地区消费的能源量	**Total Primary Energy Supply**		**-17.57**
1.一次能源生产量	Indigenous Production		
2.外省(区、市)调入量	Moving In from Other Provinces		
3.进口量	Import		
4.境内飞机和轮船在境外的加油量	Domestic Airplanes&Ships Refueling Abroad		
5.本省(区、市)调出量(-)	Sending Out to Other Provinces(-)		-17.59
6.出口量(-)	Export(-)		
7.境外飞机和轮船在境内的加油量(-)	Oversea Airplanes&Ships Refueling Domestically(-)		
8.库存增(-)、减(+)量	Stock Change		0.02
二.加工转换投入(-)产出(+)量	**Input(-) & Output(+) of Transformation**	**0.86**	**17.58**
1.火力发电	Thermal Power		
2.供热	Heating Supply		
3.煤炭洗选	Coal Washing		
4.炼焦	Coking		
5.炼油及煤制油	Petroleum Refining and Coal-to-liquids	0.86	17.58
#油品再投入量(-)	Petroleum Products Input (-)		
6.制气	Gas Works		
#焦炭再投入量(-)	Coke Input (-)		
7.天然气液化	Natural Gas Liquefaction		
8.煤制品加工	Briquettes		
9.回收能	Recovery of Energy		
三.损失量	**Loss**		
四.终端消费量	**Total Final Consumption**	**0.86**	**0.01**
1.农、林、牧、渔业	Agriculture, Forestry, Animal Husbandry and Fishery		
2.工业	Industry	0.86	0.01
#用作原料、材料	Non-Energy Use	0.11	
3.建筑业	Construction		
4.交通运输、仓储和邮政业	Transport, Storage and Post		
5.批发和零售业、住宿和餐饮业	Wholesale and Retail Trades, Hotels and Catering Services		
6.其他	Others		
7.居民生活	Residential		
城镇	Urban		
乡村	Rural		
五.平衡差额	**Statistical Difference**		
六.消费量合计	**Total Energy Consumption**	**0.86**	**0.01**

Continued 2

液化石油气 (万吨) Liquefied Petroleum Gas (10^4 tons)	炼厂干气 (万吨) Refinery Gas (10^4 tons)	其他石油制品 (万吨) Other Petroleum Products (10^4 tons)	天然气 (亿立方米) Natural Gas (10^8 cu.m)	液化天然气 (万吨) Liquefied Natural Gas (10^4 tons)	热力 (万百万千焦) Heat (10^{10} kJ)	电力 (亿千瓦小时) Electricity (10^8 kW•h)	其他能源 (万吨标准煤) Other Energy (10^4 tce)
-0.18		**-11.72**	**29.83**	**-0.88**		**86.98**	**317.30**
			18.30			207.80	192.08
0.24			11.52	2.69		159.21	129.71
-0.42		-11.72		-3.50		-280.03	-6.03
			0.01	-0.07			1.54
36.69	**26.73**	**164.27**	**-1.30**	**4.62**	**30445.11**	**663.58**	**-121.80**
			-0.01		-983.12	663.58	-106.20
			-0.53		30016.13		-15.60
36.69	26.73	195.92					
		-31.65					
			-0.76	4.62			
					1412.10		
					3206.90	**44.20**	
36.51	**26.73**	**152.55**	**28.53**	**3.74**	**27238.21**	**706.37**	**195.50**
0.66			0.74			18.91	
8.68	26.73	152.55	12.38	3.74	13063.39	404.12	170.89
		132.75	0.07				
0.47			0.40		1006.53	9.89	1.26
0.96			6.01		1056.17	27.54	3.37
0.93			1.55		1458.37	43.40	1.02
4.93			2.22		3351.04	79.29	2.01
19.88			5.23		7302.71	123.22	16.95
12.08			4.74		6446.54	81.92	10.02
7.80			0.49		856.17	41.30	6.93
						-0.01	
36.51	**26.73**	**184.20**	**29.19**	**3.74**	**31428.23**	**750.57**	**317.30**

6-8 黑龙江能源平衡表(实物量)-2018

项　目	Item	煤合计（万吨）Coal Total (10^4 tons)	原煤（万吨）Raw Coal (10^4 tons)
一.可供本地区消费的能源量	**Total Primary Energy Supply**	**13370.83**	**15055.74**
1.一次能源生产量	Indigenous Production	6132.60	6132.60
2.外省(区、市)调入量	Moving In from Other Provinces	8176.66	8155.34
3.进口量	Import	828.50	828.50
4.境内飞机和轮船在境外的加油量	Domestic Airplanes&Ships Refueling Abroad		
5.本省(区、市)调出量(-)	Sending Out to Other Provinces(-)	-2170.53	
6.出口量(-)	Export(-)		
7.境外飞机和轮船在境内的加油量(-)	Oversea Airplanes&Ships Refueling Domestically(-)		
8.库存增(-)、减(+)量	Stock Change	403.60	-60.70
二.加工转换投入(-)产出(+)量	**Input(-) & Output(+) of Transformation**	**-9717.46**	**-11481.64**
1.火力发电	Thermal Power	-3715.56	-3612.62
2.供热	Heating Supply	-3496.47	-3377.59
3.煤炭洗选	Coal Washing	-1190.01	-4491.43
4.炼焦	Coking	-1252.42	
5.炼油及煤制油	Petroleum Refining and Coal-to-liquids		
#油品再投入量(-)	Petroleum Products Input (-)		
6.制气	Gas Works	-63.00	
#焦炭再投入量(-)	Coke Input (-)		
7.天然气液化	Natural Gas Liquefaction		
8.煤制品加工	Briquettes		
9.回收能	Recovery of Energy		
三.损失量	**Loss**		
四.终端消费量	**Total Final Consumption**	**3653.37**	**3574.10**
1.农、林、牧、渔业	Agriculture, Forestry, Animal Husbandry and Fishery	418.00	418.00
2.工业	Industry	1489.33	1410.06
#用作原料、材料	Non-Energy Use		
3.建筑业	Construction		
4.交通运输、仓储和邮政业	Transport, Storage and Post	259.46	259.46
5.批发和零售业、住宿和餐饮业	Wholesale and Retail Trades, Hotels and Catering Services	582.73	582.73
6.其他	Others	591.75	591.75
7.居民生活	Residential	312.10	312.10
城镇	Urban	230.30	230.30
乡村	Rural	81.80	81.80
五.平衡差额	**Statistical Difference**		
六.消费量合计	**Total Energy Consumption**	**13370.83**	**15055.74**

 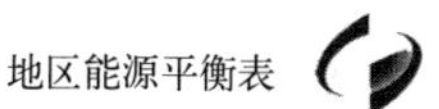

Energy Balance of Heilongjiang (Physical Quantity) -2018

洗精煤 (万吨) Cleaned Coal (10^4 tons)	其他洗煤 (万吨) Other Washed Coal (10^4 tons)	煤制品 (万吨) Briquettes (10^4 tons)	煤矸石 (万吨) Gangue (10^4 tons)	焦炭 (万吨) Coke (10^4 tons)	焦炉煤气 (亿立方米) Coke Oven Gas (10^8 cu.m)	高炉煤气 (亿立方米) Blast Furnace Gas (10^8 cu.m)	转炉煤气 (亿立方米) Converter Gas (10^8 cu.m)	其他煤气 (亿立方米) Other Gas (10^8 cu.m)
-916.77	**-785.51**	**17.37**	**-40.69**	**-548.06**				
		21.32						
-1421.69	-748.84			-544.47				
504.92	-36.67	-3.95	-40.69	-3.59				
916.77	**858.54**	**-11.13**	**48.75**	**875.80**	**9.06**	**53.85**	**2.77**	**3.91**
	-102.19	-0.75	-377.91		-3.62	-22.21	-2.49	
	-108.50	-10.38	-190.14		-0.05			
2169.19	1132.23		616.80					
-1252.42				875.80	15.83			
	-63.00							3.91
					-3.10			
						76.06	5.26	
	73.03	**6.24**	**8.06**	**327.74**	**9.06**	**53.85**	**2.77**	**3.91**
	73.03	6.24	8.06	327.74	9.06	53.85	2.77	3.91
1252.42	**346.72**	**17.37**	**576.11**	**327.74**	**12.73**	**76.06**	**5.26**	**3.91**

6-8 续表 1

项　目	Item	其他焦化产品(万吨) Other Coking Products (10^4 tons)	油品合计(万吨) Petroleum Products Total (10^4 tons)
一.可供本地区消费的能源量	**Total Primary Energy Supply**	**-53.24**	**1433.46**
1.一次能源生产量	Indigenous Production		3224.21
2.外省(区、市)调入量	Moving In from Other Provinces		312.85
3.进口量	Import		2952.90
4.境内飞机和轮船在境外的加油量	Domestic Airplanes&Ships Refueling Abroad		
5.本省(区、市)调出量(-)	Sending Out to Other Provinces(-)	-53.89	-5059.09
6.出口量(-)	Export(-)		-1.33
7.境外飞机和轮船在境内的加油量(-)	Oversea Airplanes&Ships Refueling Domestically(-)		
8.库存增(-)、减(+)量	Stock Change	0.65	3.92
二.加工转换投入(-)产出(+)量	**Input(-) & Output(+) of Transformation**	**64.04**	**-316.86**
1.火力发电	Thermal Power		-9.11
2.供热	Heating Supply		-134.76
3.煤炭洗选	Coal Washing		
4.炼焦	Coking	64.04	
5.炼油及煤制油	Petroleum Refining and Coal-to-liquids		-64.17
#油品再投入量(-)	Petroleum Products Input (-)		-108.82
6.制气	Gas Works		
#焦炭再投入量(-)	Coke Input (-)		
7.天然气液化	Natural Gas Liquefaction		
8.煤制品加工	Briquettes		
9.回收能	Recovery of Energy		
三.损失量	**Loss**		
四.终端消费量	**Total Final Consumption**	**10.80**	**1116.60**
1.农、林、牧、渔业	Agriculture, Forestry, Animal Husbandry and Fishery		171.00
2.工业	Industry	10.80	317.45
#用作原料、材料	Non-Energy Use		
3.建筑业	Construction		11.66
4.交通运输、仓储和邮政业	Transport, Storage and Post		448.90
5.批发和零售业、住宿和餐饮业	Wholesale and Retail Trades, Hotels and Catering Services		41.60
6.其他	Others		28.50
7.居民生活	Residential		97.49
城镇	Urban		76.59
乡村	Rural		20.90
五.平衡差额	**Statistical Difference**		
六.消费量合计	**Total Energy Consumption**	**10.80**	**1433.46**

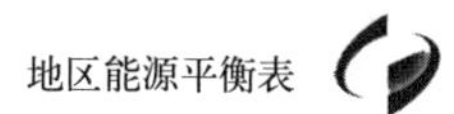

Continued 1

原油 (万吨) Crude Oil (10^4 tons)	汽油 (万吨) Gasoline (10^4 tons)	煤油 (万吨) Kerosene (10^4 tons)	柴油 (万吨) Diesel Oil (10^4 tons)	燃料油 (万吨) Fuel Oil (10^4 tons)	石脑油 (万吨) Naphtha (10^4 tons)	润滑油 (万吨) Lubricants (10^4 tons)	石蜡 (万吨) Paraffin Waxes (10^4 tons)	溶剂油 (万吨) White Spirit (10^4 tons)
1552.63	**-119.23**	**0.19**	**-59.42**	**23.35**	**26.45**	**0.02**	**-37.08**	
3224.21								
	48.15		41.29	22.54	25.83	0.09		
2951.70	1.20							
-4617.05	-176.18		-108.79				-34.53	
			-0.13				-1.20	
-6.23	7.60	0.19	8.21	0.81	0.62	-0.07	-1.35	
-1507.70	**512.38**	**63.82**	**412.06**	**-18.07**	**1.34**		**37.08**	
			-0.38	-0.55				
			-0.06	-7.64				
-1507.70	512.38	63.82	412.50	19.76	1.37		37.08	
				-29.64	-0.03			
44.93	**393.15**	**64.01**	**352.64**	**5.28**	**27.79**	**0.02**		
	25.00		146.00					
44.50	6.41	0.10	34.69	5.28	27.79	0.02		
	0.03		11.63					
0.43	272.91	63.91	111.62					
	16.00		25.60					
	28.50							
	44.30		23.10					
	32.00		14.50					
	12.30		8.60					
1552.63	**393.15**	**64.01**	**353.08**	**43.11**	**27.82**	**0.02**		

6-8 续表 2

项　目	Item	石油沥青(万吨) Bitumen Asphalt (10^4 tons)	石油焦(万吨) Petroleum Coke (10^4 tons)
一.可供本地区消费的能源量	**Total Primary Energy Supply**	**0.01**	**1.57**
1.一次能源生产量	Indigenous Production		
2.外省(区、市)调入量	Moving In from Other Provinces		83.65
3.进口量	Import		
4.境内飞机和轮船在境外的加油量	Domestic Airplanes&Ships Refueling Abroad		
5.本省(区、市)调出量(-)	Sending Out to Other Provinces(-)		-81.83
6.出口量(-)	Export(-)		
7.境外飞机和轮船在境内的加油量(-)	Oversea Airplanes&Ships Refueling Domestically(-)		
8.库存增(-)、减(+)量	Stock Change	0.01	-0.25
二.加工转换投入(-)产出(+)量	**Input(-) & Output(+) of Transformation**		**18.82**
1.火力发电	Thermal Power		
2.供热	Heating Supply		
3.煤炭洗选	Coal Washing		
4.炼焦	Coking		
5.炼油及煤制油	Petroleum Refining and Coal-to-liquids		18.82
#油品再投入量(-)	Petroleum Products Input (-)		
6.制气	Gas Works		
#焦炭再投入量(-)	Coke Input (-)		
7.天然气液化	Natural Gas Liquefaction		
8.煤制品加工	Briquettes		
9.回收能	Recovery of Energy		
三.损失量	**Loss**		
四.终端消费量	**Total Final Consumption**	**0.01**	**20.39**
1.农、林、牧、渔业	Agriculture, Forestry, Animal Husbandry and Fishery		
2.工业	Industry	0.01	20.39
#用作原料、材料	Non-Energy Use		
3.建筑业	Construction		
4.交通运输、仓储和邮政业	Transport, Storage and Post		
5.批发和零售业、住宿和餐饮业	Wholesale and Retail Trades, Hotels and Catering Services		
6.其他	Others		
7.居民生活	Residential		
城镇	Urban		
乡村	Rural		
五.平衡差额	**Statistical Difference**		
六.消费量合计	**Total Energy Consumption**	**0.01**	**20.39**

Continued 2

液化石油气 (万吨) Liquefied Petroleum Gas (10^4 tons)	炼厂干气 (万吨) Refinery Gas (10^4 tons)	其他石油制品 (万吨) Other Petroleum Products (10^4 tons)	天然气 (亿立方米) Natural Gas (10^8 cu.m)	液化天然气 (万吨) Liquefied Natural Gas (10^4 tons)	热力 (万百万千焦) Heat (10^{10} kJ)	电力 (亿千瓦小时) Electricity (10^8 kW•h)	其他能源 (万吨标准煤) Other Energy (10^4 tce)
-30.35		**75.33**	**43.50**	**2.45**		**115.29**	**514.33**
			43.50			170.67	260.30
		91.31		2.61		74.19	254.03
						30.77	
-30.26		-10.45				-160.34	
-0.09		-5.53		-0.16			
123.35	**35.12**	**4.94**	**-5.70**	**9.99**	**48924.11**	**858.59**	**-513.92**
	-8.18		-1.35		-172.18	858.59	-464.31
	-64.00	-63.06	-4.35		48640.45		-49.61
136.98	107.30	133.52					
-13.63		-65.52					
				9.99			
					455.84		
			0.87			**52.54**	
93.00	**35.12**	**80.27**	**36.93**	**12.44**	**48924.11**	**921.34**	**0.41**
						28.40	
62.91	35.12	80.23	24.95	0.17	8527.23	518.68	0.41
					75.00	11.82	
		0.04	0.11		996.10	25.12	
			2.10		3878.22	46.20	
			1.30	12.27	5552.96	106.48	
30.09			8.47		29894.60	184.64	
30.09			8.47		29894.60	114.76	
						69.88	
106.63	**107.30**	**208.85**	**42.12**	**12.44**	**49096.29**	**973.88**	**514.33**

6-9 上海能源平衡表(实物量)-2018

项目	Item	煤合计(万吨) Coal Total (10^4 tons)	原煤(万吨) Raw Coal (10^4 tons)
一.可供本地区消费的能源量	**Total Primary Energy Supply**	**4420.24**	**3576.65**
1.一次能源生产量	Indigenous Production		
2.外省(区、市)调入量	Moving In from Other Provinces	3295.34	2866.64
3.进口量	Import	1550.29	1134.26
4.境内飞机和轮船在境外的加油量	Domestic Airplanes&Ships Refueling Abroad		
5.本省(区、市)调出量(-)	Sending Out to Other Provinces(-)	-423.93	-423.93
6.出口量(-)	Export(-)		
7.境外飞机和轮船在境内的加油量(-)	Oversea Airplanes&Ships Refueling Domestically(-)		
8.库存增(-)、减(+)量	Stock Change	-1.46	-0.32
二.加工转换投入(-)产出(+)量	**Input(-) & Output(+) of Transformation**	**-3887.17**	**-3059.39**
1.火力发电	Thermal Power	-2811.30	-2811.30
2.供热	Heating Supply	-215.72	-215.72
3.煤炭洗选	Coal Washing		
4.炼焦	Coking	-860.15	-32.37
5.炼油及煤制油	Petroleum Refining and Coal-to-liquids		
#油品再投入量(-)	Petroleum Products Input (-)		
6.制气	Gas Works		
#焦炭再投入量(-)	Coke Input (-)		
7.天然气液化	Natural Gas Liquefaction		
8.煤制品加工	Briquettes		
9.回收能	Recovery of Energy		
三.损失量	**Loss**	**38.78**	**23.00**
四.终端消费量	**Total Final Consumption**	**494.67**	**494.67**
1.农、林、牧、渔业	Agriculture, Forestry, Animal Husbandry and Fishery	0.34	0.34
2.工业	Industry	484.97	484.97
#用作原料、材料	Non-Energy Use	205.33	205.33
3.建筑业	Construction	1.35	1.35
4.交通运输、仓储和邮政业	Transport, Storage and Post	0.01	0.01
5.批发和零售业、住宿和餐饮业	Wholesale and Retail Trades, Hotels and Catering Services	2.00	2.00
6.其他	Others	2.00	2.00
7.居民生活	Residential	4.00	4.00
城镇	Urban	2.00	2.00
乡村	Rural	2.00	2.00
五.平衡差额	**Statistical Difference**	**-0.38**	**-0.41**
六.消费量合计	**Total Energy Consumption**	**4420.62**	**3577.06**

Energy Balance of Shanghai (Physical Quantity) -2018

洗精煤 (万吨) Cleaned Coal (10^4 tons)	其他洗煤 (万吨) Other Washed Coal (10^4 tons)	煤制品 (万吨) Briquettes (10^4 tons)	煤矸石 (万吨) Gangue (10^4 tons)	焦炭 (万吨) Coke (10^4 tons)	焦炉煤气 (亿立方米) Coke Oven Gas (10^8 cu.m)	高炉煤气 (亿立方米) Blast Furnace Gas (10^8 cu.m)	转炉煤气 (亿立方米) Converter Gas (10^8 cu.m)	其他煤气 (亿立方米) Other Gas (10^8 cu.m)
843.59				**75.96**	**0.16**	**1.16**		
428.70				247.79	0.16	1.16		
416.03								
				-170.49				
-1.14				-1.34				
-827.78				**544.91**	**22.14**	**127.24**	**11.82**	
					-0.97	-83.11	-1.83	
-827.78				544.91	23.11			
						210.35	13.65	
15.78				**13.49**				
				607.79	**22.10**	**127.78**	**11.82**	
				607.79	22.10	127.78	11.82	
0.03				**-0.41**	**0.20**	**0.62**		
843.56				**621.28**	**23.07**	**210.89**	**13.65**	

6-9 续表 1

项　目	Item	其他焦化产品(万吨) Other Coking Products (10^4 tons)	油品合计(万吨) Petroleum Products Total (10^4 tons)
一.可供本地区消费的能源量	**Total Primary Energy Supply**	**47.75**	**3320.01**
1.一次能源生产量	Indigenous Production		25.60
2.外省(区、市)调入量	Moving In from Other Provinces	77.09	6183.96
3.进口量	Import		2723.73
4.境内飞机和轮船在境外的加油量	Domestic Airplanes&Ships Refueling Abroad		662.86
5.本省(区、市)调出量(-)	Sending Out to Other Provinces(-)	-28.49	-5736.79
6.出口量(-)	Export(-)		-308.64
7.境外飞机和轮船在境内的加油量(-)	Oversea Airplanes&Ships Refueling Domestically(-)		-189.18
8.库存增(-)、减(+)量	Stock Change	-0.85	-41.53
二.加工转换投入(-)产出(+)量	**Input(-) & Output(+) of Transformation**	**30.71**	**-33.72**
1.火力发电	Thermal Power		-21.56
2.供热	Heating Supply		-14.89
3.煤炭洗选	Coal Washing		
4.炼焦	Coking	30.71	
5.炼油及煤制油	Petroleum Refining and Coal-to-liquids		56.87
#油品再投入量(-)	Petroleum Products Input (-)		-54.14
6.制气	Gas Works		
#焦炭再投入量(-)	Coke Input (-)		
7.天然气液化	Natural Gas Liquefaction		
8.煤制品加工	Briquettes		
9.回收能	Recovery of Energy		
三.损失量	**Loss**		
四.终端消费量	**Total Final Consumption**	**78.73**	**3284.76**
1.农、林、牧、渔业	Agriculture, Forestry, Animal Husbandry and Fishery		28.62
2.工业	Industry	78.73	922.94
#用作原料、材料	Non-Energy Use	23.92	590.09
3.建筑业	Construction		76.55
4.交通运输、仓储和邮政业	Transport, Storage and Post		1619.73
5.批发和零售业、住宿和餐饮业	Wholesale and Retail Trades, Hotels and Catering Services		165.47
6.其他	Others		217.66
7.居民生活	Residential		253.79
城镇	Urban		198.42
乡村	Rural		55.37
五.平衡差额	**Statistical Difference**	**-0.27**	**1.53**
六.消费量合计	**Total Energy Consumption**	**78.73**	**3318.48**

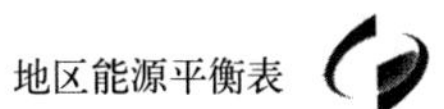

Continued 1

原油(万吨) Crude Oil (10^4 tons)	汽油(万吨) Gasoline (10^4 tons)	煤油(万吨) Kerosene (10^4 tons)	柴油(万吨) Diesel Oil (10^4 tons)	燃料油(万吨) Fuel Oil (10^4 tons)	石脑油(万吨) Naphtha (10^4 tons)	润滑油(万吨) Lubricants (10^4 tons)	石蜡(万吨) Paraffin Waxes (10^4 tons)	溶剂油(万吨) White Spirit (10^4 tons)
2309.12	**-34.01**	**443.73**	**-197.63**	**639.08**	**234.43**	**35.65**	**-3.30**	**1.19**
25.60								
	1664.59	799.82	1340.86	462.73	242.26	140.94	0.01	2.60
2315.58		370.28						
		169.37	16.93	476.56				
-16.97	-1687.21	-580.64	-1385.37	-286.50	-7.25	-104.90	-3.29	
	-12.01	-130.22	-166.11	-0.30				
		-189.18						
-15.09	0.62	4.30	-3.94	-13.41	-0.58	-0.39	-0.02	-1.41
-2306.11	**528.43**	**257.91**	**633.50**	**19.59**	**168.63**	**5.87**	**10.06**	
			-3.35					
			-0.16					
-2306.11	528.43	257.91	637.01	19.59	168.63	5.87	10.06	
3.01	**494.01**	**701.64**	**435.98**	**658.22**	**403.06**	**40.86**	**6.85**	**1.20**
	14.97		11.50	1.61				
3.01	15.06	0.54	32.60	4.59	403.06	6.94	6.85	1.20
	0.08	0.22	0.06		397.02	1.11	0.26	1.05
	26.74		25.97	4.56				
	64.73	701.10	190.93	647.46		11.32		
	63.89		88.15			6.75		
	92.91		77.34			4.75		
	215.71		9.49			11.10		
	178.29		5.39			8.43		
	37.42		4.10			2.67		
	0.41		**-0.11**	**0.45**		**0.66**	**-0.09**	**-0.01**
2309.12	**494.01**	**701.64**	**439.49**	**658.22**	**403.06**	**40.86**	**6.85**	**1.20**

6-9 续表 2

项 目	Item	石油沥青(万吨) Bitumen Asphalt (10^4 tons)	石油焦(万吨) Petroleum Coke (10^4 tons)
一.可供本地区消费的能源量	**Total Primary Energy Supply**	**-1.02**	**-75.05**
1.一次能源生产量	Indigenous Production		
2.外省(区、市)调入量	Moving In from Other Provinces	11.32	27.50
3.进口量	Import		
4.境内飞机和轮船在境外的加油量	Domestic Airplanes&Ships Refueling Abroad		
5.本省(区、市)调出量(-)	Sending Out to Other Provinces(-)	-10.15	-101.61
6.出口量(-)	Export(-)		
7.境外飞机和轮船在境内的加油量(-)	Oversea Airplanes&Ships Refueling Domestically(-)		
8.库存增(-)、减(+)量	Stock Change	-2.19	-0.94
二.加工转换投入(-)产出(+)量	**Input(-) & Output(+) of Transformation**	**89.36**	**80.05**
1.火力发电	Thermal Power		-17.66
2.供热	Heating Supply		-14.07
3.煤炭洗选	Coal Washing		
4.炼焦	Coking		
5.炼油及煤制油	Petroleum Refining and Coal-to-liquids	89.36	111.78
#油品再投入量(-)	Petroleum Products Input (-)		
6.制气	Gas Works		
#焦炭再投入量(-)	Coke Input (-)		
7.天然气液化	Natural Gas Liquefaction		
8.煤制品加工	Briquettes		
9.回收能	Recovery of Energy		
三.损失量	**Loss**		
四.终端消费量	**Total Final Consumption**	**88.29**	**5.06**
1.农、林、牧、渔业	Agriculture, Forestry, Animal Husbandry and Fishery		
2.工业	Industry	35.29	5.06
#用作原料、材料	Non-Energy Use	21.29	0.06
3.建筑业	Construction	16.00	
4.交通运输、仓储和邮政业	Transport, Storage and Post		
5.批发和零售业、住宿和餐饮业	Wholesale and Retail Trades, Hotels and Catering Services		
6.其他	Others	37.00	
7.居民生活	Residential		
城镇	Urban		
乡村	Rural		
五.平衡差额	**Statistical Difference**	**0.05**	**-0.06**
六.消费量合计	**Total Energy Consumption**	**88.29**	**36.79**

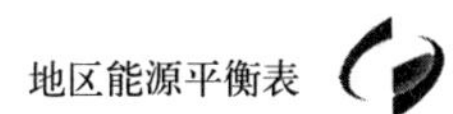

Continued 2

液化石油气 (万吨) Liquefied Petroleum Gas (10^4 tons)	炼厂干气 (万吨) Refinery Gas (10^4 tons)	其他石油制品 (万吨) Other Petroleum Products (10^4 tons)	天然气 (亿立方米) Natural Gas (10^8 cu.m)	液化天然气 (万吨) Liquefied Natural Gas (10^4 tons)	热力 (万百万千焦) Heat (10^{10} kJ)	电力 (亿千瓦小时) Electricity (10^8 kW•h)	其他能源 (万吨标准煤) Other Energy (10^4 tce)
-9.00	**1.25**	**-24.43**	**92.91**	**4.24**		**733.84**	**82.82**
			14.54			23.78	82.82
1455.86	1.25	34.22	47.15	4.24		855.37	
3.54		34.33	43.62				
-1462.54		-90.36	-12.40			-145.31	
-5.86		-2.62					
113.66	**133.23**	**232.10**	**-28.69**		**9189.21**	**832.82**	**-81.38**
	-0.55		-23.02		-1101.34	832.82	-74.69
	-0.66		-5.67		6303.86		-11.66
113.66	134.44	286.24					
		-54.14					
					3986.69		4.97
			3.85			**75.27**	
104.99	**133.96**	**207.63**	**60.37**	**4.20**	**9189.22**	**1491.39**	**1.44**
0.54			0.10			6.37	
67.15	133.96	207.63	34.11	4.20	9075.60	704.94	1.44
44.57	15.05	109.32	7.33				
3.28			0.10		3.62	43.68	
4.19			0.89		3.93	54.23	
6.68			2.68		23.25	88.83	
5.66			6.66		82.82	349.79	
17.49			15.83			243.55	
6.31			13.15			239.98	
11.18			2.68			3.57	
-0.33	**0.52**	**0.04**		**0.04**	**-0.01**		
104.99	**135.17**	**261.77**	**92.91**	**4.20**	**10290.56**	**1566.66**	**87.79**

6-10 江苏能源平衡表(实物量)-2018

项　目	Item	煤合计 (万吨) Coal Total (10^4 tons)	原煤 (万吨) Raw Coal (10^4 tons)
一.可供本地区消费的能源量	**Total Primary Energy Supply**	**25407.28**	**23766.19**
1.一次能源生产量	Indigenous Production	1245.78	1245.78
2.外省(区、市)调入量	Moving In from Other Provinces	28398.70	25158.91
3.进口量	Import	552.00	552.00
4.境内飞机和轮船在境外的加油量	Domestic Airplanes&Ships Refueling Abroad		
5.本省(区、市)调出量(-)	Sending Out to Other Provinces(-)	-4563.71	-3004.64
6.出口量(-)	Export(-)		
7.境外飞机和轮船在境内的加油量(-)	Oversea Airplanes&Ships Refueling Domestically(-)		
8.库存增(-)、减(+)量	Stock Change	-225.49	-185.86
二.加工转换投入(-)产出(+)量	**Input(-) & Output(+) of Transformation**	**-21742.35**	**-20523.91**
1.火力发电	Thermal Power	-15571.86	-15342.43
2.供热	Heating Supply	-3869.71	-3752.50
3.煤炭洗选	Coal Washing	-210.38	-1428.98
4.炼焦	Coking	-2090.40	
5.炼油及煤制油	Petroleum Refining and Coal-to-liquids		
#油品再投入量(-)	Petroleum Products Input (-)		
6.制气	Gas Works		
#焦炭再投入量(-)	Coke Input (-)		
7.天然气液化	Natural Gas Liquefaction		
8.煤制品加工	Briquettes		
9.回收能	Recovery of Energy		
三.损失量	**Loss**		
四.终端消费量	**Total Final Consumption**	**3664.93**	**3242.28**
1.农、林、牧、渔业	Agriculture, Forestry, Animal Husbandry and Fishery	47.13	47.13
2.工业	Industry	3610.02	3187.37
#用作原料、材料	Non-Energy Use	821.43	821.43
3.建筑业	Construction	2.49	2.49
4.交通运输、仓储和邮政业	Transport, Storage and Post	1.01	1.01
5.批发和零售业、住宿和餐饮业	Wholesale and Retail Trades, Hotels and Catering Services		
6.其他	Others	4.28	4.28
7.居民生活	Residential		
城镇	Urban		
乡村	Rural		
五.平衡差额	**Statistical Difference**		
六.消费量合计	**Total Energy Consumption**	**25407.28**	**23766.19**

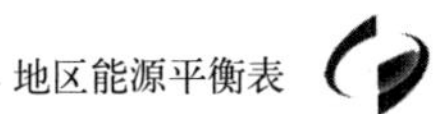

Energy Balance of Jiangsu (Physical Quantity) -2018

洗精煤 (万吨) Cleaned Coal (10^4 tons)	其他洗煤 (万吨) Other Washed Coal (10^4 tons)	煤制品 (万吨) Briquettes (10^4 tons)	煤矸石 (万吨) Gangue (10^4 tons)	焦炭 (万吨) Coke (10^4 tons)	焦炉煤气 (亿立方米) Coke Oven Gas (10^8 cu.m)	高炉煤气 (亿立方米) Blast Furnace Gas (10^8 cu.m)	转炉煤气 (亿立方米) Converter Gas (10^8 cu.m)	其他煤气 (亿立方米) Other Gas (10^8 cu.m)
1112.78	**504.63**	**23.68**		**2555.43**				
1707.70	1476.70	55.39		3417.85				
-580.67	-971.01	-7.39		-811.77				
				-16.00				
-14.25	-1.06	-24.32		-34.65				
-1112.78	**-112.36**	**6.70**		**1497.20**	**35.55**	**810.42**	**69.50**	
	-229.43				-5.22	-379.56	-24.47	
	-117.21				-1.74	-57.95	-2.75	
977.62	240.98							
-2090.40				1497.20	42.51			
	-6.70	6.70						
						1247.93	96.72	
	392.27	**30.38**		**4052.63**	**35.55**	**810.42**	**69.50**	
	392.27	30.38		4052.63	35.55	810.42	69.50	
				0.81				
2090.40	**745.61**	**30.38**		**4052.63**	**42.51**	**1247.93**	**96.72**	

6-10 续表 1

项目	Item	其他焦化产品(万吨) Other Coking Products (10^4 tons)	油品合计(万吨) Petroleum Products Total (10^4 tons)
一.可供本地区消费的能源量	**Total Primary Energy Supply**	**-43.35**	**3275.25**
1.一次能源生产量	Indigenous Production		155.36
2.外省(区、市)调入量	Moving In from Other Provinces	35.79	4592.83
3.进口量	Import		2829.61
4.境内飞机和轮船在境外的加油量	Domestic Airplanes&Ships Refueling Abroad		5.95
5.本省(区、市)调出量(-)	Sending Out to Other Provinces(-)	-76.52	-4113.77
6.出口量(-)	Export(-)		-126.15
7.境外飞机和轮船在境内的加油量(-)	Oversea Airplanes&Ships Refueling Domestically(-)		-3.68
8.库存增(-)、减(+)量	Stock Change	-2.62	-64.90
二.加工转换投入(-)产出(+)量	**Input(-) & Output(+) of Transformation**	**106.36**	**-196.10**
1.火力发电	Thermal Power		-4.52
2.供热	Heating Supply		-8.72
3.煤炭洗选	Coal Washing		
4.炼焦	Coking	106.36	
5.炼油及煤制油	Petroleum Refining and Coal-to-liquids		1214.27
#油品再投入量(-)	Petroleum Products Input (-)		-1397.13
6.制气	Gas Works		
#焦炭再投入量(-)	Coke Input (-)		
7.天然气液化	Natural Gas Liquefaction		
8.煤制品加工	Briquettes		
9.回收能	Recovery of Energy		
三.损失量	**Loss**		**6.73**
四.终端消费量	**Total Final Consumption**	**63.01**	**3072.42**
1.农、林、牧、渔业	Agriculture, Forestry, Animal Husbandry and Fishery		230.47
2.工业	Industry	63.01	770.19
#用作原料、材料	Non-Energy Use	49.44	450.90
3.建筑业	Construction		167.27
4.交通运输、仓储和邮政业	Transport, Storage and Post		1387.37
5.批发和零售业、住宿和餐饮业	Wholesale and Retail Trades, Hotels and Catering Services		11.30
6.其他	Others		11.68
7.居民生活	Residential		494.14
城镇	Urban		380.31
乡村	Rural		113.83
五.平衡差额	**Statistical Difference**		
六.消费量合计	**Total Energy Consumption**	**63.01**	**3275.25**

Continued 1

原油 (万吨) Crude Oil (10^4 tons)	汽油 (万吨) Gasoline (10^4 tons)	煤油 (万吨) Kerosene (10^4 tons)	柴油 (万吨) Diesel Oil (10^4 tons)	燃料油 (万吨) Fuel Oil (10^4 tons)	石脑油 (万吨) Naphtha (10^4 tons)	润滑油 (万吨) Lubricants (10^4 tons)	石蜡 (万吨) Paraffin Waxes (10^4 tons)	溶剂油 (万吨) White Spirit (10^4 tons)
4067.87	**263.59**	**-371.31**	**117.66**	**92.28**	**-172.57**	**-125.21**	**-5.95**	**-0.64**
155.36								
1162.74	883.37	9.39	886.44	659.96	116.43	19.66	0.02	13.48
2826.11					3.50			
			0.26	5.65		0.04		
-71.36	-611.09	-249.17	-758.13	-572.83	-281.51	-143.34	-5.93	-14.04
		-126.15						
		-3.68						
-4.98	-8.69	-1.70	-10.91	-0.50	-10.99	-1.57	-0.04	-0.08
-4060.40	**809.53**	**484.54**	**762.47**	**48.05**	**417.23**	**126.30**	**6.45**	**1.51**
			-1.14	-0.06				
			-0.20	-0.01				
-4060.40	809.53	484.54	763.81	154.83	417.23	126.30	6.45	1.51
				-106.71				
6.43								
1.04	**1073.12**	**113.23**	**880.13**	**140.33**	**244.66**	**1.09**	**0.50**	**0.87**
	25.95		193.20	11.32				
1.04	26.90	0.63	66.17	23.85	244.66	1.09	0.50	0.87
	0.14	0.01	0.02		244.65	0.27	0.13	0.56
	5.17		11.24					
	592.16	112.60	575.60	105.16				
	7.30		4.00					
	8.36		3.32					
	407.28		26.60					
	330.60		8.40					
	76.68		18.20					
4067.87	**1073.12**	**113.23**	**881.47**	**247.11**	**244.66**	**1.09**	**0.50**	**0.87**

6-10 续表 2

项　目	Item	石油沥青(万吨) Bitumen Asphalt (10^4 tons)	石油焦(万吨) Petroleum Coke (10^4 tons)
一.可供本地区消费的能源量	**Total Primary Energy Supply**	**-186.82**	**-178.44**
1.一次能源生产量	Indigenous Production		
2.外省(区、市)调入量	Moving In from Other Provinces	92.56	149.50
3.进口量	Import		
4.境内飞机和轮船在境外的加油量	Domestic Airplanes&Ships Refueling Abroad		
5.本省(区、市)调出量(-)	Sending Out to Other Provinces(-)	-284.63	-321.31
6.出口量(-)	Export(-)		
7.境外飞机和轮船在境内的加油量(-)	Oversea Airplanes&Ships Refueling Domestically(-)		
8.库存增(-)、减(+)量	Stock Change	5.25	-6.63
二.加工转换投入(-)产出(+)量	**Input(-) & Output(+) of Transformation**	**339.82**	**210.58**
1.火力发电	Thermal Power		
2.供热	Heating Supply		-0.16
3.煤炭洗选	Coal Washing		
4.炼焦	Coking		
5.炼油及煤制油	Petroleum Refining and Coal-to-liquids	339.82	210.74
#油品再投入量(-)	Petroleum Products Input (-)		
6.制气	Gas Works		
#焦炭再投入量(-)	Coke Input (-)		
7.天然气液化	Natural Gas Liquefaction		
8.煤制品加工	Briquettes		
9.回收能	Recovery of Energy		
三.损失量	**Loss**		
四.终端消费量	**Total Final Consumption**	**153.00**	**32.14**
1.农、林、牧、渔业	Agriculture, Forestry, Animal Husbandry and Fishery		
2.工业	Industry	2.33	32.14
#用作原料、材料	Non-Energy Use	0.91	2.96
3.建筑业	Construction	150.67	
4.交通运输、仓储和邮政业	Transport, Storage and Post		
5.批发和零售业、住宿和餐饮业	Wholesale and Retail Trades, Hotels and Catering Services		
6.其他	Others		
7.居民生活	Residential		
城镇	Urban		
乡村	Rural		
五.平衡差额	**Statistical Difference**		
六.消费量合计	**Total Energy Consumption**	**153.00**	**32.30**

Continued 2

液化石油气（万吨） Liquefied Petroleum Gas (10^4 tons)	炼厂干气（万吨） Refinery Gas (10^4 tons)	其他石油制品（万吨） Other Petroleum Products (10^4 tons)	天然气（亿立方米） Natural Gas (10^8 cu.m)	液化天然气（万吨） Liquefied Natural Gas (10^4 tons)	热力（万百万千焦） Heat (10^{10} kJ)	电力（亿千瓦小时） Electricity (10^8 kW•h)	其他能源（万吨标准煤） Other Energy (10^4 tce)
-119.62	**-13.60**	**-91.99**	**269.79**	**46.52**		**1596.54**	**376.37**
			9.97			567.73	382.77
45.71		553.57	268.67	97.01		1170.50	
				717.00			
-147.68	-13.60	-639.15	-8.85	-759.02		-141.69	
-17.65		-6.41		-8.47			-6.40
217.94	**110.53**	**329.35**	**-132.65**	**-9.00**	**69038.72**	**4531.73**	**-335.99**
	-3.32		-114.54	-8.48	-5642.93	4531.73	-286.72
	-8.35		-18.00	-1.20	62180.38		-49.27
217.94	122.20	1619.77					
		-1290.42					
			-0.11	0.68			
					12501.27		
0.30			**2.96**		**2883.90**	**181.24**	
98.02	**96.93**	**237.36**	**134.18**	**37.52**	**66154.82**	**5947.03**	**40.38**
						71.98	
35.72	96.93	237.36	94.27	28.99	65925.28	4214.82	40.38
0.11		201.14	1.47	0.02			
0.19			0.02			54.69	
1.85			12.63	8.53	9.57	90.76	
			0.49		15.58	231.18	
			0.16		13.02	525.33	
60.26			26.61		191.37	758.27	
41.31			26.61		191.37	380.87	
18.95						377.40	
98.32	**108.60**	**1527.78**	**269.70**	**47.20**	**74681.65**	**6128.27**	**376.37**

6-11 浙江能源平衡表(实物量)-2018

项　目	Item	煤合计 (万吨) Coal Total (10^4 tons)	原煤 (万吨) Raw Coal (10^4 tons)
一.可供本地区消费的能源量	**Total Primary Energy Supply**	**14180.08**	**13960.44**
1.一次能源生产量	Indigenous Production		
2.外省(区、市)调入量	Moving In from Other Provinces	11381.29	11167.66
3.进口量	Import	2793.12	2793.12
4.境内飞机和轮船在境外的加油量	Domestic Airplanes&Ships Refueling Abroad		
5.本省(区、市)调出量(-)	Sending Out to Other Provinces(-)		
6.出口量(-)	Export(-)		
7.境外飞机和轮船在境内的加油量(-)	Oversea Airplanes&Ships Refueling Domestically(-)		
8.库存增(-)、减(+)量	Stock Change	5.67	-0.34
二.加工转换投入(-)产出(+)量	**Input(-) & Output(+) of Transformation**	**-12093.84**	**-12194.37**
1.火力发电	Thermal Power	-9057.64	-9057.64
2.供热	Heating Supply	-2824.67	-2824.62
3.煤炭洗选	Coal Washing		
4.炼焦	Coking	-282.55	-68.81
5.炼油及煤制油	Petroleum Refining and Coal-to-liquids		
#油品再投入量(-)	Petroleum Products Input (-)		
6.制气	Gas Works	-1.22	-1.22
#焦炭再投入量(-)	Coke Input (-)		
7.天然气液化	Natural Gas Liquefaction		
8.煤制品加工	Briquettes	72.23	-242.08
9.回收能	Recovery of Energy		
三.损失量	**Loss**		
四.终端消费量	**Total Final Consumption**	**2086.24**	**1766.07**
1.农、林、牧、渔业	Agriculture, Forestry, Animal Husbandry and Fishery		
2.工业	Industry	2013.36	1716.59
#用作原料、材料	Non-Energy Use	214.62	189.68
3.建筑业	Construction	9.50	9.50
4.交通运输、仓储和邮政业	Transport, Storage and Post	0.02	0.02
5.批发和零售业、住宿和餐饮业	Wholesale and Retail Trades, Hotels and Catering Services	29.26	21.86
6.其他	Others	4.10	4.10
7.居民生活	Residential	30.00	14.00
城镇	Urban	11.00	4.50
乡村	Rural	19.00	9.50
五.平衡差额	**Statistical Difference**		
六.消费量合计	**Total Energy Consumption**	**14180.08**	**13960.44**

Energy Balance of Zhejiang (Physical Quantity) -2018

洗精煤 (万吨) Cleaned Coal (10^4 tons)	其他洗煤 (万吨) Other Washed Coal (10^4 tons)	煤制品 (万吨) Briquettes (10^4 tons)	煤矸石 (万吨) Gangue (10^4 tons)	焦炭 (万吨) Coke (10^4 tons)	焦炉煤气 (亿立方米) Coke Oven Gas (10^8 cu.m)	高炉煤气 (亿立方米) Blast Furnace Gas (10^8 cu.m)	转炉煤气 (亿立方米) Converter Gas (10^8 cu.m)	其他煤气 (亿立方米) Other Gas (10^8 cu.m)
213.73	**5.28**	**0.62**	**0.31**	**120.03**				
209.92	3.71		0.31	118.68				
3.81	1.57	0.62		1.35				
-213.74		**314.27**	**-0.30**	**203.02**	**3.90**	**85.05**	**4.18**	**0.20**
			-0.17		-0.45	-20.34	-6.23	
		-0.04	-0.13					
-213.74				203.02	4.34			
								0.20
		314.31						
						105.40	10.41	
	5.28	**314.89**	**0.01**	**323.05**	**3.90**	**85.05**	**4.18**	**0.21**
	5.28	291.49	0.01	323.05	3.90	85.05	4.18	0.21
	4.60	20.34						
		7.40						
		16.00						
		6.50						
		9.50						
213.74	**5.28**	**314.93**	**0.31**	**323.05**	**4.34**	**105.39**	**10.41**	**0.21**

6-11 续表 1

项　目	Item	其他焦化产品(万吨) Other Coking Products (10^4 tons)	油品合计(万吨) Petroleum Products Total (10^4 tons)
一.可供本地区消费的能源量	**Total Primary Energy Supply**	**-4.78**	**2612.41**
1.一次能源生产量	Indigenous Production		
2.外省(区、市)调入量	Moving In from Other Provinces		3241.72
3.进口量	Import		3638.66
4.境内飞机和轮船在境外的加油量	Domestic Airplanes&Ships Refueling Abroad		
5.本省(区、市)调出量(-)	Sending Out to Other Provinces(-)	-4.80	-3470.87
6.出口量(-)	Export(-)		-750.70
7.境外飞机和轮船在境内的加油量(-)	Oversea Airplanes&Ships Refueling Domestically(-)		
8.库存增(-)、减(+)量	Stock Change	0.02	-46.40
二.加工转换投入(-)产出(+)量	**Input(-) & Output(+) of Transformation**	**21.19**	**-147.65**
1.火力发电	Thermal Power		-36.23
2.供热	Heating Supply		-34.54
3.煤炭洗选	Coal Washing		
4.炼焦	Coking	21.19	
5.炼油及煤制油	Petroleum Refining and Coal-to-liquids		464.26
#油品再投入量(-)	Petroleum Products Input (-)		-541.14
6.制气	Gas Works		
#焦炭再投入量(-)	Coke Input (-)		
7.天然气液化	Natural Gas Liquefaction		
8.煤制品加工	Briquettes		
9.回收能	Recovery of Energy		
三.损失量	**Loss**		
四.终端消费量	**Total Final Consumption**	**16.42**	**2464.75**
1.农、林、牧、渔业	Agriculture, Forestry, Animal Husbandry and Fishery		237.00
2.工业	Industry	16.42	493.70
#用作原料、材料	Non-Energy Use		148.32
3.建筑业	Construction		175.91
4.交通运输、仓储和邮政业	Transport, Storage and Post		976.55
5.批发和零售业、住宿和餐饮业	Wholesale and Retail Trades, Hotels and Catering Services		81.80
6.其他	Others		91.15
7.居民生活	Residential		408.64
城镇	Urban		205.49
乡村	Rural		203.15
五.平衡差额	**Statistical Difference**		**0.01**
六.消费量合计	**Total Energy Consumption**	**16.42**	**2612.40**

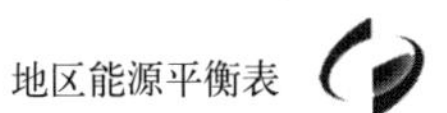

Continued 1

原油 (万吨) Crude Oil (10^4 tons)	汽油 (万吨) Gasoline (10^4 tons)	煤油 (万吨) Kerosene (10^4 tons)	柴油 (万吨) Diesel Oil (10^4 tons)	燃料油 (万吨) Fuel Oil (10^4 tons)	石脑油 (万吨) Naphtha (10^4 tons)	润滑油 (万吨) Lubricants (10^4 tons)	石蜡 (万吨) Paraffin Waxes (10^4 tons)	溶剂油 (万吨) White Spirit (10^4 tons)
2769.88	**530.66**	**-109.69**	**133.74**	**164.24**	**-90.00**	**2.29**	**0.60**	**0.49**
743.01	876.16	192.08	562.81	795.41		1.61	0.60	0.50
2056.60		15.15	27.53	1163.76		1.76		
	-321.61	-201.58	-378.46	-1245.83	-90.00			
-13.87		-107.94	-84.11	-543.72		-0.95		
-15.87	-23.90	-7.40	5.97	-5.38		-0.13		-0.01
-2769.88	**331.54**	**273.34**	**627.14**	**-87.56**	**90.00**	**-0.19**		
			-0.96	-0.03		-0.19		
			-0.09	-0.06				
-2769.88	331.54	273.34	628.23	139.83	269.40			
			-0.04	-227.30	-179.40			
	862.20	**163.65**	**760.88**	**76.69**		**2.10**	**0.60**	**0.49**
	35.00		202.00					
	34.61	1.15	76.88	22.94		2.10	0.60	0.49
	0.18	0.08	1.86	3.60		0.32	0.27	0.37
	44.91		131.00					
	468.23	162.50	296.00	49.80				
	31.50		16.80	2.50				
	61.50		15.20	1.45				
	186.45		23.00					
	97.35		11.00					
	89.10		12.00					
2769.88	**862.20**	**163.65**	**761.97**	**304.08**	**179.40**	**2.29**	**0.60**	**0.49**

6-11 续表 2

项 目	Item	石油沥青(万吨) Bitumen Asphalt (10^4 tons)	石油焦(万吨) Petroleum Coke (10^4 tons)
一.可供本地区消费的能源量	**Total Primary Energy Supply**	**-307.86**	**-49.07**
1.一次能源生产量	Indigenous Production		
2.外省(区、市)调入量	Moving In from Other Provinces		
3.进口量	Import		
4.境内飞机和轮船在境外的加油量	Domestic Airplanes&Ships Refueling Abroad		
5.本省(区、市)调出量(-)	Sending Out to Other Provinces(-)	-307.83	-49.42
6.出口量(-)	Export(-)		
7.境外飞机和轮船在境内的加油量(-)	Oversea Airplanes&Ships Refueling Domestically(-)		
8.库存增(-)、减(+)量	Stock Change	-0.03	0.35
二.加工转换投入(-)产出(+)量	**Input(-) & Output(+) of Transformation**	**311.70**	**80.34**
1.火力发电	Thermal Power		-35.06
2.供热	Heating Supply		-34.38
3.煤炭洗选	Coal Washing		
4.炼焦	Coking		
5.炼油及煤制油	Petroleum Refining and Coal-to-liquids	311.70	149.78
#油品再投入量(-)	Petroleum Products Input (-)		
6.制气	Gas Works		
#焦炭再投入量(-)	Coke Input (-)		
7.天然气液化	Natural Gas Liquefaction		
8.煤制品加工	Briquettes		
9.回收能	Recovery of Energy		
三.损失量	**Loss**		
四.终端消费量	**Total Final Consumption**	**3.83**	**31.27**
1.农、林、牧、渔业	Agriculture, Forestry, Animal Husbandry and Fishery		
2.工业	Industry	3.83	31.27
#用作原料、材料	Non-Energy Use	1.67	4.26
3.建筑业	Construction		
4.交通运输、仓储和邮政业	Transport, Storage and Post		
5.批发和零售业、住宿和餐饮业	Wholesale and Retail Trades, Hotels and Catering Services		
6.其他	Others		
7.居民生活	Residential		
城镇	Urban		
乡村	Rural		
五.平衡差额	**Statistical Difference**		
六.消费量合计	**Total Energy Consumption**	**3.83**	**100.71**

Continued 2

液化石油气 (万吨) Liquefied Petroleum Gas (10^4 tons)	炼厂干气 (万吨) Refinery Gas (10^4 tons)	其他石油制品 (万吨) Other Petroleum Products (10^4 tons)	天然气 (亿立方米) Natural Gas (10^8 cu.m)	液化天然气 (万吨) Liquefied Natural Gas (10^4 tons)	热力 (万百万千焦) Heat (10^{10} kJ)	电力 (亿千瓦小时) Electricity (10^8 kW•h)	其他能源 (万吨标准煤) Other Energy (10^4 tce)
140.05	**48.13**	**-621.05**	**128.88**	**43.74**		**1944.27**	**411.48**
						897.88	418.05
21.41	48.13		128.88	43.74		1252.89	
373.86							
-255.75		-620.40				-206.50	
-0.12							
0.64		-0.65					-6.57
116.67	**90.84**	**788.40**	**-34.32**	**-1.67**	**58512.70**	**2588.55**	**-316.51**
			-30.71	-0.08	-4999.73	2588.55	-293.41
			-3.60	-1.59	57042.25		-23.10
157.94	119.86	852.51					
-41.27	-29.02	-64.11					
					6470.19		
					2011.46	**159.34**	
256.71	**138.97**	**167.35**	**94.56**	**42.07**	**56501.24**	**4373.48**	**94.97**
						29.03	
13.51	138.97	167.35	63.42	42.07	50903.11	3017.21	94.97
0.46	1.93	133.32	0.11	0.02			
						71.76	
0.02			0.03		3.13	74.17	
31.00			7.16		4045.00	205.15	
13.00					1550.00	373.35	
199.19			23.95			602.82	
97.14			17.95			328.86	
102.05			6.00			273.96	
297.98	**167.99**	**231.46**	**128.87**	**43.74**	**63512.43**	**4532.82**	**411.48**

6-12 安徽能源平衡表(实物量)-2018

项　目	Item	煤合计 (万吨) Coal Total (10^4 tons)	原煤 (万吨) Raw Coal (10^4 tons)
一.可供本地区消费的能源量	**Total Primary Energy Supply**	**16672.93**	**17878.22**
1.一次能源生产量	Indigenous Production	11412.35	11412.35
2.外省(区、市)调入量	Moving In from Other Provinces	11454.12	9852.56
3.进口量	Import		
4.境内飞机和轮船在境外的加油量	Domestic Airplanes&Ships Refueling Abroad		
5.本省(区、市)调出量(-)	Sending Out to Other Provinces(-)	-6065.59	-3192.74
6.出口量(-)	Export(-)		
7.境外飞机和轮船在境内的加油量(-)	Oversea Airplanes&Ships Refueling Domestically(-)		
8.库存增(-)、减(+)量	Stock Change	-127.95	-193.95
二.加工转换投入(-)产出(+)量	**Input(-) & Output(+) of Transformation**	**-12891.15**	**-14234.79**
1.火力发电	Thermal Power	-10103.63	-9773.99
2.供热	Heating Supply	-535.13	-528.40
3.煤炭洗选	Coal Washing	-607.33	-3859.14
4.炼焦	Coking	-1571.80	
5.炼油及煤制油	Petroleum Refining and Coal-to-liquids	-23.20	-23.20
#油品再投入量(-)	Petroleum Products Input (-)		
6.制气	Gas Works	-50.06	-50.06
#焦炭再投入量(-)	Coke Input (-)		
7.天然气液化	Natural Gas Liquefaction		
8.煤制品加工	Briquettes		
9.回收能	Recovery of Energy		
三.损失量	**Loss**		
四.终端消费量	**Total Final Consumption**	**3781.91**	**3643.65**
1.农、林、牧、渔业	Agriculture, Forestry, Animal Husbandry and Fishery	46.80	46.80
2.工业	Industry	3569.66	3463.43
#用作原料、材料	Non-Energy Use	426.68	388.59
3.建筑业	Construction	20.87	20.87
4.交通运输、仓储和邮政业	Transport, Storage and Post	1.26	1.26
5.批发和零售业、住宿和餐饮业	Wholesale and Retail Trades, Hotels and Catering Services		
6.其他	Others		
7.居民生活	Residential	143.32	111.29
城镇	Urban	23.70	10.00
乡村	Rural	119.62	101.29
五.平衡差额	**Statistical Difference**	**-0.14**	**-0.22**
六.消费量合计	**Total Energy Consumption**	**16673.06**	**17878.44**

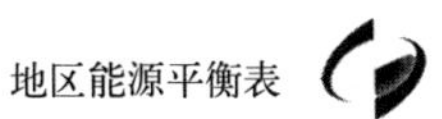

Energy Balance of Anhui (Physical Quantity) -2018

洗精煤 (万吨) Cleaned Coal (10^4 tons)	其他洗煤 (万吨) Other Washed Coal (10^4 tons)	煤制品 (万吨) Briquettes (10^4 tons)	煤矸石 (万吨) Gangue (10^4 tons)	焦炭 (万吨) Coke (10^4 tons)	焦炉煤气 (亿立方米) Coke Oven Gas (10^8 cu.m)	高炉煤气 (亿立方米) Blast Furnace Gas (10^8 cu.m)	转炉煤气 (亿立方米) Converter Gas (10^8 cu.m)	其他煤气 (亿立方米) Other Gas (10^8 cu.m)
-181.13	**-1066.32**	**42.16**	**-37.41**	**-25.51**				
1483.47	50.22	67.87		556.02				
-1664.25	-1184.01	-24.59	-36.89	-584.35				
-0.35	67.47	-1.12	-0.52	2.82				
181.13	**1162.51**		**43.22**	**1129.95**	**22.18**	**247.08**	**13.08**	**5.16**
	-329.64		-276.72		-6.24	-105.74	-13.62	
	-6.73		-7.86		-0.71	-8.97	-0.99	
1752.93	1498.88		327.80					
-1571.80				1129.95	29.13			
								5.16
						361.79	27.69	
	96.11	**42.16**	**5.81**	**1104.44**	**22.88**	**247.39**	**13.18**	**5.16**
	96.11	10.12	5.81	1104.44	22.88	247.39	13.18	5.16
	38.09			0.30				
		32.04						
		13.70						
		18.34						
	0.08				**-0.70**	**-0.31**	**-0.10**	
1571.80	**432.48**	**42.16**	**290.39**	**1104.44**	**29.83**	**362.10**	**27.79**	**5.16**

6-12 续表 1

项　目	Item	其他焦化产品(万吨) Other Coking Products (10^4 tons)	油品合计(万吨) Petroleum Products Total (10^4 tons)
一.可供本地区消费的能源量	**Total Primary Energy Supply**	**-59.18**	**1549.37**
1.一次能源生产量	Indigenous Production		
2.外省(区、市)调入量	Moving In from Other Provinces		1028.86
3.进口量	Import		728.46
4.境内飞机和轮船在境外的加油量	Domestic Airplanes&Ships Refueling Abroad		
5.本省(区、市)调出量(-)	Sending Out to Other Provinces(-)	-59.18	-204.81
6.出口量(-)	Export(-)		
7.境外飞机和轮船在境内的加油量(-)	Oversea Airplanes&Ships Refueling Domestically(-)		
8.库存增(-)、减(+)量	Stock Change		-3.15
二.加工转换投入(-)产出(+)量	**Input(-) & Output(+) of Transformation**	**74.09**	**-6.54**
1.火力发电	Thermal Power		-0.55
2.供热	Heating Supply		-0.85
3.煤炭洗选	Coal Washing		
4.炼焦	Coking	74.09	
5.炼油及煤制油	Petroleum Refining and Coal-to-liquids		68.90
#油品再投入量(-)	Petroleum Products Input (-)		-74.04
6.制气	Gas Works		
#焦炭再投入量(-)	Coke Input (-)		
7.天然气液化	Natural Gas Liquefaction		
8.煤制品加工	Briquettes		
9.回收能	Recovery of Energy		
三.损失量	**Loss**		
四.终端消费量	**Total Final Consumption**	**14.91**	**1539.19**
1.农、林、牧、渔业	Agriculture, Forestry, Animal Husbandry and Fishery		97.33
2.工业	Industry	14.91	195.50
#用作原料、材料	Non-Energy Use	12.24	47.40
3.建筑业	Construction		96.40
4.交通运输、仓储和邮政业	Transport, Storage and Post		691.91
5.批发和零售业、住宿和餐饮业	Wholesale and Retail Trades, Hotels and Catering Services		28.11
6.其他	Others		107.40
7.居民生活	Residential		322.54
城镇	Urban		199.06
乡村	Rural		123.48
五.平衡差额	**Statistical Difference**		**3.64**
六.消费量合计	**Total Energy Consumption**	**14.91**	**1545.72**

Continued 1

原油 (万吨) Crude Oil (10^4 tons)	汽油 (万吨) Gasoline (10^4 tons)	煤油 (万吨) Kerosene (10^4 tons)	柴油 (万吨) Diesel Oil (10^4 tons)	燃料油 (万吨) Fuel Oil (10^4 tons)	石脑油 (万吨) Naphtha (10^4 tons)	润滑油 (万吨) Lubricants (10^4 tons)	石蜡 (万吨) Paraffin Waxes (10^4 tons)	溶剂油 (万吨) White Spirit (10^4 tons)
728.34	**360.41**	**-24.88**	**470.00**	**18.61**	**-24.46**	**1.68**	**0.29**	**0.28**
0.03	434.19		506.54	18.82	15.82	2.15	0.31	0.29
728.46								
	-72.11	-24.48	-38.44		-38.66			
-0.15	-1.67	-0.40	1.90	-0.21	-1.61	-0.47	-0.02	-0.01
-727.46	**269.61**	**40.37**	**182.71**	**3.53**	**24.46**	**-0.38**		
			-0.55					
			-0.14					
-727.46	269.61	40.37	183.40	3.53	24.46	1.30		
						-1.68		
0.88	**626.42**	**15.48**	**652.71**	**22.14**		**1.30**	**0.29**	**0.28**
	21.64		75.69					
0.88	5.79	0.25	53.84	5.10		1.30	0.29	0.28
	0.02		0.17			0.01	0.17	0.13
	31.46		63.21	1.74				
	232.12	15.23	429.22	15.30				
	18.54		9.58					
	92.95		14.45					
	223.93		6.72					
	159.16		1.42					
	64.77		5.30					
	3.60							
728.34	**626.42**	**15.48**	**653.40**	**22.14**		**2.98**	**0.29**	**0.28**

6-12 续表 2

项 目	Item	石油沥青(万吨) Bitumen Asphalt (10^4 tons)	石油焦(万吨) Petroleum Coke (10^4 tons)
一.可供本地区消费的能源量	**Total Primary Energy Supply**	**1.29**	**-15.39**
1.一次能源生产量	Indigenous Production		
2.外省(区、市)调入量	Moving In from Other Provinces	4.56	9.61
3.进口量	Import		
4.境内飞机和轮船在境外的加油量	Domestic Airplanes&Ships Refueling Abroad		
5.本省(区、市)调出量(-)	Sending Out to Other Provinces(-)		-26.98
6.出口量(-)	Export(-)		
7.境外飞机和轮船在境内的加油量(-)	Oversea Airplanes&Ships Refueling Domestically(-)		
8.库存增(-)、减(+)量	Stock Change	-3.27	1.98
二.加工转换投入(-)产出(+)量	**Input(-) & Output(+) of Transformation**		**27.56**
1.火力发电	Thermal Power		
2.供热	Heating Supply		
3.煤炭洗选	Coal Washing		
4.炼焦	Coking		
5.炼油及煤制油	Petroleum Refining and Coal-to-liquids		27.56
#油品再投入量(-)	Petroleum Products Input (-)		
6.制气	Gas Works		
#焦炭再投入量(-)	Coke Input (-)		
7.天然气液化	Natural Gas Liquefaction		
8.煤制品加工	Briquettes		
9.回收能	Recovery of Energy		
三.损失量	**Loss**		
四.终端消费量	**Total Final Consumption**	**1.29**	**12.17**
1.农、林、牧、渔业	Agriculture, Forestry, Animal Husbandry and Fishery		
2.工业	Industry	1.29	12.17
#用作原料、材料	Non-Energy Use	0.75	1.01
3.建筑业	Construction		
4.交通运输、仓储和邮政业	Transport, Storage and Post		
5.批发和零售业、住宿和餐饮业	Wholesale and Retail Trades, Hotels and Catering Services		
6.其他	Others		
7.居民生活	Residential		
城镇	Urban		
乡村	Rural		
五.平衡差额	**Statistical Difference**		
六.消费量合计	**Total Energy Consumption**	**1.29**	**12.17**

Continued 2

液化石油气 (万吨) Liquefied Petroleum Gas (10^4 tons)	炼厂干气 (万吨) Refinery Gas (10^4 tons)	其他石油制品 (万吨) Other Petroleum Products (10^4 tons)	天然气 (亿立方米) Natural Gas (10^8 cu.m)	液化天然气 (万吨) Liquefied Natural Gas (10^4 tons)	热力 (万百万千焦) Heat (10^{10} kJ)	电力 (亿千瓦小时) Electricity (10^8 kW•h)	其他能源 (万吨标准煤) Other Energy (10^4 tce)
18.45		**14.75**	**53.58**	**-4.15**		**-398.63**	**315.90**
			2.25			207.52	315.90
22.69		13.85	51.33			83.71	
-4.13				-4.15		-689.86	
-0.12		0.90					
75.07	**25.59**	**72.41**	**-2.86**	**5.90**	**11033.11**	**2533.70**	**-262.24**
			-2.00		-7387.45	2533.70	-239.54
	-0.70				9927.29		-22.70
75.07	37.48	133.58					
	-11.19	-61.17					
			-0.86	5.90			
					8493.27		
						124.74	
93.52	**25.59**	**87.13**	**50.72**	**1.75**	**11033.11**	**2010.32**	**53.66**
						27.88	
1.59	25.59	87.13	17.15	1.75	8704.27	1248.73	53.66
		45.14	0.20				
						34.01	
0.04			5.51		3.67	41.36	
			4.51			102.09	
			3.51			190.18	
91.89			20.04		2325.17	366.07	
38.48			20.04		2325.17	162.91	
53.40						203.16	
		0.03					
93.52	**37.48**	**148.30**	**52.76**	**1.75**	**18420.56**	**2135.07**	**315.90**

6-13 福建能源平衡表(实物量)-2018

项　目	Item	煤合计 (万吨) Coal Total (10^4 tons)	原煤 (万吨) Raw Coal (10^4 tons)
一.可供本地区消费的能源量	**Total Primary Energy Supply**	**8558.85**	**8339.32**
1.一次能源生产量	Indigenous Production	941.27	941.27
2.外省(区、市)调入量	Moving In from Other Provinces	4787.81	4523.58
3.进口量	Import	3569.75	3569.75
4.境内飞机和轮船在境外的加油量	Domestic Airplanes&Ships Refueling Abroad		
5.本省(区、市)调出量(-)	Sending Out to Other Provinces(-)	-757.27	-730.88
6.出口量(-)	Export(-)		
7.境外飞机和轮船在境内的加油量(-)	Oversea Airplanes&Ships Refueling Domestically(-)		
8.库存增(-)、减(+)量	Stock Change	17.29	35.60
二.加工转换投入(-)产出(+)量	**Input(-) & Output(+) of Transformation**	**-6160.76**	**-6026.80**
1.火力发电	Thermal Power	-5462.82	-5462.82
2.供热	Heating Supply	-468.67	-468.67
3.煤炭洗选	Coal Washing	-0.50	-60.61
4.炼焦	Coking	-228.54	-4.22
5.炼油及煤制油	Petroleum Refining and Coal-to-liquids		
#油品再投入量(-)	Petroleum Products Input (-)		
6.制气	Gas Works	-2.18	-2.18
#焦炭再投入量(-)	Coke Input (-)		
7.天然气液化	Natural Gas Liquefaction		
8.煤制品加工	Briquettes	1.95	-28.30
9.回收能	Recovery of Energy		
三.损失量	**Loss**		
四.终端消费量	**Total Final Consumption**	**2398.08**	**2312.51**
1.农、林、牧、渔业	Agriculture, Forestry, Animal Husbandry and Fishery	29.15	29.15
2.工业	Industry	2332.33	2246.76
#用作原料、材料	Non-Energy Use	130.94	130.94
3.建筑业	Construction	1.80	1.80
4.交通运输、仓储和邮政业	Transport, Storage and Post	1.20	1.20
5.批发和零售业、住宿和餐饮业	Wholesale and Retail Trades, Hotels and Catering Services	3.60	3.60
6.其他	Others	7.00	7.00
7.居民生活	Residential	23.00	23.00
城镇	Urban	5.00	5.00
乡村	Rural	18.00	18.00
五.平衡差额	**Statistical Difference**	**0.01**	**0.01**
六.消费量合计	**Total Energy Consumption**	**8558.85**	**8339.31**

Energy Balance of Fujian (Physical Quantity) -2018

洗精煤 (万吨) Cleaned Coal (10^4 tons)	其他洗煤 (万吨) Other Washed Coal (10^4 tons)	煤制品 (万吨) Briquettes (10^4 tons)	煤矸石 (万吨) Gangue (10^4 tons)	焦炭 (万吨) Coke (10^4 tons)	焦炉煤气 (亿立方米) Coke Oven Gas (10^8 cu.m)	高炉煤气 (亿立方米) Blast Furnace Gas (10^8 cu.m)	转炉煤气 (亿立方米) Converter Gas (10^8 cu.m)	其他煤气 (亿立方米) Other Gas (10^8 cu.m)
224.32	**-25.61**	**20.82**		**607.68**				
230.64		33.59		615.28				
	-26.39							
-6.32	0.78	-12.77		-7.60				
-224.32	**60.11**	**30.25**		**174.18**	**2.87**	**129.40**	**9.75**	**0.59**
					-2.06	-53.20	-8.02	
					-0.71	-13.10	-0.73	
	60.11							
-224.32				174.18	5.64			
								0.59
		30.25						
						195.70	18.50	
	34.50	**51.07**		**781.86**	**2.87**	**129.40**	**9.75**	**0.59**
	34.50	51.07		781.86	2.87	129.40	9.75	0.59
224.32	**34.50**	**51.07**		**781.86**	**5.64**	**195.70**	**18.50**	**0.59**

6-13 续表 1

项目	Item	其他焦化产品(万吨) Other Coking Products (10^4 tons)	油品合计(万吨) Petroleum Products Total (10^4 tons)
一.可供本地区消费的能源量	**Total Primary Energy Supply**	**0.12**	**2075.17**
1.一次能源生产量	Indigenous Production		
2.外省(区、市)调入量	Moving In from Other Provinces		333.69
3.进口量	Import		2149.45
4.境内飞机和轮船在境外的加油量	Domestic Airplanes&Ships Refueling Abroad		
5.本省(区、市)调出量(-)	Sending Out to Other Provinces(-)		-392.89
6.出口量(-)	Export(-)		
7.境外飞机和轮船在境内的加油量(-)	Oversea Airplanes&Ships Refueling Domestically(-)		
8.库存增(-)、减(+)量	Stock Change	0.12	-15.08
二.加工转换投入(-)产出(+)量	**Input(-) & Output(+) of Transformation**	**9.68**	**-250.92**
1.火力发电	Thermal Power		-63.87
2.供热	Heating Supply		-14.75
3.煤炭洗选	Coal Washing		
4.炼焦	Coking	9.68	
5.炼油及煤制油	Petroleum Refining and Coal-to-liquids		-109.65
#油品再投入量(-)	Petroleum Products Input (-)		-62.65
6.制气	Gas Works		
#焦炭再投入量(-)	Coke Input (-)		
7.天然气液化	Natural Gas Liquefaction		
8.煤制品加工	Briquettes		
9.回收能	Recovery of Energy		
三.损失量	**Loss**		
四.终端消费量	**Total Final Consumption**	**9.80**	**1824.25**
1.农、林、牧、渔业	Agriculture, Forestry, Animal Husbandry and Fishery		78.82
2.工业	Industry	9.80	625.67
#用作原料、材料	Non-Energy Use		
3.建筑业	Construction		124.40
4.交通运输、仓储和邮政业	Transport, Storage and Post		781.72
5.批发和零售业、住宿和餐饮业	Wholesale and Retail Trades, Hotels and Catering Services		14.00
6.其他	Others		28.36
7.居民生活	Residential		171.28
城镇	Urban		92.48
乡村	Rural		78.80
五.平衡差额	**Statistical Difference**		
六.消费量合计	**Total Energy Consumption**	**9.80**	**2075.17**

Continued 1

原油 (万吨) Crude Oil (10^4 tons)	汽油 (万吨) Gasoline (10^4 tons)	煤油 (万吨) Kerosene (10^4 tons)	柴油 (万吨) Diesel Oil (10^4 tons)	燃料油 (万吨) Fuel Oil (10^4 tons)	石脑油 (万吨) Naphtha (10^4 tons)	润滑油 (万吨) Lubricants (10^4 tons)	石蜡 (万吨) Paraffin Waxes (10^4 tons)	溶剂油 (万吨) White Spirit (10^4 tons)
2144.17	**175.58**	**-191.28**	**-47.58**	**147.45**	**-32.33**	**11.23**	**0.32**	**1.73**
	175.13			144.66		11.43	0.32	2.15
2149.45								
		-188.13	-49.81		-30.12			
-5.28	0.45	-3.15	2.23	2.79	-2.21	-0.20		-0.42
-2139.89	**372.29**	**356.58**	**482.23**	**-0.20**	**56.85**			
			-2.18	-0.24				
			-2.07	-4.84				
-2139.89	372.29	356.58	486.48	28.68	56.85			
				-23.80				
4.28	**547.87**	**165.30**	**434.65**	**147.25**	**24.52**	**11.23**	**0.32**	**1.73**
	25.43	0.79	40.40	7.30		3.10		
4.28	108.87	0.66	40.60	45.20	24.52	5.33	0.32	1.73
	35.00		48.60					
	237.87	163.85	279.45	94.75		2.80		
	9.50		4.20					
	23.00		5.30					
	108.20		16.10					
	65.20		4.50					
	43.00		11.60					
2144.17	**547.86**	**165.30**	**438.90**	**176.13**	**24.52**	**11.23**	**0.32**	**1.73**

6-13 续表 2

项　目	Item	石油沥青(万吨) Bitumen Asphalt (10^4 tons)	石油焦(万吨) Petroleum Coke (10^4 tons)
一.可供本地区消费的能源量	**Total Primary Energy Supply**	**-38.72**	**-3.32**
1.一次能源生产量	Indigenous Production		
2.外省(区、市)调入量	Moving In from Other Provinces		
3.进口量	Import		
4.境内飞机和轮船在境外的加油量	Domestic Airplanes&Ships Refueling Abroad		
5.本省(区、市)调出量(-)	Sending Out to Other Provinces(-)	-38.37	-1.48
6.出口量(-)	Export(-)		
7.境外飞机和轮船在境内的加油量(-)	Oversea Airplanes&Ships Refueling Domestically(-)		
8.库存增(-)、减(+)量	Stock Change	-0.35	-1.84
二.加工转换投入(-)产出(+)量	**Input(-) & Output(+) of Transformation**	**83.87**	**12.32**
1.火力发电	Thermal Power		-25.98
2.供热	Heating Supply		-4.22
3.煤炭洗选	Coal Washing		
4.炼焦	Coking		
5.炼油及煤制油	Petroleum Refining and Coal-to-liquids	83.87	42.52
#油品再投入量(-)	Petroleum Products Input (-)		
6.制气	Gas Works		
#焦炭再投入量(-)	Coke Input (-)		
7.天然气液化	Natural Gas Liquefaction		
8.煤制品加工	Briquettes		
9.回收能	Recovery of Energy		
三.损失量	**Loss**		
四.终端消费量	**Total Final Consumption**	**45.15**	**9.00**
1.农、林、牧、渔业	Agriculture, Forestry, Animal Husbandry and Fishery		
2.工业	Industry	5.15	9.00
#用作原料、材料	Non-Energy Use		
3.建筑业	Construction	40.00	
4.交通运输、仓储和邮政业	Transport, Storage and Post		
5.批发和零售业、住宿和餐饮业	Wholesale and Retail Trades, Hotels and Catering Services		
6.其他	Others		
7.居民生活	Residential		
城镇	Urban		
乡村	Rural		
五.平衡差额	**Statistical Difference**		
六.消费量合计	**Total Energy Consumption**	**45.15**	**39.20**

Continued 2

液化石油气 (万吨) Liquefied Petroleum Gas (10^4 tons)	炼厂干气 (万吨) Refinery Gas (10^4 tons)	其他石油制品 (万吨) Other Petroleum Products (10^4 tons)	天然气 (亿立方米) Natural Gas (10^8 cu.m)	液化天然气 (万吨) Liquefied Natural Gas (10^4 tons)	热力 (万百万千焦) Heat (10^{10} kJ)	电力 (亿千瓦小时) Electricity (10^8 kW•h)	其他能源 (万吨标准煤) Other Energy (10^4 tce)
-62.39		**-29.69**	**51.92**			**908.69**	**219.38**
						1056.75	219.38
			51.92			1.30	
-61.68		-23.30				-149.36	
-0.71		-6.39					
120.33	**122.32**	**282.38**	**-13.79**		**9766.48**	**1405.13**	**-139.59**
	-35.47		-12.18		-3032.50	1405.13	-137.79
	-3.62		-0.14		9203.25		-1.80
120.33	161.41	321.23	-1.47				
		-38.85					
					3595.73		
						75.32	
57.94	**122.32**	**252.69**	**38.13**		**9766.48**	**2238.50**	**79.79**
1.80						34.89	2.00
5.00	122.32	252.69	32.17		9766.48	1401.13	77.79
0.80			0.83			35.11	
3.00			1.88			39.66	
0.30			0.78			115.79	
0.06			0.41			172.26	
46.98			2.06			439.67	
22.78			1.86			222.26	
24.20			0.20			217.41	
57.94	**161.41**	**291.54**	**51.92**		**12798.98**	**2313.82**	**219.38**

6-14 江西能源平衡表(实物量)-2018

项 目	Item	煤合计 (万吨) Coal Total (10^4 tons)	原煤 (万吨) Raw Coal (10^4 tons)
一.可供本地区消费的能源量	**Total Primary Energy Supply**	**7877.77**	**7027.55**
1.一次能源生产量	Indigenous Production	550.62	550.62
2.外省(区、市)调入量	Moving In from Other Provinces	7415.50	6403.45
3.进口量	Import	192.65	192.65
4.境内飞机和轮船在境外的加油量	Domestic Airplanes&Ships Refueling Abroad		
5.本省(区、市)调出量(-)	Sending Out to Other Provinces(-)	-178.74	-35.98
6.出口量(-)	Export(-)		
7.境外飞机和轮船在境内的加油量(-)	Oversea Airplanes&Ships Refueling Domestically(-)		
8.库存增(-)、减(+)量	Stock Change	-102.26	-83.19
二.加工转换投入(-)产出(+)量	**Input(-) & Output(+) of Transformation**	**-5043.39**	**-4363.72**
1.火力发电	Thermal Power	-4005.75	-4005.75
2.供热	Heating Supply	-135.38	-135.38
3.煤炭洗选	Coal Washing	-67.47	-204.59
4.炼焦	Coking	-849.43	
5.炼油及煤制油	Petroleum Refining and Coal-to-liquids		
#油品再投入量(-)	Petroleum Products Input (-)		
6.制气	Gas Works		
#焦炭再投入量(-)	Coke Input (-)		
7.天然气液化	Natural Gas Liquefaction		
8.煤制品加工	Briquettes	14.64	-18.00
9.回收能	Recovery of Energy		
三.损失量	**Loss**		
四.终端消费量	**Total Final Consumption**	**2834.38**	**2663.83**
1.农、林、牧、渔业	Agriculture, Forestry, Animal Husbandry and Fishery	21.00	21.00
2.工业	Industry	2477.88	2415.33
#用作原料、材料	Non-Energy Use	0.30	0.30
3.建筑业	Construction	3.00	3.00
4.交通运输、仓储和邮政业	Transport, Storage and Post	15.00	15.00
5.批发和零售业、住宿和餐饮业	Wholesale and Retail Trades, Hotels and Catering Services	24.00	24.00
6.其他	Others	22.00	22.00
7.居民生活	Residential	271.50	163.50
城镇	Urban	61.50	33.50
乡村	Rural	210.00	130.00
五.平衡差额	**Statistical Difference**		
六.消费量合计	**Total Energy Consumption**	**7877.77**	**7027.55**

Energy Balance of Jiangxi (Physical Quantity) -2018

洗精煤 (万吨) Cleaned Coal (10^4 tons)	其他洗煤 (万吨) Other Washed Coal (10^4 tons)	煤制品 (万吨) Briquettes (10^4 tons)	煤矸石 (万吨) Gangue (10^4 tons)	焦炭 (万吨) Coke (10^4 tons)	焦炉煤气 (亿立方米) Coke Oven Gas (10^8 cu.m)	高炉煤气 (亿立方米) Blast Furnace Gas (10^8 cu.m)	转炉煤气 (亿立方米) Converter Gas (10^8 cu.m)	其他煤气 (亿立方米) Other Gas (10^8 cu.m)
784.39	**57.61**	**8.22**	**56.56**	**310.41**				
892.68	114.82	4.55	52.55	456.04				
-87.17	-55.59			-134.72				
-21.12	-1.62	3.67	4.01	-10.91				
-784.39	**-2.92**	**107.64**	**-49.51**	**607.72**	**16.51**	**253.26**	**24.00**	
			-49.51		-2.65	-105.55	-5.29	
65.04	72.08							
-849.43				607.72	19.16			
	-75.00	107.64						
						358.81	29.29	
	54.69	**115.86**	**7.05**	**918.13**	**16.51**	**253.26**	**24.00**	
	54.69	7.86	7.05	918.13	16.09	253.26	24.00	
		108.00			0.42			
		28.00			0.15			
		80.00			0.27			
849.43	**129.69**	**115.86**	**56.56**	**918.13**	**19.16**	**358.81**	**29.29**	

6-14 续表 1

项　目	Item	其他焦化产品 (万吨) Other Coking Products (10^4 tons)	油品合计 (万吨) Petroleum Products Total (10^4 tons)
一.可供本地区消费的能源量	**Total Primary Energy Supply**	**-19.21**	**1199.99**
1.一次能源生产量	Indigenous Production		
2.外省(区、市)调入量	Moving In from Other Provinces		729.65
3.进口量	Import		600.92
4.境内飞机和轮船在境外的加油量	Domestic Airplanes&Ships Refueling Abroad		
5.本省(区、市)调出量(-)	Sending Out to Other Provinces(-)	-19.12	-115.02
6.出口量(-)	Export(-)		
7.境外飞机和轮船在境内的加油量(-)	Oversea Airplanes&Ships Refueling Domestically(-)		
8.库存增(-)、减(+)量	Stock Change	-0.09	-15.56
二.加工转换投入(-)产出(+)量	**Input(-) & Output(+) of Transformation**	**31.33**	**-28.11**
1.火力发电	Thermal Power		-1.10
2.供热	Heating Supply		-3.77
3.煤炭洗选	Coal Washing		
4.炼焦	Coking	31.33	
5.炼油及煤制油	Petroleum Refining and Coal-to-liquids		55.87
#油品再投入量(-)	Petroleum Products Input (-)		-79.11
6.制气	Gas Works		
#焦炭再投入量(-)	Coke Input (-)		
7.天然气液化	Natural Gas Liquefaction		
8.煤制品加工	Briquettes		
9.回收能	Recovery of Energy		
三.损失量	**Loss**		**0.72**
四.终端消费量	**Total Final Consumption**	**12.12**	**1171.16**
1.农、林、牧、渔业	Agriculture, Forestry, Animal Husbandry and Fishery		66.00
2.工业	Industry	12.12	224.13
#用作原料、材料	Non-Energy Use		23.29
3.建筑业	Construction		45.50
4.交通运输、仓储和邮政业	Transport, Storage and Post		540.15
5.批发和零售业、住宿和餐饮业	Wholesale and Retail Trades, Hotels and Catering Services		54.31
6.其他	Others		49.07
7.居民生活	Residential		192.00
城镇	Urban		130.00
乡村	Rural		62.00
五.平衡差额	**Statistical Difference**		
六.消费量合计	**Total Energy Consumption**	**12.12**	**1199.99**

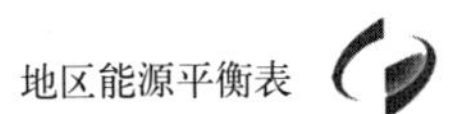

Continued 1

原油 (万吨) Crude Oil (10^4 tons)	汽油 (万吨) Gasoline (10^4 tons)	煤油 (万吨) Kerosene (10^4 tons)	柴油 (万吨) Diesel Oil (10^4 tons)	燃料油 (万吨) Fuel Oil (10^4 tons)	石脑油 (万吨) Naphtha (10^4 tons)	润滑油 (万吨) Lubricants (10^4 tons)	石蜡 (万吨) Paraffin Waxes (10^4 tons)	溶剂油 (万吨) White Spirit (10^4 tons)
768.00	**136.44**	**-49.22**	**298.77**	**10.33**	**-39.99**	**3.59**	**0.15**	**0.02**
167.68	145.77		299.33	10.68		3.63	0.15	0.02
600.92								
		-48.41			-39.99			
-0.60	-9.33	-0.81	-0.56	-0.35		-0.04		
-766.59	**238.06**	**67.15**	**289.23**	**1.41**	**39.99**			
			-0.21					
-766.59	238.06	67.15	289.44	1.41	39.99			
0.72								
0.69	**374.50**	**17.93**	**588.00**	**11.74**		**3.59**	**0.15**	**0.02**
	12.00		54.00					
0.69	55.00	0.05	85.00	8.54		0.12	0.15	0.02
	0.02		0.73	0.64		0.01		
	2.50		21.00					
	166.00	17.08	351.00	3.20		2.80		
	18.00	0.80	26.00			0.60		
	24.00		19.00			0.07		
	97.00		32.00					
	70.00		12.00					
	27.00		20.00					
768.00	**374.50**	**17.93**	**588.21**	**11.74**		**3.59**	**0.15**	**0.02**

6-14 续表 2

项　　目	Item	石油沥青(万吨) Bitumen Asphalt (10^4 tons)	石油焦(万吨) Petroleum Coke (10^4 tons)
一.可供本地区消费的能源量	**Total Primary Energy Supply**	**14.45**	**-26.88**
1.一次能源生产量	Indigenous Production		
2.外省(区、市)调入量	Moving In from Other Provinces	17.96	0.11
3.进口量	Import		
4.境内飞机和轮船在境外的加油量	Domestic Airplanes&Ships Refueling Abroad		
5.本省(区、市)调出量(-)	Sending Out to Other Provinces(-)		-26.62
6.出口量(-)	Export(-)		
7.境外飞机和轮船在境内的加油量(-)	Oversea Airplanes&Ships Refueling Domestically(-)		
8.库存增(-)、减(+)量	Stock Change	-3.51	-0.37
二.加工转换投入(-)产出(+)量	**Input(-) & Output(+) of Transformation**	**8.34**	**33.14**
1.火力发电	Thermal Power		-0.70
2.供热	Heating Supply		-0.85
3.煤炭洗选	Coal Washing		
4.炼焦	Coking		
5.炼油及煤制油	Petroleum Refining and Coal-to-liquids	8.34	34.69
#油品再投入量(-)	Petroleum Products Input (-)		
6.制气	Gas Works		
#焦炭再投入量(-)	Coke Input (-)		
7.天然气液化	Natural Gas Liquefaction		
8.煤制品加工	Briquettes		
9.回收能	Recovery of Energy		
三.损失量	**Loss**		
四.终端消费量	**Total Final Consumption**	**22.79**	**6.26**
1.农、林、牧、渔业	Agriculture, Forestry, Animal Husbandry and Fishery		
2.工业	Industry	0.79	6.26
#用作原料、材料	Non-Energy Use	0.53	4.97
3.建筑业	Construction	22.00	
4.交通运输、仓储和邮政业	Transport, Storage and Post		
5.批发和零售业、住宿和餐饮业	Wholesale and Retail Trades, Hotels and Catering Services		
6.其他	Others		
7.居民生活	Residential		
城镇	Urban		
乡村	Rural		
五.平衡差额	**Statistical Difference**		
六.消费量合计	**Total Energy Consumption**	**22.79**	**7.81**

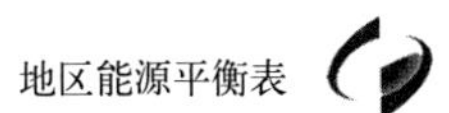

Continued 2

液化石油气 (万吨) Liquefied Petroleum Gas (10^4 tons)	炼厂干气 (万吨) Refinery Gas (10^4 tons)	其他石油制品 (万吨) Other Petroleum Products (10^4 tons)	天然气 (亿立方米) Natural Gas (10^8 cu.m)	液化天然气 (万吨) Liquefied Natural Gas (10^4 tons)	热力 (万百万千焦) Heat (10^{10} kJ)	电力 (亿千瓦小时) Electricity (10^8 kW•h)	其他能源 (万吨标准煤) Other Energy (10^4 tce)
35.94		**48.39**	**24.95**	**7.08**		**355.37**	**190.08**
			0.17			204.90	158.39
35.92		48.40	24.79	6.97		150.47	31.76
0.02		-0.01	-0.01	0.11			-0.07
42.81	**27.18**	**-8.83**	**-1.44**		**2272.11**	**1073.40**	**-100.54**
	-0.19		-1.06		-4041.18	1073.40	-94.74
	-2.92		-0.38		2344.20		-5.80
42.81	30.29	70.28					
		-79.11					
					3969.09		
						76.33	
78.75	**27.18**	**39.56**	**23.51**	**7.08**	**2272.11**	**1352.44**	**89.54**
						12.13	
0.77	27.18	39.56	10.91	1.58	2272.11	827.73	54.54
0.15		16.24	0.14				
						24.66	
0.07			1.20	2.50		36.08	
8.91			2.60			72.53	
6.00			2.50			116.73	
63.00			6.30	3.00		262.58	35.00
48.00			6.00	3.00		141.79	
15.00			0.30			120.79	35.00
78.75	**30.29**	**118.67**	**24.95**	**7.08**	**6313.29**	**1428.77**	**190.08**

6-15 山东能源平衡表(实物量)-2018

项　目	Item	煤合计 (万吨) Coal Total (10^4 tons)	原煤 (万吨) Raw Coal (10^4 tons)
一.可供本地区消费的能源量	**Total Primary Energy Supply**	**42319.48**	**42026.35**
1.一次能源生产量	Indigenous Production	12556.50	12556.50
2.外省(区、市)调入量	Moving In from Other Provinces	31339.32	29441.89
3.进口量	Import	1538.78	1538.78
4.境内飞机和轮船在境外的加油量	Domestic Airplanes&Ships Refueling Abroad		
5.本省(区、市)调出量(-)	Sending Out to Other Provinces(-)	-2435.33	-934.30
6.出口量(-)	Export(-)	-79.07	-79.07
7.境外飞机和轮船在境内的加油量(-)	Oversea Airplanes&Ships Refueling Domestically(-)		
8.库存增(-)、减(+)量	Stock Change	-600.72	-497.45
二.加工转换投入(-)产出(+)量	**Input(-) & Output(+) of Transformation**	**-35692.79**	**-36808.51**
1.火力发电	Thermal Power	-21313.70	-20709.14
2.供热	Heating Supply	-7119.77	-6906.72
3.煤炭洗选	Coal Washing	-991.35	-8925.07
4.炼焦	Coking	-6108.22	-189.80
5.炼油及煤制油	Petroleum Refining and Coal-to-liquids		
#油品再投入量(-)	Petroleum Products Input (-)		
6.制气	Gas Works	-146.92	-47.42
#焦炭再投入量(-)	Coke Input (-)		
7.天然气液化	Natural Gas Liquefaction		
8.煤制品加工	Briquettes	-12.83	-30.36
9.回收能	Recovery of Energy		
三.损失量	**Loss**		
四.终端消费量	**Total Final Consumption**	**6626.69**	**5217.84**
1.农、林、牧、渔业	Agriculture, Forestry, Animal Husbandry and Fishery	50.20	50.20
2.工业	Industry	5558.52	4966.63
#用作原料、材料	Non-Energy Use	1379.09	1072.78
3.建筑业	Construction	1.20	1.20
4.交通运输、仓储和邮政业	Transport, Storage and Post	16.11	16.11
5.批发和零售业、住宿和餐饮业	Wholesale and Retail Trades, Hotels and Catering Services	281.54	52.00
6.其他	Others	186.07	27.65
7.居民生活	Residential	533.05	104.05
城镇	Urban	188.90	41.07
乡村	Rural	344.15	62.98
五.平衡差额	**Statistical Difference**		
六.消费量合计	**Total Energy Consumption**	**42319.48**	**42026.35**

Energy Balance of Shandong (Physical Quantity) -2018

洗精煤 (万吨) Cleaned Coal (10^4 tons)	其他洗煤 (万吨) Other Washed Coal (10^4 tons)	煤制品 (万吨) Briquettes (10^4 tons)	煤矸石 (万吨) Gangue (10^4 tons)	焦炭 (万吨) Coke (10^4 tons)	焦炉煤气 (亿立方米) Coke Oven Gas (10^8 cu.m)	高炉煤气 (亿立方米) Blast Furnace Gas (10^8 cu.m)	转炉煤气 (亿立方米) Converter Gas (10^8 cu.m)	其他煤气 (亿立方米) Other Gas (10^8 cu.m)
986.69	**-1544.02**	**850.46**	**459.45**	**-883.79**				
1040.81		856.62	492.57					
				0.38				
	-1501.03			-746.35				
				-110.61				
-54.12	-42.99	-6.16	-33.12	-27.21				
-986.69	**2083.92**	**18.49**	**-446.33**	**4372.05**	**50.42**	**334.65**	**40.04**	**32.57**
	-594.94	-9.62	-348.36	-6.31	-16.44	-303.87	-13.57	-1.23
	-182.49	-30.56	-142.95	-14.95	-7.17	-128.64	-3.28	
4931.73	3001.99		44.98					
-5918.42				4393.31	74.03			
	-99.50							33.80
	-41.14	58.67						
						767.16	56.89	
	539.90	**868.95**	**13.12**	**3488.26**	**50.42**	**334.65**	**40.04**	**32.57**
	539.90	51.99	13.12	3488.26	48.23	334.65	40.04	32.57
	306.31			17.33				
		229.54			0.83			
		158.42			0.38			
		429.00			0.98			
		147.83			0.98			
		281.17						
5918.42	**1457.97**	**909.13**	**504.43**	**3509.52**	**74.03**	**767.16**	**56.89**	**33.80**

6-15 续表 1

项目	Item	其他焦化产品(万吨) Other Coking Products (10^4 tons)	油品合计(万吨) Petroleum Products Total (10^4 tons)
一.可供本地区消费的能源量	**Total Primary Energy Supply**	**-173.28**	**4229.28**
1.一次能源生产量	Indigenous Production		2242.11
2.外省(区、市)调入量	Moving In from Other Provinces		4508.36
3.进口量	Import		8502.56
4.境内飞机和轮船在境外的加油量	Domestic Airplanes&Ships Refueling Abroad		
5.本省(区、市)调出量(-)	Sending Out to Other Provinces(-)	-171.91	-10776.84
6.出口量(-)	Export(-)		-75.39
7.境外飞机和轮船在境内的加油量(-)	Oversea Airplanes&Ships Refueling Domestically(-)		
8.库存增(-)、减(+)量	Stock Change	-1.37	-171.53
二.加工转换投入(-)产出(+)量	**Input(-) & Output(+) of Transformation**	**289.42**	**-822.42**
1.火力发电	Thermal Power	-1.17	-18.01
2.供热	Heating Supply		-46.55
3.煤炭洗选	Coal Washing		
4.炼焦	Coking	290.59	
5.炼油及煤制油	Petroleum Refining and Coal-to-liquids		3383.78
#油品再投入量(-)	Petroleum Products Input (-)		-4141.63
6.制气	Gas Works		
#焦炭再投入量(-)	Coke Input (-)		
7.天然气液化	Natural Gas Liquefaction		
8.煤制品加工	Briquettes		
9.回收能	Recovery of Energy		
三.损失量	**Loss**		
四.终端消费量	**Total Final Consumption**	**116.14**	**3406.86**
1.农、林、牧、渔业	Agriculture, Forestry, Animal Husbandry and Fishery		134.31
2.工业	Industry	116.14	1080.43
#用作原料、材料	Non-Energy Use	72.01	171.98
3.建筑业	Construction		200.64
4.交通运输、仓储和邮政业	Transport, Storage and Post		1340.11
5.批发和零售业、住宿和餐饮业	Wholesale and Retail Trades, Hotels and Catering Services		70.46
6.其他	Others		75.26
7.居民生活	Residential		505.65
城镇	Urban		390.09
乡村	Rural		115.56
五.平衡差额	**Statistical Difference**		
六.消费量合计	**Total Energy Consumption**	**117.31**	**4229.28**

Continued 1

原油 (万吨) Crude Oil (10^4 tons)	汽油 (万吨) Gasoline (10^4 tons)	煤油 (万吨) Kerosene (10^4 tons)	柴油 (万吨) Diesel Oil (10^4 tons)	燃料油 (万吨) Fuel Oil (10^4 tons)	石脑油 (万吨) Naphtha (10^4 tons)	润滑油 (万吨) Lubricants (10^4 tons)	石蜡 (万吨) Paraffin Waxes (10^4 tons)	溶剂油 (万吨) White Spirit (10^4 tons)
13035.48	**-2090.06**	**-185.02**	**-2714.68**	**1535.17**	**-181.52**	**-65.17**	**-14.86**	**-6.88**
2242.11								
3049.23				1459.13				
7808.27				37.35	45.15	2.93	0.02	0.13
	-2069.21	-191.85	-2671.56		-216.93	-65.86	-1.91	-21.87
						-1.50	-0.26	
-64.14	-20.85	6.83	-43.12	38.69	-9.74	-0.74	-12.70	14.86
-12964.20	**2773.77**	**305.29**	**3958.52**	**-1347.31**	**436.97**	**75.86**	**15.92**	**8.18**
			-1.36	-0.27				
			-0.31	-2.19				
-12964.20	2780.14	305.29	3988.42	841.23	596.81	75.86	15.92	8.18
	-6.37		-28.24	-2186.07	-159.84			
71.28	**683.71**	**120.27**	**1243.84**	**187.86**	**255.45**	**10.69**	**1.06**	**1.30**
	4.08		129.32					
71.28	22.40	0.25	68.14	23.94	255.45	2.62	1.06	1.30
	0.41	0.01	0.32	0.28		2.11	1.05	1.23
	12.51	5.60	57.58	2.98				
	146.61	114.42	917.64	158.68		2.76		
	22.75		33.04			0.85		
	44.33		22.47	2.26		0.21		
	431.02		15.65			4.25		
	348.05		4.63			2.47		
	82.97		11.02			1.78		
13035.48	**690.08**	**120.27**	**1273.74**	**2376.40**	**415.29**	**10.69**	**1.06**	**1.30**

6-15 续表 2

项 目	Item	石油沥青 (万吨) Bitumen Asphalt (10^4 tons)	石油焦 (万吨) Petroleum Coke (10^4 tons)
一.可供本地区消费的能源量	**Total Primary Energy Supply**	**-1386.28**	**-460.30**
1.一次能源生产量	Indigenous Production		
2.外省(区、市)调入量	Moving In from Other Provinces		
3.进口量	Import	101.86	285.18
4.境内飞机和轮船在境外的加油量	Domestic Airplanes&Ships Refueling Abroad		
5.本省(区、市)调出量(-)	Sending Out to Other Provinces(-)	-1447.90	-670.44
6.出口量(-)	Export(-)	-0.08	-73.52
7.境外飞机和轮船在境内的加油量(-)	Oversea Airplanes&Ships Refueling Domestically(-)		
8.库存增(-)、减(+)量	Stock Change	-40.17	-1.52
二.加工转换投入(-)产出(+)量	**Input(-) & Output(+) of Transformation**	**1530.11**	**657.01**
1.火力发电	Thermal Power		-14.26
2.供热	Heating Supply		-30.37
3.煤炭洗选	Coal Washing		
4.炼焦	Coking		
5.炼油及煤制油	Petroleum Refining and Coal-to-liquids	1574.54	707.31
#油品再投入量(-)	Petroleum Products Input (-)	-44.43	-5.66
6.制气	Gas Works		
#焦炭再投入量(-)	Coke Input (-)		
7.天然气液化	Natural Gas Liquefaction		
8.煤制品加工	Briquettes		
9.回收能	Recovery of Energy		
三.损失量	**Loss**		
四.终端消费量	**Total Final Consumption**	**143.83**	**196.71**
1.农、林、牧、渔业	Agriculture, Forestry, Animal Husbandry and Fishery		
2.工业	Industry	21.94	196.71
#用作原料、材料	Non-Energy Use	11.66	114.53
3.建筑业	Construction	121.89	
4.交通运输、仓储和邮政业	Transport, Storage and Post		
5.批发和零售业、住宿和餐饮业	Wholesale and Retail Trades, Hotels and Catering Services		
6.其他	Others		
7.居民生活	Residential		
城镇	Urban		
乡村	Rural		
五.平衡差额	**Statistical Difference**		
六.消费量合计	**Total Energy Consumption**	**188.26**	**247.01**

Continued 2

液化石油气 (万吨) Liquefied Petroleum Gas (10^4 tons)	炼厂干气 (万吨) Refinery Gas (10^4 tons)	其他石油制品 (万吨) Other Petroleum Products (10^4 tons)	天然气 (亿立方米) Natural Gas (10^8 cu.m)	液化天然气 (万吨) Liquefied Natural Gas (10^4 tons)	热力 (万百万千焦) Heat (10^{10} kJ)	电力 (亿千瓦小时) Electricity (10^8 kW•h)	其他能源 (万吨标准煤) Other Energy (10^4 tce)
-1010.23	**-0.08**	**-2226.29**	**154.58**	**12.71**		**1092.80**	**509.38**
			4.80			393.91	534.36
			149.78	14.53		710.89	
221.67							
-1231.43	-0.08	-2187.80				-12.00	
-0.03							
-0.44		-38.49		-1.82			-24.98
1136.83	**118.58**	**2472.06**	**-5.18**	**14.50**	**136713.54**	**5488.24**	**-509.38**
	-1.97	-0.16	-0.27		-6184.17	5488.24	-396.60
	-13.27	-0.41	-2.65		133092.95		-112.78
1201.79	133.81	4118.69					
-64.96		-1646.06					
			-2.26	14.50			
					9804.76		
126.60	**118.50**	**245.77**	**149.40**	**27.21**	**136713.54**	**6581.04**	
0.91						121.33	
51.07	118.50	245.77	87.62	24.17	104441.97	5145.64	
32.05		8.30	2.05	0.18	2.04		
0.08			0.09		799.75	50.80	
			7.15	3.04	969.90	109.85	
13.82			12.41		3323.87	158.27	
5.99			7.56		4597.00	327.09	
54.73			34.57		22581.05	668.06	
34.94			27.97		21529.00	349.62	
19.79			6.60		1052.05	318.44	
191.56	**133.73**	**1892.40**	**152.58**	**27.21**	**142897.71**	**6581.04**	**509.38**

6-16 河南能源平衡表(实物量)-2018

项目	Item	煤合计(万吨) Coal Total (10^4 tons)	原煤(万吨) Raw Coal (10^4 tons)
一.可供本地区消费的能源量	**Total Primary Energy Supply**	**22335.94**	**24134.55**
1.一次能源生产量	Indigenous Production	11466.75	11466.75
2.外省(区、市)调入量	Moving In from Other Provinces	16675.96	15332.59
3.进口量	Import		
4.境内飞机和轮船在境外的加油量	Domestic Airplanes&Ships Refueling Abroad		
5.本省(区、市)调出量(-)	Sending Out to Other Provinces(-)	-4523.08	-1476.71
6.出口量(-)	Export(-)		
7.境外飞机和轮船在境内的加油量(-)	Oversea Airplanes&Ships Refueling Domestically(-)		
8.库存增(-)、减(+)量	Stock Change	-1283.68	-1188.08
二.加工转换投入(-)产出(+)量	**Input(-) & Output(+) of Transformation**	**-17610.93**	**-19943.89**
1.火力发电	Thermal Power	-11449.02	-11344.96
2.供热	Heating Supply	-1682.72	-1633.34
3.煤炭洗选	Coal Washing	-1169.07	-6642.78
4.炼焦	Coking	-3053.49	-63.75
5.炼油及煤制油	Petroleum Refining and Coal-to-liquids		
#油品再投入量(-)	Petroleum Products Input (-)		
6.制气	Gas Works	-256.67	-256.67
#焦炭再投入量(-)	Coke Input (-)		
7.天然气液化	Natural Gas Liquefaction		
8.煤制品加工	Briquettes	0.04	-2.38
9.回收能	Recovery of Energy		
三.损失量	**Loss**		
四.终端消费量	**Total Final Consumption**	**4721.85**	**4187.51**
1.农、林、牧、渔业	Agriculture, Forestry, Animal Husbandry and Fishery	60.28	60.28
2.工业	Industry	4204.85	4058.59
#用作原料、材料	Non-Energy Use	1226.45	1209.75
3.建筑业	Construction	32.89	32.89
4.交通运输、仓储和邮政业	Transport, Storage and Post	0.31	0.31
5.批发和零售业、住宿和餐饮业	Wholesale and Retail Trades, Hotels and Catering Services	56.40	3.44
6.其他	Others	32.00	32.00
7.居民生活	Residential	335.12	
城镇	Urban	125.65	
乡村	Rural	209.47	
五.平衡差额	**Statistical Difference**	**3.15**	**3.15**
六.消费量合计	**Total Energy Consumption**	**22332.79**	**24131.40**

Energy Balance of Henan (Physical Quantity) -2018

洗精煤 (万吨) Cleaned Coal (10^4 tons)	其他洗煤 (万吨) Other Washed Coal (10^4 tons)	煤制品 (万吨) Briquettes (10^4 tons)	煤矸石 (万吨) Gangue (10^4 tons)	焦炭 (万吨) Coke (10^4 tons)	焦炉煤气 (亿立方米) Coke Oven Gas (10^8 cu.m)	高炉煤气 (亿立方米) Blast Furnace Gas (10^8 cu.m)	转炉煤气 (亿立方米) Converter Gas (10^8 cu.m)	其他煤气 (亿立方米) Other Gas (10^8 cu.m)
-370.98	**-1765.38**	**337.75**	**289.51**	**-806.75**				**3.98**
896.55	96.32	350.49	277.10	64.02				3.98
-1245.31	-1791.24	-9.82		-870.32				
-22.23	-70.45	-2.92	12.41	-0.45				
370.98	**1959.55**	**2.42**	**-209.79**	**2230.16**	**33.91**	**263.23**	**21.05**	**40.62**
	-104.06		-206.34		-12.56	-97.33	-3.17	
	-49.38		-61.93		-0.16			
3360.72	2112.99		58.48					
-2989.74				2230.16	54.28			
					-7.64			40.62
		2.42						
						360.56	24.23	
								0.01
	194.18	**340.16**	**79.72**	**1423.42**	**33.91**	**263.23**	**21.05**	**44.60**
				43.30				
	141.22	5.04	79.72	1379.82	33.91	263.23	21.05	44.01
	16.70			118.18				
				0.29				0.01
	52.96							0.22
		335.12						0.36
		125.65						0.30
		209.47						0.06
								-0.01
2989.74	**347.62**	**340.16**	**347.99**	**1423.42**	**54.28**	**360.56**	**24.23**	**44.61**

6-16 续表 1

项　目	Item	其他焦化产品 (万吨) Other Coking Products (10^4 tons)	油品合计 (万吨) Petroleum Products Total (10^4 tons)
一.可供本地区消费的能源量	**Total Primary Energy Supply**	**-0.62**	**2373.83**
1.一次能源生产量	Indigenous Production		258.84
2.外省(区、市)调入量	Moving In from Other Provinces		2731.06
3.进口量	Import		
4.境内飞机和轮船在境外的加油量	Domestic Airplanes&Ships Refueling Abroad		
5.本省(区、市)调出量(−)	Sending Out to Other Provinces(-)		-620.47
6.出口量(−)	Export(-)		
7.境外飞机和轮船在境内的加油量(−)	Oversea Airplanes&Ships Refueling Domestically(-)		
8.库存增(−)、减(+)量	Stock Change	-0.62	4.41
二.加工转换投入(−)产出(+)量	**Input(-) & Output(+) of Transformation**	**117.12**	**-46.30**
1.火力发电	Thermal Power		-9.04
2.供热	Heating Supply		-16.29
3.煤炭洗选	Coal Washing		
4.炼焦	Coking	117.12	
5.炼油及煤制油	Petroleum Refining and Coal-to-liquids		85.44
#油品再投入量(−)	Petroleum Products Input (-)		-106.41
6.制气	Gas Works		
#焦炭再投入量(−)	Coke Input (-)		
7.天然气液化	Natural Gas Liquefaction		
8.煤制品加工	Briquettes		
9.回收能	Recovery of Energy		
三.损失量	**Loss**		**0.30**
四.终端消费量	**Total Final Consumption**	**116.50**	**2328.68**
1.农、林、牧、渔业	Agriculture, Forestry, Animal Husbandry and Fishery		170.12
2.工业	Industry	116.50	385.98
#用作原料、材料	Non-Energy Use	13.22	242.42
3.建筑业	Construction		148.04
4.交通运输、仓储和邮政业	Transport, Storage and Post		959.44
5.批发和零售业、住宿和餐饮业	Wholesale and Retail Trades, Hotels and Catering Services		169.31
6.其他	Others		60.80
7.居民生活	Residential		434.99
城镇	Urban		192.54
乡村	Rural		242.45
五.平衡差额	**Statistical Difference**		**-1.45**
六.消费量合计	**Total Energy Consumption**	**116.50**	**2375.28**

Continued 1

原油 (万吨) Crude Oil (10^4 tons)	汽油 (万吨) Gasoline (10^4 tons)	煤油 (万吨) Kerosene (10^4 tons)	柴油 (万吨) Diesel Oil (10^4 tons)	燃料油 (万吨) Fuel Oil (10^4 tons)	石脑油 (万吨) Naphtha (10^4 tons)	润滑油 (万吨) Lubricants (10^4 tons)	石蜡 (万吨) Paraffin Waxes (10^4 tons)	溶剂油 (万吨) White Spirit (10^4 tons)
828.75	**535.10**	**15.23**	**775.67**	**23.26**	**7.31**	**0.80**	**1.37**	**0.60**
258.84								
733.43	620.70	82.80	776.99	46.97	8.28	3.16	1.35	0.34
-162.94	-81.90	-67.39		-24.39	-1.05	-2.13		-0.06
-0.59	-3.70	-0.19	-1.31	0.67	0.08	-0.22	0.02	0.32
-819.59	**226.65**	**66.66**	**213.89**	**-0.36**	**36.25**	**-0.01**		
			-3.33	-0.24		-0.01		
			-0.90	-7.97				
-819.59	226.65	66.66	218.12	8.42	36.25			
				-0.57				
9.16	**761.76**	**81.89**	**989.56**	**22.90**	**43.56**	**0.80**	**1.37**	**0.60**
	26.20		143.92					
9.16	12.15	0.32	35.38	2.72	43.56	0.80	1.37	0.60
	0.08		0.68	0.03	43.53	0.32	1.27	0.09
	70.17	2.38	69.47	2.95				
	195.04	78.75	667.24	17.24				
	127.97	0.45	34.55					
	37.95		22.71					
	292.27		16.29					
	137.85		3.01					
	154.43		13.28					
828.75	**761.76**	**81.89**	**993.80**	**31.68**	**43.56**	**0.80**	**1.37**	**0.60**

6-16 续表 2

项　目	Item	石油沥青(万吨) Bitumen Asphalt (10^4 tons)	石油焦(万吨) Petroleum Coke (10^4 tons)
一.可供本地区消费的能源量	**Total Primary Energy Supply**	**-37.19**	**129.77**
1.一次能源生产量	Indigenous Production		
2.外省(区、市)调入量	Moving In from Other Provinces	18.68	163.97
3.进口量	Import		
4.境内飞机和轮船在境外的加油量	Domestic Airplanes&Ships Refueling Abroad		
5.本省(区、市)调出量(-)	Sending Out to Other Provinces(-)	-55.94	-32.50
6.出口量(-)	Export(-)		
7.境外飞机和轮船在境内的加油量(-)	Oversea Airplanes&Ships Refueling Domestically(-)		
8.库存增(-)、减(+)量	Stock Change	0.07	-1.71
二.加工转换投入(-)产出(+)量	**Input(-) & Output(+) of Transformation**	**51.63**	**17.87**
1.火力发电	Thermal Power		-4.94
2.供热	Heating Supply		-6.70
3.煤炭洗选	Coal Washing		
4.炼焦	Coking		
5.炼油及煤制油	Petroleum Refining and Coal-to-liquids	51.63	29.51
#油品再投入量(-)	Petroleum Products Input (-)		
6.制气	Gas Works		
#焦炭再投入量(-)	Coke Input (-)		
7.天然气液化	Natural Gas Liquefaction		
8.煤制品加工	Briquettes		
9.回收能	Recovery of Energy		
三.损失量	**Loss**		
四.终端消费量	**Total Final Consumption**	**14.45**	**147.64**
1.农、林、牧、渔业	Agriculture, Forestry, Animal Husbandry and Fishery		
2.工业	Industry	14.45	147.64
#用作原料、材料	Non-Energy Use	10.99	102.17
3.建筑业	Construction		
4.交通运输、仓储和邮政业	Transport, Storage and Post		
5.批发和零售业、住宿和餐饮业	Wholesale and Retail Trades, Hotels and Catering Services		
6.其他	Others		
7.居民生活	Residential		
城镇	Urban		
乡村	Rural		
五.平衡差额	**Statistical Difference**		
六.消费量合计	**Total Energy Consumption**	**14.45**	**159.28**

Continued 2

液化石油气 (万吨) Liquefied Petroleum Gas (10^4 tons)	炼厂干气 (万吨) Refinery Gas (10^4 tons)	其他石油制品 (万吨) Other Petroleum Products (10^4 tons)	天然气 (亿立方米) Natural Gas (10^8 cu.m)	液化天然气 (万吨) Liquefied Natural Gas (10^4 tons)	热力 (万百万千焦) Heat (10^{10} kJ)	电力 (亿千瓦小时) Electricity (10^8 kW•h)	其他能源 (万吨标准煤) Other Energy (10^4 tce)
152.53	**0.83**	**-60.20**	**103.29**	**-28.46**	**13.34**	**885.07**	**411.26**
			2.90			284.61	216.89
203.05	0.83	70.49	100.42	5.81	13.34	633.42	204.46
-51.63		-140.54		-33.89		-32.96	
1.11		9.85	-0.02	-0.38			-10.08
65.13	**26.91**	**68.65**	**-7.75**	**38.71**	**28577.82**	**2774.96**	**-344.77**
	-0.52		-7.05		-3373.21	2774.96	-322.85
	-0.71		-1.86		27581.47		-27.63
65.13	28.26	174.37					
	-0.11	-105.73					
			6.95				5.71
			-5.80	38.71			
					4369.56		
0.30			**1.91**			**242.36**	
218.81	**27.74**	**8.44**	**93.63**	**10.25**	**28591.16**	**3417.68**	**66.49**
						74.76	
81.65	27.74	8.44	42.48	9.57	17011.11	2204.27	63.72
81.03	0.85	1.36	3.40	0.58			
3.08			0.49		5.60	44.23	
1.18			8.85	0.68	37.96	84.06	
6.34			8.52		2150.47	192.67	
0.14			1.20		2904.21	214.39	
126.43			32.10		6481.81	603.30	2.77
51.68			29.62		3861.36	281.42	
74.75			2.48		2620.45	321.89	2.77
-1.45							
219.11	**29.08**	**114.17**	**104.90**	**10.25**	**31964.37**	**3660.03**	**416.97**

6-17 湖北能源平衡表(实物量)-2018

项目	Item	煤合计(万吨) Coal Total (10^4 tons)	原煤(万吨) Raw Coal (10^4 tons)
一.可供本地区消费的能源量	**Total Primary Energy Supply**	**11100.11**	**9743.19**
1.一次能源生产量	Indigenous Production	119.43	119.43
2.外省(区、市)调入量	Moving In from Other Provinces	11007.42	9690.37
3.进口量	Import	19.91	19.91
4.境内飞机和轮船在境外的加油量	Domestic Airplanes&Ships Refueling Abroad		
5.本省(区、市)调出量(-)	Sending Out to Other Provinces(-)		
6.出口量(-)	Export(-)		
7.境外飞机和轮船在境内的加油量(-)	Oversea Airplanes&Ships Refueling Domestically(-)		
8.库存增(-)、减(+)量	Stock Change	-46.64	-86.51
二.加工转换投入(-)产出(+)量	**Input(-) & Output(+) of Transformation**	**-6298.58**	**-5047.74**
1.火力发电	Thermal Power	-4509.54	-4509.54
2.供热	Heating Supply	-537.44	-537.44
3.煤炭洗选	Coal Washing		
4.炼焦	Coking	-1251.52	
5.炼油及煤制油	Petroleum Refining and Coal-to-liquids		
#油品再投入量(-)	Petroleum Products Input (-)		
6.制气	Gas Works		
#焦炭再投入量(-)	Coke Input (-)		
7.天然气液化	Natural Gas Liquefaction		
8.煤制品加工	Briquettes	-0.08	-0.76
9.回收能	Recovery of Energy		
三.损失量	**Loss**		
四.终端消费量	**Total Final Consumption**	**4801.54**	**4695.45**
1.农、林、牧、渔业	Agriculture, Forestry, Animal Husbandry and Fishery	196.00	196.00
2.工业	Industry	3492.68	3452.50
#用作原料、材料	Non-Energy Use	505.60	505.60
3.建筑业	Construction	35.59	35.59
4.交通运输、仓储和邮政业	Transport, Storage and Post	44.40	44.40
5.批发和零售业、住宿和餐饮业	Wholesale and Retail Trades, Hotels and Catering Services	252.90	247.51
6.其他	Others	264.29	264.29
7.居民生活	Residential	515.69	455.17
城镇	Urban	74.53	54.68
乡村	Rural	441.16	400.49
五.平衡差额	**Statistical Difference**		
六.消费量合计	**Total Energy Consumption**	**11100.11**	**9743.19**

Energy Balance of Hubei (Physical Quantity) -2018

洗精煤 (万吨) Cleaned Coal (10^4 tons)	其他洗煤 (万吨) Other Washed Coal (10^4 tons)	煤制品 (万吨) Briquettes (10^4 tons)	煤矸石 (万吨) Gangue (10^4 tons)	焦炭 (万吨) Coke (10^4 tons)	焦炉煤气 (亿立方米) Coke Oven Gas (10^8 cu.m)	高炉煤气 (亿立方米) Blast Furnace Gas (10^8 cu.m)	转炉煤气 (亿立方米) Converter Gas (10^8 cu.m)	其他煤气 (亿立方米) Other Gas (10^8 cu.m)
1251.52	**64.61**	**40.79**	**25.32**	**257.72**				
1211.86	65.65	39.55	25.60	255.00				
39.66	-1.03	1.24	-0.29	2.72				
-1251.52		**0.68**	**-18.18**	**873.98**	**22.87**	**259.53**	**16.87**	**1.34**
			-18.18		-0.36	-108.94	-0.61	
					-10.69		-7.51	
-1251.52				873.98	33.92			
		0.68						
						368.48	25.00	1.34
	64.61	**41.47**	**7.14**	**1131.70**	**22.87**	**259.53**	**16.87**	**1.34**
	28.89	11.30	7.14	1131.70	22.87	259.53	16.87	1.34
				0.24				
		5.39						
	35.73	24.79						
	15.24	4.60						
	20.49	20.18						
1251.52	**64.61**	**41.47**	**25.32**	**1131.70**	**33.92**	**368.47**	**25.00**	**1.34**

6-17 续表 1

项　目	Item	其他焦化产品 (万吨) Other Coking Products (10^4 tons)	油品合计 (万吨) Petroleum Products Total (10^4 tons)
一.可供本地区消费的能源量	**Total Primary Energy Supply**	**-0.65**	**2706.68**
1.一次能源生产量	Indigenous Production		54.30
2.外省(区、市)调入量	Moving In from Other Provinces		2670.36
3.进口量	Import		68.24
4.境内飞机和轮船在境外的加油量	Domestic Airplanes&Ships Refueling Abroad		
5.本省(区、市)调出量(-)	Sending Out to Other Provinces(-)		-13.52
6.出口量(-)	Export(-)		-47.16
7.境外飞机和轮船在境内的加油量(-)	Oversea Airplanes&Ships Refueling Domestically(-)		
8.库存增(-)、减(+)量	Stock Change	-0.65	-25.55
二.加工转换投入(-)产出(+)量	**Input(-) & Output(+) of Transformation**	**42.32**	**-31.09**
1.火力发电	Thermal Power		-2.82
2.供热	Heating Supply		-3.86
3.煤炭洗选	Coal Washing		
4.炼焦	Coking	42.32	
5.炼油及煤制油	Petroleum Refining and Coal-to-liquids		165.85
#油品再投入量(-)	Petroleum Products Input (-)		-190.26
6.制气	Gas Works		
#焦炭再投入量(-)	Coke Input (-)		
7.天然气液化	Natural Gas Liquefaction		
8.煤制品加工	Briquettes		
9.回收能	Recovery of Energy		
三.损失量	**Loss**		
四.终端消费量	**Total Final Consumption**	**41.67**	**2675.59**
1.农、林、牧、渔业	Agriculture, Forestry, Animal Husbandry and Fishery		111.44
2.工业	Industry	41.67	580.83
#用作原料、材料	Non-Energy Use	0.49	253.86
3.建筑业	Construction		181.61
4.交通运输、仓储和邮政业	Transport, Storage and Post		1159.48
5.批发和零售业、住宿和餐饮业	Wholesale and Retail Trades, Hotels and Catering Services		136.84
6.其他	Others		145.25
7.居民生活	Residential		360.14
城镇	Urban		230.82
乡村	Rural		129.32
五.平衡差额	**Statistical Difference**		
六.消费量合计	**Total Energy Consumption**	**41.67**	**2706.68**

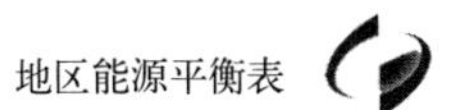

Continued 1

原油 (万吨) Crude Oil (10^4 tons)	汽油 (万吨) Gasoline (10^4 tons)	煤油 (万吨) Kerosene (10^4 tons)	柴油 (万吨) Diesel Oil (10^4 tons)	燃料油 (万吨) Fuel Oil (10^4 tons)	石脑油 (万吨) Naphtha (10^4 tons)	润滑油 (万吨) Lubricants (10^4 tons)	石蜡 (万吨) Paraffin Waxes (10^4 tons)	溶剂油 (万吨) White Spirit (10^4 tons)
1420.68	**411.26**	**-8.45**	**448.21**	**123.58**	**56.80**	**10.83**	**-5.81**	**0.11**
54.30								
1299.14	419.99		455.79	173.62	59.68	10.39		0.09
66.94				1.25		0.04		
		-6.90					-5.90	
			-3.08	-44.08				
0.30	-8.72	-1.55	-4.49	-7.21	-2.89	0.40	0.09	0.02
-1414.02	**373.28**	**124.71**	**446.26**	**5.72**	**89.89**		**8.83**	
			-0.75	-0.10				
			-0.13	-0.03				
-1414.02	373.28	124.71	447.14	5.85	146.87		8.83	
					-56.98			
6.66	**784.54**	**116.26**	**894.47**	**129.30**	**146.68**	**10.83**	**3.01**	**0.11**
	18.31		93.13					
6.66	7.08	0.61	77.71	3.20	146.68	1.92	0.51	0.11
	0.13	0.09	1.08	0.48	145.96	0.10		
	25.60	0.34	54.97	2.15				
	416.39	94.58	503.45	121.69		8.91	2.50	
	41.72		56.94					
	112.81		30.17	2.26				
	162.63	20.73	78.10					
	115.88		44.59					
	46.75	20.73	33.51					
1420.68	**784.54**	**116.26**	**895.35**	**129.43**	**203.66**	**10.83**	**3.01**	**0.11**

6-17 续表 2

项 目	Item	石油沥青(万吨) Bitumen Asphalt (10^4 tons)	石油焦(万吨) Petroleum Coke (10^4 tons)
一.可供本地区消费的能源量	**Total Primary Energy Supply**	**84.49**	**30.37**
1.一次能源生产量	Indigenous Production		
2.外省(区、市)调入量	Moving In from Other Provinces	81.77	36.86
3.进口量	Import		
4.境内飞机和轮船在境外的加油量	Domestic Airplanes&Ships Refueling Abroad		
5.本省(区、市)调出量(-)	Sending Out to Other Provinces(-)		
6.出口量(-)	Export(-)		
7.境外飞机和轮船在境内的加油量(-)	Oversea Airplanes&Ships Refueling Domestically(-)		
8.库存增(-)、减(+)量	Stock Change	2.72	-6.49
二.加工转换投入(-)产出(+)量	**Input(-) & Output(+) of Transformation**	**11.95**	**96.35**
1.火力发电	Thermal Power		-1.52
2.供热	Heating Supply		
3.煤炭洗选	Coal Washing		
4.炼焦	Coking		
5.炼油及煤制油	Petroleum Refining and Coal-to-liquids	11.95	97.88
#油品再投入量(-)	Petroleum Products Input (-)		
6.制气	Gas Works		
#焦炭再投入量(-)	Coke Input (-)		
7.天然气液化	Natural Gas Liquefaction		
8.煤制品加工	Briquettes		
9.回收能	Recovery of Energy		
三.损失量	**Loss**		
四.终端消费量	**Total Final Consumption**	**96.45**	**126.73**
1.农、林、牧、渔业	Agriculture, Forestry, Animal Husbandry and Fishery		
2.工业	Industry	1.09	126.73
#用作原料、材料	Non-Energy Use	1.08	24.80
3.建筑业	Construction	95.36	
4.交通运输、仓储和邮政业	Transport, Storage and Post		
5.批发和零售业、住宿和餐饮业	Wholesale and Retail Trades, Hotels and Catering Services		
6.其他	Others		
7.居民生活	Residential		
城镇	Urban		
乡村	Rural		
五.平衡差额	**Statistical Difference**		
六.消费量合计	**Total Energy Consumption**	**96.45**	**128.25**

Continued 2

液化石油气 (万吨) Liquefied Petroleum Gas (10^4 tons)	炼厂干气 (万吨) Refinery Gas (10^4 tons)	其他石油制品 (万吨) Other Petroleum Products (10^4 tons)	天然气 (亿立方米) Natural Gas (10^8 cu.m)	液化天然气 (万吨) Liquefied Natural Gas (10^4 tons)	热力 (万百万千焦) Heat (10^{10} kJ)	电力 (亿千瓦小时) Electricity (10^8 kW•h)	其他能源 (万吨标准煤) Other Energy (10^4 tce)
132.17		**2.41**	**66.10**	**-24.64**		**927.79**	**297.58**
			5.10			1591.43	300.65
133.03			61.46			203.70	3.08
		-0.72		-23.81		-867.34	
-0.86		3.13	-0.46	-0.83			-6.15
63.24	**35.49**	**127.23**	**-12.30**	**26.93**	**11368.46**	**1238.53**	**-159.00**
	-0.22	-0.22	-5.92		-1126.00	1238.53	-140.50
	-2.14	-1.57	-1.09		10934.90		-18.50
63.24	37.85	262.30	-1.32				
		-133.28					
			-3.97	26.93			
					1559.56		
						125.98	
195.41	**35.49**	**129.64**	**53.80**	**2.29**	**11368.46**	**2040.33**	**138.58**
						33.42	
46.59	35.49	126.44	22.44	2.29	10272.39	1222.97	68.42
36.05	2.64	41.44	0.19				
		3.20			86.61	36.54	
11.96			6.14		13.61	62.16	
38.18			6.44		995.86	109.77	
			2.21			180.44	
98.68			16.57			395.03	70.15
70.35			16.49			261.50	
28.33			0.08			133.53	70.15
195.41	**37.85**	**264.71**	**62.38**	**2.29**	**12494.46**	**2166.31**	**297.58**

6-18 湖南能源平衡表(实物量)-2018

项　目	Item	煤合计(万吨) Coal Total (10^4 tons)	原煤(万吨) Raw Coal (10^4 tons)
一.可供本地区消费的能源量	**Total Primary Energy Supply**	**10922.31**	**9634.33**
1.一次能源生产量	Indigenous Production	1900.41	1900.41
2.外省(区、市)调入量	Moving In from Other Provinces	9106.13	7834.15
3.进口量	Import		
4.境内飞机和轮船在境外的加油量	Domestic Airplanes&Ships Refueling Abroad		
5.本省(区、市)调出量(-)	Sending Out to Other Provinces(-)		
6.出口量(-)	Export(-)	0.06	0.06
7.境外飞机和轮船在境内的加油量(-)	Oversea Airplanes&Ships Refueling Domestically(-)		
8.库存增(-)、减(+)量	Stock Change	-84.29	-100.29
二.加工转换投入(-)产出(+)量	**Input(-) & Output(+) of Transformation**	**-4724.79**	**-4193.11**
1.火力发电	Thermal Power	-3393.36	-3393.36
2.供热	Heating Supply	-322.91	-200.32
3.煤炭洗选	Coal Washing	-198.85	-599.43
4.炼焦	Coking	-809.67	
5.炼油及煤制油	Petroleum Refining and Coal-to-liquids		
#油品再投入量(-)	Petroleum Products Input (-)		
6.制气	Gas Works		
#焦炭再投入量(-)	Coke Input (-)		
7.天然气液化	Natural Gas Liquefaction		
8.煤制品加工	Briquettes		
9.回收能	Recovery of Energy		
三.损失量	**Loss**	**36.49**	**31.44**
四.终端消费量	**Total Final Consumption**	**6161.03**	**5409.78**
1.农、林、牧、渔业	Agriculture, Forestry, Animal Husbandry and Fishery	512.20	478.02
2.工业	Industry	3475.34	3313.90
#用作原料、材料	Non-Energy Use		
3.建筑业	Construction	238.41	218.80
4.交通运输、仓储和邮政业	Transport, Storage and Post	322.68	289.08
5.批发和零售业、住宿和餐饮业	Wholesale and Retail Trades, Hotels and Catering Services	520.16	285.02
6.其他	Others	588.74	369.82
7.居民生活	Residential	503.50	455.14
城镇	Urban	145.62	129.48
乡村	Rural	357.88	325.66
五.平衡差额	**Statistical Difference**		
六.消费量合计	**Total Energy Consumption**	**10922.31**	**9634.33**

Energy Balance of Hunan (Physical Quantity) -2018

洗精煤 (万吨) Cleaned Coal (10^4 tons)	其他洗煤 (万吨) Other Washed Coal (10^4 tons)	煤制品 (万吨) Briquettes (10^4 tons)	煤矸石 (万吨) Gangue (10^4 tons)	焦炭 (万吨) Coke (10^4 tons)	焦炉煤气 (亿立方米) Coke Oven Gas (10^8 cu.m)	高炉煤气 (亿立方米) Blast Furnace Gas (10^8 cu.m)	转炉煤气 (亿立方米) Converter Gas (10^8 cu.m)	其他煤气 (亿立方米) Other Gas (10^8 cu.m)
494.35	**183.48**	**610.15**	**197.77**	**406.04**		**8.68**	**0.07**	
477.32	184.50	610.16	204.26	410.67		8.68	0.07	
17.03	-1.02	-0.01	-6.49	-4.63				
-491.92	**-39.76**		**-97.01**	**564.63**	**20.23**	**136.20**	**13.39**	
			-97.01		-2.56	-137.44	-11.22	
	-122.59					-59.64		
317.75	82.83							
-809.67				564.63	22.79			
						333.28	24.61	
2.43	**0.80**	**1.82**	**0.59**	**2.90**	**0.57**	**1.02**	**0.07**	
	142.92	**608.33**	**100.17**	**967.77**	**19.66**	**143.86**	**13.39**	
		34.18		29.53				
	142.72	18.72	100.17	938.24	19.66	143.86	13.39	
	0.20	19.41						
		33.60						
		235.14						
		218.92						
		48.36						
		16.14						
		32.22						
812.10	**266.31**	**610.15**	**197.77**	**970.67**	**22.79**	**341.96**	**24.68**	

6-18 续表 1

项　目	Item	其他焦化产品(万吨) Other Coking Products (10^4 tons)	油品合计(万吨) Petroleum Products Total (10^4 tons)
一.可供本地区消费的能源量	**Total Primary Energy Supply**	**-28.05**	**1990.71**
1.一次能源生产量	Indigenous Production		
2.外省(区、市)调入量	Moving In from Other Provinces		2016.13
3.进口量	Import		
4.境内飞机和轮船在境外的加油量	Domestic Airplanes&Ships Refueling Abroad		
5.本省(区、市)调出量(-)	Sending Out to Other Provinces(-)	-28.08	-22.27
6.出口量(-)	Export(-)		
7.境外飞机和轮船在境内的加油量(-)	Oversea Airplanes&Ships Refueling Domestically(-)		
8.库存增(-)、减(+)量	Stock Change	0.03	-3.15
二.加工转换投入(-)产出(+)量	**Input(-) & Output(+) of Transformation**	**30.07**	**-52.46**
1.火力发电	Thermal Power		-9.39
2.供热	Heating Supply		-6.37
3.煤炭洗选	Coal Washing		
4.炼焦	Coking	30.07	
5.炼油及煤制油	Petroleum Refining and Coal-to-liquids		99.97
#油品再投入量(-)	Petroleum Products Input (-)		-136.67
6.制气	Gas Works		
#焦炭再投入量(-)	Coke Input (-)		
7.天然气液化	Natural Gas Liquefaction		
8.煤制品加工	Briquettes		
9.回收能	Recovery of Energy		
三.损失量	**Loss**		**0.01**
四.终端消费量	**Total Final Consumption**	**2.02**	**1938.24**
1.农、林、牧、渔业	Agriculture, Forestry, Animal Husbandry and Fishery		23.86
2.工业	Industry	2.02	351.66
#用作原料、材料	Non-Energy Use		
3.建筑业	Construction		74.56
4.交通运输、仓储和邮政业	Transport, Storage and Post		886.54
5.批发和零售业、住宿和餐饮业	Wholesale and Retail Trades, Hotels and Catering Services		105.53
6.其他	Others		121.60
7.居民生活	Residential		374.49
城镇	Urban		240.00
乡村	Rural		134.49
五.平衡差额	**Statistical Difference**		
六.消费量合计	**Total Energy Consumption**	**2.02**	**1990.71**

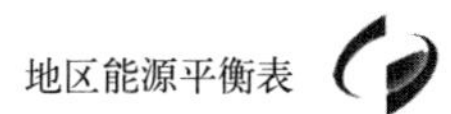

Continued 1

原油 (万吨) Crude Oil (10^4 tons)	汽油 (万吨) Gasoline (10^4 tons)	煤油 (万吨) Kerosene (10^4 tons)	柴油 (万吨) Diesel Oil (10^4 tons)	燃料油 (万吨) Fuel Oil (10^4 tons)	石脑油 (万吨) Naphtha (10^4 tons)	润滑油 (万吨) Lubricants (10^4 tons)	石蜡 (万吨) Paraffin Waxes (10^4 tons)	溶剂油 (万吨) White Spirit (10^4 tons)
949.70	**439.80**	**-22.27**	**427.92**	**85.85**		**9.17**	**0.15**	**1.71**
954.22	439.80		427.88	85.79		9.17	0.14	1.71
		-22.27						
-4.52			0.04	0.06			0.01	
-948.74	**278.51**	**85.44**	**220.82**	**0.05**	**27.68**			
			-0.54	-3.21				
			-0.01	-0.61				
-948.74	279.12	85.44	221.37	4.59	27.68			
	-0.61			-0.72				
0.96	**718.31**	**63.17**	**648.74**	**85.90**	**27.68**	**9.17**	**0.15**	**1.71**
	13.22		10.39	0.01		0.01		
0.96	14.90	2.54	30.65	17.97	27.68	0.67	0.15	1.01
	21.94	0.23	50.98	0.07		0.01		0.70
	248.77	57.96	470.92	63.12		4.36		
	68.30	1.79	14.99	2.04		1.47		
	88.14	0.65	21.22	1.04		1.40		
	263.04		49.59	1.65		1.25		
	176.38		17.08	1.16		1.07		
	86.66		32.51	0.49		0.18		
949.70	**718.92**	**63.17**	**649.29**	**90.44**	**27.68**	**9.17**	**0.15**	**1.71**

6-18 续表 2

项　目	Item	石油沥青(万吨) Bitumen Asphalt (10^4 tons)	石油焦(万吨) Petroleum Coke (10^4 tons)
一.可供本地区消费的能源量	**Total Primary Energy Supply**	**4.21**	**3.62**
1.一次能源生产量	Indigenous Production		
2.外省(区、市)调入量	Moving In from Other Provinces	4.46	5.34
3.进口量	Import		
4.境内飞机和轮船在境外的加油量	Domestic Airplanes&Ships Refueling Abroad		
5.本省(区、市)调出量(-)	Sending Out to Other Provinces(-)		
6.出口量(-)	Export(-)		
7.境外飞机和轮船在境内的加油量(-)	Oversea Airplanes&Ships Refueling Domestically(-)		
8.库存增(-)、减(+)量	Stock Change	-0.25	-1.72
二.加工转换投入(-)产出(+)量	**Input(-) & Output(+) of Transformation**		**27.45**
1.火力发电	Thermal Power		-4.23
2.供热	Heating Supply		-3.74
3.煤炭洗选	Coal Washing		
4.炼焦	Coking		
5.炼油及煤制油	Petroleum Refining and Coal-to-liquids		35.42
#油品再投入量(-)	Petroleum Products Input (-)		
6.制气	Gas Works		
#焦炭再投入量(-)	Coke Input (-)		
7.天然气液化	Natural Gas Liquefaction		
8.煤制品加工	Briquettes		
9.回收能	Recovery of Energy		
三.损失量	**Loss**		
四.终端消费量	**Total Final Consumption**	**4.21**	**31.07**
1.农、林、牧、渔业	Agriculture, Forestry, Animal Husbandry and Fishery		
2.工业	Industry	4.21	31.07
#用作原料、材料	Non-Energy Use		
3.建筑业	Construction		
4.交通运输、仓储和邮政业	Transport, Storage and Post		
5.批发和零售业、住宿和餐饮业	Wholesale and Retail Trades, Hotels and Catering Services		
6.其他	Others		
7.居民生活	Residential		
城镇	Urban		
乡村	Rural		
五.平衡差额	**Statistical Difference**		
六.消费量合计	**Total Energy Consumption**	**4.21**	**39.04**

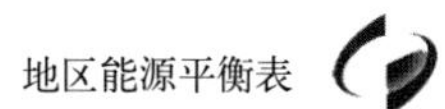

Continued 2

液化石油气 (万吨) Liquefied Petroleum Gas (10^4 tons)	炼厂干气 (万吨) Refinery Gas (10^4 tons)	其他石油制品 (万吨) Other Petroleum Products (10^4 tons)	天然气 (亿立方米) Natural Gas (10^8 cu.m)	液化天然气 (万吨) Liquefied Natural Gas (10^4 tons)	热力 (万百万千焦) Heat (10^{10} kJ)	电力 (亿千瓦小时) Electricity (10^8 kW•h)	其他能源 (万吨标准煤) Other Energy (10^4 tce)
24.20		**66.65**	**29.62**	**6.18**		**821.85**	**742.22**
						616.60	
24.23		63.39	29.65	6.18		278.53	742.18
						-73.28	
-0.03		3.26	-0.03				0.04
87.53	**33.60**	**135.20**	**-0.01**		**8291.95**	**923.40**	**-168.38**
	-1.41		-0.01			923.40	-166.87
	-2.01				4979.79		-1.51
87.53	38.55	269.01					
	-1.53	-133.81					
					3312.16		
	0.01					**123.58**	
111.73	**33.59**	**201.85**	**29.61**	**6.18**	**8291.95**	**1621.67**	**573.84**
0.23			0.09			20.81	170.89
17.01	33.59	169.25	14.71	2.92	8287.43	808.75	210.62
0.63			0.09			25.21	
9.76		31.65	2.85	2.18		59.45	50.37
16.94			3.14	1.04		90.89	
8.20		0.95	2.66		4.52	157.68	
58.96			6.07	0.04		458.88	141.96
44.31			5.96	0.04		222.75	63.72
14.65			0.11			236.13	78.24
111.73	**38.55**	**335.66**	**29.62**	**6.18**	**8291.95**	**1745.25**	**742.22**

6-19 广东能源平衡表(实物量)-2018

项　目	Item	煤合计 (万吨) Coal Total (10^4 tons)	原煤 (万吨) Raw Coal (10^4 tons)
一.可供本地区消费的能源量	**Total Primary Energy Supply**	**17067.51**	**16096.33**
1.一次能源生产量	Indigenous Production		
2.外省(区、市)调入量	Moving In from Other Provinces	14133.24	14056.09
3.进口量	Import	6441.42	5129.37
4.境内飞机和轮船在境外的加油量	Domestic Airplanes&Ships Refueling Abroad		
5.本省(区、市)调出量(-)	Sending Out to Other Provinces(-)	-3421.70	-2982.15
6.出口量(-)	Export(-)		
7.境外飞机和轮船在境内的加油量(-)	Oversea Airplanes&Ships Refueling Domestically(-)		
8.库存增(-)、减(+)量	Stock Change	-85.45	-106.98
二.加工转换投入(-)产出(+)量	**Input(-) & Output(+) of Transformation**	**-13634.18**	**-12811.26**
1.火力发电	Thermal Power	-11748.65	-11622.33
2.供热	Heating Supply	-980.21	-947.31
3.煤炭洗选	Coal Washing		
4.炼焦	Coking	-837.75	-0.19
5.炼油及煤制油	Petroleum Refining and Coal-to-liquids		
#油品再投入量(-)	Petroleum Products Input (-)		
6.制气	Gas Works	-110.69	-110.69
#焦炭再投入量(-)	Coke Input (-)		
7.天然气液化	Natural Gas Liquefaction		
8.煤制品加工	Briquettes	43.12	-130.74
9.回收能	Recovery of Energy		
三.损失量	**Loss**		
四.终端消费量	**Total Final Consumption**	**3433.33**	**3285.07**
1.农、林、牧、渔业	Agriculture, Forestry, Animal Husbandry and Fishery	39.84	39.84
2.工业	Industry	3260.39	3135.24
#用作原料、材料	Non-Energy Use	4.94	4.94
3.建筑业	Construction	4.27	4.27
4.交通运输、仓储和邮政业	Transport, Storage and Post	4.76	4.76
5.批发和零售业、住宿和餐饮业	Wholesale and Retail Trades, Hotels and Catering Services	48.98	48.98
6.其他	Others	2.54	2.54
7.居民生活	Residential	72.55	49.44
城镇	Urban	37.25	22.98
乡村	Rural	35.30	26.46
五.平衡差额	**Statistical Difference**		
六.消费量合计	**Total Energy Consumption**	**17067.51**	**16096.33**

Energy Balance of Guangdong (Physical Quantity) -2018

洗精煤 (万吨) Cleaned Coal (10^4 tons)	其他洗煤 (万吨) Other Washed Coal (10^4 tons)	煤制品 (万吨) Briquettes (10^4 tons)	煤矸石 (万吨) Gangue (10^4 tons)	焦炭 (万吨) Coke (10^4 tons)	焦炉煤气 (亿立方米) Coke Oven Gas (10^8 cu.m)	高炉煤气 (亿立方米) Blast Furnace Gas (10^8 cu.m)	转炉煤气 (亿立方米) Converter Gas (10^8 cu.m)	其他煤气 (亿立方米) Other Gas (10^8 cu.m)
837.56	**49.25**	**84.37**	**294.18**	**359.56**				**30.65**
	0.49	76.66	295.85	363.77				30.65
1305.13		6.92						
-439.55								
				-0.07				
-28.02	48.76	0.79	-1.67	-4.14				
-837.56		**14.64**	**-283.44**	**573.61**	**12.57**	**186.16**	**15.15**	**1.13**
		-126.32	-283.44		-6.01	-96.38	-8.87	
		-32.90				-20.84	-0.96	-0.02
-837.56				573.61	18.58			
								1.15
		173.86						
						303.38	24.98	
					0.32	**0.25**		
	49.25	**99.01**	**10.74**	**933.17**	**12.25**	**185.91**	**15.15**	**31.78**
	49.25	75.90	10.74	894.18	12.25	185.91	15.15	11.73
				37.73				6.48
				1.26				
		23.11						13.57
		14.27						13.57
		8.84						
837.56	**49.25**	**258.23**	**294.18**	**933.17**	**18.58**	**303.38**	**24.98**	**31.80**

6-19 续表 1

项　目	Item	其他焦化产品 (万吨) Other Coking Products (10^4 tons)	油品合计 (万吨) Petroleum Products Total (10^4 tons)
一.可供本地区消费的能源量	**Total Primary Energy Supply**	**-25.80**	**6442.55**
1.一次能源生产量	Indigenous Production		1393.53
2.外省(区、市)调入量	Moving In from Other Provinces	5.53	1255.27
3.进口量	Import		7987.50
4.境内飞机和轮船在境外的加油量	Domestic Airplanes&Ships Refueling Abroad		156.75
5.本省(区、市)调出量(-)	Sending Out to Other Provinces(-)	-31.80	-2931.15
6.出口量(-)	Export(-)		-1102.67
7.境外飞机和轮船在境内的加油量(-)	Oversea Airplanes&Ships Refueling Domestically(-)		-237.67
8.库存增(-)、减(+)量	Stock Change	0.47	-79.01
二.加工转换投入(-)产出(+)量	**Input(-) & Output(+) of Transformation**	**31.80**	**-332.76**
1.火力发电	Thermal Power		-38.45
2.供热	Heating Supply		-188.24
3.煤炭洗选	Coal Washing		
4.炼焦	Coking	31.80	
5.炼油及煤制油	Petroleum Refining and Coal-to-liquids		697.75
#油品再投入量(-)	Petroleum Products Input (-)		-803.82
6.制气	Gas Works	0.63	
#焦炭再投入量(-)	Coke Input (-)	-0.63	
7.天然气液化	Natural Gas Liquefaction		
8.煤制品加工	Briquettes		
9.回收能	Recovery of Energy		
三.损失量	**Loss**		**16.20**
四.终端消费量	**Total Final Consumption**	**6.00**	**6093.59**
1.农、林、牧、渔业	Agriculture, Forestry, Animal Husbandry and Fishery		150.83
2.工业	Industry	6.00	1609.04
#用作原料、材料	Non-Energy Use		790.99
3.建筑业	Construction		420.36
4.交通运输、仓储和邮政业	Transport, Storage and Post		2248.27
5.批发和零售业、住宿和餐饮业	Wholesale and Retail Trades, Hotels and Catering Services		325.09
6.其他	Others		102.38
7.居民生活	Residential		1237.62
城镇	Urban		807.47
乡村	Rural		430.15
五.平衡差额	**Statistical Difference**		
六.消费量合计	**Total Energy Consumption**	**6.63**	**6442.55**

 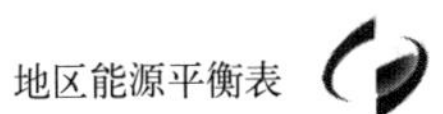

Continued 1

原油 (万吨) Crude Oil (10^4 tons)	汽油 (万吨) Gasoline (10^4 tons)	煤油 (万吨) Kerosene (10^4 tons)	柴油 (万吨) Diesel Oil (10^4 tons)	燃料油 (万吨) Fuel Oil (10^4 tons)	石脑油 (万吨) Naphtha (10^4 tons)	润滑油 (万吨) Lubricants (10^4 tons)	石蜡 (万吨) Paraffin Waxes (10^4 tons)	溶剂油 (万吨) White Spirit (10^4 tons)
5920.91	**402.01**	**-522.43**	**68.61**	**168.46**	**375.52**	**-2.16**	**-3.78**	**-85.37**
1393.53								
	663.74		270.28	242.53	78.72			
5996.37	6.79	75.92	24.27	62.96	340.42	44.88	3.00	0.94
		26.75	4.19	125.81				
-1414.97		-164.32				-43.66	-3.68	-91.53
-49.91	-217.47	-412.76	-226.53	-66.33		-2.51	-2.83	-0.21
		-40.75	-5.89	-191.03				
-4.11	-51.05	-7.27	2.29	-5.48	-43.62	-0.87	-0.27	5.43
-5711.83	**1152.90**	**828.92**	**1601.57**	**159.55**	**228.86**	**26.00**	**4.26**	**86.31**
			-1.38	-2.00	-5.74			
			-0.80		-137.56			
-5711.83	1153.08	828.92	1603.90	165.31	486.12	26.00	4.26	86.31
	-0.18		-0.15	-3.76	-113.96			
12.59	**0.88**	**0.29**	**0.76**	**0.19**				
196.49	**1554.03**	**306.20**	**1669.42**	**327.82**	**604.38**	**23.84**	**0.48**	**0.94**
	30.18		109.65			11.00		
196.49	46.86	3.13	201.74	73.49	604.38	5.49	0.48	0.94
	0.01	0.31	0.14	10.09	604.37	4.44	0.25	0.52
	51.01	0.31	20.91	0.61		0.06		
	523.27	298.87	1129.91	236.54		7.29		
	109.37		174.35	17.12				
	88.15	0.05	11.23	0.06				
	705.19	3.84	21.63					
	492.26	0.42	4.99					
	212.93	3.42	16.64					
5920.91	**1555.09**	**306.49**	**1672.51**	**333.77**	**861.64**	**23.84**	**0.48**	**0.94**

6-19 续表 2

项　目	Item	石油沥青（万吨）Bitumen Asphalt (10^4 tons)	石油焦（万吨）Petroleum Coke (10^4 tons)
一.可供本地区消费的能源量	**Total Primary Energy Supply**	**0.47**	**-114.14**
1.一次能源生产量	Indigenous Production		
2.外省(区、市)调入量	Moving In from Other Provinces		
3.进口量	Import	76.45	72.47
4.境内飞机和轮船在境外的加油量	Domestic Airplanes&Ships Refueling Abroad		
5.本省(区、市)调出量(-)	Sending Out to Other Provinces(-)	-94.93	-167.16
6.出口量(-)	Export(-)	-31.89	-1.73
7.境外飞机和轮船在境内的加油量(-)	Oversea Airplanes&Ships Refueling Domestically(-)		
8.库存增(-)、减(+)量	Stock Change	50.84	-17.72
二.加工转换投入(-)产出(+)量	**Input(-) & Output(+) of Transformation**	**349.63**	**173.57**
1.火力发电	Thermal Power		-25.45
2.供热	Heating Supply		-36.66
3.煤炭洗选	Coal Washing		
4.炼焦	Coking		
5.炼油及煤制油	Petroleum Refining and Coal-to-liquids	349.63	235.68
#油品再投入量(-)	Petroleum Products Input (-)		
6.制气	Gas Works		
#焦炭再投入量(-)	Coke Input (-)		
7.天然气液化	Natural Gas Liquefaction		
8.煤制品加工	Briquettes		
9.回收能	Recovery of Energy		
三.损失量	**Loss**		
四.终端消费量	**Total Final Consumption**	**350.10**	**59.43**
1.农、林、牧、渔业	Agriculture, Forestry, Animal Husbandry and Fishery		
2.工业	Industry	3.62	59.43
#用作原料、材料	Non-Energy Use	2.09	
3.建筑业	Construction	346.48	
4.交通运输、仓储和邮政业	Transport, Storage and Post		
5.批发和零售业、住宿和餐饮业	Wholesale and Retail Trades, Hotels and Catering Services		
6.其他	Others		
7.居民生活	Residential		
城镇	Urban		
乡村	Rural		
五.平衡差额	**Statistical Difference**		
六.消费量合计	**Total Energy Consumption**	**350.10**	**121.54**

Continued 2

液化石油气 (万吨) Liquefied Petroleum Gas (10^4 tons)	炼厂干气 (万吨) Refinery Gas (10^4 tons)	其他石油制品 (万吨) Other Petroleum Products (10^4 tons)	天然气 (亿立方米) Natural Gas (10^8 cu.m)	液化天然气 (万吨) Liquefied Natural Gas (10^4 tons)	热力 (万百万千焦) Heat (10^{10} kJ)	电力 (亿千瓦小时) Electricity (10^8 kW•h)	其他能源 (万吨标准煤) Other Energy (10^4 tce)
458.45	**-0.46**	**-223.54**	**152.10**	**279.30**		**2859.86**	**487.13**
			102.50			1276.12	
			78.45			1748.47	469.88
596.59		686.44		1067.73		6.02	
-45.50	-0.46	-904.94		-793.38			
-90.50			-28.85			-170.75	
-2.14		-5.04		4.95			17.25
268.72	**110.33**	**388.45**	**-74.82**	**-192.10**	**27004.85**	**3463.49**	**-474.68**
	-2.93	-0.95	-70.62	-174.47	-3144.58	3463.49	-465.03
	-10.12	-3.10	-4.20	-17.63	25487.71		-18.61
376.40	138.56	955.41					
-107.68	-15.18	-562.91					-48.19
							57.15
					4661.72		
		1.49		**14.13**		**250.60**	
727.17	**109.87**	**163.42**	**77.28**	**73.07**	**27004.85**	**6072.75**	**12.45**
						124.82	
139.70	109.87	163.42	50.47	73.07	27000.95	3721.29	12.45
62.71	7.05	99.01	0.07	7.48			
0.98			0.04		0.95	72.32	
52.39			3.24		2.95	124.92	
24.25			8.46			365.07	
2.89			0.38			669.70	
506.96			14.69			994.63	
309.80			14.69			595.36	
197.16						399.27	
834.85	**138.10**	**731.87**	**152.10**	**279.30**	**30149.43**	**6323.35**	**544.28**

6-20 广西能源平衡表(实物量)-2018

项　目	Item	煤合计(万吨) Coal Total (10^4 tons)	原煤(万吨) Raw Coal (10^4 tons)
一.可供本地区消费的能源量	**Total Primary Energy Supply**	**7339.78**	**6710.41**
1.一次能源生产量	Indigenous Production	487.90	487.90
2.外省(区、市)调入量	Moving In from Other Provinces	6085.40	5454.87
3.进口量	Import	808.83	797.47
4.境内飞机和轮船在境外的加油量	Domestic Airplanes&Ships Refueling Abroad		
5.本省(区、市)调出量(-)	Sending Out to Other Provinces(-)	-9.43	
6.出口量(-)	Export(-)	-4.95	-4.95
7.境外飞机和轮船在境内的加油量(-)	Oversea Airplanes&Ships Refueling Domestically(-)		
8.库存增(-)、减(+)量	Stock Change	-27.97	-24.88
二.加工转换投入(-)产出(+)量	**Input(-) & Output(+) of Transformation**	**-4937.06**	**-4323.26**
1.火力发电	Thermal Power	-3304.67	-3304.67
2.供热	Heating Supply	-503.63	-503.63
3.煤炭洗选	Coal Washing	4.86	-68.81
4.炼焦	Coking	-980.08	-292.61
5.炼油及煤制油	Petroleum Refining and Coal-to-liquids		
#油品再投入量(-)	Petroleum Products Input (-)		
6.制气	Gas Works	-153.54	-153.54
#焦炭再投入量(-)	Coke Input (-)		
7.天然气液化	Natural Gas Liquefaction		
8.煤制品加工	Briquettes		
9.回收能	Recovery of Energy		
三.损失量	**Loss**		
四.终端消费量	**Total Final Consumption**	**2402.72**	**2387.15**
1.农、林、牧、渔业	Agriculture, Forestry, Animal Husbandry and Fishery	5.96	5.96
2.工业	Industry	2384.68	2369.11
#用作原料、材料	Non-Energy Use	116.72	116.02
3.建筑业	Construction	0.05	0.05
4.交通运输、仓储和邮政业	Transport, Storage and Post	0.16	0.16
5.批发和零售业、住宿和餐饮业	Wholesale and Retail Trades, Hotels and Catering Services	2.46	2.46
6.其他	Others	2.52	2.52
7.居民生活	Residential	6.89	6.89
城镇	Urban	3.32	3.32
乡村	Rural	3.57	3.57
五.平衡差额	**Statistical Difference**		
六.消费量合计	**Total Energy Consumption**	**7339.78**	**6710.41**

Energy Balance of Guangxi (Physical Quantity) -2018

洗精煤 (万吨) Cleaned Coal (10^4 tons)	其他洗煤 (万吨) Other Washed Coal (10^4 tons)	煤制品 (万吨) Briquettes (10^4 tons)	煤矸石 (万吨) Gangue (10^4 tons)	焦炭 (万吨) Coke (10^4 tons)	焦炉煤气 (亿立方米) Coke Oven Gas (10^8 cu.m)	高炉煤气 (亿立方米) Blast Furnace Gas (10^8 cu.m)	转炉煤气 (亿立方米) Converter Gas (10^8 cu.m)	其他煤气 (亿立方米) Other Gas (10^8 cu.m)
624.21	**2.92**	**2.24**	**7.28**	**330.67**				**0.36**
628.90	1.63		7.70	335.89				0.36
		11.36						
		-9.43		-8.74				
-4.69	1.29	0.31	-0.42	3.52				
-624.21	**10.41**			**692.41**	**21.24**	**220.49**	**12.64**	**46.05**
					-7.76	-112.84	-8.04	
63.26	10.41							
-687.47				692.41	29.00			
								46.05
						333.33	20.68	
	13.33	**2.24**	**7.28**	**1023.08**	**21.24**	**220.49**	**12.64**	**46.41**
	13.33	2.24	7.28	1023.07	21.24	220.49	12.64	46.05
		0.70		5.75				
				0.01				
								0.36
								0.36
687.47	**13.33**	**2.24**	**7.28**	**1023.08**	**29.00**	**333.33**	**20.68**	**46.41**

6-20 续表 1

项 目	Item	其他焦化产品 (万吨) Other Coking Products (10^4 tons)	油品合计 (万吨) Petroleum Products Total (10^4 tons)
一.可供本地区消费的能源量	**Total Primary Energy Supply**	**-36.76**	**1226.98**
1.一次能源生产量	Indigenous Production		51.88
2.外省(区、市)调入量	Moving In from Other Provinces		1708.86
3.进口量	Import		301.78
4.境内飞机和轮船在境外的加油量	Domestic Airplanes&Ships Refueling Abroad		
5.本省(区、市)调出量(-)	Sending Out to Other Provinces(-)	-36.76	-778.48
6.出口量(-)	Export(-)		-19.96
7.境外飞机和轮船在境内的加油量(-)	Oversea Airplanes&Ships Refueling Domestically(-)		
8.库存增(-)、减(+)量	Stock Change		-37.10
二.加工转换投入(-)产出(+)量	**Input(-) & Output(+) of Transformation**	**37.35**	**-111.35**
1.火力发电	Thermal Power		-24.04
2.供热	Heating Supply		-5.79
3.煤炭洗选	Coal Washing		
4.炼焦	Coking	37.35	
5.炼油及煤制油	Petroleum Refining and Coal-to-liquids		57.36
#油品再投入量(-)	Petroleum Products Input (-)		-138.88
6.制气	Gas Works		
#焦炭再投入量(-)	Coke Input (-)		
7.天然气液化	Natural Gas Liquefaction		
8.煤制品加工	Briquettes		
9.回收能	Recovery of Energy		
三.损失量	**Loss**		
四.终端消费量	**Total Final Consumption**	**0.59**	**1115.63**
1.农、林、牧、渔业	Agriculture, Forestry, Animal Husbandry and Fishery		69.30
2.工业	Industry	0.59	220.79
#用作原料、材料	Non-Energy Use		95.45
3.建筑业	Construction		11.76
4.交通运输、仓储和邮政业	Transport, Storage and Post		632.98
5.批发和零售业、住宿和餐饮业	Wholesale and Retail Trades, Hotels and Catering Services		50.12
6.其他	Others		18.40
7.居民生活	Residential		112.28
城镇	Urban		79.74
乡村	Rural		32.54
五.平衡差额	**Statistical Difference**		
六.消费量合计	**Total Energy Consumption**	**0.59**	**1226.98**

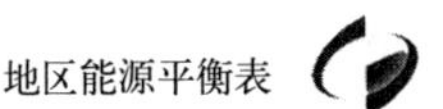

Continued 1

原油（万吨） Crude Oil (10^4 tons)	汽油（万吨） Gasoline (10^4 tons)	煤油（万吨） Kerosene (10^4 tons)	柴油（万吨） Diesel Oil (10^4 tons)	燃料油（万吨） Fuel Oil (10^4 tons)	石脑油（万吨） Naphtha (10^4 tons)	润滑油（万吨） Lubricants (10^4 tons)	石蜡（万吨） Paraffin Waxes (10^4 tons)	溶剂油（万吨） White Spirit (10^4 tons)
1599.33	**-185.52**	**-76.52**	**-94.42**	**10.37**	**-7.32**	**0.73**	**0.14**	**0.18**
51.88								
1473.92		0.07		15.28		0.57	0.14	0.20
68.34			233.44					
-1.33	-167.59	-61.85	-319.60	-3.03	-6.95			
		-12.12	-7.84					
6.52	-17.93	-2.62	-0.42	-1.88	-0.37	0.16		-0.02
-1598.76	**519.67**	**128.69**	**580.59**	**0.43**	**7.32**			
			-0.47	-0.01				
		-0.03	-0.03					
-1598.76	519.67	128.72	581.09	5.91	7.32			
				-5.47				
0.57	**334.15**	**52.17**	**486.17**	**10.80**		**0.73**	**0.14**	**0.18**
	8.05		61.25					
0.57	1.33	0.05	29.45	7.52		0.60	0.14	0.18
	0.03		0.66					0.06
	2.56	0.01	8.02	1.11				
	225.57	52.11	353.00	2.17		0.13		
	13.63		25.40					
	9.35		9.05					
	73.66							
	53.15							
	20.51							
1599.33	**334.15**	**52.20**	**486.67**	**16.28**		**0.73**	**0.14**	**0.18**

6-20 续表 2

项　目	Item	石油沥青(万吨) Bitumen Asphalt (10^4 tons)	石油焦(万吨) Petroleum Coke (10^4 tons)
一.可供本地区消费的能源量	**Total Primary Energy Supply**	**-65.70**	**51.51**
1.一次能源生产量	Indigenous Production		
2.外省(区、市)调入量	Moving In from Other Provinces		103.78
3.进口量	Import		
4.境内飞机和轮船在境外的加油量	Domestic Airplanes&Ships Refueling Abroad		
5.本省(区、市)调出量(-)	Sending Out to Other Provinces(-)	-53.34	-48.12
6.出口量(-)	Export(-)		
7.境外飞机和轮船在境内的加油量(-)	Oversea Airplanes&Ships Refueling Domestically(-)		
8.库存增(-)、减(+)量	Stock Change	-12.36	-4.15
二.加工转换投入(-)产出(+)量	**Input(-) & Output(+) of Transformation**	**67.08**	**26.69**
1.火力发电	Thermal Power		-23.56
2.供热	Heating Supply		-1.88
3.煤炭洗选	Coal Washing		
4.炼焦	Coking		
5.炼油及煤制油	Petroleum Refining and Coal-to-liquids	68.86	52.13
#油品再投入量(-)	Petroleum Products Input (-)	-1.78	
6.制气	Gas Works		
#焦炭再投入量(-)	Coke Input (-)		
7.天然气液化	Natural Gas Liquefaction		
8.煤制品加工	Briquettes		
9.回收能	Recovery of Energy		
三.损失量	**Loss**		
四.终端消费量	**Total Final Consumption**	**1.38**	**78.20**
1.农、林、牧、渔业	Agriculture, Forestry, Animal Husbandry and Fishery		
2.工业	Industry	1.38	78.20
#用作原料、材料	Non-Energy Use	1.38	69.05
3.建筑业	Construction		
4.交通运输、仓储和邮政业	Transport, Storage and Post		
5.批发和零售业、住宿和餐饮业	Wholesale and Retail Trades, Hotels and Catering Services		
6.其他	Others		
7.居民生活	Residential		
城镇	Urban		
乡村	Rural		
五.平衡差额	**Statistical Difference**		
六.消费量合计	**Total Energy Consumption**	**3.16**	**103.64**

Continued 2

液化石油气 (万吨) Liquefied Petroleum Gas (10^4 tons)	炼厂干气 (万吨) Refinery Gas (10^4 tons)	其他石油制品 (万吨) Other Petroleum Products (10^4 tons)	天然气 (亿立方米) Natural Gas (10^8 cu.m)	液化天然气 (万吨) Liquefied Natural Gas (10^4 tons)	热力 (万百万千焦) Heat (10^{10} kJ)	电力 (亿千瓦小时) Electricity (10^8 kW•h)	其他能源 (万吨标准煤) Other Energy (10^4 tce)
-19.70		**13.90**	**22.83**	**-1.11**		**916.55**	**509.77**
			0.19			920.87	509.77
52.02		62.88	22.64			205.99	
-70.75		-45.92				-210.31	
-0.97		-3.06		-1.11			
70.68	**57.72**	**28.54**	**-1.57**	**2.70**	**8366.72**	**826.26**	**-192.25**
			-1.17		-5091.52	826.26	-178.50
	-3.85		-0.04		8650.15		-13.75
103.93	61.57	126.92					
-33.25		-98.38					
			-0.36	2.70			
					4808.09		
						88.72	
50.98	**57.72**	**42.44**	**21.26**	**1.59**	**8366.72**	**1654.09**	**317.52**
						32.56	
1.21	57.72	42.44	10.56	1.59	8366.72	1047.90	317.52
0.03		24.24		0.38			
0.06			1.00			21.14	
			6.45			40.00	
11.09						54.09	
						122.78	
38.62			3.25			335.62	
26.59			3.25			192.46	
12.03						143.16	
84.23	**61.57**	**140.82**	**22.46**	**1.59**	**13458.24**	**1742.81**	**509.77**

6-21 海南能源平衡表(实物量)-2018

项　目	Item	煤合计(万吨) Coal Total (10^4 tons)	原煤(万吨) Raw Coal (10^4 tons)
一.可供本地区消费的能源量	**Total Primary Energy Supply**	**1162.67**	**1162.66**
1.一次能源生产量	Indigenous Production		
2.外省(区、市)调入量	Moving In from Other Provinces	575.84	575.83
3.进口量	Import	681.13	681.13
4.境内飞机和轮船在境外的加油量	Domestic Airplanes&Ships Refueling Abroad		
5.本省(区、市)调出量(-)	Sending Out to Other Provinces(-)	-89.29	-89.29
6.出口量(-)	Export(-)		
7.境外飞机和轮船在境内的加油量(-)	Oversea Airplanes&Ships Refueling Domestically(-)		
8.库存增(-)、减(+)量	Stock Change	-5.01	-5.01
二.加工转换投入(-)产出(+)量	**Input(-) & Output(+) of Transformation**	**-913.99**	**-913.99**
1.火力发电	Thermal Power	-866.46	-866.46
2.供热	Heating Supply	-47.53	-47.53
3.煤炭洗选	Coal Washing		
4.炼焦	Coking		
5.炼油及煤制油	Petroleum Refining and Coal-to-liquids		
#油品再投入量(-)	Petroleum Products Input (-)		
6.制气	Gas Works		
#焦炭再投入量(-)	Coke Input (-)		
7.天然气液化	Natural Gas Liquefaction		
8.煤制品加工	Briquettes		
9.回收能	Recovery of Energy		
三.损失量	**Loss**		
四.终端消费量	**Total Final Consumption**	**248.68**	**248.67**
1.农、林、牧、渔业	Agriculture, Forestry, Animal Husbandry and Fishery		
2.工业	Industry	248.68	248.67
#用作原料、材料	Non-Energy Use		
3.建筑业	Construction		
4.交通运输、仓储和邮政业	Transport, Storage and Post		
5.批发和零售业、住宿和餐饮业	Wholesale and Retail Trades, Hotels and Catering Services		
6.其他	Others		
7.居民生活	Residential		
城镇	Urban		
乡村	Rural		
五.平衡差额	**Statistical Difference**		
六.消费量合计	**Total Energy Consumption**	**1162.67**	**1162.66**

Energy Balance of Hainan (Physical Quantity) -2018

洗精煤 (万吨) Cleaned Coal (10^4 tons)	其他洗煤 (万吨) Other Washed Coal (10^4 tons)	煤制品 (万吨) Briquettes (10^4 tons)	煤矸石 (万吨) Gangue (10^4 tons)	焦炭 (万吨) Coke (10^4 tons)	焦炉煤气 (亿立方米) Coke Oven Gas (10^8 cu.m)	高炉煤气 (亿立方米) Blast Furnace Gas (10^8 cu.m)	转炉煤气 (亿立方米) Converter Gas (10^8 cu.m)	其他煤气 (亿立方米) Other Gas (10^8 cu.m)
		0.01		**0.03**				
		0.01		0.03				
		0.01		**0.03**				
		0.01		0.03				
		0.01		**0.03**				

6-21 续表 1

项目	Item	其他焦化产品(万吨) Other Coking Products (10^4 tons)	油品合计(万吨) Petroleum Products Total (10^4 tons)
一.可供本地区消费的能源量	**Total Primary Energy Supply**		**486.63**
1.一次能源生产量	Indigenous Production		30.37
2.外省(区、市)调入量	Moving In from Other Provinces		364.80
3.进口量	Import		965.60
4.境内飞机和轮船在境外的加油量	Domestic Airplanes&Ships Refueling Abroad		
5.本省(区、市)调出量(−)	Sending Out to Other Provinces(-)		-546.73
6.出口量(−)	Export(-)		-333.16
7.境外飞机和轮船在境内的加油量(−)	Oversea Airplanes&Ships Refueling Domestically(-)		
8.库存增(−)、减(+)量	Stock Change		5.75
二.加工转换投入(−)产出(+)量	**Input(-) & Output(+) of Transformation**		**-45.80**
1.火力发电	Thermal Power		-0.03
2.供热	Heating Supply		-10.94
3.煤炭洗选	Coal Washing		
4.炼焦	Coking		
5.炼油及煤制油	Petroleum Refining and Coal-to-liquids		453.57
#油品再投入量(−)	Petroleum Products Input (-)		-488.40
6.制气	Gas Works		
#焦炭再投入量(−)	Coke Input (-)		
7.天然气液化	Natural Gas Liquefaction		
8.煤制品加工	Briquettes		
9.回收能	Recovery of Energy		
三.损失量	**Loss**		
四.终端消费量	**Total Final Consumption**		**440.83**
1.农、林、牧、渔业	Agriculture, Forestry, Animal Husbandry and Fishery		38.08
2.工业	Industry		97.15
#用作原料、材料	Non-Energy Use		
3.建筑业	Construction		16.37
4.交通运输、仓储和邮政业	Transport, Storage and Post		185.60
5.批发和零售业、住宿和餐饮业	Wholesale and Retail Trades, Hotels and Catering Services		6.12
6.其他	Others		52.12
7.居民生活	Residential		45.39
城镇	Urban		36.89
乡村	Rural		8.50
五.平衡差额	**Statistical Difference**		
六.消费量合计	**Total Energy Consumption**		**486.63**

Continued 1

原油 (万吨) Crude Oil (10^4 tons)	汽油 (万吨) Gasoline (10^4 tons)	煤油 (万吨) Kerosene (10^4 tons)	柴油 (万吨) Diesel Oil (10^4 tons)	燃料油 (万吨) Fuel Oil (10^4 tons)	石脑油 (万吨) Naphtha (10^4 tons)	润滑油 (万吨) Lubricants (10^4 tons)	石蜡 (万吨) Paraffin Waxes (10^4 tons)	溶剂油 (万吨) White Spirit (10^4 tons)
1060.85	**-168.98**	**-14.09**	**-170.23**	**-50.46**	**-56.68**	**0.03**		
30.37								
172.20		65.08				0.03		
895.74	26.93	4.84	32.59	5.50				
	-122.54		-74.66	-54.57	-55.65			
-49.68	-70.69	-85.20	-124.91	-2.68				
12.22	-2.68	1.19	-3.25	1.29	-1.03			
-1060.01	**276.56**	**142.25**	**260.24**	**56.47**	**56.68**			
			-0.03					
-1060.01	276.56	142.25	260.27	56.47	56.68			
0.84	**107.58**	**128.16**	**90.01**	**6.01**		**0.03**		
	2.14		35.94					
0.84	0.35		3.83	0.32		0.03		
	6.24		10.13					
	15.71	128.16	36.04	5.69				
	2.81		1.18					
	48.70		2.89					
	31.63							
	25.06							
	6.57							
1060.85	**107.58**	**128.16**	**90.04**	**6.01**		**0.03**		

6-21 续表 2

项　目	Item	石油沥青 (万吨) Bitumen Asphalt (10^4 tons)	石油焦 (万吨) Petroleum Coke (10^4 tons)
一.可供本地区消费的能源量	**Total Primary Energy Supply**	**-8.20**	
1.一次能源生产量	Indigenous Production		
2.外省(区、市)调入量	Moving In from Other Provinces		
3.进口量	Import		
4.境内飞机和轮船在境外的加油量	Domestic Airplanes&Ships Refueling Abroad		
5.本省(区、市)调出量(-)	Sending Out to Other Provinces(-)	-8.54	
6.出口量(-)	Export(-)		
7.境外飞机和轮船在境内的加油量(-)	Oversea Airplanes&Ships Refueling Domestically(-)		
8.库存增(-)、减(+)量	Stock Change	0.34	
二.加工转换投入(-)产出(+)量	**Input(-) & Output(+) of Transformation**	**8.20**	
1.火力发电	Thermal Power		
2.供热	Heating Supply		
3.煤炭洗选	Coal Washing		
4.炼焦	Coking		
5.炼油及煤制油	Petroleum Refining and Coal-to-liquids	8.20	
#油品再投入量(-)	Petroleum Products Input (-)		
6.制气	Gas Works		
#焦炭再投入量(-)	Coke Input (-)		
7.天然气液化	Natural Gas Liquefaction		
8.煤制品加工	Briquettes		
9.回收能	Recovery of Energy		
三.损失量	**Loss**		
四.终端消费量	**Total Final Consumption**		
1.农、林、牧、渔业	Agriculture, Forestry, Animal Husbandry and Fishery		
2.工业	Industry		
#用作原料、材料	Non-Energy Use		
3.建筑业	Construction		
4.交通运输、仓储和邮政业	Transport, Storage and Post		
5.批发和零售业、住宿和餐饮业	Wholesale and Retail Trades, Hotels and Catering Services		
6.其他	Others		
7.居民生活	Residential		
城镇	Urban		
乡村	Rural		
五.平衡差额	**Statistical Difference**		
六.消费量合计	**Total Energy Consumption**		

Continued 2

液化石油气 (万吨) Liquefied Petroleum Gas (10^4 tons)	炼厂干气 (万吨) Refinery Gas (10^4 tons)	其他石油制品 (万吨) Other Petroleum Products (10^4 tons)	天然气 (亿立方米) Natural Gas (10^8 cu.m)	液化天然气 (万吨) Liquefied Natural Gas (10^4 tons)	热力 (万百万千焦) Heat (10^{10} kJ)	电力 (亿千瓦小时) Electricity (10^8 kW•h)	其他能源 (万吨标准煤) Other Energy (10^4 tce)
-73.90		**-31.71**	**41.23**	**22.00**		**115.43**	**27.80**
			1.06			114.13	27.80
		127.49	48.64			2.19	
				65.62			
-73.09		-157.68		-43.89		-0.89	
			-8.47				
-0.81		-1.52		0.27			
95.34	**39.30**	**79.17**	**-2.84**		**1094.33**	**211.39**	**-25.95**
			-2.84		-806.33	211.39	-24.70
-1.66	-9.28				1094.33		-1.25
106.38	48.58	558.19					
-9.38		-479.02					
					806.33		
						19.70	
21.44	**39.30**	**47.46**	**38.39**	**22.00**	**1002.52**	**307.12**	**1.85**
						16.14	
5.02	39.30	47.46	36.64	20.79	1002.52	115.25	1.85
			24.48				
						8.34	
			0.70	1.21		6.95	
2.13			0.49			32.80	
0.53						69.37	
13.76			0.56			58.27	
11.83			0.56			30.74	
1.93						27.53	
					91.81		
32.48	**48.58**	**526.48**	**41.23**	**22.00**	**1808.85**	**326.82**	**27.80**

6-22 重庆能源平衡表(实物量)-2018

项　目	Item	煤合计（万吨）Coal Total (10^4 tons)	原煤（万吨）Raw Coal (10^4 tons)
一.可供本地区消费的能源量	**Total Primary Energy Supply**	**5129.52**	**4966.20**
1.一次能源生产量	Indigenous Production	1176.92	1176.92
2.外省(区、市)调入量	Moving In from Other Provinces	4369.85	3964.80
3.进口量	Import		
4.境内飞机和轮船在境外的加油量	Domestic Airplanes&Ships Refueling Abroad		
5.本省(区、市)调出量(-)	Sending Out to Other Provinces(-)	-343.52	-122.71
6.出口量(-)	Export(-)		
7.境外飞机和轮船在境内的加油量(-)	Oversea Airplanes&Ships Refueling Domestically(-)		
8.库存增(-)、减(+)量	Stock Change	-73.73	-52.81
二.加工转换投入(-)产出(+)量	**Input(-) & Output(+) of Transformation**	**-2818.81**	**-3193.13**
1.火力发电	Thermal Power	-2023.23	-2021.41
2.供热	Heating Supply	-276.72	-265.45
3.煤炭洗选	Coal Washing	-180.49	-905.32
4.炼焦	Coking	-338.36	-0.95
5.炼油及煤制油	Petroleum Refining and Coal-to-liquids		
#油品再投入量(-)	Petroleum Products Input (-)		
6.制气	Gas Works		
#焦炭再投入量(-)	Coke Input (-)		
7.天然气液化	Natural Gas Liquefaction		
8.煤制品加工	Briquettes		
9.回收能	Recovery of Energy		
三.损失量	**Loss**		
四.终端消费量	**Total Final Consumption**	**2310.71**	**1773.06**
1.农、林、牧、渔业	Agriculture, Forestry, Animal Husbandry and Fishery	52.67	31.12
2.工业	Industry	2178.57	1714.21
#用作原料、材料	Non-Energy Use		
3.建筑业	Construction	14.46	8.24
4.交通运输、仓储和邮政业	Transport, Storage and Post	8.08	4.21
5.批发和零售业、住宿和餐饮业	Wholesale and Retail Trades, Hotels and Catering Services	6.51	2.87
6.其他	Others	4.46	2.25
7.居民生活	Residential	45.96	10.16
城镇	Urban	1.66	0.52
乡村	Rural	44.30	9.64
五.平衡差额	**Statistical Difference**		**0.01**
六.消费量合计	**Total Energy Consumption**	**5129.52**	**4966.19**

Energy Balance of Chongqing (Physical Quantity) -2018

洗精煤 (万吨) Cleaned Coal (10^4 tons)	其他洗煤 (万吨) Other Washed Coal (10^4 tons)	煤制品 (万吨) Briquettes (10^4 tons)	煤矸石 (万吨) Gangue (10^4 tons)	焦炭 (万吨) Coke (10^4 tons)	焦炉煤气 (亿立方米) Coke Oven Gas (10^8 cu.m)	高炉煤气 (亿立方米) Blast Furnace Gas (10^8 cu.m)	转炉煤气 (亿立方米) Converter Gas (10^8 cu.m)	其他煤气 (亿立方米) Other Gas (10^8 cu.m)
160.90	**2.23**	**0.19**	**11.96**	**36.72**				
293.38	110.23	1.44	2.48	43.79				
-112.47	-107.10	-1.24		-7.31				
-20.01	-0.90	-0.01	9.48	0.24				
-63.61	**437.93**		**432.03**	**230.14**	**9.39**	**49.74**	**4.76**	
	-1.82		-106.85		-0.94	-50.02	-1.21	
	-11.27				-0.48			
273.80	451.03		538.88					
-337.42				230.14	10.81			
						99.77	5.98	
97.29	**440.17**	**0.19**	**443.99**	**266.86**	**9.39**	**49.74**	**4.76**	
	21.55							
97.29	366.88	0.19	443.99	266.86	9.39	49.74	4.76	
	6.22							
	3.87							
	3.64							
	2.21							
	35.80							
	1.14							
	34.66							
434.71	**453.26**	**0.19**	**550.85**	**266.86**	**10.81**	**99.76**	**5.97**	

6-22 续表 1

项　目	Item	其他焦化产品(万吨) Other Coking Products (10^4 tons)	油品合计(万吨) Petroleum Products Total (10^4 tons)
一.可供本地区消费的能源量	**Total Primary Energy Supply**		**918.10**
1.一次能源生产量	Indigenous Production		
2.外省(区、市)调入量	Moving In from Other Provinces		998.13
3.进口量	Import		
4.境内飞机和轮船在境外的加油量	Domestic Airplanes&Ships Refueling Abroad		
5.本省(区、市)调出量(-)	Sending Out to Other Provinces(-)		-72.79
6.出口量(-)	Export(-)		
7.境外飞机和轮船在境内的加油量(-)	Oversea Airplanes&Ships Refueling Domestically(-)		
8.库存增(-)、减(+)量	Stock Change		-7.24
二.加工转换投入(-)产出(+)量	**Input(-) & Output(+) of Transformation**	**12.50**	**-0.54**
1.火力发电	Thermal Power		-0.53
2.供热	Heating Supply		-0.01
3.煤炭洗选	Coal Washing		
4.炼焦	Coking	12.50	
5.炼油及煤制油	Petroleum Refining and Coal-to-liquids		
#油品再投入量(-)	Petroleum Products Input (-)		
6.制气	Gas Works		
#焦炭再投入量(-)	Coke Input (-)		
7.天然气液化	Natural Gas Liquefaction		
8.煤制品加工	Briquettes		
9.回收能	Recovery of Energy		
三.损失量	**Loss**		
四.终端消费量	**Total Final Consumption**	**12.50**	**917.56**
1.农、林、牧、渔业	Agriculture, Forestry, Animal Husbandry and Fishery		29.79
2.工业	Industry	12.50	62.76
#用作原料、材料	Non-Energy Use		
3.建筑业	Construction		51.52
4.交通运输、仓储和邮政业	Transport, Storage and Post		534.59
5.批发和零售业、住宿和餐饮业	Wholesale and Retail Trades, Hotels and Catering Services		63.13
6.其他	Others		25.00
7.居民生活	Residential		150.77
城镇	Urban		112.22
乡村	Rural		38.55
五.平衡差额	**Statistical Difference**		
六.消费量合计	**Total Energy Consumption**	**12.50**	**918.10**

Continued 1

原油 (万吨) Crude Oil (10^4 tons)	汽油 (万吨) Gasoline (10^4 tons)	煤油 (万吨) Kerosene (10^4 tons)	柴油 (万吨) Diesel Oil (10^4 tons)	燃料油 (万吨) Fuel Oil (10^4 tons)	石脑油 (万吨) Naphtha (10^4 tons)	润滑油 (万吨) Lubricants (10^4 tons)	石蜡 (万吨) Paraffin Waxes (10^4 tons)	溶剂油 (万吨) White Spirit (10^4 tons)
	358.96	**94.93**	**411.42**	**16.18**		**2.02**		**0.01**
	371.88	95.66	433.95	16.17		3.98		0.02
	-16.07	-1.84	-17.88			-1.54		-0.01
	3.15	1.11	-4.65	0.01		-0.42		
			-0.49	**-0.05**				
			-0.48	-0.05				
			-0.01					
	358.96	**94.93**	**410.93**	**16.13**		**2.02**		**0.01**
	14.58		15.21					
	16.80	1.22	32.51	0.61		2.02		0.01
	14.77	0.41	34.66	0.66				
	147.53	93.30	278.90	14.86				
	38.22		12.66					
	23.12		1.88					
	103.94		35.11					
	84.66		22.44					
	19.28		12.67					
	358.96	**94.93**	**411.42**	**16.18**		**2.02**		**0.01**

6-22 续表 2

项 目	Item	石油沥青(万吨) Bitumen Asphalt (10^4 tons)	石油焦(万吨) Petroleum Coke (10^4 tons)
一.可供本地区消费的能源量	**Total Primary Energy Supply**	**4.00**	**5.37**
1.一次能源生产量	Indigenous Production		
2.外省(区、市)调入量	Moving In from Other Provinces	43.39	7.06
3.进口量	Import		
4.境内飞机和轮船在境外的加油量	Domestic Airplanes&Ships Refueling Abroad		
5.本省(区、市)调出量(−)	Sending Out to Other Provinces(-)	-33.57	-1.51
6.出口量(−)	Export(-)		
7.境外飞机和轮船在境内的加油量(−)	Oversea Airplanes&Ships Refueling Domestically(-)		
8.库存增(−)、减(+)量	Stock Change	-5.82	-0.18
二.加工转换投入(−)产出(+)量	**Input(-) & Output(+) of Transformation**		
1.火力发电	Thermal Power		
2.供热	Heating Supply		
3.煤炭洗选	Coal Washing		
4.炼焦	Coking		
5.炼油及煤制油	Petroleum Refining and Coal-to-liquids		
#油品再投入量(−)	Petroleum Products Input (-)		
6.制气	Gas Works		
#焦炭再投入量(−)	Coke Input (-)		
7.天然气液化	Natural Gas Liquefaction		
8.煤制品加工	Briquettes		
9.回收能	Recovery of Energy		
三.损失量	**Loss**		
四.终端消费量	**Total Final Consumption**	**4.00**	**5.37**
1.农、林、牧、渔业	Agriculture, Forestry, Animal Husbandry and Fishery		
2.工业	Industry	4.00	5.37
#用作原料、材料	Non-Energy Use		
3.建筑业	Construction		
4.交通运输、仓储和邮政业	Transport, Storage and Post		
5.批发和零售业、住宿和餐饮业	Wholesale and Retail Trades, Hotels and Catering Services		
6.其他	Others		
7.居民生活	Residential		
城镇	Urban		
乡村	Rural		
五.平衡差额	**Statistical Difference**		
六.消费量合计	**Total Energy Consumption**	**4.00**	**5.37**

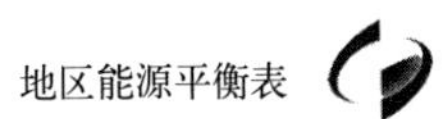

Continued 2

液化石油气（万吨） Liquefied Petroleum Gas (10^4 tons)	炼厂干气（万吨） Refinery Gas (10^4 tons)	其他石油制品（万吨） Other Petroleum Products (10^4 tons)	天然气（亿立方米） Natural Gas (10^8 cu.m)	液化天然气（万吨） Liquefied Natural Gas (10^4 tons)	热力（万百万千焦） Heat (10^{10} kJ)	电力（亿千瓦小时） Electricity (10^8 kW•h)	其他能源（万吨标准煤） Other Energy (10^4 tce)
25.21			**99.50**			**575.58**	**23.27**
			106.76			256.54	
26.02			2.21			373.79	23.27
-0.37			-9.47			-54.75	
-0.44							
			-5.00	**11.96**	**4951.35**	**538.88**	**-23.27**
			-2.96		-2326.48	538.88	-23.27
			-0.24		5109.17		
			-1.80	11.96			
					2168.67		
			0.41			**63.47**	
25.21			**94.10**	**11.96**	**4951.35**	**1051.00**	
			1.13			3.71	
0.22			66.85	1.88	4951.35	590.20	
			35.26				
1.02			0.27			24.03	
			7.10			29.19	
12.25			4.40			67.85	
			0.10			130.99	
11.72			14.25	10.08		205.04	
5.12			14.25	10.08		133.49	
6.60						71.55	
25.21			**97.85**	**11.96**	**7277.83**	**1114.47**	**23.27**

6-23 四川能源平衡表(实物量)-2018

项目	Item	煤合计(万吨) Coal Total (10^4 tons)	原煤(万吨) Raw Coal (10^4 tons)
一.可供本地区消费的能源量	**Total Primary Energy Supply**	**7495.78**	**8167.42**
1.一次能源生产量	Indigenous Production	3736.23	3736.23
2.外省(区、市)调入量	Moving In from Other Provinces	5504.20	4800.16
3.进口量	Import		
4.境内飞机和轮船在境外的加油量	Domestic Airplanes&Ships Refueling Abroad		
5.本省(区、市)调出量(-)	Sending Out to Other Provinces(-)	-1651.39	-290.53
6.出口量(-)	Export(-)		
7.境外飞机和轮船在境内的加油量(-)	Oversea Airplanes&Ships Refueling Domestically(-)		
8.库存增(-)、减(+)量	Stock Change	-93.26	-78.44
二.加工转换投入(-)产出(+)量	**Input(-) & Output(+) of Transformation**	**-3560.94**	**-4729.98**
1.火力发电	Thermal Power	-1216.44	-1179.43
2.供热	Heating Supply	-231.28	-231.28
3.煤炭洗选	Coal Washing	-496.53	-3254.98
4.炼焦	Coking	-1619.39	-38.86
5.炼油及煤制油	Petroleum Refining and Coal-to-liquids		
#油品再投入量(-)	Petroleum Products Input (-)		
6.制气	Gas Works		
#焦炭再投入量(-)	Coke Input (-)		
7.天然气液化	Natural Gas Liquefaction		
8.煤制品加工	Briquettes	2.70	-25.43
9.回收能	Recovery of Energy		
三.损失量	**Loss**		
四.终端消费量	**Total Final Consumption**	**3934.84**	**3437.44**
1.农、林、牧、渔业	Agriculture, Forestry, Animal Husbandry and Fishery	45.82	34.00
2.工业	Industry	3727.00	3255.21
#用作原料、材料	Non-Energy Use	47.19	34.58
3.建筑业	Construction	10.43	3.63
4.交通运输、仓储和邮政业	Transport, Storage and Post	4.20	4.20
5.批发和零售业、住宿和餐饮业	Wholesale and Retail Trades, Hotels and Catering Services	26.30	22.50
6.其他	Others	19.40	19.40
7.居民生活	Residential	101.69	98.50
城镇	Urban	0.30	
乡村	Rural	101.39	98.50
五.平衡差额	**Statistical Difference**		
六.消费量合计	**Total Energy Consumption**	**7495.78**	**8167.42**

Energy Balance of Sichuan (Physical Quantity) -2018

洗精煤 (万吨) Cleaned Coal (10^4 tons)	其他洗煤 (万吨) Other Washed Coal (10^4 tons)	煤制品 (万吨) Briquettes (10^4 tons)	煤矸石 (万吨) Gangue (10^4 tons)	焦炭 (万吨) Coke (10^4 tons)	焦炉煤气 (亿立方米) Coke Oven Gas (10^8 cu.m)	高炉煤气 (亿立方米) Blast Furnace Gas (10^8 cu.m)	转炉煤气 (亿立方米) Converter Gas (10^8 cu.m)	其他煤气 (亿立方米) Other Gas (10^8 cu.m)
225.98	**-946.25**	**48.63**	**14.96**	**39.01**				
476.11	182.18	45.75	14.60	51.05				
-221.87	-1138.99			-14.20				
-28.26	10.56	2.88	0.36	2.16				
-225.98	**1366.59**	**28.43**	**102.31**	**1126.87**	**26.39**	**225.75**	**5.83**	
	-37.01		-170.67		-10.34	-90.40	-12.06	
			-7.90		-2.43	-12.06		
1354.55	1403.90		280.88					
-1580.53				1126.87	39.16			
	-0.30	28.43						
						328.20	17.88	
	420.34	**77.06**	**117.27**	**1165.88**	**26.39**	**225.75**	**5.83**	
	8.62	3.20		0.60				
	404.92	66.87	117.27	1159.35	21.62	225.75	5.83	
	12.62			19.02				
	6.80			5.42				
				0.36	0.20			
		3.80		0.10	1.70			
				0.02	1.07			
		3.19		0.03	1.80			
		0.30			1.50			
		2.89		0.03	0.30			
1580.53	**457.65**	**77.06**	**295.84**	**1165.88**	**39.16**	**328.20**	**17.88**	

6-23 续表 1

项　目	Item	其他焦化产品(万吨) Other Coking Products (10^4 tons)	油品合计(万吨) Petroleum Products Total (10^4 tons)
一.可供本地区消费的能源量	**Total Primary Energy Supply**	**-22.80**	**2549.03**
1.一次能源生产量	Indigenous Production		8.13
2.外省(区、市)调入量	Moving In from Other Provinces		2620.11
3.进口量	Import		
4.境内飞机和轮船在境外的加油量	Domestic Airplanes&Ships Refueling Abroad		13.13
5.本省(区、市)调出量(-)	Sending Out to Other Provinces(-)	-22.80	
6.出口量(-)	Export(-)		
7.境外飞机和轮船在境内的加油量(-)	Oversea Airplanes&Ships Refueling Domestically(-)		-10.79
8.库存增(-)、减(+)量	Stock Change		-81.55
二.加工转换投入(-)产出(+)量	**Input(-) & Output(+) of Transformation**	**60.64**	**-227.09**
1.火力发电	Thermal Power		-3.28
2.供热	Heating Supply		-16.60
3.煤炭洗选	Coal Washing		
4.炼焦	Coking	60.64	
5.炼油及煤制油	Petroleum Refining and Coal-to-liquids		-162.36
#油品再投入量(-)	Petroleum Products Input (-)		-44.85
6.制气	Gas Works		
#焦炭再投入量(-)	Coke Input (-)		
7.天然气液化	Natural Gas Liquefaction		
8.煤制品加工	Briquettes		
9.回收能	Recovery of Energy		
三.损失量	**Loss**		
四.终端消费量	**Total Final Consumption**	**37.84**	**2321.94**
1.农、林、牧、渔业	Agriculture, Forestry, Animal Husbandry and Fishery	0.50	99.66
2.工业	Industry	37.34	214.08
#用作原料、材料	Non-Energy Use		0.35
3.建筑业	Construction		321.93
4.交通运输、仓储和邮政业	Transport, Storage and Post		905.81
5.批发和零售业、住宿和餐饮业	Wholesale and Retail Trades, Hotels and Catering Services		169.86
6.其他	Others		184.90
7.居民生活	Residential		425.70
城镇	Urban		258.91
乡村	Rural		166.79
五.平衡差额	**Statistical Difference**		
六.消费量合计	**Total Energy Consumption**	**37.84**	**2549.03**

Continued 1

原油 (万吨) Crude Oil (10^4 tons)	汽油 (万吨) Gasoline (10^4 tons)	煤油 (万吨) Kerosene (10^4 tons)	柴油 (万吨) Diesel Oil (10^4 tons)	燃料油 (万吨) Fuel Oil (10^4 tons)	石脑油 (万吨) Naphtha (10^4 tons)	润滑油 (万吨) Lubricants (10^4 tons)	石蜡 (万吨) Paraffin Waxes (10^4 tons)	溶剂油 (万吨) White Spirit (10^4 tons)
719.82	**692.92**	**162.53**	**722.97**	**8.85**	**4.06**	**0.75**	**0.17**	**0.17**
8.13								
740.26	741.22	159.70	726.26	9.19	4.06		0.12	0.17
		13.13						
		-10.79						
-28.57	-48.30	0.49	-3.29	-0.34		0.75	0.05	
-719.73	**181.21**	**46.94**	**178.64**	**-0.25**		**2.30**		
			-0.51	-1.33				
				-7.96				
-719.73	181.21	46.94	179.15	24.48		2.30		
				-15.44				
0.09	**874.13**	**209.47**	**901.61**	**8.60**	**4.06**	**3.05**	**0.17**	**0.17**
	2.12	0.16	95.78	0.10				
0.09	22.60	0.19	86.69	2.48	4.06	0.32	0.17	0.17
	0.35							
	37.56	3.50	77.09	5.62		0.04		
	211.06	205.10	485.87	0.40		2.57		
	92.90	0.20	68.68			0.03		
	106.88	0.30	75.50			0.02		
	401.01	0.02	12.00			0.07		
	240.66		7.20			0.05		
	160.35	0.02	4.80			0.02		
719.82	**874.13**	**209.47**	**902.12**	**33.33**	**4.06**	**3.05**	**0.17**	**0.17**

6-23 续表 2

项　目	Item	石油沥青(万吨) Bitumen Asphalt (10^4 tons)	石油焦(万吨) Petroleum Coke (10^4 tons)
一.可供本地区消费的能源量	**Total Primary Energy Supply**	**173.52**	**27.09**
1.一次能源生产量	Indigenous Production		
2.外省(区、市)调入量	Moving In from Other Provinces	176.00	27.14
3.进口量	Import		
4.境内飞机和轮船在境外的加油量	Domestic Airplanes&Ships Refueling Abroad		
5.本省(区、市)调出量(-)	Sending Out to Other Provinces(-)		
6.出口量(-)	Export(-)		
7.境外飞机和轮船在境内的加油量(-)	Oversea Airplanes&Ships Refueling Domestically(-)		
8.库存增(-)、减(+)量	Stock Change	-2.48	-0.05
二.加工转换投入(-)产出(+)量	**Input(-) & Output(+) of Transformation**	**26.78**	
1.火力发电	Thermal Power		
2.供热	Heating Supply		
3.煤炭洗选	Coal Washing		
4.炼焦	Coking		
5.炼油及煤制油	Petroleum Refining and Coal-to-liquids	26.78	
#油品再投入量(-)	Petroleum Products Input (-)		
6.制气	Gas Works		
#焦炭再投入量(-)	Coke Input (-)		
7.天然气液化	Natural Gas Liquefaction		
8.煤制品加工	Briquettes		
9.回收能	Recovery of Energy		
三.损失量	**Loss**		
四.终端消费量	**Total Final Consumption**	**200.30**	**27.09**
1.农、林、牧、渔业	Agriculture, Forestry, Animal Husbandry and Fishery		
2.工业	Industry	2.48	27.09
#用作原料、材料	Non-Energy Use		
3.建筑业	Construction	197.82	
4.交通运输、仓储和邮政业	Transport, Storage and Post		
5.批发和零售业、住宿和餐饮业	Wholesale and Retail Trades, Hotels and Catering Services		
6.其他	Others		
7.居民生活	Residential		
城镇	Urban		
乡村	Rural		
五.平衡差额	**Statistical Difference**		
六.消费量合计	**Total Energy Consumption**	**200.30**	**27.09**

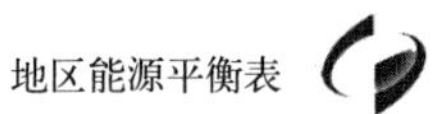

Continued 2

液化石油气 (万吨) Liquefied Petroleum Gas (10^4 tons)	炼厂干气 (万吨) Refinery Gas (10^4 tons)	其他石油制品 (万吨) Other Petroleum Products (10^4 tons)	天然气 (亿立方米) Natural Gas (10^8 cu.m)	液化天然气 (万吨) Liquefied Natural Gas (10^4 tons)	热力 (万百万千焦) Heat (10^{10} kJ)	电力 (亿千瓦小时) Electricity (10^8 kW•h)	其他能源 (万吨标准煤) Other Energy (10^4 tce)
29.47		**6.72**	**237.00**			**2024.82**	**573.07**
			369.82			3326.17	381.42
30.00		6.00		0.07		104.48	191.65
			-132.82			-1405.83	
-0.53		0.72		-0.07			
15.97	**45.44**	**-4.40**	**-20.85**	**89.79**	**6004.92**	**434.67**	**-122.74**
	-1.44		-4.01		-3537.16	434.67	-121.70
	-8.64		-3.21		4815.81		-1.04
23.44	55.53	17.54					
-7.47		-21.94					
			-13.63	89.79			
					4726.28		
			4.03		**6.80**	**194.65**	
45.44	**45.44**	**2.32**	**212.12**	**89.79**	**5998.12**	**2264.84**	**450.33**
1.50			0.46	3.87		16.46	108.35
19.99	45.44	2.32	137.42	2.91	5998.12	1332.71	132.53
			27.65				
0.30			0.20	5.85		48.93	
0.80			5.23	77.15		58.30	31.79
8.05			12.56			129.88	14.12
2.20			7.50			212.20	1.65
12.60			48.75			466.36	161.89
11.00			43.85			267.31	
1.60			4.90			199.05	161.89
52.91	**55.53**	**24.26**	**224.61**	**89.79**	**9542.08**	**2459.49**	**573.07**

6-24 贵州能源平衡表(实物量)-2018

项 目	Item	煤合计 (万吨) Coal Total (10^4 tons)	原煤 (万吨) Raw Coal (10^4 tons)
一.可供本地区消费的能源量	**Total Primary Energy Supply**	**12119.18**	**14229.04**
1.一次能源生产量	Indigenous Production	14335.01	14335.01
2.外省(区、市)调入量	Moving In from Other Provinces	978.95	978.95
3.进口量	Import		
4.境内飞机和轮船在境外的加油量	Domestic Airplanes&Ships Refueling Abroad		
5.本省(区、市)调出量(-)	Sending Out to Other Provinces(-)	-2947.15	-844.38
6.出口量(-)	Export(-)		
7.境外飞机和轮船在境内的加油量(-)	Oversea Airplanes&Ships Refueling Domestically(-)		
8.库存增(-)、减(+)量	Stock Change	-247.63	-240.54
二.加工转换投入(-)产出(+)量	**Input(-) & Output(+) of Transformation**	**-7537.20**	**-9791.20**
1.火力发电	Thermal Power	-6483.53	-4156.53
2.供热	Heating Supply	-4.03	-4.03
3.煤炭洗选	Coal Washing	-495.63	-5611.24
4.炼焦	Coking	-554.83	-12.69
5.炼油及煤制油	Petroleum Refining and Coal-to-liquids		
#油品再投入量(-)	Petroleum Products Input (-)		
6.制气	Gas Works		
#焦炭再投入量(-)	Coke Input (-)		
7.天然气液化	Natural Gas Liquefaction		
8.煤制品加工	Briquettes	0.83	-6.70
9.回收能	Recovery of Energy		
三.损失量	**Loss**		
四.终端消费量	**Total Final Consumption**	**4470.84**	**4326.70**
1.农、林、牧、渔业	Agriculture, Forestry, Animal Husbandry and Fishery	200.44	161.97
2.工业	Industry	2214.71	2109.04
#用作原料、材料	Non-Energy Use	419.88	416.20
3.建筑业	Construction	6.49	6.49
4.交通运输、仓储和邮政业	Transport, Storage and Post	1.28	1.28
5.批发和零售业、住宿和餐饮业	Wholesale and Retail Trades, Hotels and Catering Services	850.01	850.01
6.其他	Others	650.50	650.50
7.居民生活	Residential	547.42	547.42
城镇	Urban	92.61	92.61
乡村	Rural	454.81	454.81
五.平衡差额	**Statistical Difference**	**111.14**	**111.14**
六.消费量合计	**Total Energy Consumption**	**12008.04**	**14117.90**

Energy Balance of Guizhou (Physical Quantity) -2018

洗精煤 (万吨) Cleaned Coal (10^4 tons)	其他洗煤 (万吨) Other Washed Coal (10^4 tons)	煤制品 (万吨) Briquettes (10^4 tons)	煤矸石 (万吨) Gangue (10^4 tons)	焦炭 (万吨) Coke (10^4 tons)	焦炉煤气 (亿立方米) Coke Oven Gas (10^8 cu.m)	高炉煤气 (亿立方米) Blast Furnace Gas (10^8 cu.m)	转炉煤气 (亿立方米) Converter Gas (10^8 cu.m)	其他煤气 (亿立方米) Other Gas (10^8 cu.m)
-2110.32	**3.08**	**-2.62**	**-7.22**	**-193.17**				
-2102.77				-195.52				
-7.55	3.08	-2.62	-7.22	2.35				
2110.32	**136.15**	**7.53**	**7.22**	**402.71**	**2.71**	**39.64**	**2.97**	
	-2327.00		-90.91		-2.27	-18.20	-1.58	
2652.46	2463.15		98.13					
-542.14				402.71	9.86			
					-4.88			
		7.53						
						57.84	4.56	
	139.23	**4.91**		**209.54**	**2.71**	**39.64**	**2.97**	
	38.47							
	100.76	4.91		209.54	2.71	39.64	2.97	
	1.04	2.64		3.99				
542.14	**2466.23**	**4.91**	**90.91**	**209.54**	**4.98**	**57.84**	**4.55**	

6-24 续表 1

项　目	Item	其他焦化产品 (万吨) Other Coking Products (10^4 tons)	油品合计 (万吨) Petroleum Products Total (10^4 tons)
一.可供本地区消费的能源量	**Total Primary Energy Supply**	**-19.34**	**1136.83**
1.一次能源生产量	Indigenous Production		
2.外省(区、市)调入量	Moving In from Other Provinces		1138.61
3.进口量	Import		
4.境内飞机和轮船在境外的加油量	Domestic Airplanes&Ships Refueling Abroad		
5.本省(区、市)调出量(-)	Sending Out to Other Provinces(-)	-19.34	
6.出口量(-)	Export(-)		
7.境外飞机和轮船在境内的加油量(-)	Oversea Airplanes&Ships Refueling Domestically(-)		-1.61
8.库存增(-)、减(+)量	Stock Change		-0.17
二.加工转换投入(-)产出(+)量	**Input(-) & Output(+) of Transformation**	**19.34**	**-2.14**
1.火力发电	Thermal Power		-2.14
2.供热	Heating Supply		
3.煤炭洗选	Coal Washing		
4.炼焦	Coking	19.34	
5.炼油及煤制油	Petroleum Refining and Coal-to-liquids		
#油品再投入量(-)	Petroleum Products Input (-)		
6.制气	Gas Works		
#焦炭再投入量(-)	Coke Input (-)		
7.天然气液化	Natural Gas Liquefaction		
8.煤制品加工	Briquettes		
9.回收能	Recovery of Energy		
三.损失量	**Loss**		
四.终端消费量	**Total Final Consumption**		**1134.69**
1.农、林、牧、渔业	Agriculture, Forestry, Animal Husbandry and Fishery		42.00
2.工业	Industry		73.21
#用作原料、材料	Non-Energy Use		
3.建筑业	Construction		54.00
4.交通运输、仓储和邮政业	Transport, Storage and Post		475.84
5.批发和零售业、住宿和餐饮业	Wholesale and Retail Trades, Hotels and Catering Services		90.83
6.其他	Others		350.00
7.居民生活	Residential		48.82
城镇	Urban		24.29
乡村	Rural		24.53
五.平衡差额	**Statistical Difference**		
六.消费量合计	**Total Energy Consumption**		**1136.83**

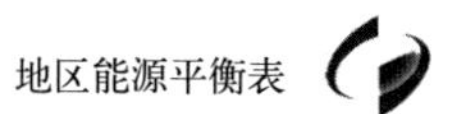

Continued 1

原油 (万吨) Crude Oil (10^4 tons)	汽油 (万吨) Gasoline (10^4 tons)	煤油 (万吨) Kerosene (10^4 tons)	柴油 (万吨) Diesel Oil (10^4 tons)	燃料油 (万吨) Fuel Oil (10^4 tons)	石脑油 (万吨) Naphtha (10^4 tons)	润滑油 (万吨) Lubricants (10^4 tons)	石蜡 (万吨) Paraffin Waxes (10^4 tons)	溶剂油 (万吨) White Spirit (10^4 tons)
	437.86	**56.68**	**571.07**	**0.40**		**0.25**	**0.01**	**0.01**
	439.55	59.14	565.32	0.41		0.32	0.01	0.01
		-1.61						
	-1.69	-0.85	5.75	-0.01		-0.07		
			-2.14					
			-2.14					
	437.87	**56.68**	**568.93**	**0.40**		**0.25**	**0.01**	**0.01**
	6.00	1.00	35.00					
	3.07	0.22	20.91	0.40		0.25	0.01	0.01
	22.00	2.00	30.00					
	190.80	53.46	231.58					
	46.00		39.83					
	150.00		198.00					
	20.00		13.62					
	11.90		1.93					
	8.10		11.69					
	437.87	**56.68**	**571.07**	**0.40**		**0.25**	**0.01**	**0.01**

6-24 续表 2

项　目	Item	石油沥青(万吨) Bitumen Asphalt (10^4 tons)	石油焦(万吨) Petroleum Coke (10^4 tons)
一.可供本地区消费的能源量	**Total Primary Energy Supply**	**1.84**	**46.38**
1.一次能源生产量	Indigenous Production		
2.外省(区、市)调入量	Moving In from Other Provinces	1.87	49.72
3.进口量	Import		
4.境内飞机和轮船在境外的加油量	Domestic Airplanes&Ships Refueling Abroad		
5.本省(区、市)调出量(-)	Sending Out to Other Provinces(-)		
6.出口量(-)	Export(-)		
7.境外飞机和轮船在境内的加油量(-)	Oversea Airplanes&Ships Refueling Domestically(-)		
8.库存增(-)、减(+)量	Stock Change	-0.03	-3.34
二.加工转换投入(-)产出(+)量	**Input(-) & Output(+) of Transformation**		
1.火力发电	Thermal Power		
2.供热	Heating Supply		
3.煤炭洗选	Coal Washing		
4.炼焦	Coking		
5.炼油及煤制油	Petroleum Refining and Coal-to-liquids		
#油品再投入量(-)	Petroleum Products Input (-)		
6.制气	Gas Works		
#焦炭再投入量(-)	Coke Input (-)		
7.天然气液化	Natural Gas Liquefaction		
8.煤制品加工	Briquettes		
9.回收能	Recovery of Energy		
三.损失量	**Loss**		
四.终端消费量	**Total Final Consumption**	**1.84**	**46.38**
1.农、林、牧、渔业	Agriculture, Forestry, Animal Husbandry and Fishery		
2.工业	Industry	1.84	46.38
#用作原料、材料	Non-Energy Use		
3.建筑业	Construction		
4.交通运输、仓储和邮政业	Transport, Storage and Post		
5.批发和零售业、住宿和餐饮业	Wholesale and Retail Trades, Hotels and Catering Services		
6.其他	Others		
7.居民生活	Residential		
城镇	Urban		
乡村	Rural		
五.平衡差额	**Statistical Difference**		
六.消费量合计	**Total Energy Consumption**	**1.84**	**46.38**

Continued 2

液化石油气（万吨） Liquefied Petroleum Gas (10^4 tons)	炼厂干气（万吨） Refinery Gas (10^4 tons)	其他石油制品（万吨） Other Petroleum Products (10^4 tons)	天然气（亿立方米） Natural Gas (10^8 cu.m)	液化天然气（万吨） Liquefied Natural Gas (10^4 tons)	热力（万百万千焦） Heat (10^{10} kJ)	电力（亿千瓦小时） Electricity (10^8 kW•h)	其他能源（万吨标准煤） Other Energy (10^4 tce)
22.33			**30.82**	**0.02**		**219.40**	**38.91**
			2.90			854.31	38.91
22.26			27.92			0.07	
						-634.99	
0.07				0.02			
			-2.28	**7.48**	**1017.40**	**1262.72**	**-38.91**
			-3.08		-3607.78	1262.72	-38.91
					61.25		
			2.00				
			-1.20	7.48			
					4563.93		
						107.63	
22.33			**28.54**	**7.49**	**1017.40**	**1374.49**	
						7.11	
0.13			5.23	2.78	564.09	875.98	
						33.58	
			3.30			35.39	
5.00			6.06			42.86	
2.00			5.00			95.09	
15.20			8.95	4.71	453.31	284.48	
10.46			7.20	4.71	453.31	174.47	
4.74			1.75			110.01	
22.33			**29.79**	**7.49**	**4625.18**	**1482.12**	**38.91**

6-25 云南能源平衡表(实物量)-2018

项 目	Item	煤合计 (万吨) Coal Total (10^4 tons)	原煤 (万吨) Raw Coal (10^4 tons)
一.可供本地区消费的能源量	**Total Primary Energy Supply**	**7402.34**	**7794.41**
1.一次能源生产量	Indigenous Production	4572.80	4572.80
2.外省(区、市)调入量	Moving In from Other Provinces	4626.03	3990.76
3.进口量	Import		
4.境内飞机和轮船在境外的加油量	Domestic Airplanes&Ships Refueling Abroad		
5.本省(区、市)调出量(−)	Sending Out to Other Provinces(-)	-1613.50	-610.49
6.出口量(−)	Export(-)		
7.境外飞机和轮船在境内的加油量(−)	Oversea Airplanes&Ships Refueling Domestically(-)		
8.库存增(−)、减(+)量	Stock Change	-182.99	-158.66
二.加工转换投入(−)产出(+)量	**Input(-) & Output(+) of Transformation**	**-3340.42**	**-3898.35**
1.火力发电	Thermal Power	-1500.78	-1500.78
2.供热	Heating Supply	-69.96	-69.96
3.煤炭洗选	Coal Washing	-471.75	-2168.19
4.炼焦	Coking	-1273.38	-110.55
5.炼油及煤制油	Petroleum Refining and Coal-to-liquids		
#油品再投入量(−)	Petroleum Products Input (-)		
6.制气	Gas Works	-25.31	-25.31
#焦炭再投入量(−)	Coke Input (-)		
7.天然气液化	Natural Gas Liquefaction		
8.煤制品加工	Briquettes	0.76	-23.56
9.回收能	Recovery of Energy		
三.损失量	**Loss**		
四.终端消费量	**Total Final Consumption**	**4061.91**	**3896.06**
1.农、林、牧、渔业	Agriculture, Forestry, Animal Husbandry and Fishery	215.19	214.39
2.工业	Industry	3283.33	3164.36
#用作原料、材料	Non-Energy Use	358.01	347.91
3.建筑业	Construction	36.81	36.31
4.交通运输、仓储和邮政业	Transport, Storage and Post	12.41	12.41
5.批发和零售业、住宿和餐饮业	Wholesale and Retail Trades, Hotels and Catering Services	109.97	108.16
6.其他	Others	59.21	59.01
7.居民生活	Residential	345.00	301.41
城镇	Urban	17.41	14.09
乡村	Rural	327.59	287.33
五.平衡差额	**Statistical Difference**	**0.01**	
六.消费量合计	**Total Energy Consumption**	**7402.33**	**7794.41**

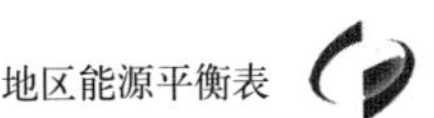

Energy Balance of Yunnan (Physical Quantity) -2018

洗精煤 (万吨) Cleaned Coal (10^4 tons)	其他洗煤 (万吨) Other Washed Coal (10^4 tons)	煤制品 (万吨) Briquettes (10^4 tons)	煤矸石 (万吨) Gangue (10^4 tons)	焦炭 (万吨) Coke (10^4 tons)	焦炉煤气 (亿立方米) Coke Oven Gas (10^8 cu.m)	高炉煤气 (亿立方米) Blast Furnace Gas (10^8 cu.m)	转炉煤气 (亿立方米) Converter Gas (10^8 cu.m)	其他煤气 (亿立方米) Other Gas (10^8 cu.m)
274.08	**-658.45**	**-7.70**	**37.98**	**137.39**				
323.16	303.97	8.14	44.86	753.53				
-33.47	-963.11	-6.43		-633.36				
-15.61	0.69	-9.41	-6.88	17.22				
-274.08	**807.69**	**24.32**	**-28.73**	**927.36**	**19.62**	**176.13**	**16.80**	**0.01**
			-29.42		-2.44	-75.78	-3.69	
888.75	807.69		0.69					
-1162.83				927.36	22.06			
								0.01
		24.32						
						251.91	20.49	
	149.23	**16.62**	**9.25**	**1064.75**	**19.62**	**176.13**	**16.80**	**0.01**
		0.80		2.52				
	113.11	5.85	9.25	1062.03	14.72	176.13	16.80	
	9.57	0.52		32.20				
	0.50							
		1.81			2.79			
		0.20			0.17			
	35.62	7.96		0.20	1.94			0.01
	2.16	1.16		0.08	1.94			0.01
	33.46	6.80		0.12				
1162.83	**149.23**	**16.62**	**38.67**	**1064.75**	**22.06**	**251.91**	**20.49**	**0.01**

6-25 续表 1

项　目	Item	其他焦化产品 (万吨) Other Coking Products (10^4 tons)	油品合计 (万吨) Petroleum Products Total (10^4 tons)
一.可供本地区消费的能源量	**Total Primary Energy Supply**	**-53.00**	**1391.40**
1.一次能源生产量	Indigenous Production		
2.外省(区、市)调入量	Moving In from Other Provinces		810.85
3.进口量	Import		1012.44
4.境内飞机和轮船在境外的加油量	Domestic Airplanes&Ships Refueling Abroad		16.94
5.本省(区、市)调出量(-)	Sending Out to Other Provinces(-)	-53.00	-417.33
6.出口量(-)	Export(-)		
7.境外飞机和轮船在境内的加油量(-)	Oversea Airplanes&Ships Refueling Domestically(-)		-16.94
8.库存增(-)、减(+)量	Stock Change		-14.56
二.加工转换投入(-)产出(+)量	**Input(-) & Output(+) of Transformation**	**53.61**	**-34.75**
1.火力发电	Thermal Power		-0.50
2.供热	Heating Supply		-11.40
3.煤炭洗选	Coal Washing		
4.炼焦	Coking	50.78	
5.炼油及煤制油	Petroleum Refining and Coal-to-liquids		-21.43
#油品再投入量(-)	Petroleum Products Input (-)		-1.42
6.制气	Gas Works	2.83	
#焦炭再投入量(-)	Coke Input (-)		
7.天然气液化	Natural Gas Liquefaction		
8.煤制品加工	Briquettes		
9.回收能	Recovery of Energy		
三.损失量	**Loss**		
四.终端消费量	**Total Final Consumption**	**0.61**	**1356.65**
1.农、林、牧、渔业	Agriculture, Forestry, Animal Husbandry and Fishery		32.33
2.工业	Industry	0.61	177.47
#用作原料、材料	Non-Energy Use		77.72
3.建筑业	Construction		69.05
4.交通运输、仓储和邮政业	Transport, Storage and Post		801.09
5.批发和零售业、住宿和餐饮业	Wholesale and Retail Trades, Hotels and Catering Services		66.67
6.其他	Others		38.75
7.居民生活	Residential		171.29
城镇	Urban		85.53
乡村	Rural		85.76
五.平衡差额	**Statistical Difference**		
六.消费量合计	**Total Energy Consumption**	**0.61**	**1391.40**

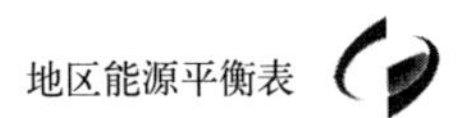

Continued 1

原油 (万吨) Crude Oil (10^4 tons)	汽油 (万吨) Gasoline (10^4 tons)	煤油 (万吨) Kerosene (10^4 tons)	柴油 (万吨) Diesel Oil (10^4 tons)	燃料油 (万吨) Fuel Oil (10^4 tons)	石脑油 (万吨) Naphtha (10^4 tons)	润滑油 (万吨) Lubricants (10^4 tons)	石蜡 (万吨) Paraffin Waxes (10^4 tons)	溶剂油 (万吨) White Spirit (10^4 tons)
1010.03	**79.32**	**26.44**	**222.29**	**-0.15**		**0.84**	**0.01**	**0.16**
	242.85	51.77	383.43			1.12	0.01	0.18
1012.44								
		16.94						
-0.30	-158.21	-24.22	-152.31	-1.58		-0.30		
		-16.94						
-2.11	-5.32	-1.11	-8.83	1.43		0.02		-0.02
-1010.00	**347.32**	**96.12**	**405.86**	**0.50**				
			-0.50					
-1010.00	347.32	96.12	406.36	1.92				
				-1.42				
0.03	**426.64**	**122.56**	**628.15**	**0.35**		**0.84**	**0.01**	**0.16**
	8.83	0.08	23.41					
0.03	4.58	0.08	39.71	0.35		0.46	0.01	0.16
	0.18	0.02	1.78			0.01		0.16
	24.46	1.94	42.65					
	200.18	120.33	480.20			0.38		
	38.68		12.38					
	27.71	0.13	9.00					
	122.19		20.79					
	65.23		7.95					
	56.97		12.85					
1010.03	**426.64**	**122.56**	**628.65**	**1.77**		**0.84**	**0.01**	**0.16**

6-25 续表 2

项　目	Item	石油沥青(万吨) Bitumen Asphalt (10^4 tons)	石油焦(万吨) Petroleum Coke (10^4 tons)
一.可供本地区消费的能源量	**Total Primary Energy Supply**	**13.81**	**83.69**
1.一次能源生产量	Indigenous Production		
2.外省(区、市)调入量	Moving In from Other Provinces	32.13	86.25
3.进口量	Import		
4.境内飞机和轮船在境外的加油量	Domestic Airplanes&Ships Refueling Abroad		
5.本省(区、市)调出量(-)	Sending Out to Other Provinces(-)	-22.21	
6.出口量(-)	Export(-)		
7.境外飞机和轮船在境内的加油量(-)	Oversea Airplanes&Ships Refueling Domestically(-)		
8.库存增(-)、减(+)量	Stock Change	3.89	-2.56
二.加工转换投入(-)产出(+)量	**Input(-) & Output(+) of Transformation**	**1.70**	**16.40**
1.火力发电	Thermal Power		
2.供热	Heating Supply		-11.40
3.煤炭洗选	Coal Washing		
4.炼焦	Coking		
5.炼油及煤制油	Petroleum Refining and Coal-to-liquids	1.70	27.80
#油品再投入量(-)	Petroleum Products Input (-)		
6.制气	Gas Works		
#焦炭再投入量(-)	Coke Input (-)		
7.天然气液化	Natural Gas Liquefaction		
8.煤制品加工	Briquettes		
9.回收能	Recovery of Energy		
三.损失量	**Loss**		
四.终端消费量	**Total Final Consumption**	**15.51**	**100.09**
1.农、林、牧、渔业	Agriculture, Forestry, Animal Husbandry and Fishery		
2.工业	Industry	15.51	100.09
#用作原料、材料	Non-Energy Use	14.55	61.00
3.建筑业	Construction		
4.交通运输、仓储和邮政业	Transport, Storage and Post		
5.批发和零售业、住宿和餐饮业	Wholesale and Retail Trades, Hotels and Catering Services		
6.其他	Others		
7.居民生活	Residential		
城镇	Urban		
乡村	Rural		
五.平衡差额	**Statistical Difference**		
六.消费量合计	**Total Energy Consumption**	**15.51**	**111.49**

Continued 2

液化石油气 (万吨) Liquefied Petroleum Gas (10^4 tons)	炼厂干气 (万吨) Refinery Gas (10^4 tons)	其他石油制品 (万吨) Other Petroleum Products (10^4 tons)	天然气 (亿立方米) Natural Gas (10^8 cu.m)	液化天然气 (万吨) Liquefied Natural Gas (10^4 tons)	热力 (万百万千焦) Heat (10^{10} kJ)	电力 (亿千瓦小时) Electricity (10^8 kW•h)	其他能源 (万吨标准煤) Other Energy (10^4 tce)
13.84		**-58.89**	**13.78**	**-5.68**	**14.50**	**1385.89**	**159.07**
						2950.40	159.07
13.11			13.78	0.16	14.50	0.12	
						14.35	
-0.08		-58.12		-5.59		-1558.47	
						-20.50	
0.81		-0.77		-0.25			
31.50	**15.02**	**60.83**	**-2.62**	**7.10**	**1119.56**	**291.90**	**-46.77**
					-4402.18	291.90	-45.41
					1167.86		-1.36
31.50	15.02	60.83	-1.89				
			0.35				
			-1.08	7.10			
					4353.88		
						119.91	
45.34	**15.02**	**1.94**	**11.16**	**1.42**	**1134.06**	**1559.17**	**112.30**
			0.01			18.41	
1.43	15.02	0.03	9.82	1.09	1131.02	1054.30	112.30
0.01		0.01					
						42.53	
				0.33		36.32	
15.61			0.09		3.04	60.10	
		1.91	0.04			115.61	
28.30			1.20			231.89	
12.36			1.20			112.32	
15.94						119.57	
						-1.29	
45.34	**15.02**	**1.94**	**12.80**	**1.42**	**5536.24**	**1679.08**	**159.07**

6-26 陕西能源平衡表(实物量)-2018

项 目	Item	煤合计(万吨) Coal Total (10^4 tons)	原煤(万吨) Raw Coal (10^4 tons)
一.可供本地区消费的能源量	**Total Primary Energy Supply**	**19403.38**	**27372.67**
1.一次能源生产量	Indigenous Production	62958.08	62958.08
2.外省(区、市)调入量	Moving In from Other Provinces	1948.15	1598.08
3.进口量	Import		
4.境内飞机和轮船在境外的加油量	Domestic Airplanes&Ships Refueling Abroad		
5.本省(区、市)调出量(-)	Sending Out to Other Provinces(-)	-45780.45	-37447.33
6.出口量(-)	Export(-)		
7.境外飞机和轮船在境内的加油量(-)	Oversea Airplanes&Ships Refueling Domestically(-)		
8.库存增(-)、减(+)量	Stock Change	277.59	263.84
二.加工转换投入(-)产出(+)量	**Input(-) & Output(+) of Transformation**	**-15902.62**	**-23916.91**
1.火力发电	Thermal Power	-6330.11	-5276.26
2.供热	Heating Supply	-781.00	-766.51
3.煤炭洗选	Coal Washing	-1958.37	-12079.62
4.炼焦	Coking	-6533.28	-5482.13
5.炼油及煤制油	Petroleum Refining and Coal-to-liquids	-300.81	-300.81
#油品再投入量(-)	Petroleum Products Input (-)		
6.制气	Gas Works		
#焦炭再投入量(-)	Coke Input (-)		
7.天然气液化	Natural Gas Liquefaction		
8.煤制品加工	Briquettes	0.94	-11.57
9.回收能	Recovery of Energy		
三.损失量	**Loss**		
四.终端消费量	**Total Final Consumption**	**3493.27**	**3448.28**
1.农、林、牧、渔业	Agriculture, Forestry, Animal Husbandry and Fishery	18.65	18.65
2.工业	Industry	3034.62	2992.63
#用作原料、材料	Non-Energy Use	1428.12	1428.12
3.建筑业	Construction	14.02	14.02
4.交通运输、仓储和邮政业	Transport, Storage and Post	11.58	11.58
5.批发和零售业、住宿和餐饮业	Wholesale and Retail Trades, Hotels and Catering Services	51.60	51.60
6.其他	Others	90.29	90.29
7.居民生活	Residential	272.51	269.51
城镇	Urban	57.39	56.94
乡村	Rural	215.12	212.57
五.平衡差额	**Statistical Difference**	**7.48**	**7.48**
六.消费量合计	**Total Energy Consumption**	**19395.89**	**27365.19**

Energy Balance of Shaanxi (Physical Quantity) -2018

洗精煤 (万吨) Cleaned Coal (10^4 tons)	其他洗煤 (万吨) Other Washed Coal (10^4 tons)	煤制品 (万吨) Briquettes (10^4 tons)	煤矸石 (万吨) Gangue (10^4 tons)	焦炭 (万吨) Coke (10^4 tons)	焦炉煤气 (亿立方米) Coke Oven Gas (10^8 cu.m)	高炉煤气 (亿立方米) Blast Furnace Gas (10^8 cu.m)	转炉煤气 (亿立方米) Converter Gas (10^8 cu.m)	其他煤气 (亿立方米) Other Gas (10^8 cu.m)
-1532.47	**-6438.10**	**1.27**	**0.89**	**-3255.79**				
272.58	76.63	0.86	3.54	151.88				
-1812.54	-6520.58			-3449.52				
7.49	5.85	0.41	-2.65	41.85				
1532.47	**6478.68**	**3.14**	**34.63**	**4024.91**	**8.35**	**51.51**	**4.04**	
	-1044.47	-9.37	-602.51		-51.85	-36.87	-1.10	
	-14.48		-0.72			-26.29		
2583.62	7537.64		637.87					
-1051.15				4024.91	60.20			
		12.51						
						114.67	5.14	
	40.58	**4.41**	**35.52**	**769.12**	**8.35**	**51.51**	**4.04**	
	40.58	1.41	35.52	764.03	8.35	51.51	4.04	
				53.03				
				4.87				
				0.02				
				0.21				
		3.00						
		0.45						
		2.55						
1051.15	**1099.54**	**13.78**	**638.76**	**769.12**	**60.20**	**114.67**	**5.14**	

6-26 续表 1

项　目	Item	其他焦化产品 (万吨) Other Coking Products (10^4 tons)	油品合计 (万吨) Petroleum Products Total (10^4 tons)
一.可供本地区消费的能源量	**Total Primary Energy Supply**	**-85.92**	**778.29**
1.一次能源生产量	Indigenous Production		3522.00
2.外省(区、市)调入量	Moving In from Other Provinces		122.93
3.进口量	Import		
4.境内飞机和轮船在境外的加油量	Domestic Airplanes&Ships Refueling Abroad		
5.本省(区、市)调出量(-)	Sending Out to Other Provinces(-)	-85.92	-2839.08
6.出口量(-)	Export(-)		
7.境外飞机和轮船在境内的加油量(-)	Oversea Airplanes&Ships Refueling Domestically(-)		
8.库存增(-)、减(+)量	Stock Change		-27.56
二.加工转换投入(-)产出(+)量	**Input(-) & Output(+) of Transformation**	**99.74**	**133.80**
1.火力发电	Thermal Power		-0.63
2.供热	Heating Supply		-1.91
3.煤炭洗选	Coal Washing		
4.炼焦	Coking	252.62	
5.炼油及煤制油	Petroleum Refining and Coal-to-liquids	-152.88	191.91
#油品再投入量(-)	Petroleum Products Input (-)		-55.57
6.制气	Gas Works		
#焦炭再投入量(-)	Coke Input (-)		
7.天然气液化	Natural Gas Liquefaction		
8.煤制品加工	Briquettes		
9.回收能	Recovery of Energy		
三.损失量	**Loss**		
四.终端消费量	**Total Final Consumption**	**13.82**	**912.09**
1.农、林、牧、渔业	Agriculture, Forestry, Animal Husbandry and Fishery		49.85
2.工业	Industry	13.82	136.95
#用作原料、材料	Non-Energy Use	8.87	8.28
3.建筑业	Construction		69.85
4.交通运输、仓储和邮政业	Transport, Storage and Post		443.43
5.批发和零售业、住宿和餐饮业	Wholesale and Retail Trades, Hotels and Catering Services		61.04
6.其他	Others		23.05
7.居民生活	Residential		127.93
城镇	Urban		83.61
乡村	Rural		44.31
五.平衡差额	**Statistical Difference**		
六.消费量合计	**Total Energy Consumption**	**166.70**	**778.29**

Continued 1

原油 (万吨) Crude Oil (10^4 tons)	汽油 (万吨) Gasoline (10^4 tons)	煤油 (万吨) Kerosene (10^4 tons)	柴油 (万吨) Diesel Oil (10^4 tons)	燃料油 (万吨) Fuel Oil (10^4 tons)	石脑油 (万吨) Naphtha (10^4 tons)	润滑油 (万吨) Lubricants (10^4 tons)	石蜡 (万吨) Paraffin Waxes (10^4 tons)	溶剂油 (万吨) White Spirit (10^4 tons)
1864.17	**-355.22**	**-0.32**	**-296.99**	**-124.85**	**-15.12**	**-0.28**	**-29.90**	**0.08**
3522.00								
	50.42	1.00	26.51	4.61		0.19		0.08
-1628.04	-411.10	-1.00	-323.57	-128.59	-15.76	-0.29	-29.46	
-29.79	5.46	-0.32	0.07	-0.87	0.64	-0.18	-0.44	
-1799.43	**653.56**	**78.28**	**693.25**	**129.69**	**15.12**	**0.44**	**29.91**	
			-0.63					
			-0.01					
-1799.43	653.56	78.28	697.53	152.93	28.32	0.44	29.91	
			-3.64	-23.24	-13.20			
64.74	**298.34**	**77.96**	**396.26**	**4.84**		**0.16**	**0.01**	**0.08**
	8.98		40.13					
64.74	20.28	0.23	43.12	1.07		0.16	0.01	0.08
	0.21		1.43					0.04
	10.19	0.05	25.03	1.15				
	118.42	77.33	243.70	1.33				
	26.34	0.31	25.98	0.48				
	10.41	0.04	11.74	0.81				
	103.72		6.56					
	76.39		0.24					
	27.33		6.33					
1864.17	**298.34**	**77.96**	**400.54**	**28.09**	**13.20**	**0.16**	**0.01**	**0.08**

6-26 续表 2

项　目	Item	石油沥青(万吨) Bitumen Asphalt (10^4 tons)	石油焦(万吨) Petroleum Coke (10^4 tons)
一.可供本地区消费的能源量	**Total Primary Energy Supply**	**12.65**	**-16.97**
1.一次能源生产量	Indigenous Production		
2.外省(区、市)调入量	Moving In from Other Provinces	38.23	1.44
3.进口量	Import		
4.境内飞机和轮船在境外的加油量	Domestic Airplanes&Ships Refueling Abroad		
5.本省(区、市)调出量(-)	Sending Out to Other Provinces(-)	-24.08	-18.50
6.出口量(-)	Export(-)		
7.境外飞机和轮船在境内的加油量(-)	Oversea Airplanes&Ships Refueling Domestically(-)		
8.库存增(-)、减(+)量	Stock Change	-1.50	0.09
二.加工转换投入(-)产出(+)量	**Input(-) & Output(+) of Transformation**	**21.77**	**18.78**
1.火力发电	Thermal Power		
2.供热	Heating Supply		
3.煤炭洗选	Coal Washing		
4.炼焦	Coking		
5.炼油及煤制油	Petroleum Refining and Coal-to-liquids	21.77	18.78
#油品再投入量(-)	Petroleum Products Input (-)		
6.制气	Gas Works		
#焦炭再投入量(-)	Coke Input (-)		
7.天然气液化	Natural Gas Liquefaction		
8.煤制品加工	Briquettes		
9.回收能	Recovery of Energy		
三.损失量	**Loss**		
四.终端消费量	**Total Final Consumption**	**34.42**	**1.81**
1.农、林、牧、渔业	Agriculture, Forestry, Animal Husbandry and Fishery		
2.工业	Industry	1.78	1.81
#用作原料、材料	Non-Energy Use	1.75	1.81
3.建筑业	Construction	32.65	
4.交通运输、仓储和邮政业	Transport, Storage and Post		
5.批发和零售业、住宿和餐饮业	Wholesale and Retail Trades, Hotels and Catering Services		
6.其他	Others		
7.居民生活	Residential		
城镇	Urban		
乡村	Rural		
五.平衡差额	**Statistical Difference**		
六.消费量合计	**Total Energy Consumption**	**34.42**	**1.81**

Continued 2

液化石油气 (万吨) Liquefied Petroleum Gas (10^4 tons)	炼厂干气 (万吨) Refinery Gas (10^4 tons)	其他石油制品 (万吨) Other Petroleum Products (10^4 tons)	天然气 (亿立方米) Natural Gas (10^8 cu.m)	液化天然气 (万吨) Liquefied Natural Gas (10^4 tons)	热力 (万百万千焦) Heat (10^{10} kJ)	电力 (亿千瓦小时) Electricity (10^8 kW•h)	其他能源 (万吨标准煤) Other Energy (10^4 tce)
-54.64		**-204.32**	**121.36**	**-114.81**		**104.51**	**75.34**
			442.89			280.48	75.34
		0.45		7.02		282.04	
-54.31		-204.38	-321.53	-123.22		-458.01	
-0.33		-0.39		1.39			
87.77		**204.65**	**-46.28**	**211.34**	**16374.45**	**1639.73**	**-25.23**
			-1.45		-2450.27	1639.73	-25.23
	-1.89		-3.06		14510.64		
88.40	1.89	219.51	-8.96				
-0.63		-14.86					
			-32.81	211.34			
					4314.08		
						68.42	
33.13		**0.33**	**75.08**	**96.53**	**16374.45**	**1675.82**	**50.12**
0.74						38.48	
3.33		0.33	43.96	1.24	8120.28	1060.49	50.12
3.03			0.72				
0.79			0.08		63.99	31.79	
2.65			3.41	95.29	105.98	72.31	
7.93			6.94		745.06	82.47	
0.05			0.70		1498.30	130.97	
17.64			20.00		5840.84	259.31	
6.99			19.37		5840.84	164.18	
10.66			0.63			95.12	
33.76	**1.89**	**15.18**	**92.20**	**96.53**	**18824.72**	**1744.24**	**75.34**

6-27 甘肃能源平衡表(实物量)-2018

项　目	Item	煤合计 (万吨) Coal Total (10^4 tons)	原煤 (万吨) Raw Coal (10^4 tons)
一.可供本地区消费的能源量	**Total Primary Energy Supply**	**6819.03**	**6678.69**
1.一次能源生产量	Indigenous Production	3629.64	3629.64
2.外省(区、市)调入量	Moving In from Other Provinces	4665.84	4209.98
3.进口量	Import		
4.境内飞机和轮船在境外的加油量	Domestic Airplanes&Ships Refueling Abroad		
5.本省(区、市)调出量(-)	Sending Out to Other Provinces(-)	-1564.52	-1235.00
6.出口量(-)	Export(-)		
7.境外飞机和轮船在境内的加油量(-)	Oversea Airplanes&Ships Refueling Domestically(-)		
8.库存增(-)、减(+)量	Stock Change	88.07	74.07
二.加工转换投入(-)产出(+)量	**Input(-) & Output(+) of Transformation**	**-5268.61**	**-5248.46**
1.火力发电	Thermal Power	-3777.69	-3777.69
2.供热	Heating Supply	-790.58	-789.17
3.煤炭洗选	Coal Washing	-159.70	-590.07
4.炼焦	Coking	-534.63	-91.53
5.炼油及煤制油	Petroleum Refining and Coal-to-liquids		
#油品再投入量(-)	Petroleum Products Input (-)		
6.制气	Gas Works	-5.12	
#焦炭再投入量(-)	Coke Input (-)		
7.天然气液化	Natural Gas Liquefaction		
8.煤制品加工	Briquettes	-0.89	
9.回收能	Recovery of Energy		
三.损失量	**Loss**		
四.终端消费量	**Total Final Consumption**	**1550.42**	**1430.23**
1.农、林、牧、渔业	Agriculture, Forestry, Animal Husbandry and Fishery	45.68	39.18
2.工业	Industry	1088.30	1044.41
#用作原料、材料	Non-Energy Use	97.48	89.12
3.建筑业	Construction	15.00	15.00
4.交通运输、仓储和邮政业	Transport, Storage and Post	18.20	18.20
5.批发和零售业、住宿和餐饮业	Wholesale and Retail Trades, Hotels and Catering Services	24.50	24.50
6.其他	Others	22.60	22.60
7.居民生活	Residential	336.14	266.34
城镇	Urban	50.20	22.90
乡村	Rural	285.94	243.44
五.平衡差额	**Statistical Difference**		
六.消费量合计	**Total Energy Consumption**	**6819.03**	**6678.69**

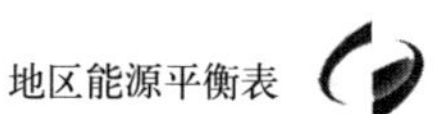

Energy Balance of Gansu (Physical Quantity) -2018

洗精煤 (万吨) Cleaned Coal (10^4 tons)	其他洗煤 (万吨) Other Washed Coal (10^4 tons)	煤制品 (万吨) Briquettes (10^4 tons)	煤矸石 (万吨) Gangue (10^4 tons)	焦炭 (万吨) Coke (10^4 tons)	焦炉煤气 (亿立方米) Coke Oven Gas (10^8 cu.m)	高炉煤气 (亿立方米) Blast Furnace Gas (10^8 cu.m)	转炉煤气 (亿立方米) Converter Gas (10^8 cu.m)	其他煤气 (亿立方米) Other Gas (10^8 cu.m)
320.81	**-257.68**	**77.21**	**44.27**	**91.45**				
349.44	30.66	75.76	44.27	96.78				
-40.92	-288.60							
12.29	0.26	1.45		-5.33				
-320.81	**297.63**	**3.03**	**-40.88**	**385.38**	**8.96**	**85.03**	**5.57**	**2.10**
			-54.26		-0.66	-14.31	-1.25	
		-1.41	-7.95		-0.06	-0.08	-0.09	
122.29	308.08		21.33					
-443.10				385.38	9.68			
	-5.12							2.10
	-5.33	4.44						
						99.42	6.91	
	39.95	**80.24**	**3.39**	**476.83**	**8.96**	**85.03**	**5.57**	**2.10**
		6.50						
	39.95	3.94	3.39	476.83	8.76	85.03	5.57	2.10
	5.53	2.83		16.49				
		69.80			0.20			
		27.30			0.20			
		42.50						
443.10	**50.40**	**81.65**	**65.60**	**476.83**	**9.68**	**99.42**	**6.91**	**2.10**

6-27 续表 1

项　目	Item	其他焦化产品 (万吨) Other Coking Products (10^4 tons)	油品合计 (万吨) Petroleum Products Total (10^4 tons)
一.可供本地区消费的能源量	**Total Primary Energy Supply**	**16.96**	**906.08**
1.一次能源生产量	Indigenous Production		859.76
2.外省(区、市)调入量	Moving In from Other Provinces	16.96	623.93
3.进口量	Import		
4.境内飞机和轮船在境外的加油量	Domestic Airplanes&Ships Refueling Abroad		
5.本省(区、市)调出量(-)	Sending Out to Other Provinces(-)		-578.04
6.出口量(-)	Export(-)		
7.境外飞机和轮船在境内的加油量(-)	Oversea Airplanes&Ships Refueling Domestically(-)		
8.库存增(-)、减(+)量	Stock Change		0.43
二.加工转换投入(-)产出(+)量	**Input(-) & Output(+) of Transformation**	**21.92**	**-188.43**
1.火力发电	Thermal Power		-1.60
2.供热	Heating Supply		-13.22
3.煤炭洗选	Coal Washing		
4.炼焦	Coking	21.92	
5.炼油及煤制油	Petroleum Refining and Coal-to-liquids		-173.61
#油品再投入量(-)	Petroleum Products Input (-)		
6.制气	Gas Works		
#焦炭再投入量(-)	Coke Input (-)		
7.天然气液化	Natural Gas Liquefaction		
8.煤制品加工	Briquettes		
9.回收能	Recovery of Energy		
三.损失量	**Loss**		
四.终端消费量	**Total Final Consumption**	**38.88**	**717.65**
1.农、林、牧、渔业	Agriculture, Forestry, Animal Husbandry and Fishery		38.80
2.工业	Industry	38.88	207.60
#用作原料、材料	Non-Energy Use		42.44
3.建筑业	Construction		35.95
4.交通运输、仓储和邮政业	Transport, Storage and Post		255.30
5.批发和零售业、住宿和餐饮业	Wholesale and Retail Trades, Hotels and Catering Services		19.30
6.其他	Others		63.50
7.居民生活	Residential		97.20
城镇	Urban		59.90
乡村	Rural		37.30
五.平衡差额	**Statistical Difference**		
六.消费量合计	**Total Energy Consumption**	**38.88**	**906.08**

Continued 1

原油 (万吨) Crude Oil (10^4 tons)	汽油 (万吨) Gasoline (10^4 tons)	煤油 (万吨) Kerosene (10^4 tons)	柴油 (万吨) Diesel Oil (10^4 tons)	燃料油 (万吨) Fuel Oil (10^4 tons)	石脑油 (万吨) Naphtha (10^4 tons)	润滑油 (万吨) Lubricants (10^4 tons)	石蜡 (万吨) Paraffin Waxes (10^4 tons)	溶剂油 (万吨) White Spirit (10^4 tons)
1453.98	**-216.45**	**-102.52**	**-241.84**	**-0.07**	**2.21**	**-0.06**	**-2.57**	**-0.44**
859.76								
594.04					4.22			
	-222.92	-104.46	-232.81		-2.00	-0.10	-2.57	-0.42
0.18	6.47	1.94	-9.03	-0.07	-0.01	0.04		-0.02
-1440.03	**418.93**	**112.32**	**531.14**	**3.71**	**2.78**	**0.16**	**2.59**	**0.47**
			-0.20	-0.01				
			-0.05	-0.19				
-1440.03	418.93	112.32	531.39	3.91	2.78	0.16	2.59	0.47
13.95	**202.48**	**9.80**	**289.30**	**3.64**	**4.99**	**0.10**	**0.02**	**0.03**
	3.80		35.00					
13.95	2.23	0.20	13.40	3.64	4.99	0.10	0.02	0.03
	0.01	0.09	0.26		4.99			
	12.45		14.50					
	51.50	9.60	194.20					
	12.60		5.20					
	45.40		18.10					
	74.50		8.90					
	47.00		3.10					
	27.50		5.80					
1453.98	**202.48**	**9.80**	**289.55**	**3.84**	**4.99**	**0.10**	**0.02**	**0.03**

6-27 续表 2

项　目	Item	石油沥青(万吨) Bitumen Asphalt (10^4 tons)	石油焦(万吨) Petroleum Coke (10^4 tons)
一.可供本地区消费的能源量	**Total Primary Energy Supply**	**13.13**	**3.40**
1.一次能源生产量	Indigenous Production		
2.外省(区、市)调入量	Moving In from Other Provinces	15.56	
3.进口量	Import		
4.境内飞机和轮船在境外的加油量	Domestic Airplanes&Ships Refueling Abroad		
5.本省(区、市)调出量(-)	Sending Out to Other Provinces(-)		
6.出口量(-)	Export(-)		
7.境外飞机和轮船在境内的加油量(-)	Oversea Airplanes&Ships Refueling Domestically(-)		
8.库存增(-)、减(+)量	Stock Change	-2.43	3.40
二.加工转换投入(-)产出(+)量	**Input(-) & Output(+) of Transformation**		**41.58**
1.火力发电	Thermal Power		
2.供热	Heating Supply		
3.煤炭洗选	Coal Washing		
4.炼焦	Coking		
5.炼油及煤制油	Petroleum Refining and Coal-to-liquids		41.58
#油品再投入量(-)	Petroleum Products Input (-)		
6.制气	Gas Works		
#焦炭再投入量(-)	Coke Input (-)		
7.天然气液化	Natural Gas Liquefaction		
8.煤制品加工	Briquettes		
9.回收能	Recovery of Energy		
三.损失量	**Loss**		
四.终端消费量	**Total Final Consumption**	**13.13**	**44.98**
1.农、林、牧、渔业	Agriculture, Forestry, Animal Husbandry and Fishery		
2.工业	Industry	4.13	44.98
#用作原料、材料	Non-Energy Use	0.18	6.72
3.建筑业	Construction	9.00	
4.交通运输、仓储和邮政业	Transport, Storage and Post		
5.批发和零售业、住宿和餐饮业	Wholesale and Retail Trades, Hotels and Catering Services		
6.其他	Others		
7.居民生活	Residential		
城镇	Urban		
乡村	Rural		
五.平衡差额	**Statistical Difference**		
六.消费量合计	**Total Energy Consumption**	**13.13**	**44.98**

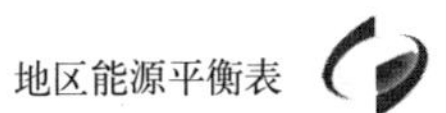

Continued 2

液化石油气 (万吨) Liquefied Petroleum Gas (10^4 tons)	炼厂干气 (万吨) Refinery Gas (10^4 tons)	其他石油制品 (万吨) Other Petroleum Products (10^4 tons)	天然气 (亿立方米) Natural Gas (10^8 cu.m)	液化天然气 (万吨) Liquefied Natural Gas (10^4 tons)	热力 (万百万千焦) Heat (10^{10} kJ)	电力 (亿千瓦小时) Electricity (10^8 kW•h)	其他能源 (万吨标准煤) Other Energy (10^4 tce)
-12.80		**10.11**	**30.72**	**3.26**		**459.91**	**17.60**
			2.33			769.02	17.60
		10.11	28.39	3.26		301.16	
-12.76						-610.27	
-0.04							
28.34	**86.04**	**23.54**	**-1.89**		**15081.67**	**838.88**	**-17.12**
	-1.39		-0.92		-519.76	838.88	-16.81
	-12.98		-0.97		13315.17		-0.31
28.34	100.41	23.54					
					2286.26		
						59.68	
15.54	**86.04**	**33.65**	**28.83**	**3.26**	**15081.67**	**1229.84**	**0.48**
						40.91	
0.24	86.04	33.65	10.23	3.26	8521.67	928.87	0.48
		30.19	3.13				
					80.00	14.99	
			4.10		310.00	52.69	
1.50			3.10		850.00	34.88	
			6.20		835.00	56.27	
13.80			5.20		4485.00	101.23	
9.80			5.20		4485.00	56.60	
4.00						44.63	
						9.27	
15.54	**100.41**	**33.65**	**30.72**	**3.26**	**15601.43**	**1289.52**	**17.60**

6-28 青海能源平衡表(实物量)-2018

项　目	Item	煤合计 (万吨) Coal Total (10^4 tons)	原煤 (万吨) Raw Coal (10^4 tons)
一.可供本地区消费的能源量	**Total Primary Energy Supply**	**1639.64**	**1743.86**
1.一次能源生产量	Indigenous Production	821.49	821.49
2.外省(区、市)调入量	Moving In from Other Provinces	999.65	999.65
3.进口量	Import		
4.境内飞机和轮船在境外的加油量	Domestic Airplanes&Ships Refueling Abroad		
5.本省(区、市)调出量(-)	Sending Out to Other Provinces(-)	-135.26	-31.98
6.出口量(-)	Export(-)		
7.境外飞机和轮船在境内的加油量(-)	Oversea Airplanes&Ships Refueling Domestically(-)		
8.库存增(-)、减(+)量	Stock Change	-46.25	-45.31
二.加工转换投入(-)产出(+)量	**Input(-) & Output(+) of Transformation**	**-1076.68**	**-1181.70**
1.火力发电	Thermal Power	-539.67	-539.67
2.供热	Heating Supply	-251.11	-251.11
3.煤炭洗选	Coal Washing	-50.70	-283.86
4.炼焦	Coking	-235.19	-107.05
5.炼油及煤制油	Petroleum Refining and Coal-to-liquids		
#油品再投入量(-)	Petroleum Products Input (-)		
6.制气	Gas Works		
#焦炭再投入量(-)	Coke Input (-)		
7.天然气液化	Natural Gas Liquefaction		
8.煤制品加工	Briquettes		
9.回收能	Recovery of Energy		
三.损失量	**Loss**	**3.12**	**3.12**
四.终端消费量	**Total Final Consumption**	**559.84**	**559.03**
1.农、林、牧、渔业	Agriculture, Forestry, Animal Husbandry and Fishery	2.83	2.83
2.工业	Industry	430.04	429.23
#用作原料、材料	Non-Energy Use	4.41	3.76
3.建筑业	Construction	4.21	4.21
4.交通运输、仓储和邮政业	Transport, Storage and Post	4.94	4.94
5.批发和零售业、住宿和餐饮业	Wholesale and Retail Trades, Hotels and Catering Services	7.98	7.98
6.其他	Others	19.21	19.21
7.居民生活	Residential	90.64	90.64
城镇	Urban	24.11	24.11
乡村	Rural	66.54	66.54
五.平衡差额	**Statistical Difference**		
六.消费量合计	**Total Energy Consumption**	**1639.64**	**1743.85**

Energy Balance of Qinghai (Physical Quantity) -2018

洗精煤 (万吨) Cleaned Coal (10^4 tons)	其他洗煤 (万吨) Other Washed Coal (10^4 tons)	煤制品 (万吨) Briquettes (10^4 tons)	煤矸石 (万吨) Gangue (10^4 tons)	焦炭 (万吨) Coke (10^4 tons)	焦炉煤气 (亿立方米) Coke Oven Gas (10^8 cu.m)	高炉煤气 (亿立方米) Blast Furnace Gas (10^8 cu.m)	转炉煤气 (亿立方米) Converter Gas (10^8 cu.m)	其他煤气 (亿立方米) Other Gas (10^8 cu.m)
-98.31	**-5.91**		**1.01**	**60.65**	**0.17**			**0.36**
			1.01	35.73	0.17			0.36
-96.83	-6.45							
-1.48	0.54			24.92				
98.31	**6.71**			**172.47**	**1.39**	**14.65**	**0.89**	
					-0.34			
					-0.04	-4.70		
226.45	6.71							
-128.14				172.47	1.76			
						19.34	0.89	
	0.80		**1.01**	**233.12**	**1.56**	**14.65**	**0.89**	**0.36**
	0.80		1.01	233.12	1.56	14.65	0.89	0.36
	0.65			42.19				
128.14	**0.80**		**1.01**	**233.12**	**1.93**	**19.34**	**0.89**	**0.36**

6-28 续表 1

项　目	Item	其他焦化产品(万吨) Other Coking Products (10^4 tons)	油品合计(万吨) Petroleum Products Total (10^4 tons)
一.可供本地区消费的能源量	**Total Primary Energy Supply**	**-8.38**	**315.67**
1.一次能源生产量	Indigenous Production		223.30
2.外省(区、市)调入量	Moving In from Other Provinces		177.18
3.进口量	Import		
4.境内飞机和轮船在境外的加油量	Domestic Airplanes&Ships Refueling Abroad		
5.本省(区、市)调出量(-)	Sending Out to Other Provinces(-)	-8.38	-73.60
6.出口量(-)	Export(-)		
7.境外飞机和轮船在境内的加油量(-)	Oversea Airplanes&Ships Refueling Domestically(-)		
8.库存增(-)、减(+)量	Stock Change		-11.21
二.加工转换投入(-)产出(+)量	**Input(-) & Output(+) of Transformation**	**8.39**	**-14.79**
1.火力发电	Thermal Power		-0.06
2.供热	Heating Supply		
3.煤炭洗选	Coal Washing		
4.炼焦	Coking	8.39	
5.炼油及煤制油	Petroleum Refining and Coal-to-liquids		-14.74
#油品再投入量(-)	Petroleum Products Input (-)		
6.制气	Gas Works		
#焦炭再投入量(-)	Coke Input (-)		
7.天然气液化	Natural Gas Liquefaction		
8.煤制品加工	Briquettes		
9.回收能	Recovery of Energy		
三.损失量	**Loss**		
四.终端消费量	**Total Final Consumption**		**300.88**
1.农、林、牧、渔业	Agriculture, Forestry, Animal Husbandry and Fishery		9.01
2.工业	Industry		81.19
#用作原料、材料	Non-Energy Use		34.47
3.建筑业	Construction		22.95
4.交通运输、仓储和邮政业	Transport, Storage and Post		120.27
5.批发和零售业、住宿和餐饮业	Wholesale and Retail Trades, Hotels and Catering Services		20.63
6.其他	Others		15.44
7.居民生活	Residential		31.40
城镇	Urban		17.77
乡村	Rural		13.63
五.平衡差额	**Statistical Difference**		
六.消费量合计	**Total Energy Consumption**		**315.68**

 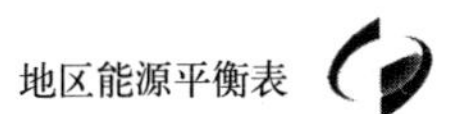

Continued 1

原油 (万吨) Crude Oil (10^4 tons)	汽油 (万吨) Gasoline (10^4 tons)	煤油 (万吨) Kerosene (10^4 tons)	柴油 (万吨) Diesel Oil (10^4 tons)	燃料油 (万吨) Fuel Oil (10^4 tons)	石脑油 (万吨) Naphtha (10^4 tons)	润滑油 (万吨) Lubricants (10^4 tons)	石蜡 (万吨) Paraffin Waxes (10^4 tons)	溶剂油 (万吨) White Spirit (10^4 tons)
142.51	**16.25**	**0.02**	**98.19**	**-3.75**		**0.30**		
223.30								
	16.69		101.07			0.30		
-69.43		-0.04		-3.33				
-11.36	-0.44	0.06	-2.88	-0.42				
-140.01	**45.83**		**61.14**	**3.90**				
			-0.03	-0.02				
-140.01	45.83		61.17	3.92				
2.49	**62.08**	**0.02**	**159.33**	**0.15**		**0.30**		
	2.33		6.38			0.30		
2.49	3.16		12.56	0.15				
			0.18					
	5.35		12.99					
	13.36	0.02	106.88					
	4.95		7.36					
	7.03		8.41					
	25.89		4.74					
	15.63		1.61					
	10.27		3.13					
142.51	**62.08**	**0.02**	**159.36**	**0.18**		**0.30**		

6-28 续表 2

项 目	Item	石油沥青(万吨) Bitumen Asphalt (10^4 tons)	石油焦(万吨) Petroleum Coke (10^4 tons)
一.可供本地区消费的能源量	**Total Primary Energy Supply**	**7.70**	**51.45**
1.一次能源生产量	Indigenous Production		
2.外省(区、市)调入量	Moving In from Other Provinces	7.10	48.94
3.进口量	Import		
4.境内飞机和轮船在境外的加油量	Domestic Airplanes&Ships Refueling Abroad		
5.本省(区、市)调出量(-)	Sending Out to Other Provinces(-)		
6.出口量(-)	Export(-)		
7.境外飞机和轮船在境内的加油量(-)	Oversea Airplanes&Ships Refueling Domestically(-)		
8.库存增(-)、减(+)量	Stock Change	0.60	2.51
二.加工转换投入(-)产出(+)量	**Input(-) & Output(+) of Transformation**		
1.火力发电	Thermal Power		
2.供热	Heating Supply		
3.煤炭洗选	Coal Washing		
4.炼焦	Coking		
5.炼油及煤制油	Petroleum Refining and Coal-to-liquids		
#油品再投入量(-)	Petroleum Products Input (-)		
6.制气	Gas Works		
#焦炭再投入量(-)	Coke Input (-)		
7.天然气液化	Natural Gas Liquefaction		
8.煤制品加工	Briquettes		
9.回收能	Recovery of Energy		
三.损失量	**Loss**		
四.终端消费量	**Total Final Consumption**	**7.70**	**51.45**
1.农、林、牧、渔业	Agriculture, Forestry, Animal Husbandry and Fishery		
2.工业	Industry	3.09	51.45
#用作原料、材料	Non-Energy Use	3.09	31.20
3.建筑业	Construction	4.61	
4.交通运输、仓储和邮政业	Transport, Storage and Post		
5.批发和零售业、住宿和餐饮业	Wholesale and Retail Trades, Hotels and Catering Services		
6.其他	Others		
7.居民生活	Residential		
城镇	Urban		
乡村	Rural		
五.平衡差额	**Statistical Difference**		
六.消费量合计	**Total Energy Consumption**	**7.70**	**51.45**

Continued 2

液化石油气 (万吨) Liquefied Petroleum Gas (10^4 tons)	炼厂干气 (万吨) Refinery Gas (10^4 tons)	其他石油制品 (万吨) Other Petroleum Products (10^4 tons)	天然气 (亿立方米) Natural Gas (10^8 cu.m)	液化天然气 (万吨) Liquefied Natural Gas (10^4 tons)	热力 (万百万千焦) Heat (10^{10} kJ)	电力 (亿千瓦小时) Electricity (10^8 kW•h)	其他能源 (万吨标准煤) Other Energy (10^4 tce)
3.03		**-0.01**	**51.85**	**-4.30**		**618.65**	
			64.05			685.64	
3.08						90.19	
		-0.80	-12.20	-4.17		-157.17	
-0.05		0.79		-0.13			
6.06	**5.11**	**3.18**	**-1.36**	**5.24**	**4614.26**	**119.68**	
					-659.02	119.68	
			-0.58		4539.16		
6.06	5.11	3.18					
			-0.78	5.24			
					734.12		
			0.02		**10.25**	**26.60**	
9.09	**5.11**	**3.17**	**50.46**	**0.95**	**4604.01**	**711.74**	
						2.48	
	5.11	3.17	32.68	0.95	4024.81	634.69	
			10.42				
			0.26			4.61	
			2.78			8.68	
8.31			3.46		118.08	10.90	
			5.16		123.15	19.98	
0.77			6.12		337.96	30.41	
0.54			5.23		337.96	20.74	
0.24			0.89			9.66	
9.09	**5.11**	**3.17**	**51.12**	**0.95**	**5273.28**	**738.34**	

6-29 宁夏能源平衡表(实物量)-2018

项　目	Item	煤合计 (万吨) Coal Total (10^4 tons)	原煤 (万吨) Raw Coal (10^4 tons)
一.可供本地区消费的能源量	**Total Primary Energy Supply**	**12711.75**	**12671.23**
1.一次能源生产量	Indigenous Production	7840.09	7840.09
2.外省(区、市)调入量	Moving In from Other Provinces	6015.15	5709.44
3.进口量	Import		
4.境内飞机和轮船在境外的加油量	Domestic Airplanes&Ships Refueling Abroad		
5.本省(区、市)调出量(-)	Sending Out to Other Provinces(-)	-1067.02	-724.43
6.出口量(-)	Export(-)		
7.境外飞机和轮船在境内的加油量(-)	Oversea Airplanes&Ships Refueling Domestically(-)		
8.库存增(-)、减(+)量	Stock Change	-76.47	-153.88
二.加工转换投入(-)产出(+)量	**Input(-) & Output(+) of Transformation**	**-9971.55**	**-10123.11**
1.火力发电	Thermal Power	-6398.22	-6356.37
2.供热	Heating Supply	-814.58	-763.16
3.煤炭洗选	Coal Washing	-268.71	-1341.13
4.炼焦	Coking	-1025.18	-204.96
5.炼油及煤制油	Petroleum Refining and Coal-to-liquids	-1457.50	-1457.50
#油品再投入量(-)	Petroleum Products Input (-)		
6.制气	Gas Works	-7.36	
#焦炭再投入量(-)	Coke Input (-)		
7.天然气液化	Natural Gas Liquefaction		
8.煤制品加工	Briquettes		
9.回收能	Recovery of Energy		
三.损失量	**Loss**		
四.终端消费量	**Total Final Consumption**	**2739.68**	**2547.77**
1.农、林、牧、渔业	Agriculture, Forestry, Animal Husbandry and Fishery	3.85	3.85
2.工业	Industry	2670.10	2479.29
#用作原料、材料	Non-Energy Use	1202.85	1125.21
3.建筑业	Construction	3.15	3.15
4.交通运输、仓储和邮政业	Transport, Storage and Post	2.65	2.65
5.批发和零售业、住宿和餐饮业	Wholesale and Retail Trades, Hotels and Catering Services	3.15	3.15
6.其他	Others	17.74	17.74
7.居民生活	Residential	39.04	37.94
城镇	Urban	1.64	1.64
乡村	Rural	37.40	36.30
五.平衡差额	**Statistical Difference**	**0.52**	**0.34**
六.消费量合计	**Total Energy Consumption**	**12711.22**	**12670.89**

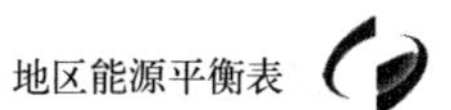

Energy Balance of Ningxia (Physical Quantity) -2018

洗精煤 (万吨) Cleaned Coal (10^4 tons)	其他洗煤 (万吨) Other Washed Coal (10^4 tons)	煤制品 (万吨) Briquettes (10^4 tons)	煤矸石 (万吨) Gangue (10^4 tons)	焦炭 (万吨) Coke (10^4 tons)	焦炉煤气 (亿立方米) Coke Oven Gas (10^8 cu.m)	高炉煤气 (亿立方米) Blast Furnace Gas (10^8 cu.m)	转炉煤气 (亿立方米) Converter Gas (10^8 cu.m)	其他煤气 (亿立方米) Other Gas (10^8 cu.m)
244.15	**-207.32**	**3.69**	**0.03**	**-159.05**				
281.44	20.03	4.23		342.31				
-23.33	-318.78	-0.47		-502.81				
-13.96	91.43	-0.06	0.03	1.45				
-244.13	**397.94**	**-2.24**	**15.85**	**736.88**	**14.67**	**17.97**	**0.58**	**2.26**
	-41.85		-79.22		-0.90	-16.82		
	-49.17	-2.24	-0.53		-0.44	-0.33		
447.10	625.32		95.60					
-691.23	-129.00			736.88	16.00			
	-7.36							2.26
						35.12	0.58	
	190.58	**1.32**	**15.90**	**578.06**	**14.67**	**17.98**	**0.59**	**2.26**
	190.58	0.22	15.90	578.06	14.67	17.98	0.59	2.26
	77.64			262.35	9.71			
		1.10						
		1.10						
0.02	**0.04**	**0.13**	**-0.02**	**-0.23**		**-0.01**	**1.00**	
691.23	**417.96**	**3.56**	**95.66**	**578.06**	**16.01**	**35.13**	**0.59**	**2.26**

6-29 续表 1

项　目	Item	其他焦化产品 (万吨) Other Coking Products (10^4 tons)	油品合计 (万吨) Petroleum Products Total (10^4 tons)
一.可供本地区消费的能源量	**Total Primary Energy Supply**	**-36.90**	**-24.86**
1.一次能源生产量	Indigenous Production		
2.外省(区、市)调入量	Moving In from Other Provinces	3.31	750.87
3.进口量	Import		
4.境内飞机和轮船在境外的加油量	Domestic Airplanes&Ships Refueling Abroad		
5.本省(区、市)调出量(-)	Sending Out to Other Provinces(-)	-39.90	-750.19
6.出口量(-)	Export(-)		
7.境外飞机和轮船在境内的加油量(-)	Oversea Airplanes&Ships Refueling Domestically(-)		
8.库存增(-)、减(+)量	Stock Change	-0.31	-25.53
二.加工转换投入(-)产出(+)量	**Input(-) & Output(+) of Transformation**	**46.46**	**-57.88**
1.火力发电	Thermal Power		-0.47
2.供热	Heating Supply		-0.03
3.煤炭洗选	Coal Washing		
4.炼焦	Coking	46.46	
5.炼油及煤制油	Petroleum Refining and Coal-to-liquids		96.87
#油品再投入量(-)	Petroleum Products Input (-)		-154.25
6.制气	Gas Works		
#焦炭再投入量(-)	Coke Input (-)		
7.天然气液化	Natural Gas Liquefaction		
8.煤制品加工	Briquettes		
9.回收能	Recovery of Energy		
三.损失量	**Loss**		
四.终端消费量	**Total Final Consumption**	**9.77**	**278.67**
1.农、林、牧、渔业	Agriculture, Forestry, Animal Husbandry and Fishery		6.45
2.工业	Industry	9.77	146.83
#用作原料、材料	Non-Energy Use	9.47	119.15
3.建筑业	Construction		23.40
4.交通运输、仓储和邮政业	Transport, Storage and Post		86.53
5.批发和零售业、住宿和餐饮业	Wholesale and Retail Trades, Hotels and Catering Services		1.66
6.其他	Others		1.60
7.居民生活	Residential		12.20
城镇	Urban		8.51
乡村	Rural		3.69
五.平衡差额	**Statistical Difference**	**-0.21**	**-0.08**
六.消费量合计	**Total Energy Consumption**	**9.77**	**336.55**

Continued 1

原油 (万吨) Crude Oil (10^4 tons)	汽油 (万吨) Gasoline (10^4 tons)	煤油 (万吨) Kerosene (10^4 tons)	柴油 (万吨) Diesel Oil (10^4 tons)	燃料油 (万吨) Fuel Oil (10^4 tons)	石脑油 (万吨) Naphtha (10^4 tons)	润滑油 (万吨) Lubricants (10^4 tons)	石蜡 (万吨) Paraffin Waxes (10^4 tons)	溶剂油 (万吨) White Spirit (10^4 tons)
448.70	**-176.68**	**-24.10**	**-133.29**	**42.03**	**-28.89**	**0.13**	**0.01**	**-12.42**
455.30	86.06		65.47	62.34		0.12	0.01	
-3.54	-252.21	-24.28	-192.47	-20.07	-25.89			-12.28
-3.06	-10.53	0.18	-6.28	-0.24	-3.00	0.01		-0.14
-448.70	**195.42**	**24.11**	**250.45**	**-41.79**	**111.14**			**12.49**
			-0.39	-0.07				
			-0.03					
-448.70	195.42	24.11	250.88	38.42	111.14			12.49
				-80.13				
	18.77	**0.02**	**117.20**	**0.28**	**82.26**	**0.14**	**0.01**	
	0.65		5.80					
	0.59	0.02	7.23	0.28	82.26	0.14	0.01	
	0.05		1.30		82.26		0.01	
	1.30		19.80					
	3.09		83.43					
	0.90		0.46					
	1.15		0.45					
	11.08		0.03					
	7.94							
	3.14		0.03					
	-0.04		**-0.04**	**-0.04**	**-0.02**			**0.07**
448.70	**18.77**	**0.02**	**117.63**	**80.48**	**82.26**	**0.14**	**0.01**	

6-29 续表 2

项　目	Item	石油沥青(万吨) Bitumen Asphalt (10^4 tons)	石油焦(万吨) Petroleum Coke (10^4 tons)
一.可供本地区消费的能源量	**Total Primary Energy Supply**	**3.95**	**38.45**
1.一次能源生产量	Indigenous Production		
2.外省(区、市)调入量	Moving In from Other Provinces	3.37	38.54
3.进口量	Import		
4.境内飞机和轮船在境外的加油量	Domestic Airplanes&Ships Refueling Abroad		
5.本省(区、市)调出量(-)	Sending Out to Other Provinces(-)		-0.04
6.出口量(-)	Export(-)		
7.境外飞机和轮船在境内的加油量(-)	Oversea Airplanes&Ships Refueling Domestically(-)		
8.库存增(-)、减(+)量	Stock Change	0.57	-0.05
二.加工转换投入(-)产出(+)量	**Input(-) & Output(+) of Transformation**		
1.火力发电	Thermal Power		
2.供热	Heating Supply		
3.煤炭洗选	Coal Washing		
4.炼焦	Coking		
5.炼油及煤制油	Petroleum Refining and Coal-to-liquids		
#油品再投入量(-)	Petroleum Products Input (-)		
6.制气	Gas Works		
#焦炭再投入量(-)	Coke Input (-)		
7.天然气液化	Natural Gas Liquefaction		
8.煤制品加工	Briquettes		
9.回收能	Recovery of Energy		
三.损失量	**Loss**		
四.终端消费量	**Total Final Consumption**	**4.01**	**38.48**
1.农、林、牧、渔业	Agriculture, Forestry, Animal Husbandry and Fishery		
2.工业	Industry	1.71	38.48
#用作原料、材料	Non-Energy Use	0.82	18.87
3.建筑业	Construction	2.30	
4.交通运输、仓储和邮政业	Transport, Storage and Post		
5.批发和零售业、住宿和餐饮业	Wholesale and Retail Trades, Hotels and Catering Services		
6.其他	Others		
7.居民生活	Residential		
城镇	Urban		
乡村	Rural		
五.平衡差额	**Statistical Difference**	**-0.06**	**-0.04**
六.消费量合计	**Total Energy Consumption**	**4.01**	**38.48**

Continued 2

液化石油气 (万吨) Liquefied Petroleum Gas (10^4 tons)	炼厂干气 (万吨) Refinery Gas (10^4 tons)	其他石油制品 (万吨) Other Petroleum Products (10^4 tons)	天然气 (亿立方米) Natural Gas (10^8 cu.m)	液化天然气 (万吨) Liquefied Natural Gas (10^4 tons)	热力 (万百万千焦) Heat (10^{10} kJ)	电力 (亿千瓦小时) Electricity (10^8 kW•h)	其他能源 (万吨标准煤) Other Energy (10^4 tce)
-15.54		**-167.20**	**29.60**	**-62.60**		**-245.71**	
						303.90	
32.05		7.61	29.60	119.72		180.82	
-47.06		-172.35		-180.54		-730.42	
-0.53		-2.46		-1.78			
32.85		**167.47**	**-14.92**	**72.60**	**9736.72**	**1310.56**	
			-3.32	-0.02	-529.67	1310.56	-11.47
			-1.05		8296.54		
98.52		175.93					
-65.66		-8.46					
			-10.56	72.62			
					1969.85		11.47
						24.90	
17.22		**0.28**	**14.68**	**10.00**	**9736.72**	**1039.95**	
						19.06	
15.83		0.28	8.13	0.21	6706.20	940.66	
15.82			2.99				
					99.69	4.70	
			1.96	6.33	45.31	8.18	
0.30			1.04	1.18	484.89	15.63	
			0.73		859.74	22.18	
1.09			2.82	2.29	1540.89	29.54	
0.57			2.45	2.17	1540.89	18.56	
0.52			0.37	0.12		10.97	
0.08							
82.89		**8.73**	**19.58**	**10.02**	**10266.39**	**1064.85**	**11.47**

6-30 新疆能源平衡表(实物量)-2018

项　目	Item	煤合计 (万吨) Coal Total (10^4 tons)	原煤 (万吨) Raw Coal (10^4 tons)
一.可供本地区消费的能源量	**Total Primary Energy Supply**	**20485.32**	**20305.37**
1.一次能源生产量	Indigenous Production	21352.17	21352.17
2.外省(区、市)调入量	Moving In from Other Provinces	212.00	2.36
3.进口量	Import	87.13	87.13
4.境内飞机和轮船在境外的加油量	Domestic Airplanes&Ships Refueling Abroad		
5.本省(区、市)调出量(-)	Sending Out to Other Provinces(-)	-1247.64	-1247.64
6.出口量(-)	Export(-)		
7.境外飞机和轮船在境内的加油量(-)	Oversea Airplanes&Ships Refueling Domestically(-)		
8.库存增(-)、减(+)量	Stock Change	81.66	111.35
二.加工转换投入(-)产出(+)量	**Input(-) & Output(+) of Transformation**	**-18667.08**	**-18723.57**
1.火力发电	Thermal Power	-12162.49	-12162.49
2.供热	Heating Supply	-2589.33	-2585.63
3.煤炭洗选	Coal Washing	-217.35	-1131.81
4.炼焦	Coking	-3031.01	-2167.64
5.炼油及煤制油	Petroleum Refining and Coal-to-liquids		
#油品再投入量(-)	Petroleum Products Input (-)		
6.制气	Gas Works	-666.00	-666.00
#焦炭再投入量(-)	Coke Input (-)		
7.天然气液化	Natural Gas Liquefaction		
8.煤制品加工	Briquettes	-0.90	-10.00
9.回收能	Recovery of Energy		
三.损失量	**Loss**		
四.终端消费量	**Total Final Consumption**	**3122.94**	**2886.50**
1.农、林、牧、渔业	Agriculture, Forestry, Animal Husbandry and Fishery	166.02	166.02
2.工业	Industry	2208.65	1972.21
#用作原料、材料	Non-Energy Use		
3.建筑业	Construction	15.00	15.00
4.交通运输、仓储和邮政业	Transport, Storage and Post	21.33	21.33
5.批发和零售业、住宿和餐饮业	Wholesale and Retail Trades, Hotels and Catering Services	45.00	45.00
6.其他	Others	73.22	73.22
7.居民生活	Residential	593.72	593.72
城镇	Urban	42.24	42.24
乡村	Rural	551.48	551.48
五.平衡差额	**Statistical Difference**	**-1304.70**	**-1304.70**
六.消费量合计	**Total Energy Consumption**	**21790.02**	**21610.07**

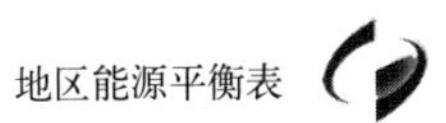

Energy Balance of Xinjiang (Physical Quantity) -2018

洗精煤 (万吨) Cleaned Coal (10^4 tons)	其他洗煤 (万吨) Other Washed Coal (10^4 tons)	煤制品 (万吨) Briquettes (10^4 tons)	煤矸石 (万吨) Gangue (10^4 tons)	焦炭 (万吨) Coke (10^4 tons)	焦炉煤气 (亿立方米) Coke Oven Gas (10^8 cu.m)	高炉煤气 (亿立方米) Blast Furnace Gas (10^8 cu.m)	转炉煤气 (亿立方米) Converter Gas (10^8 cu.m)	其他煤气 (亿立方米) Other Gas (10^8 cu.m)
159.65	**23.09**	**-2.79**	**0.78**	**-769.54**				
168.96	40.68			42.29				
				-819.42				
				-15.37				
-9.31	-17.59	-2.79	0.78	22.96				
-159.65	**203.04**	**13.10**	**34.31**	**1764.83**	**19.09**	**102.54**	**3.44**	**1.54**
			-87.95		-3.04	-14.73	-2.78	
	-3.70		-10.96		-2.42	-18.74	-9.86	
703.72	210.74		26.25					
-863.37				1764.83	24.55			
	-4.00	13.10						
			106.97			136.01	16.08	1.54
	226.13	**10.31**	**35.09**	**995.29**	**19.09**	**102.54**	**3.44**	**1.54**
	226.13	10.31	35.09	995.29	19.09	102.54	3.44	1.54
863.37	**233.83**	**10.31**	**134.00**	**995.29**	**24.55**	**136.01**	**16.08**	**1.54**

6-30 续表 1

项　　目	Item	其他焦化产品(万吨) Other Coking Products (10^4 tons)	油品合计(万吨) Petroleum Products Total (10^4 tons)
一.可供本地区消费的能源量	**Total Primary Energy Supply**	**-178.52**	**1518.75**
1.一次能源生产量	Indigenous Production		2647.39
2.外省(区、市)调入量	Moving In from Other Provinces		81.28
3.进口量	Import		1152.66
4.境内飞机和轮船在境外的加油量	Domestic Airplanes&Ships Refueling Abroad		3.61
5.本省(区、市)调出量(-)	Sending Out to Other Provinces(-)	-181.63	-2332.24
6.出口量(-)	Export(-)		-0.13
7.境外飞机和轮船在境内的加油量(-)	Oversea Airplanes&Ships Refueling Domestically(-)		-0.96
8.库存增(-)、减(+)量	Stock Change	3.11	-32.86
二.加工转换投入(-)产出(+)量	**Input(-) & Output(+) of Transformation**	**201.06**	**-52.70**
1.火力发电	Thermal Power		-0.39
2.供热	Heating Supply		-7.31
3.煤炭洗选	Coal Washing		
4.炼焦	Coking	201.06	
5.炼油及煤制油	Petroleum Refining and Coal-to-liquids		42.57
#油品再投入量(-)	Petroleum Products Input (-)		-87.57
6.制气	Gas Works		
#焦炭再投入量(-)	Coke Input (-)		
7.天然气液化	Natural Gas Liquefaction		
8.煤制品加工	Briquettes		
9.回收能	Recovery of Energy		
三.损失量	**Loss**		
四.终端消费量	**Total Final Consumption**	**22.54**	**1466.05**
1.农、林、牧、渔业	Agriculture, Forestry, Animal Husbandry and Fishery		96.82
2.工业	Industry	22.54	503.66
#用作原料、材料	Non-Energy Use		
3.建筑业	Construction		98.22
4.交通运输、仓储和邮政业	Transport, Storage and Post		603.64
5.批发和零售业、住宿和餐饮业	Wholesale and Retail Trades, Hotels and Catering Services		28.22
6.其他	Others		13.88
7.居民生活	Residential		121.61
城镇	Urban		89.69
乡村	Rural		31.92
五.平衡差额	**Statistical Difference**		
六.消费量合计	**Total Energy Consumption**	**22.54**	**1518.75**

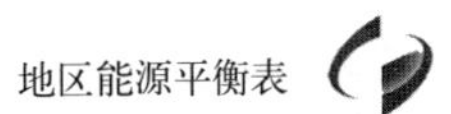

Continued 1

原油 (万吨) Crude Oil (10^4 tons)	汽油 (万吨) Gasoline (10^4 tons)	煤油 (万吨) Kerosene (10^4 tons)	柴油 (万吨) Diesel Oil (10^4 tons)	燃料油 (万吨) Fuel Oil (10^4 tons)	石脑油 (万吨) Naphtha (10^4 tons)	润滑油 (万吨) Lubricants (10^4 tons)	石蜡 (万吨) Paraffin Waxes (10^4 tons)	溶剂油 (万吨) White Spirit (10^4 tons)
2404.54	**-97.37**	**-30.00**	**-271.42**	**-44.82**	**-17.11**	**-40.97**		**0.23**
2647.39								
	0.96		8.10	5.88		4.87		0.09
1111.74				0.70		0.01		
		3.61						
-1363.24	-92.60	-29.85	-278.34	-51.89	-16.16	-46.41		-0.01
	-0.06					-0.06		
		-0.96						
8.65	-5.67	-2.80	-1.18	0.49	-0.95	0.62		0.15
-2352.42	**395.19**	**96.30**	**848.74**	**45.21**	**17.11**	**41.30**		
			-0.34	-0.05				
	-0.01		-0.02	-0.04				
-2352.42	395.20	96.30	849.10	45.30	20.90	41.30		
					-3.79			
52.12	**297.82**	**66.30**	**577.32**	**0.39**		**0.33**		**0.23**
	29.49	2.88	64.03			0.01		
52.12	5.83	0.02	59.05	0.39		0.16		0.23
	5.56		21.50			0.01		
	129.96	63.40	409.45			0.11		
	7.86		18.77			0.01		
	11.52		2.17			0.01		
	107.60		2.35			0.02		
	83.24		0.49			0.01		
	24.36		1.86			0.01		
2404.54	**297.83**	**66.30**	**577.68**	**0.48**	**3.79**	**0.33**		**0.23**

6-30 续表 2

项　目	Item	石油沥青 (万吨) Bitumen Asphalt (10^4 tons)	石油焦 (万吨) Petroleum Coke (10^4 tons)
一.可供本地区消费的能源量	**Total Primary Energy Supply**	**-111.96**	**-55.92**
1.一次能源生产量	Indigenous Production		
2.外省(区、市)调入量	Moving In from Other Provinces	38.29	2.91
3.进口量	Import	5.02	35.19
4.境内飞机和轮船在境外的加油量	Domestic Airplanes&Ships Refueling Abroad		
5.本省(区、市)调出量(-)	Sending Out to Other Provinces(-)	-133.61	-88.50
6.出口量(-)	Export(-)	-0.01	
7.境外飞机和轮船在境内的加油量(-)	Oversea Airplanes&Ships Refueling Domestically(-)		
8.库存增(-)、减(+)量	Stock Change	-21.65	-5.52
二.加工转换投入(-)产出(+)量	**Input(-) & Output(+) of Transformation**	**200.58**	**190.90**
1.火力发电	Thermal Power		
2.供热	Heating Supply		
3.煤炭洗选	Coal Washing		
4.炼焦	Coking		
5.炼油及煤制油	Petroleum Refining and Coal-to-liquids	201.00	190.90
#油品再投入量(-)	Petroleum Products Input (-)	-0.42	
6.制气	Gas Works		
#焦炭再投入量(-)	Coke Input (-)		
7.天然气液化	Natural Gas Liquefaction		
8.煤制品加工	Briquettes		
9.回收能	Recovery of Energy		
三.损失量	**Loss**		
四.终端消费量	**Total Final Consumption**	**88.62**	**134.98**
1.农、林、牧、渔业	Agriculture, Forestry, Animal Husbandry and Fishery		
2.工业	Industry	17.67	134.98
#用作原料、材料	Non-Energy Use		
3.建筑业	Construction	70.95	
4.交通运输、仓储和邮政业	Transport, Storage and Post		
5.批发和零售业、住宿和餐饮业	Wholesale and Retail Trades, Hotels and Catering Services		
6.其他	Others		
7.居民生活	Residential		
城镇	Urban		
乡村	Rural		
五.平衡差额	**Statistical Difference**		
六.消费量合计	**Total Energy Consumption**	**89.04**	**134.98**

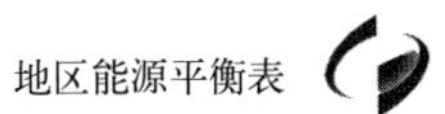

Continued 2

液化石油气 (万吨) Liquefied Petroleum Gas (10^4 tons)	炼厂干气 (万吨) Refinery Gas (10^4 tons)	其他石油制品 (万吨) Other Petroleum Products (10^4 tons)	天然气 (亿立方米) Natural Gas (10^8 cu.m)	液化天然气 (万吨) Liquefied Natural Gas (10^4 tons)	热力 (万百万千焦) Heat (10^{10} kJ)	电力 (亿千瓦小时) Electricity (10^8 kW•h)	其他能源 (万吨标准煤) Other Energy (10^4 tce)
0.47		**-216.92**	**115.90**	**-56.91**		**244.04**	
			321.85			732.70	
20.18				3.01		3.41	
			458.53				
-19.78		-211.85	-664.27	-60.10		-492.07	
0.07		-5.07	-0.21	0.18			
36.35	**106.55**	**321.49**	**-7.10**	**57.14**	**49677.03**	**2573.00**	**5.53**
			-3.32		-1081.52	2573.00	-9.40
	-6.83	-0.41	-18.01		48728.67		
49.00	124.99	381.00					
-12.65	-11.61	-59.10					
			22.80				
			-8.57	57.14			
					2029.88		14.93
						85.63	
36.82	**106.55**	**104.57**	**108.80**	**0.23**	**49677.03**	**2731.41**	**5.53**
0.41			0.03		20.00	119.30	
22.09	106.55	104.57	73.41	0.23	23632.13	2306.52	5.14
0.20			0.04		32.30	21.81	
0.72			10.50		110.00	38.78	
1.58			7.83		3843.20	38.19	
0.18			1.86		4448.68	110.74	
11.64			15.13		17590.72	96.07	0.39
5.95			14.04		17590.72	62.02	
5.69			1.09			34.05	0.39
49.47	**124.99**	**164.08**	**130.81**	**0.23**	**50758.55**	**2817.04**	**14.93**

七、香港、澳门特别行政区能源数据

Chapter 7　Energy Data for Hong Kong and Macao Special Administrative Region

7-1 香港主要能源及相关指标
Major Energy and Related Indicators of Hong Kong

项　目 Item	1990	2000	2005	2010	2015	2016	2017
一次能源供应总量（百万吨标准油） Total Primary Energy Supply (Mtoe)	8.62	13.59	12.57	13.67	13.90	15.45	14.02
能源净进口量（百万吨标准油） Net Energy Imports (Mtoe)	11.81	19.82	23.00	31.47	28.90	30.85	31.64
油净进口量（百万吨标准油） Net Oil Imports (Mtoe)	6.45	12.86	13.58	21.25	18.44	20.35	21.48
油可供量（百万吨标准油） Oil Supply (Mtoe)	3.21	6.58	3.09	3.36	3.34	4.85	3.76
发电量（百万千瓦小时） Electricity generation (GW·h)	28938	31331	38451	38387	38028	38264	37027
能源最终消费量（百万吨标准油） Total Final Consumption of Energy (Mtoe)	5.22	9.38	7.46	8.20	8.96	9.18	9.38
人口数（百万人） Population (millions)	5.7	6.7	6.8	7.0	7.3	7.3	7.4
国内生产总值（10亿美元，2010年价） GDP (10^9 US$,2010 prices)	104.1	153.4	188.6	228.6	264.4	270.1	280.3
人均国内生产总值（美元，2010年价） Per Capita GDP (US$,2010 prices)	18263	22896	27735	32657	36219	37000	37878
人均能源供应量（吨标准油/人） TPES/Population (toe/capita)	1.51	2.04	1.85	1.95	1.90	2.11	1.90
人均电力消费量（千瓦小时/人） Electricity consumption/Population(kW·h/capita)	4178	5447	5879	5974	6397	6392	6293

资料来源：国际能源署《世界能源平衡表》。
Sources: World Energy Balances, IEA.

7-2 香港电力、煤气、水消费量
Consumption of Electricity, Gas and Water of Hong Kong

用　途	Use	2013	2014	2015	2016	2017	2018
电力（万亿焦耳）	**Electricity (terajoule)**						
住宅	Residential	39941	43415	42368	43120	42127	41965
商业	Commercial	101683	102885	103893	103739	103893	105689
工业	Industrial	11190	11281	11436	11252	11196	11081
街灯	Street Lighting	387	386	386	390	389	382
出口中国内地	Export to the Mainland of China	5940	4414	4273	4338	4828	2002
总计	Total	159141	162381	162356	162838	162432	161118
煤气（万亿焦耳）	**Gas (terajoule)**						
住宅	Residential	15266	15400	14941	15437	15319	15466
商业	Commercial	11678	11762	11813	11900	12161	12368
工业	Industrial	1612	1673	1649	1477	1569	1717
总计	Total	28556	28835	28403	28814	29049	29550
水(万立方米)	**Water (10^4 Cubic Meters)**	**93300**	**95900**	**93700**	**98700**	**98000**	**101300**

资料来源：《中国统计年鉴》。
Sources: China Statistical Yearbook.

7-3 香港油产品净进口量
Hong Kong Net Imports of Oil Products

年 份 Year	航空汽油与煤油(千公升) Aviation Gasoline and Kerosene (kilolitre)	无铅车用汽油(千公升) Unleaded Motor Gasoline (kilolitre)	轻质柴油、重质柴油与石脑油(千公升) Gas Oil, Diesel Oil and Naphtha (kilolitre)	燃料油(千公升) Fuel Oil (kilolitre)	液化石油气(公吨) Liquefied Petroleum Gas (ton)	天然气(公吨) Natural Gas (ton)
2007	6261518	471418	4762939	7089613	385614	2019160
2008	6003457	447546	3582774	6625377	393208	2335754
2009	5807816	485331	7457229	6949268	381818	2268441
2010	6510406	512091	6576001	9731120	389001	2819069
2011	6990394	535880	5357958	7715460	399725	2245129
2012	6674012	546563	4492756	7263198	390508	2067391
2013	7050700	546062	4286927	7492322	375612	1947708
2014	6959479	497730	4090929	6309426	398240	1872188
2015	7380462	684924	6045939	7644214	377958	2388734
2016	7878127	671717	6779194	7242194	361962	2452208
2017	7787355	625679	7269099	8075000	377769	2444030
2018	8262736	634495	7857171	7477189	373268	2366549
2019	8056042	594940	7866795	6802047	347076	2444048

资料来源：《香港能源统计》。
Sources: Hong Kong Energy Statistics.

7-4　香港煤产品净进口量

Hong Kong Net Imports of Coal Products

单位：公吨　　(ton)

年　份 Year	蒸馏煤与其他煤产品 Steam Coal and Other Coal	木炭 Wood Charcoal	无烟煤 Anthracite
2007	12261438	3945	
2008	11344961	7374	162
2009	12331385	5831	389
2010	10324200	3932	99
2011	12528714	6094	163
2012	12350726	4954	9
2013	12971504	2524	2
2014	13788766	6935	131
2015	11184339	4908	141
2016	11161173	3470	
2017	10502586	3283	
2018	10884169	3761	3
2019	10035245	3249	38

资料来源：《香港能源统计》。
Sources: Hong Kong Energy Statistics.

7-5　香港电力生产、消费和进出口

Hong Kong Electricity Production, Consumption, Imports and Exports

单位：万亿焦耳　　(terajoule)

年　份 Year	本地发电厂产电 Electricity Generated at Local Plants	由中国内地进口 Imports of Electrcity from Mainland of China	系统损耗 System Loss	出口往中国内地 Exports of Electricity to Mainland of China	由电表量度的本地电力耗用 Local Electricity Consumption as Measured at Meter Point
2007	140212	37233	15847	14527	147072
2008	136765	38883	15514	12789	147345
2009	139420	39468	16089	13432	149366
2010	137850	37838	15590	9392	150705
2011	140495	38646	17064	10645	151432
2012	139506	40160	18139	6617	154911
2013	140628	35889	17376	5940	153201
2014	143291	37038	17948	4414	157967
2015	136525	42272	16441	4273	158083
2016	137356	41835	16352	4338	158500
2017	132902	45274	15744	4828	157604
2018	131254	45357	15492	2002	159116
2019	132462	44571	15742		161291

资料来源：《香港能源统计》。
Sources: Hong Kong Energy Statistics.

7-6 澳门电力供应及消费
Supply and Consumption of Electricity of Macao

单位：百万千瓦小时 (10[6] kW·h)

项 目 Item	2005	2010	2014	2015	2016	2017	2018
总供应量 Total available supply	2368	3864	4740	5017	5294	5417	5567
生产 Gross production	2027	1077	641	962	988	1465	656
进口 Imports	341	2786	4099	4054	4306	3952	4911
本地购入 Local purchases							
总消耗量 Total consumption	2368	3864	4740	5017	5294	5417	5567
产电量损耗及流失量 Losses during production	80	48	42	59	57	66	57
输电及配电流失量 Transmission and distribution losses	128	160	166	124	158	139	150
自耗量 Own consumption of the energy sector	47	40	64	52	41	42	41
最终消耗 Final consumption	2112	3615	4469	4781	5037	5170	5319
免费电力供应 Free supply of electricity	6	5	6	6	6	6	6
售电量 Sales volume	2106	3610	4463	4775	5031	5164	5313
售电价值（百万澳门元） Sales value (Million MOP)	2596	4379	5916	6245	6299	6272	6729

资料来源：《澳门统计年鉴》。
Sources: Macao Statistical Yearbook.

7-7 澳门电力、燃料及水消费量
Consumption of Electricity, Fuel and Water of Macao

用途	Use	2014	2015	2016	2017	2018
电力（万千瓦小时）	Electricity (10^4 kw·h)					
住宅	Residential	105859	109745	111588	111439	113686
工业	Industrial	13484	14520	15642	16224	15713
商业及公共照明	Commercial and Public Light	327523	353807	376479	389319	402477
燃料	Fule					
重油(万公升)	Fule Oil (10^4 litres)	5760	15058	15903	12289	4397
轻柴油(万公升)	Gas oil and Diesel (10^4 litres)	12271	13504	12243	11786	11413
汽油(万公升)	Gasoline (10^4 litres)	9959	10020	10231	10413	10905
液化石油气(公吨)	Liquefied Petroleum Gas (ton)	44686	44374	44607	41936	42297
水(万立方米)	Water (10^4 Cubic Meters)	8349	8494	8670	8844	9094

资料来源：《中国统计年鉴》。
Sources: China Statistical Yearbook.

附录1　台湾省能源数据

Appendix Ⅰ　Energy Data for Taiwan Province

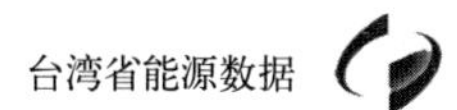

附录1-1　台湾省主要能源及相关指标

Major Energy Related Indicators of Taiwan Province

项　目 Item	1990	2000	2005	2010	2015	2016	2017
能源生产量（百万吨标准油） Energy Production (Mtoe)	10.65	11.79	12.48	12.95	12.31	10.86	8.42
净进口量（百万吨标准油） Net Imports (Mtoe)	41.67	79.23	95.32	101.46	101.70	103.22	106.01
一次能源供应量（百万吨标准油） Total Primary Energy Supply (Mtoe)	47.75	84.84	102.27	110.80	109.10	109.67	110.09
油净进口量（百万吨标准油） Net Oil Imports (Mtoe)	28.68	45.08	48.37	47.96	46.13	46.66	46.30
油供应量（百万吨标准油） Oil Supply (Mtoe)	25.86	38.27	43.27	44.17	42.59	42.93	42.48
发电量（百万千瓦小时） Electricity Supply (GWh)	88398	181188	224475	244647	254990	261388	265071
终端能源消费量（百万吨标准油） Total Final Consumption of Energy (Mtoe)	29.42	48.69	61.03	68.07	69.38	70.28	70.05
人口数（百万人） Population (10^6 persons)	20.30	21.80	22.60	23.10	23.40	23.60	23.60
国内生产总值（10亿美元，2010年价） GDP (10^9 US$,2010 prices)	155.10	296.70	361.60	446.10	506.10	513.70	528.00
人均国内生产总值（美元，2010年价） Per Capita GDP (US$, 2010 prices)	7640	13610	16000	19312	21628	21767	22373
人均能源供应量（吨标准油/人） Per Capita Energy Supply (toe/capita)	2.35	3.89	4.53	4.80	4.66	4.66	4.66
人均电力消费量（千瓦小时/人） Electricity consumption/population (kW·h/capita)	4177	8095	9701	10304	10669	10867	10987

资料来源：国际能源署《世界能源平衡表》。
Sources: World Energy Balances, IEA.

附录1-2 台湾省分行业电力消费量
Taiwan Province Electricity Consumption by Sector

单位：百万千瓦小时 (GWh)

年 份 Year	总计 Total	农、林、牧、渔业 Farming,Forestry, Animal Husbandry, Fishery	采掘业 Mining and Quarrying	制造业 Manufa-cturing	建筑业 Constru-ction	批发及零售业 Wholesale and Retail Trades	运输及仓储业 Transport and Storage	住宿及餐饮业 Hotels and Catering Services
2007	128226	2620	462	91042	575	6302	2669	2574
2008	128644	2600	380	91207	566	6020	3005	2545
2009	121348	2582	338	85298	488	5701	3003	2547
2010	134135	2616	419	97113	472	5631	3143	2680
2011	138161	2726	435	101220	501	5461	3211	2744
2012	139134	2708	416	102170	542	5372	3277	2776
2013	142529	2751	469	105131	561	5320	3394	2854
2014	144579	2833	495	106758	626	5239	3494	2940
2015	145302	2916	482	106852	630	5243	3605	3047
2016	148697	2919	457	109594	589	5273	3727	3166
2017	153116	3034	448	113340	564	5167	3839	3212
2018	155640	3115	451	115293	542	5052	3892	3237

资料来源：中国台湾省编辑的《统计年鉴》，下同。
Sources: Statistical Yearbook, Taiwan Province of China, the same applies to tables following.

附录1-3 台湾省能源供给总量及构成
Taiwan Province Energy Supply and Composition

年 份 Year	供给量总计 (百万公升油当量) Total Supply (10^3 kl oil equivalent)	占供给总量的比重(%) As Percentage of Total Supply (%)						
		煤炭 Coal	石油 Petroleum	天然气 Natural Gas	生物质及废弃物 Biomass and waste	水力发电 Hydro power	核能发电 Nuclear Power	其他 Other
2007	143961	30.1	52.4	7.8	1.1	0.3	8.2	0.1
2008	139289	30.3	50.8	8.8	1.3	0.3	8.5	0.1
2009	136415	28.3	52.6	8.7	1.2	0.3	8.8	0.1
2010	143011	29.5	50.1	10.3	1.2	0.3	8.4	0.2
2011	138822	31.7	46.1	11.7	1.2	0.3	8.8	0.2
2012	141614	30.0	47.8	12.1	1.2	0.4	8.3	0.2
2013	144074	30.6	47.4	11.8	1.2	0.4	8.4	0.2
2014	148537	29.6	48.4	12.1	1.2	0.3	8.3	0.2
2015	146136	29.7	48.2	13.2	1.2	0.3	7.2	0.2
2016	146633	29.4	48.9	13.7	1.1	0.4	6.3	0.2
2017	146575	30.2	48.5	15.2	1.1	0.4	4.4	0.3
2018	148924	29.4	48.3	15.2	1.1	0.3	5.4	0.4

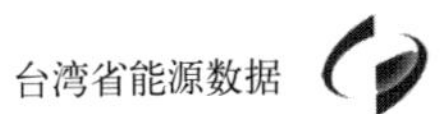

附录1-4　台湾省能源消费总量及分部门消费构成
Taiwan Province Energy Consumption and Composition by Sector

年份 Year	消费总计（百万公升油当量）Total Energy Consumption (10^3 kl oil equivalent)	占消费总量比重(%) As Percentage of Total Energy Consumption(%)						
		农业部门 Agriculture	工业部门 Industry	能源部门 Energy	运输部门 Transportation	服务业部门 Services	住宅部门 Residential	非能源消费 Non-energy Use
2008	78785	0.9	32.6	6.7	16.0	7.6	8.1	28.0
2009	78225	0.9	30.1	7.3	16.2	7.5	8.2	29.8
2010	83348	0.8	31.8	7.4	15.7	7.2	7.7	29.5
2011	81065	0.8	33.3	7.5	16.4	7.3	8.0	26.8
2012	81288	0.9	32.8	7.5	16.0	7.1	7.7	27.9
2013	83911	0.9	32.5	7.3	15.5	7.0	7.4	29.4
2014	85517	0.9	31.5	8.4	15.4	7.0	7.4	29.5
2015	85769	0.9	30.7	8.4	15.7	7.0	7.4	29.9
2016	86318	0.9	30.8	8.2	16.0	7.0	7.7	29.4
2017	85817	0.8	31.0	8.2	16.0	7.1	7.7	29.2
2018	87298	0.8	31.0	8.4	15.4	6.8	7.5	30.1

附录1-5　台湾省发电量和售电量
Taiwan Province Electricity Generation and Sale

单位：百万千瓦小时 (GWh)

年份 Year	发电量 Electricity Generation					售电量 Electricity Sale			损失 Loss
	总计 Total	水力发电 Hydro power	火力发电 Thermal Power	核能发电 Nuclear Power	再生能源发电 Renewable Power	总计 Total	工业用电 Industry Consumption	住户及商业用电 Residence and Commerce	
2008	200241	3459	152636	39260	4886	186931	128644	58288	8584
2009	193605	3290	145756	39981	4579	179239	121348	57890	9418
2010	207385	3047	159112	40029	5197	193313	134135	59179	9669
2011	213042	2889	164085	40522	5546	198637	138161	60476	10149
2012	211708	2924	162621	38887	7276	198391	139134	59256	9360
2013	213429	3174	162857	40079	7319	201945	142529	59416	7251
2014	219224	3108	166527	40801	8787	205956	144579	61377	8960
2015	219104	3023	165417	35143	15521	206491	145302	61189	8145
2016	225791	3282	180451	30461	11597	212531	148697	63835	8682
2017	231080	3322	194952	21560	11246	217213	153116	64097	8827
2018	233829	3359	191859	26656	11414	219108	155640	63468	9200

附录 2　有关国家和地区能源数据

Appendix Ⅱ　Energy Data for Related Countries or Areas

附录2-1 人口数
Population

单位：百万人 (million)

国家和地区	Contury or Area	1973	1980	1990	2000	2005	2010	2016	2017	比重% Percent of World
世界总计	**World**	**3915.5**	**4438.7**	**5285.8**	**6117.0**	**6514.3**	**6925.4**	**7433.4**	**7518.8**	**100.00**
OECD合计	**OECD Total**	**919.8**	**984.9**	**1076.7**	**1160.0**	**1200.3**	**1243.2**	**1288.0**	**1295.4**	**17.23**
美国	United States	211.9	227.7	250.2	282.4	296.0	309.8	323.7	326.0	4.34
日本	Japan	108.9	117.1	123.6	126.8	127.8	128.0	126.9	126.7	1.69
墨西哥	Mexico	57.1	70.4	87.1	100.9	107.0	114.1	122.1	123.4	1.64
德国	Germany	79.0	78.3	79.4	81.5	81.3	80.3	82.3	82.7	1.10
土耳其	Turkey	38.1	44.4	55.1	64.3	68.4	73.1	79.3	80.3	1.07
法国	France	53.3	55.2	58.3	60.9	63.2	65.0	66.8	67.1	0.89
英国	United Kingdom	56.2	56.3	57.2	58.9	60.4	62.8	65.6	66.0	0.88
意大利	Italy	54.8	56.4	56.7	56.9	58.2	59.8	60.6	60.5	0.80
韩国	Korea	34.1	38.1	42.9	47.0	48.2	49.6	51.2	51.4	0.68
西班牙	Spain	35.3	38.0	39.3	40.6	43.7	46.6	46.5	46.5	0.62
波兰	Poland	33.4	35.6	38.0	38.3	38.2	38.5	38.4	38.4	0.51
加拿大	Canada	22.5	24.5	27.7	30.7	32.2	34.0	36.1	36.5	0.49
澳大利亚	Australia	13.6	14.8	17.3	19.3	20.5	22.0	24.2	24.6	0.33
非OECD合计	**NON-OECD Total**	**2995.7**	**3453.8**	**4209.2**	**4957.0**	**5314.1**	**5682.2**	**6145.4**	**6223.4**	**82.77**
中国	China	881.9	981.2	1135.2	1262.6	1303.7	1337.7	1378.7	1386.4	18.44
印度	India	593.1	696.8	870.1	1053.1	1144.1	1231.0	1324.2	1339.2	17.81
印度尼西亚	Indonesia	124.2	147.5	181.4	211.5	226.7	242.5	261.1	264.0	3.51
巴西	Brazil	102.6	121.2	149.4	175.3	186.9	196.8	207.7	209.3	2.78
巴基斯坦	Pakistan	63.1	78.1	107.7	138.5	153.9	170.6	193.2	197.0	2.62
尼日利亚	Nigeria	60.1	73.5	95.3	122.4	138.9	158.6	186.0	190.9	2.54
孟加拉	Bangladesh	68.7	81.5	106.2	131.6	143.4	152.1	163.0	164.7	2.19
俄罗斯	Russia			148.3	146.6	143.5	142.8	144.3	144.5	1.92
埃塞俄比亚	Ethiopia	31.0	35.3	48.1	66.5	76.7	87.7	102.4	105.0	1.40
菲律宾	Philippines	39.0	47.4	61.9	78.0	86.3	93.7	103.3	104.9	1.40
埃及	Egypt	37.5	44.1	57.4	69.9	76.8	84.1	95.7	97.6	1.30
刚果	Dem. Rep. of the Congo	21.7	26.4	34.6	47.1	54.8	64.5	78.7	81.3	1.08
伊朗	Islamic Republic of Iran	30.9	38.7	56.2	66.1	70.4	74.6	80.3	81.2	1.08

资料来源：国际能源署《世界能源平衡表》，下同。
Sources: World Energy Balances,IEA, the same applies to tables following.

附录2-2 国内生产总值汇率算法(2010年价格)
Gross Domestic Products Using Exchange Rates(2010 US$)

单位：10亿美元 (billion US$)

国家和地区	Contury or Area	1973	1980	1990	2000	2005	2010	2016	2017	比重% Percent of World
世界总计	**World**	**22839.0**	**28434.8**	**37951.2**	**50021.6**	**58160.3**	**66114.4**	**77678.1**	**80078.9**	**100.00**
OECD合计	**OECD Total**	**17832.9**	**21567.7**	**29322.4**	**38273.1**	**42630.2**	**44857.1**	**49918.2**	**51132.5**	**63.85**
美国	United States	5466.0	6496.3	9001.2	12620.3	14332.5	14992.1	16972.3	17348.6	21.66
日本	Japan	2392.7	3019.3	4703.6	5348.9	5672.3	5700.1	6025.1	6141.4	7.67
德国	Germany	1729.0	2040.5	2568.6	3123.9	3213.8	3417.1	3801.9	3883.9	4.85
法国	France	1215.4	1482.6	1894.1	2333.5	2536.8	2642.6	2811.8	2875.3	3.59
英国	United Kingdom	1141.8	1225.1	1634.6	2089.9	2403.4	2452.9	2768.2	2818.7	3.52
意大利	Italy	1074.6	1379.8	1749.2	2060.2	2158.7	2125.1	2085.4	2120.6	2.65
加拿大	Canada	620.6	782.4	1014.7	1344.8	1527.3	1617.3	1819.2	1873.4	2.34
澳大利亚	Australia	417.3	502.4	675.5	957.7	1132.4	1299.5	1530.7	1574.1	1.97
西班牙	Spain	558.7	653.9	873.1	1149.5	1358.1	1431.6	1466.1	1509.7	1.89
韩国	Korea	79.5	141.1	362.9	710.0	894.7	1094.5	1305.9	1345.9	1.68
墨西哥	Mexico	347.7	537.8	643.2	915.2	982.7	1057.8	1258.9	1284.9	1.60
土耳其	Turkey	172.2	219.0	364.0	520.9	658.1	771.9	1122.5	1206.0	1.51
荷兰	Netherlands	356.3	428.2	533.8	739.5	790.5	846.6	898.0	923.7	1.15
非OECD合计	**NON-OECD Total**	**5006.1**	**6867.1**	**8628.9**	**11748.5**	**15530.1**	**21257.3**	**27759.9**	**28946.3**	**36.15**
中国	China	223.8	341.4	829.6	2237.1	3569.9	6100.6	9505.2	10161.0	12.69
印度	India	211.0	271.7	466.5	802.8	1111.2	1656.6	2466.2	2630.9	3.29
巴西	Brazil	637.8	1010.5	1192.9	1538.9	1774.9	2208.9	2256.9	2278.9	2.85
俄罗斯	Russian Federation			1413.9	951.6	1281.3	1524.9	1654.4	1680.0	2.10
印度尼西亚	Indonesia	109.8	181.5	309.8	453.4	571.2	755.1	1037.9	1090.5	1.36
沙特阿拉伯	Saudi Arabia	237.6	355.7	293.9	379.2	461.6	528.2	690.1	684.2	0.85
伊朗	Islamic Republic of Iran	284.3	185.2	233.2	316.2	400.3	487.1	540.6	560.9	0.70
中国，台北	Chinese Taipei	35.4	70.4	155.1	296.7	361.6	446.1	513.7	528.0	0.66
尼日利亚	Nigeria	118.5	151.3	144.2	169.2	258.0	363.4	456.8	460.5	0.58
阿根廷	Argentina	186.8	220.6	203.7	303.2	333.6	423.6	447.5	460.3	0.57
南非	South Africa	152.8	192.0	223.0	267.0	322.2	375.3	421.3	426.8	0.53
泰国	Thailand	41.3	66.5	141.6	217.7	283.8	341.1	407.0	422.9	0.53
委内瑞拉	Venezuela	182.8	216.6	235.0	289.0	327.8	393.2	330.1	283.9	0.35

附录2-3 能源生产总量
Total Production of Energy

单位：百万吨标准油 (Mtoe)

国家和地区	Contury or Area	1973	1980	1990	2000	2005	2010	2016	2017	比重% Percent of World
世界总计	**World**	**6209.77**	**7297.01**	**8800.74**	**10018.52**	**11545.53**	**12786.90**	**13731.93**	**14034.90**	**100.00**
OECD合计	**OECD Total**	**2457.60**	**2913.38**	**3450.44**	**3845.24**	**3859.30**	**3896.25**	**4066.53**	**4181.07**	**29.79**
美国	United States	1456.38	1553.39	1652.61	1667.39	1631.13	1724.48	1915.69	1992.57	14.20
加拿大	Canada	198.24	207.17	276.46	374.90	401.96	398.39	479.74	509.65	3.63
澳大利亚	Australia	67.99	85.41	157.53	233.56	265.17	323.36	388.85	405.15	2.89
墨西哥	Mexico	47.28	147.04	195.54	229.31	263.50	222.54	180.48	164.88	1.17
法国	France	44.18	52.60	111.89	130.64	137.17	135.65	131.46	129.80	0.92
英国	United Kingdom	108.52	197.86	208.01	272.50	205.34	148.51	120.07	120.15	0.86
德国	Germany	171.66	185.63	186.16	135.22	137.10	128.93	115.92	114.95	0.82
非OECD合计	**NON-OECD Total**	**3752.16**	**4383.64**	**5350.30**	**6173.27**	**7686.22**	**8890.66**	**9665.40**	**9853.82**	**70.21**
中国	China	431.39	615.51	880.88	1123.65	1671.38	2235.42	2360.42	2449.47	17.45
俄罗斯	Russia			1293.22	978.11	1203.37	1279.51	1373.68	1429.25	10.18
沙特阿拉伯	Saudi Arabia	388.54	533.64	368.44	475.84	570.93	531.46	670.60	646.75	4.61
印度	India	144.07	181.11	280.49	350.79	400.71	503.81	551.08	554.44	3.95
印度尼西亚	Indonesia	94.89	125.05	168.57	237.51	279.64	378.39	434.37	448.37	3.19
伊朗	Islamic Republic of Iran	309.73	80.76	187.84	253.67	310.67	342.27	391.24	422.78	3.01
巴西	Brazil	51.25	64.37	104.24	147.81	194.97	246.97	283.88	292.70	2.09
尼日利亚	Nigeria	136.89	144.86	146.30	197.93	233.55	253.98	241.08	249.31	1.78
伊拉克	Iraq	102.86	135.49	110.34	134.92	97.84	124.60	233.63	238.74	1.70
阿联酋	Unite Arab Emirates	76.14	90.22	110.20	153.89	175.40	177.75	236.65	229.36	1.63
卡塔尔	Qatar	29.53	26.48	27.70	59.48	89.33	178.38	228.38	225.21	1.60
哈萨克斯坦	Kazakhstan			90.98	78.58	118.65	156.88	162.69	179.98	1.28
科威特	Kuwait	160.23	93.60	50.37	114.23	146.76	134.56	174.22	162.20	1.16
南非	South Africa	40.36	73.17	114.54	143.53	151.20	155.94	157.54	157.99	1.13
阿尔及利亚	Algeria	56.49	65.74	100.11	142.23	166.67	150.53	153.28	152.85	1.09
委内瑞拉	Venezuela	201.18	137.39	144.75	215.79	223.02	197.94	167.94	150.59	1.07
哥伦比亚	Colombia	17.19	17.71	48.18	72.33	78.60	105.93	124.31	123.48	0.88
马来西亚	Malaysia	5.81	17.24	47.75	76.96	94.84	88.39	96.41	95.85	0.68
安哥拉	Angola	11.68	11.30	28.65	43.06	69.63	96.82	95.01	91.91	0.65
土库曼斯坦	Turkmenistan			73.02	45.98	61.62	47.26	77.04	76.86	0.55

附录2-4　能源生产量/一次能源供应总量(能源自给率)
Energy Production/TPES (self-sufficiency)

国家和地区	Contury or Area	1973	1980	1990	2000	2005	2010	2016	2017
世界	**World**	**1.019**	**1.013**	**1.004**	**0.999**	**1.006**	**0.995**	**1.001**	**1.004**
OECD合计	**OECD Total**	**0.657**	**0.716**	**0.759**	**0.724**	**0.696**	**0.717**	**0.770**	**0.788**
澳大利亚	Australia	1.192	1.227	1.829	2.160	2.337	2.540	3.035	3.189
加拿大	Canada	1.244	1.079	1.308	1.478	1.470	1.532	1.706	1.763
美国	United States	0.842	0.861	0.863	0.733	0.703	0.778	0.885	0.925
墨西哥	Mexico	0.899	1.546	1.581	1.520	1.459	1.246	0.976	0.915
瑞典	Sweden	0.238	0.398	0.629	0.642	0.670	0.645	0.706	0.731
英国	United Kingdom	0.498	0.997	1.010	1.222	0.921	0.729	0.670	0.683
荷兰	Netherlands	0.916	1.116	0.910	0.782	0.782	0.861	0.626	0.563
法国	France	0.245	0.274	0.500	0.519	0.503	0.516	0.532	0.525
瑞士	Switzerland	0.226	0.351	0.421	0.479	0.421	0.477	0.477	0.466
以色列	Israel	0.792	0.020	0.037	0.035	0.113	0.166	0.361	0.389
德国	Germany	0.513	0.520	0.530	0.402	0.406	0.395	0.374	0.369
比利时	Belgium	0.142	0.173	0.274	0.237	0.239	0.260	0.276	0.273
西班牙	Spain	0.220	0.233	0.384	0.259	0.212	0.270	0.285	0.267
意大利	Italy	0.171	0.152	0.173	0.164	0.162	0.190	0.222	0.222
韩国	Korea	0.313	0.225	0.243	0.183	0.204	0.180	0.182	0.174
日本	Japan	0.092	0.126	0.170	0.202	0.196	0.203	0.082	0.096
非OECD合计	**NON-OECD Total**	**1.727**	**1.482**	**1.333**	**1.390**	**1.369**	**1.260**	**1.203**	**1.194**
沙特阿拉伯	Saudi Arabia	53.716	17.157	6.351	4.862	4.658	2.865	3.191	3.061
委内瑞拉	Venezuela	10.571	4.213	3.663	4.218	4.086	2.733	3.020	3.022
俄罗斯	Russia			1.471	1.579	1.846	1.857	1.923	1.952
印度尼西亚	Indonesia	2.487	2.245	1.709	1.526	1.564	1.834	1.891	1.837
伊朗	Islamic Republic of Iran	15.026	2.124	2.710	2.062	1.799	1.675	1.598	1.616
南非	South Africa	0.821	1.075	1.277	1.317	1.301	1.183	1.209	1.195
巴西	Brazil	0.625	0.565	0.743	0.788	0.903	0.927	0.995	1.008
阿根廷	Argentina	0.858	0.928	1.051	1.346	1.265	1.011	0.878	0.870
埃及	Egypt	1.228	2.218	1.701	1.324	1.267	1.157	0.818	0.844
中国	China	1.011	1.029	1.008	0.994	0.938	0.881	0.794	0.800
印度	India	0.902	0.905	0.917	0.796	0.778	0.719	0.646	0.629
泰国	Thailand	0.523	0.508	0.634	0.608	0.557	0.599	0.572	0.548
中国，台北	Chinese Taipei	0.286	0.208	0.223	0.139	0.122	0.117	0.099	0.077

附录2-5　一次能源供应总量/GDP(2010年价格)
TPES/GDP(2010 US$)

单位：吨标准油/千美元　　(toe per thousand US$)

国家和地区	Contury or Area	1973	1980	1990	2000	2005	2010	2016	2017
世界	**World**	**0.267**	**0.253**	**0.231**	**0.200**	**0.197**	**0.194**	**0.177**	**0.174**
OECD合计	**OECD Total**	**0.210**	**0.189**	**0.155**	**0.139**	**0.130**	**0.121**	**0.106**	**0.104**
韩国	Korea	0.271	0.292	0.256	0.265	0.235	0.228	0.216	0.210
加拿大	Canada	0.257	0.245	0.208	0.189	0.179	0.161	0.155	0.154
墨西哥	Mexico	0.151	0.177	0.192	0.165	0.184	0.169	0.147	0.140
美国	United States	0.317	0.278	0.213	0.180	0.162	0.148	0.127	0.124
比利时	Belgium	0.204	0.173	0.145	0.141	0.129	0.124	0.108	0.105
瑞典	Sweden	0.170	0.156	0.147	0.120	0.114	0.104	0.088	0.086
法国	France	0.148	0.129	0.118	0.108	0.107	0.099	0.088	0.086
西班牙	Spain	0.092	0.104	0.103	0.106	0.105	0.089	0.082	0.083
澳大利亚	Australia	0.137	0.139	0.128	0.113	0.100	0.098	0.084	0.081
荷兰	Netherlands	0.174	0.150	0.125	0.101	0.101	0.098	0.082	0.080
德国	Germany	0.194	0.175	0.137	0.108	0.105	0.096	0.082	0.080
以色列	Israel	0.148	0.118	0.119	0.107	0.098	0.099	0.079	0.077
意大利	Italy	0.111	0.095	0.084	0.083	0.086	0.082	0.072	0.072
日本	Japan	0.134	0.114	0.093	0.097	0.092	0.088	0.071	0.070
英国	United Kingdom	0.191	0.162	0.126	0.107	0.093	0.083	0.065	0.062
瑞士	Switzerland	0.056	0.058	0.056	0.051	0.049	0.044	0.037	0.036
非OECD合计	**NON-OECD Total**	**0.434**	**0.431**	**0.465**	**0.378**	**0.362**	**0.332**	**0.290**	**0.285**
伊朗	Islamic Republic of Iran	0.073	0.205	0.297	0.389	0.431	0.419	0.453	0.466
俄罗斯	Russian Federation			0.622	0.651	0.509	0.452	0.432	0.436
埃及	Egypt	0.286	0.316	0.369	0.294	0.380	0.334	0.329	0.341
印度	India	0.757	0.736	0.655	0.549	0.463	0.423	0.346	0.335
泰国	Thailand	0.378	0.331	0.296	0.332	0.349	0.346	0.341	0.327
南非	South Africa	0.322	0.354	0.402	0.408	0.361	0.351	0.309	0.310
沙特阿拉伯	Saudi Arabia	0.030	0.087	0.197	0.258	0.266	0.351	0.305	0.309
中国	China	1.907	1.752	1.053	0.505	0.499	0.416	0.313	0.301
印度尼西亚	Indonesia	0.348	0.307	0.318	0.343	0.313	0.273	0.221	0.224
中国，台北	Chinese Taipei	0.371	0.396	0.308	0.286	0.283	0.248	0.213	0.208
阿根廷	Argentina	0.191	0.190	0.226	0.203	0.201	0.186	0.193	0.185
委内瑞拉	Venezuela	0.104	0.151	0.168	0.177	0.167	0.184	0.168	0.176
巴西	Brazil	0.129	0.113	0.118	0.122	0.122	0.121	0.126	0.127

附录2-6 人均能源供应量
TPES/Population

单位：吨标准油/人 (toe per capita)

国家和地区	Contury or Area	1973	1980	1990	2000	2005	2010	2016	2017
世界	**World**	**1.557**	**1.623**	**1.658**	**1.639**	**1.762**	**1.856**	**1.845**	**1.858**
OECD合计	**OECD Total**	**4.067**	**4.130**	**4.225**	**4.579**	**4.621**	**4.371**	**4.099**	**4.098**
加拿大	Canada	7.085	7.830	7.630	8.263	8.482	7.647	7.788	7.911
美国	United States	8.163	7.925	7.655	8.052	7.834	7.156	6.684	6.611
韩国	Korea	0.632	1.082	2.167	4.003	4.364	5.046	5.511	5.486
澳大利亚	Australia	4.191	4.701	4.984	5.609	5.549	5.778	5.296	5.164
瑞典	Sweden	4.773	4.872	5.514	5.360	5.714	5.428	4.958	4.889
比利时	Belgium	4.729	4.744	4.804	5.663	5.542	5.490	4.923	4.868
荷兰	Netherlands	4.615	4.550	4.451	4.696	4.894	4.979	4.325	4.331
德国	Germany	4.239	4.562	4.426	4.132	4.150	4.065	3.766	3.766
法国	France	3.378	3.477	3.842	4.133	4.316	4.043	3.701	3.684
日本	Japan	2.942	2.943	3.549	4.086	4.088	3.916	3.365	3.410
瑞士	Switzerland	2.936	3.138	3.575	3.435	3.448	3.302	2.811	2.801
西班牙	Spain	1.463	1.782	2.290	3.005	3.251	2.742	2.581	2.708
英国	United Kingdom	3.879	3.523	3.598	3.787	3.689	3.245	2.729	2.663
以色列	Israel	2.368	2.017	2.460	2.892	2.650	3.045	2.687	2.644
意大利	Italy	2.176	2.319	2.584	3.012	3.203	2.904	2.490	2.535
墨西哥	Mexico	0.921	1.351	1.421	1.495	1.688	1.565	1.514	1.460
非OECD合计	**NON-OECD Total**	**0.725**	**0.856**	**0.954**	**0.896**	**1.057**	**1.242**	**1.308**	**1.326**
沙特阿拉伯	Saudi Arabia	1.077	3.193	3.553	4.713	5.127	6.764	6.510	6.416
俄罗斯	Russian Federation			5.930	4.225	4.541	4.823	4.949	5.067
中国，台北	Chinese Taipei	0.838	1.575	2.351	3.885	4.525	4.796	4.656	4.660
伊朗	Islamic Republic of Iran	0.667	0.983	1.233	1.860	2.452	2.740	3.050	3.223
南非	South Africa	1.981	2.286	2.389	2.384	2.381	2.555	2.326	2.331
中国	China	0.484	0.609	0.770	0.895	1.366	1.896	2.155	2.210
泰国	Thailand	0.389	0.464	0.741	1.148	1.513	1.754	2.018	2.001
阿根廷	Argentina	1.412	1.488	1.408	1.661	1.710	1.909	1.968	1.928
委内瑞拉	Venezuela	1.506	2.125	1.990	2.089	2.038	2.495	1.762	1.559
巴西	Brazil	0.799	0.940	0.939	1.071	1.155	1.354	1.374	1.387
埃及	Egypt	0.214	0.342	0.562	0.574	0.802	0.868	0.897	0.951
印度尼西亚	Indonesia	0.307	0.378	0.544	0.736	0.789	0.851	0.880	0.925
印度	India	0.269	0.287	0.351	0.419	0.450	0.569	0.644	0.659

附录2-7 煤生产量
Coal Production

单位：百万吨标准油 (Mtoe)

国家和地区	Contury or Area	1973	1980	1990	2000	2005	2010	2016	2017	比重% Percent of World
世界总计	**World**	**1474.00**	**1799.64**	**2222.72**	**2278.41**	**2997.77**	**3662.99**	**3651.88**	**3773.42**	**100.00**
中国	China	206.79	310.72	518.39	713.50	1227.03	1722.49	1718.90	1785.87	47.33
美国	United States	333.36	447.92	542.32	536.86	565.28	531.84	348.46	373.18	9.89
澳大利亚	Australia	40.25	51.90	106.10	164.58	201.58	246.56	292.03	293.10	7.77
印度	India	32.74	47.84	93.34	130.64	163.31	212.87	268.07	269.84	7.15
印度尼西亚	Indonesia	0.09	0.17	5.85	45.45	98.23	186.31	248.85	262.71	6.96
俄罗斯	Russian Federation			192.38	128.54	157.43	166.36	209.16	222.23	5.89
南非	South Atrica	35.14	66.76	100.16	126.93	138.37	143.94	144.55	145.39	3.85
哥伦比亚	Colombia	1.84	2.71	13.89	24.86	38.39	48.33	58.83	58.86	1.56
波兰	Poland	100.73	120.35	98.97	71.30	68.86	55.38	52.31	49.79	1.32
哈萨克斯坦	Kazakhstan			58.01	34.13	38.28	48.55	45.20	49.47	1.31
德国	Germany	141.40	143.14	121.77	60.63	56.48	45.91	39.72	39.44	1.05
加拿大	Canada	11.70	20.25	37.93	34.41	34.55	33.95	30.02	30.53	0.81
乌克兰	Ukraine			86.81	36.35	34.68	33.71	20.15	13.70	0.36
英国	United Kingdom	75.89	73.96	53.61	18.66	12.07	10.84	2.50	1.82	0.05

附录2-8 原油和天然气凝析液生产量
Production of Crude Oil, NGL

单位：百万吨标准油 (Mtoe)

国家和地区	Contury or Area	1973	1980	1990	2000	2005	2010	2016	2017	比重% Percent of World
世界总计	**World**	**2938.39**	**3173.56**	**3241.28**	**3702.62**	**4050.78**	**4085.08**	**4473.57**	**4477.21**	**100.00**
美国	United States	534.59	498.35	432.54	365.61	322.55	347.60	560.15	590.85	13.20
沙特阿拉伯	Saudi Arabia	387.01	524.49	348.96	445.06	524.97	471.56	596.42	568.73	12.70
俄罗斯	Russian Federation			526.25	323.26	468.71	506.54	550.36	549.00	12.26
加拿大	Canada	96.53	83.64	94.15	128.43	142.94	167.16	225.60	249.21	5.57
伊朗	Islamic Republic of Iran	298.72	75.86	167.42	202.58	224.22	218.37	217.62	235.46	5.26
伊拉克	Iraq	101.83	134.37	106.85	132.26	95.80	119.96	227.05	231.47	5.17
中国	China	54.58	107.85	138.31	163.08	181.43	203.16	199.89	191.73	4.28
阿联酋	United Arab Emirates	75.09	83.91	93.34	123.01	135.34	136.22	187.10	178.99	4.00
科威特	Kuwait	155.28	87.97	47.08	106.39	136.71	124.97	160.10	148.23	3.31
巴西	Brazil	8.60	9.47	33.39	65.34	86.94	109.59	134.38	140.37	3.14
委内瑞拉	Venezuela	191.53	124.47	122.72	182.20	191.12	169.36	140.01	122.93	2.75
墨西哥	Mexico	27.49	114.64	153.28	171.19	197.52	155.26	124.69	112.77	2.52
尼日利亚	Nigeria	103.54	103.93	90.18	117.60	131.35	129.17	93.57	95.04	2.12
挪威	Norway	1.51	24.34	83.66	167.75	135.28	95.35	91.28	92.24	2.06
哈萨克斯坦	Kazakhstan			26.45	36.10	63.85	82.99	81.30	89.73	2.00
安哥拉	Angola	8.33	7.58	23.83	37.60	63.75	90.26	86.92	80.23	1.79
卡塔尔	Qatar	28.24	23.63	22.14	37.69	49.47	71.08	78.05	75.43	1.68
阿尔及利亚	Algeria	52.57	54.22	61.24	72.32	90.94	78.50	72.68	70.95	1.58
阿曼	Oman	15.20	14.77	35.87	51.27	41.67	43.34	50.66	48.88	1.09
英国	United Kingdom	0.55	82.59	95.25	131.67	88.47	65.45	49.29	48.32	1.08
利比亚	Libya	109.04	92.20	67.98	71.01	88.41	89.90	20.85	46.37	1.04
哥伦比亚	Colombia	9.84	6.65	23.03	35.83	27.42	40.92	46.47	44.75	1.00
印度	India	7.35	10.74	35.32	37.24	37.68	43.14	41.21	41.20	0.92
印度尼西亚	Indonesia	67.43	79.50	74.59	71.60	53.45	48.44	42.63	40.85	0.91
阿塞拜疆	Azerbaijan			12.57	14.09	22.33	51.14	41.28	38.90	0.87
马来西亚	Malaysia	4.43	13.71	30.63	32.28	37.41	34.40	35.18	34.72	0.78
埃及	Egypt	8.64	30.26	46.23	36.11	32.76	35.23	32.24	32.15	0.72
阿根廷	Argentina	22.16	25.97	26.09	41.38	37.76	35.35	29.55	27.94	0.62
厄瓜多尔	Ecuador	10.77	10.65	15.02	21.02	25.99	24.47	28.08	27.14	0.61

附录2-9 天然气生产量
Production of Natural Gas

单位：百万吨标准油 (Mtoe)

国家和地区	Contury or Area	1973	1980	1990	2000	2005	2010	2016	2017	比重% Percent of World
世界总计	**World**	**991.27**	**1240.64**	**1688.82**	**2065.55**	**2370.94**	**2712.70**	**3042.19**	**3162.89**	**100.00**
美国	United States	502.76	454.69	418.21	446.95	421.56	494.79	627.32	641.68	20.29
俄罗斯	Russian Federation			516.82	470.74	515.84	540.16	538.40	580.95	18.37
伊朗	Iran	10.05	3.66	19.12	49.85	83.46	121.72	169.07	182.50	5.77
加拿大	Canada	61.38	63.64	88.58	148.36	154.61	129.42	148.48	153.43	4.85
卡塔尔	Qatar	1.29	2.85	5.56	21.78	39.86	107.30	150.33	149.79	4.74
中国	China	5.01	11.96	12.80	22.76	41.27	80.16	114.54	123.89	3.92
挪威	Norway		22.77	24.15	46.28	75.04	94.72	102.34	108.72	3.44
澳大利亚	Australia	3.38	7.47	17.14	28.54	31.35	44.48	70.88	87.82	2.78
阿尔及利亚	Algeria	3.64	11.48	38.85	69.85	75.61	71.97	80.56	81.83	2.59
沙特阿拉伯	Saudi Arabia	1.54	9.15	19.49	30.78	45.97	59.90	74.17	78.01	2.47
土库曼斯坦	Turkmenistan			68.79	38.21	51.31	36.90	64.97	65.56	2.07
印度尼西亚	Indonesia	0.33	14.97	42.14	61.16	65.58	74.81	64.56	62.66	1.98
马来西亚	Malaysia	0.10	2.24	15.49	42.56	55.37	51.01	57.23	56.09	1.77
阿联酋	United Arab Emirates	1.05	6.30	16.86	30.88	40.06	41.54	49.47	50.26	1.59
乌兹别克斯坦	Uzbekistan			33.01	45.94	49.11	48.96	45.85	46.08	1.46
埃及	Egypt	0.07	1.59	6.73	14.44	42.63	46.41	34.78	42.88	1.36
哈萨克斯坦	Kazakhstan			5.77	7.62	15.83	24.61	35.06	39.72	1.26
尼日利亚	Nigeria	0.35	1.24	3.27	10.18	19.78	26.58	32.92	36.84	1.16
英国	United Kingdom	24.45	31.32	40.93	97.55	79.40	49.79	35.89	36.02	1.14
阿根廷	Argentina	5.75	8.55	17.02	34.32	39.93	35.37	35.96	35.86	1.13
荷兰	Netherlands	53.76	68.91	54.53	52.76	56.18	64.72	38.08	33.17	1.05
阿曼	Oman		0.31	2.44	9.06	17.92	23.76	28.87	29.00	0.92
特立尼达和多巴哥	Trinidad and Tobago	1.59	2.44	4.70	12.19	26.50	35.83	28.06	27.93	0.88
印度	India	0.63	1.26	10.57	23.07	25.94	42.96	25.86	26.60	0.84
墨西哥	Mexico	10.55	21.56	22.76	33.39	38.46	42.58	30.43	26.57	0.84
泰国	Thailand			4.99	15.64	18.50	24.73	25.30	23.62	0.75
巴基斯坦	Pakistan	2.86	5.03	10.08	16.67	25.64	26.99	21.63	18.94	0.60

附录2-10 终端能源消费总量
Total Final Consumption of Energy

单位：百万吨标准油 (Mtoe)

国家和地区	Contury or Area	1973	1980	1990	2000	2005	2010	2016	2017	比重% Percent of World
世界	**World**	**4659.06**	**5369.02**	**6263.95**	**7029.94**	**7972.04**	**8833.68**	**9533.58**	**9717.29**	**100.00**
OECD合计	**OECD Total**	**2815.68**	**2945.43**	**3117.71**	**3642.68**	**3761.30**	**3703.75**	**3672.64**	**3711.46**	**38.19**
美国	United States	1315.46	1311.37	1293.56	1546.29	1563.08	1512.99	1517.33	1520.46	15.65
日本	Japan	233.98	235.62	287.34	332.41	335.04	311.93	289.34	292.80	3.01
德国	Germany	241.72	248.67	240.79	231.40	230.69	228.90	224.19	226.98	2.34
加拿大	Canada	131.43	155.07	161.79	191.54	195.96	190.34	192.10	195.93	2.02
韩国	Korea	17.49	31.29	64.91	127.11	140.45	157.69	178.71	183.15	1.88
法国	France	142.23	141.29	141.66	162.16	167.61	159.82	153.68	154.29	1.59
英国	United Kingdom	143.23	131.29	138.17	150.74	148.72	137.99	128.72	127.27	1.31
墨西哥	Mexico	39.74	65.93	83.32	95.27	105.99	117.25	121.76	122.34	1.26
意大利	Italy	96.56	102.23	114.95	128.84	141.29	133.75	117.89	118.93	1.22
西班牙	Spain	38.54	48.12	60.63	85.49	102.06	92.24	82.03	83.54	0.86
澳大利亚	Australia	39.58	46.79	56.66	69.58	72.23	76.58	81.40	81.84	0.84
荷兰	Netherlands	47.66	54.32	53.86	59.33	63.01	65.26	57.72	58.79	0.61
比利时	Belgium	33.73	32.29	32.22	41.80	41.72	42.28	41.40	40.73	0.42
非OECD合计	**NON-OECD Total**	**1659.47**	**2245.43**	**2944.32**	**3113.81**	**3892.85**	**4771.32**	**5464.60**	**5593.31**	**57.56**
中国	China	363.54	487.31	657.59	781.19	1227.11	1645.01	1973.52	1995.06	20.53
印度	India	143.37	173.90	242.88	314.09	358.29	484.50	569.37	591.23	6.08
俄罗斯	Russia			625.05	417.89	411.97	446.65	464.75	487.95	5.02
巴西	Brazil	72.73	95.92	111.40	153.48	172.13	211.30	224.62	227.81	2.34
伊朗	Islamic Republic of Iran	16.60	27.58	54.71	94.79	126.82	157.56	187.72	194.37	2.00
印度尼西亚	Indonesia	34.13	49.65	79.97	120.23	132.45	141.45	165.02	173.73	1.79
沙特阿拉伯	Saudi Arabia	3.07	21.14	39.49	63.52	83.42	120.65	139.48	140.71	1.45
泰国	Thailand	10.88	15.18	28.87	50.58	69.89	84.90	97.18	98.94	1.02
中国，台北	Chinese Taipei	9.41	18.52	29.42	48.69	61.03	68.07	70.28	70.05	0.72
南非	South Africa	37.09	43.74	51.05	54.59	59.98	61.08	63.90	67.81	0.70
阿根廷	Argentina	24.81	29.30	30.07	47.21	50.82	56.70	62.00	61.03	0.63
埃及	Egypt	7.11	13.29	23.20	31.53	42.14	52.90	57.96	60.86	0.63
委内瑞拉	Venezuela	12.29	21.56	25.82	32.82	40.69	49.16	33.04	29.80	0.31

附录2-11　煤炭供应量
Primary Supply of Coal

单位：百万吨标准油 (Mtoe)

国家和地区	Contury or Area	1973	1980	1990	2000	2005	2010	2016	2017	比重% Percent of World
世界	**World**	**1496.20**	**1782.69**	**2220.47**	**2316.66**	**2994.44**	**3653.11**	**3741.46**	**3789.93**	**100.00**
OECD合计	**OECD Total**	**844.47**	**965.63**	**1079.92**	**1101.14**	**1148.78**	**1091.61**	**896.43**	**880.32**	**23.23**
美国	United States	311.05	376.23	460.12	533.94	558.36	502.61	341.57	330.75	8.73
日本	Japan	57.86	59.56	76.70	97.01	110.46	115.44	116.44	116.48	3.07
韩国	Korea	8.15	13.53	25.38	41.95	49.66	73.45	81.47	82.60	2.18
德国	Germany	139.40	141.02	128.59	84.82	81.90	78.95	77.23	71.41	1.88
波兰	Poland	74.70	99.80	78.87	56.35	54.66	54.74	49.19	49.42	1.30
澳大利亚	Australia	22.58	27.32	34.89	48.15	51.03	50.47	43.95	43.91	1.16
土耳其	Turkey	5.15	6.99	15.58	22.83	22.39	31.21	38.34	40.09	1.06
加拿大	Canada	15.26	20.58	24.26	31.61	29.66	22.48	16.96	17.02	0.45
捷克	Czech Republic	35.58	33.45	31.45	21.64	20.24	18.73	16.55	15.81	0.42
墨西哥	Mexico	1.82	2.37	4.13	6.88	12.16	13.26	12.38	12.69	0.33
西班牙	Spain	9.00	12.43	19.27	20.94	20.57	7.75	10.50	12.65	0.33
英国	United Kingdom	76.43	68.80	63.11	36.53	37.91	30.97	11.78	9.56	0.25
意大利	Italy	8.10	11.68	14.63	12.56	16.47	13.67	10.98	9.34	0.25
非OECD合计	**NON-OECD Total**	**651.73**	**817.06**	**1140.55**	**1215.53**	**1845.66**	**2561.50**	**2845.03**	**2909.61**	**76.77**
中国	China	204.68	312.53	530.52	664.72	1203.69	1790.42	1929.39	1953.30	51.54
印度	India	31.51	44.31	92.70	145.92	184.22	279.03	372.28	390.94	10.32
俄罗斯	Russian Federation			191.11	119.99	112.58	101.44	113.29	113.58	3.00
南非	South Africa	33.84	47.68	66.54	81.78	91.94	100.50	98.11	98.23	2.59
印度尼西亚	Indonesia	0.08	0.16	3.55	12.01	22.13	31.84	43.31	48.38	1.28
中国，台北	Chinese Taipei	2.28	3.88	11.36	29.91	38.13	40.64	40.67	41.49	1.09
哈萨克斯坦	Kazakhstan			39.95	19.76	28.49	34.51	35.36	38.28	1.01
越南	Viet Nam	1.55	2.27	2.22	4.37	8.26	14.65	28.50	28.20	0.74
乌克兰	Ukraine			83.06	38.55	37.30	38.25	29.73	25.76	0.68
马来西亚	Malaysia	0.01	0.05	1.36	2.31	6.89	14.60	18.82	20.74	0.55
巴西	Brazil	2.31	5.93	9.67	13.01	12.99	14.47	15.92	16.78	0.44
泰国	Thailand	0.10	0.47	3.82	7.67	11.50	16.36	15.42	16.39	0.43

附录2-12 石油供应量
Primary Supply of Oil

单位：百万吨标准油 (Mtoe)

国家和地区	Contury or Area	1973	1980	1990	2000	2005	2010	2016	2017	比重% Percent of Word
世界	**World**	**2817.71**	**3105.10**	**3232.74**	**3662.67**	**3998.70**	**4135.58**	**4370.87**	**4449.50**	**100.00**
OECD合计	**OECD Total**	**1967.47**	**1945.54**	**1881.48**	**2117.89**	**2194.26**	**1971.65**	**1896.15**	**1912.89**	**42.99**
美国	United States	817.49	796.93	756.84	871.15	929.18	806.52	784.32	790.28	17.76
日本	Japan	248.93	233.68	250.26	255.02	243.14	202.69	176.78	175.99	3.96
韩国	Korea	13.31	26.65	49.73	99.04	92.49	95.11	109.80	109.10	2.45
德国	Germany	158.70	143.86	121.44	124.81	116.76	104.70	101.43	102.97	2.31
加拿大	Canada	79.39	88.52	76.51	87.10	95.02	96.28	99.31	99.92	2.25
墨西哥	Mexico	32.47	64.45	80.79	89.33	102.03	94.43	87.94	85.82	1.93
法国	France	119.81	106.32	84.03	82.22	88.23	77.02	72.32	72.57	1.63
英国	United Kingdom	108.90	79.34	76.37	73.22	72.92	63.65	61.06	60.62	1.36
西班牙	Spain	37.60	49.77	45.47	62.10	68.07	58.16	50.70	53.44	1.20
意大利	Italy	90.30	88.23	83.32	86.85	80.25	65.30	51.53	52.00	1.17
土耳其	Turkey	12.48	15.62	23.40	30.40	28.74	31.50	42.11	44.32	1.00
澳大利亚	Australia	26.58	30.07	31.20	34.15	36.91	41.61	42.90	42.90	0.96
荷兰	Netherlands	30.46	28.86	24.92	27.41	30.84	29.86	27.40	27.86	0.63
非OECD合计	**NON-OECD Total**	**666.32**	**981.39**	**1149.34**	**1271.33**	**1486.55**	**1805.30**	**2078.59**	**2124.37**	**47.74**
中国	China	51.93	88.59	118.79	220.81	317.82	427.96	544.96	568.08	12.77
印度	India	24.28	33.20	61.10	111.99	124.83	162.07	216.74	223.32	5.02
俄罗斯	Russia			263.78	126.11	129.20	139.08	155.31	153.96	3.46
沙特阿拉伯	Saudi Arabia	5.70	21.95	38.51	67.08	76.59	125.60	135.94	133.29	3.00
巴西	Brazil	37.94	55.64	58.89	88.23	87.11	104.73	109.34	110.72	2.49
伊朗	Islamic Republic of Iran	16.40	32.55	50.37	68.50	85.24	79.55	73.97	82.36	1.85
印度尼西亚	Indonesia	10.73	20.23	33.35	57.87	65.18	67.39	69.64	75.59	1.70
泰国	Thailand	7.42	10.71	17.96	31.88	43.57	44.95	55.85	56.12	1.26
伊拉克	Iraq	3.62	8.60	18.18	23.31	24.29	31.69	47.98	53.21	1.20
中国，台北	Chinese Taipei	9.32	20.04	25.86	38.27	43.27	44.17	42.93	42.48	0.95
埃及	Egypt	6.53	11.33	22.85	22.37	28.28	34.04	40.90	41.84	0.94
阿根廷	Argentina	25.33	26.35	21.07	23.47	22.95	31.44	31.22	29.49	0.66
委内瑞拉	Venezuela	9.14	19.57	18.61	23.20	27.94	43.96	28.20	22.72	0.51

附录2-13　天然气供应量
Primary Supply of Natural Gas

单位：百万吨标准油　　(Mtoe)

国家和地区	Contury or Area	1973	1980	1900	2000	2005	2010	2016	2017	比重% Percent of Word
世界	**World**	**977.02**	**1231.88**	**1663.61**	**2072.29**	**2360.51**	**2733.09**	**3031.68**	**3106.80**	**100.00**
OECD合计	**OECD Total**	**706.52**	**778.30**	**849.94**	**1166.06**	**1218.49**	**1324.14**	**1422.16**	**1435.20**	**46.20**
美国	United States	514.66	476.92	438.36	547.74	507.22	556.08	652.88	643.93	20.73
日本	Japan	5.07	21.40	44.12	65.63	70.65	85.88	101.70	100.90	3.25
加拿大	Canada	37.29	45.57	54.74	74.26	81.16	75.70	95.11	100.86	3.25
德国	Germany	28.65	51.21	54.98	71.85	77.78	75.90	70.33	75.34	2.43
英国	United Kingdom	25.11	40.32	47.20	87.40	85.47	84.82	69.49	67.84	2.18
墨西哥	Mexico	10.50	19.14	23.13	35.48	46.11	54.24	66.18	62.60	2.01
意大利	Italy	14.23	22.73	39.00	57.94	70.65	68.06	58.08	61.55	1.98
土耳其	Turkey			2.86	12.64	22.79	31.39	38.26	44.23	1.42
韩国	Korea			2.73	17.01	27.38	38.64	41.31	43.21	1.39
法国	France	13.50	21.64	26.03	35.77	41.03	42.62	38.29	38.49	1.24
澳大利亚	Australia	3.38	7.47	14.79	19.27	18.97	28.44	32.88	31.31	1.01
非OECD合计	**NON-OECD Total**	**270.50**	**453.58**	**813.67**	**906.23**	**1142.02**	**1408.96**	**1609.48**	**1671.54**	**53.80**
俄罗斯	Russian Federation			367.39	319.01	349.67	383.54	371.31	388.33	12.50
中国	China	5.01	11.96	12.80	20.76	38.79	89.38	170.78	195.19	6.28
伊朗	Islamic Republic of Iran	3.22	3.66	17.48	52.63	83.84	122.15	166.36	174.57	5.62
沙特阿拉伯	Saudi Arabia	1.54	9.15	19.49	30.78	45.97	59.90	74.17	78.01	2.51
阿联酋	United Arab Emirates	1.05	4.12	14.18	25.05	35.22	49.35	60.50	59.49	1.91
印度	India	0.63	1.26	10.57	23.07	31.81	54.40	47.98	51.02	1.64
埃及	Egypt	0.07	1.59	6.73	14.44	29.99	35.81	41.46	47.37	1.52
阿根廷	Argentina	7.20	10.43	18.84	30.44	35.82	37.99	44.65	45.13	1.45
卡达尔	Qatar	1.29	2.85	5.56	9.47	13.77	22.93	41.98	40.68	1.31
印度尼西亚	Indonesia	0.33	4.95	15.82	26.57	29.27	38.82	39.09	38.90	1.25
泰国	Thailand			4.99	17.37	25.93	32.97	36.94	36.01	1.16
阿尔及利亚	Algeria	1.55	5.83	12.17	16.84	20.52	23.32	34.66	35.90	1.16
巴西	Brazil	0.17	0.85	3.33	8.13	17.19	23.67	30.68	32.53	1.05
马来西亚	Malaysia	0.10	2.24	6.80	24.73	31.87	31.20	35.76	32.21	1.04
乌兹别克斯坦	Uzbekistan			32.49	41.67	39.91	37.23	29.37	29.04	0.93

附录2-14 总发电量
Total Electricity Generation

单位：百万千瓦小时 (GWh)

国家和地区	Contury or Area	1973	1980	1990	2000	2005	2010	2016	2017	比重% Percent of Word
世界总计	**World**	**6131143**	**8283485**	**11849753**	**15436187**	**18293204**	**21529222**	**24986473**	**25606248**	**100.00**
中国	China	168689	300630	621268	1355738	2500466	4197204	6187107	6602147	25.78
美国	United States	1965509	2427320	3202813	4025885	4268887	4354363	4299595	4263677	16.65
印度	India	72796	120409	292732	569688	715867	981523	1457323	1532230	5.98
俄罗斯	Russian Federation			1082152	876468	951159	1036116	1088945	1092171	4.27
日本	Japan	465387	572531	861542	1055047	1099417	1164017	1054790	1061015	4.14
加拿大	Canada	270081	373278	482041	605596	620461	603865	666510	658288	2.57
德国	Germany	374352	466340	547650	572313	615800	626583	643531	647732	2.53
巴西	Brazil	64726	139380	222821	348910	403033	515745	578889	589400	2.30
韩国	Korea	14825	37239	105371	288526	387874	496718	558816	562693	2.20
法国	France	182508	257308	417200	535184	571210	564476	559571	557010	2.18
沙特阿拉伯	Saudi Arabia	2949	20452	69208	126191	176124	240067	344814	347852	1.36
英国	United Kingdom	281352	284071	317755	374375	395426	378921	336342	335464	1.31
墨西哥	Mexico	37100	66962	115837	205675	250768	275538	320564	322062	1.26
伊朗	Isiamic Republic of Iran	12093	22380	59102	121383	178088	232959	289094	307968	1.20
土耳其	Turkey	12425	23275	57543	124922	161956	211208	274408	297278	1.16
意大利	Italy	143916	183474	213147	269941	296840	298774	287943	294004	1.15
西班牙	Spain	75660	109226	151209	220917	289452	298320	271302	273438	1.07
中国，台北	Chinese Taipei	20735	42607	88398	181188	224475	244647	261388	265071	1.04
澳大利亚	Australia	64411	95234	154287	209864	228347	252614	256266	257770	1.01
印度尼西亚	Indonesia	2370	7502	32667	93325	127529	169755	247920	254869	1.00
南非	South Africa	64390	98951	165385	207837	242055	256648	249453	250655	0.98
波兰	Poland	83908	120941	134438	143174	155359	157089	166153	169991	0.66
瑞典	Sweden	78060	96316	145984	145231	158364	148445	155891	164225	0.64
乌克兰	Ukraine			298626	171269	185913	188828	162940	154461	0.60

附录2-15 国内生产总值电耗(2010年价)
Electricity Consumption/GDP (2010 US$)

单位：千瓦小时/美元 (kW•h per US$)

国家和地区	Contury or Area	1973	1980	1990	2000	2005	2010	2016	2017
世界	**World**	**0.247**	**0.268**	**0.287**	**0.283**	**0.288**	**0.300**	**0.298**	**0.296**
OECD合计	**OECD Total**	**0.232**	**0.244**	**0.244**	**0.240**	**0.233**	**0.230**	**0.207**	**0.202**
非OECD合计	**NON-OECD Total**	**0.301**	**0.344**	**0.434**	**0.423**	**0.439**	**0.447**	**0.460**	**0.461**
英国	United Kingdom	0.230	0.215	0.188	0.172	0.158	0.146	0.119	0.116
德国	Gemany	0.213	0.222	0.205	0.175	0.183	0.174	0.151	0.148
意大利	Italy	0.125	0.127	0.134	0.146	0.154	0.153	0.148	0.149
澳大利亚	Australia	0.136	0.173	0.215	0.204	0.188	0.182	0.157	0.155
日本	Japan	0.185	0.182	0.176	0.191	0.187	0.197	0.169	0.167
法国	France	0.138	0.165	0.184	0.189	0.191	0.190	0.173	0.168
印度尼西亚	Indonesia	0.018	0.038	0.095	0.182	0.198	0.204	0.218	0.215
巴西	Brazil	0.089	0.121	0.182	0.216	0.211	0.210	0.230	0.232
美国	United States	0.332	0.345	0.325	0.306	0.283	0.276	0.244	0.236
委内瑞拉	Venezuela	0.079	0.142	0.207	0.223	0.233	0.231	0.222	0.256
加拿大	Canada	0.371	0.401	0.441	0.389	0.357	0.328	0.295	0.278
阿根廷	Argentina	0.129	0.157	0.209	0.254	0.281	0.277	0.305	0.289
韩国	Korea	0.170	0.247	0.280	0.391	0.418	0.440	0.417	0.407
沙特阿拉伯	Saudi Arabia	0.012	0.054	0.222	0.309	0.341	0.414	0.462	0.461
泰国	Thailand	0.157	0.207	0.283	0.419	0.441	0.455	0.485	0.468
伊朗	Islamic Republic of Iran	0.042	0.112	0.227	0.321	0.362	0.403	0.468	0.481
印度	India	0.284	0.365	0.509	0.518	0.484	0.478	0.489	0.482
中国，台北	Chinese Taipei	0.535	0.565	0.547	0.596	0.606	0.534	0.498	0.492
南非	South Africa	0.392	0.524	0.699	0.771	0.689	0.620	0.535	0.532
俄罗斯	Russia			0.700	0.801	0.646	0.600	0.586	0.582
埃及	Egypt	0.260	0.347	0.435	0.493	0.588	0.596	0.629	0.609
中国	China	0.693	0.810	0.699	0.560	0.651	0.645	0.621	0.620

附录2-16 人均电力消费量
Electricity Consumption/Population

单位：千瓦小时/人 (kW•h per capita)

国家和地区	Contury or Area	1973	1980	1900	2000	2005	2010	2016	2017
世界	**World**	**1442**	**1718**	**2062**	**2315**	**2570**	**2865**	**3110**	**3152**
OECD合计	**OECD Total**	**4502**	**5340**	**6646**	**7928**	**8274**	**8310**	**8041**	**7992**
非OECD合计	**NON-OECD Total**	**502**	**685**	**890**	**1002**	**1282**	**1673**	**2077**	**2144**
加拿大	Canada	10242	12804	16167	17037	16919	15582	14885	14273
美国	United States	8572	9841	11687	13660	13683	13375	12814	12573
中国，台北	Chinese Taipei	1208	2248	4177	8095	9701	10304	10867	10987
韩国	Korea	397	914	2373	5907	7757	9716	10618	10654
澳大利亚	Australia	4158	5869	8419	10129	10430	10727	9929	9922
沙特阿拉伯	Saudi Arabia	415	1961	3995	5638	6590	7973	9872	9576
日本	Japan	4060	4706	6714	8049	8302	8776	7999	8111
法国	France	3155	4422	5967	7226	7654	7740	7264	7209
德国	Gemany	4654	5796	6646	6697	7238	7399	6956	6947
俄罗斯	Russia			6673	5198	5770	6410	6715	6771
意大利	Italy	2458	3105	4145	5300	5709	5443	5081	5202
英国	United Kingdom	4669	4683	5357	6115	6270	5702	5033	4951
中国	China	176	282	511	993	1782	2944	4279	4546
南非	South Africa	2411	3377	4153	4504	4548	4510	4023	4004
伊朗	Islamic Republic of Iran	384	538	943	1535	2060	2631	3153	3326
阿根廷	Argentina	956	1234	1300	2078	2393	2847	3109	3007
泰国	Thailand	161	291	709	1448	1915	2307	2864	2868
巴西	Brazil	553	1013	1457	1892	2007	2361	2504	2521
委内瑞拉	Venezuela	1145	1998	2449	2635	2849	3131	2323	2272
埃及	Egypt	194	375	663	962	1241	1551	1713	1697
印度	India	101	142	273	395	470	644	912	947
印度尼西亚	Indonesia	16	46	163	390	500	634	865	888

附录2-17 煤炭净进口量
Net Import of Coal

单位：百万吨标准油 (Mtoe)

国家和地区	Contury or Area	1973	1980	1990	2000	2005	2010	2016	2017
中国	China	-2.11	-3.17	-11.04	-44.09	-40.35	84.26	137.10	141.47
印度	India	-0.26	0.32	4.13	14.22	25.19	69.33	109.41	118.13
日本	Japan	40.89	47.55	72.15	95.59	110.20	114.75	115.74	115.65
韩国	Korea	0.34	3.47	15.73	39.14	46.93	72.95	81.37	81.67
中国，台北	Chinese Taipei	0.10	3.12	12.23	28.99	38.60	40.56	40.57	41.92
德国	Germany	-3.07	-1.34	3.34	21.66	25.95	31.64	38.26	32.30
土耳其	Turkey	0.01	0.53	3.92	9.07	11.72	14.65	23.38	24.74
巴西	Brazil	1.41	3.70	7.90	10.33	10.61	12.11	13.67	15.09
西班牙	Spain	2.13	4.11	7.07	12.84	14.42	6.73	7.75	10.91
法国	France	9.49	20.23	12.82	12.84	13.36	12.08	8.53	10.08
意大利	Italy	7.73	11.65	13.74	13.14	16.37	13.79	10.70	9.36
荷兰	Netherlands	1.54	3.72	8.12	7.72	8.20	7.65	10.10	9.22
英国	United Kingdom	-0.87	1.40	8.53	14.46	27.26	16.05	6.02	5.79
以色列	Israel			2.43	6.04	7.72	7.38	5.23	5.07
比利时	Belgium	4.55	7.18	9.61	7.32	5.24	3.69	3.00	2.94
北朝鲜	DPR of Korea	0.33	0.44	1.65	-0.09	-1.63	-2.76	-13.50	-1.15
波兰	Poland	-26.17	-20.56	-20.12	-16.31	-12.99	-2.74	-5.80	-1.47
哈萨克斯坦	Kazakhstan			-18.06	-14.61	-9.96	-13.18	-10.82	-12.22
加拿大	Canada	2.83	-0.04	-11.90	-4.22	-4.23	-12.21	-13.53	-13.30
蒙古	Mongolia			-0.14	0.01	-1.43	-11.32	-16.08	-19.32
南非	South Africa	-1.30	-19.07	-33.62	-46.05	-46.43	-43.45	-46.45	-47.16
美国	United States	-30.32	-57.01	-65.87	-28.30	-9.86	-36.80	-31.00	-53.48
哥伦比亚	Colombia	-0.05	-0.97	-8.84	-23.12	-34.85	-45.11	-55.01	-67.96
俄罗斯	Russian Federation			-5.33	-10.10	-42.12	-70.64	-95.03	-103.40
印度尼西亚	Indonesia		-0.04	-2.30	-33.45	-76.10	-154.47	-205.54	-214.33
澳大利亚	Australia	-17.65	-27.81	-67.27	-121.43	-150.98	-190.35	-251.74	-244.50

注：负数表示净出口。
Note: Negative numbers show net export.

附录2-18　石油净进口量
Net Import of Oil

单位：百万吨标准油　　(Mtoe)

国家和地区	Contury or Area	1973	1980	1990	2000	2005	2010	2016	2017
中国	China	-1.84	-17.44	-24.15	74.68	143.52	252.86	380.23	420.21
美国	United States	303.36	340.08	374.40	549.54	659.40	508.20	273.75	228.07
印度	India	17.54	23.27	27.39	77.10	90.32	123.49	182.48	187.71
日本	Japan	273.08	251.70	263.31	270.01	257.69	212.06	185.84	185.79
韩国	Korea	13.22	27.28	51.72	109.50	102.49	108.80	125.54	124.05
德国	Germany	160.84	148.86	122.12	126.89	123.65	112.11	109.24	110.47
新加坡	Singapore	12.24	8.00	24.50	39.71	44.63	60.70	77.95	83.40
法国	France	128.66	112.32	85.91	89.84	95.79	83.20	78.32	80.08
西班牙	Spain	41.01	49.92	49.66	71.50	79.97	69.47	61.76	63.16
意大利	Italy	98.34	92.76	85.14	87.96	78.55	66.80	51.88	52.82
土耳其	Turkey	8.84	13.74	21.24	29.25	28.07	30.55	44.26	46.56
中国，台北	Chinese Taipei	10.35	21.38	28.68	45.08	48.37	47.96	46.66	46.30
泰国	Thailand	8.28	12.16	17.59	27.51	34.70	31.99	38.30	39.61
荷兰	Netherlands	41.73	38.15	32.86	42.69	48.05	44.36	41.20	39.54
比利时	Belgium	31.46	26.41	22.26	29.56	32.53	32.53	29.16	29.39
英国	United Kingdom	115.95	1.93	-11.00	-46.72	-2.74	10.89	25.34	25.71
希腊	Greece	11.58	13.22	14.34	19.32	20.11	17.02	13.95	13.79
厄瓜多尔	Ecuador	-9.15	-6.31	-10.08	-13.68	-17.60	-13.63	-15.87	-15.45
墨西哥	Mexico	5.72	-47.58	-70.41	-76.60	-91.78	-57.24	-31.99	-21.67
利比亚	Libya	-109.39	-87.37	-60.60	-58.77	-74.96	-73.70	-11.54	-36.60
阿曼	Oman	-13.92	-13.58	-33.66	-48.84	-38.93	-38.14	-45.26	-41.90
阿尔及利亚	Algeria	-49.08	-45.75	-51.35	-62.39	-79.28	-61.10	-53.00	-50.71
尼日利亚	Nigeria	-101.01	-95.52	-79.40	-105.64	-117.14	-108.46	-70.63	-68.13
卡塔尔	Qatar	-28.11	-23.21	-20.54	-38.06	-46.13	-65.11	-73.07	-70.39
安哥拉	Angola	-7.27	-6.40	-22.46	-37.91	-61.51	-84.62	-79.11	-72.28
哈萨克斯坦	Kazakhstan			-4.97	-27.67	-54.69	-70.07	-64.60	-73.09
挪威	Norway	6.58	-14.70	-72.83	-157.13	-123.77	-84.85	-82.20	-81.35
委内瑞拉	Venezuela	-181.43	-103.51	-100.78	-157.45	-169.27	-125.27	-110.60	-99.24
科威特	Kuwait	-151.56	-79.06	-42.90	-95.07	-118.43	-104.01	-141.66	-132.81
加拿大	Canada	-14.49	8.44	-14.86	-39.04	-43.87	-69.08	-126.73	-147.64
阿联酋	United Arab Emirates	-74.79	-78.80	-77.86	-104.05	-111.60	-108.27	-145.46	-148.23
伊朗	Iran	-279.48	-42.16	-116.13	-133.63	-139.47	-131.87	-143.78	-154.56
伊拉克	Iraq	-97.64	-125.45	-88.21	-108.25	-70.74	-87.34	-174.89	-177.73
俄罗斯	Russian Federation			-261.26	-192.21	-334.92	-356.33	-378.43	-379.41
沙特阿拉伯	Saudi Arabia	-367.79	-497.39	-307.04	-373.94	-444.33	-349.01	-447.09	-425.41

注：负数表示净出口。
Note: Negative numbers show net export.

附录2-19 天然气净进口量

Net Import of Natural Gas

单位：百万吨标准油 (Mtoe)

国家和地区	Contury or Area	1973	1980	1990	2000	2005	2010	2016	2017
日本	Japan	2.79	19.54	42.29	63.47	67.86	82.65	99.22	98.21
中国	China				-2.01	-2.48	9.22	56.24	71.31
德国	Germany	12.30	35.32	41.75	56.87	61.94	61.64	62.28	68.84
意大利	Italy	1.65	11.77	25.31	47.01	59.84	61.60	53.29	56.82
土耳其	Turkey			2.68	12.05	22.13	30.79	37.61	44.97
韩国	Korea			2.68	17.07	26.11	39.29	39.61	43.63
法国	France	7.56	16.18	24.37	35.78	40.72	39.55	37.90	37.73
英国	United Kingdom	0.67	9.00	6.18	-9.31	5.97	33.90	32.34	30.90
西班牙	Spain	0.93	1.41	3.69	15.47	30.25	30.95	24.72	27.62
中国，台北	Chinese Taipei			0.76	5.17	8.35	12.94	15.99	17.80
白俄罗斯	Belarus			12.69	14.21	16.70	17.91	15.48	15.79
比利时	Belgium	7.11	8.89	8.22	13.28	14.82	16.79	14.38	14.25
泰国	Thailand				1.73	7.43	8.24	11.64	12.39
波兰	Poland	1.39	4.31	6.77	6.61	8.53	8.87	11.47	12.01
乌克兰	Ukraine			73.48	47.27	48.26	29.55	8.81	11.26
阿根廷	Argentina	1.45	1.89	1.82	-3.89	-4.11	2.61	8.69	9.26
阿联酋	United Arab Emirates		-2.18	-2.68	-5.83	-4.84	7.81	11.03	9.23
捷克	Czech Republic	0.72	2.41	4.79	7.48	7.53	6.85	6.72	7.33
美国	United States	22.12	21.68	33.19	82.21	84.18	60.76	16.87	-4.03
文莱	Brunei Darssalam	-1.27	-7.77	-6.26	-7.63	-8.16	-7.59	-6.77	-7.07
阿曼	Oman				-3.67	-10.48	-8.86	-7.78	-8.24
乌兹别克斯坦	Uzbekistan			-0.52	-4.26	-9.20	-11.73	-16.48	-17.04
尼日利亚	Nigeria				-4.42	-10.76	-17.75	-19.01	-22.68
印度尼西亚	Indonesia		-10.02	-26.32	-34.60	-36.31	-35.98	-25.47	-23.76
马来西亚	Malaysia		-0.01	-8.69	-17.83	-23.50	-19.81	-21.47	-23.88
土库曼斯坦	Turkmenistan			-56.53	-27.31	-37.06	-19.55	-43.62	-44.21
阿尔及利亚	Algeria	-2.09	-5.65	-26.68	-53.01	-55.09	-48.65	-45.90	-45.93
加拿大	Canada	-22.78	-18.38	-32.52	-81.35	-79.57	-60.42	-51.75	-50.96
澳大利亚	Australia			-2.35	-9.27	-12.38	-16.04	-38.00	-56.51
挪威	Norway		-21.90	-22.17	-42.14	-70.97	-88.48	-96.76	-103.99
卡塔尔	Qatar				-12.31	-26.09	-84.36	-108.34	-109.11
俄罗斯	Russian Federation			-145.28	-146.07	-161.22	-150.68	-167.78	-180.34

注：负数表示净出口。
Note: Negative numbers show net export.

附录2-20 主要高耗能产品单位能耗中外比较
Energy Consumption for Main Energy Intensive Products by Comparing China with Selected Countries

1. 火电厂发电煤耗 Gross Coal Consumption Rate for Fossil-Fired Power Plant

单位: 克标准煤/千瓦小时 (gce/kW·h)

国家	Country	1990	1995	2000	2005	2010	2011	2012	2013	2014	2015	2016	2017	2018
中国①	China	392	379	363	343	312	308	305	302	300	297	294	292	290
日本②	Japan	317	315	303	301	294	295	294	291	287				

注(Notes): ①6MW以上机组(>6MW Unit).

②九大电力公司平均(Average level of 9 key electricity companies).

资料来源(Sources): 1.中国电力企业联合会(China Electricity Council).

2.The Institute of Energy Economics, Japan, Handbook of Energy and Economic Statistics in Japan.

2. 火电厂供电煤耗 Net Coal Consumption Rate for Fossil-fired Power Plant

单位: 克标准煤/千瓦小时 (gce/kW·h)

国家	Country	1990	1995	2000	2005	2010	2011	2012	2013	2014	2015	2016	2017	2018
中国	China	427	412	392	370	333	329	325	321	319	315	312	309	308
日本	Japan	332	331	316	314	306	306	305	302	298				
意大利	Italy	326	319	315	288	275	274							

资料来源(Sources): 1.中国电力企业联合会(China Electricity Council).

2.The Institute of Energy Economics, Japan, Handbook of Energy and Economic Statistics in Japan.

3.International Energy Agency, Electricity Information.

2018年电源结构 2018 Power Generation by Source

单位: % (%)

国家	Country	石油 (Petroleum)	天然气 (Natural Gas)	煤炭 (Coal)	核电 (Nuclear Power)	水电 (Hydropower)	可再生能源 (Renewable Energy)	其他 (Others)
中国	China	0.2	3.1	66.6	4.1	16.9	8.9	0.2
美国	United States	0.6	35.4	27.9	19.0	6.5	10.3	0.3
日本	Japan	5.6	35.9	34.7	4.5	7.5	10.4	1.4
意大利	Italy	3.8	43.8	12.6	—	15.7	22.7	1.4

资料来源(Sources): BP Statistical Review of World Energy.

3. 钢可比能耗 Comparable Energy Consumption for Steel

单位：千克标准煤/吨 (kgce/tn)

国家	Country	1990	1995	2000	2005	2006	2010	2011	2012	2013	2014	2015	2016	2017	2018
中国[①]	China	997	976	784	732		681	675	674	662	654	644	640	634	613
德国	Germany			602		576									
日本	Japan	629	656	646	640		612	614	616	608	615				

注(Notes)：①大中型钢铁企业平均值(Average level of key enterprises).

*综合能耗中的电耗，均按发电煤耗折算标准得(In the full energy consumption, all of conversion from electric to coal equivalent according to gross coal consumption for fossil-fired power plant).

资料来源(Sources)：1.中国钢铁工业协会(China Iron and Steel Association).

2.德国钢铁协会(German Steel Federation).

3.The Institute of Energy Economics, Japan, Handbook of Energy and Economic Statistics in Japan.

4. 电解铝交流电耗 Alternating Current Power Consumption for Electrolytic Aluminium

单位：千瓦时/吨 (kW·h/t)

国家	Country	1990	1995	2000	2005	2010	2011	2012	2013	2014	2015	2016	2017	2018
中国	China	17100	16620	15418	14575	13979	13913	13844	13740	13596	13562	13599	13577	13555
国际先进水平	International Advanced Level	14400	14400	14400	14100	12900	12900	12900	12900	12900	12900	12900		

资料来源(Sources)：中国有色金属工业协会(China Ferrous Metals Industry Association).

5. 水泥综合能耗 Fully Energy Consumption for Cement

单位：千克标准煤/吨 (kgce/tn)

国家	Country	1990	1995	2000	2005	2010	2011	2012	2013	2014	2015	2016	2017	2018
中国	China	201	199	172	149	143	142	140	139	138	137	135	135	132
德国	Germany					101				97				
日本	Japan	123	124	126	127	130	116	122	126	111				

注(Notes)：综合能耗中的电耗，均按发电煤耗折算标准煤(In the full energy consumption, all of conversion from electric to coal equivalent according to gross coal consumption for fossil-fired power plant).

资料来源(Sources)：1.中国水泥协会(China Cement Association).

2.德国水泥工程协会(Verein Deutscher Zementwerke,VDZ).

3.The Institute of Energy Economics, Japan, Handbook of Energy and Economic Statistics in Japan.

6. 乙烯综合能耗 Fully Energy Consumption for Ethylene

单位： 千克标准煤/吨 (kgce/tn)

国家 Country	1990	2000	2005	2010	2011	2012	2013	2014	2015	2016	2017	2018
中国[①] China	1580	1125	1073	950	895	893	879	860	854	842	841	841
国际先进水平 International Advanced Level	897	714	629[②]	629	629	629	629	629	629	629		

注(Notes)：①主要用石脑油作原料(Feedstocks of ethylene production is used naphtha mainly).

②中东地区平均值，主要用乙烷作原料(Average level of Middle-East region, feedstocks of ethylene production is uesd ethane mainly).

*综合能耗中，电耗按发电煤耗折算标准煤(In the full energy consumption, all of conversion from electric to coal equivalant according to gross coal consumption for fossil-fired power plant).

资料来源(Sources)：中国石油和化学工业联合会(China Petroleum and Chemical Industry Federation).

7. 合成氨综合能耗 Fully Energy Consumption for Sythetic Ammonia

单位： 千克标准煤/吨 (kgce/tn)

国家 Country	1990	1995	2000	2005	2010	2011	2012	2013	2014	2015	2016	2017	2018
中国[①] China	2035	1849	1699	1650	1587	1568	1552	1532	1540	1495	1486	1464	1453
美国[②] United States	1000	1000	1000	990	990	990	990	990	990	990	990		

注(Notes)：①大、中、小型装置平均值，2014年煤占合成氨原料76%(Average level of large. medium and small size installation. In 2014, the coal amount to 76% of the feedstocks for sythetic ammonia).

②以天然气为原料的大型装置的平均值，2010年天然气占合成氨原料98%(Average level of large size installation by natural gas. In 2010, the natural gas amount to 98% of the feedstocks for sythetic ammonia).

资料来源(Sources)：同表6 (Same Table 6).

8. 纸和纸板综合能耗 Full Energy Consumption for Paper and Paperboard

单位： 千克标准煤/吨 (kgce/tn)

国家 Country	1990	2000	2005	2010	2011	2012	2013	2014	2015	2016	2017	2018
中国 China	1550	1540	1380	1200	1170	1128	1087	1050	1045	1027	1006	981
日本 Japan	744	678	640	581	531	508	530	506				

注(Notes)：产品能耗为自制浆企业平均(Average level of enterprises which made pulp by oneself).

资料来源(Sources)：1.中国造纸协会(China Paper Association).

2 .The Institute of Energy Economics, Japan, Handbook of Energy and Economic Statistics in Japan, 2016 Edition.

附录 3　主要统计指标解释

Appendix Ⅲ　Explanatory Notes of Main Statistical Indicators

主要统计指标解释

国内生产总值(GDP) 指一个国家所有常住单位在一定时期内生产活动的最终成果。国内生产总值有三种表现形态，即价值形态、收入形态和产品形态。从价值形态看，它是所有常住单位在一定时期内生产的全部货物和服务价值与同期投入的全部非固定资产货物和服务价值的差额，即所有常住单位的增加值之和；从收入形态看，它是所有常住单位在一定时期内创造并分配给常住单位和非常住单位的初次收入之和；从产品形态看，它是所有常住单位在一定时期内最终使用的货物和服务价值与货物和服务净出口价值之和。在实际核算中，国内生产总值有三种计算方法，即生产法、收入法和支出法。三种方法分别从不同的方面反映国内生产总值及其构成。

三次产业 三产业的划分是世界上较为常用的产业结构分类，但各国的划分不尽一致。根据《国民经济行业分类》（GB/T 4754—2017）和《三次产业划分规定》，我国的三次产业划分是：

第一产业 是指农、林、牧、渔业（不含农、林、牧、渔服务业）。

第二产业 是指采矿业（不含开采辅助活动），制造业（不含金属制品、机械和设备修理业），电力、热力、燃气及水生产和供应业，建筑业。

第三产业 即服务业，是指除第一产业、第二产业以外的其他行业。

一次能源生产总量 指一定时期内全国（地区）一次能源生产量的总和，是观察全国（地区）能源生产水平、规模、构成和发展速度的总量指标。包括：原煤、原油、天然气、水电、核电及其他动力能（如风能、地热能等）发电量等。不包括低热值燃料生产量和由一次能源加工转换而成的二次能源产量。

能源消费总量 指一定地域内（国家或地区）国民经济各行业和居民家庭在一定时期消费的各种能源的总和。能源消费总量分为三部分，即终端能源消费量、能源加工转换损失量和能源损失量。

(1) 终端能源消费量指一定时期内用于消费（而非用于加工转换产出其他能源）的各种能源之和。

(2) 能源加工转换损失量指一定时期内全国（地区）投入加工转换的各种能源数量之和与产出各种能源产品之和的差额。它是观察能源在加工转换过程中损失量变化的指标。

(3) 能源损失量指一定时期内能源在输送、分配、储存过程中发生的损失和由客观原因造成的各种损失量。不包括各种气体能源放空、放散量。

能源生产弹性系数 是研究能源生产增长速度与国民经济增长速度之间关系的指标。计算公式：

$$\text{能源生产弹性系数}=\frac{\text{能源生产总量年平均增长速度}}{\text{国民经济年平均增长速度}}$$

本资料采用国内生产总值指标计算国民经济年平均增长速度。

电力生产弹性系数 是研究电力生产增长速度与国民经济增长速度之间关系的指标。计算公式：

$$电力生产弹性系数=\frac{电力生产量年平均增长速度}{国民经济年平均增长速度}$$

能源消费弹性系数 反映能源消费增长速度与国民经济增长速度之间关系的指标。计算公式：

$$能源消费弹性系数=\frac{能源消费总量年平均增长速度}{国民经济年平均增长速度}$$

电力消费弹性系数 反映电力消费增长速度与国民经济增长速度之间关系的指标。计算公式：

$$电力消费弹性系数=\frac{电力消费量年平均增长速度}{国民经济年平均增长速度}$$

能源加工转换效率 指一定时期内能源经过加工转换后，产出的各种能源产品的数量与投入加工转换的各种能源数量的比率。它是观察能源加工转换装置和生产工艺先进与落后、管理水平高低等的重要指标。计算公式：

$$能源加工转换效率=\frac{能源加工转换产出量}{能源加工转换投入量}\times 100\%$$

Explanatory Notes on Main Statistical Indicators

Gross Domestic Product (GDP): refers to the final products produced by all resident units in a country during a certain period of time. Gross domestic product is expressed in three different perspectives, namely value, income, and products respectively. GDP in its value perspective refers to the balance of total value of all goods and services produced by all resident units during a certain period of time, minus the total value of input of goods and services of the nature of non-fixed assets; in other words, it is the sum of the value-added of all resident units. GDP from the perspective of income includes the primary income created by all resident units and distributed to resident and non-resident units. GDP from the perspective of products refers to the value of all goods and services for final demand by all resident units plus the net exports of goods and services during a given period of time. In the practice of national accounting, gross domestic product is calculated from three approaches, namely production approach, income approach and expenditure approach, which reflect gross domestic product and its composition from different angles.

Three Strata of Industry: Classification of economic activities into three strata of industry is a common practice in the world, although the grouping varies to some extent from country to country. In China, according to *Industrial classification for National Economic Activities* (GB/T 4754—2017) and *Dividing Basis of Three Industries*, economic activities are categorized into the following three strata of industry:

Primary industry: refers to agriculture, forestry, animal husbandry and fishery industries (not including services in support of agriculture, forestry, animal husbandry and fishery industries).

Secondary industry: refers to mining and quarrying (not including support activities for mining), manufacturing (not including repair service of metal products, machinery and equipment), production and supply of electricity, heat, gas and water, and construction.

Tertiary industry: refers to all other economic activities not included in the primary or secondary industries.

Total Primary Energy Production: refers to the total production of primary energy in a given period of time. It is a comprehensive indicator to show the capacity, scale, composition and development of energy production of the country (region). It includes that of coal, crude oil, natural gas, hydro power and electricity generated by other means such as wind power and geothermal power, etc. However, it excludes the production of fuels of low calorific value, solar thermal and the secondary energy converted from the primary energy.

Total Energy Consumption: refers to the total consumption of energy of various kinds of national economy industries and residents in a certain area (country or region) in a given period of time. Total energy consumption can be divided into three parts:

(1) Final Energy Consumption: refers to the various kinds of energy used for consumption, not involving the energy for transformation in a given of period time.

(2) Losses During Energy Transformation: refers to the total input of various kinds of energy for transformation, minus the total output of various kinds of energy in the country in a given period of time. It is an indicator to show the losses that occurs during the process of energy transformation.

(3) Other Losses: refers to the total of the losses of energy during the course of energy transport, distribution and storage and the losses caused by any objective reason in a given period of time. The losses of various kinds of gas due to gas discharges and stocktaking is excluded.

Elasticity Ratio of Energy Production: is an indicator to show the relationship between the growth rate of energy production and the growth rate of the national economy. The formula is:

$$\text{Elasticity Ratio of Energy Production} = \frac{\text{Average Annual Growth Rate of Energy Production}}{\text{Average Annual Growth Rate of National Economy}}$$

The gross domestic products (GDP) is used to calculate the growth rate of national economy in this book.

Elasticity Ratio of Electricity Production: is an indicator to show the relationship between the growth rate of electricity production and the growth rate of the national economy. The formula is:

$$\text{Elasticity Ratio of Electricity Production} = \frac{\text{Average Annual Growth Rate of Electricity Production}}{\text{Average Annual Growth Rate of National Economy}}$$

Elasticity Ratio of Energy Consumption: is an indicator to show the relationship between the growth rate of energy consumption and the growth rate of the national economy. The formula is:

$$\text{Elasticity Ratio of Energy Consumption} = \frac{\text{Average Annual Growth Rate of Energy Consumption}}{\text{Average Annual Growth Rate of National Economy}}$$

Elasticity Ratio of Electricity Consumption: is an indicator to show the relationship between the growth rate of electricity consumption and the growth rate of the national economy. The formula is:

$$\text{Elasticity Ratio of Electricity Consumption} = \frac{\text{Average Annual Growth Rate of Electricity Consumption}}{\text{Average Annual Growth Rate of National Economy}}$$

Efficiency Ratio of Energy Transformation: refers to the ratio of the total output of energy products after transformation and the total input of energy for transformation in the same reference period. It is an indicator to show the current conditions of energy transformation equipment, production technique and management. The formula is:

$$\text{Efficiency of Energy Transformation} = \frac{\text{Output of Energy after Transformation}}{\text{Input of Energy for Transformation}} \times 100\%$$

附录4　各种能源折标准煤参考系数

Appendix Ⅳ　Conversion Factors from Physical Units to Coal Equivalent

各种能源折标准煤参考系数

能源名称	平均低位发热量	折标准煤系数
原煤	20 908 千焦 / (5 000 千卡) / 千克	0.7143 千克标准煤 / 千克
洗精煤	26 344 千焦 / (6 300 千卡) / 千克	0.9000 千克标准煤 / 千克
其他洗煤		
洗中煤	8 363 千焦 / (2 000 千卡) / 千克	0.2857 千克标准煤 / 千克
煤泥	8 363～12 545 千焦 / (2 000～3 000千卡)/ 千克	0.2857～0.4286 千克标准煤 / 千克
焦炭	28 435 千焦 / (6 800 千卡) / 千克	0.9714 千克标准煤 / 千克
原油	41 816 千焦 / (10 000 千卡) / 千克	1.4286 千克标准煤 / 千克
燃料油	41 816 千焦 / (10 000 千卡) / 千克	1.4286 千克标准煤 / 千克
汽油	43 070 千焦 / (10 300 千卡) / 千克	1.4714 千克标准煤 / 千克
煤油	43 070 千焦 / (10 300 千卡) / 千克	1.4714 千克标准煤 / 千克
柴油	42 652 千焦 / (10 200 千卡) / 千克	1.4571 千克标准煤 / 千克
液化石油气	50 179 千焦 / (12 000 千卡) / 千克	1.7143 千克标准煤 / 千克
炼厂干气	45 998 千焦 / (11 000 千卡) / 千克	1.5714 千克标准煤 / 千克
天然气	32 238～38 931千焦 / (7 700～9 310 千卡) / 立方米	1.1000～1.3300 千克标准煤 / 立方米
焦炉煤气	16 726～17 981千焦/ (4 000～4 300千卡)/ 立方米	0.5714～0.6143 千克标准煤 / 立方米
其他煤气		
发生炉煤气	5 227 千焦 / (1 250 千卡) / 立方米	0.1786 千克标准煤 / 立方米
重油催化裂解煤气	19 235 千焦 / (4 600 千卡) / 立方米	0.6571 千克标准煤 / 立方米
重油热裂解煤气	35 544 千焦 / (8 500 千卡) / 立方米	1.2143 千克标准煤 / 立方米
焦炭制气	16 308 千焦 / (3 900 千卡) / 立方米	0.5571 千克标准煤 / 立方米
压力气化煤气	15 054 千焦 / (3 600 千卡) / 立方米	0.5143 千克标准煤 / 立方米
水煤气	10 454 千焦 / (2 500 千卡) / 立方米	0.3571 千克标准煤 / 立方米
煤焦油	33 453 千焦 / (8 000 千卡) / 千克	1.1429 千克标准煤 / 千克
粗苯	41 816 千焦 / (10 000 千卡) / 千克	1.4286 千克标准煤 / 千克
热力(当量)		0.03412 千克标准煤 / 百万焦耳 (0.14286 千克标准煤 / 1000 千卡)
电力(当量)	3 600 千焦 / (860 千卡) / 千瓦小时	0.1229 千克标准煤 / 千瓦小时
(等价)	按当年火电发电标准煤耗计算	
生物质能		
人粪	18 817 千焦 / (4 500 千卡) / 千克	0.643 千克标准煤 / 千克
牛粪	13 799 千焦 / (3 300 千卡) / 千克	0.471 千克标准煤 / 千克
猪粪	12 545 千焦 / (3 000 千卡) / 千克	0.429 千克标准煤 / 千克
羊、驴、马、骡粪	15 472 千焦 / (3 700 千卡) / 千克	0.529 千克标准煤 / 千克
鸡粪	18 817 千焦 / (4 500 千卡) / 千克	0.643 千克标准煤 / 千克
大豆秆、 棉花秆	15 890 千焦 / (3 800 千卡) / 千克	0.543 千克标准煤 / 千克
稻秆	12 545 千焦 / (3 000 千卡) / 千克	0.429 千克标准煤 / 千克
麦秆	14 635 千焦 / (3 500 千卡) / 千克	0.500 千克标准煤 / 千克
玉米秆	15 472 千焦 / (3 700 千卡) / 千克	0.529 千克标准煤 / 千克
杂草	13 799 千焦 / (3 300 千卡) / 千克	0.471 千克标准煤 / 千克
树叶	14 635 千焦 / (3 500 千卡) / 千克	0.500 千克标准煤 / 千克
薪柴	16 726 千焦 / (4 000 千卡) / 千克	0.571 千克标准煤 / 千克
沼气	20 908 千焦 / (5 000 千卡) / 立方米	0.714 千克标准煤 / 立方米

Conversion Factors from Physical Units to Coal Equivalent

Energy	Average Low Calorific Value	Conversion Factor
Raw Coal	20 908 kjoule / (5 000 kcal) / kg	0.7143 kgce / kg
Cleaned Coal	26 344 kjoule / (6 300 kcal) / kg	0.9000 kgce / kg
Other Washed Coal		
Middlings	8 363 kjoule / (2 000 kcal) / kg	0.2857 kgce / kg
Slimes	8 363～12 545 kjoule / (2 000～3 000kcal)/ kg	0.2857～0.4286 kgce / kg
Coke	28 435 kjoule / (6 800 kcal) / kg	0.9714 kgce / kg
Crude Oil	41 816 kjoule / (10 000 kcal) / kg	1.4286 kgce / kg
Fuel Oil	41 816 kjoule / (10 000 kcal) / kg	1.4286 kgce / kg
Gasoline	43 070 kjoule / (10 300 kcal) / kg	1.4714 kgce / kg
Kerosene	43 070 kjoule / (10 300 kcal) / kg	1.4714 kgce / kg
Diesel	42 652 kjoule / (10 200 kcal) / kg	1.4571 kgce / kg
Liquefied Petroleum Gas	50 179 kjoule / (12 000 kcal) / kg	1.7143 kgce / kg
Refinery Gas	45 998 kjoule / (11 000 kcal) / kg	1.5714 kgce / kg
Natural Gas	32 238～38 931kjoule / (7 700～9 310 kcal) / cu.m	1.1000～1.3300 kgce / cu.m
Coke Oven Gas	16 726～17 981kKjoule/ (4 000～ 4 300kcal)/ cu.m	0.5714～0.6143 kgce / cu.m
Other Coal Gas		
By Gas Furnace	5 227 kjoule / (1 250 kcal) / cu.m	0.1786 kgce / cu.m
By Heavy Oil Catalytic Cracking	19 235 kjoule / (4 600 kcal) / cu.m	0.6571 kgce / cu.m
By Heavy Oil Thermal Cracking	35 544 kjoule / (8 500 kcal) / cu.m1.2143 kgce / cu.m	
Coke Gas	16 308 kjoule / (3 900 kcal) / cu.m	0.5571 kgce / cu.m
By Pressure Gasification	15 054 kjoule / (3 600 kcal) / cu.m	0.5143 kgce / cu.m
Water Coal Gas	10 454 kjoule / (2 500 kcal) / cu.m	0.3571 kgce / cu.m
Coal Tar	33 453 kjoule / (8 000 kcal) / kg	1.1429 kgce / kg
Benzene	41 816 kjoule / (10 000 kcal) / kg	1.4286 kgce / kg
Heat (in calorific value)	0.03412 kgce / Mjoule	(0.14286 kgce / 1000 kcal)
Electricity (in calorific value)	3 600 kjoule / (860 kcal) / kW·h	0.1229 kgce / kW·h
(in coal equivalent)	calculated by average coal input for thermal power generation in the year	
Biomass Energy		
Night Soill	8 817 kjoule / (4 500 kcal) / kg	0.643 kgce / kg
Cow Dung	13 799 kjoule / (3 300 kcal) / kg	0.471 kgce / kg
Pig Dung	12 545 kjoule / (3 000 kcal) / kg	0.429 kgce / kg
Sheep/Donkey/Horse/Mule Dung	15 472 kjoule / (3 700 kcal) / kg	0.529 kgce / kg
Poultry Manure	18 817 kjoule / (4 500 kcal) / kg	0.643 kgce / kg
Soybean Stalk, Cotton Stalk	15 890 kjoule / (3 800 kcal) / kg	0.543 kgce / kg
Paddy Stalk	12 545 kjoule / (3 000 kcal) / kg	0.429 kgce / kg
Wheat stalk	14 635 kjoule / (3 500 kcal) / kg	0.500 kgce / kg
Maize Stalk	15 472 kjoule / (3 700 kcal) / kg	0.529 kgce / kg
Fireweed	13 799 kjoule / (3 300 kcal) / kg	0.471 kgce / kg
Leaves	14 635 kjoule / (3 500 kcal) / kg	0.500 kgce / kg
Firewood	16 726 kjoule / (4 000 kcal) / kg	0.571 kgce / kg
Biogas	20 908 kjoule / (5 000 kcal) / cu.m	0.714 kgce / cu.m